濒危汉语方言研究

教育部人文社会科学重点研究基地重大项目『岭南濒危方言研究』
中国语言资源保护工程专项项目『濒危汉语方言调查』成果

庄初升 邹晓玲 主编

中山大学出版社
·广州·

版权所有　翻印必究

图书在版编目（CIP）数据

濒危汉语方言研究/庄初升，邹晓玲主编．—广州：中山大学出版社，2016.10
ISBN 978 - 7 - 306 - 05825 - 6

Ⅰ.①濒… Ⅱ.①庄… ②邹… Ⅲ.①汉语方言—方言研究—文集 Ⅳ.①H17 - 53

中国版本图书馆 CIP 数据核字（2016）第 214307 号

出 版 人：	徐　劲
策划编辑：	嵇春霞
责任编辑：	高　润
封面设计：	曾　斌
责任校对：	陈　芳
责任技编：	何雅涛
出版发行：	中山大学出版社
电　　话：	编辑部 020 - 84113349，84111996，84111997，84110771
	发行部 020 - 84111998，84111981，84111160
地　　址：	广州市新港西路 135 号
邮　　编：	510275　　　传　真：020 - 84036565
网　　址：	http://www.zsup.com.cn　　E-mail:zdcbs@mail.sysu.edu.cn
印 刷 者：	佛山市浩文彩色印刷有限公司
规　　格：	787mm×1092mm　1/16　24.375 印张　593 千字
版次印次：	2016 年 10 月第 1 版　2016 年 10 月第 1 次印刷
定　　价：	62.00 元

如发现本书因印装质量影响阅读，请与出版社发行部联系调换

目 录

濒危方言漫议 ………………………………………………………… 李如龙 （1）
关于建设汉语方言博物馆的设想 ……………………………………… 曹志耘 （8）
方言中濒临消失的存古语音层——从纯学术的角度看方言的濒危 …… 刘泽民 （15）
海外汉语濒危方言 ……………………………………………………… 陈晓锦 （19）
弱势方言构成要素的濒危——以湖北黄州方言为例 …………………… 汪化云 （24）
五枚语言生活——一个语言替换的实例 ………………………………… 麦 耘 （31）
广西龙胜伶话的使用现状及其语音特点 ……………………… 万 波 何丹鹏 （44）
广西贺州的几种濒危汉语方言 ………………………… 邓玉荣 余秀忠 钟梓强 （58）
贺州铺门方言的浊塞音声母 …………………………………… 庄初升 张 凌 （65）
贺州市近郊鸬鹚屋的语言生活 ………………………………… 钟梓强 邓玉荣 （74）
贺州桥头村标话方言岛概况 …………………………………… 陈才佳 杨璧菀 （84）
关于建设标话语言文化博物馆的设想 …………………………………… 杨璧菀 （99）
强势与弱势——论广东诸方言的接触与变异 …………………………… 甘于恩 （110）
广东中山闽方言岛语言习得的调查研究 ……………………… 陈小枫 许冬晖 （121）
粤西濒危方言概述 ……………………………………………………… 陈云龙 （133）
粤北土话小称变音的变异研究 ………………………………………… 李冬香 （137）
深圳大鹏话说略 ………………………………………………………… 丘学强 （145）
岭南地区水上居民（疍家）的方言 …………………………………… 庄初升 （150）
从音韵特征看英德附城话的归属 ……………………………………… 严修鸿 （159）
粤北洞冠水流域的"军声" …………………………………… 邹晓玲 丁沾沾 （169）
惠东县畲族的变迁及畲语的生存现状 ………………………………… 吴 芳 （180）
海南东方付马话的声母 ………………………………………………… 刘新中 （188）
香港"福佬"系渔民的方言 …………………………………… 李如龙 张双庆 （196）
关于乡话词汇研究的一些想法 ………………………………………… 鲍厚星 （204）
湖南通道"本地侗"记略 ……………………………………………… 彭建国 （207）

湘西南苗瑶"平话"概况	胡 萍	(222)
湖南嘉禾县语言（方言）的分布	李 益 谢奇勇	(230)
江永女书音节文字性质的质疑和回应	彭泽润 李日晴	(237)
从音韵现象看湘西乡话与湘语的关系	杨 蔚	(243)
泸溪乡话与泸溪湘语语音比较及演变	瞿建慧	(250)
濒危汉语方言中的"濒危土话"——以湘南土话为例	谢奇勇	(258)
湘西乡话中古知组读如端组的类型和性质	庄初升 邹晓玲	(266)
湘西古丈县"死客话"的归属	邹晓玲	(273)
湘黔"酸汤话"与四川"靖州腔"	刘宗艳 罗昕如	(282)
赣东北汉语方言濒危现状述略	胡松柏	(289)
江西省信丰县城的官话方言岛	张 倩	(296)
樟坪畲话"第七调"的性质	余颂辉	(308)
浙江九姓渔民方言的性质——徽语包围中的吴语方言岛	刘 倩	(318)
山东青州北城满族所保留的北京官话方言岛的现状及其发展趋势	张树铮	(331)
黑龙江站话的濒危性质及研究意义	陈立中 刘宇	(340)
陕南湘方言岛的分布与特点	郭沈青	(349)
陕南田禾湘语同音字汇	周 政	(363)
保安语中的保汉合璧词与非汉语借词	莫 超 马玉凤	(377)
后 记		(384)

濒危方言漫议

李如龙

(厦门大学中文系)

【提 要】 论文明确指出方言使用度的萎缩发展到一定程度便会造成方言的濒危,而濒危方言再向前发展就会导致方言的衰亡。论文还分析了方言濒危的主要特征和原因,以及面对濒危方言,哪些工作应该做,哪些工作不宜提倡。

【关键词】 方言的萎缩　方言的濒危　方言的前景　方言保护

本文探讨以下问题:①"方言的濒危"指的是什么?有些现象与方言的濒危相关或相似,却并非濒危。②濒危方言的主要特征是什么?使方言濒危的原因有哪些?③面对濒危方言,哪些工作应该做,哪些工作不宜提倡?

以下分成 5 个题目来讨论。

一、方言的变异

和世界万物一样,作为一种社会现象的方言,也是始终贯穿着变异的。远古蒙昧时代的语言,我们已很难了解其变异;进入文明时代后,尤其是有了文字记载之后,方言的产生就是始于变异。如《荀子》所言,"居楚而楚,居越而越,居夏而夏,非天性也,积靡使然也"(《儒效篇》)、"越人安越,楚人安楚,君子安雅"(《荣辱篇》),都说明了方言是因地域不同、积习互异而形成的;有的方言因势力大并且借助了书面语的作用而形成了通语(雅言)。有了通语之后,由于人口的增殖和迁徙,受通语影响的程度不同,早期的方言变异以分化趋势为主;通语普及和社会政治、经济、文化发展整合之后,不同地域的方言逐渐走向整化,增加共同性,放弃独特性。除了自变之外,方言在历史上还有各种语言接触,和外族语言、周边方言相互影响(同化),造成了他变。他变有时是强化的变异,甚至产生方言的质变,从甲方言变为乙方言,或因融合而形成混合语。这是方言发展过程中的几种不同类型的变异。

各种变异都会造成语言系统的变化和发展,其中有语音系统(包括音值、音类、联合音变等)的调整,也有词汇系统的增减存废和语法系统(词缀、虚词、句型等)的变化。诚然,在不同的时期分化和整化的作用力不同,不同的方言之间变化的幅度也就有大有小,在语音、词汇、语法各方面演变的规模也是不平衡的。变化的大小和深浅往往和社会生活的状况紧密相关。例如,和平稳定时变异小,动乱分裂时变异大,社会转型时变异更替也会更多。

从性质上说,变异是方言自身的演变。不论是自变还是他变,变化大还是小、深还是浅，融合成混合语还是转化为另一类方言，其系统依然存在，作为社会交际和思维活动的功能也并未消亡。总之，变异是方言自身的性能。正是变异体现了方言的生命力，维续了方言在各个时期的社会作用。

可见，变异着的方言是正常存活的方言。方言的变异和方言的濒危是两个不同范畴的概念，不可混为一谈。

二、方言的萎缩

考察任何语言都可以从系统和功能两个方面入手。系统是语言自身的结构，功能是语言的效用。语言主要有两个方面的功能，即在社会生活中的交际功能和在个人精神活动中的思维功能。

如果说语言的变异指的是系统的变化和发展的话，那么，语言的萎缩则有两种，即系统的萎缩和功能的萎缩。

方言的系统总是由民族语言的共性和特定方言的个性两方面特质组成的。方言系统的萎缩表现为方言独特成分的逐渐消亡，并为通语的成分所代替。

近代社会以来，城市的形成和发展、商品的流通和交通发达，增进了不同方言人群的沟通和交往。古代社会的通语主要是文士们所写的书面语，应用于政府文告、社会文书、教材辞书、史料记载和文学创作等方面。近代社会的通语则是在平民大众的交往中形成的，在市井妇孺中通行。近代社会以来，通语的发展和普及与方言系统的萎缩是世界各国普遍存在的现象，只是进度不同而已。在现代社会中，这种发展的趋势只会加速而不可能减慢。

系统的萎缩会造成方言的量变，量变不断积累还可能造成方言的质变，从甲方言变为掺杂许多通语成分的方言或变为另一种方言。例如，一些湘赣方言由于受通语的影响，其湘赣方言成分已经越来越少，而闽西北的赣语闽语化（如邵武话）和吴语闽语化（如浦城话）则是方言的质变。但是，这样的萎缩并不会造成方言的濒危和消亡，因为这样的方言，其社会功能并未消减。

方言的功能在语言整化的进程中也会发生萎缩，这种萎缩表现为方言使用领域的缩小。从交际领域来说，在方言和通语并行并用的情况下，方言从社会交际退缩到族群或家庭交际的领域，通语则普及于社会交际并逐渐进入家族内部的交际。从语用领域来说，由于书面通语的普及，方言先是退出书面的阅读，在通语向口语交际普及之后又逐渐退出口语的使用。现今，一些东南方言区的不少青少年已经不大会用方言来阅读古今书面语了，在口头使用方言交际时也不时插入通语的说法（包括语音、词汇和句型）。从语言使用者的领域来说，方言的交际总是从全社会的交际逐渐退出少年儿童的交际生活，而后退出中青年的日常言谈。接触面不广、生活内容单调的老年人的交际生活成了方言存活的最后领域。

语言的功能是语言的生命力之所在。许多古代语言已不再被使用，而系统依然存在，便成了历史语言现象。现代方言交际功能的不断萎缩则会造成方言的濒危。汉语方言中一些边远山区的小方言，只有少数老年人能说，大多数人只留下依稀的、不完整的记忆，不论是交际语言还是思维语言，都被通语或强势方言所替换。这种方言便是濒危方言。

可见，系统的萎缩也就是系统的变异，这和方言功能的萎缩也不应该混为一谈。只有功能的严重萎缩，才会造成方言的濒危。

三、方言的濒危

如上所述，方言系统的萎缩就是方言特征的磨损、方言纯正度的衰减。磨损和衰减有轻有重，其终极结果是方言的质变或融合。方言使用度的萎缩，其表现是使用人口减少、使用场合缩小和使用频度降低。后一种情况发展到一定程度，便会造成方言的濒危；濒危方言再向前发展，就可能会衰亡。

近代社会以来，方言的萎缩是大势，是不可避免的，也是普遍存在的。系统的萎缩和功能的萎缩是一个量变的过程。也许可以把萎缩的过程分为三等，即轻度的、中度的和深度的。不应该把一切功能的萎缩都视为濒危，只有将深度的、严重的萎缩视为濒危才比较合适。

使用人口减少，有时是因为方言区人口的外流，到区外谋生、定居，方言区本土人口大幅度减少，这是一些分布地域不广的方言岛经常出现的现象。更常见的则是青少年中的方言流失。由于通语的普及和文化教育的发展，也由于社会生活的现代化，读书识字的少年儿童一代比一代更熟悉通语，于是把方言淡忘了。

不少方言即使在原乡本土，其使用也逐渐老龄化。当大多数青壮年都惯用通语交际和思考问题时，他们和少年儿童交谈时也不愿多说方言。这些青壮年由于生活内容和语言生活的更新，和祖辈老年人的方言交际也越来越少。到了中青年不说，少年儿童不懂，方言只在老年人之间通行时，也就是濒危的开始了。

方言适用场合缩小常见的过程是：由于多数方言缺乏书面语形式，方言首先退出的是书面语的读写。现代的书面语都是使用通语，启蒙教育只能使用通语。在东南方言区，尤其是文白异读多的方言区，许多中小学生都不能用方言读书了。和现代书面语相联系的政治、经济、文化、科技领域的语言交际，由于行业繁多、变化迅速，新词新语层出不穷，所用的通语在方言中有不少是难以称说的。如果说 20 世纪五六十年代的"土改、抗美援朝、扫盲、夜校"以及"三反、五反、大跃进、公社化、八字宪法、文攻武斗"等说法"一声雷天下响"，在各方言都能普遍通行，现代的"套汇、控股、物流、法盲、按揭、炒楼花、太空人、洗钱"，乃至"草根、山寨、WTO、GDP"等则令人目不暇接，在官话区也很难迅速普及，用东南方言去"对译"就更难了。此外，即使在使用方言交际时常常也有普通话夹用其中。于是，方言即使还没有停用，也只能退缩到日常生活的交际和对地习俗、乡土旧事的叙述和指称了。如果连方言谚语、数数、背乘法表、传统医药术语和种种方言称谓也逐渐被淡忘或被更替了，方言使用领域就只有残存的一角了。

方言使用频度的降低也有两个基本原因，一是书面语对口语的挤压，一是通语对方言的排斥。方言是与口语共生共存的，书面语挤压了口语的空间，必然会加速方言的萎缩。语言的使用也是用进废退的。对每个人来说，习惯于通语、淡忘了方言，从能说会听到能听不会说，进一步便是偶尔还按旧时的记忆说说。从少数人淡忘、不说到多数人都不使用，方言也便走向了濒危。

根据世纪交替时的语言国情调查，全国普通话普及率目前还只有53％，这些人当中必定也有不少是兼通汉语方言的。可见，方言还存活在半数以上的人口之中。

一定要分清方言的萎缩和濒危，在萎缩到濒危的漫长过程中，应该进行普遍、深入的社会调查。方言使用度怕是很难用具体的数量比例来划定，多少人还会说、还在说、还能听、说几成，也难以统计。重要的是要了解从萎缩到濒危究竟有哪些具体表现。盲目乐观，认为方言还在活跃之中，或者惊慌失措，以为许多方言行将消亡，都是不符合事实的。

四、方言的前景

我国的改革开放已经经历了30多个年头。汇入世界潮流之后，社会生活全面发生了急剧的变化：农村人口流入城市，交通事业高速发展，商品流通不可遏制，教育大普及，文化时尚化。随着普通话的普及和外语教育的发展，多语现象越来越普遍。在社会发展节奏加快、社会转型的过程中，通语、强势方言和外语形成对中小方言的挤压已成定局，并且这种趋势只会不断加强。语言是社会最重要的交际工具，也是社会文化动态发展的载体，社会生活一体化的潮流进一步加强了语言的集中。这种新时代主流是时代进步的标志，也是推进社会健康发展的动力。旧时代形成的方言对于这种现状显然是难以适应的。究其原因，除了社会生活需要共同语之外，还因方言缺乏书面形式，无法与通语的书面语抗衡，也难以接纳与日俱增的各行各业的新词语；由于汉语方言与通语不但语音差别大，基本词汇和一些句型也有许多不同之处，方言和通语远非一音之转就可以并行并用的。如今连古今汉语所锻造出来的高雅文学艺术都已受到时尚文化的严重挑战，各地方言所表现的戏曲、曲艺、山歌等文艺形式就更难以逃脱式微的预势了。

然而，事物的发展总是螺旋式的，时代的变迁有主流，有支流，有时也有回流。世界一体化的主流之外，正在兴起多样化的呼声。在方言普遍发生萎缩的同时，曾经活跃一时，而且展示过无限风采的方言给一些人留下了美妙的回忆，于是保护方言、振兴方言的种种舆论也应运而生。正像吃腻了大鱼大肉后又想回头尝尝野菜，在饱受了摇滚乐和扭摆舞的轰击之后，人们又想从古典的幽雅和山野的原生态艺术中寻求休憩。丰富多彩的方音和方言词语不时还唤醒了人们的乐趣。近些年来，在世界一体化、现代化的热潮之外，关于多元文化的呼唤可谓此起彼伏，联合国的有关组织也已经颁发了相关文件，为之推波助澜。应该说，凡是人类文明史上创造出来的精神文明，哪怕有的因为时过境迁已经显得不合时宜了，但也都还具备着各自的历史和现实的价值。语言不但是社会的交际工具、市场交易的凭借，也是认知新旧世界的向导，还是艺术欣赏乃至休闲消遣的内容。方言不但可以沟通乡情亲情，可以传授农时节气的知识，还保存着许多有益的道德训诫，提供了特殊的艺术欣赏。

如果说方言的萎缩是"无可奈何花落去"，那么，还有一些"似曾相识燕归来"的补充，这样的世界岂不是更加完美吗？

五、合理的对策

面对着方言的萎缩和濒危的现状及其演变的前景，笔者认为，我们可以采取以下几个方面的对策。

首先，要认真、深入地进行现实的方言流变的调查，尤其要对各种方言萎缩、衰减和流失的现象进行社会调查，考察不同方言在应用中（社会和家庭中的交际、个人思维、书面阅读、能说多少、能听多少等）的不同情况，从不同差等的统计中划分界限，看哪些方言已经进入濒危状态，并分析萎缩的种种表现和濒危的不同类型。对于使用人口少的小方言和方言岛及边界方言，可以将其作为调查研究的重点。没有具体的数据，只凭想象的"濒危"，难免缺乏说服力。有了若干典型的调查，才能对方言萎缩的类型、进程以及濒危的界限和标志进行科学的分析和定性。

关于方言使用的现状以及对这种现状的态度和评价，应该进行另一种社会调查：语言（包括通语、外语、方言）使用的社会效果和社会心理的调查。不同年龄层、不同职业、不同文化程度的人对普通话的普及和方言的萎缩必定有不同的看法，对于不同的意见都要进行定性、定量的分析。这种调查对于制定语言政策是十分重要的。

其次，对于能够熟练地听说的人口已经很少的方言，应该组织人力、投放经费，及时进行实地调查、记音，整理音系，建立音档，制作成书面文本，尽量完整地把能记录到的词汇和语料留存下来。这种调查的重点在于词汇和各种长短语料，只用已有的常用词表和语法例句去调查是远远不够的。词汇的调查可以按义类逐类地问。语料的调查除了成句的谚语、俗语之外，还可以按话题、语境记录各种歌谣、传说、故事、情景、对话，分项进行。对各种民俗活动，最好有专项的记录。调查方法可以学习人类学的调查访问，先录下音档，再转换成文本。只有少数老年人知道的方言词，有时是可遇而不可求的。例如，只有用过旧式织布机的老妇才知道其中各种零件的名称和操作过程的术语，还在组织婚丧、祭祀、佛事活动的老者才能够说出各种用具和仪式的名称。这都需要专题采访。不善于寻找合适的调查对象（有时是三教九流），没有谦和的态度、足够的耐心和充裕的时间，调查都可能徒劳无功，所得甚少，不能达到抢救、存史的目的。

方言是历史语言演变的产物，是地域文化的载体，无论其萎缩程度如何，把现存的材料记录下来，都会有重大的价值。应该通过这种抢救性的调查，改变以往方言调查的定式和粗疏，发掘更多的材料，为语言史和文化史研究做出新的贡献。

最后，探索和制定合理的保护方言的措施和政策。这些年来，关于保持语言多样性、给出方言存活的空间的思想，已为多数群众和学者所认同，但对于究竟应该采取哪些措施、如何掌握适当的度等问题还存在一些分歧。理论方向上如何理解有必要开展讨论，政策措施如何掌握也需要一番试验和总结。应该着重研究的问题至少有如下几项。

关于普通话和方言的关系，要有切实而全面的理解，对20世纪五六十年代强调推广和普及普通话要有正确的评价。在当时方言分歧严重、语言规范不足的情况下，强调"推普"是适应社会需求的。虽然没有提出"消灭方言"的口号，但是视方言为异类、是规范对象的观点，确是存在过的，有些做法显得过激和有失偏颇，以致客观上加速了方言的萎缩。例如，广播电视都由普通话一统天下，在普通话教学、测试上，掌握的标准失之过严。改革开放以来，有些做法已经有所改进，如地方广播电视已经容纳了方言。不过关于尊重历史、保留方言在各种传媒的活动空间，还需要用政策加以认定，如公务语言、校园语言、服务语言除了普通话之外，还应该允许使用当地方言。书面语言中夹用某些方言词语也无须大惊小怪、横加指责。然而，语言的整化、通语的普及是历史的潮流，是社会的第一需要，是当代语言生活的主流，这也是毋庸置疑的。我们不能在强调语言的多样性的同时，又去抹杀推广和规范通语的努力。不说平头百姓，即使是干部、教师说说"地方普通话"也是无可厚非的，但是作为社会的通语，从语音到语法，不能没有明确的规范。

其实，我们曾经有过那样的语言生活：普通话与方言并存共用、互相补充。家人乡人之间使用方言显得亲切随意，与外人交流或面向公众使用普通话才能便于沟通并表示互相尊重；日常问候、生活用语使用方言显得自然，谈论政治、经济、文化、科技使用普通话则更能准确达意。这不就是一种既实用又雅致的健康的语言生活吗？

在文化艺术领域，我们已有的"百花齐放，推陈出新"的方针已经得到广大群众的认可，应该继续贯彻。各地方言艺术大多经过千百年的冶炼，体现了多样的艺术魅力，但是由于内容和形式不太适应现代生活的节奏，普遍都有式微、退化的趋向。如果能加入反映现代生活的内容，进行必要的加工，保持其艺术素质，大多是可以存活延续下去的。各地文化部门培训新一代地方文艺接班人的努力已经见到成效。近些年来，作为历史文化遗产，各地政府都十分重视对本地戏曲、说唱等方言艺术的整理、研究和传承。中国数千年的诗词歌舞传统已经根植于民间，只要有关部门有意识地加以培育，一定可以与那些肤浅浮躁的时尚文化做一番较量，获得生存的空间。地方戏曲、山歌、说唱、曲艺的存活对于方言的生存具有直接而巨大的作用，只要这些艺术宝库没有泯灭，支撑它们的方言也就没有消亡之虞了。

关于保护方言的措施，有一点是值得深究且需谨慎处理的，就是方言学习要不要进入小学课堂。

时下有一种提法：方言作为历史文化遗产，为了使它得到传承，必须将它列为小学必修课，给出课时开展正规化的教学。经过认真考虑，笔者认为这是一种似是而非的意见。

回顾启蒙教育的历史，辛亥革命后兴办新式学堂之后，学校启蒙教育就采用现代通语，从国文课到国语课、语文课莫不如此。正是这一点，新学堂才和旧式私塾里用方言诵读《三字经》《千字文》和"四书五经"的旧式教育区别开来。这是五四新文化运动的革命成果。一百多年来的经验证明了这种语文教育对于确立现代汉语的主导地位和规范体系，对于吸收和传授现代化文化科学知识，对于建设现代书面语和文学宝库是立过汗马功劳的。就现实生活的需要来说，代代青少年离开普通话和白话文，将如何在社会上谋生和立足？可见，通语教学作为语文启蒙教育的方向是不可动摇的。百余年来，代代新人掌握方言都是从牙牙学语时开始，在少年儿童阶段从家庭和故乡亲人那里学会的，何以如今就非得在正规的小学课堂里完成？如果把方言列为普及教育的必修课，就会引出一系列无法解决的新问题：外来移民的孩子要不要学方言课？教的是本省、本市、本县或本乡的何种方言？以何者为标准音？历来没有统一书写方法的方言词如何记录？没有标准音、通用字，没有定型的词典和课本，方言课如何执教？作为正规课程，是否还要制定课时、要求和测试标准？台湾地区的"乡土语言教学"已经强行推行了十几年，许多问题至今仍未解决，实际效果还是会的照样会、不会的照样不会。其得失功过，就让历史去评判吧。

看来，在幼儿园和小学教学中，作为乡土教材，编印一些简易的方言读物作为补充教本，在课余活动中唱唱儿歌、读读谚语、听听故事、看看地方戏或曲艺节目，是比较适宜的。方言的歌谣、谚语、故事、戏文历来是不成文的口传教科书，有些地方也有过比较成功的操作。经过整理加工，应该可以成为可取可行的措施。其实，更加有效的做法是在识字正音教学中同时教常用字的方言读音，在词语教学中，既教通语词义，也用方言解释相对应的词义。这种做法在一些闽粤方言地区早已存在，直到20世纪50年代还在实行。如闽南话地区，教生字"高"时，既教正音 gāo，同时教方言音［ko］（姓氏、高级），并解释字义相当于方言的"悬"［$_{\_}$kuāi］。"大小"（dàxiǎo）就是方言说的"大细"［tua$^{˧}$ sue$^{˧}$］。这样教识字，可以用已知的方言词来理解字义，同时教会生字的方言读音，把通语教育和方言传承结合起来。到了小学毕业，学生对字的国音和方音、规范义和方言义都掌握了，对字义的理解更加全面，普通话也同时学会了，方言的字音字义也没有丢。这种识字教学可以称为"通语带头，方言紧跟"，既不妨害通语的启蒙，也可以防止方言的萎缩，实在是值得总结并适当推广的教学方法。

关于妥善处理推广通语和保存方言的问题，需要发动社会各界干部、学者和大众共同关注，充分讨论，经过试验摸索政策措施。不同人群从不同角度各自发表一通感想式的意见是无济于事的。

参考文献

[1] 曹志耘. 关于濒危汉语方言问题［J］. 语言教学与研究，2001（1）.
[2] 曹志耘. 论语言保存［J］. 语言教学与研究，2009（1）.
[3] 陈章太. 论语言资源［J］. 语言文字应用，2008（1）.
[4] 郭龙生. 中国现代化进程中的语言生活、语言规划与语言保护［J］. 中国人民大学学报，2008（4）.
[5] 李宇明. 语言保护刍议［J］. 中国民族语言学会通讯，1998（1）.

（原载《南方语言学》创刊号，暨南大学出版社2009年版）

关于建设汉语方言博物馆的设想[*]

曹志耘

(北京语言大学语言科学院)

【提　要】 在汉语方言急剧衰亡的情况下,建设方言博物馆的工作已成为当务之急。文章简要介绍了中国语言文字博物馆建设的现状,提出了建设汉语方言博物馆的初步设想,指出了汉语方言博物馆应包括方言和方言文化展示、方言语料保存和收集、方言研究三大板块,最后简单讨论了方言生态博物馆的概念。

【关键词】 汉语方言　方言博物馆　生态博物馆

一、博物馆和语言文字博物馆

(一) 博物馆

博物馆是指为公众开放的美术、工艺、科学、历史以及考古学藏品的机构,也包括动物园和植物园。(国际博物馆协会1946年成立时章程里的定义)

博物馆是一个不追求营利、为社会及其发展服务、向公众开放的永久性机构。它为研究、教育和欣赏之目的,对人类和人类环境的见证物进行收集、保存、研究、传播和展览。(国际博物馆协会1974年的定义)

国际上一般把博物馆分为艺术博物馆、历史博物馆、科学博物馆和特殊博物馆四类。其中,特殊博物馆包括露天博物馆、儿童博物馆和乡土博物馆。

国家统计局把博物馆分为专门性博物馆、纪念性博物馆和综合性博物馆3类。也有人主张应参照国际惯例,同时考虑中国实际情况,分为历史类、艺术类、科学与技术类、综合类4类。

(二) 语言文字博物馆

语言文字博物馆属于科学博物馆,也是专门性博物馆。

传统的博物馆主要收集展示物质文化。但近年来,随着非物质文化理念的普及,非物质文化博物馆如雨后春笋般不断涌现,如江苏苏州中国昆曲博物馆、浙江嵊州越剧博物馆、浙江乐清三科非物质文化博物馆、广东雷州中国雷歌馆(民歌博物馆)、北京西城区非物质文化遗产博物馆、藏东南文化遗产博物馆等等。

---

[*] 本文曾在"语言接触与跨文化交际国际学术研讨会"(2009年11月于澳门)和"濒危方言学术研讨会"(2009年11月于广州)上宣读。感谢《语文研究》编辑部提出的修改意见。

语言文字属于非物质文化，是人类最重要的非物质文化遗产。但长期以来，很少有人自觉地去保存、保护自己的语言文字，更谈不上为此建立专门的博物馆。随着现代化、全球化运动的不断深入，弱势民族、不发达地区的语言和方言以前所未有的速度急剧萎缩和衰亡，大量语言和方言濒临灭绝。在这种形势下，建立语言文字博物馆的工作被提了出来。

早在2002年，在全国政协九届五次会议期间，全国政协委员、原国家语委党组书记朱新均就提议建立中国语言文字博物馆。他建议将此项工程作为国家博物馆建设项目尽快立项，并指出："这一博物馆应全面收集中国语言文字各方面的历史资源和现实成果，充分展示中国语言文字的历史发展脉络、文化特色和价值；同时，要采用现代高科技手段，利用多媒体综合收集、展示，以便于进行进一步的语言文化资源的开发利用，从而把此博物馆建成集保护、展示、交流和研究中国语言文字功能于一身，对人民群众特别是青少年进行相关知识和爱国主义教育的基地。"（《中国教育报》2002年3月11日第2版）

此后，其他全国人大代表、全国政协委员也陆续提出建立中国语言博物馆、中国文字博物馆以及抢救保护濒危语言和方言等提案。

（三）中国语言文字博物馆建设现状

目前，我国的语言文字博物馆建设工作刚刚起步，甚至可以说仍处于呼吁阶段，但也已取得了一些初步的成绩。现将相关情况介绍如下。

1. 中国文字博物馆

2006年3月，全国政协委员、河南省人大常委会副主任袁祖亮联合25名全国政协委员，向全国政协提交了《关于在安阳市建设中国文字博物馆的建议》的提案。经国务院批准，中国文字博物馆于2006年12月26日在河南省安阳市奠基开工，2009年11月16日正式开馆。

中国文字博物馆是以文字为主题，集文物保护、陈列展示和科学研究功能于一体的国家级博物馆。该馆经7年运作，3年建设，迄今投资3.975亿元，建筑面积2.27万平方米，入藏文物4123件，辅助展品1058件，其中一级文物305件，涉及甲骨文、金文、简牍和帛书、汉字发展史、汉字书法史、少数民族文字、世界文字等多个方面。

2. 中国民族古文字陈列馆

中国民族古文字陈列馆设在中央民族大学民族博物馆内，2009年10月31日开馆。该馆从少数民族地区征集了西夏文、契丹文、女真文、古壮字、古布依文、方块瑶字、女书、水书、朝鲜文、佉卢文、于阗文、八思巴文、回鹘文、察合台文、小经文、藏文、傣文、蒙古文、满文、柏格理苗文、傈僳文、拉祜文、彝文、纳西东巴文、歌巴文、达巴文、尔苏沙巴文、纳木依文、王忍波傈僳文、坡芽歌书等30多个文种的500余件古文字和古文献资料。

3. 水书文化展览馆和水书博物馆

水书文化展览馆位于贵州省黔南民族师范学院，建于2006年。据介绍，该馆拥有水书原件、水书石刻、水书木刻、马尾绣水书、水书书法等水书文物500余件，同时展示有水族民俗风情图片、水书文化研究成果等文献资料。

水书博物馆由贵州省荔波县于 2005 年计划筹建，现况不详。据介绍，该馆将设水书展览厅，水书研究所，水书先生表演法度、念经等民俗演艺厅，水书先生或专家学者讲授水书培训厅，水族风情精品展，水书保管库房，等等。

4. 女书园、女书生态博物馆和女书数字博物馆

女书园位于湖南省江永县上江圩镇普美村，建于 2002 年，设有女书学堂、综合厅、女红厅、女书工艺品展销厅、女书书画作品展厅。女书园通过文字、图片、实物、音像等形式，展示了女书原件文献及女书研究成果，并从女书的来源、传承方式、女书流传区的民俗民风、女书与妇女的关系、女书艺术、女书书画、女书抢救和保护等方面，较为全面地展示了女书的基本面貌。女书学堂还举办女书学习班，以培养女书新人。

女书生态博物馆和女书数字博物馆是美国福特基金会资助项目"江永女书文化记录工程"的两个组成部分。该项目于 2005 年启动，计划在江永县普美村建立"女书生态博物馆"，原状保护普美村的自然环境，恢复与女书文化相关的民间节日、歌舞等人文环境，并依托原有的女书园建立资料信息中心，真实地记录和展示女书历史文化。"女书生态博物馆"是我国第一家为保护一种文字而设立的生态博物馆，现已建成并接待游人。"女书数字博物馆"则利用现代网络技术，为女书在虚拟空间提供一个展示平台，以使更多的人了解女书。

5. 上海方言文献资料库

上海方言文献资料库是上海市闵行区图书馆的一部分，建于 2007 年。据介绍，该资料库收藏上海方言资料（包括词典、专集、上海方言教材）、上海方言文学（包括方言小说散文、戏剧曲艺剧本、口头文学集成）、上海方言研究（包括专著、论文集）、上海方言音像（包括方言口述音像、方言剧目音像）、吴方言资料（包括词典、专著、论文集等）和其他方言资料，供读者查阅。2008 年，上海西南方言被列入上海市闵行区第一批非物质文化遗产名录，上海方言文献资料库遂成为非物质文化遗产传承和保护单位。

二、建设汉语方言博物馆的初步设想

（一）背景

汉语在辽阔的中国大地上，经过几千年的发展演变，形成了纷繁复杂的方言。据《中国语言地图集》（第 2 版）的分类，汉语方言可划分为 10 个方言区（官话视为一区）、97 个方言片、101 个方言小片（有些方言片未划分小片）。在中国东南部地区，"十里不同音"的现象随处可见。汉语方言的差异性甚至远远超出欧洲许多语言之间的差异。除了汉族以外，我国各少数民族都不同程度地通晓当地的汉语方言，汉语方言已普遍成为少数民族的第二语言，在有些民族（如满族、畲族）基本上已成为第一语言。此外，在东南亚、北美、欧洲等地区，有 1000 多万华人华侨使用汉语方言。使用汉语方言的总人口超过 10 亿。汉语是目前世界上使用人口最多的方言。

方言是地域文化重要的载体和重要的组成部分，是构成文化多样性的前提条件。汉语方言是构成我国丰富多彩的地域文化和传统文化不可或缺的重要因素，也是我国乃至全人类珍贵的非物质文化遗产。

由于我国工业化、现代化的起步相对较晚，因此汉语方言的传统面貌仍保存得相对较好。中国是当今世界上方言资源最丰富的国家，是方言资源大国。

然而，在当今世界全球化的大背景下，随着我国经济、文化、教育和交通事业的迅速发展，汉语方言正处于急速变化之中，有些甚至处于萎缩和衰亡之中，"无方言群体"（只会说普通话而不会说方言的人）不断壮大。在全面调查和系统整理的基础上，利用现代化技术手段，建立可长久保存使用的汉语方言博物馆，已成为摆在我们面前的一项急迫而重要的任务。

（二）主要内容

建设方言博物馆是一个崭新的课题，需要方言学专家和博物馆专家共同探索。在筹划方言博物馆的内容、形式和功能时，既要考虑到方言自身的特点（如非物质性、濒危性、专业性等），也要考虑到一般博物馆的共性（如公众性、观赏性等），此外还应考虑到时代性（如音像技术、信息处理技术和网络技术）。综合上述几方面的特点和要求，笔者认为方言博物馆应包括三大板块：方言和方言文化展示、方言语料保存和收集、方言研究。

1. 方言和方言文化展示

该板块主要介绍汉语方言的基本情况，结合各地地域文化来展示丰富多彩的方言文化现象。具体包括以下内容：

（1）方言概况。利用文字、音标、方言地图等介绍汉语方言的历史发展、地理分布、分区分片、各地特点、使用以及研究情况，利用多媒体地图查询，展示各地方言的区属、概况和主要特点。

（2）方言文艺。利用各种形式展示用方言创作、表演或包含大量方言成分的文学、影视、曲艺作品（如小说《金瓶梅》《醒世姻缘传》《海上花列传》，电影《疯狂的石头》，电视剧《哈儿师长》），以及各地各种地方戏、弹词、大鼓、相声、快板、吟诵、山歌、童谣、谚语等。

（3）方言民俗。利用视频等形式展示与方言有关的民俗事象，或用方言主持进行的民俗活动，前者如禁忌、口彩、语言崇拜、谜语等，后者如婚丧、节庆活动等。

（4）方言名物。利用实物、图片和文字相结合的方式展示用方言命名的具有地方特色、濒临灭绝或已经消失的事物，如各地的传统建筑、器具、物产、食品、服饰等。（伍云姬，2007）

2. 方言语料保存和收集

该板块主要保存、展示各种方言语料，同时利用自助采录系统收集方言语料。该系统既可增加参观者的参与性和互动性，又可长期收集各地方言语料，以便不断丰富博物馆的语料库。具体包括两个方面。

（1）方言语料。利用录音、录像、数据库等方式保存、展示方言语料，特别是音像语料。语料可分为受控语料和非受控语料。受控语料是指使用统一的调查规范和调查表进行调查所得到的、具有可比性的语料（如中国语言资源有声数据库建设项目），非受控语料是指通过其他各种途径得到的非可比的语料。

（2）方言语料自助采录系统。在博物馆里设立专门的音像采录区域，由参观者（发音人）按规定的要求在电脑上自助录制方言音像语料和发音人的基本信息。例如，馆方可为参观者提供一份统一的口语常用字词句表，要求他用自己的方言逐条说出来，或把规定的民间故事（如《牛郎和织女》）自然地讲述出来；也可不设限制，让参观者用方言唱一首儿歌，讲一个故事；等等。自助采录的方言语料经专家审定后，合格者汇入博物馆语料库。

3. 方言研究

该板块主要展示各种方言调查研究论著及相关文献，包括调查报告、词典、方言志、地图集、音档、专著、论文（包括学位论文）、方言教材、方言韵书、地方志、乡土文献等等。

汉语方言博物馆结构框架如下：

$$
\begin{cases}
\text{方言和方言文化展示} \begin{cases} \text{方言概况} \\ \text{方言文艺} \\ \text{方言民俗} \\ \text{方言名物} \end{cases} \\
\text{方言语料保存和收集} \begin{cases} \text{方言语料} \\ \text{方言语料自助采录系统} \end{cases} \\
\text{方言研究}
\end{cases}
$$

（三）实施计划

1. 大声疾呼

建立汉语方言博物馆是时代的需要，是民意的需要，是势在必行的事情。因此，有关政府官员、语言学者以及文化工作者应该共同关心、宣传这项文化工程，积极争取政府、高校和研究单位的支持，使这项工程尽早付诸实施。

2. 多管齐下

在建立汉语方言博物馆的工作中，既要全力争取国家投资，建立像中国文字博物馆那样的国家级、全国性的大型方言博物馆，也需要采取其他灵活多样的方式。例如，由地方政府出资建立本地的方言博物馆，由企业或个人出资建立民间的方言博物馆，也可考虑在现有的博物馆里面增加方言部分或在大型博物馆下面设立方言分馆，还可以在实体博物馆之外建设"汉语方言数字博物馆"。

三、关于方言生态博物馆

生态博物馆（ecomuseum）的观念于20世纪70年代初出现于法国，随后在全球流行，欧美国家迄今已经建立了数百座生态博物馆。挪威著名博物馆学家杰斯特龙（John Gjestrum）把生态博物馆的理论介绍到中国，并促成了挪威政府和中国政府合作，由两国政府共同投资兴建了中国第一座生态博物馆——贵州省六枝梭戛生态博物馆，并于1998年对外开放。随后，中挪两国还合作在贵州省建立了花溪镇山、锦屏隆里、黎平堂安3座生态博物馆。如今，浙江、广西、内蒙古等省区也已建成或正在兴建多座生态博物馆。

生态博物馆是一种与传统博物馆有着根本不同的新型博物馆。它的基本特征是以社区为单位，完整、原状地保存和保护该社区内的自然和文化遗产，可以说是一种"活态"的博物馆。它的基本观点是，"在某一特定区域中的一切自然和文化遗产都被看作是生态博物馆的一部分，任何实物都可能是本社区人民过去的历史和当今文化的记录"，"文化遗产应原状地保护和保存在其所属社区和环境之中"。建立生态博物馆的目的之一是"增强人们的文化特性意识，使某些具有重大价值的文化得以抢救"。杰斯特龙指出："生态博物馆的观点对于处在多数或统治地位文化包围之中的少数民族及其文化精华的保护和延续是具有重要意义的。"（中国贵州六枝梭戛生态博物馆，1997）

所谓"一切自然和文化遗产"，无疑应该包括当地的语言方言。不过，从我国生态博物馆建设实践来看，它们所关注的主要限于建筑、服饰、工艺、歌舞等物质文化或较易有形化的非物质文化现象，而存在于人们口耳之间的语言方言尚未得到应有的重视。这可能与生态博物馆盛行的西方国家缺少方言分歧有关，也可能与中国实践者过于功利有关。无论如何，语言方言正是生态博物馆最需要保护的对象之一，即使仅从保护其他非物质文化（如民间文学、民俗、歌舞等）的需要来说，也是如此。

既然如此，生态博物馆可以作为保护特定区域内语言方言的一种重要手段进行尝试和实践。在建设生态博物馆的过程中，应该把保护和发展本地传统语言方言纳入工作计划和建设指标中去，甚至可以考虑在一些方言特别复杂、特殊的地区建立以保护方言为主要目的的方言生态博物馆。可以预见，方言生态博物馆的建设将可以为濒危语言方言保护做出有益的探索，同时也能为生态博物馆事业的发展做出独特的贡献。

面对急剧衰亡的汉语方言，既需要立即开展大规模的收集和保存工作，也需要积极探索在方言区、在使用者当中进行活态保护和发展的方法。传统的博物馆是语言保存的一种有效手段，生态博物馆则为探索语言保护工作指出了一个新的方向。尽管我国的汉语方言博物馆建设工作尚未起步，但我们有理由相信，汉语方言博物馆是我国语言文化事业的一项必然选择，它迟早会屹立在广博深厚的汉语方言土壤之上；我们也有理由相信，汉语方言博物馆的建设必将为我国的语言保存和语言保护事业做出重大的、历史性的贡献。

参考文献

[1] 曹志耘. 论语言保存 [J]. 语言教学与研究, 2009 (1).
[2] 伍云姬. 湘西瓦乡话风俗名物彩图典 [M]. 长沙：湖南师范大学出版社, 2007.
[3] 中国贵州六枝梭戛生态博物馆. 中国贵州六枝梭戛生态博物馆资料汇编 [Z]. 1997.
[4] 中国语言资源有声数据库建设领导小组办公室. 中国语言资源有声数据库调查手册·汉语方言 [M]. 北京：商务印书馆, 2010.

（原载《语文研究》2010 年第 2 期）

方言中濒临消失的存古语音层
——从纯学术的角度看方言的濒危

刘泽民

(上海师范大学语言研究所)

【提　要】本文以例举的方式说明方言存古语音层的特征，探讨了方言存古语音层消失的原因，并对发掘和保存存古语音层提出了一些对策。

【关键词】方言濒危　存古　语音层

一、方言消亡的类型

从语言或方言消亡过程的角度来看，方言的消亡分突变型和渐变型两种（曹志耘，2001）。突变型实际上是方言的转换，操弱势方言的人群夹在操强势方言人群中间，经由双方言阶段，最后转说强势方言。渐变型是在强势方言的影响和冲击下，弱势方言逐渐磨损，失去自己的特殊成分，同时吸收强势方言的成分，使自己的语言系统逐渐转变为强势方言的语言系统。

从语言生态学的角度来看，突变型是方言濒危要着重关注的对象。一些在夹缝中生存的小的方言岛、土语岛确实面临在短期内消失的危险，需立即采取保存和保护性措施。

然而，方言的渐变型消亡，从纯学术的角度来讲，也是值得重视的现象。存古语音层的消失，是方言渐变型消亡最重要的表征。

本文讨论与方言中存古语音层有关的一些问题，认为从学术意义上来说，存古语音层的消失是方言濒危的一个严重问题，值得学界重视。

二、方言中存古语音层的特征

本文所说的"存古语音层"指的是在方言中只存在于少量的极口语化的词或语素中的语音层，这种语音层在整个中古音类中所占的字比例非常小，而且随着这些口语词的消失而濒于消失。

存古语音层有下列特征：
（1）一般存在于口语词中，常见于动植物名称、地名等。
（2）是音变滞后的产物。
（3）与人们的原生态生活密切相关。
（4）层次越古，遗存越少。有些只存在于个别词中，并随着这些词的消失而消失。

(5) 往往有音无字，或无法确认本字，最能体现方言的特异性。

三、存古语音层举例

1. 客家话的"我、荷"

客家话的第一人称代词在大多数方言点中读 [ŋai¹] 一类的音，它和另一个词"挑（担）"读 [kʰai¹]，成为客家话的两个标志性的词。现在我们知道，它们的本字分别是"我"和"荷"。"我"，疑母歌韵；"荷"，匣母歌韵。两个都是上古歌部字，上古歌部经历了 aI→ai→a→ɑ→ɔ→o 的一系列演变，这是许多学者论证过的。客家话的这两个词保存了歌韵的一个上古晚期（汉代）读音层，有些方言点还有一个"拖"字，如瑞金："拖藤"（蔓类植物藤蔓延伸）、"拉拉拖拖"（藤蔓延伸貌）读 [tʰɛ¹]，和"我、荷"韵母相同，瑞金发生过 ai→ɛ 音变。

2. "桠"（树枝）

"桠"有两读：一读于加切，影母麻韵平声字；一读乌可切，影母歌韵上声字。此两读上古都属鱼部。在表1的13个方言点中，"树枝"的"枝"声母读 [kʰ-]，而影母的例读是零声母。这些方言分别属于客家话、赣语、湘粤土话和闽语。这个词保存了一个影母的特殊读音层，这个读音层分布在相当广阔的地理范围。它在汉语语音演变史上的意义有待进一步探讨。

表1 "枝"在不同方言点中的读音

方言点	"枝"的读音
双牌江村	[kʰu¹]
道县寿雁	[kʰu³³]
东安土话	[kʰua¹]
兰山太平	[kʰua⁵]
嘉禾广发	[kʰua⁵]
桂阳流峰	[kʰo³]
涟源	[kʰɔ³]
新余	[kʰuaŋ¹ᴮ]
瑞金	[kʰa³]
大余	[kʰua¹]
安远	[kʰua³]
南雄	[kʰa³]
三亚	[kʰɛ¹]

3. 瑞金方言的"蚜虫"

瑞金方言管青菜上长的蚜虫叫 [tɕiuɛ³]，[iuɛ] 这个韵母辖字非常少。据我们的考证，它的本字可能是"虮"。虮，广韵两读，居希切，见母微韵上声，或渠希切，群母微韵平声。《说文》："虱子也。齐谓蛭曰虮。"《慧琳音义》："虱卵也。"《广韵》："虮虱。"《集韵》："虫名，水蛭也，入人肉者。"《玄应音义》："蛭江东名虮。"根据这些古代文献，"虮"有两个意思，一是虱子的卵，另一是水蛭即蚂蟥。我们见闻有限，没有查到古代典籍中"蚜虫"的名称。但我们认为，瑞金方言中［tɕiuɛ³］的本字可能就是"虮"。它的声母和声调与"虮"的第一个读音相合，且蚜虫在外观上与虱卵很相似。微韵瑞金韵母例读［e］或［i］，瑞金方言一个"虮"字保存了微韵的一个古代读音层。耐人寻味的是，我们在福建北部的一些闽方言中发现同样是见母微韵的"饥"字读［kyɛ³］一类的音（见表2），几乎和瑞金方言读音一样，这不会是巧合。闽语的这个古音层的保存为我们确定瑞金方言"蚜虫"的本字提供了有力的佐证。

表2 "饥"在福建北部一些闽方言中的读音

方言点	"饥"的读音
尤溪	［kue¹］
宁德	［kui¹］
莆田	［kui¹］
建阳	［kyɛ¹］
建瓯	［kyɛ³］
沙县	［kyɛ¹］
永安	［kyɛ¹］

2．瑞金方言的"蠛"

有一种小飞虫，在夏天尤其是黄昏时成群出现，黑色，只有针尖大小。瑞金方言叫"乌［miʔ⁸］子"，其中的［miʔ⁸］本字即"蠛"，明母屑韵入声。《说文》："蠓，蠛蠓也。"《玉篇》："小飞虫。"《说文新附》："蠛蠓，细虫也。"《文选·扬雄甘泉赋》："浮蠛蠓而蔽天。"李善注引孙炎注："《尔雅》曰：蠛蠓，虫小于蚊。"屑韵瑞金例读［iɛʔ］，"蠛"一字保存了屑韵的一个读音层。

5．瑞金方言中的"溪"

同是"溪"，在瑞金方言两个地名和一个普通名词中有不同的读音："河溪（银河）"的"溪"读［hɛ¹］，地名"洋溪"的"溪"读［tɕʰie¹］，地名"罗溪"的"溪"读［tɕi¹］。"溪"在瑞金话中还有一个文读音［ɕi¹］。溪母字的声母在瑞金话中例读送气塞擦音［kʰ/tɕʰ］，但确有一些很土白的词读擦音，如下面一些字：

h－：口、开、肯、糠、坑（山谷）、渴

ɕ－：起、气、墟、去

这个"溪"是否代表了溪母4个读音层和齐韵3个读音层？实际上，溪母字读擦音的层次，不仅在瑞金，在大多数客家方言、赣方言，甚至在粤语和平话中也大面积地存在（刘泽民，2010）。这个层次的性质，值得深入探讨。

四、田野调查中存古语音层的发掘与保存

方言中存古语音层在迅速消失，其原因是多方面的。粗略概括如下：

（1）传统生活方式的改变。语言的存古是和传统的生活方式联系在一起的。从事传统的农牧渔业的人们更贴近大自然，与自然界中的事物有更密切的关系，他们的语言也更接近原生态，保留更多传统的成分。随着传统生活方式的改变，语言原生态的土壤随之消失。例如，我们能用方言说出的动植物的名称越来越少，有些动植物我们甚至没有见过；传统的农具、家具、生活用具等在现今生活中消失，这些东西的名称也随之被遗忘；传统的手工艺、娱乐方式、节庆、祭祀、宗教等活动退出现代生活，大批相关的词汇也随之消失。凡此种种，不胜枚举。

（2）语言的传承有赖于代与代之间原生态的密切交往，如以家庭为核心的生活空间。但现代生活改变了这种传统的交往模式。孩子不是从父母、祖父母那里获得生活、生产知识，而是很小就进入学校和社会，代与代之间良好的语言传承受到阻隔。

（3）优势语言或方言的影响使处于弱势的方言使用空间不断压缩，同化使原生态方言的传承难以为继。

鉴于此，在方言田野调查中，为了尽可能地发掘存古语音层，我们必须采取一些对策。

（1）充实调查用的方言词项表，尽可能地搜集可能保留存古语音层的口语词项或语素。

（2）制作一套和词项配套的调查实物的图片或录音，供调查时使用。包括动植物、传统的农具、家具、传统服饰、传统玩具、手工艺品、工匠使用的工具、宗教或祭祀用的用品用具等的照片或图片，一些动物如鸟类，可以提供它们的叫声录音，来帮助调查对象确认调查内容。考虑到我们的方言调查者越来越年轻，距原生态生活越来越远，而且有些事物用语言描述确实很困难，制作一套这样的图片和录音，是非常必要的。

（3）在调查时，尽可能地深入保存原生态生活较好的地区，如偏远、闭塞的山区或乡村；尽可能地寻找原生态生活经验较丰富的调查对象。

（4）注意对特殊民俗、民间口头艺术进行细致的调查。广泛搜集民间故事、歌谣、俗语、谚语、儿歌等。

（5）注意对特殊人群和特殊生活内容的调查。特殊人群包括民间说唱艺人、工匠或手工艺人，以及乡间一些特殊职业者，如巫师、神汉、媒婆等，还包括那些村社能人。在他们的职业生涯中有一些特殊的生活内容，如巫术、宗族或家族祭祀仪式、婚丧嫁娶仪式等，其中可能保存有方言中一些非常珍贵的成分。

参考文献

[1] 曹志耘. 关于濒危汉语方言问题 [J]. 语言教学与研究, 2001 (1).
[2] 陈保亚. 从接触看濒危方言、濒危特征和濒危机制 [J]. 长江学术, 2006 (1).
[3] 刘泽民. 客赣粤平诸方言溪母读擦音的历史层次 [J]. 南开语言学刊, 2010 (1).

海外汉语濒危方言*

陈晓锦

（暨南大学中文系）

【提　要】 汉语方言是全世界华人共同拥有的非物质文化财富，汉语有濒危方言，海外汉语也有濒危方言。假如按照国内目前界定濒危方言的标准，所有的海外汉语方言就都应该笼统地列入濒危的行列。因为哪怕是华人社区的强势汉语方言，其生存的环境都十分艰难，使用的人数在居住国也都处于绝对少数。文章根据海外华人社区的现状，将海外汉语濒危方言分为5个等级。这5个等级，濒危的程度依次递增，第一级程度较轻，第五级程度最重。文章呼吁关注海外汉语方言调查研究，因为海外汉语方言积淀了华人华侨的海外移民史，积淀了华人华侨的海外发展史，积淀了华人华侨的集体记忆和智慧，既是语言和方言研究不可或缺的重要部分，也是华人华侨研究不可或缺的重要部分。

【关键词】 海外汉语　濒危方言

一、海外濒危汉语方言

"濒危"一词词义明确，指迫近、靠近、接近危险境地，"濒危方言"即是指濒临消亡的方言。

关于国内的濒危汉语方言，近年来多有学者关注。目前，"语言消失是人类文明和文化遗产的重大损失。保持语言多样性，文化多样性和保持生物多样性一样具有同等重要的地位"（李蓝、裴钰，2009）已是语言学界的共识。国内濒危方言的研究也有了进步，濒危方言研讨会的多次召开，就是一大表现。

但是，汉语方言是全世界华人共同拥有的非物质文化财富。汉语方言不仅流行于中国内地，在海外华人社区也广泛流行。全世界五大洲都有华人的足迹，也有华人带自祖籍地的汉语方言。那么，海外有濒危汉语方言吗？答案是有的。

海外不仅有濒危方言，还有已经死亡了的汉语方言，存在超过200年历史的南非开普敦华人社区的客家方言和粤方言广府话，以及印度加尔各答华人社区的客家方言和粤方言广府话，不就都已经消亡了吗？

假如按照国内目前界定濒危方言的标准，所有的海外汉语方言就都应该笼统地归入"濒危"的行列。因为哪怕是华人社区的强势汉语方言，其生存的环境也十分艰难，使用的人数在居住国也都处于绝对少数。例如在老挝，潮州话是华人社区中通行的唯一汉语方

---

* 本文为国家社会科学基金项目"东南亚华人社区汉语方言比较研究"（项目编号：07BYY017）的阶段性成果之一。

言，但老挝只有约 2 万华人，其中还有很多老挝华人已经不会讲潮州话，而老挝全国的总人口有 500 万。就是新加坡那样的华人占绝大多数的国家，由于世界范围内的汉语热，由于官方语言非汉语方言，虽然政府在华人社区中积极倡导使用华语，汉语方言的处境也还是一年不如一年。

从地点小方言的角度来看，海外汉语濒危方言是渐变型的，华人社区大方言中的地点方言往往消磨丢失小地点的特点，向方言代表点大方言靠拢。如东南亚的"潮州话"就是一个归一的概念，没有国内广东本土潮州、汕头、揭阳、汕尾等的差异；美洲等地华人社区的粤方言内部也不再细分四邑、广府。从整个方言的角度来看，则是突变型的，在总体上处于弱势的汉语方言通常只是华人社区中的老年人或者部分老年人使用，中年人少用，青少年基本不用。近年来，在海外华人社区，只有粤方言在某些国家仍处于上升的状态，与目前国内粤方言的状况相合。

造成海外濒危方言的原因不言而喻。长期脱离祖籍地本土母体方言，处于居住国强大的主流、非主流语言的层层包围之中，汉语方言的流播缺乏支撑的氛围和土壤；家庭和社区之外的交际用语不是汉语方言，学校的教学用语不是汉语方言，文字和方言完全脱节；海外不少会说一些汉语方言或者华语的华人都是不识汉字的，汉语方言没有书面语和书面文献；等等。语言和方言需要使用者的维护，可是除了与逐渐衰老的长辈沟通，年青一代看不到学习和使用方言的用处，看不到维护方言的前途，于是，放弃就成了不二的选择。

二、海外濒危汉语方言的分级

说海外汉语方言是濒危方言，当然是相对于其所生存的国家的官方、非官方语言来说的，也是相对于海外汉语方言国内的母体方言而言的。倘若从使用人数、流通情况等方面仔细分别濒危的程度，海外汉语方言内部可再分成几个等级。

（1）一级是在一国华人社区中使用的人数最多，在社区内不论祖籍地为中国何处的华人理念上（不能排除有些有此认识的华人本身并不会讲这种方言）公认的通用语，也是社区内不论祖籍地为中国何处的大多数华人，尤其是中老年华人共同使用的方言。例如，美国纽约和三藩市唐人街的粤语、加拿大温哥华和多伦多唐人街的粤语、越南胡志明市的粤语、马来西亚吉隆坡的粤语，泰国的潮州话、柬埔寨的潮州话，印度尼西亚的福建闽南话、菲律宾的福建闽南话。这些海外方言在各自所在国家华人社区内都是使用人数最多的，不仅祖籍地为这些方言区的华人使用，祖籍地是别的方言区的华人也使用。

我们知道，国内外粤方言的强势，既有中国穗港澳粤语区经济强盛的缘故，也有粤方言文化的影响。汉语方言中，粤方言拥有最多方言字，而丰富的方言字为丰富的方言文化奠定了基础。除了粤剧、用粤语表演的相声和小品，还有风靡全世界华人圈的粤语歌曲、电视剧和电影。粤方言文化支撑、帮助了粤方言的流播。在美国，因为唐人街的通用语是粤方言，故长期以来甚至在普通美国人心中造成了中国只有官话（Mandarin）和粤语（Cantonese）这两种话的认识。马来西亚的粤语其实不只在吉隆坡华人社区流行，在巴生和怡保等地也流行。调查表明，粤语在马来西亚已有超越使用人数最多的福建闽南话的势头。

菲律宾福建闽南话、泰国和柬埔寨潮州话的使用人口，都各占所在国华人的80%以上，这三种方言是三国不论祖籍地的所有华人的通用语。印度尼西亚福建闽南籍的华人占的比例虽然没有这么大，但福建闽南话也是位居华人社区第一的大方言，是该国华人普遍使用的方言。约占文莱全国人口30%的华人在社区中，尤其是在其首都斯里巴加湾市的主要汉语方言是福建小金门的闽南话。

之所以将这样的方言归入"濒危"之列，不仅仅因为它们的使用人口与所在国的人口无法相比，还有一个非常重要的原因：缺乏后续使用者。这些方言的强势是相对于更弱势的方言而言的。这些如今在各自的社区中排第一的方言，其实使用者主要是中老年人，青少年基本少说、不说，他们往往更愿意选择学习、使用居住国的官方用语——世界通用的英语，或在世界范围内越来越多的人使用的华语。而且这类方言的一些变化也是明显的，美国唐人街的汉语方言就已经从原来的粤语台山话渐变为粤语广府话，只不过方言的大系属暂未变化而已。

（2）二级不是一国华人社区内最强的方言，但还在祖籍地为同一方言区的华人中，尤其是中老年华人中流通。例如，越南胡志明市的潮州话、马来西亚的客家话、印度尼西亚加里曼丹山口洋的客家话。

位居越南胡志明市华人社区第一的汉语方言是粤方言。祖籍地为广东潮汕方言区的华人约占该地华人人口的30%。除了越南语，潮籍华人很多会讲粤语，潮州话虽不被华人社区所共用，但状况尚可。笔者曾亲见新春期间，潮州会馆一连组织了7晚的潮剧汇演，潮籍人士扶老携幼赴会（当然，孩子们纯粹只是去凑热闹）。

马来西亚的客家话主要散布在东马的沙捞越、沙巴、西马的玻璃市、吉打、吉兰丹、槟城、吡叻、彭亨、雪兰莪、森美兰、马六甲和柔佛州等地的小城镇、城镇周边的地区或农村，比较分散，地位排在福建话和广东话之后，但客家话仍在客籍人士中流通。

千岛之国印度尼西亚华人社区的强势汉语方言是福建闽南话，印度尼西亚加里曼丹山口洋地区的华人主要来自中国广东揭西等地。尽管他们绝大部分不识汉字，但他们说印尼话、福建话，有的会说一点华语。他们也还一直遵循"宁卖祖宗田，不忘祖宗言"的客家古训，年轻人也较好地保留了他们的先辈从祖籍地带来的客方言。

（3）三级是只在一国华人社区的少数老年人中流通的方言。例如老挝潮州话、印度尼西亚广府话、泰国曼谷广府话、柬埔寨广府话。

虽然老挝的两万华人（不包括从中老边界云南一带进入的边民）绝大部分是广东潮汕籍的，但由于人数少，华人日常主要使用老挝语，也讲华语，少讲潮州话，所以就连老挝中华理事会推荐的被认为潮州话讲得好的老年发音人，其潮州话也不理想。

与当今粤方言在国内外很多地方的强盛不一样，印度尼西亚、泰国、柬埔寨的粤方言广府话都只是极少数粤籍老年华人保留的方言，造成这种现状的主要原因是使用的人数太少。笔者曾接触过印度尼西亚、泰国的一些粤籍人士，尽管他们看到粤语在世界华人圈中的地位和作用，很希望能够振兴当地的粤语，但无奈这只是个美好的愿望而已。

（4）四级是在一国的华人社区中已经基本上没有什么人讲的方言。例如，新加坡客家话、越南胡志明市的客家话和福建话。

新加坡的客家话、越南胡志明市的客家话和福建话都已经是基本上没有什么人讲的汉语方言了,甚至在新加坡的客家会馆、越南胡志明市的客家会馆和福建会馆里,也难听到这两种方言。例如,在越南胡志明市的客家会馆和福建会馆,客籍华人和闽籍华人使用最多的方言和语言是华人社区的强势方言粤语广府话和居住国的官方用语越南语。胡志明市的客家会馆为了挽救客家话,常年聘请一位梅州籍的第一代华人做客家话的指导,并积极举办客家话学习班,可惜收效甚微。有时,语言和方言的变化并不是人为的干预可以改变的。

(5)五级是在一国华人社区里已经没有人说的死亡了的方言。例如,上文提到的南非开普敦华人社区和印度加尔各答华人社区的客家话和广府话,这两处不单汉语方言,连华人的社团都已完全消失。

5个级别,濒危的程度依次递增,第一级较轻,第五级程度最重;第一、第二级的方言在短时期内还不会有彻底消亡的危险,第三级将会很快向第四级演变,第四级堕入第五级的可能性很大,第五级的方言则没有任何起死回生的余地。

三、不能忽略海外濒危方言的调查研究

海外汉语方言是汉语方言板块重要的组成部分,讨论研究濒危方言,绝不能忽略了海外汉语方言这重要的一块。

我们知道,语言的消亡不是一种单一的现象,伴随着语言消亡的往往还有那种语言所负载的文化。汉语方言也会消失,尽管这需要一个不可预计的长过程,但这是总趋势,不会以人们的意志为转移。消失的次序当然是由弱到强,首先是从弱势濒危方言开始的。国内的弱势汉语方言若不幸消失的话,使用那种方言的人有可能转而使用周边另一种强势的汉语方言,或者放弃方言而使用通用汉语。尽管国内濒危汉语方言的消失有可能带走某些民风民俗,但不可能带走所有的汉文化;因为汉文化深深根植于中华大地,汉文化在中华大地的汉语圈内是相通的。

海外汉语方言就不同了,早期从中国内地移居海外的华人,大都是穷苦的没有文化的劳工,他们从祖籍地带走的是自己的母语方言和依附于方言上的祖籍地文化。带自祖籍地、生存在海外的汉文化在他国没有深厚的根基,没有文字的海外汉语方言若死亡,取而代之的必定是异族的语言文字和随之而来的填补空缺的异族文化。依附于汉语方言之上的文化失去了培植它的本来就少得可怜的土壤,将更加难以为继,必然也会随之消失。年青一代的华人不可能再转而学习华人社区中另一种稍有人气的汉语方言(假如所在的华人社区还有这样的方言的话),因为在他国,那其实也是濒危方言。故对于海外汉语方言,詹伯慧先生曾经说过,留住方言留住根。(新加坡《源》1998年第2期)

也许有人会说,华人可以转而使用华语,华语热不是正在全世界升温吗?使用华语,就能保留固有的文化。

问题是,如上所言,早年的华人只懂方言,之后由于华人的不懈努力,有的地方,如东南亚各国曾有数量不等的华校,东南亚现如今五六十岁的华人不少接受过华校教育,会说华语,识得汉字。但是好景不长,前30年,东南亚各国的华文教育都受到了不同程度的压制,以致现如今不少国家的中青年人一般不会华语,不识汉字。据了解,目前学习华

语的大多数年轻人追求的也仅是希望达到"能说一些"而已。至于东南亚之外的世界各处,华人也不少,但华文教育之前少有。目前世界正在高涨的汉语热,以及越来越多的孔子学院的成立似乎让人们看到了希望,不过这种学习以现有的规模和深度来看,要使华语成为海外华人圈中的通用语,是远远不够的。就如英语学习之在中国,中国几十年来的英语热又使国人了解了多少欧美文化呢?

这不是悲观,这是正视现实。

海外汉语方言里积淀了华人华侨的海外移民史,积淀了华人华侨的海外发展史,积淀了华人华侨的集体记忆和智慧。且不论脱离母体方言过百年的海外汉语方言在与强大的居住国主流、非主流语言不断地接触、碰撞中产生的语音和语法变异,仅从"唐山(中国、祖籍国)、侨批(华人华侨来往于居住国与祖籍地的邮件)、批局(邮局)、沙笼(流行于东南亚多国的一种服饰)、山芭(山林)、义山(专门埋葬华人的墓园)、新客(新移民)、峇峇(华人与土著所生的男性后代)、娘惹(华人与土著所生的女性后代)"等通行在东南亚华人社区的特有词例,我们也不难窥见海外汉语方言的多姿多彩。正因为明白汉语方言之于海外华人、之于汉语方言研究和语言研究的重要性,我们才要大声疾呼:抢救海外汉语方言!

在语言和方言的自然兴衰面前,有时候,人为的干预是苍白的。所以,我们目前所能做的抢救,就是赶在濒危方言消失之前,抓紧调查记录海外汉语方言,并对其加以研究分析,将宝贵的方言资料保留下来。进行海外汉语方言调查研究,困难会比在中国本土做方言调查研究要多。面对挑战,我们要沉着应战,也要抓紧时间,因为早一天着手,就能早一天避免更大的损失。南非开普敦、印度加尔各答华人社区汉语方言无一言一语的存留,消失得无影无踪的现象不能再重演了。

参考文献

[1] 陈晓锦. 马来西亚的三个汉语方言 [M]. 北京:中国社会科学出版社, 2003.
[2] 曹志耘. 关于濒危汉语方言问题 [J]. 语言教学与研究, 2001 (1).
[3] 李如龙. 东南亚华人语言研究 [M]. 北京:北京语言文化大学出版社, 2000.
[4] 李蓝, 裴钰. 语言濒危, 方言告急 [N]. 浙江日报, 2009 – 05 – 18 (11).
[5] 许茂春. 东南亚华人与侨批 [M]. 曼谷:泰国国际邮票有限公司编辑部, 2008.
[6] 严修鸿. 新加坡的客家话 [M] //黄贤强. 新加坡客家. 桂林:广西师范大学出版社, 2007.
[7] 邹嘉彦, 游汝杰. 汉语与华人社会 [M]. 香港:香港城市大学出版社, 上海:复旦大学出版社, 2003.

(原载《学术研究》2009 年第 11 期)

弱势方言构成要素的濒危[*]

——以湖北黄州方言为例

汪化云

（浙江财经大学人文学院）

【提　要】弱势方言的濒危，不仅反映在某个方言基本面貌的即将改变方面，更反映在某些方言构成要素的磨损方面。湖北黄州方言的词汇，主要是一般词汇和熟语，以及声调、韵母、声韵配合关系和虚词、语序等，新派与老派都存在一些差异，累积起来足以改变方言的原来面貌。这证明当中的某些现象是濒危的方言要素，应该引起重视，予以抢救性记录。

【关键词】黄州方言　要素　濒危　抢救

一、导　语

在市场经济快速发展和传媒高度发达的条件下，汉语中的弱势方言正发生着前所未有的迅速变化。这种变化主要有两种类型：突变型和渐变型。（曹志耘，2001）

突变型方言是指在强势方言的强大冲击之下，弱势方言的使用者最终放弃弱势方言而改用强势方言。一般认为，这种弱势方言便是濒危方言。在很多情况下，这种突变而成的语言变体仍然或多或少地带有弱势方言的底层成分，与强势方言不完全相同。即使是"无方言族"使用的语言变体，也仍然带有其父辈方言的某些痕迹。相对于标准共同语，这种语言变体仍然是一种方言。因此，其"濒危"的往往是方言的基本面貌，某些方言要素仍然顽强地存在着。濒危方言的研究已经引起了人们的重视，并且有了一些不俗的研究成果。这种研究当然是非常必要的，但是其研究对象并不是方言"濒危"的全部。

事实上，渐变型方言的抢救性研究也应该引起重视。所谓渐变型方言，是指弱势方言在强势方言的影响和冲击之下，逐渐磨损、丢失自己原有的一些比较特殊的成分，同时不断吸收强势方言的成分，使自己的语言系统朝着强势方言的方向发展演变。（曹志耘，2001）这种演变导致方言要素的不断丧失。相对于方言的本来面目，即将丧失的方言要素显然是濒危的。但是这些濒危要素是渐变的，因而容易被忽视。因此，对这类现象必须予以足够的重视，进行抢救性研究。属于江淮官话黄孝片的湖北黄州方言就存在这类濒危问题，这里列举其主要的几种濒危的语音、词汇、语法现象，略做说明。

---

[*] 本文为国家社会科学基金项目（项目编号：12BYY027）和教育部人文社会科学规划基金项目（项目编号：11YJA40084）的阶段性成果之一。主要发音合作人为王紧意、童佑岚、王为东。

二、方言词汇的逐渐磨损

词汇随社会的发展而发展，变化最为迅速。弱势方言固有词汇的磨损当然就更加明显，黄州方言老派词汇的不同组成成分的磨损就是显而易见的。

1. 一般词汇的磨损

一般词汇的演变最为突出。1949年以来，不同年代产生的新词，如"土改、三反五反、大鸣大放、反右、文革、斗批改、改革开放、和谐社会"等，都是先出现在共同语中，进而进入汉语方言的。黄州老派方言使用这些词语显然比新派少。相应地，某些一般词，如"跑反、吐谷旧时用例子将稻谷破壳加工成大米、回车马抬新娘的轿子到新郎家门口时，新郎家摆香案致祝词、迎镜盘旧时娶亲时走在前面的男孩子举着镶有镜子的花盘、说善书旧时艺人走村串巷打鼓说书、锻磨给用旧了的石磨开槽、请地牯牛旧时儿童玩的一种神秘游戏，似使用了催眠手段、例子类似磨子的加工稻谷的器具，以竹篾做外缘，以黄泥填实，以厚竹片为齿、荷叶饼子旧时用荷叶包着卖的大月饼、被窝戏木偶戏、己业田自有的水田、佃田租种的水田、东路子旧时流行的一种地方戏，或称东路子花鼓戏、压蕹基肥"等很多词语，在笔者的父母一代使用普遍，在笔者这一代使用不多，在笔者的下一代则基本上退出了交际。可见，黄州方言新派和老派的一般词汇面貌不同，这意味着黄州方言老派的一般词汇正在磨损中。

2. 熟语的磨损

熟语是最具方言特色的语言成品。但是，黄州的新派对老派普遍使用的熟语不"熟"——理解得不真切甚至感到费解，或者对其表达的意思难以认同（汪化云，2008）。如：

①发粑好吃，灰面难磋。（馍馍好吃，面粉难磨。）
②坐在磨子上吃藕——看穿了，想转了。
③狗肉上不得正席。
④穷人莫信富人薰（诓骗），椿树蓬头（发芽）浸谷种。

例①、例②涉及的用以磨面的石磨，20世纪70年代末在黄州就已基本上被机器代替，新派对这两个熟语当然不大理解。例③源于这样的观念：狗吃屎，因而狗肉有"厌气"，端上灶台会得罪灶王爷，只能在野外煮食，自然就不能上正席。但是，近30年从南方传来的饮食观念使得狗肉堂而皇之地成为宴席上一道档次较高的菜。例④是产生于"稻麦"一年两熟时代的农谚。但近45年来黄州都是"稻稻麦"，一年三熟，薄膜育秧至少要早于"椿树蓬头"半个月浸种，否则不能保证晚稻的成熟。因为这些熟语产生的条件发生了变化，其所涉及的事物在现实生活中不复存在或者出现了明显的变异，而熟语却没有变，当然就"跟不上时代"，令新派感到费解了。这种熟语的磨损应该是其消亡的先兆。

3. 基本词汇的磨损

方言中有些基本词与普通话不同，往往也是该方言中的特征词。基本词汇是很稳固的，但是，有些基本词也被磨损了。例如，黄州老派方言以"手、脚"分别指称上肢和下肢，上肢和下肢的某个部位则分别以"手、脚"作为语素构词，而新派则一般使用括号中的词语，与普通话相同。如：手杆［kuan³］子（手臂）、脚胯［kʰua³］子（腿）。这样的词语还有一些，如（汪化云，1996）：

新派：中午　毛巾　拳头　下雨　下午　开水　以后　吃夜饭　面粉　气味
老派：晏昼　袱子　砣子　落雨　□下昼　滚水　久后　过夜　　灰面　气色

新派与老派的方言差异，最明显的就是词汇。作为黄州方言要素之一的词汇，无论是一般词汇、基本词汇还是熟语，显然都面临着部分老派词汇濒危的问题。

三、方言语音要素的逐渐磨损

语音要素的磨损仅次于词汇，也是比较多见的现象。这里仅列举三类。

1. 阳去声向阴去声的演变——阳去声与阴去声合流的征兆

黄州方言去声分阴阳，这是其重要的特征。其阴去声字一般来自中古清去声，阳去声字一般来自中古浊去声和全浊上声。但是，新派中浊去声、全浊上声字不念阳去声而改念阴去声的有202个，约占682个常用浊去声、全浊上声字的30%（汪化云，2002）：

棒悖蓓焙并～肩腺弁卞汴埠薄叛畔佩牝冒袂谬痹吠愤忿缝～陈附驸鲋妇阜负殆迨宕荡盗队兑沌钝逗缔掉～过来莫垛恸戆跟溜馏械汞溃匮～乏馈篑聩翰瀚荷憾～和～诗汇绘彗惠蕙蟪慧烩幻浣患眷剂悖跽骑车～忌彀匠藉～故舰槛腱～于肉荐犒～饯键谷枢嚓觐竞痘胫迥窘杼遽菌郡诮艾系类现～在萃署墅曙眩炫腻乍攒湛绽长直亮切，多也仗～势塞造～草纣籍胄朕鸠豸致细～龚治祚仲萃悴瘁滞雉稚膀绍甚盛售遂隧燧穗诵讼颂誓逝噬筮氏示视市嗜峙谥拽撰馔篆隽斐缢坠睡瑞卧诣羿异肆刘裔讶迓恙喑谚雁咏泳胤玩～物胃伪谓渭綦墨芮枘蚋蜕睿御驭润韵闰

我们认为，这种演变是阴阳去声合流的征兆，是向去声不分阴阳的武汉方言、普通话靠拢的。其中81个，老派念作阳去声，说明这一演变的数量在新派中比在老派中大得多——不念阳去声的浊去声、全浊上声字，新派比老派多出近70%（81/122）。显然，黄州方言去声分阴阳的现象在磨损中。

2. 入声字向其他调类迁移的现象

黄州方言存在入声，这是其重要特征，但古入声字在黄州方言中存在派入其他调类的现象。老派方音中这类字为99个，新派中这类字则达到190个，几乎是老派方音的两倍，约占所调查的735个中古入声字的26%（汪化云，2002）：

念阴平的：憋别～针鳖摸督拉垃屐圾唧掐薛戍只一～啄噎

念阳平的：跋拔白薄礴匹朴～树仆～人膜乏伐筏阀罚佛仿～佛～教弗伏袱读独犊狨默笛籴核～桃核审～阂盒活骼合斛圆猾滑额爵嚼咀～席袭檄匣侠狭辖协胁挟学铡杂炸油～札扎贼择值直凿着点～镯轴妯察秩芍勺舌折～本熟十拾石食蚀实识

念上声的：瘪干~撇瞥抹喇嗝给郝乞迄讫曲蜀撒霎索辱褥嗦的目~
念阴去的：碧癖辟僻鳖瀑别勒酷忽惚嫉稷卅剧戚泣妄泄亵屑栅炸室桎蛰刹~那彻掣激错式拭饰轼率蟀沃亿忆臆翼绎译驿逸屹抑蜴咽玉尉~迟域蜮熨
念阳去的：曝瀑别~扭踏蹋匿嗑核~划计~霍寂嚼~东西隙穴戳飒萨轧握铪

以上入声字，新派的调类大多是与武汉方言（朱建颂，1992）、普通话相同或对应（黄州方言阴去、阳去声合起来对应武汉方言、普通话的去声）的。

3. 韵母的增加和韵母所辖汉字的分化

黄州方言老派没有 [y] 类韵母，却存在 8 个 [ʯ] 类韵母：[ʯ] 域出入、[ʯa] 抓、[ʯe] 热月、[ʯai] 帅、[ʯei] 锐追、[ʯan] 船权然、[ʯən] 云永任准、[ʯaŋ] 床让。其所辖汉字是普通话中 [tɕ] 组与撮口呼相拼的、[tʂ] 组与合口呼相拼的、[y] 类韵母自成音节的和声母为 [ʐ] 的多数汉字，这是一个庞大的类。新派则将其中 [tɕ] 组与撮口呼相拼的和 [y] 类韵母自成音节的分化出来，同武汉方言、普通话一样，也念作 [y] 类韵母（部分觉韵、药韵字如"虐、雀、跃"等韵母为 [io]，不变为 [y] 类）：

[tɕyan] 捐涓鹃卷眷绢倦；[tɕʰyan] 圈拳权劝券；[ɕyan] 喧悬玄绚炫眩；[yan] 冤渊鸳元园员圆袁猿辕援缘原源远怨院愿

[tɕye] 撅决诀倔崛厥蹶攫；[tɕʰye] 缺瘸阙阕；[ɕye] 靴；[ye] 日悦越粤月钺

[tɕyən] 均君军菌；[tɕʰyən] 群裙；[ɕyən] 熏勋循训驯；[yən] 云匀允陨韵熨酝蕴运晕

[tɕy] 居驹拘矩举句剧锯据踞巨拒炬距俱惧局菊鞠；[tɕʰy] 区岖驱躯渠曲去屈；[ɕy] 虚戌许栩；[y] 迂淤于盂余渝愉榆鱼渔娱愚虞舆羽予屿宇雨语玉誉预豫渝喻愈裕芋遇御寓吁

这种变化给黄州方言带来两个值得注意的现象：一是增加了 [y]、[ye]、[yən]、[yan] 4 个韵母，并形成了新的声韵配合关系——这些韵母与 [tɕ] 组而不与 [tʂ] 组相拼；二是 [ʯ] 类韵母所辖汉字分化了一部分到 [y] 类韵母中，原来同音的字不同音了（如：砖≠捐）。这是音系变化的现象。

新老派方音的以上 3 类差异，显然是 3 类语音要素磨损、濒危的表现。

四、方言语法现象的磨损

1. 虚词的磨损

虚词的新老派差异，主要表现在个别虚词被替代方面。如黄州方言指示动作对象、表示人与人之间关系的介词，老派用"对于"，如"他对于你么样"；新派跟普通话一样用"对"，如"他对你怎么样"。这类现象属词汇替换，这里不讨论，只说说个别特殊用法的虚词在新派中的消亡。如"箇"[ko]，在鄂东南赣语中是结构助词，在黄州老派方言中残存着这一用法，但一般人觉得其仅具音节作用。（汪化云，2008）这有两类。第一，可能是相当于"地"的结构助词"箇"的遗迹。黄州方言中相当于"的1""的2"的助词为"地"[·ti]，存在下列用例：

⑤缺巴擤鼻子，大把箇来。（豁嘴擤鼻涕，大把地出来。）
⑥你这样大把箇地抓，么样不发财？（你这样大把地抓，怎么不发财？）

第二，可能是相当于"的3"的结构助词"箇"的遗迹。黄州方言中相当于"的3"的结构助词是"的"[·ti]，可以构成"的"字短语，但存在相当于"的3"的构词成分"箇儿"[·k₃]。如：

⑦铁箇儿[tʰie⁶·k₃]，指称不明事理而又倔强、莽撞的人。
⑧轰箇儿[xoŋ⁷·k₃]，指称说话鼻音重、口齿不清的人。
⑨总箇儿[tsoŋ³·k₃]，总头目、总司令，如：他爹是十九路军的～。

以上的"箇"和"箇儿"，新派一般都不使用，残存的结构助词"箇"在新派中消亡了。

2. 特殊语序的磨损

黄州方言中语序的变异比较明显，所谓文白异序现象就是其例（汪化云，2001），这有4种情形。

第一，某些词语有两种语序。如：
　　a. 羊牯儿　猪牯　狗公儿　羊婆儿　狗婆儿　鸭婆　　鸭公　　猫婆　　鸡公　猪婆
　　b. 公羊儿　郎猪　公狗儿　婆羊儿　婆狗儿　婆鸭子　公鸭子　婆猫儿　公鸡　草猪
　　a. 人客　去回　念记儿　齐整　欢喜　强勉　求祈　钱纸　情事　该应　末药儿中药粉剂
　　b. 客人　回去　记念　　整齐　喜欢　勉强　祈求　纸钱　事情　应该　药粉子

两种语序的词都是黄州方言词。其中a式跟东南方言某些词语的语序一致，一般用于口语。歇后语口语色彩极浓，就常用a式，如"鸡公屙屎——头子硬"（比喻虎头蛇尾或色厉内荏）、"鸡公戴帽子——冠（官）上加冠（官）"中的"鸡公"。b式语序与普通话一致，多用于书面语或较正式的场合。

第二，"给予、告知"义动词构成的一般双宾句和含有准宾语、虚指宾语、处所宾语的特殊双宾句有宾语位置不同的两种语序：a. 主语＋述语＋直接宾语＋间接宾语；b. 主语＋述语＋间接宾语＋直接宾语。如：

⑩a. 老人家赏水我。　　　　b. 我还给你几个鲜桃。
⑪a. 你踢一脚他。　　　　　b. 你踢他一脚。
⑫a. 要买就买三十斤他。　　b. 要买就买他三十斤。

⑬a. 神仙丢一粒金瓜子地下。　　b. 神仙丢地下一粒金瓜子。

　　这两种句式并不等价。a式能自由地容纳口语词，使用普遍，扩展灵活，是口语句式；b式使用、扩展受限，多用于书面语和正式场合，与普通话中双宾句的特征相近。显然，两者存在文白的差异。
　　第三，黄州方言中差比句存在两种语序：a. 主语＋述语＋似＋介词宾语；b. 主语＋比＋介词宾语＋述语。其中，a式有口语色彩，常常用于一些熟语中；b式则没有这种色彩。如：

⑭a. 屁股高似头。（喻末大于本）｜但 *屁股高似肩膀。
　　b. 屁股比头高。｜屁股比肩膀高。

　　例⑭中，"屁股高似头"是熟语，故其构成成分一般不能替换为别的词语。"屁股比头高"不是熟语，故"头"可以用"肩膀"替换。可见，a式应该是白序，b式应该是文序。
　　第四，可能补语与宾语同现句在黄州方言中有两种语序：a. 述语＋得（不）＋宾语＋补语，述语＋宾语＋不＋补语；b. 述语＋得/不＋补语＋宾语。如：

⑮a. 你打得他赢。　　你打不他赢。　　你打他不赢。
　　b. 你打得赢他。　　你打不赢他。
⑯a. 我撑得他们倒。　我撑不他们倒。　我撑他们不倒。
　　b. 我撑得倒他们。　我撑不倒他们。

　　两类语序中，a式是白序，b式是文序。白序是方言中固有的语序，文序是共同语语序的叠置。几个类型的文白两序使用的情形不一，但总的来看是白序的使用范围在逐渐缩小，而文序的使用范围在逐渐扩大。（汪化云，2001）可见，黄州方言的白序在磨损中。
　　虽然语法具有稳固性，但黄州方言的特殊虚词、语序等处在磨损之中，其濒危也是不言而喻的。

五、结　语

　　从上面对黄州方言几个要素演变的讨论中不难发现，弱势方言濒危的不仅仅是方言的基本面貌，其构成要素的隐性濒危也许存在的面更大。这些濒危的要素容易被忽视，但累积起来足以改变一个方言的固有面貌，应该引起重视。那么，如何对待这类广泛存在的濒危现象？汉语方言的演变是绝对的、挡不住的，也是有利于交际和社会发展的。主张保护方言也许是一个良好的愿望，但只能是事倍功半。我们要做的，唯有深入而全面地抢救并加以记录。

参考文献

[1] 曹志耘. 关于濒危汉语方言问题 [J]. 语言教学与研究, 2001 (1).
[2] 汪化云. 普通话知识与训练 [Z]. 1996.
[3] 汪化云. 黄冈方言文白异序现象初探 [J]. 历史语言研究所集刊：第72本第3分, 2001.
[4] 汪化云, 李辉望. 黄冈方言中的学生方音 [J]. 语言文字应用, 2002 (2).
[5] 汪化云. 汉语方言"个类词"研究 [J]. 历史语言研究所集刊：第79本第3分, 2008.
[6] 汪化云. 方言语汇的与时俱进：以湖北团风方言为例 [C] //温端政, 吴建生. 汉语语汇学研究. 北京：商务印书馆, 2009.
[7] 朱建颂. 武汉方言研究 [M]. 武汉：武汉出版社, 1992.

［原载《中国方言学报（第三期）》，商务印书馆2013年版，发表时题为"弱势方言构成要素的濒危——以湖北黄州方言为例"］

五权语言生活*
——一个语言替换的实例

麦 耘

(中国社会科学院语言研究所)

【提　要】 论文通过访谈和问卷,从语言生活的角度调查了广西壮族自治区钟山县的两个壮族村寨,以五权行政村为主,南妙行政村为次。论文指出五权各村的双语交际可分3个层次:第一层次是六妙村和枫木寨,以壮语为主,"桂林话"为次;第二层次是黄屋村和拨坝村,以"桂林话"为主,壮语为次;第三层次是洞心村,也是以"桂林话"为主,壮语为次,而程度更甚,已近于"桂林话"单语环境。论文还指出发生在钟山壮族人群中的这一语言替换实例既有社会语言学的意义,也有历史语言学的意义——它可能为我们提供一面镜子,以观照历史上无数次出现过的语言替换的事实。

【关键词】 壮语　西南官话　语言生活　语言替换

一

钟山县属广西壮族自治区贺州市所辖,在广西东北部。钟山境内的汉语方言主要有钟山土话、西南官话、客家话、白话(一种较晚近来自广东的移民带来的粤方言)等,以及几种分布面较小的土话。学界一般将钟山土话归于桂北平话,其语音面貌有点接近粤方言。西南官话见后文。

钟山境内的少数民族语言主要是壮语和瑶语。据《钟山县志》编纂委员会记载(1995:700),在1987年,"钟山县壮族人口为2万多人,主要聚居在花山、红花、清塘、燕塘和古同等乡。在壮族聚居的地区流行壮语,但由于历史的原因,大部分壮民已经不会讲壮语而只会讲钟山话或官话,现在还会讲壮语的壮民有4000人左右,只占壮族人口的30%左右,① 而且只局限在壮族居住的村子里讲壮语"。

邓玉荣(2005:2-3)说:"壮族居民大部分在明代中后期迁入,主要分布在清塘、花山、燕塘等乡镇。现县内讲壮话的壮族居民约有6000人,其余壮族居民讲西南官话或钟山本地土话。当地老人说,他们的祖先约在清末民初逐步放弃讲壮语,除了壮族村寨一些年长者中还有少数人讲壮语以外,中青年已不会讲壮语了。"

笔者于2007年3月间和6月间到该县清塘镇进行了调查。

清塘镇坐落于钟山县的西南角,境内是平缓的丘陵地带,镇政府所在地的清塘墟距钟山县城直线距离20多千米。该镇聚居着壮族人和汉族人,还有少数瑶族人。汉语方言主

---

* 本文曾提交语言微观分布国际研讨会(台北,2007年9月),收入本书时略有修改。

① 引者按:2万多的30%不止4000,原书不知哪个数据有误。

要有"桂林话"、客家话、清塘土话、白话（一种粤方言）和阳山话（来自广东阳山县的移民带来的一种粤方言）等。清塘土话是钟山土话的一个分支，与县城的方言有一些差异。

笔者调查了两个壮族村寨，以五权行政村为主，南妙行政村为次。

五权行政村在清塘镇南部偏西，村公所距清塘墟直线距离约5000米（按路程算约8000米）。南与昭平县（也属贺州市）交界，中隔海拔880米的雷电山；西与平乐县（属桂林市）交界，两县地之间相对平坦。辖5个自然村，各相距在一两千米以内。各村人口数为（由五权村委会提供）：六妙村389人、拨坝村372人、洞心村225人、黄屋村157人、枫木寨110人，共1253人。除外地嫁入的妇女中有少数为汉族外，全部为壮族人口。姓氏有莫（六妙村）、闭（拨坝村和洞心村）、蒙（拨坝村）、谢（黄屋村）、石（黄屋村）、黄（枫木村）。

南妙行政村在清塘镇的西部偏南，距清塘墟直线距离约6000米，在五权西偏北约4000米。它的西面和南面都是平乐县境。南妙行政村包括南村、妙村、黄泥坡、金鸡岭等自然村，人口约有1700人。

上文提到的"官话"或"西南官话"，指的是西南官话桂柳片方言，本地习惯称之为"桂林话"。在广西北部地区一般人的概念中，"桂林话"这个名称并不专指桂林市区的方言，而是对桂柳片西南官话的泛称。在本文中，这个名称还特指五权、南妙的壮族群众所说的一种汉语方言。以下提到这个名称，作为泛称时不加引号，作为特指时加引号。

笔者的调查分两部分。一是访谈。笔者在五权的六妙村住了一段时间，并走访了黄屋、洞心、拨坝各村，与不同年龄的村民聊天，先后向笔者提供情况的村民有20余人。在南妙只与一位老人交谈过。二是简单的问卷调查。有两方面内容：语言使用（平时说什么话，与父母、兄弟姐妹、配偶、子女、同村朋友说什么话）和语言态度（觉得什么话最顺耳和最有用），主要用打钩的方式回答。调查问卷在五权发了300份，收回后剔去一些被调查人基本材料不全的，得有效问卷282份。由于是请村干部代劳，有些回答不是很规范或不完整，但绝大多数可用。

本文主要讨论五权的语言使用情况。这里先简略地说说南妙的情况。

在南妙行政村，除外地嫁入的妇女中有少数为汉族外，全部为壮族人口。日常交际语言为"桂林话"，目前能说壮语的基本上限于80多岁的老人，但平常也不说。80岁以下的老人仅懂得一些简单的语句。接受笔者调查的南妙行政村南村60岁的壮族老汉陆光浩表示自己不能说连贯的壮语。年轻人只懂"桂林话"而不懂壮语。即使是说壮语的外地嫁来的妇女，她们来此地后也会改为以说"桂林话"为主，平时也不说壮语，除非碰上也说壮语的人。

陆光浩推测，他们的村庄不讲壮语，可能有100年以上的历史了。

据了解，在清塘镇，除南妙外，黄桥、林岩等行政村也有"桂林话"完全取代壮语的情况。在邻近的平乐县莲塘、启善等行政村，也有主要通行"桂林话"的壮族村寨。[①]

---

① 据说昭平县境内与清塘邻近的壮族村寨没有讲"桂林话"的，这或许跟地理状况有一定的关系。

二

在五权，使用最广泛的交际语言是"桂林话"，其次才是壮语。此外，五权的壮族群众多数还会说清塘土话、客家话、阳山话、平乐土话、昭平土话、白话及带地方口音的普通话等。他们与外人交往，往往是对方说什么话，他们就能用什么话与对方交流。本文主要讨论壮语和"桂林话"的使用情况。

1. 六妙村

六妙村内部基本上说壮语，所有家庭内部的交际用语都是壮语，包括小孩子平时也都"讲壮"（说壮语）。同时，所有人又都会说"桂林话"。六妙村的乡村医生、50岁的莫刚标告诉笔者，他74岁的母亲是清塘镇政府附近村庄的汉族人，在娘家说清塘土话，嫁到六妙村后改说壮语。他的一个弟媳也是汉族人，从湖南嫁来，现在也说壮语。莫刚标自豪地说，原来不会说壮语的外地姑娘嫁到六妙村，不出两三年，都会说流利的壮语。68岁的莫正全的妻子30多年前从本县公安镇嫁来六妙村，她说她当年22岁，在娘家是讲钟山土话的，但嫁来两年就会说壮语了。

表1是根据六妙村75位壮族人的问卷答案归纳出的语言使用情况。分47～80岁组（姑且称"老年组"）25人（24男1女）和17～45岁组（称"青年组"）50人（42男8女）。表中数据，斜杠左边为老年组、右边为青年组；表2、表3、表4、表6同。①

表1 六妙村语言使用情况

语言	平时	与父母	与兄弟	与配偶	与子女	与朋友
壮语	24/45	8/41	24/49	24/22	17/27	24/48
壮—"桂"	1/5			0/3	1/0	1/2
"桂林话"				0/1		

老年组比青年组壮语的使用率似乎略高，但差别不明显。② 凡男子与妻子说"桂林话"的，都是娶了来自外地、在娘家讲"桂林话"的妻子的。

总的来说，六妙村基本上是壮语的单语环境。

语言态度方面，有22人回答了"觉得什么话最顺耳"，其中15人同时选择壮语和普

---

① 问卷的问题有：主要说什么话、其次说什么话，但六妙和拨坝收上来的答案"其次"一栏都没打钩，而有的在"主要"一栏选了壮语和"桂林话"两项，即表中的"壮—'桂'"。"与父母"栏的数字比被调查人数少，一是由于一些父母已殁者没选这一栏，二是统计时减去了外地嫁来的壮族妇女的资料。"与兄弟"（指与兄弟姐妹）中也把外嫁来的壮族妇女的资料减去。有些丧偶者不选"与配偶"一栏。"朋友"指同村的朋友。有一些村有些接受调查者没有回答"觉得什么话最顺耳"和"觉得什么话最有用"这两个问题，主要是六妙村和枫木寨。少数涉及壮语与"桂林话"以外的汉语方言的数据，表中舍去。以下均同。

② 老年组有3处"壮—'桂'"都是同一人，为从洞心村嫁来的妇女（现年60岁）。

通话两项（老年组2人，青年组13人），3人选择壮语和"桂林话"（老年组1人，青年组2人），2人选择壮语（两组各1人），1人选择"桂林话"和普通话（青年组）。只有2人回答了"觉得什么话最有用"，都选择了普通话（都是青年组）。

2. 枫木寨

由于某种原因，笔者没到枫木寨进行访谈调查，仅做了问卷调查。表2是对枫木寨的28名壮族人问卷调查结果的归纳。也分两组：46～70岁组17人（全为男性），22～45岁组11人（9男2女）。

表2　枫木寨语言使用情况

语言	平时		与父母		与兄弟		与配偶		与子女		与朋友	
	主	次	主	次	主	次	主	次	主	次	主	次
壮语	15/9		14/10		17/10		12/7		12/8		14/9	
壮—"桂"	2/2						1/0				3/2	
"桂林话"	0/1		9/4		5/5		2/0		1/0		2/2	12/9

莫刚标认为，枫木寨没像六妙那样完整地保留壮语。不过从表2的数据来看，枫木寨还是以说壮语为主，说"桂林话"为次。当然，在枫木寨，"桂林话"的使用频率比六妙高很多。

跟六妙一样，年龄差别从表中看不出来。在与子女的交流中主要说壮语的父亲中有7位在27～45岁之间，这说明目前枫木寨的儿童仍能掌握壮语。笔者有一次在公路上碰到几个放学回家约10岁的枫木寨小学生，他们一面玩耍一面用壮语交谈。可见，他们平常相互之间是说壮语的。

语言态度方面，对于"觉得什么话最顺耳"，有7个人做了回答，选择壮语的3人（老年组2人，青年组1人），选择普通话也是3人，选择"桂林话"的有1人（都是青年组）；回答"觉得什么话最有用"的有6人，都选择了普通话（也都是青年组）。

3. 拨坝村

拨坝村67岁的闭耀务（初中文化程度）虽会说壮语，但他在家里是讲"桂林话"的。笔者听闭耀务和他的两个三四十岁的儿子用壮语交谈，闭家父子说着说着有时就会转用"桂林话"。这种语码转换说明了他们的语言习惯。

60岁的闭志术和57岁的闭志常是兄弟。他们两家以壮语为主要家庭用语，当然他们也会说"桂林话"。31岁的闭荣潭是闭志术的儿子，中专文化程度，他平时在家里跟父母讲壮语，跟他的孩子既说壮语也说"桂林话"，而跟他的兄弟主要讲"桂林话"。

53岁的闭荣干说，他家是"讲壮"的，但他的堂弟、41岁的闭荣京家则是讲"桂林话"的，尽管两家至今还住在同一个大房子里。他们堂兄弟俩之间说话则一概用"桂林话"。

闭志术和闭荣潭估计，在他们村子里，有30%～40%的家庭以壮语为主要家庭用语，60%～70%的家庭以"桂林话"为主要家庭用语。中老年人大约也是这个比例，不过他们基本上都既会说壮语，也会说"桂林话"。40岁以下的拨坝人说壮语大多不流利，10岁以下的小孩一般只说"桂林话",对壮语大多只懂得少数词语。

来自拨坝村壮族人的有效答卷共73份。表3是成年男子,48～67岁组15人,18～38岁组23人;表4是成年女子,50～81岁组9人(全为外村嫁入者),18～45岁组13人(本村6人,外村嫁入7人);表5是8～14岁的少年儿童13人(10男3女)。

表3 拨坝村成年男子语言使用情况和语言态度

语言	平时	与父母	与兄弟	与妻子	与子女	与朋友	最顺耳	最有用
壮语		1/1	3/3	5/0	3/0		8/4	
壮—"桂"	15/23	7/19	12/7	3/3	9/4	15/22		
"桂林话"	2/3	0/12	4/7	1/6	0/1	7/18	8/9	
普通话								7/13

表4 拨坝村成年女子语言使用情况和语言态度①

语言	平时	与父母	与兄弟	与丈夫	与子女	与朋友	最顺耳	最有用
壮语	3/0	1	2	4/1	2/0		7/8	1/0
壮—"桂"	6/12	5	2	4/5	7/5	9/12		
"桂林话"	0/1		2	0/1	0/2	0/1	2/5	8/8
普通话								0/5

从表3和表4中能够看到年龄的差别,即青年组更倾向于说"桂林话"。"与子女"都比"与配偶"更倾向于用"桂林话",也显示两代人的不同。②

表面上看,表3和表4略有差异:相比之下,男性比女性更倾向于说"桂林话"。但其实这与性别无关,只是由于多数外地嫁入的妇女在娘家的母语是壮语。

数据证实了"桂林话"的使用频率的确高于壮语。尽管如此,两表在语言态度上的一个特点——认为壮语最顺耳的人很多,比实际主要讲壮话的人多。从中可以看出成年人对壮语还是比较有感情的。

表5 拨坝村少年儿童语言使用情况和语言态度

语言	平时	与父母	与兄弟	与朋友	最顺耳	最有用
壮语					1	
壮—"桂"	9	9	5	10		
"桂林话"	4	4	8	3	11	
普通话					1	13

从表5中可以看出,少儿比成人在语言使用上更倾向"桂林话",语言态度上更青睐普通话。

---

① 表4的"与父母""与兄弟"两栏不计外村嫁来的妇女,所以只有较年轻一组的数据。
② "与父母"一栏老年组数据小,是因为父母已殁者没选这一栏。

4. 黄屋村

笔者曾在黄屋村与3位60～70岁、一直在本地生活的男性老人攀谈。其中,谢持孝与谢扶宽见面一开口总是讲"桂林话",但他们与另一位老人石问界交谈则一般"讲壮",因为后者习惯"讲壮"。不过,当两位谢姓老人用"桂林话"交谈而石问界想插话时,后者也说"桂林话"。他们都是高小文化程度,都是在本地读的书。

谢持孝强调他们全家都会说壮语,但也坦言他们家里的交际语言是"桂林话",如在饭桌上。莫刚标是谢持孝的侄婿,他说他到谢持孝家来,与谢持孝的3个儿子(年龄是三四十岁)用壮语说话,他们也用壮语与他交谈,但他们常常不自觉地转用"桂林话"。至于谢持孝的儿子们之间说话,就总是用"桂林话"。但据说莫刚标的岳父,即谢持孝的兄长(已经去世)更习惯说壮语。莫刚标的妻子说她在娘家是以"讲壮"为主的。也就是说,谢持孝兄弟及其家庭的语言习惯是不同的。

另一对兄弟,76岁的谢持炳多讲壮语,而66岁的谢持祖则多讲"桂林话",尽管这两种话他们都能讲。

谢持孝说,在黄屋村,家庭内部用壮语的家庭比用"桂林话"的少得多。

在表6中,黄屋村31位壮族人也分两组:47～68岁组7人(全部为男性),26～45岁组24人(21男3女)。

表6 黄屋村语言使用情况和语言态度

语言	平时		与父母		与兄弟		与配偶		与子女		与朋友		最顺耳	最有用
	主	次	主	次	主	次	主	次	主	次	主	次		
壮语	5/5	1/15	5/9	0/5	3/4	2/3	5/7	0/4	0/5	0/4	1/1	2/0	1/4	
"桂林话"	2/19	5/3	2/12	3/7	4/17	2/1	1/13	2/2	8/14	0/2	6/23		6/20	
普通话														7/24

由表6中的数据可以看出,黄屋村的"桂林话"使用率的确比壮语高得多。

年龄差别相当明显。在用壮语与用"桂林话"的比例上,拿"与父母(主)"的14∶14和"与兄弟(主)"的7∶21比较,再拿"与配偶(主)"的12∶14和"与子女(主)"的5∶22比较,也可以看到壮语的地位一代比一代削弱。①

在语言态度方面,觉得壮语最顺耳的人比实际主要使用壮语的人要少。在这点上黄屋村跟拨坝村不一样。

5. 洞心村

洞心村60岁的闭荣彰当过20年村干部,56岁的闭荣建当过10年小学教师。他们平时讲"桂林话",不过当别人与他们"讲壮"时,他们也会用壮语回应。闭荣建承认自己说壮语有时在表达上会有困难,有时要停下来想一想某个词语该怎么说,有时则用"桂林

---

① 不过,5位主要与子女说壮语的父母(3男2女)年龄都为27～34岁,反而没有老年人。其中,两位妇女在娘家都是说壮语的,3位男子与妻子说话也说壮语,估计他们的妻子也以壮语为母语。

话"的词语来代替。他28岁的儿子闭耀洪则基本上不会说,也不会听壮语,只懂很少数最简单的语句。闭荣建的侄子闭耀俭今年17岁,笔者问他壮语里"吃饭"和"天"怎么说,他都回答不出来。闭荣彰说,他37岁的儿子(因外出打工,笔者未能见到)懂壮语,但平时也不说。

据说,洞心村的所有家庭都以"桂林话"作为家庭用语,无一例外。莫刚标和闭荣彰是儿女亲家,莫刚标的女儿在六妙村娘家本是"讲壮"的,嫁到洞心村以后也变成主要讲"桂林话"了。

受访者估计,洞心村50岁以上的人都懂壮语,30~50岁的人多数懂,20~30岁的大约有40%懂,20岁以下的基本不懂。本人也不懂壮语的闭耀洪指着他两个只有几岁大、满嘴"桂林话"的儿子说,他们长大后肯定不懂壮语。不过也有例外,据莫刚标说,他女儿坚持跟孩子说壮语,所以他6岁的外孙是会壮语的。不过这在洞心村应当是凤毛麟角的。

在闭荣彰对少年时代的记忆中,他爷爷在家里只讲"桂林话"而不讲壮语。他由此推断,洞心村在日常生活中不说壮语而说"桂林话"的传统至少有80年了。他自己从小就不在家里讲壮语。笔者问他,既然这样,他是怎么懂壮语的呢?他回答说,因为附近其他村寨的人还说壮语,有时跟他们交流还用壮语。

洞心村壮族人的答卷共57份,分3个年龄段:46~68岁组12人(11男1女),31~45岁组25人(21男4女),17~30岁组20人(19男1女)。(见表7,斜杠隔开的数据按"老/中/青"排列)

表7 洞心村语言使用情况和语言态度

语言	平时		与父母		与兄弟		与配偶		与子女		与朋友		最顺耳	最有用
	主	次	主	次	主	次	主	次	主	次	主	次		
壮语	0/4/0	5/4/3	0/1/0	4/3/1		2/0/0	2/11/0	0/1/0		0/3/0	0/1/0		0/2/0	
"桂林话"	12/21/20	0/2/0	11/19/19	0/1/0	11/20/19		7/9/4	2/3/1	12/22/5		12/24/20		12/23/19	0/2/0
普通话														12/23/19

数据表明,洞心村已几乎是"桂林话"的单语环境。夫妻之间说壮语的多一些,是由于有不少外村嫁入的壮族妇女的母语是壮语。中年组平时主要说壮语的4人和与同村朋友主要说壮语的1人,全是外村嫁来、在娘家说壮语的妇女。

从表7的数据上看不出年龄差别。

综上所述,五权是一个多语环境,主要是壮语和"桂林话"的双语环境。五权各村可分3个层次(对壮语和"桂林话"以外的语言/方言置而不论):

第一层次,六妙村和枫木寨,以壮语为主,"桂林话"为次。前者基本上是壮语的单语环境,后者几乎是如此。所有人都是双语人。

第二层次,黄屋村和拨坝村,以"桂林话"为主,壮语为次。有的家庭以"桂林话"

为主要家庭用语，有的家庭则以壮语为主要家庭用语，而以用"桂林话"的较多。大多数人也是双语人，但青年人的壮语表达已出现问题，儿童则基本上是说"桂林话"的单语人。

第三层次，洞心村，也是以"桂林话"为主，壮语为次，且程度更甚，已近于"桂林话"的单语环境。所有家庭都以"桂林话"为家庭用语。只有中老年人是双语人，而且他们的壮语表达多少也已出现问题，而青少年基本上是说"桂林话"的单语人。

按洞心村的情况再发展下去，就会变得像南妙那样，成为完全的"桂林话"的单语环境了。也就是说，在一个局部环境中，汉语方言最终取代了少数民族语言。这是一个语言替换的实例。这根链条是这样的：六妙村—枫木寨—拨坝村—黄屋村—洞心村—南妙行政村。

三

笔者在洞心村看到2002年印行的非正式出版物《广西闭氏（大琼公）族谱》，其中记载明正德年间闭氏廿八世组闭鲁在桂林生七子，七兄弟后来迁居平乐、恭城、金秀、昭平等县，其中第四子闭公田迁来钟山县清塘镇五权村。但闭荣建很确定地说，今天五权闭姓人讲的"桂林话"不会是那个时候从桂林带来的，因为他知道，迁居其他各县的闭氏后裔至今仍多讲壮语而不讲"桂林话"。

如前述，此地壮族人转讲"桂林话"的历史顶多百年上下，不会早至明代。

有一个故事在附近壮族村寨广为流传：洞心村某一代祖上曾立下规定，要村民们说桂林话，而不许说壮语，违者罚酒3斤。这个传说无法证实，但闭荣彰很坚决地相信这是真的，而且同样很坚决地认为这是一个很好的规定。

另一个故事则确有其事。拨坝村的闭耀务说，20世纪30年代，他的爷爷闭志清在南宁第三师范当武术教练兼校医，是当时五权少有的见过大世面的人物，后来回到家乡居住，是这一带有名的乡绅。他教育子女要讲桂林话，不要讲壮语；不学好桂林话，将来就没有前途。可以推测，作为一个在乡里受大家尊敬的人，他的观念在当时影响所及，当不仅于他的子女和近亲。

闭荣彰毫不避忌地说，壮族人改说"桂林话"是一种进步。他称赞完全不说壮语而只说"桂林话"的南妙人比洞心人更进步。这让笔者多少感到意外。

一般五权人即使不像闭荣彰那么极端，也都会承认，只会说壮语而不会说桂林话是无法在壮族村寨以外的社会生存的。闭荣彰打比方说，如果你只会说壮语而不会说桂林话，到钟山县城别人听不懂你说话，就是想吃一碗米粉也吃不上。笔者在洞心、黄屋、拨坝等村多次从不同的受访者口中听到这样的话：不懂桂林话的人是很笨的。许多人认为，不但要会说桂林话，还要说得地道，如果让人听出你带壮语口音，会被人看不起。闭荣建称赞闭荣彰的"桂林话"说得好，到外面去别人听不出他是讲壮语的。这种观念可以解释为什么在那个传说里和在闭志清的教诲里，不但要求讲桂林话，还要求不要讲壮语——这是为了避免壮语口音影响对桂林话的学习。

不过，现在广西并无看不起壮族人的观念①，这种观念应该是很久以前流行的。这也可以证明"桂林话"在五权的流行时间不会很短。

少数民族换用汉语方言的情况并不罕见，但一般是换用他们所在地附近的汉族人说的汉语方言。清塘镇乃至整个钟山县的汉族人以"桂林话"为母语的非常少，多是讲钟山土话或清塘土话。那么，五权乃至钟山许多地方的壮族人为什么不换用钟山土话或清塘土话而换用"桂林话"呢？

这一现象与桂林话在广西、在钟山的权威地位有关。桂林在历史上长期是本地区的政治、经济、文化中心。即以宋代以降言之，桂林历为广南西路（宋）、岭南广西道（元）、广西省（明、清）的治所（谭其骧，1996）。这个历史的原因使桂林话在广西一直有相当高的权威。直到1912年，广西首府才改为南宁。② 即使在此时，南宁话作为一种粤方言，也无法取代桂林话成为广西的权威语言。前文提到闭志清在20世纪30年代从南宁工作返乡后，还教育子女要学桂林话，也证明当时广西的权威方言仍是桂林话，即使在南宁亦然。

"新中国成立前，除了官府通用官话外，学堂教师念课文也用官话，解释才用钟山话，因为无法用钟山话念课文。另外，县城及墟镇也流行官话。所以，新中国成立前，略有文化的人都会讲官话。'讲官话'成为钟山人的美谈，称为'讲官'。新中国成立后，官话很快普及。现在，除了少数居住在山区的老辈人不懂官话外，全县60%的人会讲官话。官话成了钟山的'普通话'。"（《钟山县志》编纂委员会，1995：699）这里所说的"官话"就是桂林话。闭荣彰说，直到近年，他到县里开会，会上使用的还是桂林话，而不是普通话。笔者在钟山县长途汽车站听到车站广播室用两种话报告车次情况，除普通话外的另一种话，竟不是钟山土话，而是桂林"官话"。

桂林话在本地汉族社会中的权威地位是它受到这里的壮族群众崇尚的社会背景。③

照一般的推测，交通越方便的地方就越容易受权威语言的影响。但就五权来说，并非如此，而且还正好相反：5个村寨中，六妙村离清塘墟最近，其次是枫木寨和拨坝村，再次是黄屋村，最远是洞心村，再过去就进山了。从清塘墟去五权要经过新农行政村，也就是说，后者离清塘墟更近，那里也是纯壮族聚居的村庄，据说语言情况与六妙相若，以讲壮语为主。

其实，在没有大的交通障碍的情况下，仅数千米的距离一般不能成为对语言传播产生重要影响的因素。

看来，在五权，语言使用的差异主要还是跟语言态度有关，而语言态度与有影响力的人物有关。影响拨坝人语言态度的有闭志清。洞心村那个传说中的主人公已不可考，可以推测是时间上更早的闭志清式的人物。

"桂林话"在壮族群众中的流行与教育有关。谢持孝说，五权在20世纪20年代兴办了一所学校，即现在的五权小学的前身。在五权，几乎所有在本地长大且读过书的人，都

---

① 由于政府对少数民族有各种优惠政策，被定为汉族的村寨提出要求改定为壮族或其他少数民族的情况很常见。五权有不少汉族妇女嫁来，也从侧面证明确实不存在壮族人受歧视的情况。
② 广西省会1936年由南宁迁回桂林，1950年再迁南宁。
③ 形成对照的是，据说在昭平县城里，桂林话是没有什么地位的。这还需要调查研究。

是五权小学的校友。上文已提到，在钟山，过去学堂授课用"官话"即桂林话。受访者都证实，那时的老师们都是用桂林话教学生读书的。本地的学校，无论是五权的、邻近村庄的，还是清塘镇的、钟山县的，在20世纪50年代后期推广普通话以前，教学都用桂林话。毋庸置疑，教师及其教学用语在文化上的权威地位会对推动社会语言使用的趋向起很大作用，在乡村地区尤其如此。

不过就目前来说，语言使用情况与文化程度看不出有相关性。①

在上文所说的第二层次的村子即拨坝村和黄屋村，语言使用情况与年龄有很明显的直接关系。总的来说，越年轻就越倾向于讲"桂林话"。

不过在第一层次的六妙村、枫木寨和第三层次的洞心村，年龄的因素看不到或不明显。可以这样理解：第一和第三层次的语言使用情况属于稳定态，在较短时间内无明显变化，所以不同年龄段无明显不同；而第二层次是变化中的不稳定态，所以在不同年龄段中可以看到明显差别。

外面嫁进来的女子的语言对下一代会有一定的影响，但她们自己也会受婆家语言环境的影响。这在上文已涉及，这里再专门谈谈。

拨坝村的闭荣干说，他的父母都讲壮语，所以他也讲壮语，而他的堂弟闭荣京之所以讲"桂林话"，是由于闭荣京的母亲在娘家南妙是讲"桂林话"的，嫁过来以后仍讲"桂林话"，影响了闭荣京。

有个很典型的例子：拨坝村的蒙胜养现在90多岁，当年他娶了个讲桂林话的汉族女子为妻，结果他们儿子们都讲"桂林话"。他的大儿子今年72岁，也娶了个讲桂林话的妻子，他家现在讲"桂林话"。而今年67岁的二儿子娶的妻子是讲壮语的，他家现在讲壮语。

前述嫁到洞心村的莫刚标的女儿对她孩子的影响也是一例，尽管是例外。

然而反例也有不少。拨坝村48岁的闭耀义的妻子是讲壮语的（当然也会讲"桂林话"），他们夫妇俩之间用壮语交谈，但他的两个儿子（分别为23岁和18岁）就从来只用"桂林话"跟父母说话，他们兄弟之间更是如此。从表7可以看到，在洞心村，互相说壮语的夫妻跟他们的子女则基本上说"桂林话"。

总的来说，在第二和第三层次的村子里，讲"桂林话"是大趋势，母亲的语言对子女的影响如果与此趋势同向，能够起推动的作用，而如果与此趋势逆向，则有时起作用，有时不起作用。

表8至表10是根据调查问卷归纳的外嫁来妇女的语言使用情况。六妙村和枫木寨调查的都是汉族妇女，其余村庄则有汉族也有壮族，表中壮族妇女的数据在斜杠左边，汉族的在斜杠右边。其中壮族妇女的材料已包含在前面各表中，这里从另一角度再做统计。②

---

① 这里的中老年男性多是小学文化程度，少数是初中文化程度，如拨坝村主要讲壮语的闭志术是初中文化程度，主要讲"桂林话"的闭耀务也是初中文化程度；年轻人一般是初中文化程度，少数高中或中等专科毕业。又，由于讲"桂林话"与受学校教育有关，在早期，较少机会上学的女子在这方面或许与男子有区别。但目前在五权，除下文说到的外地嫁来的妇女的情况外，没有资料显示性别对于讲壮语还是讲"桂林话"有影响。

② "母语"栏的数字是实际调查人数，后三栏不分主次，问卷中选上的都算，故数字有时会多于实际人数。

表8 第一层次（六妙村、枫木寨）外嫁来妇女语言使用情况

语言	母语	与丈夫	与子女	与朋友
壮语	4	4	4	2
"桂林话"	3	6	3	4
其他方言	3	3	2	3

表9 第二层次（拨坝村、黄屋村）外嫁来妇女语言使用情况

语言	母语	与丈夫	与子女	与朋友
壮语	15/0	16/0	16/1	16/0
"桂林话"	4/2	12/6	16/6	19/4
其他方言	0/4			

表10 第三层次（洞心村）外嫁来妇女语言使用情况

语言	母语	与丈夫	与子女	与朋友
壮语	4/0	2/0	1/0	1/0
"桂林话"	1/1	4/5	6/6	5/5
其他方言	1/5	0/2		0/1

在第一层次，壮语对外嫁来妇女有很大的影响。在第二和第三层次，则是"桂林话"的影响较大（不仅对母语为壮语者如此，对母语为其他汉语方言者亦然），不过在第二层次她们还能保持较高的壮语使用率，而在第三层次壮语的使用率则大幅下降。

四

壮族群众说的"桂林话"里带有壮语的某些特点是不可避免的。

1. 语音方面

（1）北部壮语缺少送气声母，本地壮语即是如此。[①] 受此影响，很多壮族人把依西南官话该读送气塞音（含塞擦音）声母的字读成不送气音或擦音声母。

（2）壮语的［s］声母的实际音值往往是齿间音（王均等，1984：25）。本地壮语的s是一种舌尖位置较后的齿间音，近似齿背音。五权人说"桂林话"也多把s读成这样。

（3）本地壮语有一种特别的发声——嘎裂声（creaky voice），属于声调特征：其第6调是带嘎裂声的［21］调或［215］调。

西南官话桂柳片有4个声调，各地调值相当统一：阴平为半高平调，阳平为低降调，上声为高降调，去声为升调；古入声基本上归阳平。整个桂北都是如此（杨焕典，1998：

[①] 根据1987年《中国语言地图集》C12图，钟山县西南部的壮语属北部壮语红水河次方言。

382）。清塘的汉族人讲的"桂林话"亦然。在五权，多数发音合作人的"桂林话"也是如此，如洞心村的闭荣彰、拨坝村的闭耀务、黄屋村的谢持孝、六妙村的莫正全等。但拨坝村的闭荣潭的发音，阳平和入声却有区别：阳平读普通的［21］调，入声则读成带嘎裂声的［21］调。南妙的陆广浩则正好相反，入声是普通的［21］调，而阳平读成带嘎裂声的［213］调。

笔者调查过清塘镇的其他各种汉语方言，均未发现嘎裂声。部分壮族人的"桂林话"里的嘎裂声，看来只能解释为来自壮语。嘎裂声在"桂林话"中到底处于什么地位？这个问题有待进一步调查研究。

（4）壮语的一个重要语音特点是有内爆音［ɓ、ɗ］。闭荣彰作为村干部，经常外出开会，与外界接触多，他也非常注意自己的口音，但他说"桂林话"时也偶然会发出内爆音来。其他人也有类似情况，不过总的来说不是很明显。

2．词汇方面

"桂林话"里不时渗进一些壮语词，例如，"田"说［na］、"烫"说［lai］等，都是本地的壮语词。"木头的疤节"，"桂林话"说［mu not］，这是一个汉壮合璧词——［mu］是汉语"木"，而［not］是壮语，指竹木的节或绳结等。闭荣建给笔者说了一个当地很流行的笑话。有个南妙人去买东西，人家问他是不是要买柿子。他说："不是，我要买［lak tsɐi］。"其实［lak tsɐi］在本地壮语中就是指柿子，南妙村的壮族人已经不会说壮语，说"桂林话"时用到这个词，却不知道这是个壮语词。这些就是一般所说的"底层词"了。①

这种"桂林话"是西南官话桂柳片的一种变体，也许可以说已经成为流行于壮族人群中的西南官话的一种方言。发生在钟山壮族人群中的这一语言替换实例既具有社会语言学的意义，也有历史语言学的意义——它可能为我们提供一面镜子，以观照历史上无数次出现过的语言替换的事实。我们知道，在汉语史上，少数民族换用汉语是汉语方言形成的一个重要途径。

不过，"桂林话"目前并不稳定，至少在五权是这样。有的壮族人说的"桂林话"带有较浓重的壮语口音，而有的人说的就跟汉族人说的相差无几。在现代环境下，它将来是否真能作为一支拥有自己特点的汉语方言存在和发展下去，而不被汉族人说的西南官话所融并，还有待观察和研究。再说还有普通话的冲击，随着学校中的普通话（诚然是带方言口音的普通话）教育的普及，以及越来越多的年轻人外出打工，这种冲击也日益强烈。或许对那些已经完成这个替换过程的地方的"桂林话"做深入的调查和分析，可以对这个问题的解答有所帮助。

---

① 这里既有词汇问题，也有语音问题：桂林官话本无塞尾韵，而［not］、［lak］等壮语词则是塞尾韵。另外，语法上壮语对"桂林话"的影响暂未发现，反倒是汉语的名词"修饰语素＋中心语素"的构词方式渗透进了五权壮语里（壮语本来是"中心语素＋修饰语素"的）。

附 记

以下先生为本次调查提供了大力协助：清塘镇教育组刘厚运老师、六妙村村医室莫刚标医生、五权村委会莫刚连主任及其他村干部、贺州学院陈才佳老师。笔者在中国社会科学院语言研究所的同事覃远雄博士提供了有关资料信息。谨在此一并致谢。

参考文献

[1] 邓玉荣. 钟山方言研究［M］. 南宁：广西民族出版社，2005.
[2] 谭其骧. 中国历史地图集：第六至第八册［M］. 北京：中国地图出版社，1996.
[3] 王均，等. 壮侗语族语言简志［M］. 北京：民族出版社，1984.
[4] 广西壮族自治区地方志编纂委员会. 广西通志·汉语方言志［M］. 南宁：广西人民出版社，1998.
[5] 中国社会科学院，澳大利亚人文科学院. 中国语言地图集［M］. 香港：朗文出版（远东）有限公司，1987.
[6] 《钟山县志》编纂委员会. 钟山县志［M］. 南宁：广西人民出版社，1995.

（原载《南方语言学》创刊号，暨南大学出版社 2009 年版）

广西龙胜伶话的使用现状及其语音特点[*]

万 波 何丹鹏

(香港中文大学中国语言及文学系)

【提 要】 广西龙胜伶话是一种仅有数百少数民族居民使用的汉语方言,其名称来源于使用者原自称"伶族"。本文根据笔者赴龙胜调查6周所得材料,介绍目前伶话的使用现状,说明伶话确已处于极濒危状态,亟须进行深入调查和细致记录,以为抢救及研究濒危方言提供一份较为完整的材料。同时,文章也对伶话的语音特点进行了分析,并对调查过程中所发现的与王辅世先生记录有出入的几个语音现象进行了讨论,尤其是采用实验语音学手段,对声调系统中4个平调的调值问题进行了细致的分析。

【关键词】 伶话　伶话使用现状　语音系统　语音特点　实验语音学

一、引 言

首次介绍伶话的是王辅世先生的《广西龙胜伶话记略》(1979)。该文记录了龙胜县北区太平塘村(今平等乡太平村)原自称"伶族"的200余名居民所使用的语言,并指出伶话是一种少数民族所说的汉语方言,而且是一种混合方言。文章虽然发表于1979年,但实际上调查时间是在1951年,也就是说,调查时间距离文章发表时间将近30年,距离今天则已有60多年了。由于伶话的使用人口极少,又具有汉语方言与少数民族语言接触融合的特点,且王辅世先生原记录的材料有限,所记录的伶话又已经历了逾半个世纪的演变,因而使我们对伶话当前的使用现状和语言面貌产生了浓厚的兴趣。2008年7月4日至8月8日,我们专程赴龙胜对伶话做了为期一个多月的较为详细的调查,了解了目前伶话的使用情况,并记录了近2100个伶话字音、2253条词语以及150个语法例句,以期为抢救及研究濒危方言提供一份较为完整的材料。为我们提供伶话使用情况的是世居太平村的石全民先生(65岁)。他一直在当地小学任教至前几年退休,因此非常熟悉当地伶话的使用情况。石先生家中还藏有太平村各姓中居民人数最多的石姓家族的族谱,通过他我们也了解了许多有关"伶族"的历史情况。为我们发音的主要是石卫荣女士(59岁)。石卫荣女士是一名退休干部,22岁离开村子到乡里工作,后又到其他乡镇工作,31岁时到龙胜

---

[*] 本文的写作有赖于田野调查过程中各方所给予的大力支持和协助。首先是世居太平村的石全民先生、石卫荣和石玉桃女士,在为期一个多月的调查过程中,他们除了提供丰富的材料外,还不厌其烦地为我们发音。其次是广西师范大学张艺兵先生、白云教授、陈小燕教授为我们赴龙胜调查穿针引线,龙胜县政府办公室、档案局、县志办公室、图书馆等相关负责人做出细致的协调安排,使整个调查过程非常顺畅。这次调查还得到中山大学中国非物质文化遗产研究中心的"岭南濒危方言研究"计划(课题编号:07JJD840201)经费资助,在此一并致谢。

镇工作直至前几年退休。石女士口齿伶俐，发音非常清晰。同时由于工作关系，石女士除了伶话，还能说桂林话，以及一些苗话（不同于苗语，详后）、侗语和壮语，因此她在发音时经常会给我们指出某些字在伶话中与桂林话和苗话的差别，同时也给我们提供了许多关于伶话和龙胜县内各种语言的使用情况，是一位非常理想的发音人。另一位发音人是石玉桃女士（75岁）。石玉桃女士一直居于太平村，前两年随经营小食店的儿子一家来县城居住。因年龄关系，她的发音虽不太清晰，但调查伶话的词汇时颇倚重她。本文主要介绍目前伶话的使用现状及其语音特点，并对调查过程中所发现的与王辅世先生记录有出入的有关语音现象进行讨论，尤其是通过实验语音学手段对声调系统中4个平调的调值问题进行了较细致的分析。

龙胜全名龙胜各族自治县，位于广西壮族自治区东北部，东经109.43度至110.21度，北纬25.29度至16.12度。其地东临兴安、资源县，南接灵川、临桂县，西南与融安、三江侗族自治县为邻，北毗湖南省城步苗族自治县，西北与湖南省通道侗族自治县接壤。县境南北纵距78千米，东西横距60千米，总面积2537平方千米。

龙胜古称桑江，被视为"瘴蛮之地"。秦属黔中郡，始皇三十三年（前214）为桂林郡辖地。西汉归武陵郡，晋至隋属始安郡（郡治桂林）。唐龙溯二年（662）置灵川县，龙胜属之。五代后晋天福八年（943）置义宁县，龙胜属之，延至明代。清顺治年间（1644—1661）为桑江司，直属桂林府；乾隆六年（1741）设"龙胜理苗分府"（也称"龙胜厅"），直属桂林府。中华"民国"元年（1912）改为龙胜县，属桂林专区。1951年8月19日实行区域自治，改称"龙胜各族联合自治区（县级）"，1955年9月改为"龙胜各族联合自治县"，1956年12月改称"龙胜各族自治县"，是中南地区第一个成立的民族自治县。龙胜县现辖三镇七乡：龙胜镇、瓢里镇、三门镇、和平乡、泗水乡、马堤乡、伟江乡、平等乡、乐江乡。

龙胜为各族自治县，民族种类较多。据2004年资料，全县总人口17万人，少数民族占总人口超过75%，其中，苗族2.2万人、瑶族2.7万人、壮族3.3万人、侗族4.5万人。除汉族说属于西南官话的桂林话外，苗族也说汉语方言，当地人称为"苗话"，不同于苗语。（王辅世，1985）其他民族则都说本民族语言，瑶族说的是勉语，壮族说的是壮语，侗族说的是侗语。新中国成立后，县内各民族相处和谐，已无民族高下之分。传统上县政府领导一般由本地人出任，正职通常是侗族人，苗族多任副职，县委书记则较多是外地交换来的。

二、伶话的使用现状

伶话一名源于今平等乡太平村居民的原族称"伶族"。清道光二十六年（1846）刊印的《龙胜厅志》载龙胜种族"为苗、为猺、为狑、为獐、为狪，错处并居，言语不通，衣服异制"（周诚之，1967：31）。今县内居有苗、瑶、侗、壮、汉5族，独无"伶族"。我们查阅县档案局、县志办公室、县图书馆有关档案数据，发现严学窘等（1987）撰有龙胜"伶族"的调查报告，对其社会生活、历史来源、经济生产、风俗习惯等有较详细的报道。根据2001年编印的《荒田头石氏简志》以及严文（1987）数据，严学窘等人对"伶族"进行的调查当在20世纪50年代初,因此可以推测政府大概在调查后不久就根据调查结果把"伶族"并入苗族,因为自此以后,政府文件中就不再出现"伶族"的名称,而太平村居民也都被视为苗族。不过我们查遍上述几处所存盘案数据,并无文件记载政府把"伶族"并入苗族的决定,更遑论记载做出此决定的具体时间。① 因此,至今县内居民大多已不知道龙胜曾有"伶族",更不知"伶族"的来由。太平村居民现对外也自称苗族,但仍自觉曾是"伶族"的身份,并称本村内部使用的语言为伶话。

关于"伶族"的人口数量,历来没有确切的统计。严学宭等(1987:81)引1952年12月太平塘村的户籍资料,"伶族"共43户195人;而龙胜县档案馆藏1952—1957年的资料提及广西地区的"伶族"有462人到569人不等,由此可见"伶族"人口本来就为数不多。② 现太平村人口1095人,每年约有5人出生。主要姓氏有石、秦、李、莫、刘、吴、黄、祝、陆等,其中以石姓最多,约占1/4。严学宭等(1987:85)指出,石、秦、刘、陆4个人口最多的姓氏均来自湖南,但迁入的先后次序各姓说法不一。其中石姓家族最大,相传最初从江南徐州府迁至贵州黎平,后又到湖南城步,居此历时500多年后,再移居龙胜境内现址,迄今已超过10代人。太平村现辖5个自然村,其中太平寨最大,人口约500人(石);其次是上社,有300多人(秦、李、蒲);白水(石、吴、祝)、桥岔(陈、石)、下路溪人口较少。

根据我们的调查,伶话仅在太平村使用,附近没有其他村落使用相同的方言。朱慧珍、贺明辉(2003)提及广西资源县车田、两水等地的苗族也说伶话,但未见相关语料。除伶话外,太平村人都会讲桂林话,亦即龙胜以至整个广西北部通行的官话,当地的非汉族都称之为"客话"或"汉话"。早年村内的私塾都采用桂林话为教学语言,偶尔以伶话辅助解释,但现在的小学都已改用普通话为教学语言。离开本村到县城或其他民族聚居地居住的人还会说一点其他民族的语言,如侗语、壮语,如我们的第一发音人石卫荣女士。普通话在龙胜县城的使用频率较高,但太平村内50岁以上而且未曾离开过村子的人大多不会讲,如我们的第二发音人石玉桃女士。50岁以下的村民说普通话带有口音,20岁以下的则比较流利。村中的老年人(60岁以上)交谈一般仍用伶话。中年人(40～60岁)汉话、伶话夹杂,其中50～60岁的多数能讲,40～50岁的大多只会听而不会讲。青年人(40岁以下)基本只用汉话,但还能听得懂伶话。可见,50岁以下的人日常生活中已不说伶话,实际能说流畅伶话的人不到全村人口的1/3,即300人左右。

太平村以同村通婚为主,约占2/3,其余约1/3为外娶或外嫁。外来媳妇中有部分苗族妇女由于原来所说母语苗话与伶话比较接近,嫁入太平村后一般很快就学会说伶话,所以她们也会教子女说一点伶话。近十几年来不少做父母的因出外工作而把子女留给祖父母照顾,这些小孩也会跟着老一辈说一点伶话。除此以外,近十几年来出生的小孩,最早学会的是桂林话,上小学以后就学普通话。因此,若一家三代同堂,一般伶话的使用情况是第一代人之间用伶话沟通;第二代人之间会讲的不到一半,但逾半听得懂;第三代人之间

---

① 是否有关决定由自治区或中央相关部门做出,相关文件县内没有存底,尚待查证。
② 据《龙胜县志》(1992:57),1952—1957年的全县总人口分别为93970人、95004人、97360人、100633人、100849人、103684人。

用伶话交谈的不到10%，听得懂的也大概只有20%。第一代与第二代谈话，伶话、汉话夹杂；第一代与第三代交谈时很少使用伶话，即使第一代讲伶话，第三代也只会用桂林话回答；第二代跟第三代交流时一般都用桂林话。这些现象多限于家庭或村子之内，对外则以桂林话为主。现在太平村已没有只会说伶话而不懂桂林话的人，村民一般已分不清母语是伶话还是桂林话。虽然在我们一次调查有关伶话使用情况的座谈会上，与会的五六位太平村人都说心里数数时仍用伶话，不过他们都是中老年人，而青年人，尤其是小孩，情况几乎可以肯定不同。该村以前曾有用伶话传唱的山歌和顺口溜，但现在已无人会唱了。严学宭等（1987：112-118）记录了一些"伶族"山歌，但实际上都是用桂林话唱的。

关于语言认同方面，太平村人并没有很强烈的意识，不曾考虑自己所说方言伶话的地位高低问题。但与桂林话比较而言，他们感到小孩较难学会伶话，这大概与桂林话是通行语言而伶话使用范围有限密切相关。老一辈人会觉得后代不说，伶话就会失传，所以带小孩时会教他们说一点伶话。但持有这种心态的人只是少数，一般村民都没有这样的忧虑，大多认为会不会说伶话并不重要。

综上所述，从20世纪50年代初至今60多年来，说伶话的绝对人数虽由200人左右增至300人左右，增幅达50%，然而从太平村居民中能说伶话者的比例来看却下降了2/3。尤其是40岁以下的青年人基本上都不会说伶话，十几岁以下的小孩几乎都听不懂伶话。这种情况使我们不能不承认伶话已处于濒危状态。如果这种情况持续下去，可以想象，随着太平村中老年人陆续去世，几十年后，最多不超过50年，伶话也将彻底消亡了。由于伶话是一种少数民族所说的混合型汉语方言，语言层次丰富，因此是研究语言接触、融合、演变以及语言层次的极佳数据。有鉴于此，我们认为必须尽快对伶话进行深入调查和细致记录，并争取尽快出版，以为抢救及研究濒危方言提供一份较为完整的材料。

三、伶话的语音特点

广西地区历来由于民族构成复杂而导致语言差异大、变化快，不同来源的语言成分糅合为一更使语言学者在判定语言归属时千头万绪、莫衷一是。龙胜地处桂、湘之间，当地民族错杂，可谓广西语言状况的缩影。通过对龙胜方言的调查研究，有助于我们厘清语言接触、学习和转用过程中的种种问题，更好地揭示当地以至整个广西地区的语言形成概貌。龙胜通行的汉语方言为属西南官话的桂林官话（或称"桂北官话""桂林话"），但当地以少数民族居多，非汉语相当丰富，《龙胜县志》（1992）所载就有瑶语盘瑶语群的勉话、红瑶语群的平话、侗语南部方言、壮语北部方言等少数民族语言；此外，还有苗族所说的汉语方言——苗话。在此种民族交往频繁的情况下，语言接触不可避免，一人常常能说多种语言或方言，因此各种语言也就难保纯粹，势必受其他语言或方言的深刻影响，形成丰富的语言层次，这也是伶话语音的最大特点。

上文提到，龙胜苗族所操汉语方言一般称为"苗话"。在"伶族"改归苗族后，太平村的人也逐渐习惯称自己的语言为苗话，但仍自觉两者有所区别。伶话（[liŋ^{55} va^{33}]）与苗话（[miau^{11} va^{33}]）可以通话，王辅世（1979）也认为两者基本相同，只是语音、词汇稍有差别。龙胜、资源等地的苗族跟"伶族"都有经湖南城步迁入的背景，他们所说的苗话，包括本文讨论的伶话，当与李蓝（2004）所记录的城步青衣苗人话系同一来源。由于说伶话的太平村民一般也都能说通行较广的桂林话（伶话中称作"客话"[ha¹¹ va³³]），因此桂林话的一些语音特点便通过一个个借词的读音进入伶话的语音系统，如某些字的调类归属与伶话本身声调演变规律不符，从而形成了伶话语音系统中桂林官话音层次。对于这种性质的字音，伶话使用者已不觉得它们是外来读音，因为它们不同于只是在个别词语中的暂时借用字音——说伶话者仍可以很容易分辨出来的外来读音。由于伶话使用者并非汉族人，而是苗族人，因此他们的祖先在放弃苗语转学汉语的过程中就必然会带上某些苗语发音特征，如精组字今读苗语中常见的[tl]组声母，形成所谓的底层现象。

以下我们从声、韵、调三方面介绍伶话的语音特点。

（一）伶话声母的特点

1. 伶话声母表（共34个，包括零声母）

p 巴摆布	pʰ 怕批峰	b 牌皮棚	m 马米门	f 花湖防	v 禾湾屋
t 大猪灯	tʰ 兔吹踢	d 茶桃动	n 泥男暖		l 螺来农
tl 早酒桌	tlʰ 初菜七	dl 坐松十		ɬ 沙四心	
ts 最痔责	tsʰ 查瓷册			s 诉私肾	
tʃ 树九脚	tʃʰ 车臭尺	dʒ 蛇桥肠		ʃ 鼠手香	
tɕ 鸡针肿	tɕʰ 棋轻插	dʑ 柴近琴	ɲ 鱼二年	ɕ 去身杀	
k 果龟角	kʰ 苦扣困	g 拳菌裙	ŋ 牙牛眼		
ʔ 烟燕矮				h 火黄狭	∅ 衣羊鸭

2. 伶话声母的主要特点

（1）[n]和[l]能够区分，分别对应中古的泥母和来母，但有个别泥母字读[l]，如奴[lu¹¹]、努[lu²²]、农[loŋ¹¹]。

（2）[n]和[ɲ]都可以与细音韵母相拼，形成对立，如泥[nie¹¹]≠年[ɲie¹¹]，故分为两个声母。

（3）[tl、tlʰ、dl]是舌尖前塞音和边音构成的复辅音，但两者结合得很紧密，容易听成一般的舌尖塞音，常常得通过比字来确定。这套较为特殊的声母当属伶话中所保留的苗语底层现象，在苗语中常见。但从其演变趋势来看，它们将与舌尖塞音声母合流。

（4）有一套浊塞音及浊塞擦音声母[b、d、g、dl、dʒ、dʑ]，来自中古的全浊声母。

（5）共有舌尖前、舌叶和舌面前3套咝音（发音部位相同的塞擦音和擦音）声母。舌尖前的一套[ts、tsʰ、s]主要用于来自官话的借词。舌叶[tʃ、tʃʰ、dʒ、ʃ]和舌面前[tɕ、tɕʰ、dʑ、ɕ]两套严格来说没有音位对立，后者只与主要元音或介音为[i]或[y]的韵母（即细音韵母）相拼，其余韵母（即洪音韵母）前出现的是舌叶音，可以合并为一套。但考虑到两者实际发音差别较大，仍分立两套。

（6）舌面后塞音［k、kʰ、g］与带［u］或［y］介音的韵母相拼时，声母带唇齿摩擦的特征，［u］的实际发音为［v］，与声母结合为［kv、kvʰ、gv］；［y］的实际发音为［vi］与声母结合为［kvi、kvʰi、gvi］。

（7）王辅世（1979）只记有28个声母，主要差异是我们多了［ts、tsʰ、dʒ、ʃ、ȵ、ʔ］这6个声母，而王先生的［tʂ、tʂʰ］，我们觉得其发音部位实际上并没有普通话那么后，记为［tʃ、tʃʰ］较为合适，并跟相应的浊塞擦音［dʒ］和清擦音［ʃ］配套。在3套咝音声母中，［ts、tsʰ、s］主要用于现代官话借词，可能是近几十年逐渐增多的。来源于中古泥母的声母，王先生全部记为［n］，我们调查发现其在洪音韵母前都读［n］，在细音韵母前则一般读［ȵ］，但在［ie、ia］两韵前也有少数字读［n］，造成舌面鼻音与舌尖鼻音的对立，如泥［ȵie］≠年捏镊［ȵie］、娘酿［nia²］≠耐奈［ȵia²］。这样就必须增加一个舌面鼻音声母 ȵ。毗邻的湖南城步青衣苗人话也有相同现象，但只限于 ie 韵，且所涉字数比伶话少（李蓝，2004：19）。此外，我们在调查中还发现喉塞音声母与零声母存在对立，如野［ʿia］≠矮［ʾia］、盐［ʿie］≠噎［ʾie］，这样又增加了喉塞音声母［ʔ］。

（二）伶话韵母的特点

1. 伶话的声母（共39个）

ɿ 私思巴柿   i 句礼入笛   u 步草妇毒   y 徐暑乳菊
a 我麻南辣   ia 夜袋买八   ua 瓜寡挂刷   ya 块乖怪快
ə 德克泽核   ie 姐洗平叶   ye 拳劝决县
o 多炒汗糖   io 凉养光药
ɯ 纸是事汁   ui 规跪鬼柜
ai 外板弯黑   uai 会~计 拐□男阴
ei 梅岁嘴血   uei 爱锥桂缺
au 脑爪豆浮   iau 表苗聊姚
əu 书招寿救   iəu 女椒流竹
an 谭赶安办   ian 莲颜染险   uan 钻棺馆惯   yan 卷传癣
ən 沈轮能庚   in 贫民银~行刑 uən 困春~分   yn 准训绳
aŋ 丸浪虹桶   iaŋ 良桨墙洋   uaŋ 灌状爽矿
əŋ 彭存□~死:溺死 iŋ 林鳞兵虫
               ioŋ 荣绒勇用   oŋ 村云朋风
ŋ 五伍人 本地~ □你

2. 伶话韵母的主要特点

（1）伶话韵母开、齐、合、撮四呼齐全。其中开口呼韵母15个，齐齿呼韵母11个，合口呼韵母8个，撮口呼韵母5个。

(2) 无塞音韵尾。但有 [-n、-ŋ] 两个鼻音韵尾。[an、ian、uan、yan] 中的鼻音韵尾不稳定，有时脱落而使主要元音鼻化读作 [ã]，但两者不构成对立。iŋ 中的舌面后鼻韵尾 [ŋ] 不稳定，在语流中有时读成舌尖中鼻音 [n]，有跟 in 相混的趋势。

(3) [i] 在零声母后摩擦较强，前面带有 [j] 或 [ʝ]。[o] 在 [k、kʰ、h] 后带过渡音 [u]，接近 [ᵘo]。

(4) [ie] 的 [i] 介音有时不明显，其中 [e] 舌位略低，整个韵母的发音接近 [ⁱɛ]。[ia] 中的 [a] 实际为 [æ]，有时更高一点接近 [ɛ]，但发音与 [ie] 仍有明显区别。

(5) [au、iau、aŋ、iaŋ、uaŋ] 中的 [a] 实际接近 [ɑ]。[ian、yan] 中的 [a] 实际为 [ɛ]。[iŋ] 的 [i] 一般较低较后，实为 [ɪ]。[oŋ、ioŋ] 中的 [o] 实际为 [ʊ]。

（三）声调的特点

1. 伶话的声调（共4个）

调类	调值	例字
阴平	55①	包飘方刀天知抽煎秋三装山真姑非
阳平	11②	爬盆煤冯甜浓雷陈含围失割白直脱
上声	22	饼被蟒捧腐讨肚碾柳柱祖死铲近好
去声	33	豹病费队念乱胀箸笑扇闰价气饿右

2. 伶话声调的主要特点

(1) 所有声调的调型均为平调，为典型的高低型声调。这种情况在汉语方言中少见，但在苗语中常见，当是伶话中的苗语底层现象。

(2) 无短促调型。中古入声按西南官话演变规律今归入阳平，但有部分字今读去声，属于变调层次。

(3) 王辅世（1979：233）的声调系统与本文基本相同，只是对各调调值的处理有异。但由于王文中最低调值为2，而无1，有违五度制标调法的基本原则，因此我们下文将详细讨论，此处不赘。

---

① 起始部分一般略低，大致为45。
② 起始部分一般略高，大致为21。

四、伶话 4 个平调调值的讨论分析

先将王文中对伶话声调的描述引录如下，以资讨论。

中古四声	中古声母	今声调	例字
平	清	阴平 ˥ 55	hɔ˥ 宽
	浊	阳平 ˨ 22	hɔ˨ 黄
上	清、次浊	上声 ˧ 33	hɔ˧ 火
	全浊	去声 ˦ 44	hɔ˦ 旱
去		去声 ˦ 44	hɔ˦ 汉
入		阳平 ˨ 22	hɔ˨ 活

对伶话声调表的说明：

伶话有 4 个声调，都是平调，调值分别为 ˥55、˦44、˧33、˨22。由声调表可以看出中古汉语声调在伶话中分合情况是：平声阴阳分立，上、去各为一调，全浊上声归去声，入声全归阳平。这和中古汉语声调在西南官话中的分合情况完全相同。我们可以把 ˥55、˨22、˧33、˦44 这 4 个调叫作阴平、阳平、上声、去声，简称阴、阳、上、去。

王先生对伶话声调的概括，除部分全浊上声字仍保留在上声以及调值定为 55、44、33、22 两项外，其余都符合事实。只是全浊上声有少数读归去声，但仍有部分读上声，如"被、腐、辅、妇、犯、肚、淡、断、动、柱、丈、重、坐、在、是、善、上 ˍ下、倚、舅、近、菌、下、后、厚、旱、晃、汞"等字，约占全部全浊上声字的 46%。出现这种疏漏，当是因全浊上声的调查字数过少所致。

关于调值问题，可从两方面讨论。首先，上述调值系统在理论上有违五度制标调法的基本原则。不难看出王辅世先生运用的是汉语方言调查最常用的五度制标调法，其基本原则就是把语言中的音高幅度由低至高平均分为 5 份，1 为最低，5 为最高。由于不同语言系统中声调的跨度有所分别，甚至同一语言中的同一个声调在不同人的口中也高低不一，故五度制所描写的是相对的音高，而非绝对的频率值。[①] 以 55 为例，两种语言都用来表示

---

① 五度标调法的始创者是赵元任，有关论述于 1930 年发表在 *Le Maître Phonétique*，No. 30，pp. 24 - 27，后于 1980 年以英文在《方言》重刊。赵元任（1980：81 - 82）的原文为："The total range is divided into four equal parts, thus making five points, numbered 1, 2, 3, 4, 5, corresponding to low, half-low, medium, half-high, high, respectively… As the intervals of speech-tones are only relative intervals, the range 1 - 5 is taken to represent only ordinary range of speech intonation, to include cases of moderate variation for logical expression, but not to include cases of extreme emotional expression."

高平调，比较而言，可能甲语言 55 的绝对音高相当于乙语言的 44，但无论如何，它们都是各自语言中音调最高的平调，故均以 55 标示。这是一种结合语音学和音系学的标调方法，因此，尽管不同语言声调的实际音高域度不一，但同一语言系统中用以区别词汇意义的声调总有最高和最低的限度，故确定声调的最低值 1 和最高值 5 是采用五度制描写声调的首要步骤。按王文中的处理，伶话声调缺少最低值 1，显然没有遵循五度制标调法的基本要求。

其次是声调之间的调值差距问题。造成王先生描写调值的缺失的一个可能原因，就是伶话声调系统在类型学上的特点——属于典型的高低型声调类型，4 个调类均为平调。由于它们很自然地对应于五度制的其中四度，最简单的做法莫过于标为 55、44、33、22 或 44、33、22、11。但如上所论，两者均在理论上自我矛盾，没有把最高值与最低值分别与 55 和 11 对应。王辅世大概按高平调为 55 依次往下推，结果出现了前一种情况。如果按五度制标调，原来的阴平（高平调）保持 55，阳平（低平调）22 改为 11，就要面对最核心的问题：如何厘定原来的上声（中平 33）和去声（次高平 44）的调值？究竟是 33、44，22、33，还是 22、44？50 年前调查只能凭听感记录，难免有错，而今天我们可以利用实验分析来帮助辨别伶话 4 个平调的具体调值差距。

决定声调的主要参数是基频，我们利用 Praat 软件来测量伶话的有关数据。截取声调数据时，以第一发音人为准，每个调类选字 20 个，声母为 p、t 或零声母（必要时也包括 p^h），韵母以 a、i、u 3 个单元音为主，字数或可供取样的音节不够时，重复选择音节结构相同的字。① 以下为各调类读例基频数据的曲线图，时长将一分为 10 等份：

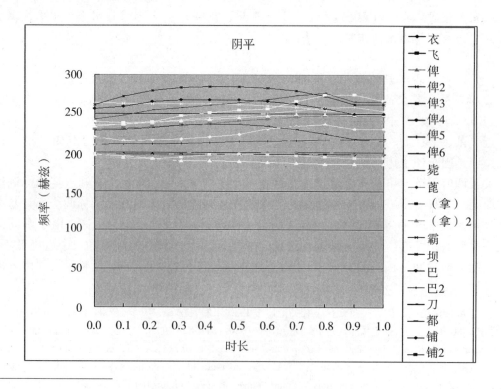

---

① 同一个字可能出现多次读例，但并非重复使用同一个字音的数据，故不影响统计结果。

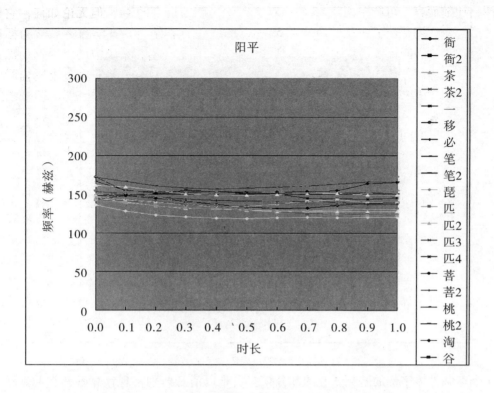

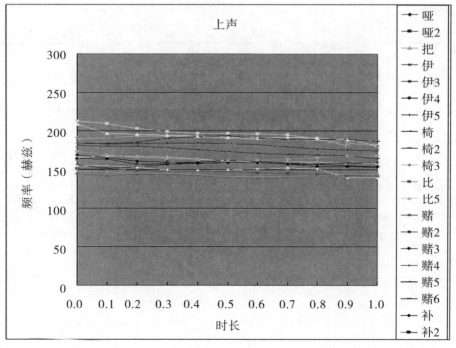

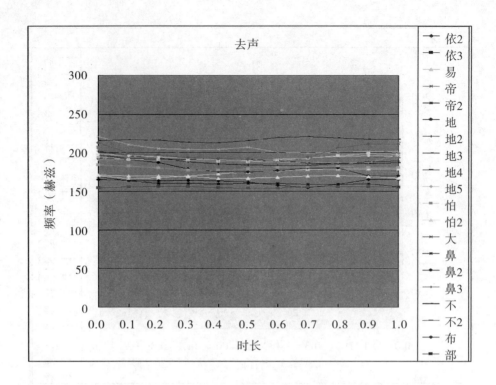

4个声调具体字例的基频重叠的部分较多,难以清楚辨别,现计算各调类的基频平均值列表并绘图如下:

时长 调类	0.0	0.1	0.2	0.3	0.4	0.5	0.6	0.7	0.8	0.9	1.0	平均
阴平	221	221	223	225	227	229	231	232	232	229	228	227
阳平	153	149	146	142	140	140	140	140	141	142	142	143
上声	173	170	169	170	169	169	168	167	166	165	164	168
去声	192	189	188	186	185	185	185	186	187	187	187	187

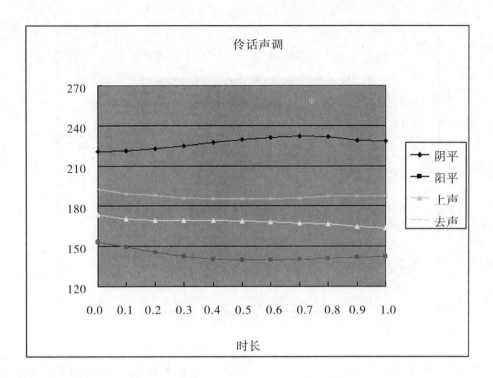

把基频平均值进行归一化处理，得到下面的数据和曲线图：

时长 调类	0.0	0.1	0.2	0.3	0.4	0.5	0.6	0.7	0.8	0.9	1.0	平均
阴平	1.22	1.23	1.28	1.33	1.39	1.44	1.49	1.51	1.50	1.44	1.42	1.39
阳平	−0.87	−1.02	−1.17	−1.30	−1.38	−1.41	−1.41	−1.39	−1.36	−1.32	−1.31	−1.27
上声	−0.17	−0.27	−0.30	−0.29	−0.30	−0.32	−0.34	−0.37	−0.40	−0.46	−0.50	−0.34
去声	0.43	0.34	0.30	0.24	0.21	0.22	0.21	0.23	0.28	0.28	0.28	0.27

我们可以发现，伶话声调的基频平均值曲线图中，阴平调明显高于其他3个调类，而且带有微升。阳平有微降的调头。高调和低调因为要从声带的正常振动状态到达较高或较低的振动频率，在前半部分都有轻微的升降幅度以实现音高目标，一般在10个赫兹上下，不影响实际听感和总体调型走向，故仍处理为平调。去声、上声和阳平3个调类的间距比较平均。若把基频平均值与归一化数据两组各自的阴平值减掉去声值的差标为 A 值，上声值减掉阳平值的差标为 B 值，可见阴平与去声的差距都要大于阳平与上声的差距，即下表 A 值都比 B 值大。

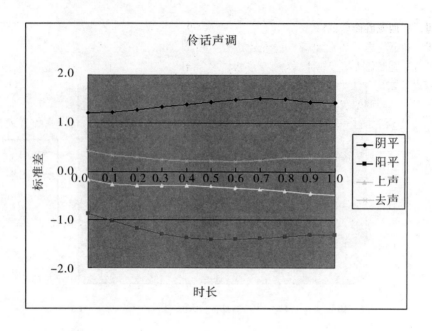

时长		0.0	0.1	0.2	0.3	0.4	0.5	0.6	0.7	0.8	0.9	1.0	平均
基频	A	28	32	35	39	42	44	46	46	45	42	41	40
	B	20	21	24	27	29	29	28	27	26	23	22	25
归一化	A	0.79	0.90	0.98	1.09	1.18	1.23	1.27	1.28	1.23	1.16	1.14	1.11
	B	0.71	0.76	0.87	1.01	1.08	1.09	1.06	1.03	0.96	0.86	0.81	0.93

根据以上的分析,我们把伶话4个声调的调值由原来阴平55、阳平22、上声33、去声44分别调整为阴平55、阳平11、上声22、去声33,即把王辅世(1979)的阳平、上声和去声各下调一度,这样便无悖于五度制标调法的基本原则了。

参考文献

[1] 广西壮族自治区地方志编纂委员会. 广西通志·汉语方言志 [M]. 南宁:广西人民出版社,1998.
[2] 广西壮族自治区地方志编纂委员会. 广西通志·少数民族语言志 [M]. 南宁:广西人民出版社,2000.
[3] 广西壮族自治区民族事务委员会. 广西少数民族 [M]. 南宁:广西人民出版社,1986.
[4] 黄行. 广西龙胜勉语的语音变异 [J]. 民族语文,1990(1).
[5] 黄雪贞. 西南官话的分区(稿)[J]. 方言,1986(4).
[6] 李蓝. 湖南城步青衣苗人话 [M]. 北京:中国社会科学出版社,2004.
[7] 李蓝. 西南官话的分区(稿)[J]. 方言,2009(1).
[8] 《龙胜各族自治县概况》编写组. 龙胜各族自治县概况 [M]. 南宁:广西民族出版社,1985.
[9] 龙胜县志编纂委员会. 龙胜县志 [M]. 上海:汉语大词典出版社,1992.
[10] 王辅世. 广西龙胜伶话记略(上)[J]. 方言,1979(2).

[11] 王辅世. 广西龙胜伶话记略（下）[J]. 方言，1979（3）.
[12] 王辅世. 苗语简志 [M]. 北京：民族出版社，1985.
[13] 严学宭等. 龙胜伶人情况调查 [C] //广西壮族自治区编辑组. 广西苗族社会历史调查. 南宁：广西民族出版社，1987.
[14] 赵元任. 一套标调的字母 [J]. 方言，1980（2）.
[15] 中国社会科学院，澳大利亚人文科学院. 中国语言地图集 [M]. 香港：朗文出版（远东）有限公司，1987.
[16] 周诚之. 广西省龙胜厅志 [M]. 台北：成文出版社，1967.
[17] 朱慧珍，贺明辉. 广西苗族 [M]. 南宁：广西民族出版社，2003.
[18] 朱晓农. 基频归一化：如何处理声调的随机差异？[J]. 语言科学，2004（2）.
[19] ZHU Xiaonong. F0 Normalisation, with Special Reference to Shanghai Tones [C] //潘悟云. 东方语言与文化. 上海：东方出版中心，2002.

（原载《文化遗产》2011 年第 3 期）

广西贺州的几种濒危汉语方言*

邓玉荣　余秀忠　钟梓强

(贺州学院文化与传媒学院)

【提　要】广西贺州市是一个多语多方言地区，各种方言土语交错混杂，它们的影响和发展很不平衡，造成了一些方言土语处于濒危状态。本文介绍的都话、鸬鹚话、铺门话就是贺州市具有代表性的几种濒危方言，目的是引起人们对濒危方言的关注。

【关键词】贺州　都话　鸬鹚话　铺门话　濒危方言

广西贺州市地处湘、粤、桂三省区交界处，历史上既是北方移民经湖南南部进入两广的通道，又是移民经广东溯珠江而上，经贺江、桂江进入广西的定居地之一。特殊的地理位置，汉族、瑶族、壮族等多民族杂居，使这里成为全国少有的多语言多方言地区。贺州市的语言众多，系属复杂。少数民族语言有壮语、瑶族勉语和标话。汉语方言有平话、粤语、客家话、西南官话、湘语和闽语6种。其中，平话属桂北平话，又分为都话、鸬鹚话、两安瑶话（实际上是一种汉语方言土话）等数种；粤语按当地名称又分白话（属广府片）、本地话（又称"本地声"）、钟山话、梧州话（富川平地瑶民讲的一种粤语次方言）、街话（又称"鹤山话"）、六州声、开建话、怀集话、铺门话等；湘话有宝庆话、湖广话；客家话又分河婆声、河源声、长乐音等。其中数种处于濒危状态，下面分别介绍。

一、都　话

（一）都话的分布

贺州都话包括七都话、八都话、八都半话、九都话数种，在贺州以"某都话"为名称的汉语方言有两片，一片为富川瑶族自治县境内的七都话、八都话、九都话，另一片为贺州市市区附近的八都话、九都话。为讨论方便，本文通称为"都话"。"都"是明代行政区划名称，据光绪十六年（1890）重修富川县志载："明初设有三乡，曰油塘，曰灵亭，曰奉政。共统五都，曰七都、八都、上九都、一六都、二五都。至宏治年间丈量境内田地以其宽者增立二都，曰下九都、新都。"讲富川都话的人口有的是汉族居民，有的是居住在平地的瑶族居民，分布在富川瑶族自治县与湖南江永、江华县相邻的朝东、油沐、麦岭、葛坡、石家、福利、新华等乡镇，人口约11万人，约占全县人口的43%。据族谱记载及民间口碑，讲都话的汉族居民多在宋代、部分在元明期间从山东、福建、浙江等地先

---

* 本文为广西文科中心项目"贺州汉语方言研究团队"的研究成果之一。

迁入湖南南部、广东西北部，而后再迁入富川；讲都话的平地瑶民源自湖南千家峒，多在元、明期间陆续从湖南道县、江永、江华、广东西北部和广西恭城等地迁入。富川都话当地又叫"百姓话""民家话"，按地域的不同又分别称为"七都话""八都话""九都话"。富川都话内部有差别，主要在不同地点的差别，同一地点瑶、汉居民讲的都话没有明显的差别。贺州市市区附近的都话分布在贺州市市政府所在地八步镇城区周围，以及平桂区的黄田、鹅塘等乡镇，人口约3万人。与贺州相邻的钟山县县城附近也有零星分布。据族谱记载，贺州市市区附近讲都话的居民多在明代初期因军戍或生计从湖南及江西迁入。以贺江为界，江南鹅塘镇及八步镇一部分的都话，当地称为"八都话"；江北黄田镇及八步镇一部分的都话当地称为"九都话"。八都话与九都话有差别，当地又把处于八都话与九都话两者口音之间的都话称为"八都半话"。讲九都话的人口比讲八都话的人口多、影响大，贺州都话当地一般通称"九都话"。另外，钟山县两安瑶族乡平地瑶民讲的当地叫作"瑶话"的语言，也是与都话同一种类型的汉语方言，人口约0.6万人。富川讲都话的居民及钟山两安平地"瑶话"居民多数会讲西南官话。

(二) 都话的语音系统

1. 富川秀水九都话

(1) 声母（共20个，包括零声母）。

p pʰ m f t tʰ n l ts tsʰ s tɕ tɕʰ ȵ ɕ k kʰ ŋ h ∅

(2) 韵母（共37个）。

ɿ a ɯ o ɔ ɑ e ə ai ei au ou ɑŋ əŋ oŋ ŋ̍ i io iɑ ie iə
iau iou iaŋ ieŋ iɛŋ u ua uo uai uei uɑŋ uə ŋ̍ y ye yu

(3) 声调（共7个）。

阴平 53　　阴上 24　　阴去 22　　入声 45
阳平 31　　阳上 44　　阳去 42

2. 八步担石九都话

(1) 声母（17个，包括零声母）。

p pʰ m f t tʰ n l ts tsʰ ȵ s k kʰ ŋ x ∅

(2) 韵母（37个）。

ɿ a o e ə ai əi oi au əu ue ɣe ɤɯ oŋ ŋ̍ i ia io ie iə iau iəu
ɕiu in iəŋ iŋ u ua aɯ uə ɜŋ ue uai ui uaŋ uəŋ y yə yn yəŋ

(3) 声调（7个）。

阴平 435　　上声 55　　阳去 33　　阴入 22
阳平 213　　　　　　阴去 53　　阳入 31

（三）都话的特点

(1) 古全浊声母今读塞音塞擦音时不论平仄基本不送气。如：

	柴	桥	墙	丈	步	寨
富川秀水	[tsei³¹]	[tio³¹]	[tɕiaŋ³¹]	[tɕiaŋ⁴⁴]	[po⁴²]	[tsa⁴²]
八步担石	[tsiə²¹³]	[kiə²¹³]	[tsiəŋ²¹³]	[tiəŋ³³]	[poi³³]	[tsa³³]

(2) 部分端母读 [l]。如：

	多	朵	赌	底
富川秀水	[lo⁵³]	[lou²⁴]	[lau²⁴]	[lei²⁴]
八步担石	[tuə⁴³⁵]	[luə⁵⁵]	[toi⁵⁵]	[tai⁵⁵]

(3) 部分知组字读 [t]。如：

	猪	张	场	迟	章	樟
富川秀水	[liɑ⁵³]	[tiaŋ⁵³/liaŋ⁵³]	[tiaŋ³¹]	[tai³¹]	[tiaŋ⁵³]	[tiaŋ⁵³]
八步担石	[ty⁴³⁵]	[tiəŋ⁴³⁵]	[tiəŋ²¹³]	[təi²¹³]	[tiəŋ⁴³⁵]	[tiəŋ⁴³⁵]

(4) 部分古阳声韵字今读开尾韵或元音尾韵。如：

	南	针	浸	伞	生	星	兄
富川秀水	[no³¹]	[tɕie⁵³]	[tsai⁴²]	[so²⁴]	[sie⁵³]	[ɕiə⁵³]	[ɕio⁵³]
八步担石	[no²¹³]	[tsin⁴³⁵]	[tsəi³³]	[so⁵⁵]	[so⁴³⁵]	[sio⁴³⁵]	[xio⁴³⁵]

(5) 古入声字今读无塞音韵尾，读开尾韵或元音尾韵。如：

	腊	十	辣	七	落	角	得	百	六
富川秀水	[lu⁴²]	[sɿ⁴²]	[lu⁴²]	[tsʰai⁴⁵]	[lo²²]	[kou⁴⁵]	[lə⁴⁵]	[pu⁴⁵]	[liou⁴²]
八步担石	[la³¹]	[si³¹]	[la³¹]	[tsʰəi²²]	[ləu³¹]	[ku²²]	[ləu²²]	[pa²²]	[ly³¹]

（四）都话的濒危程度

富川瑶族自治县及贺州八步区、平桂区的都话虽互不相连，但各自连片，在都话连片分布的村镇，都话的语言代际传承还在持续，但是富川瑶族自治县搬到县城及城镇的讲都话的居民其家庭语言大都改为西南官话，如富川朝东镇周边村庄讲都话，随着城镇化的进程不断加快，从周边村庄搬到朝东镇上的居民多数改讲西南官话，而搬迁户的第二代一般都已不会讲都话。即使在周边的农村，西南官话对都话的冲击也非常大。居民在家讲都话，到集市、上县城一般都讲西南官话，一些与现代化有关的词汇只能用西南官话表达。实际上，都话居民语言中存在两个不同的音系，他们自觉或不自觉地同时使用都话与西南官话两个方言对话。可以推测，随着时间的推移，在富川瑶族自治县官话将逐步替代都话。八步区、平桂区的都话的生存状态与富川瑶族自治县都话的情况大致相同，居民在家讲都话，外出则多讲客家话、普通话或粤语，都话的使用范围有限。

按照语言资源生态测定等级，贺州都话应列入"较差"等级，即"语言生态环境勉强使语言生存，但持续动力不足，语言传承和使用范围很有限"。

二、鸬鹚话

（一）鸬鹚话的分布

鸬鹚屋村民所讲的话当地叫作"鸬鹚话"。鸬鹚话分布在贺州市八步区八步镇厦良村委下属的鸬鹚屋自然村。该自然村位于贺州市近郊贺江南岸边上，距市中心约5000米，总人口只有324人，全部讲鸬鹚话（钟梓强、邓玉荣，2010）。另外，同在贺江边上距鸬鹚屋村约25000米水路的莲塘镇古柏村也有几户人家讲鸬鹚话。两处讲鸬鹚话的总人口不到400人。

（二）鸬鹚话的语音系统

（1）声母（共21个，含零声母）。

p pʰ m f v t tʰ n l ts tsʰ s tʃ tʃʰ ȵ ʃ k kʰ ŋ x ∅

（2）韵母（共34个）。

ɿ a æ ɛ ɔ ø ai au ue an en aŋ eŋ ɔŋ ŋ̍ ɛ i ia iæ iɔ ie iu in iaŋ ieŋ iɔŋ u ua uæ uai ui uan y ye yu yn

（3）声调（共8个）。

阴平 45　　阴上 33　　阴去 213　　入声一 24
阳平 22　　阳上 31　　阳去 53　　入声二 2

（三）鸬鹚话的特点

（1）古全浊声母今读塞音塞擦音时有的送气有的不送气。不以声调、声纽为分化条件，如柴[tʃʰa²²]、桥[tʃʰɔ²²]、婆[pɔ²²]、甜[tie²²]、墙[tʃʰia²²]、市[ʃi²¹³]、丈[tsʰæ⁵³]、豆[ta⁵³]、寨[tʃʰa⁵³]、道[tau⁵³]、步[pu⁵³]。

（2）端母字绝大部分读[l]，定母少数字读[l]，透母也有个别读[l]，如刀[lau⁴⁵]、冬[lø⁴⁵]、底[li³³]、对[lø²¹³] ‖ 但不~[læ⁴⁵]、跌[lie²⁴]、兑[lø²¹³]、

调曲~［liu²¹³］‖腆［lie³³］。

（3）知三白读层读如端组［t］的，如沉［tin²²］、迟［ti²²］、虫［tɔŋ²²］、锤［ty²²］、长~短［tia²²］、重~量［tɔŋ³¹］、住［ty⁵³］、柱［ty³¹］、坠［ty⁵³］。

（4）鸬鹚话只有n、ŋ两个鼻音韵尾，咸、山、臻、宕、曾、通部分字鼻音韵尾丢失，如沉［tin²²］、芫［vin²²］、本［pin³³］、陵［lin²²］、并合~［pin²¹³］、明英~［min²²］、顷［kʰyn³³］、迎［in²²］‖锦［keŋ³³］、拼~命［pʰeŋ²¹³］、恨［xeŋ⁵³］、帮［pɔŋ⁴⁵］、江［kɔŋ⁴⁵］、灯［leŋ⁴⁵］、耕［keŋ⁴⁵］、龙［lɔŋ²²］‖暗［æ²¹³］、板［pæ³³］、鞭［pie⁴⁵］、船［ʃø²²］、粮［lia²²］、窗［tʃʰæ⁴⁵］、朋［pø²²］、冬［lø⁴⁵］、同［tø²²］。

（5）古平声、上声、去声3个声调大体按声母的清浊分成阴阳两个小类，清音声母读阴调类，浊音声母读阳调类，如般［pæ⁴⁵］｜盘［pæ²²］‖反［fæ³³］｜旱［fæ³¹］‖贩［fæ²¹³］｜饭［fæ⁵³］。

（6）古入声字一小部分浊声母字今读阳去，清入字及大部分浊入字今读入声一。入声一没有塞音韵尾，如白［pa⁵³］、木［mø⁵³］‖百［pa²⁴］、出［tʃʰy²⁴］、辣［lɔ²⁴］、额［ŋa²⁴］。

还有少数字读喉塞音韵尾，为入声二。入声二的字既有清声母字也有浊声母字，来源没有明显的规律，如的目~［tɛʔ²］、滴［tɛʔ²］、嫡［tɛʔ²］‖狄［tɛʔ²］、敌［tɛʔ²］、获［tɛʔ²］、笛［tɛʔ²］。

（四）鸬鹚话的濒危程度

鸬鹚屋村原为一个独立的小村庄，近年新建的房屋已与周边村子连成一片。鸬鹚屋村周边居民讲的是八都话（属桂北平话的一种土话）、客家话、本地话（属粤语勾漏片的一种次方言）、白话（属粤语广府片）、桂柳话（属北方方言西南官话）。鸬鹚屋所在的贺州市市区八步区普通话与多种方言混杂。鸬鹚屋村民多数会讲一种或多种周边居民的语言。他们外出交流时都不讲鸬鹚话，周边相当一部分居民甚至不知道就在他们身边不远的地方有一种他们听不懂的鸬鹚话存在。鸬鹚话在使用人口少、周边语言环境极为复杂的状态下，能够长期完整地保留下来，表现出顽强的生命力，可以说是一个语言奇迹，但这个奇迹能够坚持多久，还有待观察。

按照语言资源生态测定等级，贺州鸬鹚话应列入"差"等级，即"语言生态环境不利于语言的生存，语言不断萎缩，语言传承接近中断，语言濒危"。

三、铺门话

（一）铺门话的分布

铺门话主要分布在广西贺州市东南端突出部的贺江中游的信都平原，以今铺门镇政府所在地铺门镇为中心基本连成一片。包括今铺门镇的所有行政村，信都镇靠近铺门的祉洞、福桥、两合、新兴、西两等行政村，新红行政村的水东自然村，狮峰行政村的下狮峰自然村，北联行政村的龙岩、大寨、蒙古、大园等自然村，北津行政村冲口、大洞口、北津等自然村,北源行政村的公口、岭坪、滩头顶等自然村。仁义镇靠近铺门的万善、龙江等行政村,福联、保福行政村的大部分,三联行政村的部分自然村。灵峰乡和平行政村的部分自然村。贺州市城郊八步镇的灵凤行政村鹅塘自然村、莲塘镇古柏行政村的信都梁自然村、新燕行政村的信都寨、石山脚(何屋)两个自然村也有少量分布。讲铺门话的总人口约8.6万人。(据1998年当地人口统计资料)

(二) 铺门话的语音系统(笛口)

(1) 声母(共18个,包括零声母)。

p pʰ m f t tʰ n θ l ts tsʰ ȵ s k kʰ ŋ h ø

(2) 韵母(73个)。

i u y a ia ua ɛ ɜu œ o io ou ɔ iɔ cu ai iai oi uoi au ɛi uɛi iu ui iui ɐ iɐ am iam ɛm mɜ om iom mɛ ciɛm an ian uan in yn un iun aŋ iaŋ eŋ ɛŋ uɛŋ oŋ ioŋ ã ɛ̃ uɛ̃ ĩ uĩ ø̃ iø̃ õ iap ɛp yp op ɔp iɔp at iat uat it yt ut iut ak iak uak ɛk uɛk ek ok iok ŋ̍

(3) 声调(9个)。

阴平 44   阴上 51   阴去 324   上阴入 54   下阴入 34

阳平 233   阳上 231   阳去 213   阳入 13

(三) 铺门话的特点

(1) 古全浊声母字今逢塞音不论平仄都不送气,如婆[po²³³]、桃[tou²³³]、桥[kiu²³³]、甜[tɛm²³³]、薄[pu²¹³/po²¹³]、道[tou²³¹]、病[pĩ²¹³]、豆[tau²¹³]。

(2) 知组三等部分口语字读如端组,这是"古无舌上音"的遗存。《方言调查字表》(修订本)共收知组三等字127个,铺门话中有32个读如端组,其中知母字12个,澄母字20个,如爹[tia⁴⁴]、猪[toi⁴⁴]、挂[toi²³¹]、知[tai⁴⁴]、朝今~[tɛi⁴⁴]、转[tun³²⁴/tsun⁵¹]、张量词[tø̃⁴⁴]、胀[tø̃³²⁴]、帐[tø̃³²⁴]、着~衣[tiok⁵⁴]、中当~[toŋ⁴⁴/toŋ⁴⁴]、竹[tiok⁵⁴/tsok⁵⁴] ‖ 苎[toi²³¹]、箸[toi²¹³]、柱[toi²³¹]、厨[toi²³³]、住[toi²¹³]、滞[ta³²⁴]、槌[tu²³³]、锤[tu²³³]、坠[tu²¹³]、沉[tiam²³³]、陈[tin²³³]、阵[tin²¹³]、秩[tɛk⁵⁴]、着晒~[tiok¹³]、长~短[tø̃²³³]、肠[tø̃²³³]、丈[tø̃²³¹]、杖[tø̃²³¹]、虫[tioŋ²³³]、重轻~[tioŋ²³¹]。

(3) 非组字奉母大多读[p],微母大多读[m],非母、敷母部分也读重唇音,如粪[pan³²⁴]、斧[pu⁵¹]、分[pan⁴⁴]、蜂[pʰoŋ⁴⁴]、副[pʰu³²⁴]、腐[pu²¹³]、妇[pu²³¹]、饭[pã²¹³]、符[pu²³³] ‖ 扶[pu²³³]、坟[pan²³³]、份[pan²¹³]、罚[pat¹³]、服[pok¹³]、凤[poŋ²¹³]、肥[poi²³³]、负[pu²¹³]、犯[pø̃²³³] ‖ 雾[mu²¹³]、务[mu²¹³]、微[mai²³³]、尾[mai²³¹]、未[mai²¹³]、味[mai²¹³]。

(4) 少量古阳声韵字今读阴声韵。湘、粤、桂周边土话诸多方言点古阳声韵字今读阴声韵,铺门话正处在古阳声韵字读阴声韵演变的初始阶段,有少量的古阳声韵字今读阴声韵,如郎[nu²³³]、狼[nu²³³]、浪[nu²¹³]、晾[nu²¹³]、忙[mu²³³]、望[mu²¹³]。

鼻化韵是阳声韵向阴声韵演变的中间过程,铺门话存在大量的鼻化韵现象。共有[ĩ、

ɛ̃、ã、õ、ø̃、ɔ̃、iø̃、uɛ̃] 8 个鼻化韵，[ĩ] 韵来自梗摄开口三、四等，如：兵 [pĩ⁴⁴]、星 [sĩ⁴⁴]。[ɛ̃] 来自梗摄开口二等，如争 [tsɛ̃⁴⁴]、冷 [nɛ̃²³¹]。[ã] 韵来自山摄开口一等、合口三等，如兰 [nã²³³]、半 [pã³²⁴]。[õ] 韵来自咸摄开口一、二等，如三 [sõ⁴⁴]、衫 [sõ⁴⁴]。[ø̃] 韵来自宕摄开口三等，如香 [hø̃⁴⁴]、想 [sø̃⁵¹]。[ɔ̃] 韵来自咸摄开口一等，如南 [nɔ̃²³³]、蚕 [θɔ̃²³³]。[iø̃] 韵来自宕摄开口三等，如让 [ɲiø̃²¹³]。[uɛ̃] 韵来自山摄合口二等，如关 [kuɛ̃⁴⁴]。

（5）部分山摄字今读为舌根鼻音鼻尾韵母，部分古入声字今读阴声韵，如连 [lɛŋ²³³]、浅 [tsʰɛŋ⁵¹]、弯 [uɛŋ⁴⁴] ‖ 格 [kɛ³²⁴]、额 [ŋɛ²¹³]、学 [o²¹³]、角 [ko³²⁴]。

（四）铺门话的濒危程度

铺门话地区周边的人一般听不懂铺门话，而讲铺门话的人一般能听懂周边属于粤语勾漏片的土白话，很多人还会讲周边的土白话，他们到周边的墟场买卖东西一般用周边的土白话作为交流工具。常到广东打工或做生意的人会讲广府口音的粤语。

电视普及后，老百姓喜欢看广东珠江台，除容易收到广东电视信号的原因外，主要还因为他们能听懂广府口音的粤语。铺门民间没有铺门话的酒令，行酒令划拳猜码用的是广府口音的"广东码"。

20世纪80年代以前，铺门本地小学的教学语言是铺门话，当地小学的教师一般是本地人，外地教师因为不会讲铺门话，很难适应当地小学的教学工作。20世纪70年代铺门开始办初中，外地教师教学语言为普通话，当地教师也有用普通话的。近10多年来，中小学推行普通话教学，课堂语言是普通话，但小学教学还要用铺门话配合讲解，特别是低年级。中小学学生下课后相互之间还是用铺门话交流。当地经过学校教育的人一般能讲流利的带本地口音的普通话。铺门话在当地连片分布，人口接近10万人。当地墟镇集市人们交流都是用铺门话，当地居民到村镇行政部门办事时与当地干部交流一般也都讲铺门话。

按照语言资源生态测定等级，铺门话应列为"一般"等级，即"语言生态环境能使语言继续生存，但缺乏发展条件，语言的传承和使用范围有限"。

贺州这几种濒危汉语方言虽然濒危程度各不相同，但其所处语言环境大同小异，都处于周边汉语方言包围之中，都受到普通话和其他强势汉语方言的影响，因此，其濒危的状态是不可逆转的，尤其是使用人口较少的鸬鹚话。我们能做的是在它们消失之前，运用现代多媒体手段，进行真实的音像记录，随时注意其语言生态的变迁轨迹，发掘其在语言生态研究上的标本价值。我们也希望社会各界人士关注濒危汉语方言问题，携起手来共同保护濒危汉语方言，以保护方言所承载的具有地方特色的非物质文化遗产。

参考文献

[1] 肖自辉，范俊军. 语言生态的监测与评估指标体系——生态语言学应用研究 [J]. 语言科学，2011（3）.

[2] 钟梓强，邓玉荣. 贺州市近郊鸬鹚屋的语言生活 [J]. 文化遗产，2010（1）.

贺州铺门方言的浊塞音声母*

庄初升¹　张　凌²

(1 中山大学中文系；2 香港理工大学中文及双语学系)

【提　要】铺门方言是贺州市公认的最难懂、最古怪的方言之一。古全浊唇音、舌音和牙音声母在铺门方言中的今读还没有完全清化，尽管单念的时候语图上并没有明显的浊音特征，但听感上与来自古全清的塞音声母还是有所不同的。最为重要的是，这些古全浊声母字在作为二字组词语的后音节时经常出现明显的浊音特征。另据分析，古帮、端母在铺门方言中的今读还残存着浊内爆音的特征，表明内爆音向清塞音的演变已经基本完成。

【关键词】铺门方言　浊塞音　气嗓音　内爆音　浊音清化

贺州市地处广西壮族自治区的东北隅，湘、粤、桂三省（区）的交汇处，素有"三省通衢"之称，是一个典型的多语言、多方言的地区。铺门镇位于贺州市八步区（原贺县）的东南端，与梧州市苍梧县及广东省封开县南丰镇接壤。铺门镇总面积154平方千米，辖铺门、上洞、六合、中华、南华、兴华、龙桂、八俊、河东、笛口、回岗、三洞、河南、三冲、浪水、鹤州、兴全、松坪、安定、全乐、车龙、福塔、三元、扶隆24个村委会，414个村民小组，总人口5.9万人。在桂东北地区，铺门的地理条件相对优越，全镇坐落在信都—铺门谷地之中，贺江自北而南贯穿全境，地势平坦、土壤肥沃，是一个农业经济比较发达的地区。铺门一带处在历史上著名的潇贺古道上，经略开发的历史悠久。西汉元鼎六年（前111）设立的封阳县就在今天的铺门镇境内，该县由设立到北宋开宝四年（971）废止，经历了超过10个世纪的漫长岁月。

铺门方言的使用人口约8万人，分布在铺门镇的绝大多数村落及信都镇、仁义镇的少数村落，正好处在勾漏片粤语的包围之中，与桂东北的平话、客家方言及西南官话也相去不远。铺门方言是贺州市公认的最难懂、最古怪的方言之一，说铺门方言的居民听得懂周边的勾漏片粤语，一些人甚至还会说；周边说勾漏片粤语的居民则听不懂铺门方言，基本上都不会说。从共时特征来看，铺门方言与勾漏片粤语关系密切，与桂北平话则相去较远。我们的两位发音人分别是 LH（1947年生）和 LHY（1960年生），他们都能说一口非常流利的铺门方言。铺门方言的9个单字调如表1：

---

* 本文为教育部人文社会科学重点研究基地重大项目"岭南濒危方言研究"（项目编号：07JJD840201）的研究成果。贺州学院邓玉荣教授、陈才佳副教授全程参与调查工作，谨此致谢。

表1　铺门方言的单字调

调类	阴平	阳平	阴上	阳上	阴去	阳去	上阴入	下阴入	阳入
调值	44	233	51	231	334	223	54	23	13
例字	刀诗	桃时	睹屎	道是	到试	稻视	粟约	朔跃	族药

表1的9个单字调中，阴调高而阳调低的特点非常显著，这在汉语方言中并不罕见。铺门方言有连读变调的现象，我们拟另文介绍，此处不赘。图1是"刀、桃、睹、道、到、稻、粟、朔、族"9个声调例字的音高曲线图（时长归一化）：

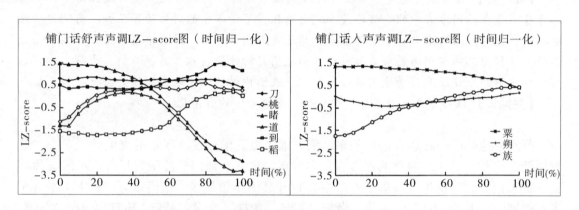

图1　铺门方言单字调的音高曲线图（发音人LH）

谢建猷（2007）所记录的铺门方言有［p、pʰ、m、f、t、tʰ、n、θ、l、tʃ、tʃʰ、ŋ、ʃ、k、kʰ、ŋ、h、ʔ、ø、ŋ］20个声母。其中最奇怪的是［ŋ］，谢氏并没有交代这是一个什么样的声母。我们通过实地调查和实验分析，发现古全浊唇音、舌音和牙音声母在铺门方言中的今读还没有完全清化，尽管单念的时候语图上并没有明显的浊音特征，但听感上与来自古全清的塞音声母还是有所不同的。最为重要的是，这些古全浊声母字在作为二字组词语的后音节时经常出现明显的浊音特征。如图2、图3所示。

图2中，"枇杷"连续读了两次，基本特征相同。"枇"和"杷"都是并母字，"枇"作为二字组词语的首音节声母没有表现出浊音的声学特征；"杷"作为后音节，VOT＜0，在频谱图的最下方能清晰地看到塞音破裂的冲直条前出现的浊音杠，可见声母表现出了浊音的声学特征。图3中，"白"是并母字，作为二字组词语的前音节声母没有表现浊音的声学特征；"糖"是定母字，作为后音节声母则表现出了明显的浊音特征。

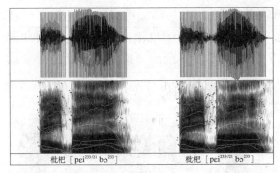

图 2 "枇杷"的语图（发音人 LHY）

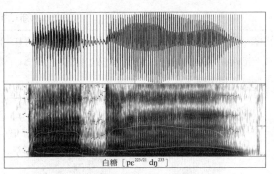

图 3 "白糖"的语图（发音人 LHY）

再如图 4 中，古澄母字"柱"单念的时候，声母没有表现出浊音的声学特征；作为人名"太柱"的后音节，"柱"的声母表现出了明显的浊音特征。图 5 中，后音节的古群母字"轿"，声母也表现出了明显的浊音特征。

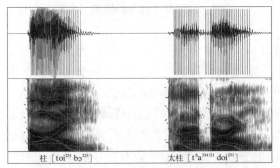

图 4 "柱、太柱"的语图（发音人 LHY）

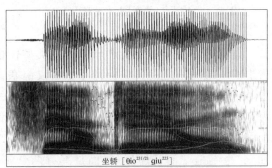

图 5 "坐轿"的语图（发音人 LHY）

再比较图 6、图 7 正常语速"豆、黑豆、绿豆"和较慢语速的"豆、绿豆、黑豆"的语图。图 6 是正常语速的语图，处在入声音节"黑"之后的"豆"，其声母表现出了浊音的声学特征，不过不是十分明显；处在入声音节"绿"之后的"豆"，其声母则基本上看不出浊音的声学特征。图 7 是较慢语速的语图，处在入声音节"绿""黑"之后的"豆"，其声母与单念时的声母一致，没有表现出浊音的声学特征。

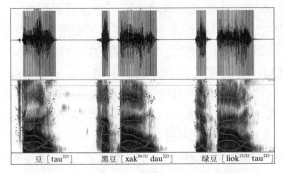

图 6 正常语速"豆、黑豆、绿豆"的语图
（发音人 LHY）

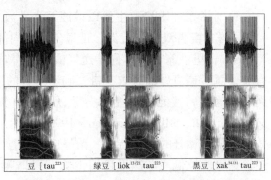

图 7 较慢语速"豆、绿豆、黑豆"的语图
（发音人 LHY）

需要指出的是，古全浊塞擦音、擦音声母在铺门方言中一律读擦音，而且都已经清化，体现了浊塞擦音、擦音比浊塞音更早清化的规律。关于这个规律，许多研究吴语和湘语的同行都已经论证过，此处不赘。图8、图9是铺门方言古全浊塞擦音、擦音声母今读清擦音的图例：

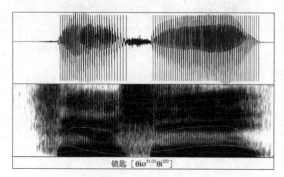 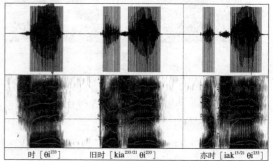

图8 "锁匙"的语图（发音人LHY）　　图9 "时、旧时、亦时"的语图（发音人LHY）

铺门方言古全浊塞音声母的今读类型，很容易使人联想到吴语。一般认为，吴语是最古老的汉语方言之一，它保留了中古汉语塞音、塞擦音声母的三级对立，即全清、次清和全浊的对立。从声学上说，现代吴语所保留的所谓浊音是否是真正的浊音（真正的带音），一直以来学界都有争议，但赵元任等人所谓的"清音浊流"的观点影响最大。曹剑芬（1982）通过实验证明了常阴沙话古全浊音声母的今读既不是"半清半浊"或"先清后浊"，也不是"清音浊流"，而是具有两套不同的音值，一套是完全不带音的清音，另一套是完全带音的浊音。两套音值出现的环境不同，前者出现在单念或作为连读的上字，后者出现在非重读的连读的下字。类似的结论还见于石锋（1983）对苏州话浊塞音的实验研究。吴宗济、林茂灿（1989）把这种在连读中的浊音复原称为"返祖现象"，并指出汉语有浊音的方言（如吴语）和英语都是如此。曹剑芬（1987）的实验进一步证明了所谓的"清音浊流"的"浊流"实际上不是声母本身音质的特征，而是韵母元音气声化的表现（即[ɦ]是元音的一种形容性成分而不是一个元音前的声母），即气嗓音（breathy voice），它显著地体现为声调的区别性（即阴调高阳调低）。

曹剑芬等（1992）主要以谐波差为参数，考察了上海话、常阴沙话、宁波话和温州话4种吴语方言古双唇、舌尖、舌根3个不同部位塞音声母的清浊对立，得出了如下的结论："吴语方言里浊塞音声母同不送气清塞音声母的对立，主要跟发声时不同的声门调节方式有关，而不是声母辅音本身带音和不带音的区别。这种声门调节方式的不同，造成了这两类声母辅音后接元音起始部分系统的、有无气声的区别。"国外有人（Ratree Wayland，Scott Gargash，Allard Longman，1995）则以谐噪比（harmonics to noise ratio，HNR）为参数来测量气嗓音的声学特征。谐噪比是嗓音中谐波成分与噪声成分比值的大小，浊气流越强，谐噪比越低。在这里我们也尝试以谐噪比为参数来观察铺门方言塞音声母的清浊对立。图10是铺门方言3对声调例字的谐噪比曲线图：

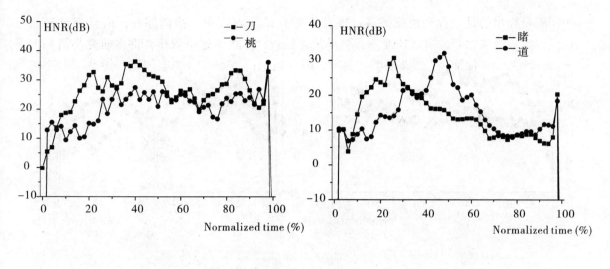

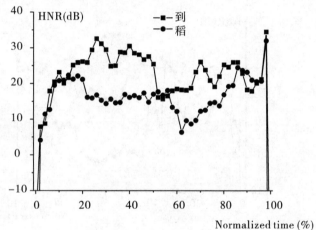

图10 "刀"与"桃"、"睹"与"道"、"到"与"稻"的谐噪比曲线图
(发音人 LH)

通过对比观察"刀"与"桃"、"睹"与"道"、"到"与"稻"的谐噪比曲线图,我们可以发现古浊声母字"桃、道、稻"的谐噪比曲线有着较为明显的特点,就是前面的曲线是倾斜向上的,并且倾斜向上的这一段要比古全清声母字"刀、睹、到"相对应的曲线维持的时间更长。下面再看看另一个发音人"刀"与"桃"、"睹"与"道"、"到"与"稻"的谐噪比曲线图(如图11):

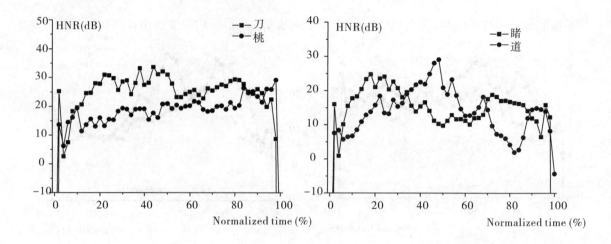

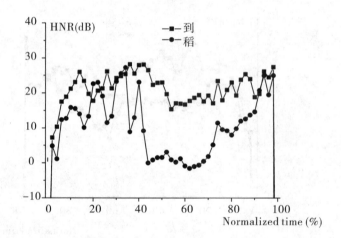

图11 "刀"与"桃"、"睹"与"道"、"到"与"稻"的谐噪比曲线图（发音人LHY）

比较图10与图11不难看出，两位发音人"刀"与"桃"、"睹"与"道"的谐噪比曲线大同小异，"到"与"稻"则差别显著。图11中"稻"的谐噪比曲线的前半部分比"到"相对应的部分整体上低一点（后半部分则明显低许多），但不是很突出，相应地，在听感上"稻"的气声化色彩就不明显，结合语图来看可以断定为嘎裂声（creaky voice）。"稻"的气声化之所以不明显，可能跟发音人LHY年龄相对小一些有关。

如上所述，在两字组后音节中出现的浊塞音声母，从语音学的角度来看可分别记为 [b、d、g]。但是，从音系学的角度来看，[b、d、g] 只与阳调搭配，而来自古全清声母的 [p、t、k] 只与阴调搭配，[b、d、g] 可分别合并到 [p、t、k] 这3个音位之中。根据目前的状况，我们认为把 [b、d、g] 独立出来作为3个音位，比较有利于从微观上解释铺门方言中浊音清化的动态过程。

另据分析，古全清唇音、舌音（主要是帮、端母）声母字在铺门方言中尽管大多读为 [p、t]，但在某些音节中具有浊内爆音或浊塞音的特征。如图12、图13所示。

图12的"包"和图13的"钵"都是古帮母字，两者今读的浊音杠都偏短，前者浊

内爆音［ɓ］的特征相对明显一些，而且带有鼻冠音的色彩；后者浊内爆音则有所弱化。

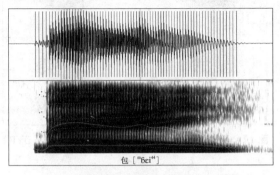

图12 "包"的语图（发音人LHY）

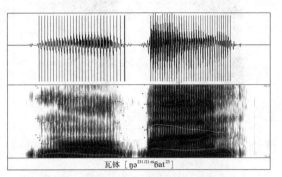

图13 "瓦钵"的语图（发音人LHY）

再如图14的"店"和图15的"到"都是古帮母字，今读具有浊塞音［d］的特征，这个［d］可能是由［ɗ］变来的，［d］进一步清化就成了［t］，即［ɗ］＞［ⁿɗ］＞［d］＞［t］。

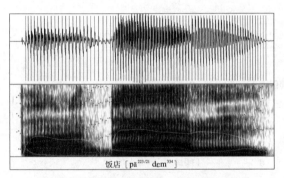

图14 "饭店"的语图（发音人LHY）

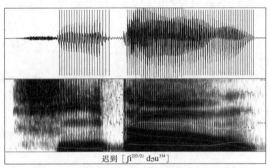

图15 "迟到"的语图（发音人LHY）

勾漏片粤语普遍存在古帮、端母字今读浊内爆音或浊内爆音的变体，这已经成为学界的共识。关于南方汉语方言的浊内爆音及其清化问题，可以参考朱晓农（2006），朱晓农、寸熙（2006）。我们认为［ɓ、ɗ］的音变有可能同步，也有可能不同步，上面的观察如果正确，则铺门方言属于后者，即［ɓ、ɗ］的音变是不同步的。根据陈小燕（2007），贺州八步区的桂岭本地话（属于勾漏片粤语）［ɓ］已经清化为［p］，［ɗ］则演变为［l］而不是［t］，也完全有可能是音变不同步的结果。图16是桂岭本地话"包、刀"的语图：

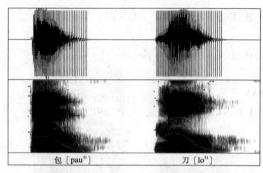
图16 桂岭本地话"包、刀"的语图（发音人CCJ）

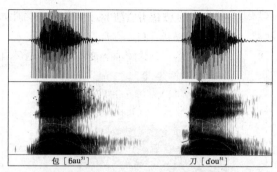
图17 藤县粤语"包、刀"的语图（发音人DYR）

可能的情形是，[ɗ] > [ⁿɗ] > [d] 的音变先完成，而 [ɓ] 还停留在 [ᵐɓ] 的阶段，只是开始弱化，铺门方言就属于这种类型；来自 [ɗ] 的 [d] 演变为 [l]，而 [ᵐɓ] 则清化为 [p]，桂岭本地话就属于这种类型。[ɓ、ɗ] 在音变的过程中经过变体 [ᵐɓ、ⁿɗ] 的阶段，还可以在勾漏片粤语藤县方言中观察到，如上面图17所示。综合上面的分析，我们推测古帮、並、端、定母在铺门方言及藤县、桂岭等相关的勾漏片粤语中的发展、演变过程如图18所示：

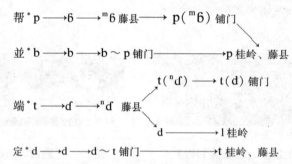

图17 古帮、並、端、定母在铺门方言及藤县、桂岭等相关勾漏片粤语中的发展、演变过程

今天铺门方言古全浊塞音声母尚处在清化的进程之中，这种中介状态是否暗示了勾漏片粤语古全浊声母今读塞音、塞擦音时一律不送气乃是属于比较晚近的音变现象呢？我们认为很值得深思。另外，铺门方言中残留着的浊内爆音，是否代表了桂东勾漏片粤语古帮、端母演变过程中的一个非常重要的环节呢？这个问题也值得注意。

参考文献

[1] 曹剑芬. 常阴沙话古全浊声母的发音特点——吴语清浊音辨析之一 [J]. 中国语文, 1982（4）.

[2] 曹剑芬. 论清浊与带音不带音的关系 [J]. 中国语文, 1987（2）.

[3] 曹剑芬, 等. 吴语的发声型考察 [M] // 曹剑芬. 现代语音研究与探索. 北京：商务印书馆, 2007.

[4] 陈小燕. 多族群语言的接触与交融：贺州本地话研究 [M]. 北京：民族出版社, 2007.

[5] 石锋. 苏州话浊塞音的声学特征 [J]. 语言研究, 1983（1）.

[6] 吴宗济, 林茂灿. 实验语音学概要 [M]. 北京：高等教育出版社, 1989.

[7] 谢建猷. 广西汉语方言研究 [M]. 南宁：广西人民出版社，2007.
[8] 朱晓农. 内爆音 [J]. 方言，2006（1）.
[9] 朱晓农，寸熙. 试论清浊音变圈——兼论吴、闽语内爆音不出于侗台底层 [J]. 民族语文，2006（3）.
[10] RATREE WAYLAND, GARGASH SCOTT, LONGMAN ALLARD. Acoustic and Perceptual Investigation of Breathy Voice [J]. The Journal of the Acoustical Society of America, 1995, 97（5）.

（原载《暨南学报》2010 年第 1 期）

贺州市近郊鸬鹚屋的语言生活[*]

钟梓强 邓玉荣

(贺州学院文化与传媒学院)

【提　要】 鸬鹚屋是贺州市近郊贺江南岸的一个自然村,当地村民的母语鸬鹚话属桂北平话,是一个处于濒危状态的方言。本文描写了鸬鹚屋村民的多方言并存并用的语言生活,认为主导鸬鹚屋村民语言使用的主要因素有语言态度、社会接触面和方言的影响力等。

【关键词】 鸬鹚话　桂北平话　语言生活　濒危方言

一、鸬鹚屋、鸬鹚屋村民及鸬鹚话

鸬鹚屋是广西贺州市八步镇厦良村委下属的一个自然村,位于贺州市近郊贺江南岸边上,距市中心约5000米。鸬鹚屋村民所说的方言母语被称为鸬鹚话。据2001年版的《贺州市志》记载,鸬鹚屋村民的先人以养鸬鹚捕鱼为业,鸬鹚话因此而得名。鸬鹚屋村民的先人从福建迁居广东,宋末因兵戈扰攘,又从广东南海县(今南海区)迁居广西桂林府灵川县大墟镇毛村。乾隆七年(1742)毛村人的一支经桂江、西江溯贺江来到贺县(今贺州市),在贺江、富江以捕鱼为生,1851年在今贺街镇长利村大洲尾贺江边定居建寨。之后又从大洲尾分出两支,溯江而上,一支到今莲塘镇古柏村居住,另一支到今八步镇厦良村上岸居住,成为现在的鸬鹚屋。大洲尾距古柏村水路约15000米,古柏村距鸬鹚屋水路约25000米。"民国"初年,一部分人又从这一带迁到了信都的墟镇和农村。

鸬鹚屋村民是桂林市灵川县大墟镇毛村人的分支,毛村话是鸬鹚话的源头,鸬鹚话属桂北平话。根据我们的调查,鸬鹚话语音系统如下:

1. 声母(21个,包括零声母)

p 爬白板币	pʰ 谱破跑捧	m 马袜问灭	f 反翻壶火	v 瓦暗横温
t 大虫堤驻	tʰ 他艇踢弹	n 内鲁瓢验		l 乌竹吟弄
ts 箭灶作进	tsʰ 草秋七才		s 修三师新	
tʃ 战罩桌脚	tʃʰ 车炒茶桥	ȵ 严业酿让	ʃ 收乡校熊	

---

[*] 本文得到教育部人文社会科学重点研究基地项目"岭南濒危方言研究"(项目编号:07JJD840201)基金资助。

k 改江局街　　　kʰ 规柜开狂　　　ŋ 鹅软硬岳　　　x 放虾厦害
Ø 阿鸭安英

2. 韵母（30个）

ɿ 字紫资四　　　　i 诗十实体　　　　u 布妇朴　　　　y 出厨吹剧
a 阿白发勾　　　　ia 将姐写良　　　　ua 瓜刮挂阔
æ 安参~加厂蛮　　 iæ 央羊痒样　　　　uæ 段柑官乱
ɔ 饿麻八角　　　　iɔ 药约弱
　　　　　　　　　ie 烟盐边叶　　　　　　　　　　　　ye 元园远
ø 菜泰来朋
ai 爱北尺色　　　　　　　　　　　　uai 拐怪帅
au 包㫰雹早　　　　iu 标抽笑六　　　ui 杯碑归桂
ən 笨炖　　　　　　in 本沉分心　　　　　　　　　　　yn 春群准云
aŋ 彭棚胖　　　　　iaŋ 强腔僵疆　　　uaŋ 框筐
eŋ 崩兵耕梗菜~
oŋ 邦方冲农　　　　ioŋ 荣泳用容
ŋ̍ 日入吴五

3. 声调（7个）

阴平 45 多车兵通　　阴上 33 宝补讲桶　　阴去 213 四错报到
阳平 22 罗蚕龙合　　阳上 31 坐女近柱　　阳去 53 部骂白绿　　入声 24 八足桌角

贺州市境内至今还完整保留并使用鸬鹚话的村落唯有上述八步镇厦良村鸬鹚屋一处，其余原使用鸬鹚话的村落和散居的人口中，唯有莲塘镇古柏村还有少数几户人家在家说鸬鹚话，外出说客家话；另外，钟山县城还有一户从鸬鹚屋迁过去的人家坚持教自己的子女说鸬鹚话。除此之外，更多的原鸬鹚话使用者已不再说鸬鹚话而改说当地其他方言了。

鸬鹚屋的语言环境十分复杂。在行政上，鸬鹚屋归八步镇厦良村村委会管辖，厦良村村委会管辖曾屋、新曾屋、鸬鹚屋、点灯寨和厦良村5个自然村，总户数1028户，总人口3534人。鸬鹚屋西边与曾屋相连，旧宅相距只有二三十米，近年新建的房屋已连成一片；东边离厦良村约1000米，再往东约4000米是点灯寨，南边离新曾屋约500米，新曾屋住户是近几十年从曾屋搬迁过去的。5个自然村说3种方言，鸬鹚屋说鸬鹚话；曾屋、新曾屋和厦良村说八都话（属桂北平话）；点灯寨大部分人说八都话，少部分人说客家话。此外，鸬鹚屋西边相距约400米外的大薛屋说客家话；鸬鹚屋贺江相隔的北岸约1000米外是三加村的老曾屋。南岸的曾屋是从北岸迁来的。北岸老曾屋说八都话，再往北是多种方言与普通话混杂使用的市区。鸬鹚屋的语言环境如图1所示：

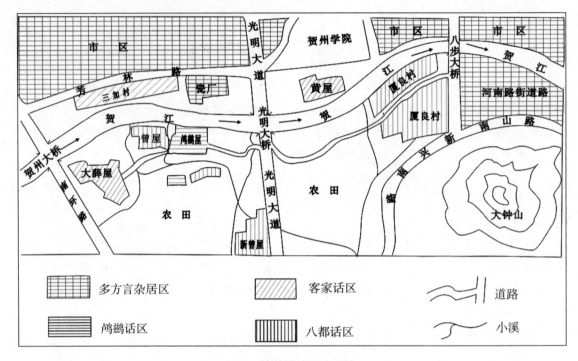

图1 鸬鹚屋的语言环境

除曾屋一部分村民外，周边村子的村民基本上听不懂鸬鹚话，而鸬鹚屋村民多数能说八都话、客家话、本地土话、白话、桂柳话中的一种或几种方言。① 鸬鹚屋村民外出交流时都不说鸬鹚话，周边相当一部分居民甚至不知道当地还有一种他们根本听不懂的鸬鹚话。贺州市的鸬鹚话是一种孤岛方言，也是一种典型的濒危方言。

鸬鹚屋现有86户人家，黄姓85户，蒋姓1户；常住村民324人，其中男性172人，女性152人，黄姓村民235人，非黄姓村民89人。非黄姓村民全部是外来人口，其中嫁入的妇女88人，随母回迁男子1人。在这89名外来人口中，88人为汉族，1人为苗族，姓氏复杂，89人共有40个姓氏。嫁入妇女主要来自附近的乡镇（莲塘、黄田、鹅塘、沙田、贺街、公会、桂岭等）和毗邻的厦良村及点灯寨，另外还有来自钟山县3人，湖南省麻阳、江华和道县各1人。外来人口使用的方言有客家话、八都话、本地土话、湘南土话等。

鸬鹚屋村民在上岸定居以前一直保持着与同姓通婚的传统，语言生活方面则保持着高度统一和稳定的局面。自从19世纪六七十年代在鸬鹚屋定居以来，他们也一直是一个内部相对封闭的社会群体。最近几十年来，随着社会的日益开放，鸬鹚屋村民与使用别种方

---

① 本文所指的八都话属桂北平话，本地土话属勾漏片粤语，白话是指通行于贺州市区的带广府口音的粤语，桂柳话是指通行桂林、柳州一带的西南官话。

言的人群频繁交往,最突出的表现就是开始与外姓人通婚。虽然他们在村里和家里始终把鸬鹚话作为日常生活的第一交际用语,也能够很快地把嫁入或迁入本村的其他方言使用者同化,使他们改用鸬鹚话来交谈,但与周边其他方言的使用者相比,鸬鹚话的使用者毕竟"寡不敌众",不可避免地要受到周边汉语方言和普通话的影响和渗透,因此高度统一和稳定的局面渐渐地难以为继了。特别是近几年来,一部分从外地嫁入的妇女坚持使用自己的方言,出现了一个家庭内部双方言,甚至多方言共存的现象;一些低龄的人群在与外界交往时也开始自觉地转用普通话了。鸬鹚屋村民的婚姻嫁娶由于不再限于本村之内,已经丢失了由妇女用鸬鹚话传承歌谣和故事的传统。时至今天,村中已经鲜有人能用鸬鹚话唱儿歌和讲故事了。

鸬鹚话在使用人口少、周边语言环境极为复杂的条件下能够长期地流传下来,显示出了顽强的生命力,也体现了鸬鹚屋村民对母语的忠诚和热爱,不能不说是一个奇迹。我们从年龄、性别、社会接触面、方言影响力、文化程度、语言态度等方面对鸬鹚屋村民的语言生活做了较为深入的调查,并抽取了30个家庭进行入户访谈,了解他们家庭内部语言使用的具体情况,试图找出主导鸬鹚屋村民语言使用的主要因素。

二、鸬鹚屋村民的语言生活

1. 年龄和性别因素

我们参照邝永辉、林立芳、庄初升《韶关市郊石陂村语言生活的调查》(1998)的分级标准(一级为能够流利自如地听说;二级为能够听懂,但说得不够流利自如;三级为基本能够听懂,但只能简单说上几句,交际有相当的困难;四级为听不懂,说不来),对鸬鹚屋村民掌握和使用鸬鹚话的熟练程度进行调查,并按照不同的年龄段进行统计,结果见表1。

表1 鸬鹚屋村民掌握和使用鸬鹚话的熟练程度

等级 年龄	总人数	一级		二级		三级		四级	
		人数	百分比(%)	人数	百分比(%)	人数	百分比(%)	人数	百分比(%)
50岁以上	63	63	100	0	0	0	0	0	0
31～50岁	90	90	100	0	0	0	0	0	0
16～30岁	83	76	91.6	7	8.4	0	0	0	0
16岁以下	88	88	100	0	0	0	0	0	0

表1的统计数字表明,鸬鹚屋除了未学会说话的婴儿之外,98%的村民都能熟练掌握鸬鹚话。唯有16～30岁的人群中有7人为二级水平,这7人都是新近嫁入的妇女。不难看出,年龄和性别的因素并不影响鸬鹚话的习得水平。不论男女老少,只要生长在鸬鹚

屋，就都能够说一口流利的鸪鹆话。

2. 社会接触面和方言影响力因素

鸪鹆屋是典型的多方言并存并用的社区。除鸪鹆话外，村民们还掌握一种或一种以上的其他方言。下面以年龄、性别为参数，统计鸪鹆屋村民掌握其他方言达到二级以上程度的人数和比例。（见表2、表3）

表2　鸪鹆屋男性村民掌握其他方言达到二级以上程度的人数和比例

年龄段	总人数	二级以上					百分比（%）				
		八都话	客家话	土话	白话	桂柳话	八都话	客家话	土话	白话	桂柳话
50岁以上	31	31	31	25	31	9	100	100	80	100	29
31～50岁	63	63	63	50	63	33	100	100	79	100	52
16～30岁	33	33	33	10	30	15	100	100	30	91	45
16岁以下	40	6	18	4	7	0	15	45	10	17	0

表3　鸪鹆屋女性村民掌握其他方言达到二级以上程度的人数和比例

年龄段	总人数	二级以上					百分比（%）				
		八都话	客家话	土话	白话	桂柳话	八都话	客家话	土话	白话	桂柳话
50岁以上	19	19	19	5	7	4	100	100	26	37	21
31～50岁	27	27	27	4	20	5	100	100	19	74	18
16～30岁	50	8	40	5	25	5	16	80	10	50	10
16岁以下	48	6	18	4	6	0	12	37	8	12	0

表1、表2和表3的统计数字表明，50岁以上者有13人掌握其他方言未达到二级以上的水平；其他村民中，30岁以上者不论男女都能掌握二级以上水平的八都话和客家话，16～30岁的男性都能100%的掌握八都话和客家话，女性则达到80%。究其原因，一是鸪鹆屋被使用八都话的村落东、西、南三面包围，与八都话关系最密切，接触最频繁，学习起来也就最容易，因此八都话成为鸪鹆屋村民除母语之外最重要的交际用语；二是客家话是贺州市区八步镇，乃至周边莲塘、黄田、鹅塘、沙田、贺街、公会、桂岭等镇的强势方言，在当地社会交往中使用最多，鸪鹆屋的大多数村民能熟练掌握和使用客家话也是不难理解的。

鸪鹆屋村民掌握土话、白话和桂柳话的程度在年龄和性别方面表现出明显的不同，30岁以上者明显强于30岁或30岁以下者，男性明显强于女性。究其原因，主要还是职业的不同造成的。鸪鹆屋30岁以上的男性村民主要在城区从事建筑、搬运、屠宰等工作，与使用各种方言的人群频繁接触，学习说土话、白话和桂柳话的机会多；而30岁以下男性，尤其是没有外出工作的男青年，学习说土话、白话和桂柳话的机会相对就少一些，能熟练掌握和使用这些方言的比例也小一些。鸪鹆屋的女性村民主要从事家庭种植、养殖工作，与使用各种方言的人群接触较少，能说土话、白话和桂柳话的比例也相对要小一些。

3. 文化程度因素

鸬鹚屋村民文化程度整体偏低，直到2005年才出现第一个大学生（2005年一男生就读湖南长沙技术职业学院，2006年一女生就读广西师范学院）。在鸬鹚屋常住的成年人当中，文化程度影响语言使用的状况不明显，村内交流一律使用鸬鹚话，村外的社会交往看对象而定，尽量使用交际对象所熟悉的方言。16岁以下的学生都能说比较流利的普通话，他们与村外伙伴交往时，一般都使用普通话交谈。这种现象与其他方言地区大同小异，"普通话是随着时间的推移、由城区向乡村逐步普及的"（胡蓉、蒋于花，2008）。在鸬鹚屋村民中，文化程度只决定掌握普通话的熟练程度，对其他方言的使用并没有明显的影响。鸬鹚屋常住村民文化程度统计结果见表4。

表4　鸬鹚屋常住村民文化程度

年龄段	性别	人数	文化程度			
			高中	初中	小学	文盲
50岁以上	男	20	1	1	14	4
	女	23	0	0	6	17
31～50岁	男	66	5	28	19	14
	女	57	3	26	19	9
16～30岁	男	38	11	24	3	0
	女	39	10	24	5	0
16岁以下	男	48				
	女	33				

说明：16岁以下人群都是在校学生。

4. 语言态度因素

在语言态度方面，我们按年龄和性别选取了3组人群作为调查对象，50岁以上男女各10人为一组，31～50岁男女各10人为一组，16～30岁男女各10人为一组，提出以下问题让他们回答：

①您认为哪种话对您来说最重要？
②您介意您的家人用别的方言跟您交谈吗？
③您有看不起其他方言的心态吗？
④您认为学习普通话有用吗？
⑤您学习其他方言的目的是什么？

调查结果总结见表5。

表5 鸪鹩屋常住村民语言态度调查结果

调查对象		问题①					问题②		问题③		问题④		问题⑤		
		鸪鹩话	八都话	客家话	土话	其他	介意	不介意	有	没有	有	没有	方便交谈	提高身份	其他
50岁以上	男	10	0	0	0	0	0	10	0	10	8	2	10	0	0
	女	10	0	0	0	0	0	10	0	10	3	7	10	0	0
31～50岁	男	10	0	0	0	0	0	10	0	10	10	0	10	0	0
	女	7	1	1	1	0	0	10	0	10	9	1	10	0	0
16～30岁	男	10	0	0	0	0	0	10	0	10	10	0	10	0	0
	女	6	1	2	1	0	0	10	0	10	10	0	10	0	0

以上情况表明，不管是原住村民，还是嫁入妇女，他们对待自己的母语表现出绝对的忠诚与热爱，对待别种方言的语言态度也表现出相当的宽容，这是鸪鹩屋村民语言生活的两面性。在对待普通话问题上，虽然有少数村民认为学习普通话没有用，但他们都是很少外出的老年人，所以他们的观点并不影响村民对普通话接受的整体观念。

鸪鹩屋村民语言态度的两面性主要表现在两个方面。一方面，鸪鹩屋村民的语言态度比较宽容，家庭成员对嫁入的妇女能使用对方的方言与之交谈。鸪鹩屋86户家庭的嫁入妇女都是非鸪鹩话的人。在所调查的30户家庭中，户主的妻子或母亲或儿媳，在还没有学会说鸪鹩话之前，有18户家庭的家人使用嫁入妇女的方言与之进行交谈，其中说客家话的有11户、说土话的有5户、说八都话的有2户。鸪鹩屋与曾屋相连，距离最近的两户家庭只有一墙之隔，在地理上两个村子实际上已经连成一片，两村的村民生活得很融洽，两村的小孩上同一所学校，大人小孩经常互相串门。鸪鹩屋村民到曾屋串门，不管大人还是小孩，一般使用八都话；曾屋村民到鸪鹩屋串门，小半数人会使用鸪鹩话。当他们在交谈中出现表达障碍时，会随时变换使用两种方言。这种语言生活现象反映出另一个村的村民，尤其是鸪鹩屋的村民已经把方便交际作为语码选择的原则，而不是考虑是否首先使用自己的方言。表6至表9是几个家庭的内部交谈用语情况（纵列成员为发话人，横行成员为受话人）。

表6 黄ZC的家庭交谈用语

发话人＼受话人	黄ZC	妻子	儿子	儿媳	女儿	孙女
黄ZC		鸪鹩话	鸪鹩话	客家话	鸪鹩话	鸪鹩话
妻子	八都话		八都话	客家话	八都话	鸪鹩话
儿子	鸪鹩话	鸪鹩话		鸪鹩话	鸪鹩话	鸪鹩话

(续表6)

发话人＼受话人	黄 ZC	妻子	儿子	儿媳	女儿	孙女
儿媳	客家话	客家话	客家话		客家话	客家话
女儿	鸬鹚话	鸬鹚话	鸬鹚话	鸬鹚话		鸬鹚话
孙女	鸬鹚话	鸬鹚话	鸬鹚话	鸬鹚话 客家话	鸬鹚话	

表7 黄 RS 的家庭交谈用语

发话人＼受话人	黄 RS	妻子	儿子	儿媳	女儿
黄 RS		鸬鹚话	鸬鹚话	客家话	鸬鹚话
妻子	土话		土话	客家话	土话
儿子	鸬鹚话	鸬鹚话		客家话	鸬鹚话
儿媳	客家话	客家话	客家话		客家话
女儿	鸬鹚话	鸬鹚话	鸬鹚话	客家话	

表8 黄 S 的家庭交谈用语

发话人＼受话人	父亲	母亲	黄 S	妻子	儿子	女儿
父亲		鸬鹚话	鸬鹚话	鸬鹚话	鸬鹚话	鸬鹚话
母亲	鸬鹚话		鸬鹚话	鸬鹚话	鸬鹚话	鸬鹚话
黄 S	鸬鹚话	鸬鹚话		客家话	鸬鹚话	鸬鹚话
妻子	客家话	客家话	客家话		客家话	客家话
儿子	鸬鹚话	鸬鹚话	鸬鹚话	鸬鹚话		鸬鹚话
女儿	鸬鹚话	鸬鹚话	鸬鹚话	鸬鹚话	鸬鹚话	

表9 黄 YS 的家庭交谈用语

发话人＼受话人	黄 YS	妻子	大儿子	大儿媳	二儿子	大儿媳	大孙子	小孙子
黄 YS		鸬鹚话	鸬鹚话	客家话	鸬鹚话	客家话	鸬鹚话	鸬鹚话
妻子	鸬鹚话		鸬鹚话	客家话	鸬鹚话	客家话	鸬鹚话	鸬鹚话
大儿子	鸬鹚话	鸬鹚话		客家话	鸬鹚话	客家话	鸬鹚话	鸬鹚话
大儿媳	客家话	客家话	客家话		客家话	客家话	客家话	客家话
二儿子	鸬鹚话	鸬鹚话	鸬鹚话	客家话		客家话	鸬鹚话	鸬鹚话
二儿媳	客家话	客家话	客家话	客家话	客家话		客家话	客家话

(续表9)

受话人 发话人	黄YS	妻子	大儿子	大儿媳	二儿子	大儿媳	大孙子	小孙子
大孙子	鸬鹚话	鸬鹚话	鸬鹚话	客家话 鸬鹚话	鸬鹚话	客家话		客家话
小孙子	鸬鹚话	鸬鹚话	鸬鹚话	客家话 鸬鹚话	鸬鹚话	客家话	鸬鹚话	

还有一个饶有趣味的现象，鸬鹚屋的老人去世后，因为本村没有道士，只能请说别的方言的道士来做道场（一般是请说客家话的道士用客家话做道场）。这个现象体现了鸬鹚屋村民宽容的语言态度，具有典型意义。

另外，由于鸬鹚屋是一个村民居住比较集中的小自然村，使得鸬鹚话具有强大的凝聚力和生命力。不少妇女在嫁入两三年后与家人交谈时都不再使用自己的母语而改说鸬鹚话。在所调查的30户家庭中，有11户家庭嫁入的妇女便是如此，即便是来自钟山及湖南麻阳、江华、道县的6个嫁入的妇女也无一例外。八都话在厦良村村委会管辖的5个自然村中是使用人口最多的方言，占总人口的90%，曾屋有224人都说八都话。鸬鹚屋村民和曾屋村民在长期的交往过程中，使得曾屋2/3的村民能听懂鸬鹚话，1/3的村民能说鸬鹚话。原来在鸬鹚屋有一户外姓的家庭蒋XY。蒋XY原本是厦良村人，说八都话。由于蒋XY父辈是地主成分，"土改"时随父亲被下放到鸬鹚屋，学会说鸬鹚话，后来娶了个说钟山土话的妻子在鸬鹚屋生活了30多年，一家人都学会了说鸬鹚话。改革开放以后，蒋XY得到平反，他们全家便迁回到厦良村居住，但户口留在鸬鹚屋，还经常与鸬鹚屋村民有来往。现在蒋XY家庭语言使用情况是，家庭成员内部使用八都话，与鸬鹚屋村民交往时使用鸬鹚话。

当然，也有不少嫁入的妇女虽然能听能说鸬鹚话，但在与家人交谈时还是坚持使用自己的母语。与鸬鹚屋相隔一条小溪、距离约300米的大薛屋是一个客家村落，那里的村民到市区都要经过鸬鹚屋，他们有一座祖坟就在鸬鹚屋的村落中，但是他们与鸬鹚屋村民交往时只用客家话。长期以来，大薛屋的客家人都不愿学说鸬鹚话，近在咫尺的鸬鹚话对于他们而言是既不会说也不会听。这是强势方言对弱势方言排挤的典型现象。

鸬鹚屋村民语言生活的两面性说明了这样一个问题：客家话是八步镇及周边乡镇的强势方言，八都话、本地土话、白话是离鸬鹚话最近的成片的方言，它们直接影响了鸬鹚屋村民的语言生活状况。因为鸬鹚屋村民聚族而居，相对集中，所以他们的母语方言鸬鹚话仍然保持着高度的统一性，并且能够使将近40%的外来人口（主要是外地嫁来的妇女）在语言使用上"入乡随俗"。这是强势方言与弱势方言暂时还能相安无事地并存并用的生动景象。

三、余 论

一种方言的存在与发展，自然与它的自然环境、形成历史以及使用者的语言态度有关。从鸬鹚话这个个案来看，上述几个方面的因素都起了重要的作用。但是，周边强势方言的渗透，对弱势方言，尤其是对濒危方言的存在和发展有什么影响？是母语忠诚使得弱势方言顽强地生存下去，还是强势方言把弱势方言吞并？最终结果我们还无法看到。需要指出的是，鸬鹚屋的地理环境正在发生急剧的变化，语言生活也受到前所未有的影响。就在我们调查研究的过程中，鸬鹚屋周边的土地已被列入市区的规划范围，并开始了大规模的建设，距鸬鹚屋约600米的贺州新汽车客运站即将完工启用，紧邻鸬鹚屋的地方正规划建设一批现代化的建筑。在可以预见的未来，鸬鹚屋将成为城中村，鸬鹚话的语言环境也将发生前所未有的突变。在这样的情形之下，鸬鹚话能否继续保存下去，还能保存多久？这是一个值得观察与研究的具有标本意义的濒危方言个案。

参考文献

[1] 白云. 广西疍家话语音研究 [M]. 南宁：广西人民出版社，2007.
[2] 贺州市地方志编纂委员会. 广西贺州市志 [M]. 南宁：广西人民出版社，2001.
[3] 胡蓉，蒋于花. 对怀化市鹤城区中小学学生语言使用状况的调查与思考 [J]. 怀化学院学报，2008 (6).
[4] 刘村汉. 桂北平话与农村推普 [M]. 南宁：广西民族出版社，2006.
[5] 邝永辉，林立芳，庄初升. 韶关市郊石陂村语言生活的调查 [J]. 方言，1998 (1).

（原载《文化遗产》2010年第1期）

贺州桥头村标话方言岛概况

陈才佳　杨璧菀
(贺州学院文化与传媒学院)

【提　要】 贺州桥头村标话在当地称为"怀集声"或"怀集话",处于客家话、本地话的包围之中。本文将桥头村标话与原居地的诗洞标话做比较,总结桥头村标话的主要特点,考察桥头村说标话人们的语言生活,最后讨论桥头村标话方言岛形成和发展的问题。

【关键词】 标话　方言岛　语言生活　语言演变

贺州市的标话分布在平桂管理区沙田镇3个村委会:桥头村村委会有40多人,大盘村村委会的三圳村约有200人,桂山村村委会约有300人。这三地说标话人们的祖先来自怀集诗洞,他们在家说标话,出外多说客家话,遇见本地人说本地话。他们的标话与原居地的诗洞标话一致,当地称为"怀集声"[uai²¹ sɐk²¹ siɛŋ⁵⁵]或"怀集话"。本文讨论的是桥头村村委会的标话。2009年1月6—18日,笔者对桥头村标话进行了初步调查。主要发音人是王治城先生,1946年生,初中文化,退休前任西湾煤矿助理工程师。

一、桥头标话方言岛概况

1. 桥头村标话的来源

大约在1880年,年轻的王凌元和妻子从怀集诗洞来到贺州八步沙田大盘三圳村,租田种地谋生。过了十几年,他的堂弟王世元和妻子挑着行李,把犁耙从诗洞带到沙田,在今桥头村村委会的东边伏虎山脚下搭了一间茅草屋,租岑姓说本地话的人的田地耕种,定居下来。又过了十几年,大约在1920年移居到今居住的地方桥头村村委会第九组。世元公走山路来沙田的路线,大概是从诗洞出发,经过桥头镇的燕岩、封开县的金装、贺县(今贺州市)的铺门、信都、梅花(步头镇的一个村)等地。世元公从诗洞带来的耙至今还保留着,还有做小买卖的箩筐、丝线、厘等称。世元公来沙田的原因大概是怕打仗,当时的沙田没有那么乱,他迁到沙田可以过上安定的生活。

世元公就是今天桥头村说标话人们的祖先,凌元公就是三圳村说标话人们的祖先。他们都来自诗洞镇安华村村委会凤南村第四队(今名),拥有同一个祖先。在怀集诗洞老家,他们堂兄弟俩住在同一座屋子里,右边是王凌元的家,左边是王世元的家。在沙田,桥头村第九组和三圳村隔着一条小溪,隔着张姓、彭姓客家人的房子和田地,走小路从桥头村第九组去三圳村只需要15分钟左右。世元公在诗洞王氏族谱中排第十九代,传到王治城的孙子王杰华这代是第二十四代,世元公传到今天有6代子孙,40多人。而凌元公这一支比较兴盛,传到今天已有8代子孙,200多人。桂山村的同乡姓麦,祖先来自诗洞镇仁和村村委会,他们来沙田的时间与三圳村王姓差不多。

2. 桥头村的地理位置

贺州市原称贺县,与广东省怀集县和封开县毗邻。平桂管理区于2007年9月19日成立,管辖原八步区西南部分地区和原钟山县东南部分地区,区政府设在西湾。沙田镇原属于贺州市的中心八步区,2007年改属平桂管理区。桥头村村委会位于沙田镇东面3000米,位于八步区的西南部,距八步区16000米。(见图1)

图1 桥头、三圳、桂山与原居地诗洞的地理位置

3. 附近地区的方言状况

贺州市八步区主要通行客家话和本地话。沙田镇主要通行客家话，壮族、瑶族、本地人在镇墟上也说客家话。沙田的客家话与八步、黄田、莲塘、鹅塘的客家话一致。

桥头村村委会说客家话的人口约占50%，说本地话的人口约占40%，说壮语的人口约占10%。第十组壮族，老一辈全部说壮语，年轻的人多说本地话。第十一组壮族的壮语保留得比较好。

桥头村第九组约有350人，说客家话的人口约占60%，说本地话的人口约占30%，说标话的人口约占10%。说客家话的姓彭、张、许、田、叶，主要是姓彭和姓张的，他们从广东到这里有十二三代，200多年。说本地话的姓黄，壮族，从南丹来，有17代，400多年，现在都转说本地话了，只有老人还会一点壮语。说标话的就是王治城5个兄弟5户，40多人。这里的土著可能是说本地话的本地人，因为附近的山地多数是本地人的，壮族人也学说本地话。

4. 桥头村标话的特点

三圳村和桂山村的标话保留得比较好，与原居地的诗洞标话差别不大。桥头村的标话虽然发生了一些小变化，但主要特点与三圳村、桂山村和诗洞的标话一致。其与诗洞标话的相同之处有以下几点：

（1）桥头村标话老汉语借词的声调与民族固有词的声调相同，新汉语借词第1调与第3调、第2调与第4调颠倒，说明标话保留了壮侗语族语言特有语音的独立性。（见表1）

表1 诗洞标话和桥头村标话的声调比较

类别	调类	诗洞		桥头村	
		例词	调值	例词	调值
民族固有词	1	55	天 [mɐn^{55}]、雨 [tsʰɐn^{55}]、火 [pɐi^{55}]、我 [tsiɐ^{55}]	55	天 [mɐn^{55}]、雨 [tsʰɐn^{55}]、火 [pɐi^{55}]、我 [tsiɐ^{55}]
	2	214	风 [lɐm^{214}]、血 [iɐn^{214}]、手 [hy^{214}]、你 [mu^{214}]、他 [mɐn^{214}]	21	风 [lɐm^{21}]、血 [iɐn^{21}]、手 [hy^{21}]、你 [mu^{21}]、他 [mɐn^{21}]
	3	53	狗 [mu^{53}]、脸 [nu^{53}]、屎 [tʰɐi^{53}]、饭 [kɐu$^{53-33}$ pʰaŋ^{55}]	53	狗 [mu^{53}]、脸 [nu^{53}]、屎 [tʰɐi^{53}]、饭 [kɐu^{53}]
	4	231	水 [nam^{231}]、猪 [ki^{231}]、肠子 [uɔi^{231}]、刀 [tsɔ^{231}]、床 [tɐu^{231}]	231	水 [nan^{231}]、猪 [ki^{231}]、肠子 [uɐi^{231}]、刀 [tsɔ^{231}]、床 [tɐu^{231}]
汉语老借词	阴平	55	三 [θam^{55}]、斤 [kɐn^{55}]	55	三 [san^{55}]、斤 [kɐn^{55}]
	阳平	214	人 [lɐn^{214}]、桥 [kiu^{214}]、穷 [koŋ^{214}]、肥_{肉肥} [pɐi^{214}]	21	人 [lɐn^{21}]、桥 [kiu^{21}]、穷 [koŋ^{21}]、肥_{肉肥} [pɐi^{21}]
	阴上	53	懂_晓 [hɐu^{53}]、九 [ku^{53}]、懒 [lɐn^{53}]、五 [ŋ̍^{53}]	53	懂_晓 [hɐu^{53}]、九 [ku^{53}]、懒 [lɐn^{53}]、五 [ŋ̍^{53}]
	阳上	231	叔母 [a^{33} mɐu^{231}]	231	叔母 [mɐu$^{231-21}$ sɐm^{55}] ~ [mɐu^{231}]

(续表1)

类别	调类	诗洞		桥头村	
		例词	调值	例词	调值
汉语新借词	阴平	53	沙［sa⁵³］、东［toŋ⁵³］、春［tsʰɐn⁵³］、花［fa⁵³］、烟［ɛn⁵³］	53	沙［sa⁵³］、东［toŋ⁵³］、春［tsʰɐn⁵³］、花［fa⁵³］、烟［ɛn⁵³］
	阳平	231	鞋［hai²³¹］、牙齿［ŋa²³¹］、盐［him²³¹］、糖［tɔŋ²³¹］	231	鞋［hai²³¹］、牙齿［ŋa²³¹］、盐［hin²³¹］、糖［tɔŋ²³¹］
	阴上	55	点~燃草堆［tɐm⁵⁵］、补~衣服［pu⁵⁵］、嘴［sɐi⁵⁵］、讲说［kɔŋ⁵⁵］	55	点~燃草堆［tɐn⁵⁵］、补~衣服［pu⁵⁵］、嘴［sɐi⁵⁵］、说［kɔŋ⁵⁵］
	阳上	214	午［hŋ²¹⁴］、菌子［kɐn²¹⁴］、是这~什么［tsɛ²¹⁴］	21	午［hŋ²¹］、菌子［kuɐn²¹］、是这~什么［tsɛ²¹］

(2) 诗洞标话和桥头村标话构词方式有前正后偏式，主体是正，从属是偏，主体在前，从属在后。如（汉语借词写汉字，加字符边框的表示民族固有词或标粤关系词）：

		诗洞		桥头村
晚饭		［kɐu⁵³⁻³³ ham³³⁴］ 饭+晚上		［kɐu⁵³⁻³³ han³³⁴］
眼泪		［nam²³¹⁻²¹ θɔ⁵⁵］ 水+眼		［nan²³¹⁻²¹ sɔ⁵⁵］
塘角鱼		［mai²² tsok⁵］ 鱼+塘角鱼		［mai²² tsok⁵］
蔬菜		［ioŋ²² tʰiɛŋ⁵³］ 菜+青		［ioŋ²¹ tʰiɛŋ⁵³］
空心菜		［ioŋ²² ɔŋ³³⁴］ 菜+蕹		［ioŋ²¹ ɔŋ⁵⁵］

(3) 诗洞标话名词前缀［lɐk²¹⁴］，由表示"儿子"义的［liɛk²¹⁴］演变而来，桥头村标话也有。如：

		诗洞		桥头村
女儿		［lɐk²¹⁴⁻²¹ nɔ⁵³］ 词头+女		［lɐk²¹ nɔ⁵³］
男人		［lɐk²¹⁴⁻²¹ ʔi⁵³］ 词头+男		［lɐk²¹ i⁵³］
耳朵		［lɐk²¹⁴⁻²¹ hɔ²¹⁴］ 词头+耳朵		［lɐk²¹ hɔ²¹］
手指		［lɐk²¹⁴⁻²¹ iɐu²³¹］ 词头+手指		［lɐk²¹ iɐu²¹⁴］
老鼠		［lɐk²¹⁴⁻²¹ nu²³¹］ 词头+鼠		［lɐk²¹ nu²¹⁴］
鸟		［lɐk²¹⁴⁻²¹ pʰok⁵］ 词头+鸟		［lɐk²¹ pʰok⁵］
柚子		［lɐk²¹⁴⁻²¹ pʰɔ⁵³］ 词头+柚子		［lɐk²¹ pʰɔ⁵³］
南瓜		［lɐk²¹⁴⁻²¹ ku⁵⁵］ 词头+南瓜		［lɐk²¹ ku⁵⁵］

(4) 诗洞标话和桥头村标话定语放在中心词的后面。如：

	诗洞	桥头村
老狗	[mu$^{53-33}$ tsɔ^{53}]	[mu^{53} tsɔ^{53}]
小狗	[mu$^{53-33}$ liɛk^{214}]	[mu^{53} liɛk^{21}]
老猫	[mɛu^{33} tsɔ^{53}]	[mɛu^{33} tsɔ^{53}]
小猫	[mɛu^{33} liɛk^{214}]	[mɛu^{33} liɛk^{21}]
大哥	[tsøŋ$^{53-33}$ loŋ^{334}]	[tsioŋ$^{53-33}$ loŋ^{334}]
二哥	[tsøŋ$^{53-33}$ i^{22}]	[tsioŋ$^{53-33}$ i^{21}]
大姐	[θi$^{53-33}$ loŋ^{334}]	[θi$^{53-33}$ loŋ^{334}]
二姐	[θi$^{53-33}$ i^{22}]	[θi$^{53-33}$ i^{21}]

二、桥头村标话方言岛的语言生活

1. 人口及其语言能力

在桥头村说标话的有王治城五兄弟5户共40多人，有几个年轻的出去打工了，大部分人长期在家务农，只有二哥的大儿子娶了八步的女子为妻，在八步安家立业，离开了说标话的环境。二哥家里不说标话，妻子说客家话，小孩也说客家话，逢年过节的时候他们回到桥头村，只有二哥会说标话。其他长期在家种田的都能在家里说标话，他们的妻子、孩子都会说标话。他们出外在沙田、八步主要说客家话，遇见本地人说本地话。男子出外的机会多，会说广州话、桂林官话和普通话。女人在家务农，会一点官话，多数不会广州话和普通话。少年儿童在学校学会普通话，也看说普通话的电视。总的来说，每个人的语言能力与个人的背景紧密相关，具体有性别、年龄、受教育程度、文化水平、职业、个人经历。以王治城一家人为例。

【案例1】王治城：母语是标话，他认为自己说客家话和本地话的水平也很高，在桥头村和沙田镇主要说客家话，遇见本地人说本地话，因为他家附近就有客家人和本地人居住，而且他的妻子娘家是说本地话的；会说桂林话，因为他上小学时老师是用桂林话教学的，后来才改用普通话教学；会说西南官话，因为他在矿上工作时，有很多湖南人；会说部分壮语，因为母亲是桥头村第十一组的壮族，他在舅舅家能说简单的壮语；会说一点瑶语，"不怕脸皮厚也可以说一点"，因为沙田、鹅塘有部分瑶族说瑶语；会说流利的广州话，因为以前经常出差；会说普通话，因为年轻时由于工作需要去过地质学校学习培训。

【案例2】王治城之妻：娘家在沙田龙中村，母语是本地话；来到王家一两年就会说标话，标话和客家话说得很好，不会说广州话和普通话。

【案例3】大儿子王荣宁：母语是标话，与父母、小孩说标话；从小会客家话和本地话，出外多说客家话，到岳父家说本地话，他与妻子在家里也说本地话；在家务农，会说普通话。

【案例4】王荣宁之妻：娘家在鹅塘，母语是本地话，在王家也与丈夫说本地话；会说标话，但有些事物用标话不会说；出外说客家话；在家务农，小学文化程度，不会说普通话。

【案例5】小儿子王荣旭：母语是标话，与父母、小孩说标话；从小会本地话，到岳父家说本地话；与妻子在家里也说本地话；出外多说客家话；曾到广东打工，现在在家务农，会说一点广州话，会说普通话。

【案例6】王荣旭之妻：母语是瑶语，娘家在鹅塘明梅村，瑶族，在家里说瑶语；在村子里说本地话，在王家也与丈夫说本地话；会说标话，她的姐姐嫁入三圳村，她嫁到王家前已懂一点标话，但有些事物用标话不会说；出外多说客家话；曾到广东打工，现在在家务农，初中文化程度，会说一点普通话。

【案例7】王荣宁之女王瑜：初二，会说标话、客家话、本地话和普通话。

【案例8】王荣宁之子王杰华：小学五年级，会说标话、客家话、本地话和普通话。

【案例9】王荣宁之女王媚：小学四年级，会说标话、客家话、本地话和普通话。

【案例10】王荣旭之女王玲：一岁半，正在牙牙学语，已会说几个简单的标话词汇来表达她的意思。

2. 婚姻与方言状况

（1）嫁到王家的外地女子的母语。桥头村王家的媳妇一般多娶自本镇沙田及附近的鹅塘、莲塘、黄田、八步等乡镇，母语为客家话、本地话、九都话、壮语、瑶语的都有，以说客家话或本地话的为多。如王治城一家，王治城的母亲和妻子都是本镇沙田的，说本地话；王治城的两个儿媳妇都娶自附近的鹅塘镇，也说本地话。又如王治城二哥家有5个儿子，最小的儿子未婚，现在有4个儿媳妇，两个说客家话，一个说本地话，一个说九都话。

（2）嫁到王家的外地女子说什么？外地女子嫁到桥头村王家以后，一般一两年后也学会说标话。以王治城一家为例，王治城的母亲和妻子都说本地话，但来到王家一两年后很快就会说标话，与全家人都说标话，与自己的丈夫也说标话。而王治城的两个儿媳也说本地话，来到王家一两年后也会说大部分的标话，与公公、婆婆、小孩主要说标话，与自己的丈夫却说本地话。

（3）王家嫁到外地的女子说什么？桥头村王家的女儿一般多嫁到本镇及附近的乡镇，嫁到说客家话的地方说客家话，嫁到说本地话的地方说本地话。如王治城的女儿，嫁到沙田的马东村，马东村说客家话，王治城到女婿家见到女儿说标话，与亲家、外孙、外孙女说客家话。现在出外打工的女子有机会认识外省的男子，如王治城三哥的孙女就远嫁到浙江省。

（4）王家使用各种语言的情况。为了了解王家在日常生活中是如何使用各种语言的，平时是怎么说话的，笔者用语言日记的方式记下了他们一家人某一天语言使用的情况。

时间：2009年1月6日

王治城：
①早上见到载客的摩托车男子（载笔者到他家门口），与他说客家话。
②见到桥头村第七组的挑着豆腐卖的男子，与他说客家话。
③见到桥头村第八组姓彭的男子，与他说客家话。
④一天都在家里忙碌，喂猪、打扫猪圈，见到的其他人是邻居（他兄弟家的人），每天都见，没怎么打招呼，大家各忙各的。
⑤在家里与家人都说标话，与两个儿媳妇有时说本地话。

王治城之妻：
①早上见到载客的摩托车男子（载笔者到她家门口），与他说客家话。
②在家里与家人都说标话，与两个儿媳妇有时说本地话。

王荣宁与妻子：
①一大早吃完早饭就去挖荸荠（马蹄），晚上才回来，见到的人都是说客家话的。
②在家里与其他家人说标话，他们夫妻之间说本地话。

王荣旭：
①吃完早饭去马峰做半天工，帮一家家具店打底磨桌，见到的人都是说客家话的。
②下午两点回来挖荸荠，旁边是说客家话的人。
③在家里与老人、孩子说标话，与妻子说本地话，与嫂子说标话和本地话。

王荣旭之妻：
①一大早吃完早饭就去挖荸荠，晚上才回来，见到的人都是说客家话的。
②在家里与老人、孩子说标话，有时说本地话。与丈夫说本地话。

王杰华、王媚（王瑜在学校寄宿）：
①在桥头小学读书。在学校老师用普通话教学，他们用普通话回答问题。
②下课跟老师、同学说客家话，买零食时说客家话。
③在家里与全家人说标话，与母亲、婶婶有时说本地话。

王治城认为，他与两个儿媳妇说标话的时候多，但有时也说本地话。不公开的、不让人知道的事情用标话说，可以公开的事情用本地话说。王治城老伴和两个儿媳妇说标话、本地话的时候各占一半。

三、贺州桥头村标话方言岛的形成和发展

（一）桥头村标话方言岛形成的原因

1. 宗族观念和语言观念

桥头村有个供奉他们来沙田的祖先世元公的祖屋，"三槐堂"3个大字题在正厅中间，下面是"王氏堂上历代高曾祖妣考宗亲神位"，旁边是对联"祖在怀诗分派远，孙居贺水发祥长"，祖屋对联是王治城自己写的。三圳村有个祠堂，是1998年重建的，门上刻着

"凌元公祠",对联是"三槐世第,太原家风",都刻在大理石上。堂屋对联和桥头村的一样。在贺州这个地方,不用进门,在外面一看门口上的横联(或刻在墙上)就知道这家姓什么,如王姓是"三槐第"或"太原第",彭姓是"商贤第",张姓是"金鉴第",黄姓是"江夏第",其他的还有"河南第""三省第"。每个姓氏有祖屋或祠堂供奉自己的祖先,有自己的族谱。他们入乡随俗,也在门口贴上横联"三槐第"。王治城整理编写了《王氏族谱》,虽然只有薄薄的几页,但也说明了他们重视宗族、重视血缘关系,有深刻的宗族观念。

为什么要说标话?王治城说,"这是祖宗留下来的唯一的东西","只要在家里就说标话,不管她(儿媳妇)听不听得懂"。正是因为王治城的坚持,并教孙子、孙女说标话,标话才在他们家通行,如果王治城也迁就妻子、儿媳说本地话,他们家早就是本地话的天下了。坚持说祖宗传下来的话,是对祖先的尊崇和记忆。

2. 一家之长的权威和家庭结构

封建社会男尊女卑,男子是一个家庭的支柱和核心。封建时代的家庭结构,以多代同堂为荣。以最尊辈者为家长主宰家政,晚辈要绝对服从。王家在当地定居后,后代子孙娶的是当地的女子,有汉族、壮族、瑶族,壮语、瑶语是弱势语言,壮族、瑶族对外说本地话或客家话。虽然标话在当地也是弱势语言,但它是王家的语言。外地女子嫁入王家就要学说标话,所以王家几代子孙都把标话很好地传承了下来。

到了王治城这一代,三代同堂,两个儿子还没有分家,他退休前有工作,现在领着1000多元的退休金、养二三十头猪,买饲料的钱都是自己的,儿子和儿媳都在家务农。因为王治城是一家之长,有经济实权,所以儿媳妇还比较听他的。他的孙子孙女都是从小跟着他和老伴长大的。如最小的孙女王玲,早上醒来他们就给她喂饭、换尿布。他们轮流照看孩子,王治城喂猪的时候,他老伴带孩子;他老伴种菜的时候,他带孩子,晚上,他们还伴着孩子睡觉。王治城爱跟王玲说话,不停地说标话:"尿裤子了吗"[lai²¹ tø³³ la³³]、"要喝茶吗"[ɔ³³ pɔ⁵³ mau²¹⁴]。王玲正在学话,已经会说几个简单的标话词语,如"不要"[pɐt²¹ ɔ³³]、"茶、茶"[pɔ⁵³ pɔ⁵³]。由于王治城耐心地、不厌其烦地教孙子孙女学标话,他们最先学会的语言就是标话。他的儿子儿媳也跟孩子说标话,因此大的孙子孙女都能说一口流利的标话。如果两个儿子早就分了家,他和老伴跟一个儿子吃住,另一个儿子的家庭就成了核心家庭,两夫妻说本地话,孩子从小跟着母亲学话,最先学会的肯定是本地话。

可见,在传统家庭结构里,祖辈把祖先的语言传承给孙辈,对孙辈习得祖语有很大的影响。

(二)桥头村标话方言岛能够保留至今的原因

曹志耘(2005)指出,方言岛能够生存下来的因素有地理交通状况、经济文化水平和区内方言异同程度。桥头村标话方言岛能够生存下来的原因主要与经济文化水平和区域方言异同程度有关,也和他们与宗亲同乡的联系有关。

1. 经济文化水平

（1）经济生活状况。从19世纪末到21世纪初，桥头村标话方言岛至今已经生存了120多年，虽然正处于中国封建社会解体的动荡时代，但农村自给自足的小农经济生活仍在持续。桥头村说标话的人们世代都是种田的农民。下面是他们现在的经济生活状况：

王治城，有两个儿子，都务农。小儿子有时去做点临时工，现在在马峰做油漆工。

大哥（已去世，约1923年出生），有一个儿子，在家务农；3个孙子，一个在八步的饭店工作，一个在广东打工，一个在家务农。

二哥，有5个儿子，大儿子是贺州拖拉机配件厂的下岗工人，其他4个儿子在家务农。

三哥，有两个儿子，都务农。第二个儿子有时也去做点泥水工。

弟弟，有4个儿子，3个儿子在家务农，第四个儿子有时也去做点临时工。

以王治城一家为例。王治城虽然已经退休了，但为了儿孙仍在辛苦劳作。他说："他们也很辛苦，能帮多少就帮多少。"他和老伴负责在家养猪。养猪也赚不了多少钱，只是省了荸荠的肥料钱，猪粪就是荸荠的肥料。这里主要的经济作物是荸荠，冬天时家家户户挖荸荠。这些地里的活由他的儿子和儿媳负责。他们一家人勤劳节俭，这两年在路边建了一层钢筋水泥楼房，把家里的积蓄都花光了，没有钱装修，现在还住在旧房子里。家里每天吃的是腊肉、腊肠、白菜（绍菜）、菜心、酸菜。腊肉、腊肠是杀了自己家养的猪做的，满满地挂了两根竹竿，每天做菜，就割一截。青菜是自己种的，酸菜是自己腌的。

（2）文化水平。桥头村说标话的人们文化水平普遍较低。王治城的大哥和二哥读过一两年私塾，学过《千字文》；三哥和弟弟读到小学四年级。在他那一辈人里，他能读到初中毕业是很难得的。在他儿子这一辈人里，5个读完初中，一个读到初一，5个小学毕业，一个读到小学四年级；在他孙子这一辈人里，一般都普及初中了，有几个还读了高中，但王家目前还没有大学毕业的人。他们妻子的文化水平一般比男的低一点，少数与男的同等学力。在这里，王治城就算是有文化的人了，在当地有点声望。他去过地质学校学习培训，用他的话说就是，"大学的门口算是进了一下"。他退休前在煤矿做助理工程师，他见过世面，热心、负责，会写对联、编族谱，操心族里的事情，各种红白喜事都少不了他。

2. 区域方言异同程度

据王治城介绍，八步区有以下几种话：客家话、本地话、壮语、九都话、二哥话（与钟山话同）、瑶语、湖南话、广东话（接近广州话，在贺州市市中心）、标话。沙田镇除了狮东、金竹全部说瑶语，新民说瑶语和本地话，狮南约有20%的人口说瑶语，逸石、桥头、大盘、忠回除各约有10%的人口说壮语以外，其他村委会都是客家话和本地话并存。民田、龙屏、宝马说客家话的人口占90%以上，芳林、道西、道石、道东、马东、红新、沙田、大盘、桂山、忠回、狮南11个村委会以客家话为主，说客家话的人口占七八成，说本地话的人口占两三成；马峰、逸石、桥头说客家话和本地话的人口各占一半；只有龙井、龙中是以说本地话为主的，说本地话的人口约占80%，说客家话的人口约占20%。（参见附图《贺州市沙田镇语言的分布》）

有意思的是，桥头、三圳、桂山这3个标话方言岛与周边地区的客家话、本地话和壮语有毗邻、包围与被包围的关系。桥头标话方言岛与本地话、壮语地区毗邻，又被客家话包围；三圳标话被客家话包围；桂山标话人口较多，包围了本地话，外面被客家话包围。

由于桥头村标话方言岛周围的语言复杂，语言（方言）差异大，一种方言很难制约和同化其他方言，各种小方言得以相对独立地发展，因此桥头村标话得以保存至今。

3. 与宗亲同乡的联系

（1）与三圳村宗亲和桂山同乡的联系。世元公和凌元公堂兄弟俩同一个祖先。当时在这里他们王家人少，只有互相帮助，才能不被外人欺负。现在他们还是宗亲兄弟，做红白喜事的时候要互相帮忙，有什么事也一起商量。桂山村的麦姓同乡虽然不同姓，但也以兄弟相称，在人生地不熟的沙田，互相帮助扶持。三圳和桂山的标话保留得比较好，他们见面就说标话。

（2）与原居地宗亲的联系。为了编写《王氏族谱》，王治城去过怀集诗洞考证，续写族谱。三圳村王新灶的大儿子回过诗洞，说诗洞可能派人来筹钱修建祠堂。王治城说："祖宗定下了一条老规矩，凡是从怀集下面上来办事的，没有伙食费、车费的，我们这上面（沙田）的一定付给他伙食费、车费，负责他回到家为止。以前是走路，要付给伙食费。我到下面（怀集），他们也帮我买车票，送上车。这是老祖宗留下来的规矩。"他也知道桥头村标话有些事物的说法、读音与怀集诗洞标话有一些不同，但用标话沟通是没有问题的。

由于与三圳、桂山和怀集诗洞说标话的宗亲同乡一直保持着联系，桥头村标话方言岛因此能够存活至今。

（三）桥头村标话的发展变化

拿桥头村标话和原居地诗洞的标话相比，桥头村的标话产生了一些小变化。

1. 对桥头村标话影响最大的方言

王治城认为，桥头村标话受本地话影响较大，壮语和瑶语对桥头村标话没有什么影响。王治城说，他母亲是壮族，壮族人在家说壮语，与本地人共住一个寨，也会说本地话。她来到王家一两年就会说标话。王荣宁说，他奶奶会说壮语，但不愿意教他说，因为她认为"学说壮语没什么用"。

2. 受本地话影响而产生的成分

（1）语音方面。诗洞的［-m/-p］尾韵母在桥头村标话里有部分读成［-n/-t］尾韵母，如：［am/ap］读成［an/at］；［ɐm/ɐp］一部分保留［ɐm/ɐp］，有一部分则读成［ɐn/ɐt］；［im/ip］读成［in/it］。（见表2）

表2 诗洞标话和桥头村标话闭口韵母的比较

标话词汇	例词	诗洞	桥头村
民族固有词	水	[nam²³¹]	[nan²³¹]
	盛~饭	[tsam⁵⁵]	[tsan⁵⁵]
	抱~小孩	[øm⁵³]	[in⁵³]
	怕	[sip⁵]	[sit⁵]
标粤关系词	口~~饭	[tam²²¹]	[tan²¹]
	舂~米	[tap²²¹]	[tat²¹]
	抱~柴火	[lap³³⁴]	[lat³³⁴]
	腌菜的坛子	[tʰap³³⁴]	[tʰat³³⁴]
	涩柿子很~	[kip³³⁴]～[sɐp⁵]	[kit³³⁴]
汉语借词	三	[θam⁵⁵]	[san⁵⁵]
	南	[nam²³¹]	[nan²³¹]
	杉树	[tsʰam³³⁴]	[tsʰan³³⁴]
	镰刀	[lim²³¹]	[kɐu⁵³⁻³³ lin²³¹]
	盐	[him²³¹]	[hin²³¹]
	插把刀~入刀鞘	[tsʰap³³⁴]	[tsʰat³³⁴]
	腊~肉	[lap²²¹]	[lat²¹]
	十	[sɐp²¹⁴]	[sɐt²¹]
	拾~起	[tsɐp⁵]	[tsɐt⁵]
	腌~菜	[ip³³⁴]～[sim³³⁴]	[it³³⁴]

据王治城回忆，他父亲读"水[nam²³¹]、三[sam⁵⁵]、南[nam²³¹]"还是闭口的，到了他们五兄弟这一代"水[nan²³¹]、三[san⁵⁵]、南[nan²³¹]"都读成不闭口的。他认为这是受了他母亲的影响。因为父亲是帮人挑矿的，长期在外，他们兄弟在家里跟着母亲学话，母亲将"水、三、南"都读成不闭口的，他们也读成不闭口的了。他自己也很清楚是起了变化，他也知道三圳、桂山、诗洞还是闭口的。但是对于这种读音的变化，他觉得没有关系，认为说的话别人能听得懂、能交流就行，不一定要读成闭口的，他反而觉得读成闭口的别扭。

笔者请他分别用客家话、本地话、壮语读了几个字的音，他念的客家话"三、答、十"闭口，本地话"三、男、答、十"不闭口，壮语"三"不闭口。又据陈小燕（2007），沙田的客家话古咸、深两摄绝大部分字读[-m、-p]尾，仅咸摄合口三等、深摄开口三等有少量字读[-n、-t]尾。沙田、鹅塘的本地话古咸、深与山、臻合流收[-n、-t]尾，没有闭口韵。这说明了王治城的解释是合理的。他母亲嫁入王家之前，与王治城父亲说本地话，嫁入王家之后，学说标话。在完全转用标话之前，王治城父亲教她说标话时，是以本地话作为中介来解释的。由于本地话音系里没有[am、im、ap、ɐp、 ip] 等韵母，他母亲用本地话的 [an、in、at、ət、it] 等韵母匹配标话的 [am、im、ap、ep、ip] 等韵母。她用她学的标话教孩子，孩子就继承了她的不标准的标话。可见，桥头村 [-m、-p] 尾读成 [-n、-t] 尾是受了本地话的影响。

诗洞标话的 [ɐm、ɐp] 韵母，在桥头村标话一部分保留 [ɐm、ɐp]，有一部分则读成 [ɐn、ɐt]，说明 [-m、-p] 尾在长元音后丢失了，但在短元音后部分保留了下来。如：

民族固有词：风 [lɐm²¹]、插~秧 [sɐm⁵⁵]、酸 [sɐm⁵³]、头发 [ha²¹ lɔo³³⁴ sɐm⁵⁵]、苦 [tʰɐm⁵⁵]、斗笠 [tsɐm⁵⁵]、黑~天 [tsʰɐm⁵³]、树芽 [sɐp⁵]、掷~石头 [ɐp⁵]。

标粤关系词：闻~嗅 [hɐm³³⁴]、按用手~着 [kɐm²¹]、盖~锅盖 [kʰɐm³³⁴]、段~木头 [lɐm³³⁴]、想~家 [nɐm⁵³]、抵水牛~人 [tɐm⁵³]、暖和 [ɐm³³⁴]、砸~核桃 [tɐp²¹]、套~上笔 [tʰɐp⁵]。

汉语借词：含 [hɐm²³¹]、金子 [kɐm⁵³] ~ [uɔŋ²¹ kɐm⁵³]、心 [sɐm⁵³]、浸~种 [sɐm³³⁴]、盒子 [hɐp²¹]、合~八字 [hɐɐp²¹]、大种青蛙 [kɐp⁵]、鸽子 [pak²¹ kɐp⁵]、习惯 [sɐp²¹ kuan³³⁴]。

"立"字在"立夏、立秋、立冬"中读闭口韵母，在"立春"中则读不闭口韵母，留下了变化的痕迹。如：

立夏 [lɐp²¹ ha²¹]、立秋 [lɐp²¹ tʰɐu⁵³]、立冬 [lɐp²¹ toŋ⁵³]、立春 [lɐt²¹ tsʰɐn⁵³]。

（2）词汇方面。桥头村标话在与周边语言接触融合的过程中，基本的日常生活词汇也发生了变化，主要体现在亲属称谓的变化上，亲属称谓逐渐变成"父标母本"，即父亲这边的亲戚按父亲这边的语言去称呼，母亲这边的亲戚按母亲这边的语言去称呼。例如，王治城家是标话、本地话结合型婚姻，母亲是说本地话的，到了母亲娘家，与舅舅、外婆就说本地话，按本地话的叫法称呼他们，逐渐就忘记了原来标话的叫法。如：

问到"姨母"（母之姐）一词时，王治城想了想，说："这个怀集声我真的叫不出了，它不按照怀集声这样叫的。"后来说："叫大姨婆 [tai²¹ i²¹ puɔ²¹]，是本地话。"

问到"姨母"（母之妹）一词时，他说："老的怀集声叫 [a³³ uɐi⁵⁵]，我们家叫晚姨 [man²¹ i²¹⁴]。"

问到"外祖父"一词时，他脱口而出"[lu³³ oŋ⁵³]"，接着说："我先想一下，这个先不写。"想了一段时间，又自语："叫怀集声叫到本地声去了。那么浅的都记不起来了。"当时没能想起来，第二天才告诉笔者标话说 [oŋ⁵⁵⁻³³ tɔ⁵⁵]。说明这个 [oŋ⁵⁵⁻³³ tɔ⁵⁵] 很久不用了，已经被 [lu³³ oŋ⁵³] 取代了。

问到"舅母"一词时，王治城想了很久才说："老的标话叫'母舅' [mɐu²¹ ku²⁴]，年轻人会觉得很别扭。今变成本地话'舅娘' [tsɐu²¹ niaŋ²³¹]。因为娶的妇女是说本地话的，按母亲娘家那边的习惯叫。"

问到"岳父"和"岳母"时，王治城想了很久。他的小儿子和儿媳在旁边，我问他儿子怎么叫岳父的，向人介绍时会说这是他的什么亲戚。他儿子说叫妹翁佬 [mui²¹ oŋ³³ lɔ⁵³]。他说："不是，不是。这个称呼很深奥的。"后来想了一段时间才说，叫 [mui²¹ fa³³ tiɔ⁵³]（"岳父"，标话）和 [mui²¹ fa³³ na²¹]（"岳母"，标话）。

3. 受客家话影响而产生的成分

诗洞标话汉语借词匣母读 [h-] 或零声母，桥头村标话读 [f-]，本地话没有这个特点，这个特点应是受客家话影响产生的。如：

	图画	怀疑	蝴蝶	互助	壶	凤凰
诗洞	[tu²¹ ua²²]	[uai²¹ i²³¹]	[hu²¹ tip²²¹]	[hu²² tsɔ²²¹]	[hu²³¹]	[foŋ²¹ uɔŋ²³¹]
桥头村	[tu²¹ fa³³⁴]	[fai²¹ i²³¹]	[fu²¹ tit²¹]	[fu²¹ sø²¹]	[fu²³¹]	[foŋ²¹ fuɔŋ²³¹]

4. 正在变化的成分

在客家话、本地话的影响下，有些变化正处于进行中。如：

(1) 老派的 [y] 读音不稳定，主要为 [y]，唇形略展，变体有 [ɨ]、[yi]、[i]，新派读音为 [i]。如"手"的发音，王治城嘴唇撮圆，嘴闭拢，他儿子、孙子嘴唇不撮圆，嘴不闭，新派读成 [i] 可能是受了客家话的影响。如：

	手	轻	叶子	甘蔗	字
诗洞	[hy²¹⁴]	[ly⁵³]	[my⁵⁵]	[ʔy³³⁴]	[θu²²]
桥头村老派	[hy²¹]	[ly⁵³]~[li⁵³]	[my⁵⁵]~[mi⁵⁵]	[ʔy³³⁴]~[ʔi³³⁴]	[sy⁵³]
桥头村新派	[hi²¹]	[li⁵³]	[mi⁵⁵]	[ʔi³³⁴]	[si⁵³]

(2) 桥头村标话词汇中有些老事物老年人还记得用标话怎么说，年青一代已经不知道用标话怎么说了，有些新出现的事物只有本地话或客家话的说法，或出现标话与本地话、客家话构词语素的合璧词。如：

笔者曾指着扁担问王瑜和王媚："这个东西用标话怎么说？"她俩比较犹豫，问了她们的父亲才告诉笔者叫 [uɐn²¹]（扁担）。

笔者问王媚他们家挖的是什么，她说是 [ma⁴² ti⁵⁵]（马蹄，即荸荠）。王治城纠正说，标话叫 [lɛk²¹ kɛu⁵⁵]，[ma⁴² ti⁵⁵] 是按本地话的音读的，因为她妈妈就是说 [ma⁴² ti⁵⁵] 的。还可说 [ma²¹ tɐi²¹ ti⁵⁵]（马蹄蹄，前两字 [ma²¹ tɐi²¹] 是标话的音，后字 [ti⁵⁵] 是本地话的音），是把本地话翻译成标话的说法。

"坑"用桥头村标话说是 [uɔ³³⁴ fu²³¹]，前字 [uɔ³³⁴] 是标话"低洼"的意思，后字 [fu²³¹] 王治城说就是客家话的"湖"，表示"水坑"的意思。

问到"冰糖"时，王治城说只有本地话的读法 [siɛk²¹ tɐu²¹ tɔŋ²³¹]（石头糖）。

问到"菊花"时，王治城读为 [kʰok⁵ fa⁵³]，"菊"声母送气，很明显是按客家话的读法说的。

王治城买了发糕回来，王杰华和王媚在吃。笔者问是什么，他们说是 [fat³ pan⁵⁵]（发粄）。王治城纠正说："那是客家话，标话叫 [fat³³⁴⁻³ kɔ³³⁴⁻³³ tsɔi²³¹]（发酵糍）。"

电视里正放《西游记》，孙悟空在打妖怪，笔者问王媚"妖怪"标话怎么说，她说是 [iau³³ kuai⁵³]。她父亲纠正说那是客家话的说法，标话是 [iu³³ kuai³³⁴]。

（四）桥头村标话方言岛未来的命运

1. 妇女地位的提高与学习标话的积极性

随着社会的发展，特别是改革开放的观念深入人心，妇女翻身解放，与男子一样可以去学校读书，可以到外面工作。由于珠三角一带多是服装厂、鞋厂、电子厂，这些工厂需要容易管理、廉价、手巧心细的女青年，青年女子外出打工，比男子更容易找到工作，有机会认识外地的男子，远嫁他乡，就算找本县的，也尽量嫁到经济条件好的地方去，不愿意嫁到贫穷落后的地方，因此家庭穷困的农村男子还愁找不到老婆。

以前嫁入王家的女子为了尽快融入夫家的生活，得到公公婆婆的认可和肯定，努力做到"三从四德"，以表明自己的"孝敬"和"驯良"，所以积极学习王家的语言标话，最后完全转用标话。但现在时代不同了，妇女的地位比以前提高了。结婚以前，男女双方用大家都会说的本地话交往，结婚一两年以后，女方慢慢地也懂一点标话，对公公婆婆和小孩能说几句日常生活用语，更复杂一点的就不会说了。由于女方习惯了用自己最熟悉的本地话与男方交流，男方迁就女方的语言，没有强制要女方说标话，因此夫妻之间的语言还是本地话。有时候公公还要迁就女方说本地话。如果家里没有老人的话，他们家庭的语言很可能会转换为本地话。

2. 标话的将来

桥头村说标话的人们除了在家说标话以外，平时很少见到说标话的人，只有在一起做红白喜事的时候才见到三圳、桂山说标话的人。如王治城一家平时见到的大多是说客家话的人，而来往的亲戚则多是说本地话的。王治城认为，从他孙子王杰华这一代算起，桥头村的标话可能会延续5代，三圳、桂山的标话虽然也会变音变调，但是能够子子孙孙传下去。桥头村标话现在已经变音变调了，一代变一点，再过5代人以后，那时的标话会变得混杂，客家话、本地话、标话各占1/3，很纯、很标准的标话就没有了。

参考文献

[1] 曹志耘. 论方言岛的形成和消亡——以吴徽语区为例 [J]. 语言研究, 2005 (4).
[2] 陈小燕. 多族群语言的接触与交融：贺州本地话研究 [M]. 北京：民族出版社, 2007.

附 图

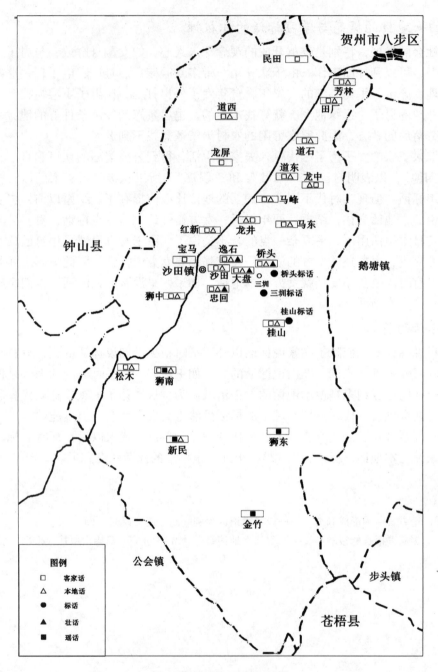

贺州市沙田镇语言的分布

(原载《原生态民族文化学刊》2011年第3卷第2期)

关于建设标话语言文化博物馆的设想*

杨璧菀

(贺州学院文化与传媒学院)

【提　要】 标话是今天两广之交的西江流域由百越土著居民遗留下来的一种独特的少数民族语言，是侗水语支的语言活化石，是粤方言包围之中的一种濒危语言，也是珍贵的非物质文化遗产。标话在有关壮侗诸族发源地的研究中作用重大，对语言学、文化学、民族学、历史学等都具有重要的研究价值。文章简要介绍了汉语方言和少数民族语言的保存和保护，尤其是就标话语言文化保存和保护的现状，提出了建设标话语言文化博物馆的设想。标话语言文化博物馆实体馆拟分为语言音像采录室、民俗实物展厅、方言卡拉OK室、语言视听室和图书资料室5个部分。标话语言文化博物馆的建设有利于标话地区非物质文化遗产的保护和传承，有利于子孙后代，是天时、地利、人和的结果，是历史的使命所致，是目前全球化背景下刻不容缓的工作。保存和保护标话语言文化的工作任重而道远，需要投入大量的人力、物力，也需要各界的努力和民众的支持与配合。

【关键词】 标话　侗水语支　濒危语言　语言博物馆　非物质文化遗产

梁敏、张均如先生（2002）最先发现了标话，并明确指出标话是汉藏语系壮侗语族侗水语支的一种语言。标话使用人口有16万多人，主要分布在广东省怀集县诗洞、永固等镇。此外，广东封开县和广西贺州市也有少量分布。

标话是今天两广之交的西江流域由百越土著居民遗留下来的一种独特的少数民族语言，处在粤方言的包围之中，使用人口以汉族为主，与壮侗语族语言有密切的关系，在对壮侗诸族发源地的研究中作用重大，是语言活化石。标话对语言学、文化学、民族学、历史学等研究都具有重要的价值。

标话是濒危语言，是珍贵的非物质文化遗产。孙宏开等的《中国的语言》（2007）收入了中国境内129种语言的资料，标话作为汉藏语系壮侗语族（侗台语族）侗水语支的一种少数民族语言，也被载入该书。

---

* 本文为国家社会科学基金青年项目"标话语言文化典藏研究"（项目编号：13CYY082）、教育部人文社会科学研究西部和边疆地区青年基金项目"标话电子音像地图集"（项目编号：11XJC740004）、广西壮族自治区哲学社会科学规划青年项目"标话与周边勾漏粤语词汇比较研究"（项目编号：11CMZ010）的阶段性成果。

一、背 景

1. 汉语方言的保存与保护

近年来,许多学者关注濒危语言的保存与保护问题。在汉语方言方面,曹志耘先生提出了有代表性的观点。他在论文《汉语方言研究的愿景》(2012)中指出,现代化、全球化、城市化、网络化这"四化"彻底改变了当今中国的社会结构和生活方式。在当今社会中,汉语方言的使用空间越来越小,功能越来越弱,总体上呈现出日益萎缩的态势,有些方言甚至已经走上消亡之路。从目前的情况来看,这一现象所引发的问题主要表现在两个方面:第一,造成方言所承载的传统文化、民间文化、地域文化和族群文化的信息严重流失,结果造成文化断裂、文化雷同和文化苍白,对我国优良的语言文化多样性造成严重的和不可挽回的破坏;第二,语言权、母语权是人权的重要体现,同时,方言是一个区域或一个族群内部认同的主要标志,方言的萎缩、消亡大大弱化甚至消解了既有的母语权益以及区域认同和族群认同。这种状况越来越引发了方言使用者的焦虑感和危机感,并促使他们奋起保护方言。在现有体制下,这种行为很容易造成社会对立和冲突。在这个历史性的时刻,汉语方言研究工作者应该自觉适应外部形势的变化,及时调整学科的重点和方向,应该把目光从方言内部转向方言外部,从方言本体转向方言的使用者、方言生存的环境以及方言所承载的文化,应该去关注、解答和解决方言在使用及发展中出现的各种问题,应该让我们的研究工作为社会服务。

曹志耘先生不仅从理论上对方言保存与保护做了深入的阐述,大力呼吁方言学者要重视方言的应用研究,"让自己的研究工作'面向问题'、面向应用、面向人间烟火",呼吁建立方言博物馆(《关于建设汉语方言博物馆的设想》,2010),还身体力行,组织人力、物力,开展"汉语方言地图集""中国方言文化典藏"等重大课题的研究,积极投入语言保存与保护的实际工作中。

此外,李斌在《论湘语保存》(2011)一文中也提出建立湘语文献数据库和湘语数字博物馆的设想和具体方案。

在方言博物馆的实践方面,贺州学院贺州汉语方言研究团队利用区域优势,多年来潜心研究贺州及周边地区的语言和方言,并把多年来取得的研究成果如方言地图、加字幕的方言民歌视频等在贺州学院博物馆专门展柜"贺州族群的语言"展出(见图1)。实践证明,博物馆方言地图、方言民歌视频等成果的展出极大地引起了参观者的兴趣,是展现地方方言文化的一种有效手段。

图1 贺州学院博物馆"贺州族群的语言"展览

2. 少数民族语言的保存与保护

在少数民族语言的保存与保护方面,学界已形成了保护语言多样性、保护濒危语言的共识。值得一提的是肖荣钦的论文《"多元一体"格局下我国濒危语言的保护与对策》(2013)。他举了两个鲜活的例子来说明民族语言"大众化"的可行性:第一,中央电视台综艺频道最近几年的"青歌赛"加入了原生态唱法,被选送的原生态歌曲绝大多数是属于少数民族歌曲,其在舞台上的表演形式最大限度地保留了原生态;第二,2008年北京贝侬国际文化有限公司等发行了全球首张壮语音乐专辑《贝侬》,该专辑一共收录了15首歌曲,其中8首歌曲歌词为纯壮语填词,7首为壮汉双语填词。前者是把民族歌曲原生态地搬上艺术舞台,是民族歌曲与表演大舞台的结合;后者是用民族语言填词,谱入现代流行摇滚的乐曲,是民族语言与流行音乐的结合。两者在大众群体中都得到不错的反响,在体现出语言价值的同时,也成功地把少数民族语言领进了大众文化领域。在这种商业形式下,民族语言被赋予了全新的活力。只要合理地发挥濒危语言作为资源的商业价值,濒危语言就能走出枯燥的学术殿堂,走向大众文化领域。

可见,少数民族语言的保存与保护必须考虑语言的应用问题,只有让语言使用者喜爱它、使用它,这种语言才能够被传承下去。

二、标话语言文化的保存与保护

标话的本体研究在语音、词汇、语法方面都取得了一定的研究成果。梁敏、张均如先生的《标话研究》(2002)奠定了标话研究的深厚基础。林伦伦(2007)、颜冰(1988)、侯兴泉(2010)等人对怀集永固、封开长安标话也做了研究。笔者2008年开始对标话进行了全面的调查研究,发现了广西贺州的标话方言岛。博士论文《标话语音研究》(2010)根据诗洞、永固、大岗、梁村、长安、贺州6个代表点和69个一般点的调查结果,绘成了62幅方言地图,探讨了自然地理、人文历史与标话方言区形成的关系;附录中有30多页的故事和口语语料,提供了丰富的标话材料。在此研究基础上,笔者还发表了一系列标话研究论文,如《怀集诗洞几个地名用字的来源》(2011)、《标话研究综述》(2010)、《标话的名称由来及地理分布》(2010)等。

1986 年，广东省民族事务委员会和广东省民族研究所派专家调查了标话和当地的民俗文化，编成《怀集县标话集团调查资料专辑》①。标话地区有厚重的文化沉淀，但现代文明对标话民间文化的洗刷和冲击是不可忽视的。20 世纪 80 年代初，诗洞、永固等地出嫁前新娘和姐妹们要唱"吟书"（出嫁歌），永固尚有在中秋节晚上对唱南歌的习俗。随着农村生活方式的改变，这些习俗现在已经消失，会演唱出嫁歌、南歌的人已寥寥无几。

1. 笔者的理论与实践研究

2011 年，笔者主持两项标话研究项目：教育部人文社会科学研究西部和边疆地区青年基金项目"标话电子音像地图集"（项目编号：11XJC740004）、广西壮族自治区哲学社会科学规划青年项目"标话与周边勾漏粤语词汇比较研究"（项目编号：11CMZ010）。2013 年 6 月，笔者申报的"标话语言文化典藏研究"获得 2013 年度国家社会科学基金青年项目资助。同时，笔者还参与教育部人文社会科学研究重大课题攻关项目"中国方言文化典藏"，是子课题"广东怀集标话语言文化典藏"的负责人。除了标话的本体研究外，笔者一直呼吁保存与保护标话，关注并着力推进标话的应用及文化推广研究。

笔者在《论标话的保存和保护》（2012）一文中提出了标话保存和保护的几点措施：

（1）大力宣传标话是珍贵的语言文化遗产这个观念，增强标话濒危的忧患意识。标话是一种独立的少数民族语言，由于处于粤语的包围中，粤语对标话的影响越来越大，怀集和封开的标话面临被粤语同化的危险。

（2）建立标话地区语言文化博物馆。建立一个标话地区的语言文化博物馆，整理民间散失的族谱文献等资料，收集研究标话的书籍、文献和民俗文化实物。设立展览厅，以音频、视频、文字、实物等多种方式，展示标话地区的语言文化，对当地民众和外界公众开放，让人们更了解标话和标话地区独特的民俗文化。

（3）建立标话语言文化研究中心。一是由专业人士记录研究各地标话。每个地点要有统一的记录、录音、录像，做到科学、有效地记录和保存标话，当中最为迫切的是对处于濒绝状态的散居地、杂居地标话的记录和研究。此外，记录以标话为载体的俗语、歌谣、民间故事、地名等，研究其背后的民间文化。利用收集回来的族谱文献资料，研究讲标人以及怀集、封开地区的民族、人口迁徙等历史文化。出版标话地区的语言文化书籍、音像等资料，扩大标话在社会上和学术界的影响。二是制作学习标话的资料并推广使用。请专业人士编写学习各地标话的书籍，录制学习标话的录音、录像等资料，并推广使用。编制各地标话词典，审音正音。各地标话已有分歧，各地标话词典编成后，再合成综合词典。招聘宣传教育标话的志愿者和老师，鼓励和帮助讲标人的后代学习标话。三是争取各级科研项目经费的资助。

（4）建立标话联谊会。建立标话联谊会，促进各地讲标人的交流和合作，团结各地讲标人，共同谋求标话地区经济、文化的发展。举办形式多样的联谊活动如开展"南歌"比赛、"吟书"比赛、讲故事比赛，鼓励用标话创作文艺节目如小品、相声、歌曲，请专人录音录像并保存在博物馆里；或组织贺州讲标人到怀集诗洞祖籍地参观旅游和学习标话，

---

① 这些调查材料后收入广东省民族研究所编的《广东民族识别调查资料汇编——怀集县"标话"集团调查资料与龙门蓝田瑶族调查》（民族出版社 2007 年版）一书中。

提高对祖籍地语言文化的认同。

此外，标话的应用及文化推广方面，笔者目前做的实践工作有：

（1）收集、录入整理标话民歌歌本。2009年，笔者在永固发现了一本民歌手抄本，共收录了《秋胡歌》《董永歌》等38首南歌；2011年指导一名本科毕业生以永固民歌为题，把手抄本歌词录入整理，根据54000多字的歌词材料写成毕业论文《永固民歌的整理与研究》，后与她发表论文《永固民歌拾趣》（2012）；2013年2月，在诗洞发现了一本民歌歌本，收录的歌曲与永固民歌内容基本一致，但具体歌词稍有差异。

（2）录制标话山歌、南歌、出嫁歌等，将做成有方言转写、国际音标、普通话字幕的视频材料，以保存和传承标话语言文化。笔者负责"中国方言文化典藏"子项目"广东怀集标话语言文化典藏"的工作，把在多次培训中学到的理论和技术方法用于记录和保存标话语言文化的工作中。2012年12月，用高清摄录机录制了长达3个小时的诗洞出嫁歌；2013年2月，录制诗洞当地山歌《十叹情娘》、出嫁歌、采茶小调《贺喜戏》等本土音乐。图2是笔者录制的诗洞贺新居用的传统采茶小调《贺喜戏》的卡拉OK视频。建议诗洞镇政府将贺喜戏和出嫁歌列为诗洞镇非物质文化遗产项目。2013年4月，录制永固标话山歌和南歌。目前已经完成翻译转写工作，正在请专业摄影师剪辑和加字幕。

图2　诗洞采茶小调《贺喜戏》视频截图

（3）与诗洞镇一些热心人士一起传播诗洞文化，建设"诗洞文化传播中心"网站，介绍、宣传标话地区的语言与文化，促进标话地区的语言文化传承。该网站设"讲古"专栏（德富讲故事系列），请诗洞人植德富用正宗诗洞话讲述故事，如《吃人的焦尾婆》《包公穿越》等。这些故事均用笔者标话研究课题组提供的铁三角专业话筒录制，语音清晰，广大听众得以一饱耳福，也为语言学专业研究提供了丰富的语料。

（4）鼓励当地文化人创作、演唱诗洞话歌曲，引导规范诗洞标话歌曲歌词的书写形式，帮助他们校对歌词，用普通话、英语翻译，促进诗洞标话文化传播事业的发展。《读书郎》是笔者提供普通话翻译并剪辑制作的视频（见http：//v.youku.com/v_show/id_XNDU1Nzg4MTQ0.html），视频截图见图3。

（5）成功协助诗洞镇人民政府、诗洞文化传播中心举办"唱响诗洞"2013年首届诗洞春节文艺歌会（见图4），并作为标话研究专家出席歌会。笔者亲自翻译转写歌会视频，并用笔者的课题经费资助"诗洞文化传播中心"，以"贺州学院贺州汉语方言研究团队"的名义与该中心联合制作并发行《2013首届"唱响诗洞"》光盘；出资刻录了300份歌会光盘免费送给标话发音人、各村委会、各级政府文化部门、诗洞同乡会和热心文化的诗洞人士；聘请专业摄影师拍摄制作诗洞话歌曲视频和第七届珠江三角洲诗洞同乡会活动（顺德举办）的视频。

图3　诗洞话流行歌曲《读书郎》视频截图

图4　2013年"唱响诗洞"歌会视频截图

2. 诗洞镇有识之士的实践工作

诗洞镇有识之士林玉达、植德富、梁文相、龙逸泉等人创立"诗洞文化传播中心"，建立网站http：//www.sd0758.com/。在中国原创音乐基地5SING.com于2012年3月3日注册的诗洞文化传播中心歌曲发布网，目前已发布了20多首诗洞话歌曲，至2013年6月3日，在短短一年多的时间里，人气已达4896550（见http：//www.5sing.com/16164481/default.html），尤其在诗洞人中引起了极大的反响。这些歌曲主要是翻唱的流行歌，也包括一些诗洞传统出嫁歌。翻唱的流行歌主要由诗洞人林玉达、龙逸泉、植德富、黄耀章根据流行歌曲调用诗洞话填词，由龙逸泉、黄耀章演唱，林玉达、植德富监制。随着笔者及专业摄影师梁文相的加入，有了专业的录音录像设备，制作的视频将会更加专业，将更好地传播诗洞语言文化。《婆娟饮杯》（《兄弟喝杯》）、《我来自诗洞》等老少皆宜的诗洞话流行歌曲，在诗洞大街小巷、村头巷尾流传，人们纷纷下载诗洞话歌曲作为自己的手机铃声。诗洞话歌曲卡拉OK版也在顺德等某些大型KTV场所供诗洞籍客人歌唱娱乐（见图5）。可见，语言文化的传播有利于乡情、族情、亲情的联系，而乡情、族情、亲情又促进了语言文化的传播。

图5 诗洞话歌曲《者纸诗洞伦》(《我是诗洞人》) 卡拉 OK 版视频截图

诗洞文化传播中心的发展给了我们很大的启示。诗洞语言文化的传播需要社会各界的努力,语言学工作者不仅要关心学术领域,也要关心民间文化领域,密切联系当地的知识分子和有识之士,通过各方的共同努力,促进地方语言文化的传承和发展。

综上所述,标话语言文化博物馆的建设势在必行,标话语言文化的发展需要一个有力的实体机构去规范,去推动。

三、建设标话语言文化博物馆的初步设想

标话语言文化的保存与保护,需要学习国内外语言文化保存和保护的理论,借鉴相关的成功经验和做法。可举办标话语言文化学术研讨会,召集语言、民俗等专家学者研究标话的语言与文化,共同探讨标话语言文化保护的方法和途径等。针对标话语言文化保存和保护过程中出现的问题,逐一讨论解决,如各地标话歌词用字规范问题研究等。标话语言文化的保存保护,关键是标话语言文化保存与保护的实践研究。

1. 标话语言文化博物馆建设方案

首先,建立"标话语言文化博物馆"筹备工作办公室,成立专项工作小组,进行建馆前的各项准备工作,并逐步收集相关的民俗实物和文献资料。"标话语言文化典藏研究"课题组人员在调查研究的同时,也协助筹备工作办公室收集相关的民俗实物和文献资料。然后就是标话语言文化实体馆的建设和标话语言文化数字馆的建设,建立标话语言文化音像采录和展示平台。实体馆设在诗洞镇,标话语言文化数字馆在互联网设立"标话语言文化数字馆"独立网页。

标话语言文化实体馆拟分为 5 个部分。

第一部分是语言音像采录室。正门口放置触摸屏电脑,其他 5 台触摸屏电脑安放在各个室侧边,用于导游、播放图片和视频资料。语言音像采录室需要隔音装修,有多台用于

专业视频编辑的电脑，多套语言录音、录像的外置声卡、话筒、高清摄录机等。有专业的摄录和后期制作人员，为方言童谣、民歌等制作卡拉 OK 字幕，录入卡拉 OK 点播系统。有目的、有步骤地逐步完成语言库和非遗项目音像库。

标话语言库以诗洞、永固、梁村、大岗、封开、贺州沙田标话 6 个方言点为单位，所有调查项目均需录音、录像，项目包括音系、词汇、语法例句、谚语、童谣、顺口溜、儿歌、山歌、民间故事、戏曲等。必要时参考《中国方言文化典藏调查手册》的调查内容和调查规范，确定需要调查的条目。

标话非遗项目音像库即以标话方言（语言）为媒体的非物质文化遗产影像资料库，需配合民俗活动制作纪录片。这种纪录片与政府部门所拍的申遗纪录片不同：政府部门所拍的申遗纪录片短小精悍，侧重于文化介绍；而我们则侧重于这种文化活动使用中的语言，如师公念的所有经文唱词均须全程高清摄录，翻译整理后，加上国际音标、方言转写和普通话翻译字幕。

愿意在本馆留下自己声音的各个年龄段的符合发音条件的发音人都可来发音，为本馆提供语言样本和音像资料。摄录完成后，发音人可把音像资料刻成光盘带回家留念。第一期拟收录 6 个标话重点方言点的语言材料和拍摄两部非遗项目纪录片。

第二部分是民俗实物展厅，展出标话地区的民俗实物，以及与实物相关的语言及民俗文化知识介绍，展出语言文化知识。此外，还有大量标话语言特征地图，展现不同地区标话的语言文化差异。

第三部分是方言卡拉 OK 室，有电影大屏幕，有卡拉 OK 点播系统，隔音装修，为观众播放影视资料，可容纳 60 人，平时可用作电影厅、演讲厅和教室。方言卡拉 OK 歌曲包括方言传统民歌和方言流行歌，经过我们加工制作而成。在这里，观众可以点播自己喜欢的方言纪录片，点唱自己喜欢的方言卡拉 OK 歌曲，通过互动体验语言的乐趣，真正让语言流行起来。

第四部分是语言视听室，安放 5 台台式电脑和配套功放设备，便于观众自主阅读语言文本和欣赏语言音像资料。各台电脑都有语言库和非遗项目音像库的资料。

第五部分是图书资料室。存放国内外语言文化书籍和复印资料等。设族谱专栏，收集各地各姓氏的族谱资料。

标话语言文化数字馆是实体馆在互联网上展示的一种途径，展示的内容基本与实体馆一致。设"标话语言库"和"非物质文化遗产项目音像库"。"标话语言库"下设"语言与文化""语言地图""语言资源有声数据库"等专栏，再按地点分类。本平台制作的视频挂靠一些视频播放网站播放。网民点击民俗实物的照片，就可以看到词汇或童谣、民歌等链接，可以欣赏相关的录音和视频，字幕有国际音标、方言转写和普通话翻译，便于学习者学习和研究者做研究。实体馆方言卡拉 OK 歌曲录制和观看点播时间可以在网上预约。

虽然某些民俗实物不是贵重的物品，但征集起来也不太容易。需要各种媒体大力宣传引导，以获得民众的理解、支持和配合。博物馆建设后期由政府出面，请专门人员负责管理。

2. 实施计划

（1）对收集到的每一个民俗实物进行登记和拍摄。请符合条件的发音人录音、录像，然后剪辑制作，进行语言与文化标注。

（2）拍摄民俗文化活动，翻译标话方言，字幕标注，制作成民俗文化纪录片。

（3）拍摄反映各地标话日常生活的纪录片，翻译标话方言，字幕标注，制作成语言文化纪录片。

（4）拍摄歌谣、故事等纪录片，翻译标话方言，字幕标注，制作成自然语料影片。

3. 关键问题

（1）场地问题。可与政府部门沟通解决，看能否借用诗洞古民居，如革命烈士钱兴的故居。诗洞热心人士植德富提出可用他本族的祖屋建设博物馆。

（2）技术问题。视频剪辑制作，方言民俗纪录片制作要由专业摄影师负责。

（3）资金问题。民俗实物的征集和保存需要大量资金，需要各方人士资助。

（4）管理问题。请政府出面，派专门人员负责管理。

4. 研究方法

（1）田野调查。尤其注重实物和民俗活动的收集、摄像，以及故事和歌谣的音像录制与文献资料的收集。很多村子里的碓、石磨甚至犁、耙等都已废弃不用，要征集、拍摄这些实物，需要当地人的理解、配合和协助。

（2）归纳整理。永固南歌、诗洞出嫁歌需要及时抢记和抢录，还要及时整理出版。

5. 技术路线

（1）大力宣传，多方求助。发动民众的力量，取得各界人士的支持和帮助。

（2）到政府各部门游说，争取政府支持和帮助。

（3）争取学术界、各相关机构的指导、支持和帮助。

（4）充分发挥诗洞文化传播中心、诗洞同乡会、永固同乡会等各种社团、组织的力量，组织人力、财力、物力建设标话语言文化博物馆。

（5）争取机会到相关博物馆参观学习。

（6）寻找各种方法征集民俗实物和方言歌谣、故事等。

6. 可行性分析

标话语言文化博物馆的设想虽然看上去很难实现，但可以先建设一个小小的标话方言（如诗洞话）卡拉OK室，接受各界捐款，逐步筹集社会资金，扩大影响。例如，凡捐赠一件民俗实物，可以获赠免费唱方言卡拉OK的服务；如捐赠石磨，可以免费唱方言卡拉OK歌曲10小时。然后建立民俗实物展厅。接下来再建立方言采录室和图书资料室。又如，凡提供族谱给博物馆复印扫描者和捐赠族谱者，可免费获赠一本复印的族谱和一张装有族谱扫描图片的光碟。捐赠族谱者，还要登记捐赠人的信息，颁发捐赠证书，在网站、电视等列名表扬，以后可以免费享受博物馆的各种服务。

诗洞镇是标话语言文化的代表点，有深厚的标话语言文化底蕴。2013年春节，诗洞镇人民政府与诗洞文化传播中心联合举办"唱响诗洞" 2013年首届诗洞春节文艺歌会。该歌会全程使用诗洞标话主持、讲述和演唱，得到了诗洞镇父老乡亲的喜爱，在全镇乃至怀集范围内引起了极大的反响。2012年3月3日注册的诗洞文化传播中心歌曲发布网人气很高，诗洞话歌曲传遍诗洞各个村庄。诗洞文化传播事业已经得到了广大民众的支持，诗洞文化传播中心负责人植德富、林玉达无私的奉献已经得到大家的认可。同时，他们分别是珠江三角洲诗洞同乡会秘书长和副会长。他们是诗洞精英，广结善缘，在乡里有很多人追随响应。有了厚实的民众基础，接下来我们的工作就会容易得多了。

四、结　语

在经济强省广东有4种少数民族语言：壮语、瑶族勉语、畲语和标话。标话是古百越族存留下来的语言，非常特殊，对岭南民族文化的研究有重要意义。

保存和保护标话语言文化，需要语言学工作者发掘标话特色词汇，并与周边其他少数民族语言和汉语方言进行比较；需要及时摄录特殊的民俗文化活动，有计划、有步骤地摄录民间歌谣和民俗文化活动如出嫁歌、南歌、山歌、采茶戏等，制作纪录片以保存标话语言文化精华；需要建立一个标话语言文化博物馆，收集标话民俗实物、民间族谱等文献资料和多媒体影像资料，传承标话语言和文化，促进标话的良性发展。

标话语言文化博物馆突出方言文化的应用研究，是理论与实践研究的结合。标话语言文化博物馆能够为公众展示标话地区的语言文化，提高当地百姓的文化认同，激发他们的文化自豪感。要让标话语言、歌谣、故事等非物质文化遗产流传于世，让世人能够读懂它，发扬和保护民间文化，为地方的文化建设服务。学术界关于建设"方言博物馆""语言博物馆"的呼声不断，但真正付诸实践的学者不多。笔者愿意大胆实践，与各方面人士合作，探索出一条方言/语言博物馆建设的路子。

综上所述，在国家层面的文化强国，到地方的文化强省、文化强市、文化强县、文化强镇背景下，当今的社会需要加强文化建设，标话语言文化博物馆的建设有利于标话地区非物质文化遗产的保护和传承，有利于子孙后代，是天时、地利、人和的结果，是我们肩负的历史使命，是目前全球化背景下刻不容缓的工作。保存和保护标话语言文化的工作任重而道远，不但需要投入大量的人力、物力，还需要各界的努力和民众的支持和配合。

参考文献

[1] 曹志耘. 汉语方言研究的愿景 [J]. 语言教学与研究，2012 (5).
[2] 曹志耘. 关于建设汉语方言博物馆的设想 [J]. 语文研究，2010 (2).
[3] 广东省民族研究所. 广东民族识别调查资料汇编：怀集县"标话"集团调查资料与龙门蓝田瑶族调查 [M]. 北京：民族出版社，2007.
[4] 李斌. 论湘语保存 [J]. 湖南大学学报（社会科学版），2011 (9).
[5] 梁敏，张均如. 标话研究 [M]. 北京：中央民族大学出版社，2002.
[6] 林伦伦. 标话中的古汉语借词 [J]. 民族语文，2007 (6).
[7] 侯兴泉. 勾漏片粤语与桂南平话语音比较研究——以封开开建话为枢纽 [D]. 北京：北京大学，2010.
[8] 孙宏开，胡增益，黄行. 中国的语言 [M]. 北京：商务印书馆，2007.

[9] 肖荣钦. "多元一体"格局下我国濒危语言的保护与对策［J］. 广西民族研究, 2013（1）.
[10] 颜冰. 封开标话语法初探［D］. 广州：中山大学, 1988.
[11] 杨璧菀. 标话语音研究［D］. 北京：北京语言大学, 2010.
[12] 杨璧菀. 怀集诗洞几个地名用字的来源［J］. 民族语文, 2011（5）.
[13] 杨璧菀. 标话研究综述［C］//甘于恩. 南方语言学：第2辑. 广州：暨南大学出版社, 2010.
[14] 杨璧菀. 标话的名称由来及地理分布［J］. 贺州学院学报, 2010（4）.
[15] 杨璧菀. 论标话的保存和保护［J］. 南宁职业技术学院学报, 2012（3）.
[16] 杨璧菀, 庞金希. 永固民歌拾趣［J］. 燕岩, 2012（3）.

（原载《文化遗产》2014年第2期）

强势与弱势*
——论广东诸方言的接触与变异

甘于恩

(暨南大学汉语方言研究中心)

【提　要】 广东是汉语方言十分复杂的省份，省内除了粤、闽、客三大方言之外，还通行其他较小的方言，如粤北等处的土话、粤西的旧时正话、粤东的军话、乐昌坪石的西南官话，以及带有粤客混合性质的惠州话。就历史情况而言，广东又是百越语发源及使用的地区，后来至此的汉语方言都不同程度地受到本土非汉语的影响，留下了这些"少数民族"语言的印记和痕迹，产生了各自的变异。从历时和共时的层面研究广东诸方言的接触与变异，在社会语言学上具有相当重要的意义，这有助于我们了解各方言态势的演变。基于此，本文以强势和弱势作为考察的轴心，对各方言的历史和现状进行研究，以期得出一些有启发性的结论。全文要点如下：①广东汉语方言和民族语言概说；②粤客的接触；③粤闽的接触；④客闽的接触；⑤汉语方言与少数民族语言的接触；⑥强势与弱势的辩证关系；⑦余论。

【关键词】 广东方言　接触　变异　强势　弱势

一、广东汉语方言和民族语言概说

1. 广东的少数民族

广东省内绝大多数的居民使用汉语（包括汉语的各种方言），使用少数民族语言的居民不足总数的1%。具体而言，现代广东境内有瑶族、壮族、畲族、回族、满族5个少数民族，其中瑶族有10万多人，主要分布在粤北的乳源瑶族自治县（属韶关市管辖）和连南瑶族自治县、连山壮族瑶族自治县（属清远市管辖），所使用的瑶语属于苗瑶语族的瑶（勉）语支，此外，连县（今连州市）、始兴、曲江、阳山、英德、翁源、仁化、乐昌、怀集、阳春等县也有部分瑶胞散居，但多数已经转用当地的汉语方言。壮族人口稍少，约6万人，多分布在连山壮族瑶族自治县和怀集两地，所使用的壮语属于壮侗语族壮傣语支。在怀集、封开两县，有约30万人使用一种被称为"标话"的语言，虽然深受汉语的

---

* 本文提交2009年11月28—29日由中山大学人文科学学院主办的"首届濒危方言研讨会"，感谢诸位学者提出的中肯意见。此次发表，做了较大修改。文中尚存问题，由作者负责。

本文为2013年度国家社会科学基金重点项目"粤、闽、客诸方言地理信息系统建设与研究"（甘于恩主持，项目编号：13AYY001）、广东省哲学社会科学"十一五"规划项目"粤东闽方言地图集"（甘于恩主持，项目编号：GD10CZW01）的研究成果。

影响，但主要特点近于壮侗语族。广东畲族人口现不足1万人，分布在潮州市（凤凰山区）、丰顺、海丰、惠东、博罗、增城等地，除博罗一带畲语属于苗瑶语族外，其他各地的畲话，基本上是一种汉化的语言。更确切地说，这种畲话以客家方言为主体，杂有其他方言成分，当然，也有一些畲语的底层成分。

2. 粤语的分布

粤语的分布地域主要在两广，包括珠江三角洲、粤中地区和粤西南地区，粤北、粤西的部分地区，广西的东南部（如南宁、玉林等地），以及海南岛的一些工矿及林场（如三亚、陵水等地）。粤语在海外的分布主要是在美国、加拿大、澳洲、新西兰、欧洲某些国家的华人社区。东南亚地区粤语也很流行，如马来西亚、新加坡、印度尼西亚、越南等国。此外，在中南美洲的委内瑞拉、多米尼加、哥伦比亚及哥斯达黎加等国，粤语的四邑话较为通行；在非洲的南非、马达加斯加等国，也有粤语的存在。

3. 客家话的分布

客家话和闽语是广东省内另外两大影响较大的汉语方言。客家话主要集中在粤东北与粤北地区，粤西的部分地区也有成片的客家话分布，零星的客家话村落散布于全省多数地区。该方言的使用人口约2000万人。

4. 闽语的分布

闽方言集中分布于粤东南与粤西南的沿海区域，地跨潮州、汕头、揭阳、汕尾、湛江、茂名6个省辖市，可分为潮汕片和雷州片两个次方言，前者接近福建的闽南方言，后者接近海南岛的海南方言，此外，中山、清远、韶关、惠州等地还有一些闽方言岛，河源、梅州则有零星的闽南话。该方言的使用人口约1895万人。

二、粤客的接触

1. 粤语对客家话的影响

在珠江三角洲区域，我们可以看到粤语对其他方言有很明显的影响。即便在非珠江三角洲区域，这种影响也无时不在。《粤西客家方言调查报告》（李如龙等，1999：91）指出："粤西客话词汇和粤东粤北不同的条目中，许多明显是受粤方言影响的结果。粤西地区粤、闽、客三种方言杂处，在数百年的交往中，接触一定很频繁。"该书拿粤西客话350条特色词语与粤语比较，发现竟有200多条跟粤语相同，占57%。作者认为，"这就足以说明粤方言对粤西客方言的影响，也说明这正是粤西客方言词汇的特点"，如"淋（雨）、禾秆（稻草）、矮瓜（茄子）、飞鼠（蝙蝠）、［ˌhie］（女阴）、饭［ˌnuŋ］（锅巴）、一涿屎（一泡尿）、马骝（猴子）"等。此外，粤西方言词汇的内部差异也有些是粤语作用的结果，如廉江石角"抽屉"叫作"柜桶"、"乱讲"叫作"乱［ŋap˳］"，电白沙琅"点头"叫作"［ŋep˳］头"，皆与粤语相同。

《电白方言志》也指出："哎话（中）粤语的影响很大，借用了不少方言的常用词。"作者认为"睇、靓、啱、咁、遮（伞）、呖、劏、乜、嘢"等词语皆属借词，当然还需斟酌，不过也反映出粤语对电白客家话有深刻影响的事实。

2. 客家话对粤语的影响

语言影响不太可能是纯单向的，尤其是离开核心区的粤语，也就是非传统强势粤语区，我们也可以发现客家话的影子。粤语四呼齐全而客家话缺少撮口呼，这已是定论。然而，粤语的一些次方言，如四邑片则普遍缺乏撮口呼，只有鹤山话还保留较整齐的[y-]类韵母，但与广州话并不完全对应。如：

	书	端	乱	撮	全	绝	过	灰	字
广州	[sy^{55}]	[tyn^{55}]	[lyn^{22}]	[ts^{h}yt^{33}]	[ts^{h}yn^{21}]	[tsyt^{22}]	[kuɔ^{33}]	[fui^{55}]	[tsi^{22}]
斗门$_{斗门}$	[si^{33}]	[tun^{33}]	[lun^{31}]	[t^{h}ut^{55}]	[t^{h}in^{22}]	[tsit^{21}]	[k^{u}ɔ^{33}]	[fui^{33}]	[tsɿ^{31}]
江门$_{白沙}$	[si^{23}]	[tin^{23}]	[lin^{31}]	[ts^{h}it^{55}]	[ts^{h}in^{22}]	[tsit^{21}]	[kua^{23}]	[fui^{23}]	[tsi^{31}]
新会$_{会城}$	[si^{23}]	[tun^{23}]	[lun^{31}]	[ts^{h}ut^{22}]	[ts^{h}in^{22}]	[tsit^{21}]	[k^{u}ɔ^{23}]	[fui^{23}]	[tsi^{31}]
台山$_{台城}$	[si^{33}]	[^{u}ɔn^{33}]	[l^{u}ɔn^{31}]	[t^{hu}ɔt^{55}]	[t^{h}un^{22}]	[tut^{21}]	[k^{u}ɔ^{33}]	[f^{u}ɔi^{33}]	[tu^{31}]
开平$_{赤坎}$	[si^{33}]	[uan^{33}]	[luan^{31}]	[t^{h}uat^{55}]	[t^{h}in^{22}]	[tit^{21}]	[kua^{33}]	[f^{u}ɔi^{33}]	[ti^{31}]
恩平$_{牛江}$	[si^{33}]	[tuan^{33}]	[luan^{31}]	[ts^{h}uat^{55}]	[ts^{h}ien^{22}]	[tsiet^{31}]	[kua^{55}]	[fuai^{33}]	[tsɿ^{31}]
鹤山$_{雅瑶}$	[sy^{33}]	[ɔn^{33}]	[lœn^{32}]	[tsœt^{33}]	[t^{h}yn^{12}]	[tyt^{22}]	[kyɵ^{33}]	[fyɵ^{33}]	[ty^{32}]

广州话的撮口呼，到了四邑片主要变读为齐齿，如"全、绝"在多数点的读法；部分则变为合口，如斗门、新会、开平、恩平"端、乱、撮"的读音；个别甚至偏向于开口，如台山"端"[^{u}ɔn^{33}]和"撮"[t^{hu}ɔt^{33}]。试比较梅县的"端"[tɔn^{44}]和"撮"[tsɔt^{11}]。

在声调方面，我们也可看到客家话的印迹。黄雪贞指出："客家话的古上声次浊声母字今读阴平，这个特点在各种客家方言记录中都可以看到。……不过次浊上声归阴平并不局限于客家话。赵元任在1951年的《台山语料》中指出：'台山有阴阳平，一个上声，没有阳上，古全浊上多半变去，次浊上或变上声或变阴平。'例如'米'[mai^{35}]读上声，'买'[mai^{33}]读阴平。"（黄雪贞，1988：246）次浊上声归阴平，在四邑话中有所见，在其他粤语中则少见，这应也是客家话留下的印记。如：

方言点	买	裸	懒	眼	莽	养	引	猛	有	我$_{单}$
江门$_{白沙}$	—	—	—	[ŋan^{23}]	—	—	—	—	[jiu^{23}]	—
台山$_{台城}$	[^{m}bai^{33}]	—	[lan^{33}]	—	[mɔŋ^{33}]	—	—	—	—	—
开平$_{赤坎}$	[^{m}bai^{33}]	—	—	—	—	—	—	—	—	—
恩平$_{牛江}$	[^{m}bai^{33}]	—	[lan^{33}]	—	—	—	—	—	—	[^{ŋ}gua^{33}]
鹤山$_{雅瑶}$	[mei^{33}]	[lɔu^{33}]	[lan^{33}]	—	—	[juŋ^{33}]	[jan^{33}]	[miaŋ^{33}]	[jau^{33}]	[ŋɔ^{33}]
高明$_{明城}$	[mui^{33}]	—	—	[ŋin^{33}]	—	—	—	—	—	—

在四邑片中，仅鹤山次浊上声读阴平保留较多，其他各点这一特点则如化石般偶见。联系到客家话这一特点普遍存在，相信四邑话少数次浊上声字归阴平的现象，当不会凭空而来。

在粤北地区，粤语应该属于后期进入的方言，粤语进入粤北之后，在音系的演变上带上了客家方言的烙印。邵慧君（2003）指出：

> 我们在考察粤、客方言的相互影响时，不能老是以梅县话作为范本，而应该考虑到当地客话的实际面貌。客方言变体对粤语的影响，我们在一篇论文中已有提及：
> 古鼻音韵尾 – m、– n、– ŋ 和塞音韵尾 – p、– t、– k 在客话中保留程度参差。梅县话保留得最完整，兴宁、南雄珠玑、四川华阳凉水井、闽西客话皆已丢失 – m、– p 尾，甚至更多。这种情形也在广东各地客话中有所反映，并对邻近粤语造成影响。据悉，曲江白话韵母与广州话显著不同的是阳声韵缺 – m 尾，入声韵缺 – p 尾，深咸两摄的阳声韵和入声韵转以 – n、– ŋ、– t、– k 收尾。

这种系统的音变恐怕不独粤北白话为然，在一些客家话活跃或曾经活跃的地区，我们都可以看到这类痕迹，如英德城区以及花都白话效开一读 [– au] 韵的现象，当属于这种性质。

3. 闽、客对粤语的共同作用

不过，粤西粤语（包括两阳、雷州半岛一带）普遍缺乏撮口呼，则可能是闽语（雷州话）、客家话共同作用带来的结果。如电白羊角、茂名新坡话皆无撮口呼，如果只说受了闽语的影响，似乎也说得过去，但这一带方言可见明显的客家话痕迹，两地都把"弟弟"称为"老弟"，与客家话词形同，且语音形式也是客家话型的 [lou¹³ tʰɐi¹³]。

三、粤闽的接触

1. 闽语中的粤语成分/层次

在广东境内，闽语主要分布在东西两块，在这两块的边缘地带，接触的痕迹很明显；即使不在这两块地带，我们依然看到粤语的强大作用力。尽管雷州话在粤西属于强势方言，但雷州话也有受粤语影响的痕迹，如海康雷州话的"碱"（或"番鬼碱"，肥皂）和"倾偈"（谈天）、电白雷语的"托手踭"（暗中捣乱）和"车大炮"（吹牛），皆明显来自粤语。电白海话（属闽语）知组字往往有文白异读，其白读是闽语的层次，而文读却是粤语的层次，如"展"白读为 [tieŋ³¹]、文读为 [tsieŋ³¹]，"耻"白读为 [ti³¹]、文读为 [tsi³¹]。粤语读音侵入闽语的语音系统，在中山闽语中亦有发现。林伦伦、陈小枫（1996）指出，中山闽语"所谓文读，是指受粤语或普通话影响而形成的读音，白读是指中山闽语固有的读音"。

潮州方言作为闽方言的一支，在粤地与粤语、客家话等方言接触，产生了一些不同于福建闽南方言的特点，如全浊声母平声"婆"在饶平两个点分化为文白两个读音层次，其中读送气的 [pʰua⁵⁵] 应与粤语的影响有关。这是读音层面的接触。此外，粤东不少闽语将"看"说成"睇"，应该也是粤语的渗透。

2. 潮汕方言中的粤语语法类型

在语法层面，我们也不时可见粤语的影子。比如潮汕话形容词某些类别的重叠特别发达，如 AAB（蓬蓬松）和 ABB（艰苦苦），这类重叠在闽南话中少见，便可能跟粤语的"侵蚀"有关；单音形容词重叠在闽南话中有"级差"的特点——单音节表普通程度，双音重叠表加强程度，三叠式表极度，这在闽南话中很典型，但潮汕话只有二叠式，"表示性质或程度略轻一些"（李新魁，1994：380），类型上跟粤语较接近；比较句闽南话的典型说法是"甲+恰+形容词+乙"（或"甲+比+乙+恰+形容词"），而潮汕话则用"甲+形容词+过+乙"，类型上也接近粤语。

3. 两阳方言中的广州话语词和闽语词

广州方言在粤语中属于权威方言，故不少次方言在词汇上深受广州话的影响，两阳方言便有这种情况，体现为多种说法并用，一些较新的语词往往借自广州话。这可以归为粤—粤的接触类型：其中有的是固有词语，有的则是外方言词，如"女儿"阳江_{市区}话既说"妹仔"和"□仔"[fun^{42} tsɐi^{21}]，也说"女"，前两者是该方言本身所固有的，后者则可能来自广州话。在粤—粤接触类型中，我们其实还可以看到其他异质方言的"身影"。例如：

词目 方言点	对（正确）	擦	角（货币）	一床被子
广州	啱/对	抹	毫	张
阳江_{市区}	啱/着	抹/拭	毫	床/番
阳东_{东城}	啱/着	拭	角	张
阳东_{雅韶}	对/啱/着	擦/拭/抹	角	张/番/床
阳春_{春城}	啱/对	抹/擦	毫	张
阳春_{潭水}	啱/着	抹	角/毫	番（多）/床/张
阳西_{织篢}	啱	擦/抹/拭	角/毫	张/番/床

"啱/对"是粤语的常用词语，"着"可能来自闽语；"擦"和"抹"粤语通用，但"拭"则闽语通用；货币单位"角"粤语多说"毫"，而闽、客则用"角"；被子的量词粤语多用"张"，"床"和"番"则少用。

另外，在某些小粤语（或土语）中不难发现闽语的成分，阳西的淡水白话就是一种深受闽语影响的粤方言。

四、客闽的接触

1. 强势闽语中的客家话成分

潮汕地区闽语是强势方言，但其中似乎也有不少异质方言成分。例如，汕头话被动句（"给"字句）采用"分""乞"并用，而非仅用典型闽南话的"乞"（互），这个"分"较大可能是来自客家话的成分。试比较：

客家话：衫分佢扯烂了。（衣服被他撕破了。）
汕头话：个碗分伊扣破去。（那个碗被他打破了。）

施其生（2000：159）说，"这两个词作介词的时候意义完全相同，可以随便换用"，显示"乞"可能是早期形式，而"分"则可能是后来接触而带进的成分。

潮州的枫溪、潮安、饶平各点"母亲"的称谓为"阿嬤"（或作"娘"），与客家话同，这些都可能跟语言接触的因素有关。

在粤西，电白雷语表给予义的"分"（如"分两万钱我"）显然来自客家话，表动物雌性的词尾"婆"（如"鸡婆""狗婆"）也可能来自客赣方言。

2. 客家话包围中的闽南方言

梅州、河源等地属于客家话通行的区域，闽语较少，目前了解到的有丰顺 陷隍闽语、大埔光德闽语和河源源城铺前闽语。处在客家话包围的环境中，闽语的生存、延续已然面临危机，变异更是常见现象。但变异的特点会因所处的环境而有所不同，这里展示梅州大埔光德闽语的一些特色。

大埔县光德镇九社村临近潮州，全村人口有2000多人，常住人口仅800多人，其中有400多人使用闽南话（同时习得客方言）。光德闽南话的主要语音特点与邻近的潮州方言并不完全相同，而较接近漳州音系（其中也有潮州话的成分）。光德闽语的规模十分弱小，但在周边客家话的包围下，依然顽强生存。同时这一方言也受了客方言的较大影响。

闽语多为15音声母系统，潮汕方言则多为18音声母系统（[m、n、ŋ]各自分化为独立的声母），光德闽语除了18个声母之外，还多了两个一般闽语所没有的声母——[v]和[f]。其中，[f]的属字甚少，只有"惑"字，而[v]的属字则较多，包括明母字（如"码"）、微母字（如"武"）、疑母字（如"牛"），显示在客家话的强大影响力之下，唇齿擦音已经开始萌芽，并逐渐以独立音位的身份出现。

在韵母方面，舌尖元音[ɿ]是客家话的典型韵母，粤、闽方言皆罕见，可是光德闽语不但有舌尖元音，而且属字还不少，包括"斯、词、次、楚"等，这些例字的读法都同于客家话，显然是与强势客家话接触后带入的。其他韵母，如[ɛu]（"钩、抠"）、[ɛt]（"敌、历"）、[iun]（"欣、熏"）、[iut]（"绿、录"）等，都可能不是传统意义上的闽语韵母。

在读音方面，有些字的归类也反映了客家话的影响，如"贺"，光德闽语读阴上去51调，跟多数闽语读阳去不同，体现出部分客家话阳去向上声转移的走向；"齿"（章母），

光德闽语读 [tsʰ]，而非多数闽语的 [kʰ]，明显是接受了客家话的读法。这类例子还可以举出不少。

五、汉语方言与少数民族语言的接触

1. 粤闽方言中的底层现象

在早期（数百年乃至一两千年前）的广东地区，汉语并非像现今如此强势，而民族语言也并非弱势，甚至可能是强势，因此，古百越语通过各种途径在粤语中留下印迹，实属正常。像粤语不少点将"猪圈"说成"猪六"，如四邑、两阳、粤西诸点，"六"应该属于非汉语的成分。粤语还有不少词语明显来自非汉语，说明古粤语跟其他少数民族语言有密切的接触关系。如"痕（痒，壮语、布依语、侗语、黎语、村话）、冚（盖，壮语、傣语、黎语）、啷（涮、漱，壮语）、杰（稠，壮语）、孭（背，壮语）、氹（塘、坑，壮语）、虾（欺负，壮语、黎语）、挈（推，壮语）、冧（倒塌，壮语、黎语）、迾（跨，壮语、黎语）、唎（伸舌，黎语、傣语、京语）、嬲（生气、怒，壮语）、谂（想，壮语）"，不一而足。粤语不少语法特征在汉语方言中显得很特别，如虚词"埋"的用法、状语在后的用法（如"食多啲"）、构词前正后偏的特点（如"鸡乸"）等，都与百越民族语言的因素有密切的关系。

在粤西的雷州话中有不少非典型闽语的成分。例如，雷州话非组及疑母（白读）多读浊塞音 [b]，这大概是黎语的影响使然（海南闽语也有 [b]）；徐闻徐城雷州话则有两个带喉塞的声母 [ʔb、ʔd]，而带喉塞的声母 [ʔ-] 在黎语诸方言中普遍存在；雷州话的两个名词词头 [bi⁵⁵]（人名背称）和 [ni³³]（亲属称谓）恐怕也是非汉语的成分。

2. 从声调角度谈濒危方言与少数民族语言的接触

在广东吴川覃巴镇吉兆村，发现一种独特的吉兆海话。吉兆村居民使用的方言主要为吴川粤话、东话以及海话。吴川粤话的使用者最多，故已成为当地人日常生活或正式场合的通用方言。有部分吉兆居民使用东话（即雷州话），使用人数较多，不仅吉兆居民会使用东话，其他村镇也存在东话的使用者。吉兆海话使用人口不多，只有吉兆村的居民会用，海话具有强烈的独特性。据《吴川县志》记载："吴川县内说这种方言的人有两千左右，他们都集中居住在覃巴镇以南靠海的吉兆乡。……吴川县吉兆乡的海话跟廉江海话、电白海话都不同，具有自己的独特特点。"吉兆海话的居民早先也是从闽地迁来的。当地普遍姓杨，据《杨氏族谱》称："始祖廖，字远志，号永久……为宋进士……先代居福建将乐县，后代迁莆田县木关村。迨元顺帝至正二十八年（1368），当时鼎革，天下大乱，惟粤东稍安，公乃携五子一侄航海而来，直抵高凉茂名之吉兆村……"

吉兆海话声韵调系统杂糅了粤闽壮语音的成分，但我们不能因此就将它定性为壮语。从现实的平面看，吉兆话似乎近于粤语，如出现中入的苗头（读 44 调，如"鸭、接、拆"），从阴平到阳去都基本上能找到与广州话对应的调值（阴平 55、阳平 21/31、阴上 35、阳上 13、阴去 33、阳去 22）。但是，吉兆话的声调系统其实与交际密切联系。李健（2011）指出，吉兆海话"已经没有传统意义上的闽语读书音"，这是吉兆话交际能力严重衰退的证据，遇及较为书面化的词语，吉兆人倾向于使用粤语的读音。也就是说，吉兆话的底层（早期层次）只存在于口语层面，而粤语的读法属于较为后期的层面。所以，从这点上来说，我们并不能简单地将吉兆话等同于粤语。

那么，我们是否可以就此得出结论，吉兆话的底层声调属于闽语？李健（2011）依据吉兆的族谱来自福建莆田，便将莆田话作为来源地方言进行比较，这在方法论上恐值怕得商榷。

我们认为，吉兆话声调确有闽语的成分，但未必是莆田话，拿吉兆话声调与莆田话相比，很难找到相似处。原因可能是：①莆田祖籍的来源说未必可靠，这如同珠三角粤语居民多数说来自粤北珠玑巷，但其实有附会的情况；②即使吉兆话确如族谱所言，在1368年来自莆田木关村①，可是在600多年前，莆田方言也许还比较接近闽南话，蔡国妹（2006：3）也说，"莆仙话原本属于闽南话，其后之所以分化为与闽南话有较大差别的莆仙独立方言，其中一个非常重要的因素是地理位置上的过渡性"，换言之，现在的莆田话（莆仙话）实际上是一种受到省城福州话影响的过渡方言，与历史上的莆田话并不是一回事。以现在的莆田话来推测吉兆话的闽语特征，无异于"刻舟求剑"。

当然，除粤语的声调外，吉兆话还有其他非闽的特征，这就是吉兆话声调的另一个来源——古百越族语言（应属于民族语言），较为典型的是51调，读为这一调的多为非汉语词，如"螺、鲜、舌"（采取训读读法）。有人据此认为吉兆话的属性是少数民族语言。我们的看法有所不同。尽管吉兆话的基本词中确有不少来自早期壮语类的语言，但这不能抹杀吉兆话所具备的闽粤语特性。那么，既然是汉语方言，为何反而会受古越族语言的影响呢？有两个要素需要强调：一是早期汉人在某些偏僻地区实际上是"少数民族"，汉语方言自然会受到当地强势民族语言的影响；二是在数百年的恶劣自然条件下，移民的迁徙不可能拖家带口，往往是年富力强的男性才能抵达并在陌生的环境中生存下来，与当地的女性（可能是非汉族）结合是繁衍后代的必然选择，因此，移民的方言通过"母语"的媒介，遗存一些非汉语的基本词语甚至核心词，并不是不可能的。

综上所述，至少目前尚无强有力的证据可以证明吉兆海话属于非汉语。判定一种语言的属性，需要从整体来综合考量，光凭少量的词语，恐怕不足为据。

六、强势与弱势的辩证关系

任何方言都不可能做到纯之又纯。纯是相对的，不纯是绝对的。只要有方言间的接触，那么无论该方言多么强势，都可能留下其他方言影响的痕迹；而且强势与弱势是相对的，往往会随着时间、地域、主体等因素的变化而变更。

这种情形我们在各地粤语中都可以观察到，既能发现粤语对其他方言的影响（詹伯慧，1990），也能找到别的方言对粤语的投射，找到异方言留在粤语中的痕迹。

1. 客家方言在粤语中的痕迹

在讨论语音的渗透关系时，多数学者较关注粤语对其他方言的渗透和影响，却很少注

---

① 地图及网络搜索皆无"莆田木关村"。这有3种可能：一是"木关村"来源说属于讹传；二是"木关村"属于莆田旧地名，现今已经改为别的地名；三是"木关村"是闽南其他地区的旧地名。

意到其他方言对粤语的渗透关系，因为在共时平面上，毕竟强势方言的影子比较容易观察到。但是从语言地理的角度来观察，有些现象就值得关注和思考。许多学者都认为次浊上声归阴平是客家方言的典型特点，甚至是区别性特征，可是我们在四邑片和广府片的莞宝小片都可以看到这种现象（詹伯慧、甘于恩等，2002），当然不能因此而否认客家话的这一特征，比较合理的解释就是客家方言对这两块区域皆有渗透。四邑片的面貌反映的是历史陈迹，莞宝小片反映的则可能是共时的接触。

粤语"捡、拾"多用"执"，而客家话则多用"捡"，但我们看四邑片和粤东片，说"捡"相当普遍，"捡"的说法甚至侵入珠三角的增城小片和从化小片（新华），粤西也有零星的分布。东面是客家话的交界处，增城、花都客家方言皆较为强盛，西部则分布着粤西客家话，所以这些地方的白话接纳客家话的说法并不奇怪，稍显奇特的是四邑片中部也说"捡"。从共时角度来解释有点费劲，不过只要联系四邑地区的历史状况，则可明了四邑地区曾经有过客家话兴盛的时期，后来随着土客械斗事件的发生，客家人才逐渐迁往粤西地区，"捡"等客家词语的使用，实际上是客家话留在四邑方言中的底层成分，这类底层成分不仅有词语层面的，还有语音、语法层面的。（甘于恩，2003）

2. 同一语言现象的不同解读

在粤西地区，闽语（雷州话）是一种强势方言，其对粤西粤语也会造成某些影响。粤、客方言的连系动词通用"系"，但在粤西的坡头、吴阳则用"是"，应是从闽语（雷州话）带入的。不过，西北部的怀集、连山、连州（清水）诸点，也有"是"的用法，则更大的可能是土语或西南官话的影响。

3. 粤西"干净"说法反映出的音变现象

我们考察"干净"一词在粤语各点的某些说法，可以得到一些启发。"干净"在阳春春城、阳西织篢、阳江江城、阳东东城、阳东雅韶 5 点说成"斯文"，但"斯文"在古汉语中没有"干净"的义项，其他方言也没有类似的说法，所以我们怀疑"斯文"只是同音形式，另有来源。

从两阳往西南向，化州笪桥、湛江坡头、吴川梅箓 3 点将"干净"说成"鲜明"，"鲜明"意指"明亮""光亮"①，应是形容物体、地方的洁净程度，语义上容易理解。两阳的"斯文"应是"鲜明"的音变或讹读，"鲜""斯"皆属心母字，"鲜"吴川读[ɬin³³]，两阳的阳东（雅韶）也读[ɬin³³]，"斯"两阳读[ɬei³³]；"明"在梗开三明母，各地粤语多读为[eŋ、iŋ]韵（文读层），白读为[ɛŋ]或[ieŋ/iaŋ]，但个别字音有读[eŋ]韵的情况，如"盟"。有些粤语梗摄读[-(e)n]尾亦属正常，如顺德及四邑皆如此。换句话说，两阳的"斯文"其实是"鲜明"的曲折音变，其演变环节为：[ɬin³³ meŋ²²→ɬen³³ meŋ²²→ɬen³³ men²²→ɬen³³ mɐŋ²²→ɬei³³ mɐŋ²²]（斯＝文＝）。

"鲜"读成[e]，是受了"明"字的主元音的同化，这是逆同化的例子。梗摄字读[ɐ]，只是[e]（或[ə]，粤西不少方言梗摄读[ə]）舌位的低化，伴随着这种低化现象，则韵尾向[-n]靠拢。邵慧君（2003）指出这种音变现象在粤北、粤西较多地存

---

① 罗定船步话"干净"的另一说法是"（够）光亮"，可以作为佐证。

在,"我们从古咸深两摄的今读可以发现,其韵尾不再受古韵摄范围的限制,而倾向于依主要元音的音质来选择韵尾:在这两摄中,仁化方言都有 -ŋ/-k 和 -n/-t 两种韵尾,条件是,前低元音 a 后收 -ŋ/-k,央、半低元音 ɐ 和前高元音 i 后则收 -n/-t 尾","这种现象在乐昌、阳山、云浮、新兴诸点亦存在,只是不像仁化那么典型、整齐罢了"。至于"鲜"从 [ɬen^{33}] 读成 [ɬei^{33}],可视为鼻音之间的异化作用,由 [-n] 转化为 [-i],或者说,[-n] 尾脱落之后主元音 [e] 繁衍出 [i] 尾来(这是音节和谐的需要)。这样,整个粤西南就可以发现一条将"干净"说成"鲜明"的大致连续的地带。(甘于恩,2008)

七、余 论

笔者(甘于恩,2008)曾指出:"粤语并非存在于真空之中,粤语中的许多独特的表现,若不联系周边方言的现象,是无法解释清楚的。"可惜的是,不少学者在研究方言时,涉及面过窄,研究粤语的,很少关心闽、客方言的情况;反之亦然。语感的单一及信息面的狭小使得学者在面对纷繁的语言现时无法进行有效、准确的判断,对于什么是固有的现象、什么是变异现象,更是无从谈起了。

陈晓锦、肖自辉(2012)谈到粤语在海外的变异时也说:

> 粤方言在国内的强势,大家有目共睹,谈到粤方言,很少会有人将她与"弱势"联系在一起。粤方言在东南亚则有强也有弱。虽然总的来说,海外汉语方言相对于其所在国度的主流语言均处于弱小的位置,但由于粤方言整体在国内外呈上升态势,东南亚华人社区的强势粤方言也将在相当一段时间里保持其目前的面貌,或许还会略有增长。
>
> 东南亚的弱势汉语方言就不一样了,在泰国和柬埔寨,要寻找合适的粤方言发音人不是件容易的事,连粤籍老者都说,他们自己平时也少讲粤语了。在新加坡和印度尼西亚的雅加达,虽然人数不多的粤籍华人试图保持粤语生命力,如经常组织活动,唱粤语歌曲,甚至自己组班演粤剧,但是他们都明白,方言的变化并非能够人为地逆转。……其实,方言的强弱视乎时空而不同,就整体而言,粤方言是强势的,但我们在谈论抢救汉语濒危方言时,也不应该忘记海外的弱势粤方言,不应该忘记对海外粤方言的调查研究。

目前,我们的许多论述多限于隔靴搔痒,并没有触及实质,很大一个原因就是我们占有的材料还不够丰富,我们对广东方言(特别是濒危方言)的了解还不够深入,我们分析问题的方法还比较表面化和简单化。因是之故,还要大力提倡广泛、深入地开展田野调查,尤其要做好农村、城镇方言的大规模调查,任何满足于调查现状的想法皆不足取。我们还要在方法上和数据处理上有较大的改善。此外,要对濒危方言的基本情况做一次普查,单靠现有的科研力量来抢救濒危方言,恐怕不太现实,要在物力、财力和人力方面筹划这方面的工作,培养一批新生力量从事濒危方言的调查研究。上述措施若不落实,所谓抢救濒危方言,很大程度上会流于空谈。

参考文献

[1] 陈松岑. 语言变异研究［M］. 广州：广东教育出版社，1999.
[2] 陈晓锦. 广东粤语的鼻音韵尾和入声韵尾［J］. 方言，2001（2）.
[3] 陈晓锦，肖自辉. 广东粤方言在东南亚的流变［C］//甘于恩. 南方语言学：第4辑. 广州：暨南大学出版社，2012.
[4] 陈志诚. 粤语成为地区优势语言的非社会性因素（提要）［J］. 广东省中国语言学会通讯，1990（3）.
[5] 冯国强. 粤北韶城粤语形成的历史地理背景［J］. 新亚学报，2000（21）.
[6] 甘甲才. 中山客家话研究［M］. 汕头：汕头大学出版社，2003.
[7] 甘于恩. 试论客家方言对粤语词汇的影响［C］//谢栋元. 客家方言研究：第四届客方言研讨会论文集. 广州：暨南大学出版社，2002.
[8] 甘于恩. 四邑话——一种粤化的混合方言［J］. 中国社会语言学，2003（1）.
[9] 甘于恩. 粤语多源论［J］. 学术研究，2008（8）.
[10] 甘于恩. 广东粤方言地图集（前言）［Z］. 2008.
[11] 甘于恩，刘倩. 粤方言中的闽语成分［J］. 华侨大学学报（哲学社会科学版），2004（3）.
[12] 甘于恩，邵慧君. 试论客家方言对粤语语音的影响［J］. 暨南学报（哲学社会科学版），2000（5）.
[13] 甘于恩，周洪涛. 典型特点与变异特点——域内闽语与周边闽语之语音比较［J］. 暨南学报（人文科学与社会科学版），2005（2）.
[14] 何耿镛. 客家方言语法研究［M］. 厦门：厦门大学出版社，1993.
[15] 黄雪贞. 客家方言声调的特点［J］. 方言，1988（4）.
[16] 李新魁. 一百年前的广州音［J］. 广州研究，1987（10）.
[17] 李新魁. 广东的方言［M］. 广州：广东人民出版社，1994.
[18] 林立芳，庄初升. 粤北地区汉语方言概况［J］. 方言，2000（2）.
[19] 林伦伦，陈小枫. 广东闽方言语音研究［M］. 汕头：汕头大学出版社，1996.
[20] 刘镇发. 粤北土语跟客话和粤语的关系及其归属［J］. 新亚论丛，2002（1）.
[21] 陆镜光，张振江. 近五十年来广东地区语言变迁大势［J］. 中国社会语言学，2003（1）.
[22] 罗康宁. 粤语形成于古广信——兼谈粤语的文化价值和保护问题［J］. 岭南文史，2004（3）.
[23] 邵慧君. 粤方言阳声韵尾及入声韵尾的分化模式及成因初探［C］//詹伯慧. 第八届国际粤方言研讨会论文集. 北京：中国社会科学出版社，2003.
[24] 邵慧君，秦绿叶. 廉江市粤客词汇相似度的计量分析［M］//邵慧君，甘于恩. 广东方言与文化探论. 广州：中山大学出版社，2007.
[25] 施其生. 汕头方言的介词［C］//李如龙，张双庆. 介词. 广州：暨南大学出版社，2000.
[26] 詹伯慧. 广东境内三大方言的相互影响［J］. 方言，1990（4）.
[27] 詹伯慧，甘于恩. 雷州方言与雷州文化［J］. 学术研究，2002（9）.
[28] 詹伯慧. 广东粤方言概要［M］. 广州：暨南大学出版社，2002.
[29] 詹伯慧，张日升. 珠江三角洲方言综述［M］. 广州：广东人民出版社，1990.
[30] 张双庆，庄初升. 广东方言的地理格局与自然地理及历史地理的关系［J］. 中国文化研究所学报，2008（48）.
[31] 张振兴. 粤语的语序与方言的比较研究［C］//詹伯慧. 第八届国际粤方言研讨会论文集. 北京：中国社会科学出版社，2003.

广东中山闽方言岛语言习得的调查研究

陈小枫　许冬晖

（中山大学中文系）

【提　要】论文通过问卷和访谈等方法，实地考察中山闽方言岛的语言生活状况和语言习得规律。中山闽方言岛语言习得的多样性与复杂性，既体现了典型的双方言区的共性，又体现了中山闽方言岛自身的特性，为我们考察方言岛语言习得的过程表现形式以及对方言岛发展前景的影响提供了一个很好的窗口。

【关键词】中山闽方言　方言岛　双方言　语言习得

　　岛状双方言区是双方言区的一种特殊形式，是方言岛发展到一定历史阶段的产物。在这类双方言区内，岛方言与包围方言互相交集、互相影响，彼此势力对比的变化决定了方言岛的发展前景。处于强势方言包围之中的岛方言往往处于弱势地位，难免会因受到包围方言的蚕食而逐渐萎缩，从而逐渐成为濒危方言。方言岛由于其特殊的形成方式与社会语言环境，使得其语言变化与使用与其他类型的濒危方言区相比，有着自己的特点，因而成为观察双方言区语言变异以及处于弱势的岛方言如何走向濒危的绝好的窗口。

　　中山闽方言岛位于中国广东省珠江三角洲核心地带的中山市境内，其居民于七八百年前的宋元时期来自中国福建省闽方言区。珠江三角洲主要通行粤方言，中山闽方言岛在周边粤方言的汪洋大海包围中分成3个地理上不相连的闽方言"群岛"，分称为隆都话、南朗话和三乡话。其居民共约占全市人口的1/7。中山闽方言岛覆盖范围大、历史悠久，语言渊源复杂，且在特殊的语言、社会环境中逐渐形成了闽、粤双方言区。中山闽语独特的语言风貌和语言使用环境，引起中外不少方言研究者的兴趣，并陆续有一些关于中山闽方言岛的语言系统的特点、来源及其与包围方言语言系统之间的互相影响等方面的研究文章问世，但此前对其语言生活方面的调查研究尚未引起学界的充分重视。近几年，我们对中山闽方言岛语言变异的动态过程及促使其变异发生的社会、语言应用环境等因素进行了综合考察，并从2005年开始率先使用社会语言学的方法对中山闽方言岛的语言生活（包括语言习得、语言使用和语言态度等）进行了全面的调查研究，对调查结果进行定量研究与定性分析，取得了初步的研究成果。我们的调查研究结果显示，中山闽语这一延续上千年的闽方言岛，正在强势的包围方言粤语的影响下逐渐萎缩；尤其是近20年来，中山闽方言在语言系统、语言使用等方面，出现了迅速向粤方言靠拢的趋势，加快了走向衰亡的步伐，但不同闽方言岛内岛方言的演变发展程度并不平衡，某些地方仍相对稳定，而某些地方的岛方言已经逐渐濒危。我们的调查也发现，中山境内各闽方言岛都有其独特的人文、地理及语言环境，使得中山闽方言区的语言生活呈现出十分复杂的状况。中山闽方言岛内部发展进程的不平衡与方言岛内部的语言生活密切相关，而语言习得方式是决定双方言区功能类型与岛方言发展前景最重要的因素。本文仅就语言习得在中山两个闽方言岛萎缩过程中的机制与作用的调查结果进行报告与比较,并据此管窥语言习得在中山闽方言岛发展演变过程所起的作用,从一个侧面考察方言岛发展演变过程中外部和内部相互作用的机制,探索濒危方言的部分成因。

一、调查地点、对象和方法

(一) 调查地点的选择

中山各闽方言岛所处的地理位置、移民构成、人文环境和经济发展规模等各不相同,其语言状况、语言变异、语言心理以及双方言间的互相渗透各有差异。为了比较客观、全面地反映中山闽方言岛的语言生活,在本项研究中,我们分别选择了中山两个不同类型的闽方言岛——隆都闽方言岛和南朗闽方言岛作为考察对象,并对考察的结果进行比较,探索处于不同社会与语言环境中的中山闽方言岛语言变异与语言生活的相互关系及其发展趋势。

隆都闽方言岛位于中山市行政管理中心石岐市市郊西部,与通行粤语的石岐镇隔江比邻,包括沙溪和大涌两个镇。当地原住民绝大多数是福建移民,其第一方言都是闽语,当地人称作"村话"。其中,沙溪镇区原是旧隆都上游的圩市,清代中期沙溪镇与大涌镇合称"隆都",故语言学者把讲闽语的沙溪、大涌一带称为"隆都闽方言岛"。我们的调查在其中经济比较发达、方言比较统一的沙溪镇区进行。

中山南朗镇闽方言岛地处中山市东南部的南朗镇。南朗镇属丘陵地带,背山临海,距离中心市区较远。与沙溪镇相比,南朗镇可算是一个"发展中城镇",城镇化水平较低,工业起步相对较晚,农业、渔业仍占较大比例,然而它却是连接比邻澳门的珠海市和中山市的交通要道。南朗镇内部语言环境比较复杂,有闽语、粤语、客家话3种方言,其中闽语是南朗镇通行范围最广的一种方言,使用者约有17600人,约占全镇人口的35%。操闽语、粤语两种方言的居民居于沿海平原地带,互相杂处,说客家方言的居民则居于山区,与闽方言区不相连接。各方言都以粤语作为共通语。南朗闽方言岛处于南朗镇中心区。我们的调查在镇区周边的村庄进行。

(二) 调查方法与调查对象的选择

我们主要采用抽样自填问卷的方法,辅以无结构访谈,对不同年龄层次的南朗闽方言岛居民的语言生活状况进行系统的调查。

抽样自填问卷的目的,在于全面了解南朗闽方言岛居民的语言习得、语言程度、语言使用与语言态度。因为考虑到本次调查对象基本都是本镇人氏,有较大的同一性,而且调查的内容比较简单,所以我们分别采用了分层抽样和雪球抽样两种抽样方式:先从调查对象的总体中,分别选取较典型的老(60岁以上)、中(35~50岁)、青(25岁以下)3个不同的年龄段,划分为3个组,然后在沙溪镇、南朗镇镇政府和当地一些村民的协助下,发放问卷进行调查。我们在隆都闽方言岛居民的每个年龄段中各抽取45个样本,发放问卷135份，收回有效问卷135份。在南朗闽方言岛居民的每个年龄段中各抽取50个样本，共发放问卷150份，收回有效问卷147份，其中老年组49份、中年组48份、青年组50份。

此外，我们还辅之以无结构个别访谈，作为抽样问卷调查的补充，主要是通过与当地人闲聊的方式，对两个方言岛居民的语言使用和语言态度进行侧面的了解。对语言态度，我们除问卷调查外，还进行了变语配对实验。

二、问卷调查结果的量化统计与分析

（一）调查结果的量化统计与分析

1. 关于方言岛居民的第一方言习得

表1和表2的统计，分别显示了隆都和南朗闽方言岛居民第一语言习得的基本概况。

表1　隆都闽方言岛居民第一方言习得抽样调查数据统计

年龄层	被试人数	人数比例		被试第一方言习得百分比统计			
		世居本地	外地迁入	村话	石岐话	广州话	其他
老	45人	95.56%(43人)	4.44%(2人)	95.56%(43人)	0	4.44%(2人)	0
中	45人	100%(45人)	0	100%(45人)	0	0	0
青	45人	97.78%(44人)	2.22%(1人)	97.78%(44人)	0	0	2.22%(1人)*

注：标"*"为广西官话。

表2　南朗闽方言岛居民第一方言习得抽样调查数据统计

年龄层	被试人数	人数比例		被试第一方言习得百分比统计			
		世居本地	外地迁入	村话	石岐话	广州话	其他
老	49人	89.8%(44人)	10.2%(5人)	83.67%(41人)	18.37%(9人)	4.08%(2人)	0
中	48人	89.58%(43人)	10.41%(5人)	77.08%(37人)	12.5%(6人)	0	0
青	50人	100%(50人)	0	56%(28人)	28%(14人)	8%(4人)	6%(3人)*

注：标"*"为普通话。

表1和表2的统计反映了隆都与南朗两个闽方言岛在方言习得模式方面既有共性，也

存在很大的不同。

其共性表现在两地居民的居住时间与第一习得方言的选择大致对应，也就是世居本地的居民以闽语为第一习得语言的人数都占优势。其不同表现在：隆都闽方言岛所有世居本地的居民的第一习得方言都是闽语，本地儿童一律用人们认为是学习母语的"正常"方法自然而然地学会了村话，而且这种习得方式至今不变。对中年人传授第一语言的选择的调查与统计，也可佐证这一点。对于"请问您是否打算把村话作为您小孩学习的第一种话"这个问题，100%的世居本地的被调查人都做出了肯定的回答。而南朗闽方言岛世居本地的居民中，以闽语为第一习得方言的人数虽然占优势，但不像隆都闽方言岛那么一致，有部分人选择了其他方言，而且第一习得方言的地位随着年龄的下降而下降。（见表3）

表3　南朗闽方言岛世居本地各年龄层居民第一方言习得情况抽样调查数据对比

年龄层	总人数	世居本地人数	以闽语为第一习得方言人数	比例①
老年组	49人	44人	41人	93.18%
中年组	48人	43人	37人	86.05%
青年组	50人	50人	28人	56%

表3的统计结果显示，南朗闽方言岛的第一方言习得方式比隆都闽方言区要复杂得多。其中比较有趣的是，虽然调查显示老年组有34个人能熟练听说村话，占调查人数的70%；但以村话为第一习得语言的却有41人，占调查人数的80%以上。排除答题心态上的微弱干扰，再联系被调查者都不曾到外地长期居住过的前提，这种矛盾的对比说明了方言岛第一习得语言以外的语言势力是不可小觑的。我们在问卷调查以外的非结构访问中接触到一个很典型的例子。63岁的陈碧玉女士世居南朗，村话是她的第一习得语言。但据我们观察，她对广州粤语的熟悉程度已超过对村话的熟悉程度，原因是她与操广州粤语的儿媳同住，与其交流只能用广州粤语。中年组、青年组的情况与老年组相反，熟练听说村话的比例高于把村话作为第一语言习得的比例。中年组以村话为第一习得语语的仅有37人，约占调查人数的77%，对村话能熟练听说的却有42人，占调查人数的近90%；青年组以村话为第一习得语言的更少，仅有28人，占调查人数的56%，但能熟练听说村话的有41人，占调查人数的82%。这种与老年组不同的另一种矛盾的对比说明了闽语仍是南朗闽方言岛居民最经常使用的社区交际语。因为相对来说，中青年人进行社区交际的机会和频率高于老年人，而中年人进行社区交际的机会又比青年人要多。

综合上述表3的统计结果及分析，我们可以做出这样的推断：虽然闽语仍是南朗闽方言岛居民最重要、最熟悉的交际语言，但已有逐渐退出第一习得语言的趋势。这一趋势从中年人传授第一语言的选择的统计数字也可以得到进一步的佐证。对"请问您是否打算将村话作为您小孩学习的第一种话"这个问题，48个受访中年人中只有25个做出了肯定的回答，仅约占总人数的一半，其余23人均表示否定。

---

①　"比例"一栏指的是以村话为第一习得语言的人数占世居本地人数的百分比。

以岛方言作为第一方言习得，是方言岛抵御包围方言的渗透、维系母语传承的最重要的手段。隆都和南朗闽方言岛居民第一方言选择所体现的不同，对两地闽方言岛的传承和发展趋向产生了直接的影响。隆都闽方言岛居民选择闽语作为第一习得方言所体现出来的高度的一致性及其对母语传承的坚定性，说明了隆都闽方言岛仍然比较稳固；而南朗闽方言岛居民以岛方言作为第一方言习得的统一阵线的瓦解，则反映出南朗闽方言岛的基石已经开始动摇。

2. 关于方言岛居民的非母语方言的习得

关于中山闽方言岛的非母语方言的习得，无法用直接询问的方式来了解，我们主要从其方言掌握程度的定量分析的结果来加以推测。隆都、南朗两个闽方言岛的不同年龄层的非母语方言的掌握程度抽样调查结果，可以透露出中山闽方言岛的双言模式、双言区形成的历史进程和第二、第三方言习得的途径等信息。以下我们分别加以分析。

（1）中山闽方言岛的双言模式。双言的环境使得中山闽语的语言系统逐渐形成了一种与其他闽语区不同的独特的文白异读形式，即读书阅报使用粤音而日常用语使用闽音。岛内日常交际使用当地闽语而对外交际则以粤语作为共通语。粤语（粤语代表方言广州话或中山市本地粤语代表石岐话）成为中山闽方言岛的非母语方言，即第二或第三方言。但随着普通话的推广和讲其他方言的外来务工人员的增加，普通话也成为部分中山闽方言岛居民的一种对外交际语。表4和表5分别列出隆都、南朗两个方言岛居民方言、普通话掌握程度的调查统计结果。

表4 隆都闽方言岛居民方言、普通话掌握程度抽样调查数据统计

掌握程度	年龄层	被试人数	不同年龄层各方言掌握程度百分比统计			
			闽语	广州话	石岐话	普通话
熟练听说	老	45人	100%（45人）	37.78%（17人）	15.56%（7人）	4.44%（2人）
	中	45人	100%（45人）	95.56%（43人）	88.89%（40）	24.44%（11人）
	青	45人	95.56%（43人）	57.78%（26人）	24.44%（11人）	60%（27人）
能听懂也能说一些	老	45人		53.33%（24人）	35.56%（16人）	33.33%（15人）
	中	45人		4.44%（2人）	11.11%（5人）	71.11%（32人）
	青	45人	4.44%（2人）	35.56%（16人）	60%（16人）	40%（18人）
基本听懂但不会说	老	45人		8.89%（4人）	40%（18人）	24.44%（11人）
	中	45人				4.44%（2人）
	青	45人		6.67%（3人）	15.56%（7人）	
听不懂也不会说	老	45人			8.89%（4人）	37.78%（17人）
	中	45人				
	青	45人				

表5 南朗闽方言岛居民方言、普通话掌握程度抽样调查数据统计

掌握程度	年龄层	被试人数	不同年龄层各方言掌握程度百分比统计			
			闽语	广州话	石岐话	普通话
熟练听说	老	49人	69.39%（34人）	22.45%（11人）	42.86%（21人）	
	中	48人	87.5%（42人）	41.67%（20人）	97.92%（47人）	16.67%（8人）
	青	50人	82%（41人）	64%（32人）	82%（41人）	80%（40人）
能听懂也能说一些	老	49人	30.61%（15人）	53.06%（26人）	38.76%（19人）	42.86%（21人）
	中	48人	6.25%（3人）	58.33%（28人）		83.33%（40人）
	青	50人	6%（3人）	28%（14人）	16%（8人）	16%（8人）
基本听懂但不会说	老	49人		6.12%（3人）	18.37%（9人）	36.73%（18人）
	中	48人	6.25%（3人）		2.08%（1人）	
	青	50人	10%（5人）	6%（3人）	2%（1人）	4%（2人）
听不懂也不会说	老	49人		18.37%（9人）		20.41%（10人）
	中	48人				
	青	50人	2%（1人）	2%（1人）		

说明：

①表4和表5中各组习得语言所拥有人数加起来并不等于相应组的总人数，是因为有的人选了双项，有的人则由于不确定选择而留空，但这些对定量统计的影响不大，表中数据仍可说明很多问题。

②表中的"广州话""石岐话"实际上是掺杂了一些岛方言特征的"广州腔"或"石岐腔"粤语，考虑到方言岛居民的认知，我们在调查中仍以"广州话""石岐话"称之。

③表5中的"石岐话"以南朗当地白话为基础，与表4中的"石岐话"有一定的差别，但南朗人都认为这种粤方言就是石岐话，从受访群众的认知出发，仍用"石岐话"指称。

表4和表5中岛民们第二方言掌握程度的统计结果显示，中山闽方言岛属于比较复杂的双方言区。把普通话—方言这种全国性的双言现象排除在外，岛民们通常都能操或至少能听粤语代表方言广州话和当地直接包围方言石岐话。隆都闽方言岛所有样本熟练听说广州话的比例均高于石岐话，显示隆都闽方言岛主要采用"闽语—广州腔粤语"的双言模式，即以广州腔粤语为第二方言，而把石岐腔粤语作为备用的第三方言；而南朗闽方言岛所有样本熟练听说石岐话的比例均高于广州话，显示南朗闽方言岛主要采用"闽语—石岐腔粤语"双言模式，即以石岐腔粤语为第二方言，而把广州腔粤语作为备用的第三方言。这两种不同的双言模式的形成，其原因是两个闽方言岛地理、语言环境、经济地位以及由此产生的岛民们第二方言和第三方言的习得途径不同。

（2）中山闽方言岛第二、第三方言习得的途径与过程。

1）隆都闽方言岛第二、第三方言习得的途径与过程。石岐粤语是隆都闽方言岛的直接包围方言，但是隆都人却舍近求远地采用了以"闽语—广州腔粤语"为主的双言模式，这与隆都闽方言岛的社会、语言环境有关。隆都闽方言岛范围广且高度集中，岛内方言统一，岛方言势力较大，加上经济、文化比较发达，故对自身方言的认同感较高而对其直接

包围方言石岐话却持轻视态度。（关于语言态度的调查结果和分析我们将在本项调查的第三部分详细阐述）广州粤语是粤语的代表方言，是广东各方言中最强势的，其作为粤语标准语的权威性使其成为各不同粤语区的共通语，不少地方把广州话作为除普通话以外的教学语言。隆都闽方言岛的客观环境和隆都人的语言态度，使得隆都闽方言岛的居民抛开心目中权威性不高的直接包围方言石岐话而把心目中权威性较高的地区强势方言广州话作为读书音，广州腔粤语于是先入为主，通过学校教育等文化传播的途径成为隆都人的第二方言，从而形成了以"闽语—广州腔粤言"为主的双言模式。表4中的统计数据所显示的隆都老年样本对广州话和石岐话掌握程度的差别，可以说明这种第二方言的习得途径由来已久。这在岛状双方言区中应该说是比较特殊的。通常情况下，方言岛中双方言区的形成，都是从与操包围方言的周边地区的居民交往开始的。方言岛居民与包围方言区居民在长期交往的过程中，逐渐学习对方的方言，最终成为同时操岛方言和包围方言的双方言区。而抽样调查结果显示隆都闽方言岛老年人对包围方言石岐话的掌握程度却远不如地区强势方言广州话。其广州话的习得途径缘自何处呢？隆都闽方言岛与广州的地理距离比其与石岐的地理距离要远，两地居民，尤其是上百年以前，很少有直接交往的机会，隆都老辈人显然不可能通过直接社交的途径习得广州话，唯一可能的途径是文化传播（这里所指的文化传播包括学校教育、广播电视、戏剧曲艺、读书念报等有声的传播方式）。60岁以上老年人读书识字的年代，普通话尚未普及，地区中心方言自然成为当地主要的文化传播语言，只要有接受学校教育和享受其他文化传播方式的机会，就可以由此途径首先学到地区中心方言而不会受到地理阻隔的影响。随着广州粤语势力的日益扩张，广州话作为粤语区主要文化传播语言的地位只会不断得到巩固和加强。这使得隆都闽方言岛以"闽语—广州腔粤语"为主的双言模式得以延续至今并不断巩固。隆都闽方言岛青少年非母语方言掌握程度抽样调查数据统计的比较可作为上述推断的佐证。

　　表6的统计显示，隆都闽方言岛16岁以上年龄组抽样样本中无论是第二方言还是备用的第三方言的熟练掌握程度都明显高于16岁以下（含16岁）年龄组。其中第二方言广州腔粤语掌握程度的差别尤其明显。这一比较进一步说明了隆都闽方言岛居民第二方言的习得是自幼年开始在学校教育等文化传播的过程中完成的，第二方言的掌握程度与其文化教育程度密切相关；而第三方言的习得则是在成年的过程中逐渐完成的，第三方言的掌握程度与个人社交范围密切相关。隆都闽方言岛青少年样本，无论是第二方言广州腔粤语，还是第三方言石岐腔粤语的熟练程度都低于中年样本，熟练听说第二方言的比中年人少37.78%，而熟练听说第三方言的则比中年人少64.45%。由于上文所述的客观环境和主观态度等原因，隆都闽方言岛居民幼年时缺乏习得直接包围方言的语言环境，对第三方言石岐话的习得，一般是在成年后出外谋生期间在与周边讲石岐粤语的居民相互间自然交往的过程中完成的。文化教育程度和社会交际经验都必须有一个逐渐积累的过程，因而隆都青少年第二、第三方言的水平自然不如中年人，而16岁以下（含16岁）的青少年也自然不如16岁以上的青少年。

表6 隆都闽方言岛青少年非母语方言掌握程度抽样调查数据统计

年龄段	被试人数	非母语方言类型	非母语方言掌握程度			
			熟练听说	能听懂也能说一些	基本听懂但不会说	听不懂也不会说
16岁以上	20人	广州话	75%（15人）	20%（4人）		
		石岐话	30%（6人）	50%（10人）	20%（4人）	
16岁以下（含16岁）	25人	广州话	32%（8人）	52%（13人）		
		石岐话	16%（4人）	56%（14人）	12%（3人）	

隆都闽方言岛的居民，以地区强势方言广州话作为第二方言，形成以"闽语—广州腔粤语"为主的双言模式，而其直接的包围方言石岐话则只作为备用的第三方言。这在岛状双方言区中是比较特殊的。究其原因，我们认为主要有3点：一是隆都人对岛方言的认同感强于包围方言石岐话，因而石岐话在当地人心目中缺乏权威性，人们认为它"土"、不好听，从而缺乏学习的主动性；二是广州话长久以来具备了地区共同语的作用，同样可以作为隆都人与周边居民进行交际的工具，并不一定非借助石岐话不可；三是广州话在隆都人发蒙时先入为主，其基础自然比年龄稍长外出时才习得的石岐话要强。中年人基本都是家庭的主要劳动力，他们由于工作、谋生的需要而与周边地区的社会交往较多，因而对石岐话的掌握程度较老年人和青少年高，但熟练掌握广州话的仍比石岐话略高6.67%。这也可以从另一个侧面说明，中年人对广州话的习得同样先于石岐话。

2）南朗闽方言岛第二、第三方言习得的途径与过程。南朗闽方言岛的不同于隆都闽方言岛的社会、语言环境，使得岛民们习得第二、第三方言的途径与隆都闽方言岛有很大的不同。南朗闽方言岛距离石岐市较远，方言岛范围较小且比较分散，人口在整个南朗镇中也缺乏压倒性优势，故岛方言势力不强，当地闽、粤村落杂处，相互通婚现象十分普遍的社会语言环境，也增加了闽粤两种方言相互沟通的客观需求和日常交际频率，加上岛内经济欠发达，岛民们对自身方言的认同感较低而对以当地政治、经济和文化中心石岐市的粤语为代表的中山粤语则持尊崇态度。这些与隆都闽方言岛迥然不同的客观条件和主观态度，使得南朗闽方言岛居民近水楼台地首先选择最接近的当地直接包围方言南朗粤语作为读书音和对外交际的主要工具，形成了以"闽语—石岐腔粤语"为主的双言模式。我们再从南朗闽方言岛青少年（年龄最大的25岁，最小的10岁）第二、第三方言掌握程度抽样调查数据统计数据来考察。

表7的统计显示，南朗闽方言岛16岁以上年龄组抽样样本中熟练听说第二方言的比例反而低于16岁以下（含16岁）年龄组；而备用的第三方言的熟练掌握程度则大大高于16岁以下（含16岁）年龄组。这与隆都闽方言岛所抽取的青少年的样本对第二、第三方言的掌握程度存在较大的差别。这种现象透露了南朗闽方言岛第二、第三方言习得途径的一些信息。

表7 南朗闽方言岛青少年非母语方言掌握程度抽样调查数据统计

年龄段	被试人数	非母语方言类型	非母语方言掌握程度			
			熟练听说	能听懂也能说一些	基本听懂但不会说	听不懂也不会说
16岁以上	29人	广州话	79%（23人）	14%（4人）	3.45%（1人）	3.45%（1人）
		石岐话	79%（23人）	17%（5人）	3.45%（1人）	
16岁以下（含16岁）	21人	广州话	38%（8人）	62%（13人）		
		石岐话	86%（18人）	14%（3人）		

综合表5和表7的中、青、少第二、第三方言掌握程度的抽样统计结果，我们推断，南朗闽方言岛居民第二、第三方言的习得过程刚好与隆都闽方言岛居民相反，他们的第二方言的习得应该是自幼年期就开始，几乎与母语的习得同时发生。由于上文所述的客观环境和主观态度等原因，南朗闽方言岛居民幼年时就处在经常操习包围方言的语言环境之中，在与操当地石岐腔粤语的邻村、同村或各方言杂处的集镇墟市的居民相互间日常交往的过程乃至自身双言的家庭环境中自然地习得了第二方言。南朗闽方言岛居民第二方言的习得与个人的社交范围密切相关，总的来说，中年人样本第二方言掌握程度仍然高于青少年。而南朗闽方言岛16岁以上年龄组样本之所以第二方言程度低于16岁以下（含16岁）年龄组，则与他们的社交范围的扩展与近年来广州话势力的扩张有关。一方面，16岁以上的南朗闽方言岛青年人求学、工作大多处于本村以外的多方言环境，越来越多地受到以广州话为主导的文化传播的影响，同时年轻人赶时髦的心理使他们更倾向于用广州话来作为共通语；另一方面，南朗腔粤语与广州腔粤语同属粤方言，语音系统本身就很接近，致使南朗腔粤语比村话更容易被广州腔粤语渗透，青年人尤甚，从而导致幼年时习得的第二方言水平的下降。表5的抽样数据统计显示，南朗闽方言岛居民广州话掌握程度按"青—中—老"的次序排列，能熟练听说第三方言广州腔粤语的南朗青少年样本比中年人高出22.33%。这说明南朗闽方言岛居民的第三方言广州腔粤语主要是在接受文化教育的过程中习得的。广州话是当地文化传播的主要语言工具，青少年从文化传播的途径学习第二方言的机会远比通过社交途径多，而且就语言威望、影响力和通行范围而言，广州话也远在石岐话之上。青少年正处于好奇和赶时髦的心理最强烈的年龄段，对强势文化与强势语言的趋附心理自然较强，加上大众文化传播的影响，对广州话的学习热情逐渐超过石岐话。表7的统计结果，正体现了近10年来南朗本地粤语与广州腔粤语之间此消彼长的趋势，这种趋势是南朗闽方言岛青少年对广州话的掌握程度明显高于中年人，而青少年中接受文化教育较多的大龄段高于接受文化教育相对较少的低龄段的主要原因。

3）两个闽方言岛第二、第三方言习得途径和过程的异同。综上所述，隆都闽方言岛和南朗闽方言岛对直接包围方言石岐腔粤语和粤语代表方言广州腔粤语的习得途径有所不同，前者都是通过自然接触的途径习得，后者都是通过文化传播的途径习得。而且两者习得这两种非母语方言的过程也不相同，隆都闽方言岛居民习得广州话在先，习得石岐话在后；而南朗闽方言岛居民却习得石岐话在先，习得广州话在后。这一不同的习得过程，也就决定了两个方言岛不同的双言模式。虽然由于近年来广州话的强势影响，南朗闽方言岛有向隆都闽方言岛的双言模式转变的趋势，但由于其对当地粤语的习得始于幼年且在自然接触中完成，所以南朗闽方言岛居民对当地粤语的掌握程度始终远远高于隆都人，其第一、第二方言的掌握程度的差异也就相对较小。

（3）中山闽方言岛的闽、粤双方言区形成的历史进程。第二方言或语言的习得，大致遵循着"能听—能听且能说一些—熟练听说"这样的进程，而双方言区正是随着这一进程的推进，随着第二方言的掌握和普及程度的提高而逐渐形成的。基于这一共同规律，我们认为，隆都、南朗闽方言岛老、中两辈人第二方言掌握程度的共时统计结果，可以作为这两个方言岛双方言区形成的历时发展的一个重要的佐证。两个闽语方言岛第二方言的掌握程度都存在比较明显的年龄阶层的差别。从各自主要的双言模式的角度观察，这种差别都按掌握程度的高低依次为"中—青—老"。这种现象透露了以下信息：

隆都闽方言岛老一辈的被调查人中，年龄介乎60岁到81岁之间，他们中能熟练听说当地第二方言广州话的有37.78%，能听懂且能说一些的则有53.33%。

南朗闽方言岛老一辈的被调查人中，年龄介乎60岁到79岁之间，他们中能熟练听说当地第二方言石岐话的有42.86%，能听懂且能说一些的有38.76%。

这一统计结果表明，中山闽方言岛成为双方言区的进程，至少在老一辈的时代就已经开始了；而从老一辈中粤语尚未达到广泛普及和熟练的情况来看，双方言区应该是在这一辈人的时代才开始初步形成的。

调查结果也显示，两个闽方言岛的中年人对第二、第三方言的掌握程度，都明显高于老年人。隆都闽方言岛中年组样本中能够熟练听说第二方言广州腔粤语的有95.56%，达到了很高的水平，比老年组高出57.78%；能够熟练听说本地粤语石岐话的也达到88.89%，比老年组整整高出73.33%。南朗闽方言岛中年组样本中能够熟练听说第二方言石岐腔粤语的高达97.92%，比老年组高出55.06%；能够熟练听说第三方言广州腔粤语的也有41.67%，比老年组高出19.22%。两个闽方言岛青年人对第二方言的掌握程度，也都比老一辈要高。我们从这一现象推测，近50年来应该是中山闽方言岛的双方言区的迅速发展与成熟期。

（4）关于汉语共同语普通话的习得。中山闽方言岛居民普通话习得的主要途径主要是文化传播。表4和表5的抽样调查结果显示，民族共同语普通话在中山闽方言区尚未普及，但其掌握程度随年龄的下降而增加。两个闽方言岛的分别有37.78%（隆都）和20.41%（南朗）的老年组样本不会听说普通话，中年组能够熟练掌握普通话的分别只有24.44%（隆都）和16.67%（南朗），而青年组熟练听说普通话的比例大大高于中、老年组，分别达到60%和80%。这显示了普通话在几十年间逐步推广并在近十几年来迅速普及的趋势。这种趋势的形成，除了"推普"、文化传播的普及等普遍性的原因外，还有当地外来务工人数急剧增加而产生的实际交际需要这一重要的地域性原因。

三、结　论

综上所述，中山闽方言岛语言习得既有共性，又有差异。

中山闽方言岛语言习得的共性主要表现在：

（1）除了母语，还不同程度地习得直接包围方言当地粤语和粤语代表方言广州话以及汉语共同语普通话。

（2）无论是母语方言还是非母语方言，在习得过程、掌握程度及由此形成的双言模式等方面都存在年龄层次的差异；而且其第二方言的掌握程度都按"中—青—老"的顺序排列，反映了中山闽方言岛双方言区形成的历史进程的同一性。

中山闽方言岛语言习得的差异主要表现在：

（1）母语习得的平均程度因不同方言岛规模、社会、语言环境的不同而不同。这反映了中山不同的闽方言岛发展进程的不平衡。

（2）对非母语方言当地粤语和广州话的习得途径不同，前者通过自然接触习得，后者则通过文化传播习得。

（3）对当地粤语和广州腔粤语的习得过程、平均程度与结果不同。隆都闽方言岛居民习得广州腔粤语在先而习得当地粤语在后，广州腔粤语的平均掌握程度远远高于当地粤语，故形成以广州腔粤语为第二方言、以当地粤语为第三方言的双言模式，这反映其岛方言势力较大而直接包围方言影响较小。南朗闽方言岛居民习得当地粤语在先而习得广州腔粤语在后，当地粤语的平均掌握程度高于广州腔粤语，因而形成以当地粤语为第二方言而以广州腔粤语为第三方言的双言模式，这反映其岛方言势力较小而直接包围方言影响较大。不过，当地年轻人对当地粤语和广州腔粤语掌握程度的差异正在缩小，这反映了广州腔粤语正逐渐排挤当地粤语而呈后来居上的趋势。

（4）语言习得年龄层次差异的表现有所不同。在母语掌握程度方面，隆都闽方言岛被试老、中组一致而青年组稍逊，南朗闽方言岛则按"中—青—老"的次序排列，这反映隆都闽方言岛家庭语言环境的较为单纯而南朗闽方言岛家庭语言环境则较为复杂。在第三方言的掌握方面，隆都闽方言岛被试按"中—青—老"的顺序排列，反映了隆都闽方言岛对于直接包围方言的相对封闭；南朗闽方言岛被试则按"青—中—老"的顺序排列，则反映了广州腔粤语的势力随着文化传播的扩展而增强的趋势。

隆都闽方言岛与南朗闽方言岛语言习得途径和方式的不同，直接影响了这两个方言岛的萎缩速度。隆都闽方言岛居民的第二方言广州腔粤语并非通过直接的语言接触习得而是通过文化传播的方式习得的，所以其对隆都闽语的影响类似于共同语对方言的影响，对当地方言的蚕食速度相对较慢，这一点是隆都闽语保持了相对的稳定而萎缩的速度相对较慢的一个重要原因。而南朗闽方言岛居民第二方言南朗粤语则主要是通过直接的语言接触习得的，加上经由文化传播的地区共同语广州腔粤语的共同作用，使得南朗闽方言岛萎缩的进程大大加快，逐渐成为濒危方言。

中山闽方言岛方言习得的多样性与复杂性既体现了典型的双方言区的共性，又体现了中山闽方言岛自身的特性，为我们考察方言岛语言习得的过程、表现形式以及对方言岛发展前景的影响提供了一个很好的窗口；同时，也为探究在强势方言包围与强大影响之下的弱势方言走向萎缩与消亡的机制提供了一个独特的观察点。

当然，语言习得只是中山闽方言岛语言生活的一个方面，要全面了解中山闽方言岛的语言生活，还要结合方言岛居民的语言使用和态度等方面来进行综合考察。关于这部分的调查研究结果另文阐述。

参考文献

[1] 陈小枫. 中山沙溪闽方言岛双言应用的调查［C］//陈恩泉. 双语双方言：八. 香港：汉学出版社，2005.

[2] 陈小枫，许冬晖. 中山南朗闽方言岛语言应用与语言态度的调查研究［C］//陈恩泉. 双语双方言：十. 深圳：深圳报业集团出版社，2011.

[3] 陈小枫，许冬晖. 中山南蓢闽方言岛音系中的两个层次［J］. 中山大学学报（社会科学版），2012，52（4）.

[4] 陈小枫，许冬晖. 南蓢闽方言岛连读变调的变异［C］//刘新中. 广东汉语方言研究的理论与实践. 广州：世界图书出版广东有限公司，2012.

粤西濒危方言概述

陈云龙

（岭南师范学院人文学院）

【提　要】粤西的濒危方言有旧时正话、马兰话、山瑶话、半东客、吉兆海话等。这些方言的濒危表现为使用人口少、使用人口老龄化、使用域狭小、方言功能受限、多方言交流、语言结构趋同、对自己的方言有自卑感等。导致濒危的主要原因有方言地位下降、不同母语的婚姻、非教学语言、经济贫困等。濒危方言的濒危消亡大致经历4个过程，即多方言竞争、使用者减少、退出交际领域、消亡。

【关键词】濒危方言　旧时正话　马兰话　山瑶话　半东客　吉兆海话　粤西

一、粤西濒危方言

粤西现有粤语、闽语、客家话三大主要方言，还有旧时正话、马兰话、吉兆海话、山瑶话、半东客等不同性质的小方言及阳江"万寿话"、廉江"燕语"等社会方言。三大方言也有不同的层次。粤语至少有3个层次：一是比较早形成、较大区域使用、与广州话有较大差异的早期粤语，如湛江的吴川话、化州话，阳江的阳江话，茂名的高州话、信宜话，江门的四邑话等；二是明清时期从其他地方传入的粤语，如从新会传入的电白马兰话、从东莞传入的吴川塘缀话、从顺德传入的廉江良垌话，还有分散在电白农村的"客话"等；三是近现代受广州话影响而形成的粤语，这些粤语多集中在中心城市，如湛江市区白话、茂名话等。闽语也因地域不同而差异较大，其中雷州半岛、电白、吴川与电白之间形成3个差别较明显的区域。客家话也有大哎、小哎的区别。普通话及强势方言广州话，借助国家政策、现代传媒和经济势力，对粤西各个方言都形成强劲的冲击，使粤西各个方言或多或少，或快或慢，或强或弱都处于濒危状态，其中，旧时正话、马兰话、山瑶话、吴川电白之间的半东客、吴川吉兆海话属于严重濒危方言。

旧时正话是明代建于电白的军事城池（后来县治迁入）"神电卫"中使用的一种方言，明代由戍守的卫兵和异地官员带来，其方言性质为明代官话。（陈云龙，2006）马兰话是电白县大衙镇北溪坡等村讲的一种方言。讲马兰话的都姓张，其可追寻的远祖是唐朝张九龄，原居江西省吉水县，后迁广东省韶州府曲江县（今曲江区）。至明朝天启年间（1621—1627）由新会北街迁至高州府电白县北溪坡。山瑶话现只在大衙镇龙记管区蓑衣田一个村使用。讲山瑶话的姓黄，在蓑衣田村已有14代。山瑶话的显著特点是全浊声母字今全部读不送气清音声母，山瑶话的来源不详，可能同瑶族有关。半东客是位于吴川与电白之间的一种方言，当地也叫"讲东"。"东"指福建，"客"是当地粤语。半东客属于闽语，但是受"客话"影响较大，变异较大，所以叫"半东客"。吉兆海话是吴川吉兆村保留的一种的方言，由于在海边，所以叫"海话"。据民族语言研究专家称，海话是与海南临高话接近的壮侗语，也包含较多粤语成分，有学者认为它还具有闽语的成分。

二、粤西濒危方言的濒危状况

粤西严重濒危方言的濒危状况表现在以下几个方面。①使用的人口不多，一般不超过10000人，其中讲吉兆海话的可能不足百人，讲山瑶话的只有200人左右，讲马兰话的有2000人左右，旧时正话各点加在一起有6000人左右，半东客使用人数较多，各点加起来应超过10000人。②使用人口高龄化。一般只有老年人说，中青年一般不说或少说，青少年中有人不会说。当然各点有差异，老、中、青、幼的比例也不同。③使用者性别有差异，男性多，女性少，一般是男性聚集时使用。④使用区域狭小，都在偏远的乡村，出了乡村一般不讲，即使在乡村，也不是所有场合都使用。例如，龙记是马兰话的所在地，墟集的建筑物都属于讲马兰话的张姓所有，但是墟集买卖所使用的语言不是马兰话，而是黎话（属闽语）。龙记也是管区所在地，管区的主任及多数村干部多是张姓，母语都是马兰话，但是管区主任在主持会议的时候说黎话。这些乡村都是分散的自然村，人数很少，规模小，有很多自然村的濒危方言已经消失。⑤方言的功能明显受到限制，上述大多数方言都没有儿歌、山歌、戏剧等文化形式，有的话也是用当地主要方言——粤语或闽语来说。这些方言很少用于讲故事，调查长篇语料非常困难，吴川吉兆海话说长篇语料要用粤语。当地主要的文艺形式是木偶戏、大戏，都是用粤语演唱的。半东客的干支、节气、人名也用粤语说。⑥都是双方言或多方言区，半东客区是闽粤双方言区，吴川海话是壮侗语及粤语的双语言区，电白是闽语、粤语、客家话、马兰话、山瑶话、旧时正话6种话混用方言区，一般人都会3种以上方言，有部分人会6种方言，加上普通话就有7种。⑦语言结构趋同。这些话的语音还存在差异，特征性的语音都不同程度地保存着，但是趋同的表现很明显。词汇的相同率估计达到80%，语法趋同也很明显，各方言有差异的语法现象主要是代词及几个特殊的动词。⑧对自己的方言有自卑感。大部分发音人认为自己的话不好听，除极少数家庭要求孩子讲自己的方言外，其他都听之任之，因此很多家庭的孩子都不会说自己的祖语。对自己方言的濒危消失漠不关心，对我们的调查研究不理解，常问："有什么用？"他们外出不讲母语，是担心被他人笑话，被人瞧不起。

三、粤西濒危方言濒危的原因

导致粤西方言濒危的原因有以下4点。①方言地位下降，即从权威方言（与政权相结合的方言）、强势方言（人多势力大的方言）变为弱势方言。最有说服力的例子就是旧时正话。旧时正话原是电白县城"电城"中使用的方言，是"官话"，也是教学语言，直到20世纪三四十年代还是如此。电城李锦源先生，1916年生，其上学时的教学语言就是旧时正话。电白大衙镇棉花地村的张守昌先生，1927年出生，其上学时教学语言也是旧时正话，尽管他的母语是马兰话但其话中仍保留旧时正话的特点。例如，"字"他仍读 $[n_i^{55}]$（这是旧时正话的特点）。由于他做村长50多年，村民也跟着他把"字"读成 $[n_i^{55}]$。抗日战争期间，电白县城从电城迁至山区的霞垌，后又转迁到水东（今县城），旧时正话在电城逐渐被海话（闽语）取代，退出交际领域，成为濒危方言，现电城已不流通旧时正话。旧时正话已经被人讥笑为"狗屎正"，可见其没落的情景。②不同母语的婚姻。方言濒危一个重要原因是外来媳妇的方言冲击，其影响力表现在：其一，改变家庭交际方言，使某濒危方言不是家庭唯一的交际方言，影响了其使用频率和强度；其二，影响下一代，抢夺濒危方言的继承人。电白几乎所有的濒危方言都存在这个现象，新嫁入的媳妇中尽管有部分学会了夫家的方言，但大都使用自己的方言，对小孩使用自己的母语，丈夫及小孩也迁就她们的方言，个性强的女性不喜欢自己的孩子讲濒危方言，这种现象越来越多，导致不少小孩不会或不使用濒危方言，最终导致家庭交际语言的改变，濒危方言退出家庭这个交际领域。如果这样的家庭多了，几代之后，某种方言将逐渐式微。③非教学语言。教学语言对方言的存废起着至关重要的作用。前面说过，旧时正话作为从北方传入的官话，能够在南方方言包围之中"强势"四五百年，其中一个重要原因就是它是教学语言。还有一个典型的例证就是半东客，其原属于闽语，所以叫"讲东"。但是，这种话渗透了大量的"客话"，即粤语。其中一个原因是这一带的闽语被"客话"包围，更主要的原因是，它们的教学语言是粤语。长期的粤语教学，使粤语语音、词汇、语法大量渗透到"东话"中，成为"东话"中不可或缺的内容，即使没有读过书的妇女，不会说"客话"，但是她们的"东话"中同样有大量的粤语成分，半东客本身的闽语特点变异和消失特别严重，成为濒危方言。20年前，粤西濒危方言区域还普遍使用母语教学，现在强制推广普通话。可以预言，这将加速粤西濒危方言的消亡。④经济贫困。电白濒危方言都处于偏远的小山村，尽管属于广东，但是经济非常落后，对方言产生影响。一个表现就是大量的中青年外出务工，或经年不归，或久别暂住，不仅外出务工者会淡忘，甚至放弃自己母语，或带来外地方言和普通话，而且大量中青年的外出，使母语使用的人数大为减少，使用频率大为降低，这样会影响母语的活力，导致方言濒危。

以上是粤西濒危方言的共性特点，各个点的濒危原因还有所侧重。旧时正话濒危的主要原因是方言地位的下降。马兰话濒危的主要原因是当地强势方言的冲击。马兰话虽然比较聚集，而且也是村委会所在地，但是当地的强势方言是黎话（闽语），闽语逐渐取代马兰话。山瑶话濒危的主要原因是人数少，只有一个村，全村200余人，会讲山瑶话的不足200人。半东客的濒危主要是白话（粤语）占据了语言使用领域，教学及其他正规场合都使用粤语。吉兆海话的濒危主要是因为族群的同化。

四、濒危方言的消亡过程

从粤西濒危方言可以看出，濒危方言的消失大概经过以下几个过程。第一，双方言或多方言的交际，导致濒危方言使用的频率和强度降低。在这个过程中，会讲濒危方言的人不减少，只是使用场合、使用对象的范围在缩小，从唯一的交际语言变为在一定场合、一定对象中使用，最后退到家庭。如果家庭也是双方言或多方言，濒危方言就会很快消失。第二，使用人口减少。随着交际频率和强度的减弱，或另一种强势方言的出现，讲某一濒危方言的族群有一部分人（主要是后代）放弃掌握该方言，或者只停留在会听的程度。这种情况在每个家庭可能是不平衡的,同一代人有的放弃,有的不放弃,但总的趋势是掌握该方言的人越来越少。几代人下来,掌握并能够使用该方言的人就寥寥无几了。第三,退出交际领域,即某濒危方言不再在交际中使用,或者很少人使用。尽管还有一定的人数懂得该方言,能说能听,或者能听不会说,该方言还存在,但是已经不再使用。这时该方言基本消亡。这个阶段可以举电城的旧时正话为例。随着县城迁出,旧时正话不再是"城话",而被"海话"代替,但是还有不少人掌握了该方言,只是少使用,直至不用。2004年,笔者去调查时,很少的几个老人还残存着一些记忆,但对单词的记忆都已经模糊,不能流利对话。吴川吉兆海话也基本处于这一过程。第四,消失。某种濒危方言退出交际领域之后,无人会说,无人能听。以电城的旧时正话为例,如果那几个老人去世了,也就标志着该方言在电城的消失。从退出交际领域到最后消失,该方言还可以作为标本存在一段时间。宽泛点讲,某方言退出交际领域,就可以认为该方言已经消亡了。

参考文献

[1] 曹志耘. 关于濒危汉语方言问题 [J]. 语言教学与研究, 2001 (1).
[2] 陈云龙. 旧时正话研究 [M]. 北京:中国社会科学出版社, 2006.
[3] 范俊军. 语言活力与语言濒危的评估——联合国教科文组织文件《语言活力与语言濒危》述评 [J]. 现代外语, 2006 (2).
[4] 范俊军. 岭南濒危汉语方言研究刍议 [J]. 学术研究, 2008 (11).
[5] 罗雪挥. 方言,不是时代的对手?[J]. 新闻周刊, 2004 (30).
[6] 联合国教科文组织濒危语言问题特别专家组. 语言活力与语言濒危 [J]. 范俊军,宫齐,胡鸿雁,译. 民族语文, 2006 (3).
[7] 维尼仔. 北方方言占广州报纸,大家找出后发上来,齐齐捍卫粤语尊严![N]. 金羊网-新快报, 2007-01-12.
[8] 徐世璇. 语言濒危原因探析——兼论语言转用的多种因素 [J]. 民族研究, 2002 (4).
[9] 徐世璇,廖乔婧. 濒危语言问题研究综述 [J]. 当代语言学, 2003 (2).
[10] 张振兴,熊正辉,林立芳.《汉语濒危方言调查研究》总序 [M] //丘学强. 军话研究. 北京:中国社会科学出版社, 2005.
[11] 朱雨晨. 正在消失的上海话 [N]. 经济晚报, 2005-11-01.

粤北土话小称变音的变异研究*

李冬香

(广东技术师范学院文学院)

【提　要】 文章首先根据语音形式和分化条件对粤北土话的小称变音进行分类。然后在全面考察粤北土话小称变音和入声的基础上，指出粤北土话小称变音的演变有两个方向，一个是合流，一个是分头发展。最后指出，为了保持该方言系统内两个后塞式调类的声调格局，两个中塞式的小称变音合流时一般不经过后塞式的阶段就直接舒化；分头发展时，或者分别与其阴入和阳入合流，或者一个读舒声、一个读后塞式，而此时其清入和浊入则或者合流，或者分别舒化。

【关键词】 变异　小称变音　粤北土话　声调格局

粤北地区分布着一群归属未明的方言土语，《中国语言地图集》称之为"韶州土话"，现在学术界普遍称之为"粤北土话"。庄初升（2004）在掌握24个方言点材料的基础上，根据某些历史性的语音标准，把粤北土话分为雄州片、韶州片和连州片3片。在粤北土话雄州片和韶州片中，普遍存在一种超出语音层面的特殊的音变现象，我们称之为"小称变音"。变音是相对于本音而言的，本音是一个方言在音韵层面上的字的读音，而变音是一种词汇层面和语法层面上的读音。邵慧君（1995），庄初升、林立芳（2000），牟廷烈（2002），伍巍（2003），朱晓农、寸熙（2003），庄初升（2004）等对粤北土话的小称变音做了非常深入的研究，本文拟在他们研究成果的基础上，对粤北土话小称变音的变异做进一步的考察。①

---

* 本文为广东省人文社会科学重点研究基地重大项目"岭南方言资源监测及资源库建设"的研究成果。本文初稿是笔者博士后出站报告的一部分，得到了指导老师游汝杰先生的悉心指导，庄初升先生提出了宝贵的修改意见，谨此一并致谢！

① 本文所用的粤北土话材料中，向阳、桂头和周田3个方言点的材料由本人调查所得，其他方言点的材料来自庄初升《粤北土话音韵研究》。另外，虽然本文和《粤北土话音韵研究》都有周田方言点，但两者的调查点不同。《粤北土话音韵研究》一书调查点是周田镇较坑村，本文的调查点是周田镇周田村。

一、粤北土话小称变音今读的类型

下面从不同的角度介绍粤北土话小称变音今读的类型。

（一）粤北土话小称变音的语音类型

庄初升（2004）根据语音形式，把粤北土话的小称变音分为促化式和舒化式两种类型。他指出，本音不论是舒声还是促声，变音若带有紧喉的特征，称之为"促化式"；变音若没有紧喉的特征，而是以舒声的形式出现，称之为"舒化式"。他还把促化式细分为中塞式和后塞式两种小类。作为变音的音节，所有韵母的中央都嵌有喉塞音［ʔ］，整个韵母好像被分成两半似的，音高也随着喉塞音［ʔ］的出现而上升，就是所谓的中塞式。作为变音的音节，所有韵母的末尾都带有轻微的喉塞音［ʔ］，导致读音比较短促，就是所谓的后塞式。朱晓农、寸熙（2003）则认为，像粤北土话小称变音这类中塞式的读音不是喉塞音，而是嘎裂声。我们暂时还是按照庄初升的分类把它们称为"中塞式"。根据已有的语料来看，我们把粤北土话小称变音的读音分为促化式、舒化式和混合式3类。混合式指的是同一个方言中，小称变音既有读促化式的，也有读舒化式的。具体情况见表1。

表1　粤北土话小称变音的语音类型

类型 方言 音值 变音	促化式				舒化式			混合式
	中塞式		后塞式					
	大村	梨市	桂头	石塘	乌迳	长来	长江	周田
变音1	2ʔ23	2（2ʔ23）	4	3	21，同阳平合	12，同入声合	↑	12
变音2	4ʔ45	4ʔ45（5）			43，同阴平合	↓		3，同阳入合
	腊石	向阳	上窑	梅村	雄州	北乡	石陂①	
变音1	2ʔ23	4ʔ45	4ʔ45	3	11，同阳平合	31，同入声合	3	
变音2	4ʔ45				42，同阳去合	33，同去声合	33	

（二）粤北土话小称变音的分化类型

曹志耘（2002）把浙南吴语变调型小称分为分变式和合变式两类。他指出，分变式的特点是本音发生小称变调时因单字调的不同而不同，单字调是小称变调的条件，单字调跟小称调之间存在对应关系。当然，分变式可能是一个单字调对应一个小称调，也可能是几

---

① 石陂方言小称变音虽然有两个音值，一个为3，一个为33，但3是33的一种变异，所以我们把它归入舒化式。

个具有某种共性的单字调（如阴调类、仄声）读作同一个小称调。合变式的特点是不管本音（包括儿缀）的单字调是什么调类，小称时都合读成一个相同的小称调，单字调跟小称调之间不存在对应关系，这种小称调几乎成为本方言中一个特别的调类。上述分变式和合变式的分类基本上适合粤北土话的小称变音。不过，从粤北土话小称变音分化的实际情况出发，我们把粤北土话小称变音的分化类型分为分变式、合变式和过渡式3类。过渡式指的是小称变音的分化条件还比较明显，但正走向合流，是介于分变式和合变式之间的一种中间状态。具体情况见表2。

表2　粤北土话小称变音的分化类型

类型 方言 变音调值	分变式			合变式					过渡式
				合变式1				合变式2	
	大村	犁市	腊石	上窑	向阳	桂头	石陂	长来	周田
变音1	2ʔ23	2(2ʔ23)	2ʔ23	4ʔ45	4ʔ45	4	3	12，同入声合	12
变音2	4ʔ45	4ʔ45(5)	4ʔ45				33	↓	3，同阳入合
	雄州		乌迳	梅村	石塘	长江		北乡	
变音1	11，同阳平合		21，同阳平合	3	3	↑		31，同入声合	
变音2	42，同阳去合		43，同阴平合					33，同去声合	

要交代的是，以上分变式基本上都是以本调（单字调）的阴、阳类作为分化的条件，变音1一般来自清声母和本音为阴调类的浊上字，而变音2一般来自浊声母。例外的是，雄州清入字的变调规律与其他清声母字不一样，而与浊声母字相同。

合变式中，合变式1一般只有一个读音，唯有石陂有3和33两个读音。石陂中古四声八类的字发生变调之后无论声母的清浊，调值一般都是33。读变音3的只限于来自清声母的入声字，如：戚 [tsʰɐi³]、粟 [sø³]、约 [iɔu³]、塔 [tʰa³]；而且有些清入字是3和33的自由变读，如"竹"有时读 [tʃø³]，有时读 [tʃø³³]；有些清声母字则读为33的变音，如：笔 [pɐi³³]。总之，石陂变音3不是因为声母清浊的不同而产生的，而是由于声调的不同而导致的，应该是小称变音33的变异，所以，归入合变式。长来和北乡虽然各有两个小称变音，但这两个小称变音今天已看不出分化的条件。如长来：椅 [ai¹²]、蚁 [ŋai¹²]、蚊 [mɛŋ¹²]、笋 [sɐŋ¹²]、星ₜ [sāi¹²]；亭 [tāi↓]、册 [tsʰa↓]、蝇 [jiŋ↓]、法 [fu↓]、昼ₜ [ti↓]、柳 [liʌu↓]、豆 [ti↓]。因此，我们把这两个方言的小称变音归入合变式2。

周田清声母的字以及浊上字（本音为阴调类）发生变调之后读舒化式，调值为12；浊声母的字（本音为阳调类）发生变调之后读促化式，调值为3，此时同阳入合流。如：伯

[pɔ¹²]、甥 [siaŋ¹²]、家 [kɔ¹²]、蔗 [tsɔ¹²]、簿 [pʰu¹²]、女孙~[nɔi¹²]、弟老~ [tʰA¹²]；帽 [mau³]、名 [miaŋ³]、银 [ŋɐi³]、路 [lu³]、排 [pʰA³]、鱼 [m̩³]。但是，也有部分非浊上字今读为阴调类的小称变音12，如：婆白~;曾祖母 [pu¹²]、柚 [iɔu¹²]、蚊 [mɐn¹²]、馅 [hoŋ¹²]、院 [iɐ¹²]。而且，这种现象目前只发现见于舒声韵中，入声韵中暂时还未发现。总之，周田小称变音的分化条件虽然还比较清楚，但合流趋势非常明显，处于由分变式走向合变式的中间状态，我们把它归入过渡式。

二、粤北土话小称变音的演变

如前文所述，粤北土话中的小称变音部分读促化式，部分读舒化式。而在促化式的读音中，有的方言入声今仍读促化式，有的则舒化。入声同小称变音之间是否存在一定的联系呢？要回答这个问题，必须先了解这些方言入声的情况。

（一）粤北土话的入声

1. 粤北土话入声的今读

我们先来看看粤北土话入声的今读情况。具体情况见表3。

表3　粤北土话入声的今读①

声母 \ 方言 \ 调值	大村	犁市	腊石	向阳	上窑	周田	石陂
清	5	5	5	5	5	5	5
浊	3	2	3	3	3	3	3

声母 \ 方言 \ 调值	桂头	梅村	雄州	北乡	乌迳②	长江	石塘	长来
清	44，归阴去	44，归阴去	5	31③	43，归阴平	13，归入声	5	12
浊	21，归阳上	21，归阳上	42，归阳去	212，归阴平	5，归阳去	55，归去声	5	12

2. 粤北土话入声的演变

由表3可以看出，在粤北土话的入声中，有的仍分阴阳，且仍读促声，如大村、周田和石陂等；有的虽然仍然分阴阳，但全部或部分舒化并归到其他调类，如桂头、雄州、北乡和长江等；清入和浊入合并为一个入声的只有石塘和长来。在入声舒化的方言中，乌迳

---

① 促化式的入声其相应的韵母都带有轻微的喉塞。
② 乌迳和长江方言入声是以韵摄为条件分化的。
③ 入声调值稍短，伴随着紧喉成分。

和长江入声的分化是以韵摄为条件，而其他几个则是以声母的清浊为条件。在以声母清浊为条件分化的方言中，雄州和北乡清入仍读入声，且调值都较短促，而浊入已舒化并派入到其他调类。从中可以看出，在雄州和北乡两个方言中，浊入先于清入舒化。浊入先于清入舒化的现象在南方方言中普遍存在。如江西赣语星子方言全清声母入声字今读入声，次清声母入声字今读阴去，全浊声母入声字今读阳去；武宁方言清声母字今读入声，全浊声母字今读阳去。衡阳方言古入声清声母字仍读入声，浊声母字今读阳平；而邵阳、涟源桥头河等方言古清入字多读入声，浊入字多数并入其他调类。在湖南岳阳荣家湾的方言中，阴入是一个短促的高调5，而阳入是一个舒缓的半低平调22，调长与其他调类相同。我们注意到，包括粤北土话在内的浊入先于清入舒化的方言都有一个共同的特点，那就是阴入高、阳入低。也就是说，在这些方言中，调值较低的浊入先于调值较高的清入舒化。辛世彪（2004）虽然没有论及粤北土话的入声，但他所指出的东南方言入声演变的总体规律"阳入先变"和子规律"对于阴入高阳入低的方言，低调先变"在粤北土话中同样存在。

（二）粤北土话小称变音的演变

1. 粤北土话小称变音的层次

庄初升（2004）在谈到粤北土话中的小称变音时指出，促化式的两种变音类型中，中塞式可能早于后塞式，后塞式是由中塞式演变而来的。后塞式的变音类型进一步发展，紧喉特征消失，也就演变成舒化式的变音类型。李冬香（2009）对大村方言小称变音今读类型的社会分层变异情况进行了比较深入的调查，从调查结果来看，庄初升的这一推论是可以成立的。不过，后塞式并不是由中塞式向舒化式演变的必经阶段，只是可能阶段。这是因为在有些人的发音中，其小称变音只有中塞式和舒化式，而不存在后塞式。

2. 粤北土话小称变音演变的方向

从粤北土话小称变音的读音来看，其演变应该有两个方向，一个是合流，一个是分头发展。

合流指的是两个中塞式的小称变音合为一个，属于这个类型的有合变式1。在合变式1中，小称变音有以下几种读音：一个中塞式，如向阳、上窑的4ʔ45；后塞式，如桂头的4、梅村和石塘的3；舒化式，如长江的↑。前文指出，后塞式是由中塞式演变而来的，而后塞式进一步演变就成为舒化式。因此，可以推测，合变式1小称变音的演变过程是：两个中塞式的小称变音合流为一个中塞式，如上窑、向阳；这个中塞式的小称变音再继续发展，演变为后塞式，如桂头、梅村和石塘；最后，后塞式的小称变音舒化，如长江。

在这个演变过程中，由中塞式的小称变音演变为舒化式的小称变音时经历了后塞式的阶段，它们的演变引起了入声的连锁变化。演变为后塞式的小称变音，由于推链的作用，再推动入声的演变。如石塘由于小称变音为后塞式，浊入则同清入合流为一个后塞式的入声；桂头和梅村由于小称变音占据了后塞的位置，入声则依声母的清浊分别舒化。长江则不但小称变音已舒化，两个入声也都分别舒化了。

当然，两个小称变音在合流的过程中，有的方言由于入声非常稳固，中塞式的小称变音只好在合流的同时直接舒化，中间并不经历后塞式的阶段，如石陂。如果这个中塞式的读音舒化后经历了后塞式阶段的话，那么，它也会像桂头、梅村和石塘等一样推动入声的演变。而事实上，石陂入声不仅分阴阳，且仍读后塞式。

分头发展又有两种情况：一种是两个中塞式小称变音都演变为后塞式，如犁市，不过，犁市的这种演变正处在变化的过程中；另一种是两个中塞式的小称变音一个演变为舒化式，一个演变为后塞式，如分变式中的雄州、乌迳，合变式 2 中的长来、北乡，过渡式中的周田等。

当两个小称变音分头演变为一舒一促时，哪个读舒化式，哪个读后塞式呢？我们注意到，在以声母清浊为条件分化的小称变音中，来自清声母的小称变音音值都低于来自浊声母的小称变音的音值。由上文指出的调值较低的浊入先于调值较高的清入舒化的规律可以推测，在小称变音的演变中，来自清声母的调值较低的小称变音应该先于来自浊声母的调值较高的小称变音舒化。正在进行中的大村小称变音 2ʔ23 和 4ʔ45 的年龄变异可以说明这一点。李冬香、庄初升（2009）指出，在大村，来自清声母的小称变音 2ʔ23 在 30 岁以下的人群中没有发现读促化式的，而来自浊声母的小称变音 4ʔ45 在 12 岁以下的孩子中还有 25% 的人读促化式。

总之，我们推测，在两个小称变音分头演变为一舒一促时，来自清声母的调值较低的小称变音直接演变为舒化式，来自浊声母的调值较高的小称变音演变为后塞式。这一点在周田得到了很好的说明。周田来自清声母的小称变音今读一般为 12；来自浊声母的小称变音今读一般为 3，同阳入合流。另外，在雄州和乌迳的两个小称变音中，来自清声母的调值较低的小称变音同阳平合流；而来自浊声母的调值较高的小称变音虽然分别同阳去和阴平合流，但实际上，雄州浊入也归入阳去，而乌迳入声部分归入了阴平。这说明，在雄州和乌迳的两个小称变音中，来自清声母的小称变音直接舒化，来自浊声母的小称变音演变为后塞式，因而同入声合流。长来和北乡中的两个小称变音虽然今天属于合变式，且都已经完全舒化，但是其中一个都同入声合流，表明它们曾经也经历过后塞式的阶段。当然，在雄州、乌迳、长来和北乡这 4 个方言中，同入声合流的小称变音在后来的演变中又都舒化了。

前文指出，雄州清入字的小称变音演变规律与其他清声母字不一样，而与浊声母字相同，为什么？其实，清入字的小称变音与其他来自清声母的小称变音的字演变不同的现象在石陂也存在。石陂清入字的小称变音有 3 和 33 两种读法，而来自清声母舒声韵中的小称变音都读 33。此外，周田来自浊入的小称变音都读 3，暂时没有发现读小称变音 12 的；而来自浊声母舒声韵的小称变音有 3 和 12 两个小称变音。从雄州、石陂和周田这 3 个方言小称变音的演变中可以发现一条规律，那就是，来自舒声韵的小称变音同来自促声韵的小称变音演变不同步。更确切地说，就是来自舒声韵的小称变音先于来自促声韵的小称变音舒化。辛世彪（2004）把东南方言声调演变较大范围的规律总结为 6 句话，其中一句是"先舒后促"，粤北土话小称变音的演变看来也不例外。因此，我们认为，雄州清入字的小称变音读同浊声母的现象是由于它的演变同其他来自清声母的小称变音演变不同步造成的。在来自清声母舒声韵的中塞式变音直接舒化同阳平合流、来自浊声母的中塞式变音演变为后塞式同浊入合流以后，雄州存在 3 个促化式的读音，即阴入、阳入和来自清声母的中塞式小称变音。由于来自清声母的小称变音调值较低，而浊入的调值也低于清入，调值接近，因此，来自清入的小称变音便同浊入合流，也读同浊声母的小称变音。石陂也是由于清入字的小称变音舒化较慢，因此受到其本调促化式读音的影响，由33变读为3。

总之，在上述方言小称变音分头演变为一舒一促时，演变为舒化式的小称变音直接由中塞式向舒化式演变，并没有经历后塞式的阶段；演变为促化式的小称变音则经历了后塞式的阶段，因而都与入声合流了。当然，分头演变的小称变音在以后的演变过程中又会出现合流的情形，如周田小称变音的分化条件虽然还很明显，但现在正处于合流的过程中。长来和北乡尽管以前是分头演变，但现在已看不出分化的条件，属于合变式了。但是，这个合变式不同于向阳等的合变式。向阳等的合变式是两个促化式的小称变音从变异开始就合流，而长来、北乡等的合变式是两个小称变音在经历了分头演变以后再逐渐合流的。

3. 粤北土话小称变音变异的原因

前文指出，在小称变音合流的过程中，演变为后塞式的小称变音，由于推链的作用，推动清入和浊入的合流或者分别舒化。在小称变音由中塞式演变为后塞式以后，原有的清入和浊入如果不合流或者分别舒化的话，那么，其结果就是，该方言中就会至少有3个后塞式的调类，即小称变音、阴入和阳入。事实上，除了部分粤语以外，在同一个方言中，同时存在3个后塞式调类的方言很少见，在粤北土话内部也暂时还未发现这种方言。因此，为了保持该方言系统内两个后塞式调类的声调格局，在后塞式小称变音的推动下，清入和浊入只能合流或者分别舒化。同样，为了保持这个声调格局，石陂中塞式的小称变音便只能直接舒化，而不经历后塞式的阶段，因为该方言中的入声仍分阴阳，且都读后塞式。

在上述小称变音一个演变为舒化式、一个演变为后塞式的方言中，周田入声不但分阴阳，且仍读促声，变音2同阳入合流。雄州和北乡清入仍读促化式的入声，而浊入和变音2分别同阳去和阴平合流。这表明，浊入和变音2是在合流为后塞式之后再进一步舒化并分别与阳去和阴平合流的。长来入声合为一个且已舒化，变音1同入声合流。这表明，变音1是在两个入声合流后再同其合流的。犁市两个中塞式小称变音都演变为后塞式后，则分别同其阴入和阳入合流。总之，从上述小称变音分头发展的方言中可以看出，小称变音分头发展后，其方言系统中仍然只有两个后塞式的调类。

总之，从粤北土话小称变音的变异来看，两个中塞式的小称变音合流后，由于经历了后塞式的阶段，清入和浊入便合流或者分别舒化；如果入声系统非常稳固，那么，这个中塞式的小称变音便直接舒化。两个中塞式的小称变音在分头发展时，或者都演变为后塞式，并分别同其阴入和阳入合流；或者一个直接舒化，一个演变为后塞式，同其中的一个入声合流。导致上述变异的根本原因是为了保持该方言系统内两个后塞式调类的声调格局。

三、结　语

综上所述，根据语音形式，粤北土话小称变音可以分为促化式、舒化式和混合式；根据分化条件，粤北土话小称变音可以分为分变式、合变式和过渡式。其演变方向有两个，一个是合流，另一个是分头发展。为了保持该方言系统内两个后塞式调类的声调格局，两个中塞式的小称变音合流后一般不经过后塞式的阶段就直接舒化；分头发展时，或者分别同其阴入和阳入合流，或者一个读舒声、一个读后塞式，而此时其清入和浊入则要么合流，要么分别舒化。不过，还有些问题目前我们无法解释，如：为什么长来、北乡中的小称变音会由分变式走向合变式？为什么同属粤北土话的连州片以及同粤北土话关系密切的湘南土话暂时还未发现小称变音现象？看来，要完全弄清楚粤北土话小称变音的演变，还有待于进一步的研究。

参考文献

[1] 曹志耘. 南部吴语语音研究 [M]. 北京：商务印书馆，2002.
[2] 陈晖. 湘方言语音研究 [M]. 长沙：湖南师范大学出版社，2006.
[3] 李冬香. 曲江区大村土话小称变音的变异研究 [J]. 文化遗产，2009 (3).
[4] 李冬香，庄初升. 韶关土话调查研究 [M]. 广州：暨南大学出版社，2009.
[5] 李星辉. 古入声字在湘语中的分化 [J]. 中南大学学报（社会科学版），2004 (3).
[6] 牟廷烈. 韶关西河土话音系及其特点 [J]. 韶关学院学报，2002 (5).
[7] 邵慧君. 韶关本城话中的变音 [J]. 暨南学报（人文科学与社会科学版），1995 (3).
[8] 孙宜志. 江西赣方言语音研究 [M]. 北京：语文出版社，2007.
[9] 伍巍. 广东曲江县龙归土话的小称 [J]. 方言，2003 (1).
[10] 辛世彪. 东南方言声调比较研究 [M]. 上海：上海教育出版社，2004.
[11] 中国社会科学院，澳大利亚人文科学院. 中国语言地图集 [M]. 香港：朗文（远东）出版有限公司，1989.
[12] 朱晓农，寸熙. 韶关话的小称调和嘎裂声 [C] // 戴昭铭. 汉语方言语法研究和探索——首届国际汉语方言语法学术研讨会论文集. 哈尔滨：黑龙江人民出版社，2003.
[13] 庄初升，林立芳. 曲江县白沙镇大村土话的小称变音 [J]. 方言，2000 (3).
[14] 庄初升. 粤北土话音韵研究 [M]. 北京：中国社会科学出版社，2004.

[原载《暨南学报（哲学社会科学版）》2010 年第 1 期]

深圳大鹏话说略[*]

丘学强

(深圳大学文学院)

【提　要】 大鹏话是全国重点文物保护单位深圳市大鹏所城所使用的方言。论文分析了大鹏话已经处于濒危境地的理由，并指出大鹏话并非目前历史、考古、新闻工作者所认为的军话，似为粤、客混合语。论文最后强调，自称与他称是我们判断某种方言是否是军话的重要条件，大鹏话不符合这两个条件，故不能认为是军话。

【关键词】 明代卫所　大鹏话　军话

大鹏镇距深圳市50000多米，离香港平洲岛仅2250米。它依山傍海，东连大亚湾，西接大鹏湾，与香港新界、九龙半岛隔海相望，南与南澳镇接壤，北与葵涌镇毗邻。因为比较完好地保留了明代千户所城的原貌，在我国第五批共518处的全国重点文物保护单位中，大鹏所城榜上有名。

位于大鹏镇东部的鹏城村、距镇中心约2000米的大鹏古城，其地名源于明朝，是"大鹏守御千户所城"的简称。深圳今又名"鹏城"即源于此。

大鹏当地人所讲的方言与其周围地区的客、粤方言有同有异，较为特别。

本文的一些内容曾在拙著《军话研究》(2005)中讨论过。笔者与刘镇发先生曾一起参与汤志祥先生主持的深圳方言调查项目，甘于恩先生所主持的国家级项目"粤方言地图集"所用亦为该调查所得材料。但是，刘镇发在《南方语言学》(2010)所发表的有关大鹏话材料与本文材料有所不同，例如，其所记为南澳音，入声只有一类；笔者所记为鹏城音，入声分阴阳。

一、大鹏话是否已经濒危

根据大鹏话目前的情况，我们认为它已经濒危。理由是：

（1）因周围环境的原因，大鹏人原来就会说多种方言，互相渗透、影响很难避免，而外来媳妇们所传大鹏话的变化也是必然的。

（2）随着深圳的快速发展，大鹏所城内的原居民大多已将原住房屋租赁给外地人居住，自己则迁往大鹏镇分散居住。与以前相比，讲大鹏话的机会已经日渐减少。

---

[*] 深圳市哲学社会科学"十二五"规划2012年度资助项目"深、港语言文化生活对比研究"（项目编号：125A105）以及广东省哲学社会科学"十二五"规划2012年度资助项目"粤语与穗、深、港社会文化"（项目编号：GD12CZW04）的阶段性研究成果。

（3）现今的当地教师多为外地人，所收看的电视节目以粤语（香港）、普通话为主，大鹏年青一代接受的是普通话、粤语的影响，大鹏话变化甚至消失的速度必将加快。再过一两代，也许就只有老人（现在讲大鹏话已不纯的中青年人）才会讲不纯正的大鹏话了。

但是，奇怪的是，笔者的学生们的调查结果却不完全支持笔者的上述推断：许多中年以上的大鹏人都坚信大鹏话仍能继续存在半个世纪以上，中小学生则大多不置可否。此项调查以及整个深圳市原居民所操方言情况的调查仍将继续下去。

二、大鹏话是军话吗

明洪武二十七年（1394），广州左卫千户张斌为防倭患奉命筑东莞守御千户所城（南头城）和大鹏所城。隶属于东莞县（今东莞市）南海卫（明天顺卢祥《东莞县志卷二·城池》）。《新安县志卷三·地理志·城池》"大鹏所城"条称："沿海所城，大鹏为最。"大鹏所城建成后，驻守正千户一员，副千户二员，百户十一员，镇抚二员，幕官吏目十员，司吏一员（明万历郭《广东通志卷十八·郡县志·地理志·城池》"大鹏所城"条），另有武官二员，旗军二百二十三员（明万历应《苍梧总督军门志卷七·兵防三》）。据此，小册子《大鹏所城》（王雪岩、翁松龄编著）附录一杨耀林、黄崇岳的文章《大鹏城与鸦片战争》中说："守城将士，屯田之兵，来自四面八方，或带家眷，或与当地妇女结婚融合，逐渐形成一种特有的军营语系——'军话'。现今鹏城人内部交流语言就是这种'军语'。"附录三张一兵的《大鹏传统民俗闲谈》一文也说，"来到大鹏地区，人们首先接触到的往往是当地人那种独特的方言。乍一听，'大鹏话'似乎是广州话（白话）与客家话的简单的混合体，其实不然。'大鹏话'虽然在语音、语法、词汇诸方面，与广州话比较接近，又有许多成分与客家话几乎完全一致，但这种特征，只不过是近代以来这两种外围方言对原有'大鹏话'所施加的巨大影响的结果而已。'大鹏话'中至今还保留着一种独特语调，当地人称之为'千音'，其来源却是十分独特。原来所谓大鹏城，本是明朝初年修筑的大鹏守御千户所城，城内外居住的军队与家属至少有二千人"，因交际需要"逐渐形成了一种独特的军营专用言语系统。在古文献中，这种话被称为'军语'或'军话'，用现代语言学术语讲，就是这里形成了一个'军语方言岛'"，在明朝，此类"岛"很多，后来大部分都消失了，"而大鹏'军语方言岛'却侥幸地在某种程度上被保存了下来，并经过几番变化，成了今天的'大鹏话'。"大鹏镇中"赖恩爵将军第"里也有一段文字："大鹏本地讲一种被称为'大鹏话'的方言，这种方言实际上是一种'军话'，学术上称'军语方言岛'。其来源十分独特：大鹏居民是来自天南地北的军士及其家属，他们带来不同的方言，突然聚居在一起，沟通与交流的需要使他们融合不同方言形成一种大鹏普通话，久而久之，形成了今天的大鹏话。"

2005年10月，乘着"保护非物质文化遗产"的东风，《深圳晚报》的记者又连续发表了《挖出大鹏军语》《"大鹏军语"是杂交语言》《古老乡音是大鹏人自豪母语》几篇长篇调查文章，"认定"大鹏话为"军话"。

经过调查，我们认为，上述主要由历史、考古、新闻工作者提出的观点是值得商榷的。

首先，说大鹏话的当地人没有自称、他们附近说其他方言的村民也没有指称这种话为"军话"。在这种情况下，由身为外地人的学者根据自己对"军话"的理解强行给它戴上"军话"的帽子，是不合适的。

其次，就历史情况来看，卫所制在大鹏瓦解得较早，而"清兵"倒是比较"兴旺"的。据康熙《新安县志·兵刑志》记载："……奏设东莞、大鹏二所以备倭寇，屯种慌田，且耕且守，二所额军二千二百有奇，后屯籍纷乱，额军存者十仅一二，又皆老羸惫疾，奴隶将门之后而已。"有一个传说可以说明这种情况：深圳和香港地区有许多座谭大仙庙，供奉的神叫谭大仙或谭公，其职司一般是在旱天求雨，类似内地民间信仰中的风伯雨师、赤松子一类的神仙。但大鹏的谭大仙庙里供奉的谭公，却是明朝末年生活在这里的一个有血有肉的真实的人。据传，明代隆庆年间，倭寇围攻大鹏所城，谭公协助舍人康公子率领全城军民抗击倭寇，不幸阵亡，后来就被供奉为神，既求雨祈年，也管社会治安，仍在辛勤地为大鹏人服务。这一传说说明，卫所制至隆庆年间已衰落，因为舍人只是将校子弟而已。

清朝初年，以李万荣为首的抗清队伍攻陷大鹏并占据10年之久。李万荣投降后，新安县知县傅尔植改设大鹏所防守营，设守备和把总各一员，官兵增至500名。康熙四十三年（1704），大鹏所防守营提升为水师营，增添游击一员，中军守备一员，额设左右哨把总4员，外委7名，兵员增至931名。雍正四年（1726）裁游击，改设参将，嘉庆十五年（1810）大鹏为外海水师营，兵额800名。道光二十年（1840）大鹏营改升为协，左营仍驻大鹏，兵额505名。"清兵"的"旺"，大鹏赖氏是很好的例子。从清嘉庆到道光年间，大鹏赖氏家族历经3代就出了5位将军：赖世超，武功将军，正二品；赖英扬，振威将军，从一品；赖信扬，安鹭将军，正一品；赖恩爵，振威将军，正一品；赖恩赐，武功将军，正二品。称"三代五将"。笔者的发音人赖孟柱和赖继良是两父子，是大鹏赖氏的传人。他们所存族谱记载，大鹏赖氏始祖名赖吾彪，是清乾隆年间才由紫金（客语区）迁居鹏城的，为紫金赖氏第九世。其他几个发音人也称祖先清代迁鹏。

再次，就语言特点来看，虽然从明代及清代当地军官的名单看有不少北方人，但大鹏话似为粤、客混合语，并不像平海等地军话那样多少带有北方方言的特点。例如：有"轻唇读如重唇"现象，如"扶"口语读 [pʰu]，像客语；"闻"等字声母读 [m]，像粤语。古晓、匣母字声母读 [f] 的比广州话为多，如"开、寒、海、汉、喝、核"等字声母为 [f]，这一特点与莞宝片粤语相似。送气音丰富。古浊塞音和浊塞擦音（并、定、群、从、澄、崇、船）不论平仄，一律读送气清音。这一特点与赣语、客语相似而与广州话有异。如"备、被、部、拔、白、别（并仄声）"声母读 [pʰ]，"大、惰、杜、度、弟、道、豆、毒（定仄声）"声母读 [tʰ]，"共、跪、柜（群仄声）"声母读 [kʰ]，"坐、座、在、罪、自、字、造、族（从仄声）"声母读 [tsʰ]，"助、骤、闸、状（崇仄声）"声母读 [tsʰ]，"治、赵、召、丈、直、郑、仲、逐（澄仄声）"声母读 [tsʰ]，"就、践、贱、截、尽、疾、静、净（从仄声，开口三、四等）"声母读 [tsʰ]。词汇方面，"清洁"说"伶俐"，"知道"说"知" [ti]，"害怕"说"狂"，"一个人"说"一只人"……与客家话同；"看"说"睇"，"嗅"说"闻"，"拿"说"擸"……与粤语同。这些恐怕与士兵多数是在周围招募的情况有关。另外，当地的服饰、建筑也是客、粤混合的风格。

虽说军话与明代的卫所制有关，但我们不能反过来说，凡是明代千户所所在之处的人都必讲军话。例如，陆丰市的甲子镇明时也是千户所，但今天那里的人都说闽语。即使这种闽语也是当年的军人传下来的，现在他们的后代没有人自称所讲的是军话，附近的人也没有这一指称。作为科学工作者，也就不能给他们的方言戴上"军话"的帽子。否则，全国各地的军话就太多了。不过，就语言特点看，我们说军话大多带有一些北方方言的成分，是就目前调查所得的一般情形而言的，但这并不妨碍我们仍然认定北方方言成分较少的青塘话和永安话为军话，因为当地人自称讲军话，周围的人也这样称他们所讲的话，我们不能因为它们一种含有较多的粤、客语成分，另一种含有较多的闽语成分而否认这两种话的"身份"。

总之，看一种方言是不是军话，自称和附近人们的指称最为重要，不符合这两条而强行给大鹏话戴上"军话"的帽子是不妥当的，最多只能说其形成和发展可能与明清时代的驻军有关。除非能确切地找到其与"军户"有关或它曾被称为"军话"的证据。同样的道理，广东电白的旧时正话（城话）（陈云龙，《语文研究》2005年第1期，第60~64页）虽然也与明代的卫所有关，而且在语言特点上与明代官话也有相似之处，但既然无论自称还是他称都从未有过"军"之名，那么我们也还是不能说它"实际上是一种军话"。

只是因为要挖掘"非物质文化遗产"就强行给一种方言戴上"军话"的帽子，这种做法是不可取的。从语言研究的角度出发，方言之间的关系应该被认为是平等的，并非一戴上"军话"或"濒危方言"的帽子，就能使之显得"身价高"。同理，为了开发粤西北的旅游资源，在没有多少语言学论据的前提下硬说粤语起源于"广信"，也是不能让人信服的。

三、大鹏话研究与逻辑推理

本来以为，内外有别，对语言学界以外的说法，我们以宽容的态度处之即可，无须太过执着。但是，《语言教学与研究》（2007年第3期）发表的黄晓东先生的文章《汉语军话概述》却使笔者认识到，关于一种话的名称等的认定，是一项有许多工作可做的事情。

黄晓东的文章的主要观点和上述看法大体一致，认为应该把大鹏话等跟"军营"有关的话都归为军话，否则研究范围就太窄了，不利于军话研究工作的开展。

我们认为，"军话"的"军"有其特殊的含义，它与明代特殊的户籍制度的产物——军户有关（娶妻生儿、世袭），与其他朝代的"军营"（铁打的营盘流水的兵）是不同的。因此，黄晓东的文章所举与清代军营有关的方言不能算作军话。大鹏城卫所制瓦解较早，而军人比较"兴旺"是在清代，因此，大鹏话很可能是形成于清代而非明代。而在关于方言名称的推导上，黄晓东的文章在逻辑上的"条件推理"方面似有可以商榷之处。我们说，凡是叫军话的一般都跟明代的"军户"有关。但我们不能反过来说，"凡是与明代卫所制有关的方言"都应该归入军话，而只跟清代的军营有关的则更是如此。

在逻辑学里，这叫"充分条件假言推理"。其规则是：肯定前件可以肯定后件，否定后件可以否定前件；否定前件不能否定后件，肯定后件不能肯定前件。此规则的前后件具体化后可以表述为：如果某种话被称为"军话"，则它一般都与明代的卫所制（军户）有关。如果某种话与明代的军户无关，则它不是军话；如果某种话没有被称为"军话"，它并不一定与明代的卫所制无关；如果某种话与明代的卫所制有联系，但它并不一定就是军话。

而把军话的范围缩小，也不会不利于方言研究。黄晓东的文章所提出的研究工作，完全可以用"明代卫所制与方言""古代驻军与方言的关系"等为题进行。

总之，自称与他称是我们判断某种方言是否军话的重要条件。大鹏话不符合这两条，故不能称为"军话"。而根据此条件，广西的柳州话却可以算作军话，因为壮族人称之为[va^6 kun^1]（军话）。当地老人也有自称讲军话的。本人在研究军话时留下的遗憾已由笔者的研究生的毕业论文做了一些弥补工作。

参考文献

[1] 丘学强. 军话研究［M］. 北京：中国社会科学出版社，2005.
[2] 黄晓东. 汉语军话概述［J］. 语言教学与研究，2007（3）.

岭南地区水上居民（疍家）的方言

庄初升
（中山大学中文系）

【提　要】 生活在中国南方沿海或内河的水上居民一般被统称为"疍家"，其来源问题长期以来备受争议，但也有人认为他们只是汉民族的一个特殊的族群。在岭南地区，疍家的分布广、人口多，族群特色也比较显著。本文根据已经出版或发表的一些研究成果，结合笔者的田野调查，对岭南地区疍家话的分布、特点和归属进行概述性的描写，着重指出岭南地区的疍家话并不是一个统一的方言类别，而是大部分属于粤语，但与粤语的标准语广州话有所不同；少数属于粤北土话、桂北平话和闽语等。

【关键词】 岭南地区　水上居民　疍家　方言　粤方言

生活在中国南方沿海或内河的水上居民一般被统称为"疍家"。隋唐以来，有关疍家的记载不绝如缕，在书面上"疍"也写作"蜑""蜓""蛋"等。广东、广西、海南和港澳是传统意义上的岭南地区，疍家的分布广、人口多，族群特色也比较显著。20世纪20年代以来，有关岭南疍家，特别是有关广东疍家的研究成果层出不穷，但大多只限于讨论其起源、分布、人口、生产、教育、宗教、婚姻、风俗、歌谣等，鲜有人关注其使用的方言问题。本文在前人时贤相关研究的基础上，结合最近几年在香港新界渔民新村的田野调查，对岭南地区疍家话的分布、特点和归属进行概述性的描写。这对于进一步认识疍家的族群来源和特点等，或许能够提供一方的参考。

一、岭南地区的疍家

疍家又称为"疍人""疍户""疍民""艇家""龙户"等，甚至被称为"疍僚""疍蛮"等，是旧中国所谓的"贱民"中最主要的一个群体。俗谚"出海三分命，上岸低头行，生无立足所，死无葬身地"是旧中国疍家的悲惨命运和卑贱地位的真实写照。1950年以后，为了消除对这一族群的歧视和压迫，广东省地方政府倡导改称"水上人民""水上居民"或"渔民"等。长期以来，疍家因为以艇为家、以渔为业、浮家泛宅、随波逐流，被蒙上了一层浓厚的神秘色彩，因此其来源问题备受争议。陈序经《疍民的研究》（1946：1）开宗明义指出："关于疍民起源的传说或学说，据我们现在所知道的，约有三十余种。"尽管传说或学说很多，但认为疍家是古代百越的后裔是主流的观点。清人范端

---

* 本文得到教育部人文社会科学重点研究基地基金资助，项目为"岭南濒危方言研究"（项目编号：07JJD840201）。

昂《粤中见闻》(1988：232) 云："秦时屠睢将五军临粤，肆行残暴。粤人不服，多逃入丛薄，与鱼鳖同处。蛋，即丛薄中之逸民也。……齐民目为蛋民。"罗香林《唐代蜑族考·上篇》(1934：26)："盖余最近考证，蜑族原即越族遗裔。"徐松石《粤江流域人民史》(1938：152)："蜑族亦与壮族极有关系。《隋书·南蛮传》：'南蛮杂类与华人错居，曰蜑曰獽曰俚曰僚曰仡，俱无君长，随山峒而居，先所谓百越也。'既系古昔百越之族，则当系岭南土著的一种。"林惠祥《中国民族史》(1939：140-141) 一方面认为"独立民族说及越族说颇有理由"，一方面又说"总之现在之蛋民来源恐不可以一元说尽之而应采多元说，越族蜑蛮、汉族甚或瑶、掸、马来恐皆有其成分"。直到最近几十年，蛋家来源于古代百越民族的观点仍占统治地位。如蒋炳钊 (1998：83) 曾指出："关于蛋民来源于古代越人，这是可信的。我们赞同此说。但是古代越人分布很广，越族也不是单一民族，故有百越之称。……于是可以认为，各地区蛋民的来源都与当地土著越人有关。于是说蛋人为古代越人的后裔，倒不如说蛋人为古代百越后裔的一部分更为确切。"针对蛋家来源于古代百越民族的传统观点，张寿祺、黄新美 (1988：123) 从考古学、文献学、体质人类学和语言学 4 个方面论证了蛋家是汉族的一个群体，即"他们的起源虽与百越先民有关，从秦以后，开始发生变化，有汉人投进其中，以后更渗入不少汉人，长期融合而成，他们属于中国汉族的一个支群"。萧凤霞、刘志伟 (2004：5) 进一步指出族群分类是一个流动的社会变迁过程。他们说："以往很多民族志调查都显示，在文化习俗方面，被标签为蛋的人，与陆上居民更为接近，与山上的瑶或畲差异较大。从饮食、婚嫁、风俗、家居摆设以至仪式，蛋和陆上居民都是相当近似的。在民间宗教来说，他们维持着许多共同的信仰，例如洪圣、北帝、观音。在语言方面，他们都说广府话。"

岭南地区是一个相对独立的地理单元和文化区域，包括今天的广东、广西、海南三省区和港澳地区，其范围大略相当于唐代的岭南道。岭南地区濒临南中国海，海岸线曲折而漫长，加之境内大小河流纵横交错，因此蛋家的分布之广、人口之众和类型之多是其他地区所无法比拟的。特别是珠江三角洲地区，地势平坦、雨量充沛、河涌密布，俨然水乡泽国，应该是最早有蛋民活动的地区。顾炎武《天下郡国利病书》引述《晋书》中陶璜的上疏云："晋时，广州南岸周旋六十余里，不宾服者五万余户，皆蛮蜑杂居。"如果这个记载确切的话，广州一带之有蛋家已经超过 1500 年了。下面根据前人和时贤的研究成果，结合笔者的田野调查，对岭南地区各省区蛋家的分布做一个简略的综述。

1. 广东省

陈序经 (1946：52-53) 明确指出："广东的蛋民的地理分布，大概可分为三方面来叙述。第一是珠江流域。第二是沿海一带。第三是韩江流域。"珠江流域以广州为中心，包括西江、东江、北江及其大小支流，在珠江三角洲汇合入海。"在这一个区域里，蛋民最多的地方是番禺、南海、三水、顺德、香山、新会、东莞各县的珠江主流及支流。我们差不多可以说，在这些地方，凡是有河流小溪之处，都可以见到蛋民的踪迹。"除了珠江三角洲之外，西江、东江和北江分别流经的粤西、粤东和粤北地区，也都有蛋家的分布，如"北江方面，自三水河口直上，一路都可以见到蛋民。而其最多的，是清远和韶州两个地方"。粤东沿海方面，自饶平经澄海、南澳、汕头、潮阳、惠来、汕尾、陆丰、海丰、惠东、惠阳到深圳，大大小小的海湾、渔港和码头，都有蛋家的踪影，如《古今图书集成》云:"潮州疍人有五姓:麦、濮、吴、苏、何。"粤东内河方面,除了陈序经(1946)提到的韩江流域,疍家还分布于其他的一些河流。黄盛绥(2001:49)指出,"潮属滨海所有疍家分徙于韩江、榕江、练江、隆江等各河流域,尤以韩江中上游聚集较多",但是,"活跃于韩江一带的'六篷船'至嘉庆后期,萧条冷落。疍民为求活计,纷纷改行或他徙,或弃舟楫入民间为庸保,韩江流域的疍家基本难觅迹"。至于粤西沿海,珠江口西岸往西到雷州半岛,有关疍家的记载较少,但并非绝无仅有,如阳江市的海陵岛至今都还是疍家的聚居地。其实,在阳江市入海的漠阳江江面上,曾几何时也有许多浮家泛宅的疍民,如阳春市就是广东省内河水上居民人数最多的一个县级市。《南方日报》2008年8月20日曾以"漠阳江上最后的疍家渔民"为题,报道阳春市政府逐步将漠阳江上的疍家渔民安置到陆上的"德政工程",到8月底为止,最后一批162户疍家渔民已全部上岸定居。

2. 广西壮族自治区

广西境内疍家的历史也比较悠久,如早在宋代地处北部湾之滨的钦州就有三类疍家生活。其中,"一为鱼蜑,善举网垂纶;二为蠔蜑,善没海取蠔;三为木蜑,善伐山取材"(《岭外代答校注》,1999:115)。陈序经(1946:54)对广西境内疍家分布的论述语焉不详。他说:"在广西,从梧州经过南宁的大江,或从梧州到柳州的北江,均有疍民的踪迹,而以梧州最多。次为柳州和南宁。"白云(2007:10)对广西境内的疍家及其疍家方言有过比较全面的调查研究。她说:"广西疍家话主要分布在广西境内属于珠江水系的各主要河流及其支流沿岸的县(镇)市,这些河流主要是西江、浔江、黔江、红水河、贺江、柳江(支流洛清江、融江、龙江)、郁江、邕江等。……另外北部湾沿海的钦州市、北海市、合浦县一带也有相当数量的疍家话分布。"

3. 海南省

明朝唐胄编的《正德琼台志》记载,正德年间(1506—1521),疍民聚居的地方遍布海南沿海各地。根据张朔人(2007:54)的推算,人口总数近1.2万人之多。清朝以后,从两广沿海地区迁居海南的疍民日益增多。清朝光绪《崖州志》(1983:34)云:"疍民,世居大蛋港、保平港、望楼港濒海诸处。男女罕事农桑,惟辑麻为网罟,以渔为生。子孙世守其业,税办渔课。"根据最近的调查,海南现在的疍家人主要集中在海口市的海甸港,文昌市的铺前港,陵水黎族自治县的新村港,三亚市的海棠港、三亚港、保平港,乐东黎族自治县的望楼港,昌江黎族自治县的海尾至南罗地区和临高县的新盈港一带。

4. 港澳地区

根据可儿弘明(1967:6),香港的疍家(艇家)最集中的地方是香港仔,此外是青山湾和筲箕湾。"除了这三个最大鱼市外,主要的捕鱼中心在新界方面如大埔、西贡、长洲,在九龙方面则为油麻地避风塘。亦有十三个小渔村,是沙田、大尾督、布袋澳、坑口、深水湾、南丫岛、青衣岛、坪洲、梅窝、青龙头、深井、屯门新墟、青山临时避风塘。"可儿弘明(1967:3)还指出,"珠江三角洲西岸之重镇澳门,亦有艇家二万余"。

二、岭南地区疍家的方言

岭南疍家是否有其独立的语言或方言？到目前为止，有关的调查研究成果还屈指可数。但是，关于疍家问题的一般性论著，也常常提及疍家的语言问题，只是大部分都是一笔带过、语焉不详。林语堂《闽粤方言之来源》（1929：4）把疍家话与黎、畲、苗瑶等少数民族的语言混为一谈，认为它们都属于"土著的话"，这是缺乏根据的。实际上，宋元以来的一些文献都不曾记载过疍家有着不同于汉人的独特语言。如宋代周去非《岭外代答》卷三"五民"条："钦民有五种：一曰土人……二曰北人……三曰俚人……四曰射耕人……五曰蜑人，以舟为室，浮海而生，语似福、广，杂以广东、西之音。"又如清阮元《广东通志》卷九十三引《大清一统志》，说廉州府"俗有四民"，其四是"蜑户"，"舟居穴处，亦能汉音，以采海为生"。近代以来，一些社会学者有关疍家的论著中也都注意到疍家并没有特殊的语言。如徐松石《粤江流域人民史》（1938）说："岭南蜑人没有特殊的言语，但蜑户对于广东白话的传播非常有功。广西现有一种叫做百姓话的，只存在于西北部通舟的地方。这大约与蜑户极有关系，因为百姓话乃白话与土话的混合体。"又如陈序经《疍民的研究》（1946：30－31）说："疍家之在某一地方者，多说这个地方的方言。考从前韩江上游疍家颇多，现在则已大大减少，也许这些疍民移居别处，虽不得不说其所移住的地方的言语，而其原说之客话，或尚有留存者，乃理所当然。"

根据已经出版或发表的一些研究成果，结合笔者的田野调查，我们发现岭南地区的疍家话并不是一个统一的方言类别，大部分属于粤语系统，但与粤语的标准语广州话有所不同；少数属于归属未明的土话、平话或闽语等。下面分别叙述。

1. 粤语性质的疍家话

粤语系统的疍家话广泛分布在两广、海南和港澳的水乡泽国之中，其中饶平县柘林镇港是粤东边缘的一个方言点。黄盛绥（2001：50）指出："至于目前在潮州滨海港湾游弋的疍家，已不是昔日潮州疍家之后裔，而是从外地迁徙来的。如闽粤交界、风景秀丽的柘林湾——饶平县柘林镇渔港，就住着冯、黎、黄三姓疍家70户，335人的疍民新村。据说这些疍家的祖先是于清代从广州地区迁来的疍家后裔，1964年才由水上搬居陆地，入籍饶平县柘林镇，至今仅存少数人仍操广府话（粤语）。"饶平的疍家话已经是严重濒危的方言，潘家懿（2001：102）的调查发现，"从饶平疍家粤语方言岛的演变情况来看，其音韵体系的诸多重大变化显然是受了潮汕方言的影响和渗透的结果，而其交际功能的迅速丧失则是疍家渔民对自己母语粤方言的厌恶和严重排斥所造成的"。惠东县的疍家也操粤语，潘家懿（2000：50）指出："本县以粤方言为母语的居民很少，只有港口镇的一个'艇户村'（渔村），人口不足一千，他们乃是从粤语区的阳江、阳春一带水上蜑家渔民在民初以后因渔船停靠港口而逐渐定居在那里的。"

珠江三角洲和港澳地区的疍家话连成一体，都与广州话大同小异，因此也被称为"水上广东话"。1933年，岭南社会研究所的《沙南蛋民调查》在谈到沙南（在今广州二沙岛）疍民的言语时指出，"沙南和广州相接近，所以言语方面也是大同小异。那里的居民少用鼻音和喉舌音"，如"我读婀，路读怒，艾读挨，鹅读呵（上声），牛读呕，卢读奴，涯读唉"；又如"床读常，羌读江，脚读角，丈读藏，疮读窗，窗读疮，梁读狼，将读装，牙读亚（平声）"。这里所说的"我读婀""艾读挨"等指的是古疑母字读为零声母；"路读怒""卢读奴"等指的是古泥、来母的今读不分；"床读常""羌读江""脚读角"等指的是没有以 [œ] 为主元音的韵母，广州话中以 [œ] 为主元音的韵母相应的读为以 [ɔ] 为主元音的韵母。所有这些特点，都与香港三门仔的疍家话相同。根据张双庆、庄初升（2003：34-35），香港三门仔疍家话的语音特点如下：

（1）古全浊塞音、塞擦音今读送气与否，其规律与广州话完全相同，即平声、上声（白读）送气，其他不送气，如茄 [kʰɔ²¹]、茶 [tʃʰa²¹]、柴 [tʃʰai²¹]、坐 [tʃʰɔ³³]、重 轻~ [tʃʰoŋ³³]、步 [pou³³]、跪 [kɐi³³]、造 [tʃou³³]、赵 [tʃiu³³]、杂 [tʃak³³]、白 [pak³³]。

（2）古精、庄、知、章4组声母合流，其规律与广州话完全相同，精、庄、知、章都读舌叶音 [tʃ、tʃʰ、ʃ]，如私＝师＝诗 [ʃi⁵³]、知＝枝＝资 [tʃi⁵³]、将 ~米 ＝庄＝张＝樟 [tʃɔŋ⁵³]。

（3）古晓、匣母的合口字混入非组，读 [f]，如火 [fɔ³⁵]、花 [fa⁵³]、湖 [fu²¹]、灰 [fui⁵³]、挥 [fɐi⁵³]、欢 [fun⁵³]、荒 [fɔŋ⁵³]。

（4）古微母的常用字读如明母 [m]，如尾＝美 [mɛi³³]、务＝墓 [mou³³]、物＝密 [mɐt³³]、亡＝忙 [mɔŋ²¹]。

（5）古泥、来母今读不论逢洪、细音都不分，泥母读如来母 [l]，如女＝吕 [lui³³]、南＝篮 [laŋ²¹]、暖＝乱 [lun³³]、娘＝良 [lɔŋ²¹]、农＝龙 [loŋ²¹]。

（6）古溪母的口语常用字读 [h]，有的又进一步变成 [f]，或者 [kʰ/h (f)] 两读，如开 [hui⁵³]、块 [kʰai³³] / [fai³³]、考 [hau³⁵]、糠 [hoŋ⁵³]、壳 [hɔk³³]、哭 [hok⁵⁵]、空 [hoŋ⁵³]。

（7）没有 [kw、kʰw] 这类唇化舌根声母，如果 [kɔ³⁵]、怪 [kai³³]、鬼 [kɐi³⁵]、肝 [kun⁵³]、骨 [kɐt⁵⁵]、国 [kɔk³³]、光 [kɔŋ⁵³]。

（8）广州话读 [ŋ] 声母的字一律读零声母，如我 [ɔ³³]、牙 [a²¹]、咬 [au³³]、银 [ɐn²¹]、硬 [aŋ³³]、额 [ak³³]。

（9）保留 [a] 系韵母与 [ɐ] 系韵母对立的痕迹，但只限于 [ai/ɐi、au/ɐu]，如街 [kai⁵³] ≠ 鸡 [kɐi⁵³]、搞 [kau³⁵] ≠ 狗 [kɐu³⁵]。

（10）广州话的 [ɔi]（如"来、内"）、[œy]（如"徐、水"）、[ui]（如"杯、灰"）3个韵都合并成一个韵，读 [ui]，如徐 [tʃʰui²¹]、趣 [tʃʰui³³]、菜 [tʃʰui³³]、内 [lui³³]、泪 [lui³³]、锤 [tʃʰui²¹]。

（11）没有 [y] 系和 [œ] 系的韵母，如鱼＝疑 [ji²¹]、酸＝孙 [ʃun⁵³]、将 ~米 ＝庄＝张＝樟 [tʃɔŋ⁵³]、脚＝角 [kɔk³³]、姜＝江 [kɔŋ⁵³]。因为没有 [œ] 系韵母，使得宕摄一、三等以及江摄不分，这是疍家话非常重要的一个特点。

（12）没有 [-m/-p] 韵尾，其并入了 [-n/-t] 尾和 [-ŋ/-k] 尾，如咸＝行 ~走 [haŋ²¹]、鸽＝隔 [kak³³]、叶＝月 [jit³³]、林＝鳞 [lɐn²¹]、十＝实 [ʃɐt³³]。

（13）浊上并入去声，是为去声调，如坐＝错 [tʃʰɔ³³]、卤＝路 [lou³³]、弟＝帝＝第 [tɐi³³]、跪＝季＝柜 [kɐi³³]。

（14）相当于广州话的下阴入调（所谓的"中入"）与阳入合并，如答＝踏 [tak³³]、作＝凿［tʃɔk³³］、百＝白［pak³³］、惜＝石［ʃiak³³］。

另外，疍家话也有像广州话那样的小称变调，如捉鱼［tʃɔk⁵⁵ ji³⁵］（用手捕鱼）、荷兰豆［hɔ²¹ laŋ³⁵ tɐu³⁵］（豌豆）、番茄［faŋ⁵³ kʰɔ³⁵］（西红柿）、崖婆［ai²¹ pʰɔ³⁵］（老鹰）、泥虫［lɐi²¹ tʃʰoŋ³⁵］（蚯蚓）、烟筒［jin⁵³ tʰoŋ³⁵］（旱烟袋）。但是，有更多的词在广州话中读小称变调而在疍家话中读本调。如：

	太阳	栗子	壁虎	角落
疍家话	热头［jit³³ tʰɐu²¹］	风栗［foŋ⁵³ lɐt³³］	蟾蛇［kʰɐn²¹ ʃɛ²¹］	角落头［kɔk³³ lɔk³³ tʰɐu²¹］
广州话	热头［jit²² tʰɐu³⁵］	风栗［foŋ⁵³ lœt³⁵］	檐蛇［jim²¹ ʃɛ³⁵］	角落头［kɔk³³ lɔk²² tʰɐu³⁵］

根据白云（2007：11），广西境内水上居民的方言分为桂南疍家话和桂北船民话两类。在她所调查的16个方言点中，"属于桂南疍家话的是北海疍家话、桂平疍家话、贺州疍家话、贵港疍家话、南宁疍家话、昭平疍家话、武宣疍家话、怀远疍家话、来宾疍家话、运江疍家话、融水疍家话等十一个点"。白云（2007：53）通过深入的比较之后进一步指出："桂南疍家话和以广州话为代表的粤方言的语音之间有着大量的共同特征，如果我们用偶然来解释桂南疍家话和粤语之间的这种极其密切的关系，那显然是行不通的。更为重要的是，在这些特征当中，有些特征是粤方言区别于汉语其他方言的区分性特征。桂南疍家话和粤方言语音上这种对内一致、对外排他的语音特征充分说明，桂南疍家话和广州话同属于粤语系统。"

海南的疍家话以三亚为例。从黄谷甘（1990）的调查来看，三亚的疍家话与上述香港三门仔的疍家话有诸多相同的语音特征，如没有［n、ŋ］声母，没有［-m/-p］韵尾，没有［y］系和［œ］系的韵母等。黄谷甘（1990：131）认为："从我国古代史书记载的蛋家人史料及现代蛋家人的生活习俗、生产方式、居住地域等多种因素的特点来看，三亚市的蛋家人与大陆珠江水域的水上居民无疑有着很深的渊源关系，语言内部也有很大的一致性。三亚市的蛋家话当是粤语无疑。"三亚一带还有一类被称为"迈话"的方言，其归属颇有争议。梁猷刚（1984：266）认为："粤语系统的迈话是水上渔民讲的方言，据说是从珠江流域移居本岛西南沿海的。迈话与广州话相近。讲迈话的居民散居于三亚市（原崖县）、乐东等县沿海渔村和岛屿。"黄谷甘、李如龙（1987）则认为迈话兼有粤方言、海南闽语及客赣方言的成分，是一种混合型的方言。最近江荻等（2007）发表了三亚迈话的同音字表，从整体上看，其语音系统与粤语性质的疍家话还是有着显著的差异。

2. 土话、平话性质的疍家话

北江及其支流的水上居民一般称为船民，他们所使用的方言一般称为"船话"。据我们的调查，"船话"与韶州片的粤北土话属于同一类方言土语。韶州片的土话俗称为"虱婆声"等，其语音特点可参阅庄初升《粤北土话音韵研究》（中国社会科学出版社2004年版）。林立芳等（1995：35-36）指出："据调查，水上居民所操的'船话'与'虱婆声'实为同一种方言。在韶关市，'船话'主要分布在武江、浈江和北江上，也有一些操'船话'的船民已上岸定居。我们访问过湾头、黄金、车头、上窑、向阳、学冲等地的居民，他们一致认为自己所说的'虱婆声'与'船话'差别不大，对话毫无困难，只是感觉到口音稍有不同而已。"

如上所述，广西境内水上居民的方言分为桂南疍家话和桂北船民话两类。前者属于粤方言，后者则属于桂北平话。白云调查了灵川县大圩毛村以及毛村黄氏族人迁出后定居的平乐县、恭城县、阳朔县和桂林訾洲 5 种桂北船民话，并与桂北平话进行比较，认为"桂北船民话和桂北平话之间，尤其是和桂北平话西片的四塘、东片的灵川、雁山等的语音之间有着诸多一致性的特征，应该把它们归于同一个语言系统"（白云，2007：67）。

粤北土话、湘南土话与桂北平话的关系非常值得关注，三者之间具有某些重要的一致性特征。从这个意义上说，粤北"船话"与桂北船民话的内在联系也是不言而喻的。

3. 闽语性质的疍家话

闽语性质的疍家话称为"福佬话"，主要分布在汕尾港和香港新界沿海。据调查，汕尾港的水上居民分为两类，一类称为"瓯船渔民"，所使用的"福佬话"与海陆丰陆上居民所使用的"福佬话"同属于闽南方言系统；一类称为"红卫渔民"，是来自珠江三角洲的流动渔民，自然使用上述粤方言性质的疍家话。香港新界沿海说"福佬话"的水上居民人口较少，都是香港开埠之后才从海陆丰一带迁移过来的，主要居住在沙头角的渔民新村和盐寮下、沙田的亚公角和大埔的元洲仔。元洲仔后来被拆迁，居民多搬迁到太和火车站附近居住。李如龙、张双庆（1999）简单调查过沙头角新村的"福佬话"，张双庆、庄初升（2003）则深入调查过元洲仔的"福佬话"，都明确指出它们的闽南方言性质非常显著。

三、余　论

从历代以来文献的记载，到今天实地的调查研究，我们基本上可以肯定岭南地区的水上居民不曾有过独立的语言，这或许可以为科学地理解疍家的族源问题提供一方重要的参考。岭南各地水上居民所使用的汉语方言因地而异，并非一个统一的方言类别，但大部分属于粤语系统则是可以肯定的。不论是两广、海南还是港澳地区，粤语性质的疍家话与粤语的标准语广州话均有所不同，但相互之间的差别不算太大。由此不难看出，珠江三角洲乃是岭南地区水上居民最主要的聚居地和最重要的发源地。

最近几十年来，环境污染以及过度捕捞导致鱼类资源减少，疍民在内河或浅海的渔获也日益减少，没有大型的远洋船只和设备已经很难维持生计。另外，因为交通条件的改善，各地内河的许多渡口、码头被现代化的桥梁所取代，水上摆渡、运输的传统行业也日渐式微，内河疍民的生计更趋艰难。为了帮助疍民过上美好的生活，各地政府一方面大力倡导族群平等，消除族群歧视；另一方面引导疍民告别浮家泛宅的水上生活，上岸定居。上岸定居的疍民后代有条件接受学校教育，有机会从事其他行业，并因此逐渐融入陆上居民的生活。久而久之，疍民的人口数量越来越少，使用疍家方言的人口比例也越来越低。以香港地区为例。或香港地区的疍民尽管不被政府视为"原居民"，但最近几十年来，随着陆续上岸定居，以及由此引起的与陆地原居民和市区居民接触的日益广泛和深入，香港疍民的语言生活已经发生了重大的变化；尽管中老年人还勉强地固守着方言母语，但年青一代为了出外谋生，已经更习惯于说粤语了。实际上，面临"灭顶之灾"的疍家方言不唯独出现在香港。时至今日，岭南各地疍民的方言土语都处在急剧的流失之中，都陷入了高度濒危的境地。面对濒危的疍家方言，在客观上我们虽然无法进行有效的干预，使之得以"延年益寿"，但是，在主观上我们可以赶在其彻底消亡之前进行抢救性的调查研究。

参考文献

[1] 白云. 广西疍家话语音研究 [M]. 南宁：广西人民出版社，2007.
[2] 陈序经. 疍民的研究 [M]. 北京：商务印书馆，1946.
[3] 张巂，邢定纶，赵以谦. 崖州志 [M]. 郭沫若，点校. 广州：广东人民出版社，1983.
[4] 蒋炳钊. 蛋民的历史来源及其文化遗存 [J]. 广西民族研究，1998 (4).
[5] 江荻，欧阳觉亚，邹嘉彦. 海南省三亚市迈话音系 [J]. 方言，2007 (1).
[6] 可儿弘明. 香港艇家的研究 [M]. 香港：香港中文大学新亚书院研究所东南亚研究室，1967.
[7] 梁猷刚. 广东省海南岛汉语方言的分类 [J]. 方言，1984 (4).
[8] 李如龙，张双庆. 香港沙头角新村的福佬话记略 [C] //詹伯慧，王建设，等. 第五届国际闽方言研讨会论文集. 广州：暨南大学出版社，1999.
[9] 林惠祥. 中国民族史（上册）[M]. 北京：商务印书馆，1939.
[10] 林立芳，邝永辉，庄初升. 韶关市近郊"虱婆声"的初步研究 [J]. 韶关大学学报（社会科学版），1995 (1).
[11] 林语堂. 闽粤方言之来源 [M]. 语言历史学研究所周刊，1929 (方言专号).
[12] 岭南社会研究所. 沙南蛋民调查 [C] //何国强. 粤海虞衡卅一秋：伍锐麟调查报告集. 香港：国际炎黄文化出版社，2005.
[13] 罗香林. 唐代疍族考·上篇 [J]. 文史学研究所月刊，1934，第二卷（第三、四期合刊）.
[14] 潘家懿. 广东饶平疍家粤语的变异及其交际功能的丧失 [J]. 汕头大学学报（人文科学版），2001 (3).
[15] 潘家懿. 惠东县方言述略 [J]. 惠州大学学报，2000 (1).
[16] 范端昂. 粤中见闻：卷二十 [M]. 汤志岳，校注. 广州：广东高等教育出版社，1988.
[17] 顾炎武. 天下郡国利病书：卷一百零四"广东八"[M].
[18] 陈梦雷. 古今图书集成：第一千三百四十二卷"潮州府部·杂录"[G].
[19] 阮元. 广东通志：卷九十三，"舆地·风俗二"[M].
[20] 周去非. 岭外代答校注 [M]. 杨武泉，校注. 北京：中华书局，1999.
[21] 黄谷甘，李如龙. 海南岛的迈话——一种混合型的方言 [J]. 中国语文，1987 (4).
[22] 黄谷甘. 海南省三亚市蛋家话音系及其特点 [C]. 詹伯慧. 第二届国际粤方言研讨会论文集. 广州：暨南大学出版社，1990.
[23] 黄盛绥. 潮疍源流与习俗 [J]. 广东史志，2001 (4).
[24] 萧凤霞，刘志伟. 宗族、市场、盗寇与蛋民——明以后珠江三角洲的族群与社会 [J]. 中国社会经济史研究，2004 (3).
[25] 徐松石. 粤江流域人民史 [M]. 徐松石. 徐松石民族学研究著作五种：上 [M]. 广州：广东人民出版社，1993.
[26] 张朔人. 海南疍民问题研究 [J]. 安庆师范学院学报（社会科学版），2007 (2).
[27] 张寿祺，黄新美. 珠江口水上先民"疍家"考 [J]. 社会科学战线，1988 (4).
[28] 张双庆，庄初升. 香港新界方言 [M]. 香港：香港商务印书馆，2003.
[29] 庄初升. 从知三读如端组看粤北土话、湘南土话、桂北平话与早期赣语的历史关系 [C] //庄初升. 韶华集——汉语方言学论稿. 香港：香港中文大学中国文化研究所吴多泰中国语文研究中

心，2004.

[30] 庄初升. 粤北土话、湘南土话和桂北平话中古全浊唇音、舌音今读的特殊表现［C］//潘悟云，陆丙甫东方语言学：第2辑. 上海：上海教育出版社，2007.

（原载《文化遗产》2009年第3期）

从音韵特征看英德附城话的归属[*]

严修鸿

(广东外语外贸大学中国语言文化学院)

【提　要】英德附城话是一种兼有粤语、客家话特点的混合方言，分布在英德市的英城周围。本文列出这种方言的各项音韵特征，并通过方言比较，确定其方言归属。本文认为附城话的粤语特征是其固有的，而客家话的特征则是后起的。研究附城话的这些特征，对于了解粤语的历史具有参考价值。

【关键词】　英德　附城话　粤语　客家话　音韵特征

一、引　言

英德市位于广东省中北部、北江中上游，是珠江三角洲与粤北山区的结合部。市区南距广州 138 千米，北距韶关 90 千米。全市总面积 5671 平方千米，总人口 108 万人，是广东省面积最大的县级行政区。

英德有 2000 多年的建制史，是省级历史文化名城。汉武帝元鼎六年（前 111）设浈阳、浛洭县，南汉乾亨四年（920）设英州，南宋庆元元年（1195）为英德府。历史上还有过郡、路、县等行政建制。1949 年后沿袭县制，隶属韶关市；1988 年划归清远市管辖，1994 年撤县设市（县级市）。

英德东邻翁源、新丰，正北与乳源、曲江接壤，这两面大多是纯客家话区；南接佛冈，西南连清远，西北与阳山毗邻，这三面都是客、粤语混合分布带。全市居民大多数讲客家话，其次讲粤语。根据庄初升提供的未经发表的调查资料，英德市的方言分布大致如下：横石水、青塘、黄陂、桥头、白沙、鱼湾、沙口、云岭、下砵、大镇等是纯客乡镇，横石镇和石牯塘镇除瑶胞讲瑶话外，以及石灰铺镇除保安村委下属的井唇村罗氏讲"黎话"（归属未明）外，均讲客家话。张陂、附城、大湾、波罗、沙坝、望埠、连江口等乡镇以客家话为主，少数村落讲粤语，望埠镇还有少数村落讲附城话（详见下文），连江口镇的山村一带讲"麻声"（当地的土话，应属客家话或客、粤混合的方言，下同），初溪村姓张、谢、赖的讲龙南话（属闽南话）。水边镇和大洞镇绝大部分讲"麻声"，少数村落讲粤语。西牛镇除沙坝、冲面、石角坑、金峰、黎沙、楼子角讲"麻声"，高道村村委会的吉水村张氏讲闽南话，其他均讲客家话。浛洸镇有 70% 左右的人讲客家话，有 20%

---

[*] 本文得到 2007 年度教育部人文社会科学重点研究基地重大项目"岭南濒危方言研究"（项目编号：07JJD840201）及广东外语外贸大学外国语言学及应用语言学研究中心、中华文化传承与创新研究中心招标课题"英德市境内语言文化调查研究"的资助。

左右的人讲粤语，街区居民讲粤语和客家话，而农村以讲客家话为主，鱼咀、丰收、麻坜和三村讲梅县客家话，鱼咀下坝村姓谢的有100多人讲"鹤佬话"（潮汕话），鱼水讲惠州话。青坑、明迳、岩背、黎溪等乡镇的少数村落和九龙镇的金鸡、河头讲客家话，其他地方讲粤语。大站镇讲大站话（类似附城话）。

特别值得关注的是所谓的附城话。根据笔者的调查，英德市郊区的英城镇（岩前、桥下、石尾、下街、裕光、洋塘、江湾、白沙、矮山坪、马口、长岭、廊步等村）、大站镇（南岸、璟头、果树头、大等、波罗）、望埠镇（沙口、朗新、高梁、联丰等村）、横石塘乡（仙桥村）等地分布着4万多使用附城话的居民。这些居民主要的姓氏有谭、莫、杨、黄、李、张、邓、冯、林、温等。附城话是这种方言使用者的自称，还有一种戏谑的叫法是"鸡屎话"，本地人解释为来自他们把代词"这样"说成［kɐi²⁴ʃi³⁵］，还编了一个"鸡屎（谐'这样'）酿豆腐"的双关故事来自嘲。"鸡屎酿豆腐"说的是，一个讲附城话的英城人到讲"硬声"（即客家话）的乡下走亲戚，亲戚家很热情地做酿豆腐招待他，他一看亲戚酿豆腐的方法和他的不同，于是说："老表，唔系咁酿嘅，要鸡屎酿豆腐先好食嘅。"（意思是"老表，不是这样酿的，要这样酿豆腐才好吃的"。）

从分布和称呼来看，附城话应该是早期英德的"街市话"，即这种方言主要分布在英德的县城街道与集市周围。此外，附城话也被称作"平声"，与当地的"硬声"相对应。说附城话的人并不认为自己是客家人，他们把客家人称为"客家佬"。

附城话的使用者在传统上还是注重母语传承的，他们也用"可卖祖宗个田，唔卖祖宗个声"来灌输语言忠诚的理念。在江湾村等附城话集中分布的区域，若子孙改口说粤语、客家话等，会被人嘲笑，说是"打杂种""臭膦屎泛天"等。但因附城话处于客家话、粤语的包围之中，语言接触频繁，不论男女老少，基本都会说英城镇口音的粤语，能听懂客家话的占七成，能说客家话的也有一定的比例。近几十年来，越来越多的年轻人从郊区的乡村迁到英城镇居住，这些外迁者多数已改口说粤语。附城话的使用及传承已经出现了濒危的端倪，其中近郊城北的洋塘、裕光、下街等村子的附城话流失最为严重。

客家话在广东、广西与粤语有着广泛的地理接触，其中粤中的龙门、增城、从化、清远等地以片状接触为主，粤西和珠三角则往往以客家方言岛的方式而存在，处在粤语的包围之中。本文要介绍的是一种比较罕见的类型，即粤语作为方言岛的形式被客家话包围而发生语言接触的案例。

笔者于2008年6月和8月两次前往英德调查。发音人是谭志广先生，他1931年10月出生于英城镇江湾村。谭先生除了母语附城话之外，还兼通英城镇口音的粤语，即20世纪因抗日战争而内迁的广州腔粤语。另外，他曾在客家山村从教多年，客家话也说得很流利。

二、附城话的声韵调

1. 声调（6个）

调类	调值	例字
阴平	24	诗花光猪
阳平	21	时来云平
上声	35	史久雨少
阴去	55	试去坐买
阳去	33	示路大道
入声	3	失百食白

2. 声母（20个，含零声母）

p 帮兵边病斧	p^h 潘婆怕白	^mb 米苗文万	f 夫非肥胡	v 温话越云
t 点多电杜账	t^h 推头土淡敌			l 老龙脑耐尿
k 官姑坚具跪	k^h 靠启其舅剧	^ng 牛日娘	x 晓好轻壳	
tʃ 张章住爪	$tʃ^h$ 唱尺缠虫茶		ʃ 商双石船	ʒ 爷腰如
ts 左紫谢助种	ts^h 次晴七随似		s 私修数山	
ø 恩爱欧				

3. 韵母（55个）

ŋ 做紫次四使	i 弟皮知尾二	u 布图古斧辅	y 女叙书举朱
a 麻茶瓦华	ia 也夜	ua 瓜挂	
ɔ 多左歌磨火			
e 写且车蛇			øe 茄
au 刀高交宝饱			
eu 兜钩某头愁			
eu 标消照晓要	iu 刘酒九手有		
ae 大我带豺徙		uae 快怪	
ɐi 米妻肺肥为		uɐi 桂魁规魏	
ɔe 袋改梅外衰			øi 堆雷岁类
an 男咸碳山还		uan 关	

161

en 点镰鞭连面	ien 钳欠然件坚	øen 建恋全专
ɔn 肝岸搬短酸		
ɐn 盆魂分	uen 昆滚军均	øn 村嫩春笋
ɛŋ 针金斤印英		
əŋ 含根恩腾京	uəŋ 耿	
aŋ 冷生成	iaŋ 病请钉轻	uaŋ 梗
ɔŋ 帮床光放江		ɔœŋ 姜两枪腔
oŋ 东红中龙宫		
aʔ 百格	iaʔ 壁踢	
aeʔ 塔鸭八滑袜		uaeʔ 括刮
ɔeʔ 割渴活		
eʔ 猎涉灭列节	ieʔ 劫业热杰	øeʔ 雪说乙
ɔʔ 薄药觉确国		œʔ 弱脚削
ek 执入一质戚		
ɐt 窟不物佛	uɐt 骨橘	øt 卒律戌出
ək 北直色食敌		
ok 屋族竹六		
ŋ̍ 吴五		

从以上列举的音类、例字大致可以看出，附城话兼有客家话与粤语的一些特征，具有一定的混合性质。下面我们先将它与客家话、粤语相同的音韵特征分别列出，并逐一讨论；最后探讨附城话的历史演变过程。

三、与客家话相同的音韵特征

（1）浊上字白读归阴去。附城话平声、去声分阴阳，上声、入声不分阴阳，有6个调类。阳上调缺失，全浊上与次浊上白读都归阴去44，而文读层则归全浊上归阳去33，次浊上归上声35，如苎柱 [tʃʰy⁴⁴]、舅 [kʰiu⁴⁴]、近﹍远 [kʰeŋ⁴⁴] /近﹍视 [keŋ³³]、有 [ʒiu⁴⁴]、买 [ᵐbai⁴⁴]、李﹍姓 [li⁴⁴] /李﹍子 [li³⁵]。具有这种调类分化的模式的方言分布在粤中、粤北，一直延伸到赣南的大余。有关这个特点，笔者曾经专门论述，认为这是西线客家话的重要特征。根据笔者（2004）的研究，赣西南的大余（李如龙、张双庆，1992）、南康，粤北的连平、始兴（黄雪贞，1987）、南雄县（今南雄市）乌迳（庄初升 2002年根据万波的记音稿函告），粤中的河源（李如龙、张双庆，1992）、惠州（黄雪贞，1987；詹伯慧、张日升，1988）等这一块相邻的方言区，古浊上字往往读阴去而不是读阴平，如（1代表阴平，3代表上声，5代表阴去，56代表去声）：

	坐	菌	被	上	柱	断	重	旱	懒	冷	岭	领	有	暖	痒	买	两
梅县	1/56	1	1	1	1	1	1	1	1	1	1	1/3	1	1	1	1	1/3
大余	5/1	5	5	5	3/5	5	5	5	5	5	5/3	5/3	5	5	5/1	5/3
河源	5	5	5	5	5	5	5	5	5	5	5	5	5	5	5	5	5/3

惠州、博罗、龙川、连平等地客家话也有这个特点，而与西线客家相邻的一部分粤语区也有这个特点。根据陈卫强（2008：43），广州郊县从化的太平、神岗、增城的新塘三地粤语，以及笔者 2005 年的调查，龙门县的粤语，也是阳上调消失，现在已归入阴去。这可以看成是西线客家话流播的结果，附城话的早期可能来自增城、龙门、从化一带的粤语。

（2）匣母合口读［f］者比较多，读［v（w）］者少，如华［fa²¹］、胡［fu²¹］、会［fɔe³³］、怀［fae²¹］、惠［fɔe³³］、活［fɔeʔ³］、或［fɐk³］。如上几个字，多数粤语都是读［w］一类的声母，而附城话则读［f］类，很可能是是受到了客家话的影响。

（3）溪母字读［kʰ］的比较多。溪母字"裤、去、口、气、肯"等不论客家话还是粤语，都有读擦音的情形，但粤语比较典型，字数特别多。但是附城话仍有比较多的溪母字还读作［kʰ］声母，如可［kʰɔ³¹］、科［kʰɔ²⁴］、启［kʰɐi³⁵］、快［kʰuae⁴⁴］、考［kʰau³⁵］、巧［kʰau³⁵］、欠［kʰien⁴⁴］、宽［kʰɔn²⁴］、孔［kʰoŋ³⁵］。这也可能是周边客家话渗透的结果。

（4）咸、深摄的双唇辅音韵尾转化，并入山、臻摄。咸摄并入山摄，收［-n/-ʔ］韵尾，如蓝=兰［lan²¹］、减=简［kan³⁵］、签=迁［tsʰen²⁴］、添=天［tʰen²⁴］、辣=腊［laeʔ³］、甲［kaeʔ³］：杀［ʃaeʔ³］、帖=铁［tʰeʔ³］。深摄并入臻摄者，韵尾都转化为［-ŋ/-k］，如心=新［seŋ²⁴］、金=斤［keŋ］、湿=失［ʃek³］。臻摄合口字，并无深摄混入者，则都保留［-n/-t］韵尾，如门［ᵐben²¹］、墩［tøn²⁴］、春［tʃʰøn²⁴］、物［ᵐbet³］、出［tʃʰøt³］、律［løt³］。相距不远的曲江县（今曲江区）马坝、连南客家话，咸、深摄的韵尾转化，并入山、臻摄。附城话这点上很可能是与周边客家话共同演变的。

（5）灰韵读同哈韵。灰韵字多数粤语读同止摄合口，与哈韵不同。而附城话类似客家话，将部分灰韵字读同哈韵，如杯［pɔe²⁴］、背［pɔe⁴⁴］、倍［pʰɔe⁴⁴］、梅媒［ᵐbɔe²¹］、妹［ᵐbɔe²⁴］、灰［fɔe²⁴］、煨［vɔe²⁴］。

（6）蟹、止摄三等有［ɿ］韵，如资=兹［tsɿ²⁴］、自=巳［tsɿ³³］、次=似［tsɿ⁴⁴］、私事［sɿ²⁴］，但只限于精、庄组，知、章组仍不读［ɿ］，如之=支［tʃi²⁴］。两广粤语的各个方言点尚未发现语音系统中有舌尖元音［ɿ］韵，这应该是当地客家话渗透的结果。据庄初升（2005），英德浛洸镇的客家话止摄精、庄组读［ɿ］，如师［˪sɿ］、紫［˪tsɿ］、瓷［˪tsɿ］；知、章组读［i］，如尸［˪ʃi］、纸［˪tʃi］、迟［˪tʃʰi］。

（7）流摄一等读［ɐu］，三等读［iu］，有所分别，如狗［kɐu³⁵］≠九［kiu³⁵］、楼［lɐu²¹］≠刘［liu²¹］。广州地区的粤语多数无法区分，这个特点接近客家话。

（8）高元音未发生复合化的变化。止摄、遇摄字未像广州话那样发生裂变，还是单元音,听起来像客家话,如基机[ki²⁴]、比[pi³⁵]、女吕[ly³⁵]、路[lu³³]、素[su⁴⁴]。

四、与粤语相同的音韵特征

(1) 全浊声母今读清塞音、塞擦音者,逢阳去调时为不送气,逢平、上、入时皆为送气。下面以定母为例:

平声:同[tʰɔŋ²¹]、糖[tʰɔŋ²¹]、图[tʰu²¹]
上声:淡[tʰan⁴⁴]、断[tʰɔn⁴⁴]
去声:洞[tɔŋ³³]、大[tae³³]、电[ten³³]、地[ti³³]
入声:读[tʰok³]、达[tʰaeʔ³]、敌[tʰɐk³]、蝶[tʰeʔ³]

另外,混入阳去调的全浊上声字逢塞音、塞擦音时亦为不送气,如道[tau³³]、杜[tu³³]、动[tɔŋ³³]。这个类型比较少见,笔者调查过的福建省连城县莒溪镇厦庄村也是这个类型,但这两个方言点地隔千里,看不出有什么直接的历史联系。我们假设早期附城话的全浊送气类型与广州话相同,即平上送去入不送,但在周边强势方言客家话全浊一律送气的影响之下,入声字发生了送气的音变,而只在阳去调保留了早先粤语中不送气的特点。

(2) 精、庄、知、章4组声母的分合。附城话的塞擦音、擦音声母有龈后的[tʃ、tʃʰ、ʃ]与齿龈部位的[ts、tsʰ、s]的对立。经过再三地比字调查,发现这两套声母存有最小对立。如:

借[tse⁴⁴] ≠ 蔗[tʃe⁴⁴]   节[tseʔ³] ≠ 折[tʃeʔ³]   早[tsau³⁵] ≠ 爪找[tʃau³⁵]
作[tsɔʔ³] ≠ 捉[tʃɔʔ³]   层[tsʰɐŋ²¹] ≠ 程[tʃʰɐŋ²¹]   藏[tsʰɔŋ²¹] ≠ 长[tʃʰɔŋ²¹]
桑[sɔŋ²⁴] ≠ 双伤[ʃɔŋ²⁴]   修[siu²⁴] ≠ 收[ʃiu²⁴]

也有少部分开始混淆,不再区分。如:

针=津[tseŋ²⁴]   昌=仓[tʃʰɔŋ²⁴]   总=种[tsoŋ³⁵]

附城话的庄组(有少数字例外)与知章组在一起而与精组对立,与一些粤北土话相同,但可能是早期粤语声母格局的遗存。据陈卫强(2008:46),1907年出版的《粤语速成》清楚地反映了粤语在100年前精组与知章庄组分立的痕迹。附城话的这种"精—知章庄"声母对立格局与客赣方言的"精庄知二—知三章"对立格局大不相同(张双庆、万波,2002:105-115),这也是本文将附城话定性为粤语的主要依据之一。

(3) 非敷奉母读[f],极个别字白读层读双唇塞音,微明不分,读[ᵐb]。如:

非母:飞[fɐi²⁴]、分[fɐn²⁴]、粪[fɐŋ⁴⁴]、放[fɔŋ⁴⁴]—斧[pu³⁵]

敷母：蜂［foŋ²⁴］、访［fɔŋ³⁵］
奉母：饭［fan³³］、肥［fɐi²¹］—吠［pɔe³³］
微母：味［ᵐbi³³］、闻［ᵐbɐn²¹］、晚［ᵐban³⁵］、物［ᵐbɐt³］、务［ᵐbu³³］

客家话的微母读［m］的也有一定数量，可是并不彻底，已出现了轻唇音［v］声母的分化；而附城话在这点上与其他粤语没有区别，比较一致地读为明母。另外，一般的客家话非、敷、奉母读重唇的数量比较多，而附城话只有极个别字有此反应。

（4）邪母多数读塞擦音［ts、tsʰ］。客家话也有部分邪母字如"谢、邪、寻、徐、席"等读塞擦音，但是附城话则比较彻底，邪母字绝大多数读塞擦音，与粤语相同，如邪［tsʰe²¹］、似［tsʰɿ⁴⁴］、巳［tsɿ³³］、袖［tsiu³³］、叙序［tsy³³］、袭［tsʰek³］、祥［tsʰøŋ²¹］、象［tsøŋ³³］、讼［tsoŋ³³］。

（5）有比较明显的鼻冠浊辅音声母［ᵐb、ᵑg］。附城话有双唇与软腭部位的两个鼻冠音声母，其中，［ᵐb］来自明母与微母，［ᵑg］来自中古的疑、日、娘母，例字可参见上文"声母简介"的声母部分附城话的声韵调。这种鼻冠音在广府片的粤语中不多见，但在四邑片及龙门粤语中则比较常见。如台山：美［ᵐbi²¹］、晚［ᵐban²¹］、牙［ᵑga²²］、我［ᵑgɔ²¹］（甘于恩，2007：29）；如龙门：问［ᵐbɐn⁵¹］、妹［ᵐbuɔi⁵¹］、牙［ᵑga²¹］、我［ᵑguɔi¹²］。广东境内的客家话比较少这种鼻冠音。

（6）假摄开口三等字在塞擦音条件下读［e］韵。这个特点如多数粤语，与客家话差异较大，如姐［tse³⁵］、谢［tse³³］、车［tʃʰe²⁴］、蛇［ʃe²¹］；但在以母条件下几个字读［ia］，如耶爷［ʒia²¹］、也野［ʒia⁴⁴］、夜［ʒia³³］。

（7）在一定韵尾条件下存在［a］—［ɐ］对立，这两个韵同时有时长的区别。这个特点在粤语中很常见，但在客家话及其他汉语方言中则很罕见。如：

au—ɐu：高交［kau²⁴］—沟勾［kɐu²⁴］
ae—ɐi：街［kae²⁴］—鸡［kɐi²⁴］
uae—uɐi：乖［kuae²⁴］—归［kuɐi²⁴］
an—ɐn：蛮［ᵐban²¹］—文［ᵐbɐn²¹］　烦［fan²¹］—魂［fɐn²¹］
uan—uɐn：关［kuan²⁴］—军［kuɐn²⁴］
uaeʔ—uɐt：刮［kuaeʔ³］—骨［kuɐt³］

另外，附城话有［e］韵尾，由［-i］韵尾弱化所致，分别来自松弛的［a：i］与［ɔ：i］，如"大、我、带、豺、界、徙"读［æ］，"快、怪"读［uae］，"袋、再、改、梅、外、会、衰"读［ɔe］。而早先主要元音比较紧的［ɐi、øi］则维持［-i］韵尾，如"世、米、妻、西、肺、肥、为"读［ɐi］，"桂、魁、规、魏"读［uɐi］，"堆、雷、岁、类、随"读［øi］。早期-i韵尾的这种分化是有条件的，明显与粤语的元音长短对立有关。

（8）蟹摄开口四等字白读层读［ɐi］，文读层读［i］。白读［ɐi］，如批［pʰei²⁴］、米［ᵐbɐi⁴⁴］、底［tɐi³⁵］、题［tʰɐi²¹］、泥［lɐi²¹］、妻［tsʰɐi²⁴］、西［sɐi²⁴］、洗［sɐi³⁵］、细［sɐi⁴⁴］。文读［i］，如迷［ᵐbi²¹］、帝［ti⁴⁴］、体［tʰi³⁵］、弟第［ti³³］、礼［li⁴⁴］、

剂［tsi⁴⁴］。这个特点粤语和客家话均有，但是文白辖字上附城话与粤语更接近。

（9）蟹摄开口一等读［ɔe］的字比较多，如再［tsɔe⁴⁴］、蔡［tsʰɔe⁴⁴］、灾［tsɔe²⁴］、栽［tsɔe²⁴］、宰［tsɔe³⁵］、耐［lɔe³³］。蟹摄开口一等咍韵粤语、客家话均有，但是辖字范围上附城话与粤语更接近，如上所列举的几个字，粤东客家话多读［ai］。

（10）有小称调24、44。在词汇层面上，附城话出现了小称调。小称调值多数是24，混入阴平；少数是44调，混入阴去，如本钱［pen³⁵ tsʰen²¹⁻²⁴］、眼泪［ⁿgan³⁵ løi³³⁻²⁴］、新妇［seŋ²⁴ pʰu⁴⁴⁻²⁴］、辫仔［pen³³ tsɐi³⁵⁻⁴⁴］、蚊仔［ᵐbɐn²¹⁻⁴⁴ tsɐi³⁵⁻⁴⁴］。小称调现象在粤语中很普遍，可是附城话的小称在调值取向上并未选择更高的调值35，而选择了略低点的24调，这在类型上与朱晓农先生提出的"小称高调说"似乎并不吻合。

五、新创的音韵特征

附城话中的有些音韵特征，很难与客家话或者粤语联系起来，应该是它自身的创新。

（1）入声的调类简化。附城话不像许多粤语的入声三分，而是合并为一个入声调。这应该是附城话自身演变的结果，因为即使周边的客家话也是阴阳入有所分别的。如壳＝学［xɔʔ³］、失＝实［ʃek³］、湿＝十［ʃek³］、约＝药［ʒɔʔ³］、拍＝白［pʰa³］。

（2）有明显的浊擦音［ʒ］声母，来自影、以、云、日母，如英［ʒeŋ²⁴］、夜［ʒia³³］、药［ʒɔʔ³］、一［ʒek³］、如［ʒy²¹］。通过对 praat 软件所作语图的观察，我们发现这个声母的维持时间超过了100毫秒，并且在高频区有比较明显的乱纹，应该看作比较典型的浊擦音而非近音。粤语的四邑和客家话的兴宁、惠阳等地也有记作浊擦音［z］者，但最近的观察检验结果，这些地方多数是类似北京话的［ʐ］，实际音值是近音（朱晓龙，2003），维持时间不长，短于80毫秒，高频区没有明显的乱纹。附城话的浊擦音［ʒ］与以上提到的鼻冠音［ᵐb－、ⁿg－］同现，可能有一定的联系。

（3）泥娘母洪音混入来母，读［l］，如脑＝老［lau⁴⁴］、南＝蓝［lan²¹］、年＝连［len²¹］、农＝龙［loŋ²¹］、耐＝赖［lae³³］。这个特点在珠三角地区、粤北地区都有分布，龙门粤语和新丰、曲江客家话均有类似的情形。

（4）入声韵尾有［－t、－k、－ʔ］3种。多数的粤语都保留了中古时代塞音韵尾［－p、－t、－k］，附城话的入声韵尾则出现了一些新变化，其中咸、山、宕、江、梗五摄多数入声字的韵尾已经弱化为［－ʔ］喉塞韵尾。这些入声字在广州话中都是略为松弛、有更多时长的那类。而广州话中原先读比较紧张的入声韵（［ek、ɐk、ɐt、ɐp、ok］这类），则不读［ʔ］尾，有的读［－t］尾（臻摄入声），有的读［－k］尾（深、通、曾三摄），如"习、执、入、失、一、质、戚、的"读［ek］，"北、特、直、色、食、域、适、敌"读［ɐk］，"屋、族、竹、六"读［ok］，"卒、律、戌、出"读［øt］，"窟、不、物、佛"读［ɐt］，"骨、橘"读［uɐt］。附城话的这种入声韵尾的分化，时长因素构成了变化的条件，这从一个侧面反映了附城话来自粤语的格局。这也使早先阳声韵、入声韵韵尾部位相同的局面改观，如宕摄为［ɔŋ/ɔʔ］，山摄为［an/ae?］，而非原来的［－ŋ］与［－k］、［－n］与［－t］的对立。

（5）效摄一、二等不分，读［au］；三、四等不分，读［eu］。如高＝交［kau²⁴］、

宝 = 饱 [pau²⁴]、赵 [tʃeu³³]～轿 [keu³³]～钓 [teu⁴⁴]。这个特点与全市的客家话及英城的广州腔粤语都不同。粤语区多数地点效摄一、二等能够分别，但也有一部分粤语不做区分。在广州郊县从化的神岗、花都的赤坭，以及四邑的台山话都是一、二等混同的，如台山的"交、道"都是 [au] 韵。三、四等读 [eu] 韵，且与流摄三等的 [iu] 保持区别，比较独特，也许是早期粤语读法的遗留。

（6）介音 [-i-、-y-] 弱化。有 [ø] 介音，可能由早期的 [y] 介音弱化而来，如"茄"读 [øe]，"建、恋、全、专"读 [øen]，"姜、两、枪、腔"读 [øɔŋ]，"雪、说、乙"读 [øeʔ]，"弱、脚、削"读 [øɔʔ]。山、咸两摄的三、四等字，只在软腭部位的 [k-、kʰ-、ᵑg-] 条件下维持 [-i-] 介音，而在其他声母后则消失了，这也可以看作一种弱化后的结果，如镰 = 连 [len²¹]、猎 = 列 [leʔ³]、尖 = 煎 [tsen²⁴]、编 = 边 [pen²⁴]、险 = 显 [xen³⁵]。

六、结 论

以上列举了附城话的音韵特征，可见它与客家话、粤语都有密切的联系。那么，附城话究竟是由早期的粤语还是由早期的客家话演变过来的呢？

因为附城话距离粤语核心区相对远一些，受粤语影响的可能性比较小。就英城及周围的粤语而言，虽然属于强势方言，但它是晚近抗日战争时期才由珠江下游地区迁来的，对附城话不太可能产生这么深远的影响。英德的客家话都没有全浊声母整类（去声）读不送气的，也没有长短元音的对立，说明由客家话演变为今天附城话这个样子不太符合实际。

全浊声母清化是中古之后汉语重要的语音演变。而汉语很早就有全清与次清的对立，即送不送气是汉语普遍的语音区别特征。因此，全浊声母的演变方式是划分现代汉语方言的重要指标。英德的附城话，整个去声的全浊声母今读塞音、塞擦音者却不送气，与绝大多数的粤语相同。而客家话，则普遍地把全浊声母今读塞音、塞擦音者一律送气。附城话在这个特点上与粤语相同，把它当作粤语遗留下来的结果更好理解。

许多客家话虽然有 [ts] 与 [tʃ] 两套声母的对立，但与附城话这两类声母辖字的范围并不相同。客家话反映的是客赣类型的特点，即精、庄、知二与知三、章之间的对立；附城话却是粤语早期文献所反映的精与知、庄、章对立的类型。

粤语的韵母普遍有长短元音的对立，这种系统性的特征也见于附城话。迄今为止没有发现哪种客家话具有这个特征。从这个角度来看，附城话来自客家话的可能性也很小。

附城话分布在北江边相对平坦的地区，地理条件与粤北的客家话有所不同，这也从一个侧面反映了附城话在客家话到来之前便已经扎根当地的事实。根据林立芳、庄初升（2000）的研究，"宋末元初，由于严重的战乱兵燹，整个粤北地区人口流失最为惨重。到了明代初年，社会的动荡使得粤北人口更趋下降。此时，闽西等地常常遭受自然灾害的侵袭，当地客家饥民始远远不断地向粤北迁移"。

通过以上各项特征的分析，本文的结论是：英德市的附城话早期是一种粤语的变体，但是在客家话的长期渗透和影响下，发生了许多偏离粤语的变化，但是目前尚具备粤语的一些基本特征。附城话的一些演化方式有其独到之处，对了解粤语的历史具有参考价值。

参考文献

[1] 陈卫强. 广州地区粤方言语音研究 [D]. 广州：暨南大学，2008.
[2] 甘于恩. 广东四邑方言语音特点 [C] //邵慧君，甘于恩. 广东方言与文化探论. 广州：中山大学出版社，2007.
[3] 李如龙，张双庆. 客赣方言调查报告 [M]. 厦门：厦门大学出版社，1992.
[4] 林立芳. 马坝方言词汇 [J]. 韶关大学学报（社会科学版），1994（1）.
[5] 林立芳，庄初升. 粤北地区汉语方言概况 [J]. 方言，2000（2）.
[6] 黄雪贞. 客家话的分布与内部异同 [J]. 方言，1987（2）.
[7] 邵慧君，甘于恩. 广东四邑方言语音特点 [J]. 方言，1999（2）.
[8] 严修鸿. 连城方言中古全浊声母今读的四种类型 [J]. 语言研究，1998（2）.
[9] 严修鸿. 客赣方言浊上字调类演变的历史过程 [J]. 中国语学研究·开篇. 东京：日本早稻田大学古屋研究室，2004.
[10] 詹伯慧，张日升. 珠江三角洲方言字音对照 [M]. 广州：广东人民出版社，1987.
[11] 张双庆，万波. 知章庄组声母在闽语及周边方言里的今读类型考察 [C] //丁邦新，张双庆：闽语研究及其与周边方言的关系. 香港：中文大学出版社，2002.
[12] 朱晓农. 亲密与高调——对小称调、女国音、美眉等语言现象的生物学解释 [J]. 当代语言学，2004（3）.
[13] 朱晓农. 从群母论浊声和摩擦——实验音韵学在汉语音韵学中的实验 [J]. 语言研究，2003（2）.
[14] 庄初升. 粤北土话音韵研究 [M]. 北京：中国社会科学出版社，2004.
[15] 庄初升. 粤北客家方言语音概貌 [J]. 韶关学院学报，2005（5）.

（原载《文化遗产》2009 年第 3 期）

粤北洞冠水流域的"军声"*

邹晓玲[1]　丁沾沾[2]

(1 吉首大学文学院；2 中山大学中文系)

【提　要】位于粤北洞冠水流域的连南瑶族自治县寨岗镇及阳山县黎埠镇，少数村落通行一种鲜为人知的方言——"军声"，这种属于粤语性质的"军声"在语言特点及语言生活方面颇具特色。本文根据田野调查，对洞冠水流域"军声"的历史形成、地理分布、语言特点及使用情况进行了概述性的描写，指出这是一种虽处于濒危状态但又生命力旺盛的汉语方言。

【关键词】洞冠水流域　"军声"　粤方言　客家方言　濒危方言

"军声"又叫"军话"，在其流行区域内还有"军家话"和"军"的叫法。"军话是由历史上的驻军或军屯而形成的汉语方言岛。"（黄晓东，2007）因其为汉语方言岛，"军声"一般都处于其他方言的包围之中，很容易受到周围方言的影响和渗透，所以"军声"的方言系属有时难以界定。从目前已有的研究成果来看，全国各地的"军声"按历史来源和方言相似度来衡量，以接近北方方言的居多，如青州北城话、平海军声、八所军话；还有接近吴语的"军声"，如爵溪所里话、苍南金乡话和苍南蒲城话；第三种是闽方言性质的"军声"，如永安军话、观城燕话和合浦军话；第四种是接近粤、客混合方言的"军声"，如深圳大鹏话；第五种是属于赣客混合方言的"军声"，如福建武平中山镇的"军家话"。

广东省境内的"军声"方言岛见诸报告的只有属于北方方言系统的电白正话、惠东平海军声、陆丰坎石潭军话、海丰龙吟塘军话，以及属于粤语性质的陆丰青塘军话和属于粤客混合方言的深圳大鹏话。实际上，在粤北洞冠水流域的连南瑶族自治县和阳山县还存在一种属于粤语性质的"军声"，其语言特点和语言生活都颇具特色，至今唯有《连南县志》等少数文史资料简单提到。下面我们根据实地的田野调查，对洞冠水流域"军声"的历史形成、地理分布、语言特点及使用情况进行概述性的描写，最后指出这是一种虽处于濒危状态但又生命力旺盛的汉语方言。

---

*　本文得到广东省"211工程"三期重点学科建设项目"文化遗产与广东文化发展战略"及教育部人文社会科学重点研究基地基金资助［项目"岭南濒危方言研究"（项目编号：07JJD840201）］。导师庄初升教授和贺州学院钟梓强老师参加了调查，在此致谢。

一、洞冠水流域"军声"的历史形成及地理分布

洞冠水是连江的支流,而连江是北江的支流,因此都属于珠江流域。在"军声"的口语中,"洞"与"同"音近,因此洞冠水常常被写作"同冠水"。黄远奇、苏桂(2006)指出:"同冠水,《水经注》称'涟水',发源南岭之萌渚岭南侧的黄莲山(海拔1470米),在洞冠水口(81米)注入连江(古称湟水),故名,又名黎埠河、寨岗河,俗称同灌水。是县内连江三大支流之一,全长57千米,流域面积650多平方千米。今境内有阳山县黎埠镇、连南县寨岗镇及大麦山镇部分地方……"洞冠水流域古来为征战之地,新石器时代已经有人类活动,先秦属百越,明朝以来杂居着汉族与瑶族。洪武初年(1368),瑶民庞一歌等劫掠阳山乡村,朝廷榜招福建上杭县陈阳满等386户入籍当差。洪武二十四年至二十九年(1391—1396),班、梁、蒋、颜、邓、徐等姓(俗称"五骑六姓")的族人分别从南海、顺德、番禺等县征入军中,调清远卫连州守御千户所第二百户所。永乐二年(1404),连州千户所奉命令,军队就地屯田,分为户村、酒楼、马槽等六屯。成化年间(1465—1487),为防瑶民出没,往境内增兵,在十二车设高滩营,户村设饭甑营,串鼻角设白芒营。万历六年(1578),知县赵文祯遣陈国龙征白芒、老鸦、稍陀三坑,抚谕编籍,置永化乡。崇祯六年(1633),知县彭宪安在大塘立太平营,募兵防瑶。康熙年间,建三江城(今连南县城),此时,粤东客籍军人调驻连阳,部分定居下来。

那些明朝从珠三角调入洞冠水流域的军队落地生根,亦兵亦民,其后裔成为洞冠水流域的"本地人",分布在3个地方,合称"三所":一所在黎埠镇墟南,二所在军洞(又名马槽屯,即今天寨岗镇阳爱村),三所在七拱镇三所村(今阳山县北面)。这些来自不同地方的人在洞冠水流域这一特定环境中共同生活,形成了一种与本地方言"民话"(军人称当地的土著居民所说的话)不同的独特方言——"军声"。由于历史上地名的变更、人员的流动、社会的发展,现在洞冠水流域的"军声"主要分布于连南瑶族自治县寨岗镇和阳山县黎埠镇的少数村落。

(一)"军声"在寨岗镇的分布情况

寨岗镇位于连南瑶族自治县境的东南部,明朝至"民国"为阳山县二所所在地,明清时期属阳山县管辖,1953年划归连南瑶族自治县,1987年成立寨岗镇。镇政府设在寨岗墟,距县城34千米,全镇总面积275平方千米,辖成头冲、阳爱、石坑浪、金光、东升、官坑、老埠、新埠、金星、万角、社墩、山心、香车、铁坑、回龙、金鸡、安田、老虎冲、称架、吊尾、白水坑、新寨、石径、山联24个行政村,1个居民委员会,13882户,46309人,其中瑶族(过山瑶)1696人,是全县人口最多的一个汉、瑶民族杂居的镇。全镇共有70种姓氏,其中蒋、邓、颜、梁、班等氏族于明朝洪武年间因来连阳分途剿抚,随后落籍阳爱、官坑、马安(今金光村)一带,迄今已有620年。时至今天,寨岗的"军声"主要分布在阳爱村、金光村、官坑村及回龙村。

(二)"军声"在黎埠镇的分布情况

黎埠镇位于阳山县境西部,明朝至民国为阳山县一所所在地,明代属通儒乡。"民国"

三年（1914）设黎埠区，1987 年撤区建镇，名黎埠镇。镇政府距县城 41 千米，全镇面积 76.5 平方千米，辖黎埠、隔江、联坝、大龙、均安、六古、燕岩、扶村、孟山、南村、水井、保平、凤山、大塘、升平、洞冠、界滩、鲁塘 18 个行政村，1 个居民委员会，总人口 14789 人，主要民族为汉族。本镇的方言或语言有客家话、本地话、白话、惠州话、河源话、下里话、勉语（瑶族语言）、湖南土话及"军声"等。① 大龙淇谭村的部分黄姓、隔江的梁姓以前曾使用"军声"，现在都已消失，只有升平的十二车有 40 多个从寨岗阳爱村迁出的班姓族人仍讲"军声"。

洞冠水流域"军声"分布情况见表1。

表 1　洞冠水流域"军声"分布情况

户口＼行政村	寨岗镇				黎埠镇
	阳爱村	官坑村	金光村	回龙村	升平村
总户数（户）	585	811	341	523	672
总人数（人）	2340	3303	1385	2212	3321
"军声"户数（户）	491	221	86	33	8
"军声"人数（人）	1907	900 多	530 多	130 多	40 多
"军声"姓氏	班、蒋、邓、梁、徐	梁、颜	梁、颜	梁	班
军声人数所占比例	84%	27%	38.3%	5.9%	1.2%

二、洞冠水流域"军声"的语言特点

洞冠水流域的"军声"大同小异，方言系属上划归粤语确信无疑。当地人认为阳爱村的口音相对纯正一些，而其他村落因为受到客家话的影响较大，夹杂了较多客家话的成分和特点。我们调查的是阳爱村的老寨，发音合作人为班存先生。班先生生于 1936 年，初中文化程度，耕过田，教过书，也做过生意。除了"军声"，班先生还会说客家话、不太纯正的广州话和普通话。下面以班先生的口音为准，简要描述"军声"的语言特点。

（一）语音系统

1. 声母（21 个，包括零声母）

　　p 布杯步别　　　pʰ 怕盘皮被~子　　m 门武微木　　f 飞冯灰化　　v 闻运围话

---

① 黎埠镇的汉语方言比较复杂，还需要进一步调查研究，目前可参阅李冬香的《广东阳山黎埠镇下里话的音系及其特点》（《韶关学院学报》2004 年第 7 期）。

t 到东道夺　　　tʰ 太同图淡　　　n 难怒年脑　　　　　　　　l 兰路吕连
ts 精庄知主　　　tsʰ 仓床尺坐　　　ȵ 言严软日　　s 修散线粟
　　　　　　　　　　　　　　　　　　　　　　　　　ʃ 蛇税双叔
k 根经跪杰　　　kʰ 客桥权旗　　　ŋ 硬危岸恩　　　　　　　　h 红虚开去
kv 贵怪桂光　　　kʰv 葵群
ø 胡约远休

2. 韵母（56个）

ɿ 紫资次私　　　i 支耳皮旗　　　u 布赌保桃　　　　　　　　y 吕除虚渠他
a 爬花瓜挂
œ 靴茄
ɔ 河过糯初
e 姐车蛇细　　　ie 蛇野
ai 大介怪快
ei 晒第洗贵　　　　　　　　　　ui 来妹杯水
øy 去
ɐu 斗流收丑　　　iɐu 丘休油有
əy 饱炒条钓　　　iu 烧表潮桥
am 胆三含减
ɛm 针心金锦　　　iɛm 音饮
an 晏关反饭　　　in 廉连钱先　　un 案岸官门　　　　　　　　yn 言短权圆
ən 根新温君　　　iɐn 人囯
əŋ 朋灯增僧
eeŋ 庚冷生梗
œŋ 帮床望双
əŋ 冰星整经　　　iəŋ 鹰平~路病惊
eŋ 间山眼年
øŋ 良杨伤姜
oŋ 红穷胸房　　　ioŋ 翁用
ap 合夹搭塔
ɛp 急执湿十　　　iɐp 入
at 辣擦杀发　　　it 舌接别舌　　ut 割活　　　　　　　　　　yt 缺月
ɐʔ 笔出粟七　　　iɐt 一日

øt 夺说
ɐk 北得黑贼　　　　iɐk 喫吃
eɐk 百客额麦
œk 落各郭确
ək 色直壁食　　　　iək 踢尺锡籴~米
ek 八铁跌杰
øk 药脚略削
ok 鹿绿木国　　　　iok 育欲
m̩ 五午

3. 声调（8个）

阴平	553	˧	诗通飞灰街	阳平	221	˩	时门动步用
阴上	35	˧	史桶祖举脑	阳上	24	˧	市坐淡软远
去声	33	˧	试到贵醋盗				
上阴入	45	˧	识福急竹黑	阳入	2	˧₂	石食服月六
下阴入	3	˧	杀百尺桌说				

（二）音韵特点

与粤语的代表方言和权威方言广州话相比较，"军声"具有如下的音韵特点：

（1）与客家话相同，有一个［ȵ］声母，来自古疑母、日母的细音字，如鱼［ȵy］、言［ȵyn］、而［ȵi］、严［ȵin］、软［ȵyn］、日［ȵiɐt］。

（2）古精、庄、知、章组今读塞擦音已经合流，如津=珍=真［tsɐn］、宗=钟=中［tsoŋ］、将=张=章［tsøŋ］—庄［tsœŋ］，但今读擦音时则精组为［s］，庄、章组为［ʃ］（知组没有擦音字），如心［sɐm］—森［ʃɐm］、箱［søŋ］—伤［ʃøŋ］、新［sɐn］—身［ʃɐn］、粟［sok］—叔［ʃok］。这种现象在汉语方言中非常罕见。

（3）广州话中读［kw、kʰw、w］的字读为摩擦较为明显的［kv、kʰv、v］，如过［kvɔ］、瓜［kva］、桂［kvɐi］、梗［kveɐŋ］、群［kʰwɐn］、话［va］、皇［voŋ］。

（4）有［ɿ］韵母，来自古止摄的精组字，如紫［tsɿ］、资［tsɿ］、次［tsʰɿ］、私［sɿ］。

（5）今读［i、u、y］韵母的在广州话中大部分裂化为［ei、ou、øy］，如倚站立［kʰi］、地［ti］、图［tʰu］、桃［tʰu］、女［ny］、渠他［ky］。"去"今读［høy］是个例外。

（6）古肴韵、萧韵今读［əy］，如饱［pəy］、炒［tsʰəy］、交［kəy］、钓［təy］、条［tʰəy］。这个韵在汉语方言中非常罕见。

（7）广州话的［ɔi/ui、ɔn/un、ɔt/ut］在"军声"中分别合并为［ui、un、ut］，如

来 [˩lui]、海 [ˀhui]、杯 [˩pui]、岸 [˩ŋun]、案 [unˀ]、割 [kutˌ]、官[˩kun]。

（8）古唐韵、江韵读 [œŋ/œk]，广州话则读 [ɔŋ/ɔk]，如汤 [˩tʰœŋ]、庄 [˩tsœŋ]、各 [kœkˌ]、撞 [˩tsœŋ]、角 [kœkˌ]。而广州话读 [œŋ/œk]，"军声"则读 [øŋ/øk]，如想 [ˀsøŋ]、唱 [tsʰøŋ]、脚 [køkˌ]、约 [økˌ]。

（9）古开口四等韵今读洪音，主元音是 [e] 或 [ə]，如细 [seˀ]、婿 [seˀ]、钓 [təyˀ]、条 [˩tʰəy]、店 [teŋˀ]、碟 [tekˌ]、天 [˩tʰeŋ]、铁 [tʰekˌ]、壁 [pəkˌ]、经 [˩kəŋ]。

（10）古浊声母去声字今读归入阳平调，如助＝锄 [˩tsʰɔ]、路＝炉 [˩lu]、饭＝烦 [˩fan]、用＝容 [˩ioŋ]。

(三) 词汇、语法特点说略

（1）保留大量的粤语特征词，如氹仔水坑 [ˀtʰəm ˀtsei]、日头白天 [niet˨ ˩tʰeu]、甴蟑螂 [ketˌ tsetˌ]、蛤蟆癞蛤蟆 [ˌkʰem ˌkʰy]、盐蛇壁虎 [˩in ˩e]、黄蟮蚯蚓 [˩voŋ ˀhen]、蚯蚓、雀仔鸟儿 [tsøkˌ ˀtsei]、马骝猴子 [ˀma ˩eu]、猪嫲母猪 [˩tsy ˀna]、椰菜包心菜 [˩ie tsʰui]、风栗板栗 [foŋ letˌ]、宵夜夜宵 [˩siu ie]、枱桌子 [˩tʰui]、大褛大衣 [taiˀ ˩eu]、大佬大哥 [taiˀ ˀlu]、倾下解聊一会儿 [ˀkʰəŋ haˀ ˌkei]、翻屋企回家 [fan okˌ hi]、起身起床 [ˀhi ʃen]、煲汤熬汤 [ˌpu tʰœŋ]、劏猪杀猪 [tʰœŋ ˌtsy]、帮衬光顾 [˩pœŋ tsʰen]、执笠倒闭 [tsep˧ lepˌ]、呃骗 [ŋekˌ]、郁动 [ɲiokˌ]、搣撕（开）[mitˌ]、俾给 [ˀpi]、搵找 [ˀven]、执收拾 [tsepˌ]、揼扔 [təŋˀ]、跍蹲 [ˌmeu]、整蛊捉弄 [ˀtsəŋ ˀku]、中意喜欢 [tsoŋˀ iˀ]、晏迟 [anˀ]、靓漂亮 [lieŋˀ]、嬲讨厌 [neuˀ]、衰倒霉 [˩ʃui]、好彩幸亏 [ˀhu tsʰui]、孤寒吝啬 [˩ku hun]、呢这 [˩ni]、个那 [kɔˀ]、咁这么 [kemˀ]。值得一提的是，广州话的许多名词性词语具有小称变调现象，"军声"则没有。

（2）还有一批词与广州话不同，颇有特色，如统日明天 [ˀtʰoŋ iet˨]、崖鹰老鹰 [ŋa ieŋˀ]、麦玉米 [meek˨]、禾麦麦子 [˩vɔ meek˨]、铛锅 [˩tsʰaŋ]、公婆外祖父 [˩koŋ tai]、婆婆外祖母 [˩pʰɔ tai]、老嫲母亲 [ˀlu ˀna]、□（一）个（人）、（一）只（狗）[na]、喫吃 [iekˌ]、望看 [˩mœŋ]、□玩儿 [ʃaˀ]、睏眼睡觉 [feŋˀ ˀŋeŋ]、杀猛勤快 [ʃatˌ ˀmeeŋ]。

（3）从周边的客家话中借用了一批词，如：工夫东西 [˩koŋ fu]、灶头灶 [tsuˀ tʰeu]、拖箱抽屉 [˩tʰɔ søŋ]、猪栏猪圈 [˩tsy lan]、纸炮炮仗 [ˀtsi pʰəyˀ]、鼻哥鼻子 [pi˨ kɔ]、阿公祖父 [aˀ ˩koŋ]、阿婆祖母 [aˀ ˩pʰɔ]、老妹妹妹 [ˀlu mui]、婿郎女婿 [seˀ løŋ]、鸡春鸡蛋 [˩kei tsʰei]、伏孵 [˩pu]、挂纸扫墓 [kvaˀ tsi]、洗身洗澡 [ˀsei ʃen]、知得知道 [˩tsi tekˌ]、伶俐干净 [˩leŋ liˀ]、蔸（一）棵（树）[˩eu]。

（4）寨岗的强势语言是客家话，"军声"也从客家话中借用了一些句式，与自身固有的句式并存并用。如：

普通话：喝不得酒。　市区放不得鞭炮。　你先去。　你多买一本。
"军声"：唔饮得酒。　市内唔烧得纸炮。　你去先。　你买多一本。
　　　　饮唔得酒。　市内烧唔得纸炮。　你先去。　你多买一本。

广州话：唔饮得酒。　　市区唔烧得炮仗。　　你去先。　　你买多一本。
客家话：饮唔得酒。　　市内烧唔得纸炮。　　你先去。　　你多买一本。

三、洞冠水流域"军声"的使用情况

（一）语言环境

洞冠水流域的居民五方杂处，姓氏众多，"军声"所处的语言环境极其复杂，下面以寨岗镇几个讲"军声"的代表性村落为例来加以说明。

1. 阳爱村

阳爱村，又名军洞、长岗、马槽，距镇政府约 8000 米，有 11 个村民小组，585 户，约 2300 人。其中，班姓 1036 人、蒋姓 630 人、邓姓 137 人、梁姓 83 人、徐姓 21 人、黄姓 137 人、林姓 72 人、王姓 62 人、吴姓 15 人、曾姓 27 人、钟姓 47 人、欧姓 6 人、潘姓 1 人，班、蒋、邓、梁、徐 5 个族姓讲"军声"，占 84%，其他族姓讲客家话，占 16%，有来自全国多省操不同方言的年轻媳妇。本村最主要的交际语言是"军声"，但与阳爱村相邻的坡头、水头、百斤洞、石坑浪、龙头岗等村落则都以客家话为主要交际语言。另外，随着现代传媒的广泛使用和社会流动性的加强，广东的强势方言广州话和普通话也对"军声"的存在和延续产生不可避免的影响。所以，阳爱村的人除了会讲"军声"外，还会讲客家话、广州话、普通话，也能听懂下里话，有些人还懂河源话、惠州话、勉语等。

2. 金光村

金光村位于寨岗镇的东北面，距镇政府约 3000 米，有 8 个村民小组，341 户，1385 人，20 多种姓。其中马鞍山村 72 户人家，450 多人，全部姓梁，都讲"军声"；乐园第姓颜的 14 户人家，80 人左右讲"军声"（改革开放以后，从这里迁出不少讲"军声"的人，以前约有 200 人）。金光村除了"军声"以外，还有客家话、河源话、土话、勉语等方言和少数民族语言。

3. 官坑村

官坑村位于寨岗镇的北面，距镇政府约 3000 米，有 19 个村民小组，811 户，3303 人，有梁、颜、李、罗、古、陈、曾、黄、钟等大姓。其中，讲"军声"的为梁姓和颜姓，各 450 人左右，共约 900 人。村民交际除了讲"军声"以外，还讲客家话、广州话，大部分人都会说普通话。

（二）语言交际

洞冠水流域"军声"的语言环境以及历史形成的特殊性导致了这一区域语言交际的特色非常显著，以下我们从家庭交际用语和社会交际用语两方面进行分析。

1. 家庭交际用语

表 2 至表 5 左列为发话人，顶行为受话人，"军声"用 J、客家话用 K、带广州音的"军声"用 G、本地话用 B、普通话用 P 表示。

表2　班 C 家庭内部方言使用情况

发话人＼受话人	户主	妻子	儿子	儿媳妇	大孙子	小孙子
户主		J	J	J	J	J
妻子	J		J	J	J	J
儿子	J	J		J、K	J	J
儿媳妇	K	K	K		K	K
大孙子	J	J	J	K		J
小孙子	J	J	J	K	J	

注：班 C，阳爱村人，1936 年生，从小讲"军声"，10 岁时到黎埠上小学，习得客家话；后到连州上初中，开始学会讲广州话；改革开放以后到广州做生意，开始学会讲普通话。儿媳为客家人。家有《班氏族谱》。

表3　班 TX 家庭内部方言使用情况

发话人＼受话人	户主	妻子	儿子	儿媳妇	孙女（二个月）
户主		J	J	J	
妻子	J		J	K	
儿子	J	J			
儿媳妇	K	K	K		
孙女（二个月）					

注：班 TX，阳爱村人，调查时 66 岁，做过教师、教委办会计、阳爱小学校长，现已退休。妻子和儿媳都是客家人。

表4　邓 GY 家庭内部方言使用情况

发话人＼受话人	户主	母亲	妻子	大儿子	小儿子	大儿媳	小儿媳	大孙女	小孙女
户主		J	J	J	J	J	J	J	J
母亲	J		J	J	J	J	J	J	J
妻子	J	J		J	J	J	J	J	J
大儿子	J	J	J		J	J	J	J	J

（续表4）

发话人＼受话人	户主	母亲	妻子	大儿子	小儿子	大儿媳	小儿媳	大孙女	小孙女
小儿子	J	J	J	J		J	J	J	J
大儿媳	J	J	J	J	J		J	J	J
小儿媳	G	G	G	G	G	G		G	P
大孙女	J	J	J	J	J	J	J		J
小孙女	J	J	J	J	J	J	J	J	

注：邓GY，阳爱村人，1938年生，20岁后在外地当过6年兵，会讲一点客家话。母亲是客家人，妻子母语为河源话（实际是客家话），大儿媳是本村人，讲"军声"，小儿媳母语为英德本地话（邓表示听不懂）。家无族谱，孙女不会说客家话。

表5　梁RK家庭内部方言使用情况

发话人＼受话人	户主	妻子	大儿	二儿	三儿	四儿	大儿媳	二儿媳	三儿媳	四儿媳	孙女1	孙子	孙女2	孙女3
户主		J、K	J	J	J	J	K	K	J	J	J	J	J	J
妻子	J、K		J	J	J	J	K	K	J	J	J	J	J	J
大儿	J	J		J	J	J	J	J	J	J	J	J	J	J
二儿	J	J	J		J	J	J	J	J	J	J	J	J	J
三儿	J	J	J	J		J	J	J	J	J	J	J	J	J
四儿	J	J	J	J	J		J	J	J	J	J	J	J	J
大儿媳	K	K	K	K	K	K		K	K	K	K	K	K	K
二儿媳	K	K	K	K	K	K	K		K	K	K	K	K	K
三儿媳	B	B	B	B	B	B	B	B		B	B	B	B	B
四儿媳	X	X	X	X	X	X	X	X	X		X	X	X	X
孙女1	J	J	J	J	J	J	K	K	J	J		J	J	J
孙子	J	J	J	J	J	J	K	K	J	J	J		J	J
孙女2	J	J	J	J	J	J	J	J	J	J	J	J		J
孙女3	J	J	J	J	J	J	J	J	J	J	J	J	J	

注：梁RK，官坑村人，调查时73岁，供销社退休职工，高中文化程度。全家16口人，妻子母语为河源话，大儿媳、二儿媳母语均为客家话，三儿媳母语为本地话，四儿媳母语为下里话。孙辈的家庭成员有孙女1（大儿子所生，1个）、孙子（二儿子所生，2个）、孙女2（三儿子所生，2个）、孙女3（四儿子所生，1个）。家有《安定郡"梁氏族谱"》。

从以上4个家庭用语个案我们可以看出，使用"军声"的家庭，其内部交际用语一般都是"军声"。据调查，外嫁而来的媳妇，两三年后都可以习得"军声"，只有一部分

"硬颈"（意为顽固不开化）的客家媳妇坚持说自己的母语客家话。在这种情况下，家庭内部就会出现双语或多语现象，而军家人对这种现象持一种宽容甚至迁就的态度。

2. 社会交际用语

根据调查，"军声"村落中的村民一般都先后习得多种方言，村内交际则视交际对象而定：当与同讲"军声"者交流时，无一例外都选用"军声"；当与不讲"军声"者交流时，一般用客家话；村干部开会时讲客家话，更多情况是"军声"、客家话两种方言交替使用。村民在镇上的交际语言多为客家话，与本镇以外的人或遇上级部门来检查时，村民与之交流所选用的语言为广州话，当然，视交际对象的不同，有时也讲普通话。在学校教学用语上，以阳爱小学为个案，大致情形如下：新中国成立前，本地学校都用本村流行语"军声"教学，目前中心小学教师大部分仍是本地人，但学校的教学语言已改为普通话。在课外，教师一般用"军声"或客家话与学生交流。教师在开会等正规场合讲普通话居多，偶尔也讲客家话和"军声"；平时交流则使用"军声"多一些。

（三）语言态度及语言前景

我们在调查过程中发现，操"军声"者对自己的语言都有一种积淀已久的深厚感情，认为不管在何种情况下，子孙从小首先习得"军声"是天经地义、理所当然的。当被问及对"军声"的看法时，"宁卖祖宗田，不卖祖宗言"是他们最一致的回答。可见，尽管处于其他强势方言的包围之中，尽管其他族群的人并不太认同这种方言，而且在脱离了洞冠水流域这个语言环境后这种方言便丧失了实际的语用价值，但是这些军人的后代认为，讲"军声"乃是他们维护身份并引以为豪的一种象征，他们至今还保留了用"军声"说唱儿歌、童谣和讲故事的传统。不过，他们整体上对客家话、广州话、普通话的接受程度较高，对后代接受别的方言也很宽容。外地嫁来的媳妇经过一段时间基本上都能用"军声"交流，但有些原先讲客家话的妇女坚持讲自己的母语（在这一点上，客家人更认同自己的方言），操"军声"者对这一现象往往持宽容和迁就的态度。

由于洞冠水流域的"军声"总体上呈零散分布的状态，使用人口不到3600人，且一直处于本地强势方言客家话以及广州话的包围之中，不同地方的人所讲的"军声"或多或少都受到客家话、广州话以及普通话的多重影响，因而都不同程度地融入了其他方言的成分和特点。更有甚者，散居于一些村落的原讲"军声"的居民现在已经不再讲"军声"了，如黎埠镇的大龙村、隔江村，以前曾有少数讲"军声"者，我们这次去调查时，发现所有的居民都已改口使用当地的其他方言。从使用人口、使用范围、使用功能、语言环境及总的发展趋势来看，洞冠水流域的"军声"无疑是一种濒危方言，但由于讲"军声"的人对自己的方言有着一种强烈的认同感，在"军声"相对集中的村落，"军声"的凝聚力、向心力还非常之强，因此具备一定的抗侵蚀、抗同化的能力，在一定的范围内仍然具有强大的生命力，具体表现就是语言的代际传承至今尚属正常。按照学界对濒危语言濒危程度的界定，洞冠水流域的"军声"或者属于濒危语言5个等级中的"不安全"等级，即受到外力的极大影响，自身语言的因素或语言结构已处于不稳定之中；或者属于"危险"等级，即明确要消亡的，在可以预见的将来是要灭绝的。总而言之，洞冠水流域的"军声"是一种在未来一定时期内仍将存在的属于粤语性质的濒危方言。对这种濒危方言进行深入的研究，对于我们了解丰富多彩的语言生活以及认识语言接触的微观历史具有重要的价值。

参考文献

［1］潘家懿. 军话与广东平海"军声"［J］. 方言，1998（1）.
［2］黄晓东. 汉语军话概述［J］. 语言教学与研究，2007（3）.
［3］黄远奇，苏桂. 洞冠水流域传统社会调查［C］//谭伟伦，曾汉祥. 阳山、连山、连南的传统社会与民俗：上. 香港：国际客家学会，海外华人资料研究中心，法国远东学院，2006.
［4］邹北林，梁九胜. 阳山县志［M］. 北京：中华书局，2003.
［5］李冬香. 广东阳山黎埠镇下里话的音系及其特点［J］. 韶关学院学报，2004（7）.

（原载《文化遗产》2011年第2期）

惠东县畲族的变迁及畲语的生存现状

吴 芳

（韩山师范学院中文系）

【提　要】 畲族进入广东惠东地区已有数百年历史，几经迁徙，大多畲民在近二三十年间都由山区搬往平原，迁入汉族腹地聚居。随着这一变迁，当地畲民使用的畲语也开始受到汉语的强烈影响，畲民的日常语言全面双语化，有的甚至全部转用为汉语。为此，惠东县畲语的调查研究亟须高度重视。

【关键词】 惠东　畲族　迁徙　畲语使用

畲族是我国一个少数民族，古称"輋民"或"畲民"，他们则自称"山客"，主要分布在福建、浙江、江西、广东、安徽5个省80多个县、市的部分山区，总人数接近80万人（2000年）。广东省的畲民大约有3000人，其中，有2/3以上主要居住在潮州的潮安和梅州的丰顺两县境内的凤凰山区，这一带的畲民在日常生活中绝大多数是使用汉语客家方言；剩余的大约1/3的畲民主要分布在广东汕尾海丰的莲花山区、惠州惠东的中西部和博罗的罗浮山区，以及广州的增城一带，这部分的畲民当中还保留着本民族原有的语言。惠州市惠东县的畲族大约600人，一小部分畲民仍旧聚居在远离汉族村落的偏僻山岭中，但大部分畲民在近二三十年间开始搬迁至汉族村镇附近，聚居或分散居住在汉族族群之中。

一、惠东县畲族的人口及分布

惠东县位于广东省中部，是连接粤东闽客地区与广府、珠三角地区的交通要塞，特殊的地理位置使得惠东县内的语言情况颇为复杂。当地并存在着广东三大方言——客家方言、粤方言（当地称为"白话"）、闽南方言（当地称为"学佬话"或"福佬话"），此外还有不少混合型的方言土语，如军话、本地话，畲语正是夹杂在这种复杂的语言环境中不断生存发展。惠东境内的畲族已有数百年的历史。关于惠东畲族的调查研究，陈延河于1988—1997年间进行了追踪调查，我们将其两次调查的相关数据进行了整理。具体见表1、表2。

---

* 本文为广东省哲学社会科学"十一五"规划2010年度青年项目（项目编号：GD10YZW07）的研究成果，初稿曾在"广东省中国语言学会2011年年会"上宣读。在调查过程中得到惠东县志办的鼎力相助以及韩山师范学院中文系本科生刘巧凤、广东技术师范学院硕士研究生李雪媚的帮助，特此致谢。

表1　惠东畲族人口分布（1988年）

镇	村名	户数	人口
多祝镇	陈湖村	4户	36人
多祝镇	多祝镇内	2户	9人
增光镇	南阳村	8户	63人
增光镇	田心村	7户	43人
增光镇	角峰村	12户	83人
平山镇	碧山村	15户	90人

表2　惠东畲族人口分布（1997年）

镇	村名	人口
多祝镇	陈湖村	68人
多祝镇	多祝镇内	23人
增光镇	南阳村	125人
增光镇	田心村	120人
增光镇	角峰村	138人
平山镇	碧山村	221人

2011年1～2月，经我们再次走访调查，发现惠东境内的畲民又经过一定的迁徙，有小部分畲民已迁往惠东县城、惠州、海丰等地散居，但大多畲民仍旧聚居在惠东一带，主要居住点为多祝镇、原增光镇（现已归入多祝镇）和大岭镇[①]三地，具体的居住地点也相应发生了变化。对此，我们重新将这些畲民的具体人口情况进行整理。（见表3）

表3　惠东畲族人口分布（2011年）

镇	村名	户数	人口	姓氏
多祝镇	畲族新村	9户	57人	黎（来）、盘
增光镇	角峰村	29户	175人	盘、蓝
增光镇	南一村、南二村	20户	150人	蓝、盘
大岭镇	碧山村（太湖洋村、洞肚）	25户	200人	蓝

---

① 2005年惠东县撤销平山镇，设立平山街道办事处，原平山镇和大岭镇一些行政区域发生了变化。本文大岭镇调查到的畲民正是陈延河1997年调查的区域。

今天，惠东县境内畲民的聚居地点如图1所示。

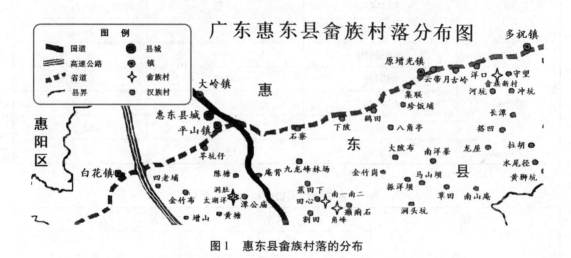

图1　惠东县畲族村落的分布

图1中，四角形的语言点为畲族村落，其余各点皆为汉人居住村镇。由图1可知，惠东各畲族村落大多呈分散状态分布，周边被汉人村落所环绕。

二、惠东县畲民在广东境内的迁徙

由于历史上的种种原因，各地的畲民都经历了不同状况的辗转迁徙。早期惠东畲民的迁徙情形我们无法进行确凿的考证，明确的迁徙历史可从元代畲民入粤开始追溯。

（一）多祝镇畲族新村的历史迁徙

多祝镇畲族新村位于多祝墟镇边上，全村黎、盘两大姓氏中，盘姓只有一户，其余都为黎姓。该村的畲民原本是居住在多祝镇陈湖村的村民。据当地族人留下的族谱记载，该村的畲民先祖于北宋元祐五年（1090）从福建进入广东。具体迁徙情况见表4。

表4　多祝镇畲族新村畲民的迁徙历史

迁徙时间	迁徙路线
北宋元祐五年（1090）	从福建进入广东
元至正元年（1341）	高要
元至正十一年（1351）	罗浮山
明洪武元年（1368）	青远山
明永乐五年（1407）	博罗县善正都青山啼
明永乐十年（1412）	归善县两神青山
明宣德二年（1427）	长乐县（今长乐市）磺沙山
明正统十年（1445）	海丰县吉康都乍罗瑶

该族谱缺失了明代中后期至清初一段历史。至18世纪初，该村的先辈来到惠东原陈湖村所在的山上，建造了房子，后世称为"上屋"，其后又建起了"下屋"。下屋所在地就是陈湖村的前身。至此，陈湖村的畲民较稳定地在此地居住了200多年。直至1979年9月，惠东境内发生特大洪涝灾害，即"9·25"洪水，陈湖村的畲民受灾严重，共有23人遇难。1980年，政府在畲族群众原居住的山下重建了新居。1985年后，陆续有少部分人搬出，散居于周边各地。2004年，政府在多祝墟镇边上划出一块地，建起畲族新村，分散的畲民终于又集中居住在一起，形成今天我们所看到的多祝镇畲族新村。

（二）增光镇角峰村的历史迁徙

增光镇的角峰畲族村是惠东境内迄今仍保持原生状态的畲族村寨，坐落在山岭之内。该村位于原增光镇内九龙峰附近，由省道入村有八九千米的路程，大多为山路。

角峰村民没有详细的族谱，该村畲民最早迁徙到角峰定居大约是在300年前，首先来到的是一支盘姓畲民；在100年后，又有另一支盘姓畲民从多祝镇永和管区的白水寨迁入。此后还迁入一支蓝姓的畲民，原为两户人家，后分成三家人，现大概有20人。由于角峰村农业收成不好，1965年一些盘姓的居民从山上迁入增光镇的田心村（即现在的南一村）；此后，又有几户盘姓的畲民陆续搬迁至惠东平山街道、大岭镇。其余畲民一直在当地居住至今。

（三）大岭镇太湖洋村的历史迁徙

大岭碧山的太湖洋畲族新村位于广汕公路谭公庙出口处附近，是惠东县开通的第一条少数民族村道。该村畲民是畲族古山寨——寨下古畲民的后人，都姓蓝，现大约有150人。

该村蓝姓畲民500多年前辗转来到惠州，入粤后曾居住在一个叫蕉园下的地方，数年之后又搬到了惠东东南部群山中一个叫寨下的地方定居生息，该居住地海拔较高。1963年前后，寨下的畲民进行了第一次迁徙，一部分村民搬到一处叫癫痫石的海拔较低的地方居住；另外的一部分寨下人则随后搬到距离多祝镇畲族新村20多千米的一个叫洞肚的地方定居，现在此地已有畲民7户，共40多人，其中有2户黎姓的畲民是由别处迁移至此。1979年，当时的平山公社（现大岭镇）在太湖洋建有3栋砖瓦房，供畲民居住，但由于容纳不了全部畲民等原因，上山的畲民一直没有搬迁。直到1988年，有4户畲民共20多人首先从癫痫石搬下山，住进1979年盖好的房子。最初搬来时畲民租用古祝山的汉族村民的土地，后来当地政府划出20多亩土地分给这些迁来的畲族。2003年，当地政府在太湖洋砖瓦房的侧边建造楼房，畲民又陆续搬迁至此。

（四）南一村和南二村的历史迁徙

增光镇南一村和南二村位于增光镇田心村牛皮障山下，约20户人家，150余人，有蓝、盘两姓，以蓝姓为主。两村畲民的具体迁徙情况见表5。

表5　南一村、南二村畲民的迁徙历史

迁徙时间	迁徙路线
北宋元祐五年（1090）	从福建进入广东
元至正元年（1341）	高要
具体迁徙时间不明	新会
	番禺
	增城
	归善县、长乐县（今长乐市）
清代中后期	牛皮嶂南阳村

1965年，牛皮嶂南阳村2户蓝姓畲民联合角峰村的2户畲民（盘姓1户、黎姓1户）共27人，从原来居住的高山上搬迁到牛皮嶂山下的田心村居住，即现在的南一村。1987—1989年，南阳村又陆续有畲民搬出。1990年，居住在南阳村的最后4户畲民搬迁到山下一个叫屋长排的地方，即现在的南二村。至此，由高要、番禺进入惠东的一支畲人在山岭中居住了300年之后，全部搬入平原地区居住。

三、惠东县畲语的生存现状

常年的辗转迁移一直从不同角度上影响着畲民的生活，并在不同程度上改变着惠东畲语。惠东畲语正是伴随着畲族人民不停的迁徙而不断变化的。

（一）畲语的使用现状

1. 畲语的使用人口

现今群居的畲民周边基本上都是客家人。受这种环境的影响，惠东畲民基本都会讲客家方言，但并非所有的畲民都会讲畲语。根据实地调查，就人口情况而言，惠东4个畲族村畲语的使用情况大体上可以分为两类。

（1）全村普及畲语。这种畲语使用类型主要是指畲族村落内基本通行畲语。具体而言，这种类型又可细分为以下两类。第一类，全村几乎所有的人在日常生活中能够流利而准确地使用畲语。嫁入村内的汉族妇女一般也要习得畲语，畲语在村落里具有很强的生命力。角峰村就属于这种类型，该村也是惠东唯一全村基本普及畲语的畲族村。由于地处偏远，角峰村与外界较为隔绝，离该村最近的汉族村落也有几里山路的距离，正是因为这种闭塞的环境才使得畲语的使用比较稳定，不容易受到外来强势语言的影响。该村畲民在很长的时期中都实行同族通婚，仅近20年来才开始跟汉族通婚。通婚后，汉族妇女嫁入本村后一律要求学习畲语。这样，畲语使用者的人数占的比例非常大，村中无论男女老少都会讲畲语。村中畲族风俗也保存得很完整，一些古老的畲俗，如祭拜祖先、土地公、天神等，一律都用畲族特有的言语进行。毫无疑问，畲语在角峰村的日常生活中处于极其重要的地位。第二类，大部分村民在日常生活中能较熟练地使用畲语。嫁入村内的汉族妇女一般是周边使用客家方言的客家妇女，但这些妇女并不要求一定要习得畲语，她们可以一直保持单语的语言状态。因此，其后代在幼儿时期受母亲语言的影响，往往首先习得客家方言，尔后因为与村内其他小孩频繁接触，才逐渐习得畲语，这些小孩从小基本上就是汉畲双语人。太湖洋村及南一村、南二村就属于这种类型。

（2）仅个别畲民使用畲语。与其他几个畲族村落相比，多祝镇畲族新村畲语的消亡是惊人的，该村 50 多个畲民当中仅剩两人会讲一些畲语，其余畲民已基本不懂畲语，一律改用客家方言交流。多祝镇畲族新村原本是从陈湖村迁至现居住地，而陈湖村曾是《畲语简志》（1986）中畲语的调查代表点。《畲语简志》中详细地记载了 20 世纪 70 年代末陈湖村的畲语面貌，当中具有完整的声韵调系统以及大量畲语本民族词汇。但今天重新用《畲语简志》中的词条询问当地会讲畲语的畲民时，我们发现他们已将 2/3 以上的畲语词直接改用客家方言说出，如"云、地、燕子、弟弟"等；或者发音人强调已忘记该怎么说了，如"青蛙、蚂蚁、玉米、背脊、鼻涕"等词。其余不少词，发音人也需要思考比较长的时间，并在我们不同程度的提示之下才能说出来，如"蟋蟀、蚊子"等。毫无疑问，多祝镇畲族新村畲民的畲语已经处于即将消亡的状态当中。

2. 畲语的使用场合

无论从人口还是从分布上看，畲语在惠东县属于绝对弱势的语言。畲语的使用场合比较狭窄，具体来说可以分为 3 种情况。

（1）在全村普及畲语的村落，畲语主要是用于本村内部非正式的日常交际。如角峰村，几乎所有的畲民在日常生活中都能准确而熟练地使用畲语，相互遇到时会用畲语交流，家庭内部成员之间交流时同样也会使用畲语，同时也会兼用一些客家方言。

（2）在太湖洋村及南一村、南二村中，大部分村民在日常生活中能较熟练使用畲语，但嫁入村内的客家妇女并不一定要习得畲语，因此，村民与这些妇女的交流多为客家方言。此外，受母亲语言的影响，这些客家妇女的孩子在幼儿时期首先习得的是客家方言，从而使得家庭语言交际中掺杂了许多客家方言。总之，这些离汉人居住较近的畲族村内已不再纯粹使用畲语交流了，客家方言在这些畲族村中已占据一定的地位。

（3）在多祝镇畲族新村，由于全村至今只剩下 60 多岁的黎谭恭和黎显恭兄弟两人能够使用畲语，而且还不够地道和流利，因此该畲族村的畲语实际上已经濒临消亡。

在对外交流方面，惠东县各畲族村的村民全部都能够使用汉语客家方言，同时也懂得普通话，有的畲民还能操讲流利的粤语。由于惠东县几乎所有畲民都是双语使用者，因而对外交流一律能够使用汉语。

3. 畲语的使用程度

王远新（2004）在调查广东博罗、增城一带的畲语时，发现"在嶂背村和畲族村，没有一个村民是单语单方言人，而且不同年龄段、不同性别、不同文化程度的人，在语言能力方面没有明显差异"。惠东县除了多祝镇畲族新村全村仅两位老人懂得操讲不完整的本民族语言之外，其余各村落的畲民无论年龄层次如何，大多能操讲比较熟练的畲语。当然，中老年人相对说得流利一些，能够保留畲语比较古老的一些说法，青少年则相对较多地使用客家方言词汇交谈，尤其是一些在汉人区域内上学或工作的青少年，谈话中总喜欢夹杂一些客家方言。总之，畲语已明显地呈现出老龄化的趋势。

（二）畲语汉化的加剧

在汉语重重包围之下，畲语这支少数民族语言汉化的趋势在不断地加剧，影响这种趋势最主要有两方面的因素。

1. 畲民入汉

畲族村落向汉族村镇迁入，畲民与汉人往来交流，这往往是畲语汉化的开始。角峰村一直在山岭之中，地处偏远，远离汉族村落，即便从省道通往村寨附近的水泥公路也是2006年才修通的。角峰村与外界交流不如其他畲族村频繁，因此该村的畲语仍旧保留得比较完整，畲族风俗民情也比较浓厚。太湖洋村及南一、南二村搬迁至汉族腹地10余年，时间不长，因而仍旧保留较完整的畲语面貌，但全村畲语和客家方言并行并用以及一些小孩后天习得畲语的情况，显现出畲语受到客家方言的强烈影响。

最早迁入汉族村镇居住的多祝畲族新村，畲语的汉化则相当惊人。由于与汉族紧紧相连，历经30余年，畲语的消亡最为明显。《畲语简志》中列出的近1000个词目，多祝镇畲族新村的畲民在我们调查不到300个词目时已经摇头表示无法继续，很多词目发音人根本无法用畲语表达，如"云"说成［ʒun⁵²］、"雾"说成［mu⁵²］、"鸟"说成［tsiok²］（雀）等，都直接改用汉语方言表达，而据《畲语简志》，这些词本应存在本族语言的说法。① 另外一些词则呈现出一种"畲汉语言杂交"的构词方式——词缀为畲族语言，但词根已变为汉语。如相当于汉语的"子"缀，畲语说［taŋ²²］，"豆子"一词说成［tʰɐu⁵² taŋ²²］，其中的"豆"正是汉语客家方言的借音；"白菜"说成［kjɔ²² tsʰɔi⁵²］，其中［kjɔ²²］为畲语词素，［tsʰɔi⁵²］明显是汉语"菜"的借音②。可以说，该村畲语的语言系统基本已经瓦解。

2. 畲汉通婚

除了角峰村外，其余的畲族村落都已迁入汉族城镇内，与汉族村镇交错。随着畲汉两族人民交往越来越密切，畲汉通婚的现象也日渐习常。由于畲族村内娶入的媳妇大多是不会讲畲语的客家妇女，同时受到"男主外、女主内"的传统思想影响，家里的小孩在幼年期多跟随母亲，幼年用语也多为客家方言，导致家庭共同语一般为客家方言。由此，迁入汉族村镇附近的畲族人，使用畲语的范围呈现不断缩小的趋势。即使是畲语保持较好的角峰村，20多年前也开始和汉族通婚。由此推想，该村畲语逐渐被汉语同化而面临濒危的趋势也将不可逆转。

---

① "云、雾、鸟"等词在原陈湖村畲语中应分别为［fɤ²²］／［tsɔŋ²² ɔŋ⁵³］、［tsʰhɤ³³ fɤ²²］、［nɔ³³ taŋ²²］。

② 原陈湖村畲语中"菜"一词说为［zi²²］。

四、结 语

在我国畲族人口大约 80 万人，但畲语在绝大多数地区已被汉语同化，剩余的畲语夹杂在双语化的环境中生存，在周边强大的汉语（客家方言）不断"侵蚀"之下，这种双语化的生存空间早已受到巨大的威胁，势必走向语言的"单极化"，最终完全转向使用汉语。孙宏开（2001）曾对濒危语言的消亡有过如下论述："语言作为一种载体，蕴藏着的不仅仅是简单的文化现象，而是使用该语言的人们共同体历史的、现实的一切知识的总和。那么，语言的逐渐衰亡对使用该语言的群体来说，是一种损失，一种无法弥补的损失，也是人类共同财富的损失。"至今残存的惠东县畲语无疑是我国语言文化的"活化石"和珍贵的非物质文化遗产，其濒临灭绝的客观现实亟须得到高度重视，对其开展深入的调查、研究和进行有效的保存、保护已经到了刻不容缓的地步。

参考文献

[1] 陈延河. 惠东畲族的语言转用简析［C］//广东省民族研究学会，广东省民族研究所. 广东民族研究论丛：第 10 辑. 广州：广东人民出版社，2000.
[2] 范俊军. 我国语言生态危机的若干问题［J］. 兰州大学学报（社会科学版），2005（6）.
[3] 孙宏开. 关于濒危语言问题［J］. 语言教学与研究，2001（1）.
[4] 王远新. 广东博罗、增城畲族语言使用情况调查——保护濒危语言的重要途径［J］. 中央民族大学学报（哲学社会科学版），2004（1）.

（原载《文化遗产》2014 年第 2 期）

海南东方付马话的声母*

刘新中

(暨南大学汉语方言研究中心)

【提 要】 本文对海南西部的一种汉语方言——付马话的声母做了初步的研究。通过付马话声母的语音学研究以及它们的历史演变的对比分析，本文认为付马话是一种以客赣方言为基础，深受海南闽语、海南哥隆话等影响的一种独立的汉语方言。

【关键词】 付马话 声母特征 系属

讲付马话的人居住在海南省西部的东方市四更镇的付马村，根据 2007 年的数据，人口约 1700 人。付马村位于昌化江下游的南岸，离海边有几千米。付马村的村名由"英德"而来，据说在村话中"英德"和"付马"的名称相同。"付马"与"驸马"没有关系。讲付马话的人自称自己的话为"我村话"，对他人称自己讲的是"付马话"。村里最大的姓氏为文，根据族谱记载，他们来自江西卢陵（今江西吉安），到海南已有 22 代。其他超过 100 人的姓氏为吉、符、张、郭，不足 100 人的姓氏是王、赵、刘、卢。付马村的周围都是讲哥隆话（村话）的村落，四更镇则讲海南话（海南闽语）。付马村里的人讲付马话，他们与周围村落的人讲哥隆话，出去四更镇上就能讲一点海南话，到东方市则需要讲海南话或者普通话。付马村的人受教育的程度普遍比较低，大多数只能完成义务教育。

一、声母及其语音学特征

1. 声母和声母例字

表 1 为付马话的声母和声母例字。

表1 付马话的声母和声母例字

声母	白读			文读		
ɓ	八 [ɓat]	兵 [ɓiŋ]		八 [ɓat]	兵 [ɓiŋ]	
p^h	派 [p^hai]	爬 [p^ha]	病 [p^hiŋ]	派 [p^hai]	爬 [p^ha]	病 [ɓiŋ]

---

* 本文语图分析在 KAY 公司的 CSL-4500 语音分析系统以及 praat 上进行，发音人是付马村小学的退休教师吉呈明老师。本文得到如下项目的支持：① "粤方言语音特征的实验语音学研究"，2014 年度国家社会科学基金一般项目（项目编号：14BYY038）；② "广东粤方言的实验语音学研究"，广东高校人文社科重点研究基地 2012 年度重大项目（项目编号：2012JDXM_0007）；③ "汉语方言学大型辞书编纂理论研究与数字化建设"，2013 年度国家社会科学基金重大项目（项目编号：13ZD135）。

▶ 海南东方付马话的声母

(续表1)

声母	白读	文读
m	麦 [mok]　无 [mou]	麦 [muk]　无 [vu]
f	飞 [fɔi]　饭 [fan]	飞 [fei]　饭 [fan]
v	王 [vɔŋ]　云 [vəŋ]	王 [vaŋ]　云 [yn]
ɗ	多 [ɗɔ]　东 [ɗoŋ]	多 [ɗɔ]　东 [ɗoŋ]
tθ	丝 [tθɯ]　酸 [tθun]　清 [θeŋ] 字 [tθɯi]　三 [θam]	丝 [tθɯ]　酸 [tsuan]　清 [θeŋ] 字 [tθɯ]　三 [θam]
tʰ	天 [tʰin]　甜 [tʰin]　毒 [tʰɔk]	天 [tʰian]　甜 [tʰian]　毒 [ɗuk]
n	南 [nam]　年 [nin]	南 [nam]　年 [nian]
l	老 [lau]　路 [lu]	老 [lau]　路 [lu]
ts	张 [tʃuaŋ]　竹 [tsɔk]　争 [tseŋ] 纸 [tʃi]	张 [tsaŋ]　竹 [tsuk]　争 [tθeŋ] 纸 [tʃi]
tsʰ	拆 [tʃʰɛk]　茶 [tsʰa]　抄 [tsʰau] 车 [tʃʰiɛ]　刺 [tʃʰik]	拆 [tʃʰiɛk]　茶 [tsʰa]　抄 [tsʰau] 车 [tʃʰiɛ]　刺 [tʃʰik]
s	床 [saŋ]　山 [san]　船 [sɯn] 手 [sou]　十 [sip]	床 [tsʰuaŋ]　山 [san]　船 [tsʰuan] 手 [sou]　十 [ɕip]
ɹ	药 [ɹiɛk]　有 [ɹou]　油 [ɹou] 用 [ɹoŋ]	药 [ɹiɛk]　有 [ɹou]　油 [iou] 用 [ɹoŋ]
k	高 [kau]　九 [kou]	高 [kau]　九 [kiou]
kʰ	开 [kʰɔi]　轻 [kʰeŋ]　共 [kʰoŋ] 权 [kʰɯ]	开 [kʰai]　轻 [kʰeŋ]　共 [koŋ] 权 [kʰan]
h	好 [hau]　灰 [hui]　响 [hiaŋ]	好 [hau]　灰 [hui]　响 [hiaŋ]
ŋ	月 [ŋut]　安 [ŋɔn]　鱼 [ŋui]	月 [ɹət]　安 [ŋan]　鱼 [ji]
∅	熬 [au]　安 [ɔn]	熬 [au]　安 [ŋan]

[n] 在齐齿呼前读为 [ɲ]，[j] 可作为零声母的一个变体。付马话声母的文读，来源复杂，有海南闽语的，有哥隆话的，也有普通话的。这是濒危方言都会有的现象，它们在各种强势方言和语言的夹缝中不断地调整、适应。

2. 几个有特色的辅音声母的语音学特征

这一部分是通过声波表现和宽带语图来观察下面几个辅音声母的特点。

(1) 内爆音 [ɓ] 和 [ɗ]。付马话的声母中也有两个内爆音声母 [ɓ、ɗ]，与海南闽语的内爆音 [ɓ、ɗ] 相似。

图1a 是付马话 "八" [ɓat] 的语图，图1b 是付马话 "多" [ɗɔ] 的话图。与浊塞音 [b、d] 相同，声母 [ɓ、ɗ] 在成阻段低频区有清楚的浊音杠，明显是浊音；与普通

浊塞音［b、d］的不同之处是从波形图上看，声母［ɓ、ɗ］成阻阶段波形的振幅随时间由小变大，这是内爆音在声波上所反映的音强变化，是一个观察的重要特征。发浊内爆音［ɓ、ɗ］时，声带颤动，发音时肺部气流在振动的声门中漏出（R. L. 特拉斯克，2000），喉部有下沉的动作（Ladefoged，2006）。在 SPE 特征系统中的区别特征定义为"伴有造成吸气的一种声门闭合"（R. L. 特拉斯克，2000）。喉部向下移动，可以使声门上压力减小，结果可以维持肺气流不断进入声道，因而成阻阶段波形振幅不但不会减小，反而会逐渐增大，于是形成振幅由小变大的特征。

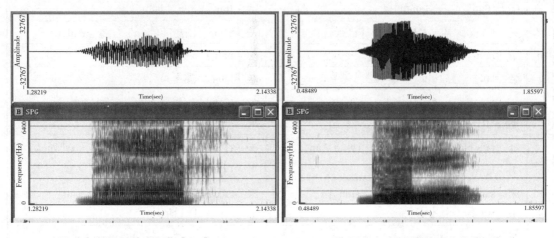

图1a　付马话的"八"［ɓat］　　　　　图1b　付马话的"多"［ɗɔ］

此外，浊音杠（voice bar）也是海南等地常见的浊内爆音的特征之一。从语图中看声波逐渐变强和浊音杠不会因为后面的元音而改变。图2、图3 是付马话［ɓ、ɗ］与不同元音组合时的语图。

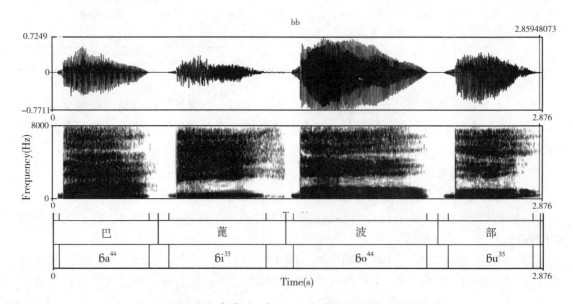

图2　付马话的［ɓ］与［a、i、u］等不同极点元音的组合

付马话 ɓ 与高低前后几个不同共鸣腔的元音的组合中，虽然时长有所不同，但声波逐渐变强和浊音杠这两点是很清楚的。

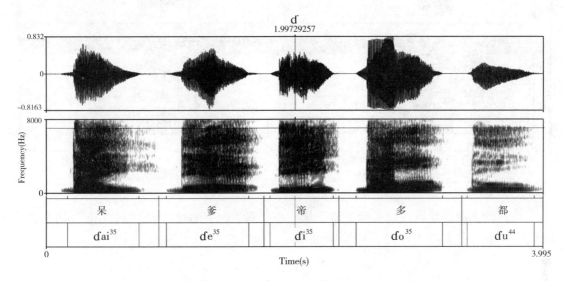

图3　付马话的 [ɗ] 与 [a、i、u] 等不同极点元音的组合

舌尖—齿龈的 [ɗ] 的语图，在声波逐渐变强和浊音杠这两点特征上也与 [ɓ] 的类似。不同的是，从发音部位上说，多数的 [ɗ] 实际上是 [ɖ]，这与笔者对文昌话、儋州话以及其他地方内爆音的观察一致，这需要生理数据再另行说明。

（2）齿间音 [tθ] 和 [θ]。付马话声母 [ts、tsʰ、s] 在齐齿呼前读作 [tɕ、tɕʰ、ɕ]，如"纸、车、世"，有时是 [tʃ、tʃʰ、ʃ]；有一个齿间音 [tθ]，很多时候也读为 [θ]，没有音位对立。

图4a 是付马话的"清" [θeŋ]、图4b 是付马话的"三" [θam]。从图4a、图4b 我们可以看到是一个较为典型的擦音，杂乱纹样（noise pattern）的声源在齿间，没有浊音杠，能量的分布较散，噪音开始时的能量明显增大，由高频向低频逐渐增加，这与舌尖—齿背、齿龈的 [s] 的能量分布特点不同，开头有一点塞音的信号，是齿间清擦音 [tθ]。

在图4中，我们可以看到反映擦音的杂乱纹样，它的声源也在齿间，没有浊音杠，我们听到有明显的塞音的成分，在图上也能看到冲直条（spike），即在声谱图上看见的一条直线，这个音有塞的成分，是一个较弱的齿间清塞擦音 [tθ]。

图4所代表的 [tθ] 有两个音位变体，一个是 [tθ]，另一个是带塞音成分的 [θ]，这个音齿间音在海南西部的语言和方言中比较常见，如海南闽语的板桥、感城、新龙，哥隆话，儋州中和的军话等。根据符昌忠的记录，在海南哥隆话（村话）中这个音被记为 [tθ]，还说有的人在读这个音时很像 [t]。根据笔者对付马话的调查，读 [tθ] 的比读 [θ] 的多，没有听到有读 [t] 的，因此我们将付马话的齿间音记为 [tθ]。

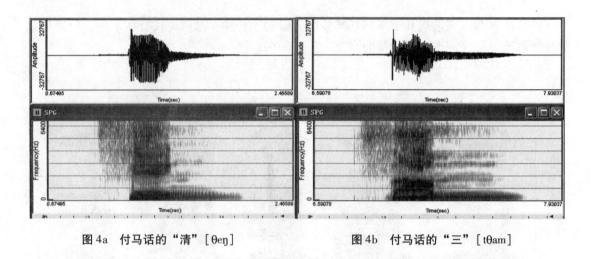

图4a 付马话的"清"[θeŋ]　　　　　图4b 付马话的"三"[tθam]

[tθ]的来源是精组，包括精、清、从、心、邪等，下面是"精"和"清"两个音节的语图，"精"前的塞音成分比"清"要明显，如图5所示。

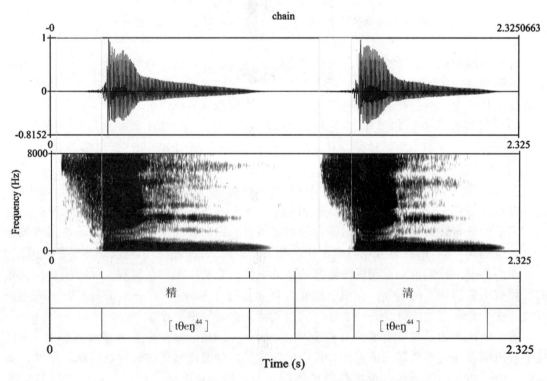

图5 付马话的"精"[tθeŋ]和"清"[θeŋ]

在单字中，"精""清""星"同音，这是很奇怪的，海南话中，"清"和"星"的声母也相同，但是韵母不同，这说明付马话中的[tθ]有较重的音位负担。

（3）无擦通音[ɹ]。付马话的[n]在齐齿呼前读为[ȵ]，这种现象较常见；[j]

可作为零声母的一个变体，但是摩擦较重时与［ɹ］相同。在《方言调查字表》所附的国际音标表中［ɹ］的位置，是一个舌尖—齿龈的发音部位的通音，但是它与［z］不同，主要表现是发音部位相近而摩擦程度不同。下面是付马话［ɹ］声母的音节举例，如图6所示。

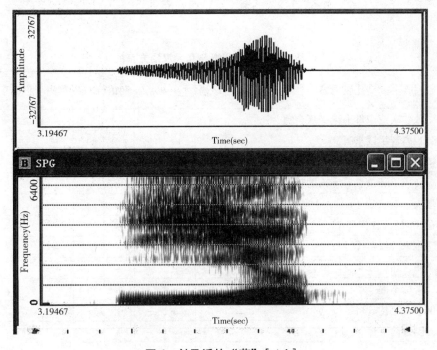

图6　付马话的"药"［ɹiɛk］

在图6中可以看到浊音杠，即在最下面有一个比较宽的横杠，说明声带是颤动的，共振峰纹样（formant pattern）表现为一条一条的横杠，这说明这个音是一个接近半元音的无擦通音，我们记为［ɹ］。

上面笔者从与海南各方言以及包围它的哥隆话所具有的那些特色的声母的角度，分析了付马话的"海南特色"的辅音声母。从声母的语音学特征来看，付马话虽然有客赣的特点，但是具有海南的汉语方言和海南哥隆话所具备的特殊因素，海南特色非常明显。从语音系统的观察来看，声母与韵母、声调一样，文白异读差异较大，是两套系统。

二、声母的来源与演变特征

古全浊塞音声母与同组的次清声母合流，多数读为送气音。非、敷、奉不读重唇。［b］来源于古帮母和并母，［pʰ］主要来源于滂母和并母。f来源于非组非、敷、奉三母，明母、微母合流读为［m］。［v］主要来源于古微母、疑母、匣母、云母。［d］主要来源于端母和定母，［tʰ］来源于透母和定母。［n］主要来源于泥母和日母，［l］来源于古来母。古知、庄、章三母今读［ts］，彻、澄、初、昌四母今主要读为［tsʰ］，［s］主要来源于崇、船、禅、书、生等母的字。[tθ] 主要来源于古精组字，还有一部分来源于初、生、禅等母。[k] 主要来源于见母和群母，[kʰ] 主要来源于溪、群两母，[ŋ] 主要来源于疑母、影母、日母。[h] 主要来源于晓母、匣母和溪母，这两个音无论开合都不混。[ɹ]主要来源于日母、云母、疑母。零声母主要来源于疑母、匣母、影母、云母、以母。

我们选取一些项目将付马话的声母演变的情况与几大汉语方言做一些比较，具体见表2。

表2　付马话声母演变情况与几大汉语方言的比较

序号	比较内容	赣语	客家话	吴语	湘语	闽语	粤语	北京话	付马话
1	古全浊、次清声母平论平仄合流为一	+	+	−	−	−	−	−	+
2	部分轻唇音字读重唇	+	+	−	* +	+	+	−	−
3	古精、庄逢今洪音韵混同为 [ts/tsʰ/s]	+	+	+	+	+	+	+	* +
4	牙喉音声母开口二等字未腭化	+	+	+	+	+	+	+	+
5	疑母洪音韵字读 [ŋ]	+	+	−	+	+	+	−	+
6	"五"字的读音为 [ŋ]	+	+	+	+	+	+	−	ŋu
7	晓、匣母合口字读 [f]	* +	* +	−	−	+	−	−	−
8	精、庄、知、章4组声母合流	* +	* +	+	+	+	+	−	+[除精]
9	泥、来母不混	* +	* +	+	+	+	−	−	+
10	来母细音字读 [t]、[d]	* +	* +	−	−	−	−	−	−
11	影母洪音韵字读 [ŋ]	* +	* −	−	−	−	−	−	* +
12	透、定母读 [h]	* +	−	−	−	−	−	−	−
13	精、庄两组声母读 [t/tʰ]	* +	−	−	−	−	−	−	* +
14	知三、章读 [t/tʰ]	* +	* −	* −	+	* −	−	−	* −
15	溪母字部分读 [h]、[f]	−	* +	−	−	+	−	−	+无 f

注：表中与所列项目"+"表示相同，"* +"表示多数相同，"* −"表示多数不同，"−"表示不同。

从上述的对比可以看出，付马话与客家话相同的有8项，与赣方言相同的有8项，此外还有一些交叉的项目。因此我们说，付马话与客赣有很大的相似性，与其他方言则距离较远，它的底层是客赣方言。同时，我们也注意到，中古的精母、从母的部分字在付马话中读 [tθ]，这显然是受海南哥隆话（村话）的影响，[tθ] 声母可能是受包围着付马话的哥隆话（村话）影响的结果。

本文主要讨论付马话的声母，但是从整个付马话的音系以及它的词汇、语法所反映出来的特点都具有明显的历史层次与区域特征，语音上的文白异读是非常分明的两个系统，这个特点与海南儋州话、海南的哥隆话所反映出的类型是一样的；另外，付马话中也有相当多的训读字，这一点与海南、粤西闽语有很多相似之处，训读是一个远离文化中心的语言和方言解决读书作文问题时常用的一种办法。此外，对于那些较为生疏的字，讲付马话的人，即使是当地学问比较高的人也常常是"有边读边，无边读中间"，由此产生了一批"类推误读"所带来的不合演变规律的字。付马话所反映的远不止这些问题，对付马话的进一步研究具有重要的意义。

参考文献

[1] 丁邦新. 儋州村话 [M]. 台北："中央研究院"历史语言研究所，1986.
[2] 符昌忠. 海南村话 [M]. 广州：华南理工大学出版社，1996.
[3] 刘新中. 海南闽语的语音研究 [M]. 北京：中国社会科学出版社，2006.
[4] 刘新中，区靖. 海南省东方市四更镇付马话同音字汇 [J]. 方言，2010（1）.
[5] 刘新中. 中古唇音字在海南文昌话中读音的语音学分析 [C] //甘于恩. 南方语言学：第3辑. 广州：暨南大学出版社，2011.
[6] 刘新中. 中古韵母在海南东方付马话中的演变 [C] //全国汉语方言学会《中国方言学报》编委会. 中国方言学报：第四期. 北京：商务印书馆，2015.
[7] 朱晓农. 内爆音 [J]. 方言，2006（1）.
[8] 特拉斯克 R L. 语音学和音系学词典 [M]. 《语音学和音系学词典》编译组，译. 北京：语文出版社，2000.
[9] LADEROGED, P, A Course in Phonetics. Boston：Thomson Wadsworth [M]. 2006.
[10] LADEFOGED PETER, MADDIESON IAN, The Sounds of the World's Languages [M]. Malden：Blackwell Publishers Ltd., 1996.
[11] XI CUN, A Phonetic Study on Implosives in China [D]. Hong Kong：Hong Kong University, 2009.

香港"福佬"系渔民的方言*

李如龙[1] 张双庆[2]

(1 厦门大学中文系；2 香港中文大学中国语言及文学系)

【提　要】 香港的渔民主要有两大类，一类使用粤方言"蜑家话"，另一类使用闽方言"福佬话"。本文以沙头角渔民新村作为个案，结合大埔元洲仔的调查材料，专门就香港"福佬"系渔民所说的"福佬话"进行讨论，揭示其作为一种深受粤客方言影响的弱势方言，语言特点已发生显著的变异，同时也呈现出高度濒危的状态。

【关键词】 香港渔民　"福佬话"　闽方言　濒危方言

一

　　位于珠江口以东的香港是一个优良的深水港，鱼类资源非常丰富。自1841年开埠之后，香港逐渐发展成为转口贸易的中心，遂吸引更多粤、闽等省沿海的渔民前来从事海上捕捞和运输的工作。日本学者可儿弘明（1967：4）指出："尤以渔人们多分散在中国的华南诸海港，如泉州、汕头、汕尾、海丰、陆丰、广州、澳门、广海、南水、阳江、徐闻等地，每年九月后，天气渐凉，暴风将至，鱼类南移波平浪静的香港海域，而渔人们也相继踵至，但所获之鱼类，仍须北运闽、粤诸海港销售。其后，英国人占据香港，市场逐渐繁荣，鱼类亦可推销，遂不须北运，艇家们乃渐渐居留于港岛继续捕鱼。"根据可儿弘明（1967：4）提供的数字，到了1911年，香港（包括港岛、九龙、新界和离岛）的陆上人口有394941人，水上人口有61798人；到了1961年，香港的陆上人口有2992846人，水上人口有136802人。两相比较，1911年占总人口15%的水上人口到了1961年却仅占5%。由此可见，近百年来香港水上人口的增长速度远远低于陆上人口的增长速度，这可能与香港工业化的经济转型直接相关。

　　上述的水上人口又被称为"蜑家""蜑民""蜑人""蜑户""艇家""龙户"等，是旧中国所谓的"贱民"中最主要的一个群体。为了消除歧义和便于叙述，本文统称之为"渔民"。张双庆、庄初升（2003：4）指出："长期以来，这些滞留在香港附近海域的渔民终年以船艇为家，他们随波逐流，随遇而安，被视为社会的最底层。直到最近几十年来，随着现代化大型捕捞作业的兴起，传统的捕捞业渐渐衰落，他们才上岸定居，建立了一个个相对比较简陋的渔民新村，转而经营其他的行业。"这些渔民根据所操方言的不同，

---

* 本文得到教育部人文社会科学重点研究基地项目"岭南濒危方言研究"（项目编号：07JJD840201）的基金资助。

自发地分为两大类，彼此之间泾渭分明。"早年来自广东粤方言区的渔民，被称为'水上广东人'或'疍家佬'，所操的方言被称为'水上广东话''疍家话'或'蜑语'，属于粤方言系统。……另外一类渔民多数是最近的100年内才从粤东沿海迁移而来的，他们被称为'福佬'，他们所说的方言被称为'福佬话'（实际上是潮汕、海陆腔的闽南话），被公认为新界最难懂的方言。"

从当前的语言生活来看，上述两类渔民的青少年一代大多已经放弃方言母语而改说"广东话"（香港粤语）。相比之下，"福佬话"使用人口就更少了，已经成为一个高度濒危的方言。20世纪中叶以后，"福佬"系的渔民逐渐上岸到沙头角的渔民新村和盐寮下、沙田的亚公角和大埔的元洲仔等地定居。元洲仔后来被拆迁，居民多搬迁到太和火车站附近居住。我们以沙头角渔民新村作为个案，结合张双庆、庄初升（2003）有关大埔元洲仔的调查材料，专门就香港"福佬"系渔民所说的"福佬话"进行论述。

二

沙头角位于新界的东北角，原是大鹏湾边上的一个小渔村。全村的渔民姓李、苏、徐、钟等，原籍都是广东省惠东县的平海一带，迁到沙头角打鱼已有三四代人了。这个渔村还没拆迁时，村里还通行"福佬话"。渔村拆散后，以家庭为单位或插居各地，或留居原地建成的沙头角新村，大多还在家里说"福佬话"，外出与人交往则改说粤语。但是，儿童因为是在拆迁后出生的，大多已经不会说"福佬话"。总之，不久前这里还曾是一个有1000多人的闽南方言岛，由于拆迁，眼下已经起了极大的变化，正在被粤语同化之中。就中青年所保存的"福佬话"来看，也已经深受粤语的影响了。我们的发音合作人是李辛华先生，调查的时候是32岁。我们在摸清音系和连读变调之后，记录了700条词语和短句。现就其音系和主要特点做一简略介绍。

（一）语音系统

1. 声母（16个，包含零声母）

p 布盘飞	p^h 鼻倍芳	m 门买米	f 胡分贩	
t 东长斗	t^h 太虫桃			l 路年软
ts 精齐朱	ts^h 粗初手		s 线扇沙	z 蛇日尿
k 贵桥厚	k^h 开穷气	ŋ 银外弱	h 好鱼耳	
∅ 红乌药				

2. 韵母（45个）

	i 时椅天	u 猪母窝
a 查早衫	ia 车蚁饼	ua 我纸山

e 牙下病　　　　　　　　　　ue 杯瓜尾
ɔ 毛肚锄
o 刀做河　　　　io 小烧娘
au 草九头　　　　iau 条晓料
ai 菜间屎　　　　　　　　　　uai 乖悬高
ɔu 姑土簿　　　　iu 油手酒　　ui 水肥几
　　　　　　　　　im 心浸林
am 担针参　　　　iam 椹签嫌
aŋ 番红桶　　　　iaŋ 烟冷凉　　uaŋ 防眶光
eŋ 等片电　　　　iŋ 信巾面　　uŋ 本长饭
ɔŋ 忙公暖　　　　iɔŋ 中浓
　　　　　　　　　ip 急集
ap 十压答　　　　iap 粒帖接
ak 目读北　　　　　　　　　　uk 出骨
ɔk 索桌作　　　　iɔk 雀足　　uɔk 镬
　　　　　　　　　iʔ 七日铁
aʔ 甲发辣　　　　iaʔ 赤壁额　　uaʔ 阔渴跋
eʔ 伯雪结　　　　　　　　　　ueʔ 八笠月
oʔ 恶不易　　　　ioʔ 着箬药
m̩ 唔

3. 声调（8个）

调类	调值	例字
阴平	33	三箱花
阳平	44	皮平时
阴上	55	好椅买
阳上	24	坐五厚
阴去	21	菜四布
阳去	42	大步饭
阴入	32	七八百
阳入	4	白粒十

4. 二音组连读变调

二音组词语前字多变调，后字不变，前字变调不以后字为条件。

阴平字在前一概不变调，如心肝 [sim^{33} kua^{33}]、心头 [sim^{33} tʰau^{44}]、心病 [sim^{33} pe^{42}]。

阳平、阳上、阴去、阳去各调字在前一概变为阴平调，如红水［aŋ⁴⁴⁻³³ tsui⁵⁵］、五十［ŋou²⁴⁻³³ tsap⁴］、四面［si²¹⁻³³ miŋ⁴²］、大山［tua⁴²⁻³³ sua³³］。

阴上字在前一概变为阳上（实际音调为35比阳上略高），如海边［hai⁵⁵⁻²⁴ pi³³］、海水［hai⁵⁵⁻²⁴ tsui⁵⁵］、海角［hai⁵⁵⁻²⁴ kak³²］。

阴入字和阳入字在前时互变，阴入变阳入，阳入变阴入，如七分［tsʰiʔ³²⁻⁴ fuŋ³³］、十分［tsap⁴⁻³² fuŋ³³］。

（二）语音特点

（1）和一般的闽南话相比较，沙头角新村的"福佬话"韵母系统偏少。多数闽南话的韵母都有70个以上，沙头角新村则不到50个。这主要有以下两个原因：

第一，沙头角新村"福佬话"没有［-n、-t］韵尾，［-n、-t］尾字混入［-ŋ、-ʔ］尾韵。这是它和粤东大多数地区闽南话相同的特点，如邻＝灵［liŋ⁴⁴］、巾＝经［kiŋ³³］、坦＝桶［tʰaŋ³⁵］、放＝办［paŋ²¹］、达＝踏［taʔ⁴］、失＝薛［siʔ³²］。

第二，沙头角新村"福佬话"没有鼻化韵，把鼻化韵混入相应的阴声韵，如山＝沙［sua³³］、半＝簸［pua²¹］、正＝蔗［tsia²¹］、兄＝靴［hia³³］、洋＝摇［io⁴⁴］、冥＝迷［me⁴⁴］、间＝该［kai³³］、边＝卑［pi³³］、年＝厘［li⁴⁴］。相比之下，大埔元洲仔的"福佬话"还保留整套的鼻化韵，所以其韵母总数达到72个。

（2）有些音青年人发音不甚稳定，这是因为说这种话的人少，方言本体处于急剧的变化之中。例如：

鱼［hi⁴⁴］～［hu⁴⁴］～［fu⁴⁴］　　烛［tseʔ³²］～［tsek³²］　　蟹［hue²⁴］～［hai²⁴］

月［ueʔ⁴］～［ŋueʔ⁴］　　　　　　蕉［tsio³³］～［tsiu³³］　　　叔［tsik³²］～［tseʔ³²］

毛［mɔ⁴⁴］～［mo⁴⁴］　　　　　　庄［tsuŋ³³］～［tsŋ³³］　　　酸［suŋ³³］～［sŋ³³］

结［keʔ³²］～［kit³²］　　　　　　汁［tsaʔ³²］～［tsap³²］　　 出［tsʰuk³²］～［tsʰut³²］

发［faʔ³²］～［fat³²］

其中，收［-t］的入声韵的说法显然是来自粤语的。

（3）从汕头到汕尾，闽南话声母一般都有［b、l、g］和［m、n、ŋ］的对立，但沙头角新村"福佬话"没有［b、g］音类，［n、l］也相混同。相比之下，大埔元洲仔的"福佬话"还保留［b］与［m、n］与 l 的对立，但是［g］与［ŋ］的对立也已经消失了。

（4）闽方言极少有［f］声母，而沙头角新村"福佬话"不但非组字文读层读［f］，连晓匣母合口字也读为［f］，这显然是受到粤客方言影响的结果，如符＝胡［fu⁴⁴］、分＝薰［fuŋ³³］、发［faʔ³²］、壶［fu⁴⁴］、方［fɔŋ³³］、火［fue⁵⁵］。但是，有些口语常用字还没有读［f］，如封＝风［hɔŋ³³］、防［huaŋ⁴⁴］、份生～［huŋ⁴²］。相比之下，大埔元洲仔的"福佬话"还没有出现声母［f］，非组字文读层和晓、匣母合口字今读［h］，如火［hue⁵³］、虎［hou⁵³］、湖［hu⁴⁴］、肤［hu³³］、府［hu⁵³］、废［hui²¹］、芳［hoŋ³³］，这乃是保留本土闽方言的特点。

(5) 有些字音发生变读也显然是受粤客方言的影响，如部分全浊声母字读送气音：田 [tʰeŋ⁴⁴]，电 [tʰeŋ⁴²]，地土~ [tʰi⁴²]、前早~ [tsʰe⁴⁴]、厨 [tsʰu⁴⁴]、棚天~ [pʰe⁴⁴]、池电~ [tsʰi⁴⁴]。还有个别特字的读音也是外来影响，如学校 [hok⁴kau⁵⁵] 是客家话的发音。

3. 词汇特点

(1) 大量的闽方言的特征词还保留在这种方言里。如（举例时只标原调类）：

瞋(雷公)响 [taŋ⁴⁴]	狗蚁蚂蚁 [kau⁵⁵ hia²⁴]	外家娘家 [ŋua⁴² ke³³]
好天晴天 [ho⁵⁵ tʰi³³]	蠓蚊子 [maŋ⁵⁵]	契母干娘 [kʰue²¹ mu⁵⁵]
烧暖和 [sio³³]	胡蝇苍蝇 [hou⁴⁴ siŋ⁴⁴]	契囝干儿子 [kʰue²¹ kia⁵⁵]
烧水热水 [sio³³ tsui⁵⁵]	鸟鼠老鼠 [liau⁵⁵ tsu⁵⁵]	面脸 [miŋ⁵²]
滚水开水 [kuŋ⁵⁵ tsui⁵⁵]	羊囝小羊 [io⁴⁴ ia⁵⁵]	头毛头发 [tʰau⁴⁴ mɔ⁴⁴]
塗泥土 [tʰɔu⁴⁴]	柑橘子 [kaŋ³³]	头额额头 [tʰau⁴⁴ hiaʔ⁴]
即下现在 [tsiʔ³² e⁴²]	粟稻谷 [tsʰeʔ³²]	目珠眼睛 [mak⁴ tsiu³³]
旧年去年 [ku⁴² li⁴⁴]	油麻芝麻 [iu⁴⁴ mua⁴⁴]	鼻空鼻子 [pʰi⁴² kʰaŋ³³]
半冥半夜 [pua²¹ me⁴⁴]	番薯红薯 [faŋ³³ tsu⁴⁴]	鼻鼻涕 [pʰi⁴²]
下挂下午 [e²⁴ kua²¹]	红菜头红萝卜 [aŋ⁴⁴ tsʰai²¹ tʰau⁴⁴]	耳囝耳朵 [hi²⁴ ia⁵⁵]
骹下下面 [kʰa³³ e²⁴]		喙嘴巴 [tsʰui²¹]
正手爿右边 [tsia²¹ tsʰiu⁵⁵ pe⁴⁴]	侬人 [laŋ⁴⁴]	下斗下巴 [e²⁴ tau⁵⁵]
倒手爿左边 [to²¹ tsʰiu⁵⁵ pe⁴⁴]	丈夫侬男人 [ta³³ pɔu³³ laŋ⁴⁴]	喙唇嘴唇 [tsʰui²¹ tuŋ⁴⁴]
头前前面 [tʰau⁴⁴ tsai⁴⁴]	囝儿子 [kia⁵⁵]	骹川屁股 [kʰa³³ tsʰuŋ³³]
底时什么时候 [ti⁵⁵ si⁴⁴]	厝主房东 [tsʰu²¹ tsu⁵⁵]	掌甲指甲 [tseŋ⁵⁵ kaʔ³²]
厝房子 [tsʰu²¹]	侬客客人 [laŋ⁴⁴ kʰeʔ³²]	正手右手 [tsia²¹ tsʰiu⁵⁵]
烟筒烟囱 [iaŋ³³ taŋ⁴⁴]	亲情亲戚 [tsʰiŋ³³ tsia⁴⁴]	倒手左手 [to²¹ tsʰiu⁵⁵]
草稻草 [tsʰau⁵⁵]	跛骹瘸子 [pai⁵⁵ kʰa³³]	巴脊背 [pa³³ tsiaʔ³²]
鼎铁锅 [tia⁵⁵]	家己侬自己人 [ka³³ li⁴⁴ laŋ⁴⁴]	脧奶、乳房 [le²⁴]
索绳子 [sɔk³²]	做生理做生意 [tso²¹ seŋ³³ li⁵⁵]	屎肚肚子 [sai⁵⁵ tɔu⁵⁵]
箸筷子 [tu⁴²]	阿公祖父 [a⁵⁵ kɔŋ³³]	骹头□膝盖 [kʰa³³ tʰau⁴⁴ u³³]
眠床床 [miŋ⁴⁴ tsʰuŋ⁴⁴]	阿妈祖母 [a³³ ma²⁴]	娶某娶妻 [tsʰua⁴² mɔu⁵⁵]
硋陶瓷 [fui⁴⁴]	囝儿儿子 [kia⁵⁵ zi⁴⁴]	病囝害喜 [pe⁴² kia⁵⁵]
铰刀剪子 [ka³³ to³³]	新妇儿媳妇 [siŋ³³ pu²⁴]	洩尿尿床 [tsʰua⁴² zio⁴²]
臭丸樟脑丸 [tsʰau²¹ i⁴⁴]	囝婿女婿 [kia⁵⁵ sai²¹]	结疕结痂 [keʔ³² pʰi⁵⁵]
搦鱼打鱼 [liaʔ⁴ fu⁴⁴]	翁丈夫 [aŋ³³]	糜粥 [mue⁴⁴]
生卵下蛋 [se³³ luŋ²⁴]	查某妻子 [tsa³³ mɔu⁵⁵]	饮米汤 [am⁵⁵]
猪公公猪 [tu³³ kaŋ³³]	孙囝任儿 [suŋ³³ ia⁵⁵]	油炸鬼油条 [iu⁴⁴ tsaʔ⁴ kui⁵⁵]
猪母母猪 [tu³³ mu⁵⁵]	孙孙子 [suŋ³³]	面线线面 [mi⁴² sua²¹]
爪鸟(通称) [tsiau⁵⁵]	大官公公 [ta³³ kua³³]	配下饭菜 [pʰue²¹]
翼翅膀 [iʔ⁴]	大家婆婆 [ta³³ ke³³]	豉油酱油 [si⁴² iu⁴⁴]

乌糖红糖 [ɔu³³ tʰuŋ⁴⁴] 行玩耍 [tʰit³² tʰo⁴⁴] □塌 [lap³²]
茶箬茶叶 [te⁴⁴ hioʔ⁴⁴] 洗浴洗澡 [sue⁵⁵ eʔ⁴] 栲饿 [iau³³]
食吃、喝 [tsiaʔ⁴] 甲盖(被子) [kaʔ³²] 乌黑 [ɔu³³]
颂穿(衣) [tsʰeŋ⁴²] 渥沾(手) [mak³²] 清气干净 [tsʰeŋ³³ kʰi²¹]
褪脱(衣) [tʰuŋ²¹] 趁钱赚钱 [tʰaŋ²¹ tsi⁴⁴] 肥胖 [pui⁴⁴]
祄囝背心 [kaʔ³² ia⁵⁵] 见笑羞耻 [kian²¹ siau²¹] □肉 [mak³²]
食昼吃午饭 [tsiaʔ⁴ tsu²¹] 惊害怕 [kia³³] 瘖瘦 [saŋ⁵⁵]
食冥昏吃晚饭 [tsiaʔ⁴ me⁴⁴ huŋ³³] 放尿拉尿 [paŋ²¹ zio⁴²] 恶难 [oʔ³²]
炊蒸 [tsʰue⁴⁴] 放屎拉屎 [paŋ²¹ sai⁵⁵] □容易 [kue⁴²]
舐舔 [tsi²⁴] 读册读书 [tʰaʔ⁴ tsʰaʔ³²] □均匀 [tsiau⁴⁴]
哺嚼 [pou⁴²] 行棋下棋 [kian⁴⁴ ki⁴⁴] 闹热热闹 [lau⁴² iaʔ⁴]
啡吐(痰) [pʰui²¹] 悬高 [kuai⁴⁴] 本事能干 [puŋ⁵⁵ si⁴²]
嗱吹(火) [puŋ⁴⁴] 下低 [e²⁴] 汝你 [lu⁵⁵]
斟吻 [tsim³³] 细小 [sue²¹] 伊他 [i³³]
饲喂 [tsʰi⁴²] 幼细 [iu⁴²] 只这 [tsi⁵⁵]
拍打 [pʰaʔ³²] 弋嫩 [tsi⁵⁵] 许那 [fu⁵⁵]
搦抓 [liaʔ⁴] 澹湿 [tam⁴⁴] 只(一)头(牛) [tsiaʔ³²]
揣寻找 [tsʰue⁴²] 饕(味)淡 [sia⁵⁵] 粒(一)颗(花生) [liap⁴]
徛站立 [kʰia²⁴] 芳香 [pʰaŋ³³] 斡来回来 [uak³² lai⁰]
跍蹲 [kʰu⁴⁴] 阔宽 [kʰuaʔ³²] 转去回去 [tuŋ⁵⁵ kʰi⁰]
走跑 [tsau⁵⁵] 爇(晒)干 [ta³³] 清采随便 [tsʰin²¹ tsʰai⁵⁵]
缚捆绑 [paʔ⁴] 模(木、石)硬 [tai⁴²] 着厝在家 [tioʔ⁴ tsʰu²¹]
菪压住 [teʔ³²] 冇不实 [pʰa²¹] 袂不会 [mue⁴²]
跋跌倒 [puaʔ⁴] 宿成熟 [seʔ³²] 嫑别、不要 [mai²¹]
截切(菜) [tsueʔ⁴]

另外，粤东闽语的一些特色词（与福建闽语相比较而言）在沙头角"福佬话"也还在使用，如红毛塗水泥 [aŋ⁴⁴ mɔ⁴⁴ tʰou⁴⁴]、鹰婆老鹰 [eŋ³³ pɔ⁴⁴]、地豆花生 [ti⁴² tau⁴²]、椹头案板 [tiam³³ tʰau⁴⁴]、倚腰椅靠背椅 [ua⁵⁵ io³³ i⁵⁵]、阿奶母亲 [a³³ le³³]、呾话说话 [ta²¹ ue⁴²]、发戏打呵欠 [faʔ³² hi²¹]、拍脉号脉 [pʰaʔ³² meʔ⁴]、□睡觉 [ai⁵⁵]、野丑 [ia⁵⁵]、底个谁 [ti²⁴ kai⁵⁵]、个侬一个人 [kai²¹ laŋ⁴⁴]、个银一元钱 [kai²¹ ŋiŋ⁴⁴]、滴滴囝一点儿 [tiʔ³² tiʔ³² ia⁵⁵]。

（2）有些词汇是受粤方言或客方言影响的结果。如：

垃塔垃圾 [laʔ³² saʔ³²] 耕田佬庄稼人 [kaŋ³³ tʰeŋ⁴⁴ lau⁵⁵] 狗虱跳蚤 [kau⁵⁵ saʔ³²]
猪栏猪圈 [tu³³ laŋ⁴⁴] 颈脖子 [kian⁵⁵] 镬铲锅铲 [uok⁴ tsʰaŋ⁵⁵]
暖壶暖水瓶 [lɔŋ⁵⁵ fu⁴⁴] 耕田种田 [kaŋ³³ tʰeŋ⁴⁴] 鹩哥八哥儿 [liau⁴⁴ kɔ³³]

还有一些词明显借自粤语。如：

拜山扫墓 [pai²¹ saŋ³³]　　雪条冰棍儿 [seʔ³² tiau⁴⁴]　　马蹄荸荠 [ma⁵⁵ tue⁴⁴]
出年明年 [tsʰuk³² li⁴⁴]　　番枧肥皂 [faŋ³³ kaŋ⁵⁵]　　矮瓜茄子 [ue⁵⁵ kue³³]
今蜜今天 [kim³³ miʔ⁴]　　银纸钞票 [ŋiŋ⁴⁴ tsua⁵⁵]　　豆皮佬麻子 [tau⁴² pʰi⁴⁴ lau⁵⁵]
火水煤油 [fue⁵⁵ tsui⁵⁵]　　柜桶抽屉 [kui⁴² tʰuŋ⁵⁵]　　盲佬瞎子 [maŋ⁴⁴ au⁵⁵]
天棚天台 [tʰi³³ pe⁴⁴]　　散纸零钱 [sua²¹ tsua⁵⁵]　　南无佬道士 [laŋ⁴⁴ mɔu⁴⁴ lau⁵⁵]
单车自行车 [tʰaŋ³³ tsʰia³³]　　甲由蟑螂 [kaʔ⁴ tsaʔ⁴]　　倾偈闲谈 [kʰeŋ³³ kai⁵⁵]
樽瓶子 [tsuŋ³³]　　水鱼鳖 [tsui⁵⁵ fu⁴⁴]　　勤力勤劳 [kʰiŋ⁴⁴ lak⁴]
冷衫毛线衣 [laŋ⁵⁵ sa³³]　　花蟹梭子蟹 [fue³³ hue²⁴]　　黐线发神经 [tsʰi³³ sua²]
毛巾 [mɔ⁴⁴ kiŋ³³]

下面的词则很有可能借自客家方言。如：

坟头坟墓 [fuŋ⁴⁴ tʰau⁴⁴]　　邻舍邻居 [luŋ⁴⁴ sia²¹]　　千蜱臭虫 [kɔŋ³³ pi³³]
蛤蟆青蛙 [ha⁴⁴ ma⁴⁴]　　□痒① [hai⁴⁴]

（3）有些词语在闽南地区不说，也不是从粤、客方言借用的，可能是该方言的创新。如：

时途时候 [si⁴⁴ tʰɔu⁴⁴]　　早站时从前 [tsa⁵⁵ tiam²⁴ si⁴⁴]　　日佬白天 [ziʔ⁴ lau⁵⁵]
冥佬晚上 [me⁴⁴ lau⁵⁵]　　早前上午 [tsa⁵⁵ tsʰe⁴⁴]　　地位地方 [ti⁴² ui⁴²]
曲牲牲畜 [kʰiɔk³² se³³]　　薰筒蛇壁虎 [fuŋ³³ taŋ⁴⁴ zua⁴⁴]　　□□蜻蜓 [hɔu⁴⁴ lɔu⁴⁴]
种粟插秧 [tseŋ²¹ tsʰeʔ³²]　　包黍玉米 [pau³³ siu⁵⁵]　　姐公岳父 [tsia⁵⁵ kɔŋ³³]
簿书本 [pʰɔu²⁴]　　目珠□打瞌睡 [mak⁴ tsiu³³ tak³²]　　爽美 [suaŋ⁵⁵]
□东西 [tsau²⁴]　　乜□什么 [meʔ⁴ tsau²⁴]　　乜位什么地方 [meʔ⁴ ui⁴²]
我等我们 [ua⁵⁵ teŋ²¹]　　汝等你们 [lu⁵⁵ teŋ²¹]　　伊等他们 [i³³ teŋ²¹]

还有一些词语属于闽方言与粤客方言的合璧词，如月亮说"月光娘"，"月光"来自粤客方言，而"娘"来自闽语的"月娘"；再如大腿说"骸髀"，"骸"是闽语的一个特征词，而"髀"来自粤客方言的"大髀"。（见表1）

---

① 新界客家方言普遍说 [hɔi²¹]，见张双庆、庄初升（2003：652）。

表1 香港"福佬"系渔民方言中部分合璧词

普通话	福佬话	闽方言	粤方言	客方言
月亮	月光娘 [ueʔ⁴ kuaŋ³³ lio⁴⁴]	月娘、月	月光	月光
大腿	骹髀 [kʰa³³ pi⁵⁵]	骹腿	大髀	大髀
袖子	手袖 [tsʰiu⁵⁵ tsau⁴²]	手碗	衫袖	衫袖
外祖母	姐妈 [tsia⁵⁵ ma⁵⁵]	外妈	外婆	姐婆
泥水匠	塗工佬 [tʰɔu⁴⁴ kaŋ³³ lou⁵⁵]	塗水工	泥水佬	泥工佬
躲藏	摒□躲藏 [piaŋ⁵⁵ mi⁵⁵]	□ [biʔ₂]	匿	摒
多少	几稽几多 [kui⁵⁵ tsue⁴²]	若稽	几多	几多

三

庄初升（2009）指出，粤东汕尾港的水上居民分为两类，其中一类称为"瓯船渔民"，他们所使用的"福佬话"与海陆丰陆上居民所使用的"福佬话"同属于闽南方言系统。因为社会生活相对封闭，语言环境比较单纯，上述瓯船渔民所使用的"福佬话"并没有发生显著的变异，从外方言借入的"异质"成分较少。但是，从这里迁移到香港的渔民及其后代，在异地他乡漂泊了一个世纪，势力范围更小，因为不可避免与陆地上说粤客方言的居民发生深度的接触，他们世世代代所使用的"福佬话"也就急剧地产生变异，同时也逐渐地被粤方言所代替。"福佬话"是香港"福佬"系渔民最重要的族群标记，但时至今天它已经无可奈何地变为一种高度濒危的方言了。

参考文献

[1] 北京大学中国语言文学系教研室. 汉语方言词汇 [M]. 2版. 北京：语文出版社，1995.
[2] 可儿弘明. 香港艇家的研究 [M]. 香港：香港中文大学新亚书院研究所东南亚研究室，1967.
[3] 张双庆，庄初升. 香港新界方言 [M]. 香港：商务印书馆，2003.
[4] 庄初升. 岭南地区水上居民（疍家）的方言 [J]. 文化遗产，2009（3）.

（原载《中国语文研究》2009年第1期）

关于乡话词汇研究的一些想法

鲍厚星

（湖南师范大学文学院）

【提　要】就乡话研究的成果而言，词汇研究明显滞后，这种情况不利于乡话整体研究的深入与提高。语音、词汇和语法的研究是相辅相成的，对于湘西乡话这种方言来说，尤其如此。论文提倡加强乡话词汇调查的力度，以及加强词汇的比较研究和考本溯源的工作。

【关键词】乡话　词汇　比较研究

近年来，湘西乡话研究有了长足进展。2010年，两本乡话的专著摆放在笔者的案头，一本是伍云姬、沈瑞清的《湘西古丈瓦乡话调查报告》（2010年1月），另一本是杨蔚的《湘西乡话语音研究》（2010年7月）。前者是一部研究型的调查报告，作者力求从历时和共时两个角度，对湘西乡话的一个地方变体进行多侧面的描写，内容涉及音韵、词汇和语法3个方面的研究；后者是在一篇博士学位论文的基础上进行增补、修订、加工而成的专著，作者意图全面展示湘西乡话的分布与分片，从共进类型和历时演变的角度对湘西乡话的重要特点进行研究和探讨，以整体透视其音韵格局的变化。

与湘西乡话这个如此丰富的语言矿藏所需开发的力度相比，我们仍觉得远远不够。两部著作的作者也都不约而同地指出了目前研究状况的不足，并表达了进一步研究的愿望。

就乡话研究的成果而言，词汇研究明显滞后，这种情况不利于乡话整体研究的深入与提高。语音、词汇和语法的研究是相辅相成的，对于湘西乡话这种方言来说，尤其如此。

本文只就乡话词汇的研究谈几点看法。

一、加强词汇调查的力度

湘西乡话分布的范围不算小，面积约6000平方千米，涉及沅陵、泸溪、辰溪、溆浦、古丈、永顺等县的部分地区。目前，关于乡话词汇的材料主要见于古丈高峰乡与沅陵麻溪铺，公开发表的材料以伍云姬居多。伍云姬在关于古丈乡话的调查报告中提供的词汇材料为1564条。伍云姬的另一本书《湘西瓦乡话风俗名物彩图典》编著相当成功，特别值得珍惜。

对于整个乡话来说，我们还是认为，词汇调查仍然是滞后于语音的，如果有更多的乡话方言点能提供出一定数量词汇的材料，如果某几个重要的代表点能提供出数量更多、内容更丰富的词汇材料，甚至达到可以编纂出乡话方言词典的程度，对于进一步提示乡话全貌一定会有所帮助。

鉴于湘西乡话已属于濒危方言范畴，加强词汇调查显得尤为迫切。一些属于乡话特有的词汇在今天的乡话区已经越来越扩大消失的范围，再过若干年，找不到合适的发音合作人，乡话的那些特色词汇就会烟消云散了。

二、加强词汇比较的研究

李荣先生曾强调比较方法对于词汇研究的重要性，他的许多论文都身体力行，贯穿了这种研究方法。

湘西乡话既有着长期历史的积淀，又受着周边强势方言的影响与渗透，其面貌无论是语音还是词汇、语法，都呈现出种种复杂的状态。对乡话词汇的研究，运用比较的方法显得尤其重要。

有的比较是面向整个汉语方言，从比较中可以确定乡话某些词语的特征地位（如关于"打雷"的说法），或是从比较中可以帮助推定乡话某个词语的性质（如关于"吃饭"的说法），或是从比较中有可能化解乡话某个词语的疑团（如关于"乳房"的说法）。

有的是面向周边的汉语方言（如西南官话、湘语或其他方言），从比较中可以考察接触带来的影响（如关于"烫""小"的说法）。

有的是面向乡话内部不同的地区，从比较中可以考察乡话本身的差异性或一致性。

以上均为共时的比较，词汇研究还需要历时的比较。特别是对湘西乡话这种被一些学人视作颇为古老的汉语方言，做面向历史、面向古代的比较更是必不可少的，如关于"蛇""脚步""鞋""裤""洗"等词语的说法。

三、加强考本溯源的工作

这一点和上面谈及的历时比较有联系，但这里的侧重点不同。

在调查乡话的过程中，常常会从发音人口中听到一些关于某些事物的新奇说法。例如，有的发音人在我们感到诧异时，便说："这不是你们说的汉语，这是我们少数民族的说法。"

我们初次调查沅陵麻溪铺乡话时，发音人把"打雷"说成 [kʰo³⁵ ty⁵⁵]。我们当时不明白，后来发现 [ty⁵⁵] 的音韵地位和止摄合口三等脂韵平声知组（追、槌、锤）对应，而不应和蟹摄合口一等灰韵平声来母对应。再后来终于在《广韵》脂韵发现了"䨩"（陟佳切，雷也，出韩诗）这个字。

其后，在进一步了解"出韩诗"的过程中，蒙我院蔡梦麒教授告知，《韩诗》全帙不存。《毛诗·邶风·终风》："曀曀其风，虺虺其雷。"其中的"雷"东汉熹平石经刻作"䨩"。《广韵》言"䨩"字出自《韩诗》应该与此有关。

相对于通语词"雷"来说，"䨩"这个古方言词在乡话中还活生生地作为常用词语出现，足见其顽强的生命力。笔者查阅多种方言资料尚未发现有"䨩"的用法。

下面穿插一段与此话题有关的回忆：

1989 年 10 月，笔者去城步县调查方言。这期间由县志办段志强和县公安局杨应德陪同，前往长安营乡调查。有一天由段志强陪同，访问了几户人家，记录当地的山歌。在此过程中，从南山牧场来了一位被当地称为是少数民族的老乡。此人说是居住在南山半山腰，他们祖上是几百年前从沅陵迁移来的。这立即引起了笔者的注意，笔者联想到沅陵的乡话。在和他交谈中，问了几个乡话词语，他都认可，尤其是问到"打雷"一词，他的说法和沅陵乡话如出一辙。

目前，在有关乡话调查研究的报告中，还存留着不少的训读字以及许多有音无字的方框，如能进一步加强探究，相信会给汉语词汇发展史的研究提供许多有价值的材料。

加强考本溯源的工作，不能只图时间上的加速，它还要受到一些因素的制约，也和前面说到的两个问题有一定的联系。李荣先生曾在《方言词典说略》中指出："方言调查以记录事实为主。考本字也重要，到底不是主要的。考本字考对了是理应如此，考本字考错了是画蛇添足，没有把握的本字要少说，没有把握的时候最好用同音字。……写同音字足以反映方言事实，并非白璧之瑕。知之为知之，不知为不知，是知也。"这里特别强调，调查方言要以记录事实为主，我们应该牢记这一点。

附 记

2016年内，陈晖的《湖南泸溪乡话研究》，郑焱霞、彭建国的《湖南城步南山乡话研究》将随"湖南濒危汉语方言研究丛书"一起由湖南师范大学出版社出版。

湖南通道"本地侗"记略

彭建国

(湖南大学文学院)

【提　要】 湖南通道县有一个"本地人"群体,他们所说的语言中有一种叫"本地侗"。这种语言无论从语音、词汇还是从语法上,都有明显的侗、汉两种语言要素混合的痕迹。本文从3个方面简要地介绍"本地侗"的语言混合特征,并且指出这种混合的语言特征是侗、汉两族人民深入接触的结果。

【关键词】 通道　"本地侗"　语言特征　混合　濒危

一、引　言

通道侗族自治县位于湖南省西南边陲,地处湘、黔、桂三省交界处,属怀化市。通道县地广人稀,人口分布具有明显的民族聚居特点。汉族居民多居城镇,侗、苗、瑶等民族多以族姓而居,形成大聚居、小杂居的局面。各民族都有自己的民族语言,民族间的通用语以及会议、教学用语一般使用通道话,属于汉语西南官话的怀靖片。侗语的使用范围也较广,除侗族聚居区外,杂居区以及集市上的交易也使用侗语。通道其他民族中也有部分人能说侗语,侗语是通道各民族的第二交际用语。近年来,随着汉语影响力的不断增强,有相当一部分的少数民族居民,特别是跟汉族人杂居在一起的青少年以及部分中年人,已经不会说自己的民族语而只会说汉语了。

侗族中有一个特殊的群体叫"本地人",他们说的话叫作"本地话"。关于"本地话"的一些基本情况,彭建国、何妤娜(2010)已经有过介绍,此不赘述。"本地话"分两类:一类明显属汉语,我们暂称之为"本地汉";另一类侗语特征明显,但区别于通道侗语的是其中的汉语成分明显多得多,本文暂称之为"本地侗"。"本地汉"可分为3片,即菁芜洲片、太中片和杏五片;"本地侗"只分布在下乡一带。二者不能通话。但是无论是太中片还是杏五片,甚至是下乡的"本地人",都把菁芜洲"本地话"作为标准音。各地的"本地人"在日常生活中一般讲当地的"本地话",但是一旦到了庄重的场合,如祭祀、红白喜事的致辞等,都要用菁芜洲"本地话"来吟或唱。"本地人"有3种民歌(不同于汉族的山歌),一曰讲歌(又叫候路歌),二曰花歌,三曰歌草,都只能用菁芜洲"本地话"来唱,若用别处的"本地话",就会感觉变了味,甚至唱不上来。据我们的研究,菁芜洲"本地话"的语音性质接近桂北平话(彭建国、何妤娜,2010)。本文主要讨论的是下乡的"本地侗"。

二、"本地侗"的音系

1. 声母

"本地侗"有声母49个。

p pʰ m mʰ f w wʰ t tʰ n nʰ l lʰ ts tsʰ
s ȶ ȶʰ ȵ ȵʰ ɕ j jʰ k kʰ ŋ h tɕ tɕʰ pj
pʰj mj tj tʰj kj kʰj lj nj tw tʰw kw kʰw ȶw mw ȵw
tsw tsʰw sw ʔ

声母说明：

① 送气特征在塞音中表现明显，在鼻音、边音和半元音中则不十分稳定，有时明显有时不明显。
② [f、ts、tsʰ、tɕ、tɕʰ] 5个声母只用来拼汉语词。
③ [ȶ、ȶʰ] 在与齐齿韵相拼时稍带有擦音的成分，但塞音的成分仍然是主要的。

声母例字（词）：

[pa⁵⁵] 鱼   [pʰa²⁴] 坡   [ma¹¹] 磨（刀）   [mʰa²⁴] 狗
[fa³³] 花（生） [wa⁵³] 脏   [wʰa²³] 大伙   [ta⁵⁵] 外公
[tʰan⁴¹] 炭   [na⁵⁵] 眼睛   [nʰa²⁴] 厚   [la¹¹] 锣
[lʰa²⁴] 招待   [tsin³³] 井   [tsʰau³] 操   [sən⁵⁵] 早
[ȶa⁵³] 那   [ȶʰa⁴⁵³] 上（山） [ȵa¹¹] 你   [ȵʰa²⁴] 河
[ɕa⁵⁵] 沙   [ja⁵³] 田   [jʰa²⁴] 花   [ka¹¹] 硬
[kʰau³³] 酒   [ŋa⁴¹] 馋   [ha³¹] 学   [tɕau³³] 爪
[tɕʰau³³] 炒   [pja¹¹] 爬   [pʰjin⁵⁵] 歪   [mjən⁵⁵] 月
[tje¹¹] 蹄   [tʰje³¹] 踢   [kjei³³] 拉   [kʰja²⁴] 耳朵
[lje³³]（家）羊 [nje³¹] 日   [kwan⁵⁵] 斧头   [kʰwa⁵⁵] 裹
[twe⁵⁵] 堆   [tʰwe⁵³] 退   [ȶwan⁵⁵] 站   [mwan¹¹] 雾
[ȵwan³] 少   [tswi¹¹] 蛇   [tsʰwai²⁴] 推   [swan⁵³] 数（钱）
[ʔa⁵⁵] 乌鸦

2. 韵母

"本地侗"有韵母23个。

a　　ai　　au　　an　　aŋ　　o　　oi　　ou　　on　　oŋ　　e　　ei

eu　　en　　ən　　ɿ　　i　　iu　　iŋ　　u　　uŋ　　ya　　yan

韵母说明：

①本地侗有［a、o、e、ə、i、u、ɿ］7个元音音位。其中，［a、o、e、i、u、ɿ］6个可单独作韵母。

②韵母［ɿ］只用来拼西南官话的借词。

③［iŋ］有时有读为［in］的趋势，但二者并不构成音位对立。

韵母例字（词）：

　　［pa^{33}］腿　　　　［tʰai^{55}］猜　　　［lau^{41}］枯　　　［lan^{41}］烂

　　［faŋ^{24}］方　　　　［ŋo^{53}］五　　　　［poi^{11}］赔　　　［lou^{55}］挖

　　［pon^{33}］满　　　　［hoŋ^{11}］红　　　　［ŋe^{11}］牙　　　［nei^{41}］母亲

　　［pʰeu^{453}］炮　　　［tɕʰien^{41}］欠　　　［sən^{55}］心　　　［sɿ^{33}］司（机）

　　［si^{55}］西　　　　　［tsiu^{55}］椒　　　　［jiŋ^{33}］影子　［pu^{24}］鸭

　　［pjuŋ^{55}］狼　　　　［ya^{31}］喝　　　　　［yan^{55}］瘦

3. 声调

"本地侗"有8个调类。（见表1）

表1　"本地侗"的声调

调类	1	1'	2	3	4	5	5'	6
调值	55	24	11	33	31	53	453	42
例词	［pa^{55}］鱼	［pʰa^{24}］坡	［pa^{11}］祖母	［pa^{33}］腿	［pa^{31}］白	［po^{53}］肚脐	［pʰau^{453}］肺	［pe^{42}］北

三、"本地侗"的语言特征

"本地侗"在语音、词汇和语法上都带有明显的侗、汉语言的混合性质，下面分3部分进行简要概述。

1. 语音特征

"本地侗"在音系结构上与通道侗语（以通道陇城话为标准）不相同，而与菁芜洲等地的"本地话"基本一致。具体表现在：

(1) 陇城侗语属侗语南部方言（王均，1984：398），与其他侗语南部方言一样，元音 [a] 有长 [a] 与短 [ɐ] 之分，"本地侗"则没有。（见表2）

表2　"本地侗"与陇城侗语元音 [a] 的差异

| 陇城侗语 | [pan⁵⁵] 男人 | [nam¹¹] 南 | [taŋ⁵⁵] 香 | [ap³³] 合拢 | [pat³³] 涩味 | [pak³³] 外面 |
| "本地侗" | [pɐn⁵⁵] 竹 | [nɐm³¹] 水 | [tɐŋ⁵⁵] 来 | [pɐp²¹] 伏 | [tɐt⁵⁵] 砍 | [pɐk²¹] 萝卜 |

(2) 陇城侗语辅音韵尾 [-m、-n、-ŋ、-p、-t、-k] 俱全，而"本地侗"辅音韵尾只有 [-n、-ŋ] 两个，陇城侗语 [-m] 尾对应于"本地侗"的 [-n] 尾，而塞音韵尾 [-p、-t、-k] 在"本地侗"中则都已经脱落。（见表3）

表3　"本地侗"与陇城侗语辅音韵尾的差异

例字 语言	风	南	胆	嘴	血	北
陇城侗语	[ləm¹¹]	[nam¹¹]	[tam³³]	[əp⁵⁵]	[pʰat²³]	[pak⁵⁵]
"本地侗"	[ən¹¹]	[nan¹¹]	[tan³³]	[u²⁴]	[pʰa⁵³]	[pe²⁴]

(3) "本地侗"中的汉字音与菁芜洲"本地话"有严格的对应关系，其声母、韵母的对应关系见表4、表5。

表4　"本地侗"与菁芜洲"本地话"声母的对应关系

| 声母 | 古声类 | 举例 | |
		"本地侗"	菁芜洲"本地话"
p	帮、並、奉	边 [piŋ⁵⁵]、辫 [piŋ⁵⁵]、肥 [pi¹¹]	边 [pin⁵⁵]、辫 [pin⁵⁵]、肥 [fi¹³]
pʰ	滂	炮 [pʰeu⁵³]	炮 [pʰy⁴⁴]
m	明、微	蟆 [ma¹¹]、望 [maŋ⁴²]	蟆 [mia⁴⁵]、望 [maŋ²²]
f	非	飞 [fi⁵⁵]	飞 [fi⁵⁵]
t	端、定、澄	东 [toŋ⁵⁵]、条 [tiu¹¹]、橙 [tən¹¹]	东 [toŋ⁵⁵]、条 [ty¹³]、橙 [tən¹³]
n	泥、疑、日	难 [nan¹¹]、宜 [ni¹¹]、日 [nie⁴²]	难 [lan¹³]、宜 [ni¹³]、日 [nie²¹]
l	来	聋 [loŋ⁵⁵]	聋 [loŋ⁵⁵]
ts	精、从、邪	椒 [tsiu⁵⁵]、钱 [tsin¹¹]、松 [tsoŋ¹¹]	椒 [tsy⁵⁵]、钱 [tsī¹¹]、松 [soŋ¹¹]
tsʰ	清	秋 [tsʰu⁵⁵]	秋 [tsʰu⁵⁵]
s	心	西 [si⁵⁵]	西 [si⁵⁵]
ʈ	知、澄、章、禅、崇、见、群	猪 [ʈu⁵⁵]、沉 [ʈən¹¹]、钟 [ʈoŋ⁵⁵]、晨 [ʈən¹¹]、镯 [ʈo³¹]、金 [ʈən⁵⁵]、勤 [ʈən¹¹]	猪 [ʈu⁵⁵]、沉 [ʈən¹³]、钟 [ʈoŋ⁵⁵]、臣 [ʈən¹³]、闸 [ʈia²¹]、金 [ʈən⁵⁵]、勤 [ʈən¹³]

（续表4）

声母	古声类	举例	
		"本地侗"	菁芜洲"本地话"
tɕʰ	昌	车[tɕʰa⁵⁵]	车[tɕʰa⁵⁵]
ȵ	疑	月[ȵo⁵³]	月[ȵo²¹]
tɕ	从、章、见、群	墙[tɕaŋ¹¹]、纸[tɕi³³]、鸡[tɕi⁵⁵]、骑[tɕi¹¹]	情[tɕin¹³]、纸[tɕi³³]、鸡[tɕi⁵⁵]、骑[tɕi¹³]
tɕʰ	昌、溪、晓	尺[tɕʰe³¹]、气[tɕʰi⁵³]、喜[tɕʰi³³]	尺[tɕʰie²¹]、气[tɕʰi⁴⁴]、喜[tɕʰi³³]
ɕ	心、邪、船、书、禅、云	箱[ɕaŋ⁵⁵]、象[ɕaŋ⁴²]、食[ɕe¹¹]、身[ɕən⁵⁵]、勺[ɕo³¹]、熊[ɕoŋ¹¹]	箱[ɕiaŋ⁵⁵]、象[ɕiaŋ²²]、食[ɕie²¹]、身[ɕiən⁵⁵]、勺[ɕio²¹]、熊[ɕioŋ¹³]
k	见、群	姑[ku⁵⁵]、圈[kjan⁴²]	姑[ku⁵⁵]、狂[kuaŋ¹³]
kʰ	溪、晓	苦[kʰu³³]、欢[kwʰan⁵⁵]	苦[kʰu³³]、欢[kʰuan⁵⁵]
ŋ	疑	牛[ŋe¹¹]	牛[ŋou¹³]
j/i	影、以、云	阴[jən⁵⁵]、游[ju¹¹]、右[ju⁴²]	阴[in⁵⁵]、游[iu¹³]、右[iu²²]
w/u	匣	横[wən¹¹]	横[uən¹³]
ʔ/∅	影	鸦[ʔa⁵⁵]	鸦[a⁵⁵]

表5 "本地侗"与菁芜洲"本地话"韵母的比较

本地侗韵母	中古音韵地位	韵母比较	
		"本地侗"	菁芜洲"本地话"
i	遇合三	淤[i⁵⁵]、输[ɕi⁵⁵]	淤[y⁵⁵]、输[fy⁵⁵]
	蟹开四	西[si⁵⁵]、鸡[tɕi⁵⁵]	西[si⁵⁵]、鸡[tɕi⁵⁵]
	止摄	皮[pi¹¹]、时[ɕi¹¹]、眉[mi¹¹]、吹[tɕʰi²⁴]、锤[tɕi¹¹]、肥[pi¹¹]	皮[pi¹³]、时[ɕi¹³]、眉[mi¹³]、吹[tɕʰu⁵⁵]、锤[ty¹³]、肥[fi¹³]
	臻开三	一[ji⁵⁵]	一[ie⁴⁴]
	梗开四	劈[pʰi²⁴]、锡[si³¹]	劈[pʰi⁵⁵]、锡[se²¹]
u	遇摄	姑[ku⁵⁵]、猪[tu⁵⁵]、须[si⁵⁵]	姑[ku⁵⁵]、猪[tu⁵⁵]、须[si¹³]
	流开三	九[tu³³]、又[ju⁴²]、锄[ɕu¹¹]	九[tu³³]、又[iu²²]、锄[su¹³]
	臻摄	七[tsʰu²⁴]、骨[ku²⁴]	七[tsʰe³³]、骨[ko⁴⁴]

（续表5）

本地侗韵母	中古音韵地位	韵母比较	
		"本地侗"	菁芜洲"本地话"
a	果摄	歌[ka^{55}]、茄[ʈa^{11}]、坐[tsa^{33}]	歌[ka^{55}]、茄[ʈa^{13}]、坐[tsa^{22}]
	假摄	蛤[ha^{11}]、花[jʰa^{24}]、姐[ʈa^{33}]	蛤[xa^{13}]、花[fya^{55}]、姐[ʈa^{33}]
	山开一、二	渴[kʰa^{33}]、杀[sa^{31}]	割[ka^{21}]、杀[sa^{31}]
	江摄	学[ha^{11}]、角[ka^{42}]	学[xo^{21}]、角[ko^{21}]
	曾、梗摄	墨[ma^{11}]、打[ta^{33}]	墨[me^{21}]、打[ta^{33}]
ia	假摄	沙[ɕa^{55}]、瓜[kja^{55}]	沙[sa^{55}]、瓜[kua^{55}]
	蟹合二	挂[kia^{53}]	挂[kua^{44}]
	宕开三	勺[ɕa^{31}]	勺[ɕia^{21}]
ua	果合一	火[hua^{33}]	火[fa^{33}]
o	遇摄	蜈[mo^{11}]、箸[ʈo^{42}]	蜈[u^{13}]、箸[ʈu^{44}]
	山合三	月[ŋo^{31}]	月[ŋo^{21}]
	江开二	镯[ʈo^{31}]	捉[tso^{21}]
	通合一屋	木[mo^{31}]、读[to^{11}]	木[mo^{21}]、读[to^{21}]
io	通合三	熟[ɕo^{31}]、六[ljo^{31}]	熟[ɕio^{21}]、六[lio^{21}]
e	假开二	嫁[ke^{53}]、芽[ŋe^{11}]、蹄[tje^{11}]	嫁[ʈia^{44}]、芽[ȵia^{13}]、蹄[tie^{13}]
	蟹摄	细[se^{53}]、煤[me^{11}]	细[se^{44}]、煤[me^{13}]
	山开三	别[pe^{11}]	别[pie^{21}]
	曾开一、三	北[pe^{42}]、刻[kʰe^{11}]、直[tɕe^{31}]	北[pe^{44}]、刻[kʰe^{44}]、直[tɕie^{21}]
	梗开二	拍[pʰe^{33}]、格[ke^{31}]、窄[tɕe^{42}]	拍[pʰe^{21}]、格[ke^{21}]、窄[tɕie^{21}]
	深开三	十[ɕe^{31}]	十[ɕie^{21}]
	臻开三	日[nje^{31}]、笔[pje^{11}]	日[nie^{21}]、笔[pie^{44}]
ai	蟹摄	踩[tsʰai^{33}]、鞋[hai^{11}]、筛[ɕai^{55}]	踩[tsʰai^{33}]、鞋[ɕie^{13}]、筛[sai^{55}]
ei	蟹摄	菜[tsʰei^{53}]、大[tei^{42}]、晒[ɕei^{53}]	菜[tsʰei^{44}]、大[tai^{22}]、晒[sai^{44}]
oi	蟹摄	赔[poi^{11}]、快[kʰoi^{53}]	赔[pe^{13}]、快[ʈʰie^{44}]
au	效开一、二	高[kau^{55}]、爪[tɕau^{33}]、苗[mjau^{11}]	高[kau^{55}]、爪[tsau^{33}]、苗[my^{13}]
eu	效摄	包[peu^{55}]、炮[pʰeu^{453}]	包[py^{55}]、炮[pʰy^{44}]
ou	流开一	瓯[ou^{55}]、沟[kou^{55}]	瓯[ou^{55}]、沟[kou^{55}]
iu	效开三、四	椒[tsiu^{55}]、叫[kiu^{55}]	椒[tsy^{55}]、叫[ʈy^{44}]
an	咸、山摄	三[san^{55}]、咸[han^{11}]、盘[pan^{11}]	三[san^{55}]、咸[xan^{13}]、盘[pan^{13}]
aŋ	宕摄	钢[kaŋ^{55}]、望[maŋ^{53}]、箱[ɕaŋ^{55}]	钢[kan^{55}]、望[man^{44}]、箱[ɕian^{55}]

(续表5)

本地侗韵母	中古音韵地位	韵母比较 "本地侗"	韵母比较 菁芜洲"本地话"
ən	深开三	金[tɕən⁵⁵]、阴[jən⁵⁵]	金[tɕən⁵⁵]、阴[iən⁵⁵]
ən	臻摄	恨[hən¹¹]、斤[tɕən⁵⁵]、身[ɕən⁵⁵]	恨[xən⁴⁴]、斤[tɕən⁵⁵]、身[ɕiən⁵⁵]
ən	曾开三	称[tʰən⁵⁵]、升[ɕən⁵⁵]	称[tʰən⁵⁵]、升[ɕiən⁵⁵]
ən	梗摄	正[tɕən⁵⁵]、横[wən¹¹]、生[ɕən⁵⁵]	正[tɕən⁵⁵]、横[uə¹³]、生[ɕiən⁵⁵]
iŋ	咸开三、四	尖[tsiŋ⁵⁵]、甜[tiŋ¹¹]	尖[tsĩ⁵⁵]、甜[tĩ¹³]
iŋ	山开三、四	箭[tsiŋ⁵⁵]、边[piŋ⁵⁵]	箭[tsĩ⁵⁵]、边[pĩ⁵⁵]
iŋ	梗开三、四	平[piŋ¹¹]、声[ɕiŋ⁵⁵]、钉[tiŋ⁵⁵]	平[pĩ¹³]、声[ɕĩ⁵⁵]、钉[tĩ⁵⁵]
en	山开四	牵[tɕʰen²⁴]、燕[jen⁵⁵]	牵[tɕʰĩ⁵⁵]、燕[ĩ⁴⁴]
en	咸开三	欠[tɕʰen⁴²]	欠[tɕʰĩ⁴⁴]
oŋ	通摄	东[toŋ⁵⁵]、公[koŋ⁵⁵]、龙[ljoŋ¹¹]	东[toŋ⁵⁵]、公[koŋ⁵⁵]、龙[lio¹³]
oŋ	梗摄	梗[koŋ⁵³]	梗[kən³³]

但是在语音要素特征上,"本地侗"却与陇城侗语接近,而与菁芜洲等地的"本地话"不同。具体表现在:

(1) "本地侗"有送气与不送气特征的系统对立,这种对立不仅出现在塞音和塞擦音上,还出现在鼻音、边音和半元音上。这种系统的对立在周边汉语方言中没有,在侗语中一般也少见,请看表6中的比较。[播阳话和陇城话的材料来自《通道县志》(1999:864-872),广西车江侗语材料来自梁敏(1980:95-114)]

表6 "本地侗"(下乡)、播阳、陇城、车江话是否有送气音比较

词条	下乡	播阳	陇城	车江
霜	[mʰe²⁴]	[mʰe³⁵]	[me⁵⁵]	[me⁵⁵]
河	[ȵʰa²⁴]	[ȵjʰa³⁵]	[ȵa⁵⁵]	[ȵa⁵⁵]
老鼠	[nʰo³³]	[nʰo²³]	[nʰo²³]	[no¹³]
喂(招待)	[lʰa²⁴]	[lʰa³⁵]	[lʰa³⁵]	[pʰja³⁵]
花	[jʰa²⁴]	[wa³⁵]	[wa³⁵]	[wa³⁵]
狗	[mʰa²⁴]	[ŋʰu⁴⁵³]	[kʰu⁴⁵³]	[ŋwa³⁵]
草	[ȵʰaŋ³³]	[ȵʰaŋ²³]	[ȵʰaŋ²³]	[ȵaŋ¹³]

(2) "本地侗"的韵母系统中撮口呼韵母很少,这与通道侗语接近而与菁芜洲"本地话"不同。汉语方言中容易出现撮口呼的韵母,"本地侗"中都不用撮口呼,如月[ȵo⁵³]、(胡)须[su⁵⁵]、(野)猪[tu⁵⁵]、茄(子)[ta¹¹]、菌(子)[kin⁵³]、胸(脯)[ɕoŋ⁵⁵]。

菁芜洲"本地话"中的撮口呼韵母,在"本地侗"中也有相应的非撮口呼韵母与之对应。(见表7)

表7 "本地侗"与菁芜洲"本地话"撮口呼的对应

中古音韵地位	"本地侗"	菁芜洲"本地话"
遇合三	淤[i^{55}]、输[ɕi^{55}]	淤[y^{55}]、输[fy^{55}]
止合三	锤[tɕi^{11}]	锤[ʨy^{13}]
假合二	花[jʰa^{24}]	花[fya^{55}]
效开一二	包[pou^{55}]、苗[miau^{11}]	包[py^{55}]、苗[my^{13}]
效开三四	椒[tsiu^{55}]、叫[kiu^{53}]	椒[tsy^{55}]、叫[ʨy^{44}]

2. 词汇特征

"本地侗"(实际上包括所有的"本地话")都有一种非常奇特而又有趣的词汇现象,它们的母系亲属称谓基本与侗族一致,而父系亲属称谓则基本与汉族一致。(见表8)

表8 "本地侗"与侗语、菁芜洲"本地话"的亲属称谓

称谓	侗语	"本地侗"	菁芜洲"本地话"
外婆	[te^{55}]	[te^{55}]	[te^{55}]
外公	[ta^{55}]	[ta^{55}]	[ta^{55}]
母亲	[nəi^{31}]	[nei^{41}]	[nei^{21}]
舅母	[u^{55}]	[ku^{55}]	[ku^{55}]
祖父	[oŋ^{33}]	[koŋ^{55}]	[koŋ^{55}]
祖母	[sa^{31}]	[pa^{11}]	[pa^{11}]
父亲	[pu^{41}]	[ja^{55}]	[ia^{55}]
哥哥	[ʨai^{31}pan^{55}]	[pau^{33}]	[ka^{55}ka^{55}]

我们以梁敏先生编著的《侗语简志》所附词汇表为样本,略加改动后调查了约1100个词。其中,汉语词约占60%,侗语词约占36%,还有几十个词由于与侗语和汉语的差距都比较大,暂时无法判断它们的来源,姑且称之为"本地词"。但是,如果单从这1000多个词中侗、汉词各自所占比例来判断"本地侗"的词汇性质,那是不科学的。

语言学家斯瓦迪士(M. Swadesh)1952年曾从印欧语言中挑选出人类语言中最稳定的200个词,1955年又从这200个核心词中筛选出100个更稳定的核心词。他提出核心词理论原本是为了计算亲属语言的分化年代,陈保亚创造性地把它应用到判断语源关系,提出了著名的核心词阶曲线判定法。阶曲线判定法的理论基石是:语言的接触无界而有阶,即一种语言的任何成分都可能被其他语言的借词所替代,但是在借词替代原词的过程中大致会有这样的趋势,越是核心的词越不容易被其他词代替,因此也就越稳定,即所谓"有阶"。他的基本做法是:先把200个核心词分为两个阶,然后比较关系词在一阶和二阶的

分布，再根据阶曲线的走向来判定两种语言是否同源。如果一阶到二阶的阶曲线下降，即表明一阶的关系词多于二阶的关系词，那么两种语言同源。反之，两种语言不同源。

虽然陈保亚的理论在国内争议颇多，赞同与反对的声音都有，不过反对者似乎也没有提出更好的方案。因此，我们这里还是采用这种方法来看看"本地侗"和侗语在核心词中的关系。目的之一是看"本地侗"是与侗语同源还是与汉语同源，或者说，"本地侗"的词汇底层到底是侗语还是汉语。侗语的材料采用梁敏（1980）的材料，对于其中没有的词我们进行了补充调查。具体的对照材料可参看附录。

在比较之前，先要对一些原则性的问题做一些说明。汉语和壮侗语到底是同源关系还是接触关系，现在学术界还有争议，归根到底还是同源词与借词如何辨别的问题。而侗语中本身就含有大量的汉语借词，那么，我们在比较"本地侗"与侗语的核心词时如何处理这二者之间的关系？对此我们采用曾晓渝（2003）与王均（1984）的方法。曾先生吸收了邢公畹（1996）和吴安其（2002）的研究成果，认为侗台语早在距今约5000年前就与汉语分家了，因此侗台语中与汉语有发生学关系的同源词是非常少的，而侗台语里大量与汉语有系统音义对应关系的词应看作汉语借词。这些借词可根据与汉语的中古音及西南官话的语音对应规则分为老借词与新借词。

因此，我们在比较时的判定标准是：①如果某词条侗语为非汉语借词，而"本地侗"为汉语借词，那么二者不同源，标记为"－"；②某词条侗语与"本地侗"同为非汉语借词，二者又具有语音对应关系，那么二者同源，标记为"＋"；③某词条侗语与"本地侗"均为非汉语借词，但二者无语音对应规律，二者也不同源，标记为"－"；④某词条侗语与"本地侗"同为汉语借词，这时候不便于判定二者的关系，该词条舍去。

我们对200个核心词在侗语和"本地侗"中的读音情况统计的结果是：在前100个核心词中，"本地侗"与侗语同源的有67个，不同源的有30个，另有3个双方均为汉语借词，舍去，这样，二者同源词比例为67/（100－3）=69.1%。在后100个核心词中，与侗语同源的为52个，不同源的为42个，另有4个双方均为汉语借词，舍去。另外，在后100个核心词中有两条（"因为"与"如果"）我们没有调查出来，发音人发的均为西南官话音，故亦舍去。这样，后100个核心词中二者同源的比例为52/（100－6）=55.3%。阶曲线呈下降趋势，如果联系1100个词中二者的比例关系，同源的比例约为36%，阶曲线依然下降。由此看来，"本地侗"与侗语为同源关系，与汉语是接触关系。

3．语法特征

在"本地侗"的语法中也可以明显看到侗、汉两种语言融合的痕迹。限于篇幅，我们只举一点来说明。在构词法方面，侗语与汉语最大的差别体现在，侗语定中结构中限制词的位置不是像汉语那样位于中心语之前，而是一般位于中心词之后。如：

[a:u⁴ ja:n¹]屋里　　[ja:n¹ a:u⁴]里屋
　里　屋　　　　　　屋　里

[pa⁵ a:i⁵]鸡翅膀　　[na:n⁴ ŋu⁵]猪肉
　翅膀　鸡　　　　　　肉　猪

"本地侗"跟侗语在构词方式上有相同的表现，也采用"中心词+限制词"的方式，哪怕是用汉语语素来成词也是一样。如：

$$[jan^2\ nai^5]\ 这房子\qquad [nu^5\ fu^3]\ 妇女$$
$$\ \ \ \ 屋\ \ 这\qquad\qquad\qquad\ \ \ 女\ \ 妇$$
$$[min^2\ nai^3]\ 今年\qquad [pi^2\ mei^5]\ 树皮$$
$$\ \ \ \ 年\ \ 今\qquad\qquad\qquad\ \ \ 皮\ \ 树$$

但是"本地侗"在这类构词方式上的表现并没有像侗语那样彻底，也有一些结构是采用的汉语"限制词+中心词"的模式。如：

$$[tu^2\ \underline{n}in^2\ ti^3\ ko^{1'}]\ 去年的谷子\qquad [t^hu^1\ \underline{n}i^2\ ti^3\ i^4\ ta^3]\ 初二早上$$
$$\ \ \ 旧\ \ \ 年\ \ 的\ \ 谷子\qquad\qquad\qquad\qquad\ \ \ 初\ \ \ 二\ \ 的\ \ 早上$$

下面举几个代词作限制词的例子，比较侗语与"本地侗"在语序上有何异同之处。（见表9）

表9　侗语与"本地侗"语序的异同

例句	侗语	"本地侗"
这里有一只水牛	$[ki^1\ na:i^6\ me^2\ tu^2\ kwe^2]$ 处这有只水牛	$[au^4\ nai^5\ me^2\ o^2\ we^2\ \ ci^3]$ 里这有只水牛
那个人	$[muŋ^4\ ŋən^2\ ta^5]$ 个人那	$[o^2\ jən^2\ ta^5]$ 个人那
我们的家	$[ja:n^2\ ta:u^1]$ 家咱们	$[ljau^1\ ti^3\ jan^2]$ 咱们的家
自己的衣服	$[uk^9\ si^6\ a^1]$ 衣服自己	$[tsi^2\ ka^1\ ti^3\ ko^6]$ 自己的衣服
什么人	$[ŋən^2\ ma:ŋ^2]$ 人什么	$[jən^2\ maŋ^1]$ 人什么

四、"本地侗"形成的人文背景

同属一个群体，为什么"本地人"所使用的语言却有那么大的差异呢？这后面有着非常深刻的人文历史方面的原因。虽然现在"本地人"的民族成分被确定为侗族，但是之前无论是侗族还是"本地侗"都认为他们之间是有差别的。侗族的款本在说到"本地人"

时总是把他们称为"客地"［ka^{11}ti^{55}］。通道原民委杨锡先生曾经收集了很多这方面的材料，现摘录一段如下：

> 讲到中团、驾马、下乡、临口的客地，他们不是汉人，他们不是侗人。身上穿的衣服不同，讲的话也不同。说他们是汉人，他们又捆白帕穿黑衣；说他们是侗人，他们又没有琵琶芦笙。大伙大群，男男女女，头上都捆白帕。他们一来抬故事，二来敬太公，早吹号夜吹角，只听铜锣多热闹。

通过查阅历史文献资料以及民间的相关史料，我们认为"本地人"的形成是侗、汉两个民族长期融合的结果，"本地侗"则是汉、侗两种语言相互接触、融合的结果。

侗族是通道县的世居民族，是古代百越民族中骆越的后裔，秦汉时与本地其他少数民族统称"武陵蛮"，魏晋后泛称"僚"。《隋书·南蛮传》云："南蛮杂类，与华人错居，曰蜒、曰狼、曰俚、曰僚、曰㝠，俱无君长，随山洞而居，古先所谓百越是也。"唐宋时侗族在史料中称"犵狑"（仡伶）、"洞僚"或与其他西南少数民族统称为"蛮"或"苗"。《宋史·西南溪洞诸蛮传》就记载有"乃以其田给靖州犵狑杨姓者"，"诚、徽州，唐溪峒州。宋初，杨氏居之，号十峒首领，以其族姓散掌州峒"。唐宋之后，其称更繁，如"飞山蛮""仡伶""峒""洞僚""洞蛮"等。《明史》称"蛮僚"。清代称"苗""峒苗"或"夷瑶"，《渠阳边防考》（按：渠阳在今靖州）载："渠旭治境诸夷种，有生苗、熟苗、峒苗。"

"本地人"主要有杨、陆、吴、罗、石、陈、粟、李、曹、张10个姓氏。谭其骧先生在其著作《近代湖南人中之蛮族血统》中考评杨、吴、石、粟、李、张几姓都具有所谓"蛮族"血统，尤以杨姓为甚（按：杨姓是"本地侗"的第一大姓）。谭先生说："杨氏唐末以来繁衍于省境西南隅'溪峒诚、徽州'一带。五季时飞山有承磊者，附于叙州蛮潘全盛，为楚将吕师周所杀。既擒全盛，承磊族人再思以其地附于楚。旋复自署为诚州刺史，以其族姓散掌州峒，号十峒首领。值天下乱，再思能保据一方，著威惠。没后民怀思之，至今庙祀不绝。"（谭其骧，1987：374-375）今"本地人"杨姓还自认是飞山蛮的后代，他们每年都要去靖州"飞山庙"祭拜他们的祖先杨再思。

靖州"飞山寨"实际上可能是"本地人"融合的一个起点。从民间的族谱记载情况来看，杨姓认为祖先是从河南杨州白沙县来，归先迁至靖州飞山寨，后来再分居各地。如下乡流源杨氏手抄祖谱记载，"至五月初五日战破飞山，于五甲六户争斗不免，以后，各地杨姓迁徙甚繁，自愿移场择地"。流源杨姓，"初到芙蓉江口、寨头、里勇牯牛大塘，地连西应，又到双江、黄柏、龙头吉利……最后到下乡琵琶七村安身坐住，开花散叶，天顺二年（1458）进入流源"。陆姓族谱记载来自江西吉安府泰和县，后迁到飞山寨，再迁至通道菁芜州。其他各姓的迁徙路线大致与陆姓相同。

因此，"本地人"的形成是民族融合的结果，历代的汉人出于各自的原因迁徙来到靖州飞山寨，慢慢地与当地以杨姓为主的侗族居民接近、通婚、融合，后又一同迁往现在的住地。在长期的交往中，他们的服装、风俗渐渐形成自己的风格，语言也逐渐发生了变化。由于汉人无论是在生产技术还是在文化水平上都占有优势，所以语言上也占据着优势地位，受侗语的影响较少，形成今天菁芜洲等地的"本地话"。而侗族人则在向汉人学习的过程中吸收了越来越多的汉语成分，形成现在下乡"本地侗"的面貌。因此我们认为，湖南通道县境内的"本地侗"是侗、汉两个民族在长期的历史接触中逐渐融合而成的一种带有混合的语言，这种语言对于语言的接触研究有着极为重要的研究价值。

附　录
200 个核心词比较

序号	词条	侗语	"本地侗"	标记	序号	词条	侗语	"本地侗"	标记
1	I	[jau²]	[jau²]	+	2	you	[ȵa²]	[ȵa²]	+
3	we	[ta:u¹]	[ljau¹]	+	4	this	[na:i⁶]	[nai⁶]	+
5	that	[ʈa⁶]	[ʈa⁶]	+	6	who	[nəu²]	[nəu²]	+
7	what	[ma:ŋ²]	[ən⁶maŋ¹]	+	8	not	[kwe²]	[ŋe²]	+
9	all	[lət⁷]	[tsin⁶]	−	10	many	[kuŋ²]	[ʈoŋ²]	−
11	one	[la:u³];[ət⁷]	[i¹]	−	12	two	[ja²]	[ja²]	+
13	big	[ma:k⁹];[la:u⁴]	[ma⁶]	+	14	long	[ja:i³]	[jai³]	+
15	small	[un³];[ni⁵]	[ȵən³]	+	16	woman	[ȵən² mjek⁹]	[la⁴ kja⁵]	−
17	man	[ȵən² pa:n¹]	[la⁴man¹]	+	18	person	[ȵən²]	[ȵən²]	+
19	fish	[pa¹]	[pa¹]	+	20	bird	[mok⁸]	[mjo⁶]	+
21	dog	[ŋwa¹ʼ]	[mʰa¹ʼ]	+	22	louse	[nan¹]	[məŋ¹]	−
23	tree	[məi⁴]	[mei⁶]	+	24	seed	[pan¹];[ɕoŋ³]	[ʈoŋ³ tsi³]	−
25	leaf	[pa⁵]	[wa⁶]	−	26	root	[sa:ŋ¹ʼ]	[saŋ¹]	+
27	bark	[pi² məi⁴]	[pi² mei⁶]	+	28	skin	[pi²]	[pi²]	+
29	flesh	[nan⁴]	[nan⁶]	+	30	blood	[pʰa:t⁹ʼ]	[pʰa²⁴]	+
31	bone	[la:k⁹]	[ku¹ʼ]	−	32	grease	[ju²]	[tu³ pen³]	−
33	egg	[kəi⁵]	[kei⁵]	+	34	horn	[pa:u¹]	[ka⁶]	−
35	tail	[sət⁷]	[sɿ¹ʼ]	−	36	feather	[pjiŋ¹]	[pjiŋ¹]	+
37	hair	[pjam¹ ka:u³]	[pjin¹ kjau³]	+	38	head	[ka:u³]	[kjau³]	+
39	ear	[kʰa¹ʼ]	[kʰja¹ʼ]	+	40	eye	[ta¹]	[na¹]	+
41	nose	[naŋ¹]	[noŋ¹]	+	42	mouth	[əp⁷];[pa:k⁹]	[wu¹ʼ]	−
43	tooth	[pja:n¹]	[ŋe²]	−	44	tongue	[ma²]	[ma²]	+
45	claw	[ɕeu³]	[tɕeu³]	+	46	foot	[tin¹]	[tin¹]	+
47	knee	[əm³ wa:u⁵]	[kjau³ wo¹]	+	48	hand	[mja²]	[mja²]	+
49	belly	[loŋ³]	[tu³]	−	50	neck	[ȵən⁶];[u²ȵən⁶]	[o¹]	+
51	breasts	[mi³]	[mʰi³]	+	52	heart	[səm¹ʼ]	[sən¹]	+

(续上表)

序号	词条	侗语	"本地侗"	标记	序号	词条	侗语	"本地侗"	标记
53	liver	[tap⁷]	[kan¹]	−	54	drink	[wum²]	[ya²]	−
55	eat	[ȶi¹]	[tɕi¹]	+	56	bite	[kit¹⁰]	[ki⁴]	+
57	see	[nu¹]	[li² nu¹]	+	58	hear	[li² tɕʰin¹]	[li² in¹]	+
59	know	[wo⁴]	[li² ljo⁶]	+	60	sleep	[nak⁷˙]	[na⁶]	+
61	die	[təi¹]	[kei¹]	+	62	kill	[sa³˙]	[sa³]	+
63	swin	[ap⁸ ɕn¹]	[jo⁶ ʔa⁴]	−	64	fly	[pən³]	[hi¹˙]	+
65	walk	[ȶʰaːm³˙]	[tɕʰen³]	+	66	come	[ma¹˙]	[toŋ¹]	−
67	lie	[kʰau¹]	[kʰau⁵]	+	68	sit	[sui⁵]	[sui⁵]	+
69	stand	[jun¹]	[ȶwan¹]	−	70	give	[saːi¹˙]	[au¹]	−
71	say	[wa⁵]	[kaŋ³]	−	72	sun	[ta⁵man¹]	[to¹˙wən¹]	+
73	moon	[ȵan¹]	[kaŋ¹ mjən¹]	−	74	star	[ɕət⁷]	[sin¹ tsi³]	−
75	water	[nam⁴]	[ən⁶]	+	76	rain	[pjən¹]	[kjən¹]	+
77	stone	[pja¹]	[pja¹]	+	78	sand	[ɕe¹˙]	[ɕa¹ tsi³]	−
79	earth	[maːk¹⁰]	[nan⁶]	−	80	cloud	[ma³]	[kwa³]	+
81	smoke	[kwan²]	[wən²]	+	82	fire	[pui¹]	[ui¹]	+
83	ash	[pun¹]	[pʰo²]	−	84	burn	[oi¹]	[kʰwa¹˙]	−
85	path	[kwʰən¹˙]	[kwʰən¹˙]	+	86	mountain	[ȶən²]	[ȶən²]	+
87	red	[ja⁵]	[hoŋ²]	−	88	green	[su¹˙]	[su³]	+
89	yellow	[maːn³˙]	[waŋ²]	−	90	white	[paːk¹⁰]	[pa⁴]	+
91	black	[nam¹]	[nən¹˙]	+	92	night	[kaːu³ȵam⁵]	[mən¹ ha¹˙]	−
93	hot	[tun¹]	[tun¹]	+	94	cold	[ljak⁷˙]	[no¹˙]	+
95	full	[tik⁹]	[pon³]	−	96	new	[məi⁵˙]	[mei⁵]	+
97	good	[laːi¹]	[lai¹]	+	98	round	[ton²]	[kwan²]	+
99	dry	[so³]	[so³]	+	100	name	[kwaːn¹]	[min² tsi⁶]	−
101	and	[ȵim¹˙]	[toŋ²]	−	102	animal	[jaŋ² ɕən¹]	[toŋ¹ wu²]	−
103	back	[laːi²]	[ai²]	+	104	bad	[ja⁴]	[jai⁶]	+
105	because	—	—		106	blow	[səp⁸]	[tɕʰy¹˙]	−
107	breathe	[ɕuʰso⁴]	[tɕʰy¹˙ o²]	−	108	child	[laːk¹⁰ un³]	[la⁶ se⁵]	−
109	count	[jəi⁵]	[swan⁵]	−	110	cut	[te⁵]	[te⁵]	+
111	day	[man¹]	m[ən¹]	+	112	dig	[ləu¹]	[ləu¹]	+
113	dirty	[wa⁵]	[wa⁵]	+	114	dull	[e³]	[tɕʰin³]	−
115	dust	[pʰən¹˙]	[pʰən¹˙]	+	116	fall	[tok⁷]	[to¹]	+
117	far	[kaːi¹]	[ke¹]	+	118	father	[pu⁴]	[ja¹]	−

（续上表）

序号	词条	侗语	"本地侗"	标记	序号	词条	侗语	"本地侗"	标记
119	fear	[jaːu³]	[kʰjo¹]	−	120	few	[jun³]	[ȵwan³]	−
121	fight	[taŋ¹ui⁵]	[ɕaŋ¹kui²]	−	122	five	[ŋo⁴]	[ŋo⁶]	+
123	float	[poŋ²]	[fu²]	−	124	flow	[ui¹]	[kwi¹]	+
125	flower	[wa¹]	[jʰa¹]	+	126	fog	[mun²]	[mwan²]	+
127	four	[si⁵]	[si⁵]	+	128	freeze	[tɕet⁸ləŋ⁵]	[tɕe² kou⁵]	−
129	fruit	[təm⁴]	[tən⁶]	+	130	grass	[ȵaŋ¹]	[ȵaŋ³]	+
131	guts	[saːi³]	[sai³]	+	132	he	[maːu⁶]	[mau⁶]	+
133	here	[aːu⁴naːi⁶]	[au²nai⁶]	+	134	hit	[heu¹]	[kui²]	−
135	hold-take	[təi²]	[tei²]	+	136	how	[nu¹ȵau⁴]	[nu¹ən¹]	+
137	hunt	[ləm¹]	[ui²nan⁶]	+	138	husband	[saːu⁴]	[la² man¹]	−
139	ice	[ləŋ⁵]	[kou⁵]	+	140	if	—	—	
141	in	[ȵau⁵]	[kən¹]	−	142	lake	[fu²]	[fu²]	+
143	laugh	[ko¹]	[kjo¹]	+	144	leftside	[ɕe³]	[tsa⁵]	−
145	leg	[pa¹]	[pa³]	+	146	live	[jən²]	[ɕən¹]	+
147	mother	[nəi⁴]	[nei⁶]	+	148	narrow	[sok⁷]	[tɕe⁴]	−
149	near	[ȶan⁴]	[tʰei⁶]	−	150	old	[laːu⁴]	[lau⁶]	+
151	play	[we⁴pjaːn³]	[ha⁶]	−	152	pull	[kaːi²]	[kjai²]	+
153	push	[woŋ³]	[tsʰwai¹]	−	154	rightside	[wa¹]	[ju⁶]	−
155	correct	[twe⁵]	[twe⁵]	+	156	river	[ȵa¹]	[ȵʰa¹]	+
157	rope	[se¹]	[se¹]	+	158	rotten	[mui¹lan⁵]	[mui³lan⁶]	+
159	rub	[tʰat¹⁰]	[tsʰa³]	−	160	salt	[ko¹]	[jən²]	−
161	scratch	[səp⁷]	[ȵau¹]	−	162	sea	[həi³]	[hei³]	+
163	sew	[tɕip¹⁰]	[ke¹]	−	164	sharp	[ɕo⁵]	[tsin¹]	−
165	short	[tʰən³]	[tən³]	+	166	sing	[to³]	[ȶʰaŋ⁵]	−
167	sky	[man¹]	[mən¹]	+	168	smell	[nən⁴]	[nu¹]	−
169	smooth	[pjiŋ²]	[pjiŋ²]	+	170	snake	[sui²]	[tswi²]	+
171	snow	[nui¹]	[nui¹]	+	172	spit	[pʰju¹]	[a⁶]	−
173	split	[jaːk⁹]	[mje¹]	−	174	squeeze	[ȶap⁸]	[ke⁶]	−
175	stab	[kwan¹]	[kwan¹]	+	176	stick	[məi⁴]	[kwən¹]	−
177	straight	[saŋ²]	[tɕe⁶]	−	178	suck	[swa⁸]	[swa⁴]	+
179	swell	[pu¹]	[po¹]	+	180	there	[aːu⁴ȶa⁵]	[kei² ȶa⁵]	+
181	they	[ȶa⁵ maːu⁵]	[kʰe¹]	−	182	thick	[na¹]	[nʰa¹]	+
183	thin	[man¹]	[kwaŋ¹]	+	184	think	[mje⁵]	[ɕaŋ⁵]	−

（续上表）

序号	词条	侗语	"本地侗"	标记	序号	词条	侗语	"本地侗"	标记
185	three	[saːm¹]	[san¹]		186	throw	[tap⁸]	[lju¹]	−
187	tie	[suk¹⁰]	[tso⁶]	−	188	turn	[ɕon⁵]	[tɕwan⁵]	+
189	vomit	[wen³']	[a⁶o¹]	−	190	wash	[ɕuk⁹]	[jo⁵]	−
191	wet	[jak⁷]	[ja¹]	+	192	where	[aːu⁴ nu¹']	[a² nu¹']	+
193	wide	[kʰwaŋ³]	[kʰwaŋ³]	+	194	wife	[maːi⁴]	[ȵu² tɕa¹]	−
195	wind	[ləm²]	[ən²]	+	196	wing	[pa⁵]	[tɕi⁵]	−
197	heavy	[tʰən¹']	[kʰjən¹']	+	198	woods	[ta³ məi⁵]	[pja³ mei⁵]	+
199	worm	[nui²]	[nui²]	+	200	year	[ȵin²]	[nin²]	+

参考文献

［1］陈保亚. 论语言接触与语言联盟［M］. 北京：语文出版社，1996.

［2］梁敏. 侗语简志［M］. 北京：民族出版社，1980.

［3］彭建国，何姆娜. 湖南通道侗族"本地话"的语音系统及其归属［J］. 云梦学刊，2010（4）.

［4］通道侗族自治县县志编纂委员会. 通道县志［M］. 北京：民族出版社，1999.

［5］王均，等. 壮侗语族语言简志［M］. 北京：民族出版社，1984.

［6］杨锡. "本地人"风俗情况调查：油印本［Z］.

［7］曾晓渝. 论壮傣侗水语古汉语借词的调类对应——兼论侗台语汉语的接触及其语源关系［J］. 民族语文，2003（1）.

湘西南苗瑶"平话"概况*

胡 萍
(中南林业科技大学国际交流文化学院)

【提　要】本文介绍了湘西南苗瑶"平话"的地理分布、使用人口、族群来源、语言面貌等基本情况，讨论了其少数残留的语言成分与土著语之间的关系，明确研究此类少数民族汉语对于语言接触研究、濒危语言研究等方面的意义。

【关键词】苗瑶"平话"　地理分布　使用人口　语言特征

湖南省西南边陲的城步苗族自治县、绥宁县和广西壮族自治区的龙胜县、资源县的部分乡镇的苗族群众以及湖南新宁县麻林乡、黄金乡的瑶族群众使用一种既无法与当地汉语方言沟通，又不同于典型的苗瑶语的语言，他们自称为"平话""人话"或者"苗话""峒语"等。据调查，上述地区的"苗话"（"峒语"）的基本面貌已是汉语，但在广西龙胜的少数方言点还残留了苗瑶语的底层成分。分布在两省五县的苗瑶"平话"内部差别不大，互相可以通话。

一、湘西南苗瑶"平话"的"他称"和"自称"

湘西南绥宁、城步以及广西龙胜各地的汉族和其他少数民族都把苗族"平话"称为"苗话"，新宁人称麻林和黄金两乡（新宁县境内）的瑶族群众说的话为"瑶话"，但各地苗族（包括瑶族）的自称却不尽相同：

(1) 绥宁关峡、李家团和城步羊石的苗族称自己的话是"平话"。

(2) 城步兰蓉、五团，龙胜里市、牛头、中洞、太平等地的苗族称自己的话为"人话"。

(3) 据李蓝（2004）介绍，城步汀坪的苗族称自己的话为"团里话"。

(4) 新宁县的麻林、黄金的瑶族称自己的话为"峒话"或"人话"[ŋ^{13}ua^{21}]，称新宁话为"客话"[xa^{44}ua^{21}]。之所以称之为"峒话"，可能是由于使用这种语言的瑶族人都生活在当地的"瑶山八峒"之中。所谓八峒，是因境内溪多而流急，谷狭而幽深，分别形成地势高低不同、范围大小不等的8个溪峒。

本文根据关峡等地的自称定名。

---

* 本研究得到国家社会科学基金项目"语言接触与湘西南苗瑶平话调查研究"（项目编号：09BYY064）经费资助。

二、湘西南苗瑶"平话"的地理分布、使用人口和族群来源

(一)地理分布

湘西南苗瑶"平话"是以城步苗族自治县为中心区域并向四周扩散的,其具体的分布也体现了"大杂居小聚居"的特点,即讲"平话"的苗族主要集中分布在一个县的几个乡镇里。例如,城步县讲"平话"("人话")的苗族主要分布在兰蓉乡、汀坪乡、丹口镇、五团镇,即老百姓口中的"三区、四区、五区"(新中国成立初期的行政区划);绥宁县讲"平话"的苗族主要集中在关峡苗族乡及其附近几个村落,与城步羊石毗连;龙胜县则主要分布在县域北部的伟江、马堤两个乡并与城步五团镇接壤;新宁县集中分布在县境西北的麻林、黄金两乡,临近城步兰蓉。(见图1)

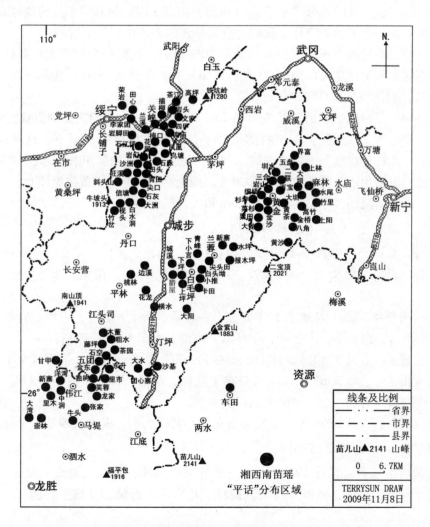

图1 湘西南苗瑶"平话"的地理分布

事实上，湘西南苗瑶"平话"的地理分布是有历史渊源的。"平话"的核心区在城步苗族自治县，而城步苗族"平话"（"人话"）集中的区域历史曾是所谓"五峒四十八寨"之地。明弘治年间，朝廷实行"改土归流"，在湘西南实行民族同化政策，强迫大批苗族人民改装易服，转为汉民。据《蓝氏墨谱》记载，城步除当时的横岭、扶城、莫宜、拦牛、蓬峒五峒地区"耆老合众商议莫丈入里地，宁可守旧当峒地为峒民"之外，其余八里、都、图的苗族皆"丈地化为汉民"。同治《城步县治》也载，县民有三，"一曰里民……二曰瑶民……三曰苗民，在五峒四十八寨，语言侏离，辄刀击刺，死丧而歌"。当时的五峒即今长安营乡、五团镇、汀坪乡、白毛坪乡、兰蓉乡和丹口镇的平林、丹口责任区，正是今苗族"平话"（"人话"）的主要分布地。

（二）使用人口

为了使苗瑶"平话"的使用人口有个相对准确的数据统计，我们于2009年8月对城步、新宁、绥宁、龙胜四县有"平话"分布的乡镇做了以村为基本单位的地毯式实地调查和数据收集工作。为了便于统计，我们对数据采集的方式做了如下规定：

第一，如果某村说"平话"的人口达到80%以上，我们按全村总人口数计数。例如，城步兰蓉乡的尖头田村总人口为1100人，其中只有一个陈姓村民小组为外来移民，不说"平话"，统计时仍按全村总人口数计。

第二，如果某村说"平话"的人口在50%～80%之间，我们按比例折算。

第三，少数苗汉（或侗）混居村落说"平话"的人口在30%以下，这种情况往往是驻军、杂居、通婚、移民等因素造成的。例如，城步五团镇的腊里和白水头村主要居住的是新化移民，讲新化话，苗族比例不到30%，像这样的情况我们就忽略不计。

据此，湘西南苗瑶"平话"的具体分布和人口统计如下：

1. 城步苗族自治县（总计30674人）

（1）丹口镇：合计9776人，主要分布在石灰、信塘、尖口、羊石、旺溪村、大桐坪、青田、田头、岩门、斜头山、大洲村、白水、杆头、竹岔、花龙、边溪、桃林17个行政村。

（2）白毛坪乡：合计9196人，主要分布在城溪、腊屋、上坪、下坪、青峰、下小言、白毛坪、卡田村、白头坳、大岔坪、小坪水、小推、大阳13个行政村。

（3）兰蓉乡：合计3280人，主要分布在尖头田、新寨、水坪、报木坪4个行政村。

（4）五团镇：合计5563人，主要分布于独树、金东、石空、腾坪、木懂、初水、茶园7个行政村和一居委、二居委两个居民委员会。

（5）汀坪乡：合计2859人，主要分布于团心寨、大水、横水、沙基4个行政村。

2. 绥宁县（总计22576人）

（1）关峡苗族乡：合计19279人，主要分布在高坪、茶江、岩头、文家、插柳、关峡、大元、四甲、南庙、凤凰、鸟塘、梅口、花园角、石脉、兰溪、岩脚田、石江坪17个行政村。

（2）长铺子苗族乡：合计3297人，主要分布在李家团、田心、荣岩3个行政村。

3．新宁县（总计 12594 人）

（1）麻林乡：合计 8750 人，主要分布在麻林、上林、沉利、水尾、界富、五盘、三水、大圳、大坝、高竹、金桥、八角、黄沙、竹里、上阳 15 个行政村。

（2）黄金乡：合计 3844 人，主要分布在黄金、农科、黄茶、百宝、岩山、三合、圳水、二联、金沙、大龙、粟田、莱杉、细桥、杉坪 14 个行政村。

4．广西龙胜各族自治县（总计 17300 人）

（1）伟江乡：合计 8900 人，主要分布在甘甲、洋湾、新寨、中洞、里木、大湾、崇林 7 个行政村。

（2）马堤乡：合计 8400 人，主要分布在牛头、张家、龙家、芙蓉、里市、东升 6 个行政村。

5．广西资源县

资源县车田乡也说"平话"，但具体分布和人口使用情况暂未调查。

综合上述数据，湘西南苗瑶"平话"的使用人口（广西资源县的"平话"人口暂不计入）保守估算应在 83000 人以上。

（三）族群来源

湘西南苗族先民的主体，是汉代溯沅江而上的"武陵蛮"。因武陵郡内有雄溪、樠溪、潕溪、酉溪、辰溪（即沅水的 5 条主要支流），到南北朝时又称"五溪蛮"。《水经注·沅水》载："武陵有五溪……蛮夷所居，故谓五溪蛮。"聚居于雄溪（今巫水）中上游地区的蛮民即今绥宁、城步苗族的先民。唐时，朝廷在这一带少数民族聚居地置诚州、徽州，为羁縻州，由"蛮"族大姓，"散掌州峒"，史称"诚徽蛮"，因其据飞山自守，故称"飞山蛮"。《宋史·蛮夷传》载："诚徽州，唐溪峒州，宋处，杨氏居之，号十峒首领，以其族姓，散掌州峒。""飞山蛮"自称"猫"，因古代"猫"与"苗"同音，到南宋时，汉人典籍中开始把绥宁、城步苗族称为"苗"，如朱辅的《溪蛮丛笑》，此为苗族族称的来源。

明清时期朝廷称苗地为"苗疆"，绥宁、城步为"苗疆要区"。《清高宗实录》载："宝庆府属之城步县……靖州及本州所属之绥宁、通道二县，均系苗疆要区。"《湖南乡土地理参考书》（清宣统二年）载："绥宁、城步二县，山界毗邻，势如合璧。城步民居十之三，苗居十之七。绥宁民居十之四，苗居十之六。"

根据服饰喜好，湘西南苗族有"红苗""花苗""青衣苗"之称。"红苗"衣喜红色，现居住在城步岩寨乡的上排、下排等村寨中；"花苗"衣爱花色，曾聚居在扶城、莫宜一带（今城步丹口、柳寨、平林、五团等地），但今已经绝迹。其他侗寨的苗族衣尚青色，故称"青衣苗"。《宝庆府志》载青衣苗种"好为楼居，衣裳青色"。据民间口碑传说，广西龙胜的苗族多自城步迁入，也为青衣苗。因此，龙胜境内还流传着一句根据服饰颜色识别民族的口诀："白衣壮、红衣瑶、青衣苗、紫亮侗。"清道光《龙胜厅志》载："苗人，留长发挽髻子，四时用青布或花布包头。男上穿青衣长至膝，下穿着围布非裤；妇女头髻挽于额前……上穿长花领青布短衣。胸前常挂银牌，下穿青布短裙……"因此，青衣苗是湘西南境内以及桂北邻湘地区苗族的主体，也是使用"平话"或"人话"的主体。

另据调查，新宁县麻林、黄金两个瑶族乡境内有12000多名瑶族群众（含少数混居的苗族、侗族人）使用与城步苗族一致的方言，也自称"人话"，互相可以通话。根据《新宁县志》以及民间口碑传说等，新宁瑶族先后于北宋、元朝、明代年间自广西龙胜、湖南城步等地迁徙转入境内。

三、湘西南苗瑶"平话"的主要语音特点

湘西南苗瑶"平话"有内部差异但不大，其语音方面一致性的特征比较多。现列举部分如下（限于篇幅，各条语音特点的例字略）：

（1）古全浊声母无论平仄，今逢塞音、塞擦音时多读不送气音，但各地保留浊音的情况不一。
（2）古微母字部分读如［m-］，与明母相混。
（3）古知组字部分读如［t-、tʰ-］，与端组相混。
（4）尖团音不混。
（5）溪母部分字读擦音。
（6）蟹摄开口一、二等［-i］韵尾丢失，多读单元音。
（7）效摄开口一、二等豪、肴韵有别。
（8）咸、山、宕、江四摄舒声韵鼻音韵尾失落，读口元音。
（9）没有闭口韵［-m］、塞音韵尾［-p、-t、-k］以及喉塞尾。
（10）咸、山、宕、江摄都有"阳入同变"的现象。
（11）都有自成音节的［ŋ］。
（12）声调5～6个不等，平声按古声母的清浊分阴阳。

四、湘西南苗瑶"平话"的土著语底层

袁炎（2001）以阿昌语为对象，把语言接触引起的各种变化当作一个系统来研究，提出"语言接触引发出语言影响、语言兼用及语言转用等三种结果，是语言接触导致的一种语言变化链"。本文研究的是湘西南苗族（主要是青衣苗）说的"平话"，顾名思义，此"平话"是湘西南苗族最终弃用本族语转用汉语的结果。从理论上来说，作为"战败"的语言，原本族语的某些成分有可能残留下来而成为"平话"中的底层。但对于哪些语言现象是底层，由于缺乏深入的调查研究，我们还不敢贸然下定论，这里我们只能根据初步的调查和了解，提出几个疑为平话中苗语底层的现象供大家讨论和评判。

1. 苗族"平话"中的［tɬ］声母

广西龙胜县马堤乡、伟江乡的青衣苗"人话"中精组字以及庄、章组部分字声母读［tɬ、ɬ、lʒ］声母，关于其具体的读音规律和演变分析可参见笔者的《广西龙胜苗族"人话"中的tɬ声母》（《方言》2011年第4期），多数学者认为，今南方汉语方言中的［ɬ］声母与少数民族语言的影响有关。

2. 苗族"平话"中"一"的说法

我们在茶江、梅口、羊石、兰蓉、五团、里市这6个方言点调查时,发现"一"有不同的说法。单用时,上述各点都读 [i],声调的读音符合各方言点清入字的演变规则。当"一"后接量词时,茶江、梅口、羊石、兰蓉仍读 [i],与单用时一致,而在五团和龙胜里市则读 [a],声调为阴去调,并不符合各方言点清入字的演变规则。下面,我们以里市的材料为例说明。

里市"一、二、三、四、五、十一"的说法分别是 [˰i]、[n̩i²]、[˳sa]、[ɕi²]、[˳ŋ]、[ʑʅ˳ɕi]。

但"一"后接量词时,读音就变了:

一世人 [a² sʅ˳ ŋ˳]   一个人 [a² ko² ŋ˳]
一只手 [a² ˳tɕia ˳ɕi] 一蔸树 [a² ˳tau tɕi²]
一粒米 [a² ˳li ˳mie] 一本书 [a² ˳poŋ ˳ɕi]

我们认为,"一"读 [˰i] 是文读音,读 [a²] 是白读音,后者是湘西南苗族本来的读音,是其转用汉语后语言中残留的苗语底层成分之一。

下面把里市、五团的"一"的读音与其他的苗语方言进行对比:
一 [a⁴⁴/i¹¹]   [a⁴⁴/i²¹]   [a³¹]   [a²¹]   [a⁴⁴]   [i²¹]
    里市   五团   潭泥   凤凰   腊乙坪   养蒿

上述材料来源:潭泥位于绥宁南部黄桑苗族乡,是绥宁苗语的代表;凤凰位于湘西北,凤凰苗语属于苗语湘西方言中的西部次方言。上述材料为本人调查所得。腊乙坪和养蒿的语料来自王辅世的《苗语简志》(民族出版社1985年版)。

由上文可见,里市、五团"一"读 [a⁴⁴] 与多数苗语"一"的读音对应。我们完全有理由认为"一"的白读音就是湘西南苗族"平话"中原苗语底层,而文读音则是汉语进入苗语的读音。

3. 远指用法的特殊语序

我们先看里市表近指和远指的几个例子:

这个人 [ko˳ ko² ŋ˳]   那个人 [ko˳ ko² ŋ˳ mie²]
这本书 [ko˳ ˳poŋ ˳ɕi]   那本书 [ko˳ ˳poŋ ˳ɕi mie²]
这些人 [ko˳ tie² ŋ˳]   那些人 [ko˳ tie² ŋ˳ mie²]

我们知道,汉语名词短语的语序规则是:修饰语在前,中心语在最右端,从左向右,层层叠加,也被称为左分支语序类型。但苗语的语序类型却是偏向于右分支的向心结构。例如,汉语说"红花""大山",苗语却是"花红""山大"。

上述例子说明,里市用 [ko˳] 表示近指"这",用 [mie²] 表示远指"那"。当表示近指时,苗族"平话"的语序与汉语一样是左分支类型,是"指代词+量词+中心词",

但表示远指时，却是"近指词+量词+中心词+远指词"的语序，与汉语完全不同，接近于苗语的右分支的向心结构。

据李蓝（2004）介绍，上述这种情况，同样见于其他苗族"平话"方言点中，如芙蓉、中洞、牛头、泗水等。

五、余　论

湘西南苗瑶"平话"的归属如何？如果单从语言特征来看，湘西南苗瑶"平话"更接近桂北平话和部分湘南土话的特点。覃远雄（2007）《平话和土话》说道："桂北、湘南、粤北三片有比较多的共同语音特点，主要有三条：①古入声字今读开尾韵或元音尾韵。②古知组三等读如端组。③古阳声韵不同程度地今读开尾韵、元音尾韵或鼻化韵。"同样，上述3条特征在湘西南苗瑶"平话"中均有体现。

但是如果从语言持有者的民族属性和他们的语言认同感（如自认是苗话）来看，笔者还是比较赞同李蓝（2004）的观点，认为湘桂两省说青衣苗"人话"（"平话"）的是苗族，是少数民族说的汉语方言，与说湘南土话的汉族在社会属性上完全不同，不能归为一类。因此，李蓝（2004）提出"民汉语"的概念，认为其基本含义是，"语言的总体面貌已是汉语了，但语言持有者不是汉族，语言的深层还保留着一些原语言的成分"。

同时，根据笔者的调查，湘西南苗瑶"平话"是一种正在衰变的"民汉语"。"平话"的衰变主要表现在两个方面：

（1）语言交际功能的衰退。选择语言的第一要素是语言地位，而语言地位又跟经济因素有重要的关系，与外界的沟通障碍使得说"平话"的人不得不具备双语或多语能力，以使他们获得更多的社会和经济机遇。因此，"平话"只能作为湘西南苗族在家庭和族群内部使用的交际工具，这是语言交际功能下降并出现衰退趋势的主要表现。

（2）语言结构的衰退。语言环境对语言演变的推动要强于语言心理，正是由于强势语言在竞争中占据了上风，致使弱势语言（如"平话"）在语言特征上逐渐向强势语言靠拢，语言结构出现了的不同程度的衰退，主要表现在词汇丢失、语音和语法系统的调整和改造上。如关峡"平话"文白异读十分丰富，使得很多重要的语音特征正在被叠置或者已经被叠置掉了。这是一种更隐蔽的方言流失现象，孤岛方言的消失总是伴随着独特方言现象的消失。其实，从整个大的语言环境来看，湘西南苗族"平话"也就是一个处在弱势地位的"方言岛"，因此，我们认为，湘西南苗族"平话"面临的危险并不是其使用族群会有意识地弃母语而转用强势语言，而是在语言频繁接触的环境下，"平话"会在不知不觉中被"改造"，其固有的语言特征逐渐萎缩乃至被取代，从而引起方言的转用，这是一种更为隐性的、缓慢的转换。因此，开展湘西南苗瑶"平话"的调查、记录、整理和研究工作就显得尤为迫切了。

参考文献

[1] 李蓝. 湖南城步青衣苗人话［M］. 北京：中国社会科学出版社，2004.
[2] 刘村汉. 桂南平话——粤方言的一个分支［Z］//第五届国际粤方言研讨会论文，1995.

[3] 梁敏,张均如. 广西平话概论 [J]. 方言,1999(1).
[4] 袁焱. 语言接触与语言演变:阿昌语个案调查研究 [M]. 北京:民族出版社,2001.
[5] 覃远雄. 平话和土话 [J]. 方言,2007(2).
[6] 吴荣臻,杨章柏,罗晓宁. 古苗疆绥宁 [M]. 成都:四川民族出版社,1993.
[7] 胡萍. 试论绥宁"关峡平话"的系属 [J]. 邵阳学院学报(社会科学版),2005(5).
[8] 胡萍. 绥宁(关峡)苗族"平话"的语音特点 [J]. 湘潭师范学院学报(社会科学版),2006(1).
[9] 伍新福. 湖南民族关系史 [M]. 北京:民族出版社,2006.
[10] 银龙. 城步苗款 [M]. 长沙:岳麓书社,2004.
[11] 绥宁县志编纂委员会. 绥宁县志 [M]. 北京:方志出版社,1997.
[12] 城步苗族自治县志编纂委员会. 城步县志 [M]. 长沙:湖南出版社,1996.
[13] 新宁县县志编纂委员会. 新宁县志 [M]. 长沙:湖南出版社,1995.
[14] 龙胜县志编纂委员会. 龙胜县志 [M]. 上海:汉语大词典出版社,1992.
[15] 中国社会科学院,澳大利亚人文科学院. 中国语言地图集 [M]. 香港:朗文(远东)出版有限公司,1989.

湖南嘉禾县语言（方言）的分布*

李 益 谢奇勇
（湖南科技大学人文学院）

【提 要】 本文在对湖南嘉禾县的语言（方言）分布情况实地调查的基础上，绘制了嘉禾县语言（方言）的分布地图以及语言（方言）的人口分布、行政区域分布表，并分析了嘉禾县语言（方言）的分布特点。

【关键词】 嘉禾县 语言 汉语方言 分布

嘉禾县地处湖南省南部，属郴州市管辖，位于郴州市西部，东面是郴州市的桂阳县、临武县，西面是永州市的新田县、宁远县和蓝山县。全县下辖8镇9乡，总面积699平方千米，人口38.5万人。县内少数民族基本上是由于工作原因调入，其中人口最多为苗族，近200人，其次为蒙古族和瑶族，分别近100人和近80人，均散居在县内各乡镇，操说县内土话或官话。嘉禾县地形似枫叶，地貌区域明显，地势从西南向东北倾斜。西南群山屹立，海拔913.7米的南岭山尖峰岭耸立于西部，为县境群峰之巅。海拔448.5米的黄牛岭山脉从南向北在县境中部突起，成为嘉禾、行廊两盆地的自然分界线。钟水自县西南入境，沿黄牛岭西麓北泻，将县域切成东西两半。黄狮江从县东南入境，沿黄牛岭东麓北去。地形总趋势为东、南、西三面高，自南向北渐低，形成"两山、两水、两盆地"的地貌特点。

一、以往学者对嘉禾语言（方言）所做的研究

谢伯端在《嘉禾土话"一二两"的读音及用法》（1987）一文中指出："湖南省嘉禾县，除了通行西南官话以外，当地群众在日常生活中，主要是用一种土话，土话内部还可以再区分。土话的语音、词汇都与西南官话有相当大的区别。"

1994年版《嘉禾县志》指出："西南官话，是县人与外地人的主要交际工具。由于受各类土话的影响，县内官话各有特点，但都保持了官话的基本特征，内部差别不大。"书中还指出："县内土话按大类分嘉禾（城关）话、普满话、石桥话、广发话、塘村话。相互之间，除城关话外，相互通话困难。"书中又指出："土话与土话之间，语音的差别较大，调类调值均不尽相同。特别是县北的石桥话与县南的塘村话差异更为明显。"

范俊军在《湘南嘉禾土话的几个语音现象及其成因探析》（2000）一文中指出："嘉

---

* 本文为国家社会科学基金项目"湘南'濒危土话'抢救性研究"（项目编号：09BYY013）、湖南省教育厅科学研究重点项目"'湘南土话'与湖湘地域文化究"（项目编号：15A069）的研究成果。

禾县为西南官话和土话双方言区。"文章还列举了嘉禾广发土话的4个语音现象并探讨了其成因：①古帮母、端母浊音化，这是古百越语言先喉塞音在南方方言的遗存；②疑母念舌后清塞音和舌叶塞擦音，这一事实表明，将古疑母拟为鼻—塞复辅音声母是正确的；③咸、山、梗摄细音字合流念洪音，系韵母内韵头与韵尾先同化后异化所致；④咸、山一等韵与宕、江合流收双唇鼻音尾，是韵腹与韵尾相互作用和类推的结果。

卢小群在《湖南嘉禾广发土话的音系特点》（2002）、《湖南嘉禾土话的特点及内部差异》（2003）两篇文章及《嘉禾土话研究》（2005）、《湘南土话代词研究》（2005）两部著作中均指出："嘉禾土话相当复杂，有'九里十八音'之称。当地人以钟水为界，认为河西土话较一致，河东土话较复杂。"并将嘉禾土话分为以下5片。①广发片，分布在城关（珠泉）镇、广发乡、坦坪乡、莲荷乡、盘江乡、钟水乡、石羔乡、车头镇、田心乡、袁家镇（北部），以广发乡土话为代表。②石桥片，分布在石桥乡、肖家镇（部分），以石桥乡土话为代表。③普满片，分布在普满乡、龙潭乡、行廊镇、肖家镇（部分），以普满乡土话为代表。④塘村片，分布在塘村镇一带。塘村有"湘南第一墟"之称，因商业发达，百姓聚居，除塘村墟土话外，这里有些村落如清水村、尹郭村说客家话，英花村说粤语。⑤泮头片，分布在泮头乡、袁家镇（南部）。泮头话又称"岭背话"。

由上我们可以看出，对于嘉禾方言的研究在逐渐深入。从粗略式的单点单方面研究逐步进入全面的综合比较研究，既有共时的，也有历时的。本文对嘉禾语言（方言）的具体分布情况的介绍，是对嘉禾语言（方言）研究的一个补充。

二、嘉禾县语言（方言）人口分布

由于嘉禾县境内的少数民族人口极少，且均散居在各个乡镇，或工作或婚姻，已经汉化，均使用汉语。因此，我们本文所分析的语言仅指汉语，包括已知方言系属的西南官话和其系属有待研究的湘南土话。

嘉禾县境内官话有两种：一种为嘉禾官话，由于受各类土话的影响，县内嘉禾官话各有特点，但都保持了官话的基本特征，内部差异不大；另一种为塘村官话。两者均为西南官话。

根据我们的实地调查和当地人的语言认同感以及前人的研究，嘉禾县的土话可分为5片，分别是广发土话、普满土话、石桥土话、塘村土话和泮头土话。各片土话又可以划分小片，但各小片之间人们操各自小片方言可以进行无障碍的交流，差异只限于某些语音语调及少数词汇方面。

我们在对嘉禾县的语言（方言）分布情况实地调查的基础上，统计出如下的嘉禾县语言（方言）的人口分布表，人口数据采用嘉禾县统计局2010年人口普查统计数据，人口为嘉禾县户籍人口。（见表1）

表1　嘉禾县语言（方言）人口的分布

乡镇	总人口（人）	广发土话（人）	普满土话（人）	石桥土话（人）	泮头土话（人）	塘村土话（人）	西南官话（人）	蓝山话（人）①
城关镇	42024	42024						
钟水乡	20322	20322						
石羔乡	19440	19440						
车头镇	16381	16381						
唐村镇	25132	2056			3785	15726	2597	968
袁家镇	16616	12814			2543		1259	
泮头乡	13169				12877		292	
龙潭镇	28082	2997	25085					
行廊镇	20938	603	18140				2195	
肖家镇	14111	1305	12532				274	
普满乡	20948		20948					
石桥镇	31419	5835		23876	600		1108	
田心乡	22588	21607		354	377		250	
坦坪乡	27403	27403						
莲荷乡	15617	15617						
广发乡	34548	34548						
盘江乡	13060	13060						
合计	381798	236012	76705	24230	20182	15726	7975	968
人口比例	100%	61.82%	20.09%	6.35%	5.28%	4.12%	2.09%	0.25%

三、嘉禾县语言（方言）行政地域分布

根据实地调查的情况，我们对嘉禾县汉语方言的地域分布按西南官话和湘南土话分别加以介绍。

1. 西南官话

使用人口7975人，占全县人口的2.09%。其主要分布在唐村镇的镇南、镇北、镇中、镇西、镇东5个居委会，袁家镇的袁家煤矿，泮头乡的铁炉下居委会，行廊镇的嘉禾煤矿、行廊茶场，肖家镇的罗卜安煤矿，石桥镇的焦冲元煤矿和田心乡的黄牛岭煤矿。

2. 湘南土话

（1）广发土话。使用人口236012人，占全县人口的61.82%。主要分布在"河西"，

---

① 此处蓝山话并非指蓝山官话，而是紧邻塘村镇邓林行政村的蓝山县的某种土话。

可以划分为广发话和城关话两小片。广发话主要流行于广发乡、坦坪乡、田心乡、莲荷乡和石桥乡部分，城关话主要分布在城关镇、盘江乡、钟水乡、车头镇、石羔乡和袁家镇大部分。具体分布地域为：城关镇的丙穴、珠泉、鳌峰、含田、晋屏5个居委会和沙岭、荞麦塘两个行政村；钟水乡的钟水居委会、坦塘工业园，水冲、沙仁、罗家、爻山、白石塘、茂林、马托、杨梅、坦塘、大路、西车湾、上泥田、湘溪和新麻地14个行政村；石羔乡的石羔居委会，石羔、星罗、上洞、文家、背底塘、大坪岭、雷公井、麻池塘、刘家、南岭、甫口和下车12个行政村；车头镇的车头居委会，车头、新木、石田、平田、井洞、油涵、荫溪、荆林、横洞、龙泉和乌田11个行政村；唐村镇的砠背和侯家这两个行政村；袁家镇的袁家居委会，袁家、莲塘、湾村、田岗头、大兴、行村、桐井、上洞庄、小源冲、张家和西河11个行政村；龙潭镇的羊司马、冲下岭（除冲下岭自然村外）和大方圆（除大方圆自然村外）3个行政村；行廊镇的洞水塘行政村；肖家镇的白茅行政村和山口凤行政村的山口凤自然村；石桥镇的山坡塘、仙江、石门3个行政村和村尾行政村的新村自然村；田心乡的田心居委会，田心、山田、玉洞、满堂、三元（除邹尾外）、栗木枫（除新村外）、秀湾、凌云、白鹿洞、东岸、大屋地、黄甲、瑶冲和五百地14个行政村；坦坪乡的坦坪居委会，坦坪、西车、沈溪、秀溪、潭湾、背里亭、雷村、罗村、皇峰、山潭、峰塘、新谢家、老谢家、坳头、托山、汪洋塘、南源、石富冲和长溪19个行政村；莲荷乡的莲荷居委会，莲荷、石燕、石丘、平世、楼胡、大田岭、小凤、松家、富阳和水溪10个行政村；广发乡的广发居委会，广发、大塘、新儒峰、老儒峰、邹山、水头岭、欧家塘、兰白塘、忠良、陶岭、新元坊、楚江、青山、马峰、白觉、瑞溪、乌泥塘、乐仁坊、大村、平峰、圳头和西溪22个行政村；盘江乡的盘江居委会，井塘、泉凤、邓家、李家、龙里、株木山、帅家、关冲、平田岭、广塘、长田尾、云里和宅侯这13个行政村。

（2）普满土话。使用人口76705人，占全县人口的20.09%。普满土话可以分为普满话、肖家话和龙潭话3小片。普满话主要分布在普满乡和行廊镇，又可以细分出两片，肖家镇的垱头、新坠和普满乡的茶坞、旨贝独为一片，普满乡和行廊镇其余行政村则为另一片；肖家话分布在肖家镇的双珠、肖家、乐塘、桥田、滑乐（黄花水自然村除外）；龙潭话则可以细分出3小片，木冲、冲下岭、廊里、社塘、龙潭、金塘、上宅为一片，罗家塘、石陂头、霞潭、杉树下、王阳甫、大泉、山口、梓木、马家坪、双莲以及肖家镇滑乐行政村下的黄花水为一片，扶塘独为一片。具体地域分布为：普满乡的普满居委会，普满、雷家、曾家、茶坞、板贝、石角塘、太平、大元山、下庄、下坞坪、旨贝、车业、板山、路下坪、向阳和桃园坪16个行政村；龙潭镇的龙潭居委会，龙潭、扶塘、金塘、山口、上宅、杉树下、罗家塘、霞塘、双莲、石陂头、廊里、马家坪、王阳甫、梓木、大泉、社塘和木岭17个行政村，冲下岭行政村的冲下岭自然村和大方圆行政村的大方圆自然村；行廊镇的行廊居委会，行廊、定里、白竹园、邝家、小湖、新屋场、行市、长圳、禾木岭、侯寨、高宅、门头、沙坪、五百洞和水冲岭15个行政村；肖家镇的肖家居委会，肖家、乐塘、桥田、新坠、滑乐、山垛、双珠、山口凤（除山口凤自然村外）和垱头9个行政村。

（3）石桥土话。使用人口24230人，占全县人口的6.35%。石桥土话可以划分为4

片。石鼓元、神渡、上坪和岐峰为一片,岛石、汉石、白珠和石市为一片,周家、泮桥和秀庭为一片,桥头、木牛、南岸、醒狮、石仙、石塘和枫梓溪为一片。具体分布地域为:石桥镇的石桥居委会,石市、枫梓溪、石鼓元、石塘、上坪、桥头、岛石、醒狮、汉石、石仙、秀庭、白珠、泮桥、周家、木牛、南岸、岐峰和神渡18个行政村。

(4) 泮头土话。使用人口20182人,占全县人口的5.28%。泮头土话可以分为4片。小街田、东溪、大岭、麻冲为一片,乌塘、草塘为一片,跃进、双罗、禾汾、泮头为一片,渣林、水尾为一片。泮头土话跟临武县境内的麦市土话连成一片,陈晖、鲍厚星《湖南省的汉语方言(稿)》(2007)将麦市土话划归为湖南客家话"湘南片"的"临桂小片"。在此,我们不妨将泮头土话也暂定为客家话。具体分布地域为:泮头乡的泮头居委会,泮头、跃进、渣林、水尾、禾汾、小街田、麻冲、砠下、乌塘、草塘和双罗11个行政村;唐村镇的清水和尹郭两个行政村;袁家镇的大岭和东溪这两个行政村;石桥镇村尾行政村的新村自然村和田心乡栗木枫行政村的新村自然村。

(5) 塘村土话。使用人口15726人,占全县人口的4.12%。塘村土话内部较一致,主要分布在唐村镇的塘村、三村、四村、增嘉、西溪、东溪、山下、乌托、团结、曲龙、塘水和英花12个行政村。其中唐村镇山下村土话带有普满土话色彩,但当地人认为与塘村土话更为接近,山下村早年从普满乡迁出;英花村土话前有学者认为是粤语,但当地人并不认为与塘村土话有很大差异,在此,我们暂将英花村土话定为塘村土话。要确定其系属,还得做深入调查。

(6) 蓝山话。使用人口968人,占全县人口的0.25%。主要分布在唐村镇的邓林行政村。

以上嘉禾县境内主要的语言(方言)具体的行政地域分布情况见图1。

图1 嘉禾县语言(方言)的分布

四、嘉禾县语言（方言）分布特点

（1）全县境内都属于典型的双方言地区。由于少数民族与当地汉族高度融合，不存在双语现象。双方言则体现为说土话区域的人，他们对内使用各自的土话，对外使用官话或普通话。官话使用情况，就使用范围而言，城关镇比较普遍，其他乡镇次之（唐村墟除外）；就使用人口年龄而言，年长辈使用官话较普遍，而年轻辈普遍用普通话代替官话。官话在不同地域，名称也不同。在嘉禾县城及县办企业（如嘉禾煤矿等），当地官话被称为"嘉禾官话"；而在塘村镇，当地官话被称为"塘村官话"，以区别于嘉禾官话。总的来说，官话是县境内共同的交际语。

（2）土话分布的多样性和复杂性。在成片的土话中，也还存在内部差异，有的还被当地人认为是不同的话，如石桥土话片内的周家话就被认为与岛石话不属同一种话。属于广发土话片的广发话的话也被认为与城关话有区别。这就导致各个大片下面又可以细分出诸多小片。总体来说，五大土话中，广发土话内部较一致，也因为其使用人口众多，分布地域广，被认为是次共同交际语。

（3）各种土话或其他汉语方言互相影响，存在一些混杂的过渡区域。如在广发话与城关话中心地带之间的盘江、钟水等乡镇的部分地区，其方言便兼具广发话与城关话的语音特点。石桥乡村尾一自然村新村，由于从泮头乡迁入，融合当地方言后，便明显带有石桥口音。此类情况还出现在肖家镇滑乐行政村的黄花水自然村中。当然，也存在归属不同行政区划，却操同一方言的情况。如桂阳县的"飞地"幕庭行政村完全被肖家镇所包围，其方言属于普满土话。同样，嘉禾县境内的泮头土话与临武县境内麦市土话由于相邻，两处土话实际为同一种方言。

（4）各种土话的汉语方言系属问题仍然是有待探讨的问题。由于先前临武县麦市土话已被有的学者指出属于客家方言，在此我们将与临武县麦市话相近的泮头土话也归入客家话。就小范围的汉语方言而言，卢小群认为唐村镇的英花村方言属于粤语，据当地人反映，英花村方言并无异与塘村土话，在此我们暂时不将其归入粤语。境内其他土话如广发土话、石桥土话、普满土话、塘村土话等均为湘南土话，我们暂时未能确定其系属。

（5）县境内的西南官话也存在差异。塘村有"湘南第一墟"之称，清嘉庆年间就在此设立墟场，是湘南主要牛市之一。临武、蓝山、嘉禾于此交界，是嘉禾的南大门。塘村因商业发达，百姓聚居，除塘村墟土话外，在唐村镇还存在着塘村官话，与嘉禾官话明显不同。

参考文献

[1] 陈晖，鲍厚星. 湖南省的汉语方言（稿）[J]. 方言，2007（3）.
[2] 《嘉禾县志》编纂委员会. 嘉禾县志：1989—2002 [M]. 长沙：湖南人民出版社，2007.
[3] 《嘉禾县志》编纂委员会. 嘉禾县志 [M]. 合肥：黄山书社，1993.
[4] 范俊军. 湘南嘉禾土话的几个语音现象及其成因探析 [J]. 湘潭大学社会科学学报，2000（4）.

［5］卢小群. 湖南嘉禾广发土话的音系特点［J］. 株洲工学院学报，2002（3）.
［6］卢小群. 湖南嘉禾土话的特点及内部差异［J］. 方言，2003（1）.
［7］卢小群. 嘉禾土话研究［M］. 长沙：中南大学出版社，2002.
［8］卢小群. 湘南土话代词研究［M］. 北京：中国社会科学出版社，2004.
［9］谢伯端. 嘉禾土话"一二两"的读音及用法［J］. 方言，1987（4）.

江永女书音节文字性质的质疑和回应

彭泽润　李日晴

（湖南师范大学文学院）

【提　要】湖南江永女书是一种书写当地汉语方言土话的音节文字，女性专用。它的特点是非常不规范，出现字和音节的不对称现象，以致人们怀疑它不是音节文字。

【关键词】江永女书　江永土话　汉语方言　音节文字　汉语文字

一、女书音节文字的现象和本质

大多数人认为女书是音节文字。女书对于意思不同的语素，只要音节语音相同就用相同的字来写。因此，女书的字数大大少于语素文字汉字的字数，符合语言的经济学原则对人类文字演变的要求。

有人看到了女书字和音节的直接对应关系。例如，看到对于相同的语素而有语音比较古老的白读和语音比较新的文读两种读音，汉字意思相同的语素就写成相同的字，而女书不像汉字，是用不同的字来书写，就确信"女书应该属于表音的单音节文字"（刘忠华主编，2005：11）。虽然这里的"单音节"中的"单"是多余的，但是这是证明女书是音节文字的重要证据。

女书虽然存在不少遗憾，但是不影响我们对它是音节文字的信心。跟汉字的多音字对应的语言单位，女书一般是不允许写成一个字的。例如，来自汉字"长₋短"的声音的女书字只能表示这个意义的声音，而"长₋大"只好用其他来源的字书写。方言中语音不同的语素也要用不同字来写，来自"日"的字只能记录意思是"日子或者日期"的"日"（$[ai^{33}]$或者$[na^{33}]$），另外用来自"业"的字记录意思是"太阳"的"日"$[nəi^{33}]$。（陈其光，2006：11）

还有一个值得我们注意的现象是，尽管汉字的形声字的形旁本来占有的比例小，但是汉字的形声字在改造成女书字的过程中，形旁还被进一步缩小比例，放置在一个角落里，声旁被进一步放大比例，成为女书字的主体部件。例如，"伴"字左边的"亻"变成一个最后书写在左下角的类似"λ"的很小的"人"；"法"先把"土"倒写成"干"，再放大"土"下面的部件成为一个大"△"，最后在下面用排成横行的3个小圆点代表"氵"；"空"被删除了上面形旁中的点。这说明了什么问题？女书是音节文字，重视的是对声音的表达，淡化了形旁提醒字记录的语素的意义特征的功能。

女书字的数量比汉字少也说明了女书的音节文字本质。汉字是语素文字，需要跟语素数量大致对等的字，所以需要成千上万的字。然而，女书是音节文字，只需要跟音节数量大致对等的几百个字。区别几百个字，当然不需要汉字那样复杂的形体结构。所以女书字最多20笔，而且只有一个字，从"转"的繁体变形产生的由"工+里"上下结构再左右重复结构的字。19笔的没有，17～18笔的一共有12个字。其余都是16笔以下。（陈其光，2003：27）

二、字和音节不对称的个案分析

字和音节缺乏一对一的关系，这是造成对女书是音节文字质疑的主要问题。杨仁里（2003：70-81）说，认为女书是音节文字的人无法解释这种现象。

女书体系是不完备的，字形缺少规范，缺少记录全部语音的字，有些字笔画繁难。突出表现在字和音节的不对称。一方面，出现一个字记录很多音节的现象；另一方面，出现过一个音节［ku⁴⁴］用50个字记录的极端例子（马文婷，2009：54）。我们先把这些例子进行分类排列：

〔女书字形〕（哥）
〔女书字形〕（孤）
〔女书字形〕（姑）
〔女书字形〕（菇、锅、孤）
〔女书字形〕（哥、孤、歌、戈、辜）
〔女书字形〕（哥、孤、歌）
〔女书字形〕（哥、孤）
〔女书字形〕（歌）
〔女书字形〕（姑、锅）
〔女书字形〕（姑、估）
〔女书字形〕（锅）

这样的状态还可以叫作表音文字吗？其实没有我们想象的那么可怕。看上去这么多的50个字其实只对应了9个语素——"哥、孤、歌、戈、辜，姑、估、菇、锅"。其中，只有3个常用语素——"哥、孤、姑"；只有两个字位——"高"和"姑"的变形，分别记录语素"哥、孤、歌、戈、辜"和"姑、估、菇、锅"；只有一个语素"孤"偶尔发生字位跨越的混乱现象。使用频率高的语素"哥、孤、姑"，异体字也最多。

字位"高"虽然可以用来记录［kau⁴⁴］（高）、［ku⁴⁴］（哥、歌、戈、孤、辜）和［kʰu⁴⁴］（枯）3个音节（陈其光，2006：336），但是在记录［ku⁴⁴］音节的时候产生了表意文字区分记录同音语素的现象，写同样的声音。从这50个字的形状来看，大同小异，可以认为它们是一个字在流传过程中出现的变异。

为什么在3个高频语素中没有分成3个字位？因为在这些人造的书面同音词中，"哥"和"姑"都是名词性语素，语境识别条件差，需要区分同音语素的迫切性强。"孤"是形容词性语素,容易跟另外两个语素区别开来,所以它选择了变体字更多、使用频率更高的"哥"字位。

为什么一个字位有那么多变体,出现那么多异体字?为什么使用频率越高,字位变体越多?这是因为女书是靠手写的方式自发传承的,没有经过教育的规范,也没有统一的印刷字形。这些字的使用频率也很不同,大量的异体字只是个别人偶然出现的写法。这些异体字不是一般的异体字,很多其实就是我们在讨论汉语共同语的时候说的错别字。使用频率越高的语素,如"哥、孤、姑",出错的机会越多,因此,异体字、字位变体或者错别字的现象就越多。

由于这样的现状,当女书被现代学者发现和宣传以后,有人开始进行女书规范工作,从大量女书异体字中挑选使用频率最高的字作为代表,从而精简字数,规范字形。对于还没有单独的字来写的音节则创造新的音节字。创造的新字往往是汉字的轻度变形。现代女书传人或者其他爱好者,如果按照这样规范的字来写女书作品,准确性就提高了。但是也有人担心这种规范会破坏女书的原始面貌,是伪造的女书。

下面我们来分析一个典型的事例。2010年7月18日,我们拜访女书传人胡美月,请她把我们学校湖南师范大学的名称用女书写出来(见图1)。她在写的过程中,对"范"这个很少书写的语素不确定怎么写,结果写成了别字"反"[xoi^{35}]。这个字是汉字"非"的简化结果(陈其光,2006:37),其实跟它声调不同的"范"[xoi^{33}]有一个字形复杂的女书字(字形是繁体汉字"會"的变形结果,一共有15笔,比汉字原形还多两笔,因为女书没有汉字的转折笔画),跟"范"的字形毫无关系。当然,胡美月这样用字正好说明了女书字不规范、记录语音不精确的原因:遇到难以记忆的字,就用自己熟悉的记录的语音接近的字去代替。从陈其光(2006:448)收集的"范"[xoi^{33}]的一个异体字来看,正好是"犯"[xoi^{21}]的细小变化的结果。

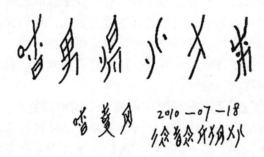

图1 胡美月所写女书

三、字和音节不对称的原因

字和音节缺乏一对一的关系是造成对女书是音节文字质疑的主要问题。杨仁里(2003:70-81)说,认为女书是音节文字的人无法解释这种现象。如果上面的个案分析还不能很好地回答这个问题,那么我们再从统计角度来分析和回答。

即使多数音节和字不对称的现象是可信的，那么到底有多大的问题呢？根据我们的统计，这种不对称现象只能说明女书这种音节文字发展还不规范、不成熟，但是从主流来看，仍然不能否认它是音节文字的根本性质。

谢志民（1991）认为，用一个字记录一个音节"在女书字符中只是少数"，有大量的同音字现象和异体字现象。从统计结果看，谢志民的观点是不符合统计事实的。

因为用相同的字写不同的音节违背表音文字的原理，所以用一个字写很多音节的现象很少。然而，即使一个字记录不同音节的现象比较少，这种字和音节的不对称现象还是不符合表音文字的功能要求。这种字和音节不对称的根本原因，就是女书字不是经过专家系统设计的，也没有经过后期的规范和完善，而是在个人使用的过程中随机增加的。如果没有现成的字去写没有写过的音节或者使用频率低的音节，使用者就不会去临时创造别人不认识的字，因为担心别人无法阅读，于是就找一个语音相近的音节所用的字临时记录，这样至少可以使读者提高猜测的准确性。

为什么有那么多一个音节却用很多字去写的现象？因为女书缺乏规范的印刷方式和教育手段。由于女书字创造的民间性和随意性，表示相同音节的字可能从不同汉字中选择字形，造成字的分歧，出现异体字，如来自方言同音的"心"和"辛"、"中"和"江"。这样就出现一个音节对应几个字的异体字现象。异体字现象浪费字的资源，加重了文字学习的负担。

一方面有大量的字过剩，另一方面好像又缺少足够的字位去区分全部音节的记录。由于创造太多的音节字会加重掌握和使用的负担，所以对于在不同程度上接近的音节就顺便采用熟悉的字去写，增加这个字的记录职能，如"可"和"靠"用相同的字写。这样就造成了一个字对应几个音节的多音字现象，增加了字的信息负担，不利于精确地记录语音。

当然，如果我们用今天的汉语方言事实去检验几百年前形成的女书字跟音节的对应关系，可能会出现一些误差。因为语音发生了哪些历史变化，我们无法知道。有可能原来声音不同而现在相同了，也可能反过来，原来声音相同而现在不同了。例如，文白异读的语素现在女书还共用一个字，也许当时根本没有这样的语音差别，只有白读，没有文读，这样就不存在音节和字不对称的问题。

赵丽明（2005）认为这种不对称现象"说明女书用字很宽容，重视的是标音"，并且指出里面具有模糊理论价值。我们认为，语言确实具有语境自我修复的功能，可以一定程度地容忍模糊表达，甚至错误表达，但是正如人的身体，小毛病无所谓，如果出现了严重疾病，则可能会导致生存的危机，文字记录语言如果太随便、太"模糊"，连基本的语音都无法进行视觉区分，肯定也不是理想的文字。因为语言包括书面语有很强的容纳错误和消解模糊的能力，所以不仅没有标点、没有词距的书面语可以容忍，而且即使有大量错别字和病句，我们也可以获得信息。但是，如果没有这些问题，书面语的表达不是更加精确和高效吗？

当然，一种语言使用的时间越长，它的文字会出现越多跟原来的文字原理不符合的例外。比如，英语的"night"这个单词中的"gh"没有记录语音，不符合表音文字的设计原理。但是在最初形成这个单词的书写形式的时候，"gh"是记录了语音的。表意文字里的例外现象也是一个道理，比如汉语里的"碗"这个字，在造字的时候，由于当时的碗是石头做的，这个字里的石字旁跟记录的词的意义有理据关系。但是由于社会的发展，今天的碗已经不是石碗了，这个字的形体却没有因此改变。我们不能因此就认为汉字现在就不是表意文字了。女书中肯定有些字记录的语音对象也发生了变化，这也是导致字和音节的一对一关系遭到破坏的一个原因。

四、造字的理据若隐若现

造字的理据若隐若现，也使我们产生困惑。有些字做了音节特征部件化处理，就是在一个音节字的基础上添加简单的区别性形体，形成新的字，用来记录只有声调不同或者送气特征的不同而语音相近的其他音节。

另外，有些来自不同形旁的汉字形声字的女书字在使用过程中，原来形旁部分的字形变得相同了。这会让人产生误解，以为是来自同一汉字。例如，来自"清"的字，左边一般写三点（陈其光，2006：302），来自"情"的字，左边一般写两点（陈其光，2006：290），它们的右边都跟来自"声"的字（陈其光，2006：492）形体相同或者非常相近。这样就导致有人认为它们具有相同的来源。（刘忠华，2005：12）

来自"清"和"情"简化的字，左边都可以变化成3个点、两个点或一个点，右边也可以变化出有细微区别的形体，这样形成不同的字来记录土话韵母相同的"清"组和"情"组同音语素的音节（陈其光，2006：487）。每个音节的字又有数量不等的变体，其中左边加三点的字几乎可以在这些音节记录中通用，甚至有些变体还跟"精"组和"净"组同音语素用的字发生混淆。这说明有意的字位区分和无意的字位变体混合在一起，给字形和字的功能分工的辨别带来困惑。

还有一种训读的现象似乎也会影响我们对女书是音节文字的信心。例如，用来自"小"的形体表示"细"，用来自"穿"的形体表示"着"。陈其光（2006：13）认为，这是不考虑读音差异而用一个字记录同义语素，具有表意文字的特点。我们认为，尽管陈其光（2006：14）申明"出现的频率不高"，不影响女书是表音文字，但还是觉得陈其光的解释有问题。因为在方言中只有"细"和"着"这样的词，根本没有"小"和"穿"这样的词，只是女书创造者因为懂得土话的词"细"和"着"对应着官话的词"小"和"穿"，于是就借用写官话词的形体来记录土话对应的词。就是说，来自"小"和"穿"的女书字根本就没有可能记录"小"和"穿"这样的词。当然，现在的土话可能逐渐吸收官话的"小"和"穿"，跟"细"和"着"并用，但这不是女书原来能够解决的问题。

参考文献

[1] 阿·伊布拉黑麦. 回族"消经"文字体系研究 [J]. 民族语文，1992 (1).
[2] 陈其光. 女汉字典 [M]. 北京：中央民族大学出版社，2006.
[3] 陈其光. 五岭方言和女书 [J]. 民族语文，2004 (5).
[4] 何丹. 女书消亡的文字学思考 [J]. 浙江大学学报（人文社会科学版），2006 (5).
[5] 黄雪贞. 江永方言研究 [M]. 北京：社会科学文献出版社，1993.

[6] 黄雪贞. 女书唱词的音变［C］//远藤织枝，黄雪贞. 女书的历史与现状：解析女书的新规. 北京：中国社会科学出版社，1995.

[7] 廖宁杰. 女书民歌的音乐特点［J］. 艺术教育，2007（8）.

[8] 刘颖. 中国女书歌曲调和与城关土话声调［C］//远藤织枝，黄雪贞. 女书的历史与现状：解析女书的新规. 北京：中国社会科学出版社，1995.

[9] 刘忠华. 闺中奇迹——中国女书［M］. 哈尔滨：黑龙江人民出版社，2005.

[10] 马文婷. 江永女书的性质研究［D］. 长沙：湖南师范大学，2009.

[11] 彭泽润，李葆嘉. 语言理论［M］. 5版. 长沙：中南大学出版社，2009.

[12] 彭泽润，彭建国. "南岭方言群岛"：方言学的新大陆［J］. 郴州师范高等专科学校学报，2001（6）.

[13] 彭泽润，曾宝芬. "东干语"音素文字及其词式书写的启发——汉语语言规范在中国境外的成功范例［J］. 北华大学学报（社会科学版），2006（2）.

[14] 宋莹，舒健. 我国最早的拼音文字现身南大［N］. 人民日报（海外版），2003-07-11（2）.

[15] 唐功伟. 上江圩的女书［C］//史金波，等. 奇特的女书——全国女书学术考察研讨会文集. 北京：北京语言学院出版社，1995.

[16] 魏忠. 中国的多种民族文字及文献［M］. 北京：民族出版社，2004.

[17] 谢志民. 江永"女书"之谜［M］. 郑州：河南人民出版社，1991.

[18] 赵丽明. 女书文字孤岛现象简析［C］//徐大明. 中国社会语言学新视角——第三届中国社会语言学国际学术研讨会论文集. 南京：南京大学出版社，2007.

[19] 周硕沂. 女书字典［M］. 长沙：岳麓书社，2002.

从音韵现象看湘西乡话与湘语的关系

杨 蔚

(华南理工大学新闻与传播学院)

【提　要】 湘西乡话是一种保留着古湘楚语的许多特征，兼具现代湘语的一些特点，同时杂糅客赣等方言成分的特殊的汉语方言。

【关键词】 湘西乡话　音韵现象　古湘楚语　湘语关系

《湖南泸溪瓦乡话语音》（王辅世，1982）是湘西乡话最早的研究文章。瓦乡话即本文研究的湘西乡话。湘西乡话最主要的音韵特点是（杨蔚，2010：11-12）：①古全浊塞音塞擦音平声一般读不送气浊音声母，上声多读为送气清音，去声和入声部分读送气清音，部分为不送气的浊音或清音；②知组读如端组，部分非组读如帮组；③古心、生、书禅等母有大量读塞擦音声母的现象；④古以母字除少数字读为零声母，多数字各点一般读为[z]；⑤有"支微入鱼，蟹（一、二等）假果遇系列音变"等音变现象；⑥有"鱼虞分立，支脂之三分，纯四等韵读如洪音"等古音现象；⑦与中古韵母一对多和多对一的关系特别突出，如湘西乡话止摄开口三等支韵[o/ɛ/a/i/ua/uəi]等多种读法，湘西乡话今音[a]韵来自古侯韵、尤韵、咍韵、佳韵、齐韵、虞韵、之韵、脂韵、支韵等；⑧鼻音韵尾归并，多数点只有[-ŋ]尾，少数点有[-n]尾和[-ŋ]尾，入声韵尾一部分点保留喉塞音韵尾[-ʔ]，多数点没有塞音韵尾，阴声韵化；⑨阳声韵之间发生归并，阴声韵之间也有大量韵类重合的现象；⑩有阴平、阳平、上声、去声、入声5个调类，少数点没有入声，为4个调类。全浊平声归阳平，全浊上声多读上声，部分归去声，全浊去声部分归上声，部分仍读去声，入声调在多数点仍保留，少数点已经消失，主要派入阴平、阳平等。湘西乡话保留了一批古汉语词和古词语中某些在今天已经不通行的用法，如"驰（奔跑）、履（鞋子）、炙（烤火）、行（走）、薪槁（柴火）、啼（哭）、怯（怕）、话（说话）、面（脸）、濯（洗）、謦（咳嗽）、食（吃）"等。

《中国语言地图集》（1989）将乡话列为汉语方言中未分区的非官话方言。至今它的归属问题尚无定论。

湘西乡话分布在湖南西部怀化市沅陵县西南以及与之相接壤的辰溪北部、溆浦北部、湘西州的古丈东南部以及泸溪的北部和东部地区，在地域上连成一片，以沅陵为中心，在地图上呈弓形分布，面积约6000平方千米，使用人口为40多万人。这一地区古属楚黔中地，历史上一直划归荆州、长沙郡、荆湖北路、湖广行省等行政区划管辖，现在分别划归湘西州和怀化市管辖。湘西乡话周边为辰溆片湘语、西南官话、苗语、土家语所包围。历史行政区划和周边语言的情况，让我们不得不十分重视湘西乡话与湘语甚至古湘楚语的联系。本文通过考察湘西乡话与湘语一些相同的音韵现象以及湘西乡话古老音韵现象的性质，探讨湘西乡话与湘语的关系。下文选用的材料涉及沅陵县的麻溪铺、清水坪、深溪口，古丈县的高峰，泸溪县的白沙，溆浦县的木溪等点。这些点比较有代表性，语料均是笔者田野调查所得。

一

随着近年来湘语调查的深入和纵深研究的开展，湘语具有代表性的语音特点越来越清楚地呈现出来。透过湘西乡话复杂的语音现象，我们发现湘西乡话与湘语无论是在一些具体的语音特点、音韵结构上，还是在演变类型上，都有一些相似之处。①

（1）蟹摄合口一、三、四等、止摄合口三等今读撮口呼韵母。这是湘西乡话一致的特点。如：

	脆	鳜	睡	醉	槌	贵	喂	围
麻溪铺乡话	[tɕʰyˀ]	[tɕyˀ]	[tɕʰyˀ]	[tɕyˀ]	[˪ty]	[tɕyˀ]	[yˀ]	[˷y]
高峰乡话	[tɕʰyɛˀ]	[kueiˀ]	[tɕʰyˀ]	[tɕyˀ]	[˪ty]	[tɕyˀ]	[yˀ]	[˷y]

老湘语双峰、湘乡等，归属未明的湘南土话宜章、江永、宁远张家话、嘉禾广发话、东安土话有此类现象存在。止合口三读撮口呼在吴语里广泛存在，被称作颇具吴语地域色彩的"支微入鱼"现象。

	脆	鬼	贵	嘴	柜	围（危）	龟	跪
沅陵（麻）	[tɕʰyˀ]	[˪tɕyɪ]	[tɕyˀ]	[˪tɕy]	[dzyˀ]	[˷y]	[˪tɕy]	[tɕʰy]
苏州		[˪tɕy]白	[tɕyˀ]白		[dzyˀ]	[˪jy]白	[˪tɕy]白	[dzyˀ]白
双峰	[tɕʰyˀ]			[˪tɕy]	[dyˀ]	[˷y]		

在湖南境内有这种现象的方言点在地理上都不相比邻，可能"支微入鱼"现象在吴语、湘语地区曾经分布十分广，是吴语、湘语历史上密切关系的反映，是一种方言地域色彩的标志。

（2）蟹开二等读为单元音 [a]，假、果元音高化，遇摄变为复元音。这个系列音变在湘西乡话各点都存在，分成4种类型，沅陵清水坪乡话最具有代表性：蟹（[a]）、假（[o]）、果（[u]）、遇（[u/əu]）。这种系列音变是吴语、湘语中具有地域特色的一个音韵现象，张光宇（1999：34－36）以此提出"吴楚江淮方言连续体"的概念。表1是湘语双峰、吴语宜兴的蟹、假、果、遇四摄元音变化情况。

---

① 湘语、吴语材料主要来自北京大学中国语言文学系（1989），湘语材料还来源于鲍厚星（2006）、陈晖（2007）。湘南土话材料来源于鲍厚星（1998）、黄雪贞（1993）、沈若云（1999）。宜兴材料来自叶祥苓、郭宗俊（1991）。

表1 双峰（湘语）、宜兴（吴语）的蟹、假、果、遇四摄元音的变化情况

方言点	蟹开一、二	假开二		果开合一		遇合一	
		见系	其他	帮组	其他	帮组	其他
双峰（湘语）	[a]	[io/o]	[o]	[ʊ]	[ʊ]	[u]	[əu]
宜兴（吴语）	[a]	[io/o]	[o]	[ʊ]	[ʊ]	[u]	

在有"支微入鱼"现象的湘南土话宜章、江永、宁远张家话、东安等方言里也有这个系列的音变存在。

蟹、假、果、遇系列音变影响了阴声韵的格局，同时也影响了阳声韵、入声韵的格局。在阴声韵里，这些有系列音变关系的韵摄相互之间产生了密切的联系。如苏州话蟹摄 [ɒ] 与假摄 [ɒ/o] 部分重合，果摄 [u/əu] 与遇摄 [u/əu] 重合，双峰话果摄 [ʊ] 与遇合一，[u/əu/ʊ] 也部分重合。湘西乡话高峰的蟹假、果遇的联系为：[ɑ/o] 与 [o]，[u/ɤu/ɯ] 与 [u/ɯ]。按阴阳入相配的原则，古阳声韵、入声韵相应地也发生了一些同步变化。一般来说，湘西乡话、湘语双峰话、湘南东安、宜章等土话较一致地表现在假开二与咸开一、二等，山开合一、二等，梗开二同步；果开合一等与宕江同步；遇合一与通合一、三等同步；流开一与通合一同步（杨蔚，2002：113-115）。

蟹、假、果、遇的系列音变对语音格局的影响近年受到越来越多湘语研究者的重视，鲍厚星（2006：5-6）把它作为湘语分区4条语音标准的第3条标准，认为"虽然只在部分湘语中存在，但特色鲜明"。

（3）阳声韵尾简化、弱化、韵摄归并的模式。下表列阳声韵尾的变化，"鼻化"表示阳声韵尾已消失，变为鼻化韵，斜线"/"后的空位表示韵尾消失，变为阴声韵，空白表示该韵摄完全变为阴声韵。

	咸开一	深	山开合一二	山开合三四	臻	宕	江	曾	梗	通
沅陵麻溪铺	ŋ/鼻化	ŋ/鼻化			ŋ/鼻化	ŋ	ŋ/鼻化		ŋ/鼻化	
泸溪八什坪	ŋ/	ŋ/			ŋ/鼻化	ŋ			ŋ/鼻化	
沅陵深溪口	ŋ/	ŋ/								
溆浦木溪	ŋ				ŋ	ŋ			ŋ	

对照周边湘语、吴语及湘南土话，这些方言阳声韵尾变化也属于萎缩型，在演变上不乏一些共同点。

	咸摄	深摄	山摄	臻摄	宕摄	江摄	曾摄	梗摄	通摄
温州	ŋ		ŋ				ŋ	n/ŋ	ŋ
双峰	鼻化	n/鼻化	鼻化	n/鼻化	ŋ	ŋ	n/鼻化	n/ŋ/鼻化	n
东安	n/	n	n	ŋ	ŋ	ŋ	ŋ	ŋ	ŋ/n

从类型学角度看，湘西乡话、湘南土话、吴语、湘语的韵母正在发生动态演变，表现在阳声韵尾减少、归并，入声韵尾弱化、消失。从韵摄来看，咸、山、深、臻变化最大，宕、江、曾、梗、通相对稳定，尤以宕、江较为稳定。由于阳声韵尾的变化，这些方言出现了咸、山相混，深、臻相混，宕、江相混，曾、梗相混的现象。

（4）梗摄字今读。湘西乡话梗摄字主要元音是[o/e]，阳声韵念[oŋ/õ/o/ẽ]，入声韵念[o/oʔ/ioʔ]等，与假摄字的主要元音相同；在湘语娄底、湘乡、涟源等方言里，文读为[ẽ/ɛ̃]，白读为[õ/iõ]，入声韵读[ɔʔ/o]，与假摄主要元音读音一致。梗摄入声字白读与假摄读音相同，这在整个湘语非常一致，梗摄舒声据陈晖（2007：74）分为3种情况，其中只有涟源、湘乡、娄底等老湘语主要元音与假摄读音一致。

	梗开二舒声	梗开三、四舒声	梗摄入声
沅陵麻溪铺乡话	oŋ/o/əu	oŋ/õ/ẽ/i	oʔ/ioʔ/eʔ
湘乡	õ白	iõ白	o/io
涟源	o白	io	o/io

（5）调类与调值、调型的类型。湘语的调类一般为5类或6类，调值一致性程度很高，一般是阴平高平55或中平33，阳平低升13，上声高降调41或42，阴去为高升45或高平55，阳去为低降21或低平11，入声为中升24。湘西乡话调类为5类，去声不分阴阳，有阴平、阳平、上声、去声、入声，有的点没有入声为4个调类。调型调值与湘语基本一致，特别是与去声不分阴阳的益阳、桃江、沅江、安化等地，阴平、阳平、上声、去声调型完全一致，调值也十分接近，只是入声调值是短促的高降调53。湘西乡话上声有些点是升调35，在调型上与沅水流域上游的会同、中游的溆浦一致，上声念升调在湘语里十分特别。

	阴平	阳平	上声	阴去（去声）	阳去	入声
邵阳	55	12	42	35	24	33
安化东坪	33	13	41	22	45	
溆浦	44	13	23	35		53
麻溪铺乡话	55	13	53	（22或23）		53
清水坪乡话	55	13	35	（33）		53

从上列相同点看，湘西乡话与湘语吴语有很多相似之处，但在声调的分化调值调型及梗摄舒声主元音与假摄的关系看，湘西乡话与湘语更为接近，特别是与湘语腹地受官话侵蚀较少的老湘语关系更为密切。

二

湘西乡话周边的汉语方言有沅陵县城话、古丈县城话与泸溪县城话、辰溪县城话、溆浦县城话，前者属西南官话，后者属辰溆片湘语。湘西地区是湘语与西南官话的交界地带，以邵阳、娄底为中心的"老湘语"在越过雪峰山脉后，在这一地区与官话交汇。武陵山以西的澧水流域是官话区，武陵山以东的沅水流域，会同可以作为具有典型湘语特征的代表，划归湘语娄邵片。湘语西部边界延伸到武陵山脉，辰溆、泸溪、溆浦因其全浊声母的演变规律、与西南官话的纠葛与区别等特点单独划归湘语辰溆片。因为地缘上的联系，在湘西乡话里我们总能看到一些与辰溆片湘语以及娄邵片会同话相似的音韵现象。

（1）全浊声母的分化。鲍厚星（2006：49-51）将湘语的浊音清化分为4类，辰溆片湘语全浊声母的演变属于第四种类型a型：平声保留浊音，仄声清化上去基本读不送气清音，入声部分送气部分不送气。湘西乡话全浊声母的显然与第四种类型a型相似：平声保留浊音，仄声正逐步清化，所不同的是全浊上声多是送气清音，全浊去声今读上声多送气，读去声多为不送气的清音或浊音，入声今读阴平送气，阳平不送气，部分仍读浊音。这种演变很特别，在汉语方言里十分少见。

（2）止摄合口［u、y］并存现象。湘语止摄合口字以［uei（ui）］或［yei（y）］和［y］构成文白异读，在所有止摄合口白读［y］的湘语点中，只有辰溪、泸溪白读有［u、y］并存现象，而且都是些日常生活用字，在溆浦这种并存现象表现为［y、ʅ］。如辰溪泸溪的"水［˰su］、吹［˰tsʰu］、槌［˳dzu］、锤［˳dzu］"等（鲍厚星，2006：131-135）。在我们调查的湘西乡话的材料里，有"水［˰tsu］、穗［zu˯］、坠［dzu˯］"3个字，"水"字声母读塞擦音，正是乡话心、生、书母擦音念塞擦音的早期语音特点的反映。［u、y］并存可能是辰溆湘语与乡话较早层次的语音表现，也是两种方言有密切关系的迹象。《泸溪县志》（1755年修）："泸溪方言……呼山曰沙，呼水曰鼠。"

（3）全浊入声送气不送气。湘西乡话的全浊入声主要派入阴平和阳平，阴平（55或44）多送气，阳平（13或213）不送气。湘语全浊入声字清化后部分送气部分不送气，有很多地方送气占绝对优势。陈晖（2007：24-25）在对湘语双峰、娄底等8个代表点做了细致的统计后得出的结论是："全浊入声清化后不送气似乎与官话的影响有关。"但根据鲍厚星（2006）的字音对照表及笔者的调查统计，娄邵片绥会小片的绥宁、会同，辰溆片的溆浦、泸溪、辰溪等地送气与否同调类调值有关。会同、绥宁全浊入声派入阴去（55）和上声（24），派入阴去的送气，派入上声的不送气；溆浦、泸溪、辰溪三地全浊入声60%～70%派入阳平（13或213），不送气，20%～30%派入阴去（35或24），送气。这种归派规律在湘语里很独特，是沅水流域湘语的代表性特点。在一些具体字的音读上乡话与这些点都比较一致。从演变的类型上看，似乎与调值有关，读送气的较高，读不送气的相对低一些。

（4）通摄舒声阴声韵化，且主元音读开口。湘西乡话的通摄舒声已完全阴声韵化了，读［uɛɪ/ uɤ/ ca/ ɯɤ/ me/ uɤ］等，在不同的点与不同的韵摄合流，有的与阴声韵流、效、遇分别合流，有的与变为阴声韵的咸、山、深、臻等韵摄合流，如麻溪铺的"钟"［˰tsəɯ］="书"［˰tsəɯ］，深溪口的"同"［˳dəɯ］="徒"［˳dəɯ］等。辰溪话通摄字基本读［ɯɤ/ uɤ］，但与遇摄不合流，以韵尾［-ɯ］与流摄的［əɯ/ iəɯ］相区别，辰溪话已经完全没有鼻音韵尾和鼻化韵了。在通摄的演变上，湘西乡话与辰溪主元音读央元音或前低元音，韵尾向后高元音或后低元音收尾，走的是相似的演变路子。

古平声保留浊音、上去入清化，止摄合口［u、y］并存现象，全浊入声送气不送气按调类调值分化，通摄舒声阴声韵化，主元音读开口央元音等是辰溆片湘语与其他湘语的迥异之处，具有小片区域特征的性质。

三

上文列举的音韵现象让我们看到湘西乡话所具备的湘语的性质，但同时我们也看到湘西乡话一些独具特色的音韵现象。

（1）大量的音韵存古现象。湘西乡话的材料面世以后引起海内外学者关注的原因，就是它较多地保留了古老的音韵现象。"非组读如帮组""知组读如端组""鱼虞分立""支脂之三分""纯四等韵读如洪音"等更加重了乡话是"很古老"的方言的印象。（杨蔚，2010）

（2）古全浊塞音、塞擦音平声一般读不送气浊音声母；上声多读为送气清音，少部分读浊音或不送气清声母；去声部分读送气清音，部分为不送气的浊音或清音；全浊入声一般今读入声，部分派入阴平和阳平，仍读入声的读浊音或不送气清音，归阴平的读送气清音，归阳平的读浊音或不送气清音。

（3）古全浊上声大部分仍读上声，少部分读去声；全浊去声部分读去声，部分读上声。

（4）湘西乡话阴声韵之间有大量的韵摄今读合流现象，不同的点有不同的合流情况，如果摄一等与遇摄一等，果摄一等与遇摄合口三等，假开二等与遇摄一等，假开二等与蟹开一、二等，遇摄元音在复元音化以后与流摄等之间部分合流。阳声韵尾在演变的过程中，逐步归同一类，这就使一些主要元音相同或相近的韵摄产生合并。湘西乡话咸、山、宕、江、咸、山、深、臻、深、臻、梗等几大韵摄甚至跨过界域，有大合并的趋势。阳声韵在阴声韵化以后与阴声韵合并，如通摄与效摄合流，与流遇部分音读相同等。

（5）有心、生、书、禅、邪等母读塞擦音，次浊来母和以母读擦音，蟹摄开口一等咍、泰部分读合口呼韵母等独具特色的存古现象。湘西乡话心、生、书、禅、邪读［ts、tsʰ］类塞擦音声母累计字数38个，这些字都是日常生活高频率使用的字，如古丈高峰乡话的"岁［ˬtsuaˀ］、书［˅tsɤu］、少［˅tsɑ˧］、水［˅tsu］、升［ˬtsaŋ］、斜［˳dʑio］、松~树［˳dʑiɤu］、十［˳tsʰŋ］、上~山［˳tsʰẽ］、石姓~［˳tsʰo］"等字，特别是禅、邪母字，它们的声调都按乡话声母演变规律，平读浊、仄按调类读送气不送气，这说明心、生、书、禅、邪等母读塞擦音是较早层面的音韵现象。

来母部分字读擦音塞擦音，如懒［˅dzoŋ］、来［˳zɤ］、乱［dzoŋˀ］、漏［zaˀ］、梨［˳za］。以母大部分读擦音塞擦音，如野［˅zo］、油［˳za］、羊［˳ze］、痒［˅dze］、窑砖~［˳zo］、焰［dzɛˀ］等。

蟹摄开口一等咍泰部分读合口呼韵母尽管在乡话的部分点存在，但是很有特点，如麻溪铺乡话"胎代［˳tʰua］、栽［˳tsua］、猜［˳tsʰua］、开［˳kʰua］、蔡［tsʰuaˀ］、盖［kuaˀ］"等。

（6）根据文献资料记载，湘西乡话区历史上有大量迁自于江西的移民。咸开二、三等知系保留主要元音音色的区别、遇三等鱼韵臻开一等部分字主要元音是［ε］、咸山开一等宕江主要元音高化、次浊平全浊上全浊去部分归阴平等客家话或赣语特有的音韵现象，在湘西乡话能找到一些例证。（杨蔚，2010：188-190）

上列（1）～（4）点是湘西乡话语音结构中十分突出的特点：第（1）点体现其存古的一面，第（4）点是其变得很"现代化"的动态演变进程，一老一新两个层面十分清楚，与湘语相比显得十分特别。第（2）、第（3）点全浊声母上声、去声和入声演变的类型湘语中没有，汉语方言中也少见。而古心、生、书、禅、邪母读塞擦音，来母、以母读擦音，哈、泰部分读合口呼等问题又使湘西乡话的某些存古的音韵特征与闽语的白读系统及南部吴语（曹志耘，2001）的某些特征十分相像。这说明早期乡话的形成时代应与闽方言白读的形成时代一致，反映了古吴楚闽语的古老联系（李如龙，1996：110-119；杨蔚，2010：190-193）。第（6）点显示出客赣语渗透的痕迹，但从共时结构特点、语音格局、音韵现象的性质以及历时演变类型看，客赣的影响还不是很大。

湘西乡话音韵层次驳杂，是整合力很弱的方言，这大概与它一直是弱势方言，加之历史上的多次移民有关。在历史上湘西乡话分布的区域属于楚，在行政区划上一直是与现代湘语通行的地区密切联系的。从湘西乡话大量的音韵存古现象看，它形成的历史年代应与闽语白读系统形成的年代是比较接近的，湘西乡话大概是古湘楚语的一种。总之，湘西乡话是一种保留着古湘楚语的许多特征、兼具现代湘语的一些特点而又杂糅客赣等方言成分的特殊的汉语方言。

参考文献

[1] 鲍厚星. 东安土话研究［M］. 长沙：湖南教育出版社，1998.
[2] 鲍厚星. 湘方言概要［M］. 长沙：湖南师范大学出版社，2006.
[3] 北京大学中国语言文学系语言学教研室. 汉语方言字汇［M］. 2版. 北京：文字改革出版社，1989.
[4] 曹志耘. 南部吴语语音研究［M］. 北京：商务印书馆，2002.
[5] 陈晖. 湘方言语音研究［M］. 长沙：湖南师范大学出版社，2006.
[6] 黄雪贞. 江永方言研究［M］. 北京：社会科学文献出版社，1993.
[7] 李如龙. 闽语的古楚语和古吴语［C］//李如龙. 方言与音韵论集. 香港：香港中文大学中国文化研究所，吴多泰中国语文研究中心，1996.
[8] 沈若云. 宜章土话研究［M］. 长沙：湖南教育出版社，1999.
[9] 王辅世. 湖南泸溪瓦乡话语音［J］. 语言研究，1982（1）.
[10] 杨蔚. 沅陵乡话、湘南几个土话的韵母研究［J］. 湖南师范大学社会科学学报，2002（5）.
[11] 杨蔚，詹伯慧. 湘西乡话的语音特点［J］. 方言，2009（4）.
[12] 杨蔚. 湘西乡话语音研究［M］. 广州：广东人民出版社，2010.
[13] 叶祥苓，郭宗俊. 宜兴方言同音字汇［J］. 方言，1991（2）.
[14] 张光宇. 东南方言关系综论［J］. 方言，1999（1）.
[15] 中国社会科学院，澳大利亚人文科学院. 中国语言地图集［M］. 香港：朗文（远东）出版有限公司，1989.

（原载《语言研究》2011年第3期）

泸溪乡话与泸溪湘语语音比较及演变*

瞿建慧

(吉首大学文学院新闻传播学院)

【提　要】 与泸溪湘语相比，泸溪乡话语音具有突出的保守性、明显的地域性和鲜明的独特性。泸溪乡话和泸溪湘语孕育于同一母体——古楚语，在演变发展过程中都受到了官话、赣语的影响。泸溪乡话自身特殊的演变和遗存的古音是它与泸溪湘语不能通话的原因。泸溪乡话的保守性与独特性，不仅与相对封闭的环境、语言忠诚性有关，还与瓦乡人强烈的族群认同意识分不开。泸溪乡话借用湘语、兼用湘语的现象很普遍，转用湘语的人群正在扩大。

【关键词】 泸溪乡话　泸溪湘语　语音比较　特点　演变

泸溪县位于湖南的西部、湘西土家族苗族自治州的东南方，沅水中游。东邻沅陵，南靠辰溪、麻阳，西接吉首、凤凰，北连古丈。县城原为武溪镇，2001年迁往白沙镇。泸溪方言处在西南官话的包围之中，仅东边与辰溪湘语毗邻。泸溪县内主要通行的方言是湘语，其次是乡话。说泸溪乡话的人把泸溪湘语称为"客话"。泸溪湘语属于湘语辰溆片。泸溪乡话分布在县东北与沅陵、辰溪交界的沅水两岸，因佶屈聱牙，与周边方言和民族语言不能通话，其语言性质曾经引起过争论。

王辅世（1982）指出，瓦乡话是汉语的一种方言。笔者（2007）认为，泸溪（白沙）乡话是具有混合色彩的湘语。本文通过泸溪乡话与泸溪湘语的语音比较，找出泸溪乡话的语音特点，探讨泸溪乡话与泸溪湘语语音演变的历程。语音比较选择的乡话代表点是泸溪白沙乡话、泸溪八什坪乡话，湘语代表点是泸溪武溪话、泸溪八什坪话。语料皆是笔者田野调查所得。

一、泸溪乡话与泸溪湘语声母的比较

(一) 泸溪乡话与泸溪湘语声母的相同点

(1) 全浊声母的保留。泸溪乡话和泸溪湘语古全浊声母都不同程度地保留了浊音的读法。泸溪乡话全浊声母基本保留在平声字里，部分仄声字也读不送气浊音，以白沙乡话为例，如盆［bai²¹⁴］、铜［dai²¹⁴］、齐［dzie²¹⁴］、船［dzuai²¹⁴］、棋［dʑi²¹⁴］、淡

---

* 本文得到国家社会科学基金项目（项目编号：11XYY022）、教育部人文社会科学研究青年项目（项目编号：10YJC740086）、湖南省湘西民族语言研究基地的资助。

［doŋ²⁴］、洞［dɛi²⁴］、竖［dza²⁴］、我［gɯ⁵³］。泸溪湘语全浊声母保留在平声字里，如盘［bɛ²⁴］、同［doŋ²⁴］、才［dzɛi²⁴］、奇［dʑi²⁴］、葵［guei²⁴］、菩［bu¹¹³］、筒［doŋ¹¹³］、磁［dzɿ¹¹³］。

（2）古全浊声母入声字清化。泸溪乡话和泸溪湘语古全浊声母入声字清化大多读送气清音。以白沙乡话为例，如沓［tʰɤ²¹⁴］、贼［tsʰei³⁵］、侄［tʰi³⁵］、十［tsʰʅ³⁵］、石［tsʰɤ³⁵］、直［tʰiɯ³⁵］、着［tʰɯ³⁵］。泸溪湘语：沓［tʰɔ¹¹³］、族［tsʰəɯ¹¹³］、昨［tɕʰiɔ¹¹³］、择［tsʰɛi¹¹³］、侄［tʂʰʅ¹¹³］、直［tʂʰʅ¹¹³］。

（3）非组读同重唇。泸溪乡话非组读同重唇字数较多，如孵［pʰau⁵³］、缝［bai²¹⁴］、尾［mai³⁵］、问［mɛi³⁵］、望［moŋ²⁴］。泸溪湘语非组声母读如重唇现象只有零星的反映，集中在"甫、辅、浮、晚"等字上。

（4）知组读同端组。泸溪乡话古知组字部分字今读［t、tʰ、d］，以白沙乡话为例，如住［tiɯ²⁴］、绸［tia²¹⁴］、朱［tiɯ³⁵］、帐［tioŋ²⁴］、抽［tʰia³⁵］、柱［tʰia⁵³］、直［tʰiɯ³⁵］、沉［dai⁵³］、场［dioŋ²¹⁴］。泸溪湘语例字较少，如爹［tia³⁵］。

（5）章组在今细音前腭化。泸溪乡话古章组字在今细音前腭化读［tɕ、tɕʰ、dʑ、ɕ、ʑ］，以白沙乡话为例，如纸［tɕi⁵³］、真［tɕie³⁵］、烛［tɕiɯ³⁵］、尝［tɕioŋ³⁵］、是［tɕʰi⁵³］、属［tɕʰiɯ³⁵］、丑［dʑiɯ²⁴］、舌［dʑi²⁴］、仇［dʑiɯ²⁴］、扇［ɕie²⁴］、输［ɕiɯ³⁵］、食［ʑiɯ²⁴］。泸溪湘语武溪话除遇合三，止开三，深、臻、曾、梗开三入的知章组声母读［tʂ］组，其他韵摄字声母一般读［tɕ］组。泸溪湘语八什坪话咸山摄三（四）等字章组声母读［tɕ］组。

（6）见组开口二等读舌根音。如泸溪白沙乡话：家［kɤ³⁵］、街［ko³⁵］、眼［ŋai⁵³］、脚［kɯ⁴²］、戒［kõ²⁴］。如泸溪湘语：家［kω³⁵］、街［ka³⁵］、眼［ŋa⁴²］、戒［ka¹¹³］、敲［kʰəu³⁵］。

（7）匣母读零声母。如泸溪白沙乡话：胡［u²¹³］、滑［o²⁴］、魂［uai²¹³］、黄［oŋ²¹³］。如泸溪湘语：禾［ω²⁴］、黄［uaŋ²⁴］、横［uɛ²⁴］、环［uɛ²⁴］。

（8）泥、来母洪混细分。泸溪乡话泥、来母逢今洪音字读［l］，泥母逢今细音字读［ȵ］，来母逢今细音字读［l］，如难［loŋ³⁵］＝兰［loŋ³⁵］、泥［ȵi³⁵］≠犁［li³⁵］。泸溪湘语八什坪、武溪话也是泥、来母洪混细分：难［la²⁴］＝兰［la²⁴］、泥［ȵi²⁴］≠犁［li²⁴］。

（9）分尖团。泸溪八什坪乡话分尖团，如齐［dziɛ²¹⁴］≠奇［dʑi²¹⁴］、清［tsʰi³⁵］≠轻［tɕʰi³⁵］。泸溪湘语武溪话、八什坪话分尖团，如齐［dzi²⁴］≠奇［dʑi²⁴］、清［tsʰiẽ³⁵］≠轻［tɕʰiẽ³⁵］。

（二）泸溪乡话与泸溪湘语声母的不同点

古全浊声母舒声字清化。泸溪乡话古全浊声母平声字清化后一般读不送气清音。以白沙乡话为例，如盘［poŋ²¹⁴］、墙［tɕioŋ²¹⁴］、锤［tiɯ²¹⁴］、馋［tsõ²¹⁴］、骑［tsai²¹⁴］。上去声字清化后部分读送气清音，如状［tsʰoŋ⁵³］、跪［tɕʰy⁵³］、代［tʰɛi⁴²］、柱［tʰia⁵³］、撞［tsʰoŋ⁵³］、断［tʰoŋ⁵³］、上［tsʰoŋ⁵³］、重［tʰyɤ⁵³］。泸溪湘语古全浊声母平声字未清化，古全浊声母上去声字清化后一般读不送气清音。如坐［tsɔ⁵⁵］、抱

[pəu⁵⁵]、弟 [ti⁵⁵]、柱 [tsu⁵⁵]、洞 [toŋ⁵⁵]、贱 [tɕiæ⁵⁵]、状 [tsuaŋ⁵⁵]。

以下是只见于泸溪乡话的语言现象，以白沙乡话为例：

（1）古滂、并母部分字读轻唇音，如喷 [fɛi²⁴]、皮脾 [fo²¹⁴]、被 [fo⁵³]、平坪 [fõ²¹⁴]、病 [fõ²⁴]。

（2）古定、澄母部分字今读鼻边音，如大 [nɯ²⁴]、桃 [nau²¹⁴]、糖 [noŋ²¹⁴]、读 [nu²⁴]、掉 [ȵiəu²⁴]、田 [lai²¹⁴]、簟 [lai⁵³]、肠 [ȵioŋ²¹⁴]、虫 [lyɤ²¹⁴]。

（3）古来、心、书、邪、禅部分字读塞擦音。如来母：聋 [tsɛi³⁵]、林 [dzai³⁵]、乱 [dzoŋ²⁴]、懒 [dzoŋ⁵³]、流 [dʑiɯ²¹⁴]。心母：酸 [dʑiɯ²¹⁴]、嫂 [tsʰau⁵³]、岁 [tso²⁴]。书母：湿 [dʑi²⁴]、书 [tɕiɯ³⁵]、守 [tɕiɯ⁵³]、少 [tsau⁵³]、升 [tsɛi³⁵]、翅 [tsɿ²⁴]、水 [tsu⁵³]。邪母：泗 [dʑia²¹⁴]、像 [dʑia⁴²]、斜 [dʑiɤ²¹⁴]、旋 [dʑye²¹⁴]、寺 [tsɿ⁵³]。禅母：竖 [dza²⁴]、是 [tɕʰi⁵³]、属 [tɕʰiɯ³⁵]、睡 [tɕʰy²¹⁴]、尝 [tɕʰioŋ³⁵]、[树 tsa²⁴]、成 [tsai²¹⁴]、石 [tsʰɤ³⁵]、上 [tsʰoŋ⁵³]、十 [tsʰɿ³⁵]。

（4）古来、喻（以）母部分今读擦音。如来母：梨 [za²¹⁴]、来 [zai²¹⁴]、漏 [za²⁴]。喻（以）母：油 [za³⁵]、药 [zɯ²¹⁴]、窑 [zau²¹⁴]、剩 [zai²⁴]、夜 [zɤ²⁴]、羊 [zoŋ²¹⁴]、匀 [zuai²¹⁴]。

（5）古晓、匣母部分字读塞音，如黑 [kʰei⁴²]、虎 [kʰu⁵³]、蟹 [kɔ⁵³]、解姓 [kɔ⁵³]。

二、泸溪乡话与泸溪湘语韵母的比较

（一）泸溪乡话与泸溪湘语韵母的相同点

（1）鱼、虞分立。泸溪乡话鱼韵一般今读 [ɯ、iɯ]，如祖 [tsɯ⁴²]、错 [tsʰɯ²⁴]、絮 [ɕiɯ²⁴]、猪 [tiɯ³⁵]、书 [tɕiɯ³⁵]、鱼 [ȵiɯ³⁵]、去 [kʰɯ²⁴]。虞韵部分字读 [a、ia]，与鱼韵相区别，如娶 [tsʰa⁵³]、柱 [tʰia⁵³]、数 [sa⁵³]、竖 [dza²⁴]、树 [tsa²⁴]、雨 [va⁵³]。泸溪湘语仅有两个字显示了鱼、虞分立：锯 [kei¹¹³]、去 [kʰei¹¹³]。

（2）支、微入鱼。泸溪白沙乡话止摄合口三等今读多为撮口呼，如贵 [tɕy²⁴]、醉 [tɕy²⁴]、柜 [tɕʰy⁵³]。泸溪湘语武溪话止摄合口三等见系字韵母与遇合三合流，如锤 [dʐu¹¹³] = 除 [dʐu¹¹³]、柜 [tɕy⁵⁵] = 巨 [tɕy⁵⁵]。

（3）蟹、假、果元音高化链。泸溪白沙乡话蟹、假、果元音高化链：[a]（蟹）→ [ɤ]（假），[o]（蟹）→ [ɯ]（果）。泸溪八什坪乡话：[a]（蟹）→ [o]（蟹、假）→ [ɯ]（果）。泸溪湘语蟹、假、果元音高化链：[a]（蟹）→ [ɷ]（假）→ [ɯ]（果）。

（4）流摄与蟹摄合流。泸溪乡话部分流摄字读 a，与蟹摄合流，如陡 [ta⁵³]、勾 [ka²¹⁴]、口 [kʰa⁵³]、厚 [ɤa⁵³]、漏 [za⁴]、搜 [sa³⁵]、有 [va⁵³]、油 [za³⁵]。泸溪湘语，如楼 [lɛi²⁴] = 来 [lɛi²⁴]、沟 [kɛi³⁵] = 该 [kɛi³⁵]。

（5）阳声韵并入阴声韵。泸溪乡话古咸、山、深、臻、曾、梗、宕、江、通摄部分字读 [ɛi/ai]，以白沙乡话为例，如天 [tʰai³⁵]、翻 [fai³⁵]、万 [mɛi²⁴]、变 [pɛi²⁴]、帮 [bɛi³⁵]、忙 [mɛi³⁵]、公 [kɛi³⁵]、梦 [mɛi²⁴]、让 [zai²¹⁴]、讲 [kai⁵³]。古深、臻、

梗摄三、四等部分字读 [ie]，如心 [ɕie³⁵]、信 [ɕie²⁴]、紧 [tɕie⁵³]、针 [tɕie³⁵]、银 [ɲie³⁵]、近 [tɕʰie⁵³]、镜 [tɕie²⁴]、姓 [ɕie²⁴]、整 [tɕie⁵³]。泸溪白沙乡话古通摄部分字读 [yɤ]，如筒 [tyɤ²¹⁴]、虫 [lyɤ²¹⁴]、熊 [ɕyɤ²¹⁴]、龙 [lyɤ³⁵]、浓 [ɲyɤ³⁵]、重 [tʰyɤ⁵³]、胸 [ɕyɤ³⁵]。泸溪八什坪乡话古通摄部分字读同效摄。泸溪湘语古咸、山舒声开口一、二等字白读为 [a]，三、四等字白读 [ie]，如胆 [ta⁴²]、三 [sa³⁵]、炭 [tʰa¹¹³]、眼 [ŋa⁴²]、剪 [tsie⁴²]、甜 [die²⁴]、天 [tʰie³⁵]。

（6）塞音韵尾消失。泸溪乡话与泸溪湘语塞音韵尾均消失，并入相应的阴声韵。

（二）泸溪乡话与泸溪湘语韵母的不同点

以下是只见于泸溪乡话的语言现象，以白沙乡话为例。

（1）果摄部分字读 [ai]，如河 [uai²¹⁴]、坐 [tsai²¹⁴]。

（2）支、之、脂分立。支、脂、之一般读 [i、ɿ、a]，但支韵还可以读 [iɛ] 音，如移 [dziɛ²¹⁴]、宜 [ɲiɛ³⁵]。

（3）江通同音。双＝松 [soŋ³⁵]、腔＝嗅 [tɕʰioŋ³⁵]、江＝宫 [koŋ³⁵]、窗＝充 [tsʰoŋ³⁵]、巷＝瓮 [ɛi²⁴]。

（4）韵摄合并厉害。阴声韵：遇摄合口三等、流摄开口一、三等，蟹摄开口一、二、四等，止摄开口三等部分字合流读 [a]，如娶 [tsʰa⁵³]、柱 [tʰia⁵³]、漏 [za²⁴]、搜 [sa³⁵]、海 [xa⁴²]、揩 [kʰa³⁵]、梯 [tʰa³⁵]、鸡 [ka³⁵]、丝 [sa³⁵]、事 [tsa²⁴]。阳声韵：除上文提到的古咸、山、深、臻、曾、梗、宕、江、通摄部分字合流读 [ɛi、ai] 外，古咸、山开合口一、二、三等，宕摄开合一、三等，江摄开口二等，曾摄开口一等，梗摄开口二、四等及合口三等部分字读 [oŋ、ioŋ]，如淡 [doŋ²⁴]、摊 [tʰoŋ³⁵]、官 [koŋ³⁵]、板 [poŋ⁵³]、搬 [poŋ³⁵]、园 [zoŋ²¹⁴]、汤 [tʰoŋ³⁵]、唱 [tsʰoŋ²⁴]、网 [voŋ⁵³]、撞 [tsʰoŋ⁵³]、沾 [tioŋ³⁵]、鲜 [tɕʰioŋ³⁵]、想 [ɕioŋ⁵³]、张 [tioŋ³⁵]、腔 [tɕʰioŋ³⁵]、藤 [dzoŋ²⁴]、定 [doŋ²⁴]、兄 [foŋ³⁵]。古咸、山开合口一、二、三等，深、臻开口三等，梗摄开口二、三、四等部分字读 [õ]，如耽单 [tõ³⁵]、南 [lõ³⁵]、喊 [xõ²⁴]、馋 [tsõ²¹⁴]、攀 [pʰõ²⁴]、饭 [mõ³⁵]、闩 [sõ³⁵]、平 [fõ²¹⁴]、命 [mõ²⁴]、听 [tʰõ³⁵]、行 [ɣõ²¹⁴]、杏 [ɣõ²⁴]。

三、泸溪乡话与泸溪湘语声调的比较

（一）泸溪乡话与泸溪湘语声调的相同点

异调变韵。泸溪白沙乡话 [ai、uai] 不出现在去声和入声字中，[əu、iəu] 只出现在去声和入声字中。泸溪湘语 [ɿ、ʅ、i、u、ʮ、y] 和韵腹为 [a、ɑ、ɒ] 以外的韵母都存在舌位降低的异调变韵现象，阴去阳去字韵母一般相同，与非去声字的韵母有别。

（二）泸溪乡话与泸溪湘语声调的不同点

泸溪乡话次浊声母平声字今读阴平。泸溪湘语次浊声母平声字今读阳平。

泸溪乡话古全浊上去声部分字今读去声，部分字今读上声。读上声的例字有在[tɕhi⁵³]、柱[thia⁵³]、近[tɕhie⁵³]、菌[tɕhye⁵³]、是[tɕhi⁵³]、柜[tɕhy⁵³]、辫[phie⁵³]、菌[tɕhye⁵³]、重轻~[thyɤ⁵³]、道[thau⁵³]、轿[tɕhiau⁵³]、断[thoŋ⁵³]、撞[tshoŋ⁵³]、丈[thioŋ⁵³]。泸溪湘语古全浊上去声一般读去声。

泸溪乡话去声不分阴阳，泸溪湘语去声分阴阳。

泸溪乡话保留入声，古清入次浊入一般读入声，古全浊入一般归入阴平、阳平。读阴平的例字有：十[tshɿ³⁵]、别~针[phi³⁵]、侄[thi³⁵]、独[thu³⁵]、白[phɤ³⁵]、着睡~了[thɯ³⁵]、凿[tshɯ³⁵]、直[thiɯ³⁵]、自[tɕhiɯ³⁵]、贼[tshei³⁵]。泸溪湘语古清入次浊入一般归阳平，古全浊入多归入阴去，少数归入阳平。

四、泸溪乡话的语音特点

与泸溪湘语相比，泸溪乡话保留了较多的上古、中古语音现象，具有突出的保守性。

泸溪（白沙）乡话古音遗存现象有保留全浊声母，重唇、轻唇不分（古无轻唇音），舌头、舌上不分（古无舌上音），邪、禅读塞擦音，晓、匣读塞音，来母读塞擦音、擦音，匣母读零声母，见组开口二等读舌根音，定母读鼻边音，以母读擦音，心、书母读塞擦音，鱼、虞有别，歌读[ai]韵，支、之、脂分立，江、通同音等。

泸溪湘语保留的古音有古全浊声母平声字保留浊音、匣母读零声母、见组开口二等读舌根音、支微入鱼等现象，而重唇、轻唇不分（古无轻唇音），舌头、舌上不分（古无舌上音），鱼、虞分立等现象只有零星的反映。

在某些语音演变发展方面，泸溪乡话与泸溪湘语存在着一致性，形成了明显的地域性特征。

在湘西乡话里，仅有泸溪白沙和八什坪乡话章组在今细音前腭化。泸溪湘语各点都不同程度地存在章组在今细音前腭化的现象，以武溪话为甚，除遇合三，止开三，深、臻、曾、梗开三入的知章组声母读[tʂ]组，其他韵摄字声母一般都读[tɕ]组。湘西乡话仅有八什坪乡话分尖团，泸溪湘语武溪、八什坪、兴隆场、石榴坪等地也是分尖团的。泸溪乡话泥、来母洪混细分，也见于泸溪湘语潭溪、八什坪、武溪等地。泸溪乡话支、微入鱼，蟹、假、果元音高化链，流摄与蟹摄合流，阳声韵尾消失，异调变韵，这些现象广泛地存在于泸溪湘语各地，不见于周边的官话方言。

泸溪乡话有些语音现象虽不见于泸溪湘语，但能在与湘西乡话接壤的其他方言中找到。泸溪乡话部分古全浊声母仄声字清化后读送气清音，溆浦的桥江、大渭溪、大水田、低庄、岗东、龙潭古全浊声母仄声字清化后也读送气清音。泸溪乡话古全浊上去声部分字今读上声，声母是送气清音，这种现象在溆浦大水田、龙潭、岗东、两江也有分布。泸溪乡话保留入声，湘西话周边官话方言点古丈、沅陵、张家界保留入声。泸溪乡话去声不分阴阳，湘西乡话周边官话方言点张家界、吉首、龙山、永顺、花垣、保靖去声都不分阴阳。

泸溪乡话语音演变发展还表现了与包括泸溪湘语在内的周边方言不一致的地方，具有鲜明的独特性。

泸溪乡话古全浊声母平声字清化后一般读不送气清音。泸溪湘语古全浊声母平声字保留不送气浊音，周边其他方言点古全浊声母平声字或者保留不送气浊音的读法，或者清化后读送气清音。泸溪乡话次浊声母平声字与清声母平声字合流读阴平，古滂、并母读轻唇音，古全浊入归阴平，也不见于泸溪湘语和周边其他方言点。

泸溪乡话韵摄合并厉害，远非泸溪湘语之所及。就阳声韵来说，泸溪湘语一般是咸、山摄合并，深、臻、曾、梗摄合并，宕、江摄合并。泸溪乡话古咸、山、深、臻、曾、梗、宕、江、通摄部分字读［εi、ai］，古咸、山、宕、江、曾、梗部分字读［oŋ、ioŋ］，古咸、山、深、臻、梗摄部分字读［ð］。一方面是韵摄合并得很厉害；另一方面是与中古汉语的语音对应关系复杂，中古同一韵摄在泸溪乡话有多种读法，古咸、山摄主要元音有3类读法［εi/ai、oŋ、ð］，果摄有［i、ɔ、ɤ、a、ɯ、ai、ei、yε、yɤ］9类读法之多。像泸溪乡话韵摄合并这么厉害而同一韵摄又对应多种读法的方言在全国汉语方言里也是比较少见的。

五、泸溪乡话与泸溪湘语的语音演变

泸溪（白沙）乡话古全浊声母基本上保留在古平声字里，这与湘语辰溆片一样，而古入声自成调类与湘语长益片相同。另外，泸溪（白沙）乡话众多的韵母白读层也与东安型土话一样，和湘语娄绍片中娄底、双峰等地方言惊人地相似，例如，古果、假摄元音的高化，蟹摄元音尾的脱落等，"这些特征应属湘语中较早的历史层次"（鲍厚星，2002）。因此，我们可以把泸溪（白沙）乡话称为具有混合色彩的湘语（瞿建慧，2007）。泸溪乡话应该和泸溪湘语一样，孕育于同一母体——古楚语，又与湘语保持着千丝万缕的联系，形成了突出的地域性特征。

泸溪乡话词汇数量有限，现代生活用语多借用泸溪湘语来表达，由于借词的广泛使用，泸溪乡话不仅新增了部分音类，古全浊声母平声字保留浊音、分尖团的保留也与泸溪湘语保持一致。章组在今细音前腭化应该也是泸溪乡话借用过来的语言现象，因为这一现象广泛见于包括泸溪湘语在内的湘语辰溆片各地，而在湘西乡话中只有泸溪乡话才有这种现象。

北宋靖康之乱后，一部分北方移民溯沅水而上，进入湖南西部的辰州和沅州。由于移民迁徙的时间和地域相对集中，官话不仅难以被本地湘语同化，而且给当地湘语造成了巨大的冲击。官话从北、西、南三面对湘语形成了围攻之势，泸溪湘语受到了官话的冲刷和消磨，泸溪乡话也不例外。新增［io、æ、iæ、uæ、yæ、ẽ、iẽ、uẽ、yẽ、aŋ、iaŋ、uaŋ］等韵母，入声字声调归派阳平，这些现象不仅改变了泸溪湘语的语音面貌，也改变了泸溪乡话的音韵格局。

宋元以后，湘西境内再次形成了移民浪潮。《泸溪县志》根据族谱和调查，共统计了24个姓氏来源，有14个姓氏从江西迁入，其中12个姓氏是直接从江西迁入的，迁入的年代宋、元、明、清都有。江西移民带来的赣语对泸溪方言的影响表现在：泸溪乡话古全浊声母仄声字清化后读送气清音，古全浊上去声部分字今读上声；泸溪湘语古清声母去声字和古浊声母平声字合流，深、臻、曾、梗摄舒声开口三（四）等字韵读同一等韵等。

泸溪乡话作为弱势方言，虽然长期受到周边湘语与西南官话的渗透影响，在演变过程中又受到了赣语的影响，但我们依然能够看到泸溪乡话是一种独立性很强的汉语方言。与泸溪湘语相比，泸溪乡话在语音方面保留了较多的上古、中古语音现象，这是泸溪乡话与泸溪湘语不能通话的原因之一。古滂、並母部分字读轻唇音，古全浊入归阴平，韵摄合并厉害，这些自身演变的特殊现象与遗存的古音一同造就了泸溪乡话佶屈聱牙的语音面貌。

泸溪乡话的保守性与独特性，不仅与地处高山深谷之间、交通不便的相对封闭的环境有关，还与"宁卖祖宗田，不改祖宗言"的语言忠诚性有关，而且与瓦乡人强烈的族群认同意识也是分不开的。族群认同"是社会成员对自己民族（族群）归属的认知和感情依附"（王希恩，1995）。泸溪瓦乡人在与他族长期交往中，按自己特有的文化逻辑，在宗教、习俗、服饰等方面选取最为本族所认同的文化形态，不断表述自己的族群认识。盘瓠的信仰、跳香的仪式和"蓝缕帕首束腰，状貌不可近人"（清代光绪三十三年觉罗清泰《辰州府乡土志》）的服饰均不见于泸溪湘语通行区域，成为泸溪瓦乡人自我认同的重要特征。瓦乡人信奉盘瓠，各地流传着盘瓠与辛女的神话，沅江两岸留下打狗冲、黄狗坨、辛女溪等与神话有关的地名，还以跳香的仪式祭祀盘瓠和辛女。清代《辰州风土记》载，明朝时瓦乡人每年的农历十月村民们"云集于庙，扶老携幼，环宿庙旁凡五日。祀以牛豕酒酢，椎鼓踏歌，欢饮而还"。如今，跳香在泸溪白沙已经销声匿迹，但泸溪八什坪瓦乡人还保留着这种祭祀仪式。除此之外，女人长襟兰干的满襟衣、人字形的挑花白头帕、挑有盘瓠神话图案的围裙，婴儿的狗儿鞋、狗儿帽，这些服饰也是瓦乡人族群成员认同的重要标志，而"语曲聱牙，令人不可晓"（清乾隆二十年顾奎光修、李涌纂《泸溪县志》）的瓦乡话更是强化了瓦乡人的族群认同，他们自称"瓦乡人"，即"讲乡话的人"，把泸溪湘语称作"客话"。特别是当瓦乡人宗教、习俗、服饰逐渐被汉族同化后，语言这一最稳定的因素成了瓦乡人族群认同的主要标志，瓦乡人语言认同的意识更加强烈了。

但是这种情形已经发生变化，由于交通的逐渐便利，瓦乡人与外界交往逐渐频繁，出于生存和交际的需要，讲泸溪乡话的人很多都学会了泸溪湘语，对外说湘语，对内说乡话，成为双语人。有些村寨发生了语言转用，只说湘语了。在泸溪八什坪，完全讲乡话的只有大村潭村（约900人）、李什坪村（约1300人）和梯溪坪村（约1700人）。泸溪八什坪杜家寨村原来大部分人讲乡话，后来在公路沿线有几个寨子被客化（原杜家寨村三、四、五组，约700人），现只有高村、大地坪两寨讲乡话（约300人）。欧溪村侯家寨瓦乡人，尽管是聚族而居，但已迁离瓦乡人聚居区，不会说乡话，只说湘语。20世纪90年代，沅江上游五强溪水电站竣工，沅江水位提高，位于武溪镇的泸溪县城政府机关全部迁入白沙村，白沙村改名为白沙镇，成为县城所在地。原来聚居在白沙村的瓦乡人被分成三大块：一部分在医院、木材公司附近，一部分在财政局附近，还有一部分在白沙小学周围。被分散的瓦乡人处在一片湘语的汪洋之中，双语的现象难以长久地维持，语言的转用是迟早的事。

参考文献

[1] 鲍厚星. 湘南东安型土话的系属 [J]. 方言, 2002 (3).
[2] 明跃玲. 边界的对话: 漂泊在苗汉之间的瓦乡文化 [M]. 哈尔滨: 黑龙江人民出版社, 2007.
[3] 湖南泸溪县志编纂委员会. 泸溪县志 [M]. 北京: 社会科学文献出版社, 1993.
[4] 瞿建慧. 湖南泸溪(白沙)乡话的性质和归属 [J]. 语文学刊, 2007 (9).
[5] 王辅世. 湖南泸溪瓦乡话语音 [J]. 语文研究, 1982 (1).
[6] 王希恩. 民族认同与民族意识 [J]. 民族研究, 1995 (6).

[原载《中南大学学报(社会科学版)》2012 年第 2 期]

濒危汉语方言中的"濒危土话"*
——以湘南土话为例

谢奇勇
(湖南科技大学人文学院)

【提　要】 在对湘南土话的调查研究中，我们发现不少土话分布地域狭小、操说人口少、消亡速度较快，已经具有濒危方言的特征，这些"濒危土话"既有作为濒危方言的共性，也有其自身的一些特点，如种类多、混合程度大、方言归属有待探讨、方言演变现象丰富、处于典型的双方言区、面对强势的官话等。面对这种现状，"濒危土话"的抢救性研究有必要加快加强。

【关键词】 濒危方言　湘南土话　濒危土话　抢救性研究

通过近些年来的调查研究，我们已知湘南土话是分布于湖南南部的广大地区，是与当地"官话"相对的汉语方言，具有种类多样、内部差异大、混杂成分复杂、方言演变现象丰富、方言系属有待深入研究、与强势方言（当地官话）一起相处形成双方言状态等特点。随着对湘南土话研究的逐步深入，对湘南这个不大区域里的各种土话分布地域狭小、掌握人口少，不少土话鲜为人知且消亡速度相对快，已经具有濒危方言的一些特征的状况也逐渐被人们所了解。本文在濒危方言及其抢救性研究背景下，主要以湘南土话为例来谈谈"濒危土话"及其抢救性研究的问题。

一、濒危语言、濒危方言与"濒危土话"

随着全球经济一体化和各国现代化进程的进一步加快，越来越多的语言趋于消失，成为濒危语言。濒危语言"通常可以理解为使用人口比较少、社会使用功能逐渐萎缩的语言"。关于濒危语言的标准界定，有人提出根据语言使用人口的多少，把使用人口不超过10000人的语言界定为濒危语言；有人提出根据母语使用者的年龄，把只有40岁以上的人还使用的语言定为濒危语言；有人提出根据母语使用者的不同年龄特征把语言濒危分为3个层级。戴庆厦、邓佑玲（2001）则提出了"综合衡量指标体系"，其中的核心指标为"一个民族中80%以上的人已转用了第二语言""只在40岁以上年龄段的人中使用""大多数只具有母语听的能力而没有说的能力"；参考指标有"母语的使用范围"和"民族群体的语言观念"两项。一般认为濒危语言有3个特点：①只有少数人还在讲自己的民族语

---

* 本文为国家社会科学基金项目"湘南'濒危土话'抢救性研究"（项目编号：09BYY013）、湖南省教育厅科学研究重点项目"'湘南土话'与湖湘地域文化究"（项目编号：15A069）的研究成果。

言；②保存的民族语成了次要的交际工具；③年青一代人对本民族语持否定的、消极的态度。也可以表述为以下几个方面：①使用人口比较少；②使用功能衰退；③少年儿童不再使用；④语言态度漠然；⑤在两三代人之内消亡等。

　　濒危语言的抢救性研究已经在全世界范围内受到高度重视。从 20 世纪 80 年代开始，语言濒危现象就已受到各国语言学家、人类学家的高度重视。联合国教科文组织把 1993 年定为"抢救濒危语言年"。一些国家成立了抢救濒危语言的组织和基金会，如美国濒危语言研究及保护委员会、美国濒危语言基金会、国际濒危语言情报交流中心（日本东京）、加拿大濒危语言专门委员会、英国濒危语言基金筹集委员会、德国濒危语言学会等。世界各国先后召开了有关濒危语言的专题研讨会，探讨濒危语言的抢救问题。如 1995 年在日本东京召开了"濒危语言研究国际学术会议"，1996 年在西班牙巴塞罗那召开"语言政策国际会议"，2000 年中国民族语言学会和《民族语文》杂志社联合召开了"中国濒危语言问题研讨会"，2003 年联合国教科文组织在巴黎召开"关于濒危语言问题专家会议"。

　　在国内外都日益关注濒危语言的背景下，我国的濒危方言及其抢救性研究也逐渐受到国内学者的高度重视。曹志耘《关于濒危汉语方言问题》（2001）指出："方言是一定地区人民的交际工具和思维工具，是和一定地区的地域文化相联系的。因此，跟民族语言一样，一种方言的消亡，就意味着当地人民世代相传的那种交际和思维工具的永远丧失，就意味着当地独具特色的地域文化的那种载体和重要组成部分的永远丧失，也意味着人类语言文化的多样性受到严重的破坏。因此，濒危方言现象同样是摆在我们面前的严峻课题，值得我们高度重视。"陈保亚《从接触看濒危方言、濒危特征和濒危机制》（2006）指出："语言和方言的历史对于整个人类就像记忆对于每个人一样，它说明语言人怎样组织经验，怎样远征和移动。……拯救濒危方言、濒危特征和濒危机制不仅是语言学家的工作，也是全人类的工作。"在国家社会科学项目中濒危方言抢救性研究课题也得到重视和立项，如湖南师范大学陈晖的"乡话——汉语濒危方言个案研究"（2005）、湛江师范学院陈云龙的"粤西濒危方言调查研究"（2006）。以上我们所说的濒危方言主要是指"濒危的汉语方言"。曹志耘（2001）先生曾指出："濒危汉语方言主要是指处于突变型过程中的方言。"而突变型汉语方言的情况通常是"老年人只使用弱势方言；中青年人弱势方言与强势方言并用，其中中年人以弱势方言为主，青年人以强势方言为主；少儿就基本上只用强势方言了"。这种濒危方言一般在会在"处于强势方言包围之中的弱势方言岛"，"在两种方言势力不均的交界地带"，"在多种方言交错分布的地区"，"受到普通话的强烈冲击的单一方言地区"。

　　根据我们对湘南土话的了解，结合濒危方言的相关界定，我们提出"濒危土话"的概念。"濒危土话"可以指在现阶段人们所指的包括湘南土话、粤北土话、桂北平话中的那些濒于消亡的土话、平话。就湘南的"濒危土话"而言，是指湘南土话中分布地域狭小、操说人口少，面临被强势方言（主要是当地的"官话"）替代而消亡的土话。"濒危土话"无疑属于濒危汉语方言，它具有濒危方言的共性。具体说，就是符合上述处于突变型汉语方言的基本特征：①老年人只使用弱势方言；②中青年人弱势方言与强势方言并用，其中中年人以弱势方言为主，青年人以强势方言为主；③少儿就基本上只用强势方言了。我们之所以提出"濒危土话"这一概念，一是基于《中国语言地图集》对"土话"的指称：

"本图集湘南土话与粤北土话都指未分区的方言。"西南官话中,"湘南片指湖南省南部西南官话与湘南土话并用区"。"凡是未分区的方言,无论官话还是'非官话',包括湘南土话在内,都有待于进一步调查研究,以扩充方言工作者的眼界。"(李荣,1989)二是我们认为"濒危土话"就一般的"濒危方言"而言,确实有自身的一些特点,有必要提出来加以探讨,以此引起大家的关注。

二、"濒危土话"的特点

下面以"湘南土话"为例谈谈"濒危土话"的一些特点。

(1) 在不大的地域内,土话种类多样,掌握人口少。据谢奇勇《"湘南土话"在永州的分布》(2002)的初步调查,仅永州市的"湘南土话"就有29种。这29种已经是根据地域相近、音系基本相同的标准予以合并处理了的,即没有完全依据当地居民仅凭语感上的认定,因为那样的话,所统计的土话类型势必更多。其中10万人口以上的有5种,5万~10万人的有6种,2万~5万人的有10种,1万~2万人的有6种,1万人以下的有2种。(见表1)宁远的王骆单土话片只有0.9万人,却被其他方言分隔成不相连的4个小片,形成了"土话"方言岛,其中,单家土话小片只有774人,贺家土话小片只有1240人等,详见图1。(谢奇勇,2002)

表1 永州土话的分布

序号	土话名称	人口	大致分布区域
1	东安花桥土话	9.6万人	东安县北端的南桥镇、大盛镇、花桥镇;冷水滩区北端的普利桥镇、花桥街镇("杨家土话""栗塘土话")
2	新圩江土话	2.8万人	东安县北部的新圩江镇
3	井头圩土话	21.6万人	东安县中、东南部的井头圩、白牙市、大江口、石期市、水岭等乡镇
4	高峰土话	1.1万人	东安县南端的横塘镇部分村庄
5	岚角山土话	1.5万人	冷水滩区南部的岚角山镇;芝山区北部的接履桥镇("蔡家土话")
6	新田南乡土话	21万人	新田县南部的枧头、十字、金盆圩等13个乡镇;宁远县东端太平镇("下坠土话")
7	北乡土话	1.6万人	新田县西部的田家、冷水井、毛里乡
8	"桂阳土话"	约2万人	新田县东北部与桂阳县(属郴州市)相邻的莲花、金陵、门楼下等6个乡镇
9	"嘉禾土话"	约1.6万人	新田县东南部与嘉禾县相邻的新隆、陶岭两个乡镇

（续表1）

序号	土话名称	人口	大致分布区域
10	宁远东路平话	12万人	宁远县中部的舜陵、天堂、冷水3个镇
11	北路平话	13.5万人	宁远县北部清水桥、鲤溪、柏家坪、保安、仁和、禾亭、太平7个乡镇
12	西路平话	4万人	宁远县西部的中和镇
13	南路平话	5万人	宁远县南部的水市、湾井、天堂3个镇
14	张胡贺土话	1万多人	宁远县东部冷水镇（含"张家土话""胡家土话""贺家土话""刘家土话"）
15	王骆单土话	0.9万多人	宁远县东部太平镇（含"王仲胡话""骆全土话""单家土话"）
16	蓝山城关土话	9万余人	蓝山县中部的塔峰、竹管市、龙溪、火市、总市、楠市、正市等乡镇（"下洞话"）
17	楠市土话	2.3万多人	蓝山县西北端的祠堂圩、楠市、总市3个乡镇
18	太平土话	2万余人	蓝山县东北部的太平圩乡、土市乡、毛俊镇
19	新圩土话	4万余人	蓝山县东部的新圩镇、太平圩乡
20	道县小甲土话	0.5万多人	道县东部的白芒铺乡
21	祥林铺土话	近8万人	道县西南部的祥林铺、新车、清塘、营江、万家庄、审章塘6个乡镇
22	仙子脚土话	3.7万人	道县北部的仙子脚镇
23	梅花土话	13.3万人	道县北部的梅花镇、寿雁镇；双牌县南端的理家坪、打鼓坪、江村三乡（"道县土话""理家坪土话"）
24	江永城关土话	约8万人	江永县东北部的城关、厂子铺、井边、允山、千家峒、上江圩、铜岭山7个乡镇
25	夏层铺土话	2万余人	江永县南部的夏层铺、冷水铺两乡
26	桃川土话	约7万人	江永县南部的桃川、蓝溪、城下、粗石江、清溪、上洞、源口7个乡镇
27	松柏土话	2万多人	江永县东南部的松柏、黄甲岭两个乡（"七都话""六都话"）
28	江华"梧州话"	约8万人	江华县西部的沱江、大路铺、桥市、白芒营、东南部的码市等9个乡镇（"寨山话"）
29	"八都话"	1.5万人	江华县西部的大路铺、桥市、白芒营、大石桥4个乡镇

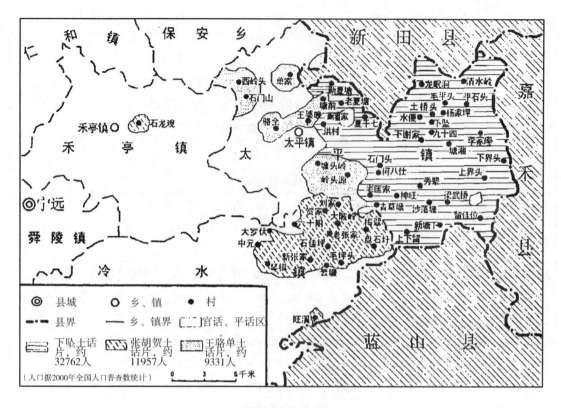

图1 湖南省宁远土话的分布

（2）与强势方言（当地官话）一起，形成典型的"双方言"状态。戴庆厦（2006）指出："濒危语言是'强势语言'和'弱势语言'在语言竞争中产生的结果之一。"这个论断对于"濒危土话"的形成具有同样的解释力。在湘南土话区域中，与当地"官话"一起形成双方言区。但是两者的地位是极不相等的。具体表现为：①操说土话者，尽管程度不一，但都能说官话；②在这个区域内的纯官话区（如县城）的人往往不会说土话；③对外或公共场所都用官话交流。这一表现说明"官话"在当地是毫无疑问的强势方言。也就形成了不少"老年人使用弱势方言，中年人以弱势方言为主，青年人以强势方言为主，少儿基本上只用强势方言"的村落。

（3）不少土话还鲜为人注意，在与当地官话这一强势方言的接触中消亡速度较快。"土话"分布在五岭或其余脉山区，"土话"本身的多样性、分散性都造成了对"土话"调查的困难，这也是"土话"之所以在过去长时间里不为人们所注意的一个重要原因。关于消亡速度问题，笔者曾在调查中发现，现在在这个区域内的不少被认为是"纯官话区"的地方，竟然其中的七八十岁的老人能说土话，并明白地告诉我们，他们那一代人就是说土话的。而现在这个年龄代以下的人却全然不会说土话了。如新田的潭田、挂兰等村就是这种情况。这种情况的典型的例子还有冷水滩区岚角山土话，在唐玉萍的《从语言接触看岚角山土话的衰变》（2008）一文中有较详细的描述："冷水滩区的岚角山镇共30个村，解放前讲土话的村子有24个，现在讲土话的只有16个，另外还有3个村的少部分地方还讲土话，也就是说土话的区域缩小了。"并以其中的财塘口村为例，具体说明了这种衰变的过程："父辈们都是既会讲土话，又会讲官话的'双方言'人。新中国成立前他们在日常生活中一般用土话来交谈，可新中国成立以后他们都放弃了土话，官话成了日常的交际用语。整个村子里，1949年以前出生还没能学会说话的孩子和1949年以后出生的孩子，母语就转换成零陵话，长大以后，再也听不懂土话了。这种母语转换就如此迅速地在与新中国同龄的一代人身上完成了。土话对财塘口来说，已经成了明日黄花。"并指出，"在岚角山镇，这样完成母语（方言）转换的村子还不少"。

（4）混杂成分复杂，内部差异大，不少土话方言属性未定。湘南土话分布在湖南有郴州、永州两市的部分地区，北面是湘方言区，东面是客赣方言区，南面临近粤语区，西面有典型的西南官话区，而且就在我们称为"湘南土话"的区域内，一是都无一例外地对外使用"官话"，对内使用"土话"；二是还有不少的区域是纯"官话"区或其他方言区（如客家话、湘方言），真正是"十里不同音"。在长期的接触或共存的历史过程中，使得湘南土话中的"濒危土话"混杂成分复杂，很多土话都被称为"混合型"方言，迄今其方言系属都没有确定下来。

（5）方言演变现象丰富。由于上述原因，也就造成了湘南的"濒危土话"中存在许多其他方言所不具有的独特的方言演变现象。仅从古全浊声母今读塞音、塞擦音的演变来看，就存在以下的种类：①读不送气清音，如江永城关、道县寿雁土话；②读送气清音，如临武麦市土话；③并、定、群读不送气清音，从、澄、船无论平仄，都读送气清音，如道县小甲土话；④并、定今读不送气清音，其余读送气清音，如嘉禾广发、蓝山太平土话；⑤从、澄、船今读擦音，如永州岚角山土话；⑥平声读不送气清音，仄声大部分不送气，少部分送气，从调类看，送气主要出现在上声调类中，就声母而言，定、澄、群母送气比较集中，如新田南乡土话。

三、"濒危土话"的抢救性研究

对于"濒危方言"的抢救性研究的意义，李宇明先生（2004）曾指出："语言既是交际工具，同时也是国家资源，应该保护与开发本土语言资源，使其在信息时代仍然保持旺盛的活力，尽量不使本土语言或方言消弱或泯灭。"对"濒危土话"的抢救性研究意义就在于将"濒危方言的抢救"这项意义重大的研究工作落实到像湘南土话这样具体的濒危方言的实施之中，使承载着湘南地域文化的"土话"得到抢救性的记录，使其得到充分的揭示和保留。"濒危土话"的抢救性研究就是对这些"濒危土话"尽快有计划、有步骤地组织进行全面、充分的调查和描写记录。

就湘南土话中的"濒危土话"的抢救性研究而言，首先我们要明确研究的计划和步骤。具体可以依照下列步骤进行。

（1）进一步明确湘南土话的内部分类，确定"土话"的具体种类。这项工作主要是在前人研究成果的基础上，再加上细致必要的田野调查，加以核实，结合当地认同和语言事实进行"土话"种类确定，形成系统全面的湘南土话类型的调查报告，彻底改变以往湘南土话的类型、种类数不确定的面貌。

(2) 确定每一种"土话"的分布范围及人口数量。在确定种类的基础上具体确定每一种"土话"的分布范围及人口数量。这项工作主要也是要在前人成果的基础上，再加上一些深入、具体的核实调查，形成系统全面的湘南土话的地域和人口分布状况的调查报告。

(3) 按照"濒危方言"的标准确定"濒危土话"的数量和种类。在上述工作的基础上，确定一批"濒危土话"的数量和种类。这项工作主要按照"濒危方言"是"处于突变型过程中的方言"的标准来确定"濒危土话"，这是我们确定"濒危土话"最主要的依据。尽管如此，由于"土话"多样（几乎"十里不同音"），且大多是方言属性未定，加上当地"土话"的认同、来源情况也比较复杂，因此要认定是不是同一种"土话"，往往需要多方比对和求证；而"濒危土话"的确定又必须在这个基础上来确立，因此"土话"本身类型的确定就成了一个关键，也是一个难点。这项工作只有在充分利用前人研究成果的基础上，加上深入的核实调查，结合当地认同和语言事实进行充分研究来加以突破。只有落实调查并解决认定的问题，后期描写、记录的抢救性研究工作才能得以顺利地进行。

(4) 首先选择一批"濒危土话"进行"抢录"研究。针对已经确定的"濒危土话"，首先选择方言特点明显、操说人口最少或较少的数种"濒危土话"进行"抢录"研究。

(5) 将实地调查的"濒危土话"的材料制成音像语料库。一是将实地调查的"濒危土话"的材料进行录音或摄像，制成直观的语料库；二是建立湘南"濒危土话"语料库，将实地调查的"濒危土话"的语音系统、词汇、语法材料以及民间故事、歌谣的语料材料最后整理成文字语料库。

(6) 形成"濒危土话"的单点"抢录"研究著作。援用汉语方言单点研究的方法和体例，进行语音、词汇、语法以及语料的全面地描写和记录。首先形成数部"濒危土话"的研究著作，如《新田北乡土话研究》《宁远张家土话研究》等。然后统一每本单点著作的体例，确定章节的框架和内容，如分布情况、境内的方言差异、土话音系、土话词汇、土话语法、土话语料记音等内容。

(7) 逐渐扩展形成"'濒危土话'研究系列丛书"。在单点抢救性研究的基础上，有计划、有步骤地扩展开去，规划一套"湘南'濒危土话'研究系列丛书"，发动更多的方言研究者来共同完成这项"濒危土话"的抢救性研究工作。

我们要明确抢救性研究的方法。我们可以借鉴"濒危语言"的研究方法，并用于"濒危土话"的抢救性研究。①坚持系统论的观点。坚持将各种指标、因素纳入一个系统中研究，全面地认识"濒危土话"的特点。②坚持以个案调查为本。加紧个案调查，将有关的理论分析建立在占有丰富语料的基础之上。③坚持田野调查为主。研究应该以田野调查为主，辅以对文献资料的搜集和研究。④注意共时研究和历时研究相结合。把共时研究和历时研究结合起来，揭示"濒危土话"的演变规律。⑤运用统计方法。采用统计方法对研究对象进行定量分析，揭示方言濒危现象的一些普遍规律。

目前，我们认为对"濒危土话"的抢救性研究的方法主要有以下几种。①田野调查。通过调查确立"濒危土话"的具体数量和种类，通过调查进行"濒危土话"的抢救性研究、记录。②音像实录。对实地调查的"濒危土话"的材料进行录音或摄像，制成直观的语料库。③著述描写。全面客观地描写记录"濒危土话"语音、词汇、语法及语料的状貌。将"濒危土话"的语言事实材料与古代汉语历时比较，与普通话共时比较，以揭示"濒危土话"的特点，展示其在语言学和文化学上的特点和价值。

总之，在"濒危方言"中，确实存在一批像湘南土话这样带有自身特点而面临消亡的汉语"土话"，我们将"濒危土话"作为特定区域里的濒危方言的名称，是合适的，它们应该得到及时的抢救性研究。按照"濒危方言"的标准，对这片土话中的"濒危土话"加以确定，并作为抢救性研究的对象，是目前抢救性研究的当务之急。通过专家进行充分调查，然后进行音像记录和专著描写是进行"濒危方言"抢救性研究的最可行的方法。只有在国家支持下，发挥众多专家学者科学研究的积极主动性，并持之以恒地进行下去，此项研究才能够取得成效。

参考文献

[1] 曹志耘. 关于濒危汉语方言问题 [J]. 语言教学与研究, 2001 (1).
[2] 陈晖. 湖南临武（麦市）土话语音分析 [J]. 方言, 2002 (2).
[3] 陈保亚. 从接触看濒危方言、濒危特征和濒危机制 [J]. 长江学术, 2006 (1).
[4] 戴庆厦, 邓佑玲. 濒危语言研究中定性定位问题的初步思考 [J]. 中央民族大学学报（人文社会科学版）, 2001 (2).
[5] 戴庆厦. 濒危语言研究在语言学中的地位 [J]. 长江学术, 2006 (1).
[6] 戴庆厦. 我国濒危语言问题研讨会纪要·黄行发言纪要 [J]. 民族语文, 2000 (6).
[7] 戴庆厦. 我国濒危语言问题研讨会纪要·陈其光发言纪要 [J]. 民族语文, 2000 (6).
[8] 贺凯林. 湖南道县寿雁平话音系 [J]. 方言, 2003 (1).
[9] 黄雪贞. 江永方言研究 [M]. 北京：社会科学文献出版社, 1993.
[10] 李星辉. 湖南永州岚角山土话音系 [J]. 方言, 2003 (1).
[11] 李宇明. 信息时代的语言文字工作任务 [J]. 修辞学习, 2004 (1).
[12] 李荣. 汉语方言的分区——《中国语言地图集》图 [A2] 与图 [B8] 的说明稿 [J]. 方言, 1989 (4).
[13] 卢小群. 湖南嘉禾土话的特点及内部差异 [J]. 方言, 2003 (1).
[14] 罗昕如. 湖南蓝山土话的内部差异 [J]. 方言, 2002 (2).
[15] 唐玉萍. 从语言接触看岚角山土话的衰变 [D]. 长沙：湖南师范大学, 2008.
[16] 吴铮, 闻静. 近二十年我国濒危语言研究述评 [J]. 长江学术, 2006 (3).
[17] 谢奇勇. "湘南土话"在永州的分布 [Z] //湘南土话及周边方言国际学术研讨会论文, 2002.
[18] 谢奇勇. 湘南宁远县"土话"分布状况及特点 [J]. 湖南师范大学社会科学学报, 2002 (4).
[19] 谢奇勇. 湖南新田南乡土话同音字汇 [J]. 方言, 2004 (2).
[20] 周先义. 湖南道县（小甲）土话同音字汇 [J]. 方言, 1994 (3).

湘西乡话中古知组读如端组的类型和性质*

庄初升[1]　邹晓玲[2]
(1 中山大学中文系；2 吉首大学文学院)

【提　要】通常认为湘西乡话中保留了不少现代方言中不常见的上古音特点，包括古知组读如端组。本文进一步讨论湘西乡话中古知组读如端组的类型和性质，认为知组二、三等今读有别，而知组三等读如端组才是该群方言的本质特点。这与典型保留"古无舌上音"的大部分闽语不同，但与其他一些方言的今读类型相同或者相关。

【关键词】湘西　乡话　知组　端组　"古无舌上音"

湘西乡话又称"瓦乡话"，处在湘西苗语、土家语、辰溆片湘语和西南官话的重重包围之中，濒危现象十分突出。自王辅世先生先后发表《湖南泸溪瓦乡话语音》(1982) 和《再论湖南泸溪瓦乡话是汉语方言》(1985) 并认为乡话属于汉语方言以来，有关湘西乡话调查研究的成果逐渐增多，单是专著就已经出版了好几种，涉及沅陵、泸溪、古丈、辰溪、溆浦等县的十几个方言点。迄今为止，汉语方言学界更倾向于认为湘西乡话属于汉语方言，包括《中国语言地图集》在内也持这种观点。我们阅读了许多有关乡话的研究成果，并于2011年5月对古丈县山枣乡的"六保话"(属于乡话) 进行调查，认为乡话中固然具有汉语各个历史时期的特点，但也不乏非汉语的成分，其性质和归属需要进一步调查研究。

通常认为乡话中保留了不少现代方言中不常见的上古音特点，如"知组读如端组""鱼虞分立""支脂之三分"等，而知组读如端组一般被认为是"古无舌上音"的反映，就如今天的闽方言一样。本文在学界调查研究的基础上，进一步讨论湘西乡话中古知组读如端组的类型和性质。

一

鲍厚星、伍云姬 (1985: 56) 曾指出，沅陵乡话"知彻澄三母的字一般读为 [t、tʰ、d]，反映了'古无舌上音'这个特征"。我们检索鲍厚星、伍云姬 (1985) 的沅陵麻溪铺乡话的同音字汇，归纳出知组读如端组的字一共有39个，如尘灰~ [₋ti]、池 [₋di]、迟

---

*　本文为国家社会科学基金西部项目"湘西州汉语方言的区域特征及地理格局研究"(项目编号：12XYY009)、香港特区政府研究资助局优配研究金资助之研究计划"汉语方言中古知庄章精组声母的今读类型与历史层次研究"(项目编号：CUHK451480) 的阶段性研究成果，承蒙《中国语文》审稿专家提出宝贵的意见，谨致谢忱。

[ˬli]、锤槌 [ˬdy]、爹 [ˬtia]、绸 [ˬtia]、抽 [ˬtʰia]、柱 [ˀtʰia]、驰 [ˬtʰua]、桌 [ˬdo]、橡陈~米 [ˬdiɛ]、赚 [duɛˀ]、沉澄 [ˀdæ]、转 [tuɪˀ]、朝~代重~叠 [ˬdiao]、虫 [ˬcai]、蛛猪株 [ˬtiəɯ]、驻住 [tiəɯˀ]、直值 [ˬtʰiəɯ]、厨 [ˬdiəɯ]、张 [ˬtioŋ]、长生~涨 [ˀtioŋ]、丈 [ˀtʰioŋ]、长~短场 [ˬdioŋ]、肠 [ˬlioŋ]、摘 [tiaˀ]、侄 [tʰiˀ]、筑戳 [tiaˀ]。这39个字中，知组三等字35个，二等字只有"桌、赚、摘、戳"4个。另据鲍厚星、伍云姬（1985）的同音字汇，其他的知组二等字在沅陵麻溪铺乡话中都不读如端组，如茶 [ˀtsʰuæ]、罩 [tsauˀ]、桩 [ˬtsoŋ]、撞 [ˀtsʰoŋ]、啄 [ˬtsʰua]、拆 [tsʰaˀ]、撑 [ˬtsʰõ]。根据语音对应规律，"茶"读 [ˀtsʰuæ] 属于训读现象，不是本字。

杨蔚（1999：86-87）指出，沅陵乡话中"古知彻澄三母的字在三等韵（不论开合）前，一般读为舌尖塞音 [t]、[tʰ]、[d]、[l]"，列举的字例包括下列34个：爹[ˬtia]、猪 [ˬtiəɯ]、蛛 [ˬtiəɯ]、知蜘 [ˬtiəɯ]、朝 [ˬtiaɯ]、转 [ˬuɛˀ]、张 [ˬtioŋ]、长 [ˀtioŋ]、帐账 [tioŋˀ]、中 [ˬtio]、筑 [tiaˀ]、抽 [ˬtʰia]、厨 [ˬdiəɯ]、柱 [ˀtʰia]、住 [diəɯˀ]、槌锤 [ˬdy]、朝~代 [ˬdiaɯ]、绸 [ˬtia]、沉 [ˀdæ]、橡[ˬdiɛ]、陈 [ˬdiɛ]、尘 [ˬti]、侄 [tʰiˀ]、长场 [ˬdioŋ]、肠 [ˬlioŋ]、丈[ˀtʰioŋ]、直 [ˬtʰiəɯ]、虫 [ˬlcai]、重~复 [ˬdiaɯ]、重 [ˀtʰiaɯ]。检索杨蔚（1999）的同音字汇，知组三等字读如端组的还有池 [ˬdi/ˬdiɛ]、迟 [ˬli]、捶 [ˬdy]、驰 [ˬtʰua]、砧 [ˬts]、澄 [ˀdæ]、株 [ˬtiəɯ]、驻 [tiəɯˀ]、值 [ˬtʰiəɯ]、涨 [ˀtioŋ]、胀 [dioŋˀ]，而知组二等字读如端组的则只有4个字：桌[ˬto]、赚 [duɛˀ]、摘 [tiaˀ]、戳 [tiaˀ]。

伍云姬（2000：354）认为古丈乡话"知组和端组的词均为 [t] [tʰ] [d]，很少有例外"，并列举了古丈高峰乡话的例字29个：爹 [ˬtia]、猪 [ˬtiəɯ]、株 [ˬta]、蛛 [ˬtiəɯ]、蜘 [ˬtiəɯ]、朝 [ˬtiau]、张 [ˬten]、涨 [ˀten]、账 [tiɛnˀ]、胀 [tiɛnˀ]、摘 [tiɛˀ]、住 [tiəɯˀ]、戳 [tiaˀ]、箸 [tiəɯˀ]、著 [tuˀ]、重~量[ˀtʰiau]、驰 [ˬtʰua]、抽 [ˬtʰia]、拄 [ˀtʰia]、侄 [ˬtʰi]、丈 [ˀtʰen]、直 [ˬtʰiəɯ]、澄 [ˀdai]、沉 [ˀdai]、槌 [ˬduei]、锤 [ˬduei]、陈 [ˬdiɛ]、长~短 [ˬden]、场 [ˬden]。这29个字中，知组三等字27个，二等字只有"摘、戳"2个。伍云姬、沈瑞清（2010：5）进一步指出："瓦乡话里保留了不少现代一般方言所没有保留的中古甚至是上古时期的一些音韵特点，如：知组声母读同端组声母……"根据伍云姬、沈瑞清（2010），其他的知组二等字在古丈高峰乡话中并非读如端组，如罩 [tsauˀ]、站 [tsanˀ]、啄 [ˬtsʰua]、拆 [tsʰaˀ]。

杨蔚（2004：34）阐述了湘西乡话知组读如端组的特点，她说："湘西乡话的情形与闽语相似，首先知组无论二等三等多读如端组，而且都是常用口语字，虽然二等字不多。"杨蔚（2010：53）进一步修改了上述的说法，认为"湘西乡话知组声母无论二等三等一般读如端姐，少数读 ts、tsʰ、s"，并以沅陵县的麻溪铺、深溪口、清水坪、渭溪、棋坪、丑溪口，古丈县的高峰，泸溪县的八什坪、白沙，辰溪县的船溪和溆浦县的木溪11个方言点的"爹、猪、箸、蛛、株、厨、柱、住、池、驰、迟、锤、槌、朝、抽、绸、赚、转、陈、尘、侄、张、长生~、涨、帐、账、胀、仗、长~短、场、丈一~、桌、戳、直、值、澄、摘、中当~、虫、重轻~、重~叠"41个字的读音作为例证。在这41个字中，知组三等字37个，二等字也是只有"桌、赚、摘、戳"这4个。

此外，曹志耘（2007：44）在总结乡话语音特点的时候也说，"知组字一般读［t］组声母"。杨蔚、詹伯慧（2009：47）在谈到湘西乡话分片的依据时，认为乡话完全一致的音韵特点有"知组读如端组"。还有，郑焱霞的博士论文《湘桂边界南山乡话研究》（2010）以城步县南山乡话作为调查研究对象；她明确认为："知组声母不论二等三等大多读如端组，这是'古无舌上音'在南山乡话中的保留。"（郑焱霞，2010：35）

二

从上面罗列的各个方言点的字音材料来看，湘西乡话中读如端组的绝大部分是三等字，二等字只有"桌、赚、摘、戳"这4个字。其他的二等字，特别是口语中常用的"茶、揬、罩、站、桩、啄、撞、浊、撑、掌_{椅子~儿}、拆、择、宅"等，并没有读如端组的表现。我们认为湘西乡话中"桌、赚、摘、戳"这4个二等字的音读值得怀疑，下面分别讨论。

（1）桌，沅陵麻溪铺读［₅do］，阳平浊声母，与"台、抬"同音，显然来自古浊平字，而不可能来自古知母的入声字，当是"台"字的训读。其他方言点读［₅to］、［₅ta］或［₅tua］，浊音声母已经清化，但声调读阳平。原来，湘西乡话把桌子称为"台"，与粤语和吴语相同（粤语区一般写为俗字"枱"）。台，《广韵》平声咍韵徒哀切："土高四方曰'台'。"原指用土筑成四方形的高而平的建筑物，后来进一步引申为像台一样的家具，如梳妆台。

（2）赚，根据杨蔚（2010），"赚"沅陵麻溪铺读［duɛ˚］，其他方言点还有读［tuɛ˚］、［tyɛ˚］、［tuei˚］或［dy˚］的。以沅陵麻溪铺为例，根据杨蔚（1999）的同音字表，读［uɛ］韵的古咸、豏、陷韵字唯有"赚"一个字，"陷"读［˚ɣæ］，"蘸"读［₅ta］（声母、声调不合语音对应规律，应该是训读），"杉"读［₅so］（显然是"沙"的训读，许多汉语方言把杉树称为"沙树"），因此韵母［uɛ］是否与"赚"的古音陷韵直陷切相合，无从求证。根据瞿建慧（2008），泸溪白沙乡话的"赚"读［˚tsuæ］，声母并不读如端组，而韵母与"端~午、缎、棺、贯、惯、管、馆、湾"相同，我们从其合口呼的今读推断其从官话中折合过来的可能性较大。另外，伍云姬、沈瑞清（2010）的字表并没有收录"赚"的读音，与"赚"音韵地位相同的"站_{车~}"则读［tsan˚］。综上所述，杨蔚（2010）的［duɛ˚］、［tuɛ˚］、［tyɛ˚］、［tuei˚］、［dy˚］作为"赚"的读音值得怀疑，估计它们另有来源。我们知道，"赚"是"賺"的俗字。賺，《广韵》陷韵佇陷切："重买。"《说文》中尚未出现，《说文新附·贝部》："重买也，错也。从贝，廉声。""赚"字《集韵》才出现，其读音是陷韵直陷切，其本意是贱买贵卖。如果认为中古才出现的"赚"字读［duɛ˚］等是保留"古无舌上音"的特点，显然不合逻辑。实际上，即便是在保留"古无舌上音"的闽方言中"赚"字也不读如端组，如厦门［˚tsuan］、潮州［tsuaŋ˚］、福州［tsuaŋ˚］。

（3）摘，沅陵麻溪铺读［tiʔ˚］，其他方言点读［ti˚］或［tiɛ˚］，都与锡韵的"踢"同韵，并且都以［i］为主要元音或介音，我们认为不可能来自二等麦韵的陟革切，而只可能来自四等锡韵的都历切。万波、庄初升（2010）论证了"摘"字的读音，诸如苏州

[tiʔ₃]、崇明 [tiəʔ₃]、温州 [tei₃]、杭州 [tiəʔ₃]、厦门 [tiaʔ₃]、潮州 [tiaʔ₃]、海口 [ʔdia₃]、福州 [tieʔ₃]、建瓯 [tia₃]、邵武 [tia₃]，与表示"捏住猛然一拽"的武汉 [₃ti]、丹阳 [tiʔ₃]、南昌 [tiaʔ₃]，表示"用拇指尖和另一指尖使劲捏或截断"的宁波 [tiʔ₃]、温州 [tei₃] 音合义通，都不可能来自二等麦韵的陟革切，而只可能来自四等锡韵的都历切。万波、庄初升（2010）还根据"商"的谐声关系，进一步推断中古时期"摘"字可能还有锡韵端母都历切的异读，只是《广韵》漏收了而已。其实，在《广韵》《集韵》中，"摘"除了读麦韵知母的陟革切，还读锡韵透母的他历切，而他历切与都历切之别只在于声母的送气与否。当然，我们不能贸然说上述各方言点"摘"字的读音来自他历切。总之，沅陵乡话"摘"读 [tiʔ₃]，这个"摘"不可能是通常所认识的二等字。

（4）戳，本写作"𢧕"，在《说文》中都尚未出现。"𢧕"字在《广韵》中有两读，一是觉韵敕角切："授也，刺也。"二是觉韵直角切："筑也，舂也。"戳"字沅陵麻溪铺读 [tiaʔ₃]，声母 [t]、韵母 [iaʔ] 都与觉韵敕角切或直角切不合，这从杨蔚（1999）的同音字表可以清楚地看出来，因此我们认为其读音另有来源。值得注意的是，伍云姬、沈瑞清（2010：166）特意用星号"＊"提示古丈高峰乡"戳"读 [tiaʔ₃] 是不是本字有待进一步研究。因为沅陵麻溪铺乡话中"筑"也读 [tiaʔ₃]，而读 [iaʔ] 韵的屋韵字还有"六绿 [liaʔ₃]"可以作为旁证，而且语义相通，上述本字应该就是"筑"。"筑"本写作"築"。伍巍（2006）指出，"築"在古汉语中的基本义是"捣"，此后相继引申出"建造"（修建）、"填塞""撞击""扎""捅刺""斩斫""击打"等义项。这些引申义项今天大多已不见于普通话，但一直沿用于现代汉语方言，有的还是现代汉语方言的常用义项。

如上所述，排除掉"桌、赚、摘、戳"这4个二等字，湘西乡话中读如端组的实际上只有知组三等字。总之，知组二、三等今读有别，而知组三等读如端组才是湘西乡话的本质特点。我们曾于2011年5月对古丈山枣乡的"六保话"进行调查，并与古丈高峰乡的乡话（伍云姬、沈瑞清，2010）进行比较，确认该方言属于乡话。"六保话"也表现为知组三等读如端组的特点，如爹 [₃tia]、迟 [₅li]、锤 [₅tui]、霆雷 [₅tui]、槌 [₅tui]、抽 [₃tʰia]、柱 [ʰtia]、转 [tueʔ]、朝今~ [₅tiʌ]、重~叠 [₅diɣ]、重~量 [ʰtiɣ]、虫 [₅liɣ]、中当~ [₃tiɣ]、猪 [₃tiu]、株 [₃ta]、箸筷子 [tiuʔ]、著~衣 [tuʔ]、着睡~ [ʰtʰu]、直 [₅tʰiu]、张 [₃tioŋ]、长生~涨 [ʰtioŋ]、丈一~ [ʰtʰioŋ]、杖 [tioŋʔ]、长~短场 [₅dioŋ]、胀账帐 [tioŋʔ]、肠 [₅dioŋ]、侄 [₅tʰi]。

三

张琨《汉语方言中的几种音韵现象》（1992）认为，湘西沅陵、泸溪的乡话在知、彻、澄母的读音上和现代闽语方言以及浙南、江西的吴语方言相似，湘西乡话中保存着知组声母的特殊读音并不意味着就是闽语方言，这是因为在早期知组声母读塞音的方言一定分布很广。其实不尽然。上述分析表明湘西乡话中古知组的今读类型与大部分的闽语明显不同，因为除闽中方言外的大部分闽语中古知组的白读层不论二等还是三等都读如端组。下面以几个代表性的方言点为例［除海口据陈鸿迈（1996）外，其他方言点均据北大中

文系语言学教研室（2003）；字音的右边加"文"者为文读，加"白"者为白读］。（见表1）

表1 闽语几个代表点古知组字的今读

方言点	茶	罩	桌	撞	迟	绸	转~变	张	重~量
厦门	[˨ta]文 [˨te]白	[tauˀ]文 [taˀ]白	[tɔk]文 [toʔ˨]白	[tɔŋˀ]文 [tŋˀ]白	[˨ti]	[˨tiu]	[˚tsuan]文 [˚tŋ]白	[˚tiɔŋ]文 [˚tɯ]白	[tiɔŋˀ]文 [taŋˀ]白
潮州	[˨te]	[˚tsau]文 [˚taˀ]白	[toʔ˨]	[˚tsuaŋ]	[˨tsʰi]	[˨tiu]	[˚tsueŋ]文 [˚tɯŋ]白	[˚tsiaŋ]文 [˚tĩə]白	[˚toŋ]文 [˚taŋ]白
海口	[˨ʔɓe]	[ʔdaˀ]	[ʔdoˀ]		[˨ʔdi]	[˨ʔdiu]	[˚ʔdui]	[˚ʔdio]	[ʔdaŋˀ]
福州	[˨ta]	[tauˀ]	[tɔʔ˨]	[tauŋˀ]	[˨ti]	[˨tieu]	[˚tuoŋ]文 [˚tʰuoŋ]白	[˚tøyŋ]文 [˚tœyŋ]白	[tøyŋˀ]文 [tœyŋˀ]白
建瓯	[taˀ]	[tsauˀ]	[tɔ˨]	[ˀtɔŋ]	[˚ti]	[˚tiuˀ]	[˚tyiŋ]	[˚tiɔŋ]	[tɔŋˀ]

表1中"茶、罩、桌、撞"是二等字，"迟、绸、转~变、张、重~量"是三等字，除了建瓯"罩"读［tsauˀ］和少数的文读音（海口"撞"的字音阙如），其他的都读如端组，这才是典型的保留"古无舌上音"的类型。另外，关于闽中方言中古知组读如端组的类型和性质，我们将另文讨论。至于浙南、江西的吴语（连福建的浦城话在内统称"南部吴语"），曹志耘（2002：45）认为"不同程度地保留知组声母读［t］组（所谓舌头舌上不分）的古老语音特点"。实际情形到底如何，我们认为需要进一步讨论。

通过上面的分析，我们可以明确地断定湘西乡话都属于知组二、三等，今读有别，而知组三等读如端组的类型。属于这种类型的方言还有莲花、吉安、安仁、邵武等地的赣语（万波、张双庆，2006；庄初升，2007）以及粤北土话、湘南土话和桂北平话（庄初升，2004）。本文作者之一邹晓玲的母语——湘语邵阳（白仓）方言，也有少数几个知组三等字读如端组，如张装（饭）［˚tiɔ］、长~大涨［˚tiɔ］、胀［tiɔˀ］，可能属于上述类型的残存，值得注意。

古知组二、三等今读有别，而知组三等读如端组的类型与闽语有所不同，虽然也属于存古的性质，但另有原因。庄初升（2007：20-21）指出："我们知道，中古知组的二、三等分别由上古舌头音端组的二、三等演变而来，知组声母在二等韵前与在三等韵前音韵条件是不同的，所以历史音变的路向就有可能不同。根据李方桂（1980），二等韵的介音为*-r-，三等韵的介音为*-j-。郑张尚芳（1987）和许宝华、潘悟云（1994）也都证明了二等在上古带*-r-介音。正因为舌头音*t的二等也带了*-r-介音，*-r-介音具有卷舌化的作用，所以我们推测在早期的赣语中中古的知组二等就已经卷舌化为*ʈ，即：端二*tr > 知二*ʈ；知三则因为还保留上古舌尖塞音的音值而与端组继续合为一体，这就是我们认为今天莲花方言、安仁方言、邵武方言以及粤北土话、湘南土话、桂北平话等知二、知三有别，而且知三读如端组乃是属于存古性质的原因。"这段话同样适用于分析上述湘西乡话，此处不再赘述。

　　古知组二、三等今读有别，而知组三等读如端组的类型在今天的汉语方言中尽管并不常见，但是历史层次比较古老，具有重要的类型学意义，非常值得重视。在汉语方言中，古知组二、三等今读有别，而知三等并不读如端组的类型更为常见，如官话中的"昌徐型"，古知二庄组开口、章组止摄开口与精组合并，今读［ts］类，知三章组（章组止摄开口除外）及知二庄组合口今读［tʂ］类，因为学界多有讨论（熊正辉，1990；王洪君，2007），这里不再赘述；南方方言中，古知三、章组与知二、精、庄组今读有别的类型具有广泛的分布，如吴语、徽语、湘语、赣语、客家的一些方言点（蒋希文，1992；平田昌司主编，1998；张双庆、万波，2002）。总之，古知组声母在二等韵前与在三等韵所拼合的介音不同，使得它们有可能朝着不同的方向发展演变。上述包括湘西乡话在内的各类方言都属于古知组二、三等今读有别的类型，只是它们在发展演变过程中体现了不同的历史层次而已。

附　注

①为了便于比较，本文所援引的各种论著的字音材料全部采用调类标调法，送气符号一律采用上标的"h"。

②"澄"《广韵》直庚切，又直凌切，兼二等和三等，这里姑且视为三等字。下同。

③"饭台"就是饭桌，可参见伍云姬（2007：53）"饭台［mɔŋ⁵⁵ tɑ¹³］"条。另外，据伍云姬、沈瑞清（2010：216），古丈乡话桌子叫"台［tɑ¹³］"，方桌叫"方台［fɤŋ⁵⁵ tɑ¹³］"，饭桌叫"（食）饭台［（ʑieɯ¹³）mɔŋ⁵⁵ tɑ¹³］"。

④靁，《广雅·释天》："雷也。"《广韵》脂韵陟佳切："雷也，出《韩诗》。"

⑤关于"装（饭）"读［˳ti-］本字为"张"，可参阅庄初升（2007）。

⑥有些赣语方言中知三、章组一并读如端组的类型另当别论，详情可参阅庄初升（2007）、万波（2009）。湘西乡话中没有发现古知三、章组一并读如端组的类型，详情可参阅杨蔚（2010）。古章组字在泸溪八什坪乡话中的读音比较特殊，逢今细音读［tɕ、tɕʰ、dʑ、ɕ、ʑ］、逢今洪音读［tʂ、tʂʰ、ʂ］，如针［˳tɕiei］、春［˳tɕʰyai］、顺［ʐyai²］、扇［ɕiei²］、上［˳tɕʰiẽ］、正⁼ₘ［˳tʂʅ］、出［tʂʰu˳］、水［˳tʂu］、声［˳ʂʅ］，与古精、庄组今读［ts、tsʰ、dz、s、z］有别。

参考文献

[1] 鲍厚星，伍云姬. 沅陵乡话记略［J］. 湖南师大学报（增刊"湖南方言专辑"），1985.
[2] 北京大学中国语言文学系语言学教研室. 汉语方音字汇：第二版重排本［M］. 北京：语文出版社，2003.
[3] 曹志耘. 南部吴语语音研究［M］. 北京：商务印书馆，2002.
[4] 曹志耘. 湘西方言概述［J］. 语文研究，2007（1）.
[5] 陈鸿迈. 海口方言词典［M］. 南京：江苏教育出版社，1996.
[6] 蒋希文. 湘赣语里中古知庄章三组声母的读音［J］. 语言研究，1992（1）.
[7] 平田昌司. 徽州方言研究［M］. 东京：好文出版社，1998.
[8] 瞿建慧. 湖南泸溪（白沙）乡话音系［J］. 方言，2008（2）.

[9] 万波. 赣语声母的历史层次研究 [M]. 北京：商务印书馆，2009.

[10] 万波，张双庆. 论宋代以来邵武方言的演变 [C] //语言暨语言学，专刊外编之六. 台北："中央研究院"语言学研究所，2006.

[11] 万波，庄初升. 中古知组二等字"摘拆择啄"在东南方言中的读音 [Z] //第一届广东汉语方言研究的理论和实践研讨会论文，2010.

[12] 王辅世. 湖南泸溪瓦乡话语音 [J]. 语言研究，1982（1）.

[13] 王辅世. 再论湖南泸溪瓦乡话是汉语方言 [J]. 中国语文，1985（3）.

[14] 王洪君. 《中原音韵》知庄章声母的分合及其在山西方言中的演变 [J]. 语文研究，2007（1）.

[15] 伍巍. 析"築" [J]. 语文研究，2006（2）.

[16] 伍云姬. 湖南古丈瓦乡话的音韵初探 [C] //丁邦新，余蔼芹. 语言变化与汉语方言——李方桂先生纪念论文集. 台北："中央研究院"历史语言学研究所筹备处，2000.

[17] 伍云姬. 湘西瓦乡话风俗名物彩图典 [M]. 长沙：湖南师范大学出版社，2007.

[18] 伍云姬，沈瑞清. 湘西古丈瓦乡话调查报告 [M]. 上海：上海教育出版社，2010.

[19] 熊正辉. 官话区方言分 ts、tʂ 的类型 [J]. 方言，1990（1）.

[20] 杨蔚. 沅陵乡话研究 [M]. 长沙：湖南教育出版社，1999.

[21] 杨蔚. 湘西乡话音韵研究 [D]. 广州：暨南大学，2004.

[22] 杨蔚. 湘西乡话语音研究 [M]. 广州：广东人民出版社，2010.

[23] 杨蔚，詹伯慧. 湘西乡话的分布与分片 [J]. 语言研究，2009（4）.

[24] 张琨. 汉语方言中的几种音韵现象 [J]. 中国语文，1992（4）.

[25] 张双庆，万波. 知章庄组声母在闽语及周边方言里的今读类型考察 [C] //丁邦新，张双庆. 闽语研究及其与周边方言的关系. 香港：中文大学出版社，2002.

[26] 郑焱霞. 湘桂边界南山乡话研究 [D]. 长沙：湖南师范大学，2010.

[27] 庄初升. 粤北土话音韵研究 [M]. 北京：中国社会科学出版社，2004.

[28] 庄初升. 论赣语中知组三等读如端组的层次 [J]. 方言，2007（1）.

（原载《中国语文》2013 年第 5 期）

湘西古丈县"死客话"的归属

邹晓玲

(吉首大学文学院)

【提 要】湘西古丈县有一种分布范围不广且归属未明的汉语方言"死客话"。本文通过调查,并着重与周边湘语辰溆片的音韵特征做比较,证实"死客话"具有湘语的典型特征,应该划归湘语辰溆片。

【关键词】古丈县 "死客话" 归属 湘语辰溆片

古丈县位于湖南省西部武陵山区,湘西土家族苗族自治州中部偏东,酉水之南,峒河之北。东与沅陵接壤,南与吉首、泸溪相接,西抵保靖,北和永顺交界。境内主要居住着汉、苗、土家3个民族,语言复杂,有苗语、土家语、西南官话(当地俗称"客话")、乡话、"六保话"(实属乡话)、"死客话"等。"死客话"主要分布于古丈县山枣乡的火麻村、公家寨,野竹乡的湾溪沟、洞坪村及河蓬乡的苏家村。曹志耘(2007:44)说,"古丈县东南部野竹乡的湾溪沟、洞坪村,说一种叫做'死客'的方言",并指出"详细情况有待进一步调查"。2011年5月,笔者跟随导师庄初升教授对河蓬乡苏家村的"死客话"进行了调查。发音合作人苏清禄先生,1945年生,河蓬乡苏家村苏家寨人,高小毕业,母语为"死客话",并兼通乡话、古丈西南官话、苗语,为县轻工业局退休干部。据发音人介绍,苏家村讲"死客话"的居民早期从临近的泸溪县迁来,至今只有300多人,泸溪县除八什坪等少数地方讲乡话外,其他地方大多讲"死客话";他坚持认为"死客话"应是"始客话",意为客话之始(该方言中"死"与"始"同音)。

对于古丈县的汉语方言,除乡话归属未定外(现仍有部分学者认为可能是一种少数民族语言),其他的汉语方言日本学者辻伸久(1979)、《湖南方言的分区》(1986)、《中国语言地图集》(1987、1989)认为属于湘语,而《湖南省汉语方言普查总结报告》(1960)、《湖南省方言区画及其历史背景》(1985)、《湖南方言分区述评及再分区》(李蓝,1994)、《湖南省志·方言志》(2001)、"湖南方言研究丛书"代前言(1998)、《现代汉语方言概论》(侯精一,2002)、《湖南省的方言(稿)》(鲍厚星、陈晖,2007)等都认为属于西南官话。根据我们的调查研究,"死客话"具有湘语的典型特征,实属湘语辰溆片,与本县及周边的西南官话("客话")明显不同。下面我们先列出"死客话"的声韵调系统,接着参照湘语的鉴定标准,并着重与湘语辰溆片的音韵特点进行比较,从而确定"死客话"的湘语性质。

---

* 本文为湘西民族语言研究基地招标项目(项目编号:11jdzb059)、湖南省教育厅社科项目(项目编号:10C1129)的研究成果。

一、"死客话"的声韵调系统

1. 声母（27个，包括零声母）

p 北百倍饱	pʰ 怕跑偏薄	b 皮爬盘盆	m 米门面木	f 飞符胡费	v 望袜玩
t 地短东洞	tʰ 兔铁踢毒	d 条桃头铜	n 吕连脑辣		
ts 资直招壮	tsʰ 仓初处醋	dz 茶曹床除		s 酸色师十	z 若如耳日
tɕ 节姐竹金	tɕʰ 趣秋确丑	dʑ 潮桥权穷	ɲ 年女阆娘	ɕ 蛇舌心船	ʑ 惹软闰肉
k 过国讲共	kʰ 去开糠空	g 葵狂	ŋ 袄安案硬	x 河活灰含	
∅ 野二远云					

说明：
① [b、d、dz、dʑ、g] 的带音色彩很明显，主要见于阳平调。
② [n] 与 [l] 是音位变体，以读 [n] 为常。

2. 韵母（33个）

ɿ 资支耳日	i 地闭接铁	u 赌母苏出	y 雨举屈月
a 胆散三山	ia 佳加牙架	ua 花化话刮	
ʌ 招糟桃薄	iʌ 潮烧药脚		
ə 尔二而			
e 去半北客	ie 扇线别舌	ue 国肝官酸	ye 船软缺远
o 架鸭辣郭	io 姐车确雀		
ɣ 河锣合落	iɣ 牛秋竹肉		
ai 开狗偷百		uai 怀赚怪帅	
ei 杯倍妹灰		ui 队吕桂骨	
ẽi 林陈门生	ĩ 心认声蒸	uẽi 吞春村困	yĩ 群闰运云
	iɛ̃ 廉延言检		yẽ 缘癣旋权
aŋ 贪蛋党讲	iaŋ 枪良箱长成~	uaŋ 观馆光床	
oŋ 东红通从	ioŋ 穷虫凶重轻~		

说明：
① [i] 有时表现为摩擦元音，摩擦非常明显；[y] 的舌位偏前，有时类似 [yi]。
② [a]、[ia]、[ua]、[ya]、[aŋ]、[uaŋ] 的主元音舌位均偏后。
③ [o] 的唇形不圆且较松，但与 [ɣ] 有对立，如罗 [lo²³] ≠ 箩 [lɣ²³]（前者是文读层，后者是白读层）。
④ [ʌ、iʌ] 有时带有轻微的韵尾 [-ɯ]。

⑤ [ai] 主元音的舌位略高略后，韵尾很松，实际音值接近 [ɐe]。
⑥ [iɤ] 的实际音值是 iɯ。
⑦ [ẽi、ĩ、uẽi、yĩ、iẽ、yẽ] 的鼻化不是很典型，有时带有微弱的 [-n] 尾。

3. 声调（5个）

调类	调值	例字
阴平	34	通诗猜招书精开高
阳平	23	铜财红云十日约节
上声	51	桶死好彩绕脑远软
阴去	213	痛四菜布怒白毒活
阳去	45	洞事寨大路认硬坐

说明：
① 阴平的调值有时接近 44，而阳平的调值有时接近 22。
② 阳去是一个特高升调。

二、从湘语的划分标准看"死客话"的归属

湘语的鉴定经历了从单一标准到综合标准的发展过程。《现代汉语方言》（詹伯慧，1985）、《中国语言地图集》（1987）、《湖南汉语方言概况》（1999）、《现代汉语方言概论》（侯精一，2002）等都为湘语的认定标准或湘语的主要特点进行过阐述，但都是以声母的发音方法作为依据，过于单一化，不能反映湘语纷繁复杂的面貌。鲍厚星、陈晖（2005：262）提出了确认湘语的4条标准：①古全浊声母舒声字今逢塞音、塞擦音时，无论清浊，一般都念不送气音；②古塞音韵尾 [-p、-t、-k] 完全消失，也无喉塞尾 [-ʔ]；③蟹、假、果摄主要元音形成 [a]、[o]、[ʊ] 序列；④声调有 5～7 类，绝大多数去声分阴阳，并指出，"当和西南官话发生划界问题时，加入③④条考虑，如原吉淑片的调整"。目前来说，鲍厚星、陈晖两位先生提出的确认湘语的4条标准无疑最为全面和科学。下面我们就以这4条标准为参照来考察一下"死客话"的语音特点。

1. 全浊声母

"死客话"具有一套比较完整的浊音声母系统，表现为古浊声母平声字今读塞音、塞擦音时仍保留浊音，而且不送气，只有"搽 [tsʰo²³]、排 [pʰa²³]"等少数字例外；上声、去声今读塞音、塞擦音时一般清化为不送气清音；入声今读塞音、塞擦音时一般清化为送气清音；古浊声母今读擦音时则一般清化，如茶澄 [dzo²³]、查崇 [dzo²³]、淡定 [taŋ²¹³]、舅群 [tɕiɤ⁴⁵]、字从 [tsɿ⁴⁵]、白並 [pʰai²³]、侄澄 [tsʰɿ²¹³]、邪邪 [ɕie²³]、霞匣 [ɕia²³]、树禅 [su⁴⁵]、蛇船 [ɕio²³]。

2．蟹、假、果摄

"死客话"蟹摄的主要元音为［a、e、i、ɿ］，如排［pʰa²³］、鞋［xa²³］、抬［dai²³］、灰［fei³⁴］、鸡［tɕi³⁴］、世［sɿ²¹³］；假摄的主要元音为［o、a］，如霸［pa²¹³］、夜［io⁴⁵］、马［mo⁵¹］、茶［dzo²³］；果摄的主要元音为［ɤ、o］，如左［tso⁵¹］、歌［kɤ³⁴］、坐［tsɤ⁴⁵］。

3．声调

"死客话"共有5个声调，去声分阴阳，古清去归入阴去，古浊去今读有两个层次：白读层归阳去，文读层归阴去，如号［xʌ⁴⁵］（白）吹~／［xʌ²¹³］（文）三~、祸［xɤ⁴⁵］（白）／［xo²¹³］（文）、胃［ui⁴⁵］（韵调均是白读层）、谓［ui²¹³］（韵调均是文读层）、下［xo⁴⁵］（白）~山／［ɕia²¹³］（文）、论［nuẽi⁴⁵］（白）／［nuẽi²¹³］（文）、饭［fa⁴⁵］（白）／［faŋ²¹³］（文）。

"死客话"入声消失，入声字今已无任何塞音韵尾，古清入和次浊入多归阳平，如血＝徐［ɕy²³］、灭＝棉［mie²³］；古全浊入部分归阳平，部分归阴去，有文白两个层次的，文读层基本归入阳平，白读层则归阴去。全浊入归阴去的如薄＝炮［pʰʌ²¹³］、舌＝折~本＝线［ɕie²¹³］。全浊入归阴去是"死客话"属于湘语而不属于西南官话的一个重要依据，因为西南官话的入声无论清浊都归阳平，较少例外。而且，西南官话一般是4个或5个调类，去声不分阴阳，5个调类的西南官话具有入声调而无入声韵。

从以上论述可知，"死客话"的语音特点基本符合鲍厚星、陈晖提出的鉴定湘语特征的4条标准。

三、"死客话"与湘语辰溆片语音的比较

鲍厚星、陈晖（2005）根据语音特点及当地人的语感，将位于湖南西部、沅水中游的辰溪、泸溪和溆浦的汉语方言（乡话除外）归为湘语辰溆片。鲍厚星（2006：28－29）提到了湘语辰溆片的3个主要特点，其中前两个主要特点为：①古全浊声母舒声字今逢塞音、塞擦音时平声读不送气浊音，仄声（上、去）基本上读不送气清音；古全浊声母入声字今读绝大多数清化，派入阳平的大多不送气，派入阴去的大多送气。②蟹、假、果摄也存在类同娄邵片湘双小片的演变模式，即蟹摄（开口一、二等）失落韵尾［i］，主要元音［a］推动假摄移位，假摄的变动又推动果摄移位。瞿建慧（2010：197－198）对湘语辰溆片的语音特点做了总结：①古全浊声母平声今逢塞音、塞擦音时读不送气浊音，仄声字清化；②古全浊声母入声字大多数读送气清音；③古微母今读［v］；④匣母合口一、二等字部分读零声母；⑤知二庄组声母与知三章组声母分立；⑥见系二等字声母白读为舌根音；⑦疑母开口三、四等字与泥母在今细音前合流；⑧疑影母开口一、二等字在今洪音前读［ŋ］；⑨蟹、假、果摄韵母的主要元音形成［a］、［o/ɔ］、［ɵ/əɯ］序列。⑩蟹摄开口一、二等韵有别；⑪支微入鱼；⑫流摄与蟹摄的韵母合流；⑬深、臻、曾梗摄舒声开口三（四）等帮端精组字读同一等韵；⑭咸、山摄舒声开口一、二等见系字有别；⑮山摄舒声合口一、二等韵无别；⑯山摄舒声合口一等与开口二等帮组字韵母无别；⑰宕摄舒声

开口一等精组字韵母与开口三等庄组字韵母合流;⑱古浊平声字白读为阴去;⑲古清去浊去字今声调有别;⑳无入声调类。

根据发音人介绍,苏家村讲"死客话"的居民祖上是从泸溪县迁来的,所以我们着重以泸溪湘语作为比较对象,同时兼顾辰溆片其他湘语点的特点,以进一步确定"死客话"的性质和归属。湘语辰溆片的材料主要依据瞿建慧《湘语辰溆片语音研究》(2010)。瞿建慧书中涉及的泸溪县7个方言点除解放岩应归为西南官话外,其他6个点(武溪、八什坪、潭溪、浦市、兴隆场、石榴坪)都为湘语辰溆片。

下面我们先看看"死客话"与湘语辰溆片的语音共同点。

(1) 古全浊声母的今读。从表1的比较中可以看出,3个方言点的古全浊声母字的今读情况基本相同,平声字今逢塞音、塞擦音时读不送气浊音,上声、去声字一般读不送气清音;入声字读送气清音,船母、禅母等读清擦音。

表1 古全浊声母并、定、从、澄、崇、群、禅母的今读情况比较

方言\例字	爬	茶	查	蛇	淡	舅	树	字	白	侄
"死客话"	[no²³]可能是训读	[dzo²³]	[dzo²³]	[ɕio²³]	[taŋ²¹³]	[tɕiɤ⁴⁵]	[su⁴⁵]	[tsɿ⁴⁵]	[pʰai²¹³]	[tsʰɿ²¹³]
武溪话	[dzəɯ²¹³]	[dzo¹³]	[dzo¹³]	[ɕio¹³]	[ta⁵⁵]	[tɕiəɯ⁵⁵]	[ʂu⁵⁵]	[tsɿ⁵⁵]	[pʰɛi²¹³]	[tʂʰɿ²¹³]
浦市话	[zo¹³]	[cz¹³]	[dzo¹³]	[so¹³]	[tɛ⁵⁵]	[tɕiəɯ⁵⁵]	[su⁵⁵]	[tsɿ⁵⁵]	[pʰɛi²¹³]	[tʂʰɿ²¹³]

瞿建慧(2010:45)指出:"湘语辰溆片古匣母与晓母合流,在今细音前读[ɕ]。在今韵母[u]前大多读[f]……在其他洪音前一般读[x]……各方言点不同程度地存在古匣母合口一、二等字读零声母情况。""死客话"与此特点一致,如禾[o²³]/[o¹³]、壶[fu²³]/[fu¹³]、坏[xua⁴⁵]/[xuɛi⁵⁵]、滑[xua²³]/[xua²¹³]、魂[fẽi²³]/[xuẽ¹³]、黄[uaŋ²³]/[uaŋ¹³]、横[uẽi²³]/[uẽ¹³]("/"前为"死客话","/"后为浦市话)。

通过比较分析,可知"死客话"古全浊声母的语音特点完全符合湘语辰溆片的特点。

(2) 古微母的今读。湘语辰溆片古微母今读一般为[v],如武溪话的武[vu⁴²]、味[vei⁵⁵]、问[vẽ⁵⁵],而"死客话"微母今读零声母,这似乎与湘语辰溆片语音特点不符。但湘语辰溆片并不是所有方言点的微母今读都是[v],在龙潭、两江、岗东等地读零声母,如武[u⁵¹]/[u¹³]、味[ui²¹³]/[ui⁵³]、问[uẽi⁴⁵]/[uẽ⁵³]("/"前为"死客话","/"后为岗东话)。

(3) 古知、庄、章的今读类型。辰溆片中古知二、庄组声母与知三、章组声母分立,这是该片方言属于湘语而不属于西南官话的重要证据。"死客话"中古知二、庄组声母今读[ts]组;古知三、章组声母有文读和白读两个层次的,白读层为[tɕ]组,文读层为[ts]组。如:

知二:茶[dzo²³]、泽[tsʰe²³]、罩[tsʌ²¹³]、撞[tsʰuaŋ⁵¹]、桌[tsɤ²³]。

庄组：策［tsʰe²³］、师［sɿ³⁴］、瘦［sai²¹³］、帅［suai²¹³］、床［dzuaŋ²³］、捉［tsɤ²³］。

知三：猪［tsu³⁴］、追［tsui³⁴］、张［tɕiaŋ³⁴］（白）/［tsaŋ³⁴］（文）、中~间［tsoŋ³⁴］、竹［tɕiɤ²³］、展［tsaŋ⁵¹］、转［tɕye²¹³］、超［tɕʰiʌ³⁴］（白）/［tsʰʌ³⁴］（文）。

章组：诗［sɿ³⁴］、世［sɿ²¹³］、书［su³⁴］、水［su⁵¹］、主［tsu⁵¹］、招［tɕiʌ³⁴］（白）/［tsʌ³⁴］（文）、照［tɕiʌ²¹³］（白）/［tsʌ²¹³］（文）、烧［ɕiʌ³⁴］、少多~［ɕiʌ⁵¹］（白）/［sʌ⁵¹］（文）、周［tsɤ³⁴］、占~领［tsaŋ²¹³］、砖［tɕye³⁴］、穿［tɕʰye³⁴］、串［tɕʰye²¹³］、舌［ɕie²¹³］、扇［ɕie²¹³］、设［ɕie²³］（白）/［se²³］（文）。

（4）古见系二等字的今读。与湘语辰溆片一样，"死客话"见系二等字今读声母也为舌根音［k、kʰ、x］，如街［ka³⁴］、鞋［xa²³］、楷［kʰai²¹³］、械［kai²¹³］、挨~着［ŋai³⁴］、寡［kua⁵¹］、夸［kʰua⁵¹］、花［xua³⁴］、华姓~［xua²³］。

（5）湘语辰溆片中古疑母开口三、四等字与泥母在今细音前合流。"死客话"除少部分疑母四等非口语常用字读零声母外，其他疑母开口三、四等字与泥母在今细音前都读［ȵ］，如艺［ȵi²¹³］、疑［ȵi²³］、牛［ȵiɤ²³］、尧［iʌ²³］、研［ȵie³⁴］、尿［ȵiʌ³⁴］、泥［ȵi²³］、尼［ȵi²³］、纽［ȵiɤ⁵¹］。

（6）古疑、影母的今读。"死客话"中古疑、影母开口一等字逢今洪音一般读［ŋ］，如"袄、安、案、硬"等字的声母均为［ŋ］、疑母二等字一般读零声母，如"牙、芽、雅"都读为［ia²³］，影母开口二、三、四等字和合口字一般都读零声母，如哑［o⁵¹］、亚［ia²¹³］、衣［i³⁴］、委［ui⁵¹］、烟［ie³⁴］、蛙［ua³⁴］，疑母开口三、四等字一般读［ȵ］，如艺［ȵi²¹³］、义［ȵi²³］、严［ȵie²³］、牛［ȵiɤ²³］，这也是湘语辰溆片的特点。

（7）辰溆片中古蟹摄开口一、二等韵今读有别。"死客话"蟹摄开口一等字韵母主要为［ai］，极少数字的韵母为［a］，开口二等字韵母大部分为［a］，少部分韵母为［ai］。

（8）支微入鱼。"支微人鱼"指止摄合口三等字读如遇摄合口三等字。"死客话"同湘语辰溆片一样，也存在支微入鱼现象。在"死客话"中，止摄合口三等和遇摄合口三等的韵母都为［ui、u、y］，如嘴［tsui⁵¹］、炊［tsʰui³⁴］、吹［tsʰu³⁴］、槌［dzu²³］、虽［ɕy³⁴］、柜［tɕy⁴⁵］、鬼［tɕy⁵¹］、旅［nui⁵¹］、屡［nui⁵¹］、猪［tsu³⁴］、株［tsu³⁴］、徐［ɕy²³］、具［tɕy²¹³］。

（9）"死客话"与湘语辰溆片一样，古咸摄舒声开口一、二等见系字今读有别，一等字韵母为［aŋ］，二等字韵母为［a］，如含［xaŋ²³］、甘［kaŋ³⁴］、咸［xa²³］、岩［ŋa²³］、衔［ka³⁴］。

（10）古蟹、假、果摄今读的主要元音。在第二节中我们已指出，"死客话"中古蟹摄的主要元音为［a、e、i、ɿ］，假摄的主要元音为［o、a］，果摄的主要元音为［ɤ、o］。实际上"死客话"同湘语辰溆片类似，蟹摄（开口一、二等）失落韵尾［i］（开口一等白读层失落韵尾［i］），主要元音［a］推动假摄移位，假摄的变动又推动果摄移位，如：

蟹开一：菜［tsʰa²¹³］、灾［tsai³⁴］（文）/［tsa³⁴］（白）、才［dzai²³］（文）/［dza²³］（白）、财［dza²³］。

蟹开二：排［pʰa²³］、拜［pa²¹³］、摆［pa⁵¹］、筛［sa³⁴］。

假开二：茶［dzo²³］、马［mo⁵¹］、沙［so³⁴］。
假开三：借［tɕio²¹³］、写［ɕio⁵¹］、夜［io⁴⁵］。
果开一：多［tɤ³⁴］、歌［kɤ³⁴］、河［xɤ²³］。
果合一：坐［tsɤ⁴⁵］、蓑［sɤ³⁴］、火［xɤ⁵¹］。

（11）"死客话"与湘语辰溆片一样，古非、敷、奉母一般今读［f］，如斧［fu⁵¹］/［fu⁴²］、飞［fui³⁴］/［fi³⁵］、法［fo²³］/［fo¹³］、反［fa⁵¹］/［fa⁴²］、分［fẽi³⁴］/［fẽ³⁵］、方［faŋ³⁴］/［faŋ³⁵］、风［foŋ³⁴］/［foŋ³⁵］（"/"前为"死客话"，"/"后为武溪话）。

（12）"死客话"与湘语辰溆片一样，古喻母一般今读零声母，如雨［y⁵¹］、邮［iɤ²³］、有［iɤ⁵¹］、圆［ye²³］、员［yɛ̃⁵¹］、院［yɛ̃²¹³］、盐［ie²³］、演［ie⁵¹］、引［ĩ⁵¹］、养［iaŋ⁵¹］、勇［ioŋ²¹³］、浴［iɤ²³］。

从以上分析可知，"死客话"与湘语辰溆片主要语音特点基本相同，所以我们有理由判定"死客话"实为湘语。现在我们再来看看二者的声母系统和声调系统的比较，详见表2。

表2　"死客话"与湘语辰溆片声母系统的比较

方言 声母	"死客话"	武溪话	浦市话	八什坪话	兴隆场话	石榴坪话	潭溪话
双唇	p pʰ b m	p pʰ b m	p pʰ b m	p pʰ b m	p pʰ b m	p pʰ b m	p pʰ b m
唇齿	f v	f v	f v	f v	f v	f v	f v
舌尖前	ts tsʰ dz s	ts tsʰ dz s z	ts tsʰ dz s z	ts tsʰ dz s	ts tsʰ dz s	ts tsʰ dz s	ts tsʰ dz s z
舌尖中	t tʰ d n	t tʰ d l	t tʰ d n	t tʰ d l	t tʰ d n l	t tʰ d n l	t tʰ d l
舌尖后		tʂ tʂʰ dʐ ʂ z	tʂ tʂʰ dʐ ʂ z	tʂ tʂʰ dʐ ʂ z	tʂ tʂʰ dʐ ʂ z	tʂ tʂʰ dʐ ʂ z	
舌面	tɕ tɕʰ dʑ ɲ ɕ z	tɕ tɕʰ dʑ ɲ ɕ z	tɕ tɕʰ dʑ ɲ ɕ z	tɕ tɕʰ dʑ ɲ ɕ z	tɕ tɕʰ dʑ ɕ z	tɕ tɕʰ dʑ ɲ ɕ z	tɕ tɕʰ dʑ ɲ ɕ
舌根	k kʰ g ŋ x	k kʰ g ŋ x	k kʰ g ŋ x	k kʰ g ŋ x	k kʰ g ŋ x	k kʰ g ŋ x	k kʰ g ŋ x
零声母	∅	∅	∅	∅	∅	∅	∅

"死客话"和泸溪湘语的声母系统基本一样，都有比较完整成套的全浊声母。"死客话"没有卷舌音声母，湘语辰溆片的潭溪方言点和龙潭方言点也都没有卷舌音。

"死客话"与泸溪湘语都有5个声调，即阴平、阳平、上声、阴去、阳去（见表3），其调值非常接近，分别为34、23、51、213、45和35、13、42、213、55。两者的古调类今读归并大体相同。鲍厚星（2006：29）提到湘语辰溆片的第三个主要特点是："声调五类：阴平、阳平、上声、阴去、阳去。无入声调，古入声字主要归阳平，其次归阴去。归阳平的主要来自清入，其次是次浊入和全浊入；归阴去的主要来自全浊入和清入。""死客话"与此特点基本吻合。声调系统的比较进一步证明"死客话"属于湘语辰溆片。

表3 "死客话"与泸溪湘语声调的比较

中古\方言	平声			上声			去声			入声		
	清	次浊	全浊	清	次浊	全浊	清	次浊	全浊	清	次浊	全浊
"死客话"	阴平	阳平		上声		阴去（文）阳去（白）	阴去	阴去（文）阳去（白）		阳平	阳平	阳平阴去
泸溪湘语	阴平	阳平（文）阴去（白）		上声		阳去	阴去		阳去	阳平	阳平阴去	

当然，"死客话"与湘语辰溆片也有不同之处，主要表现在：

（1）湘语辰溆片中古流摄与蟹摄的韵母合流，"死客话"蟹摄开口韵母为［ai、a、ɿ、i］，如孩［xai²³］、柴［dza²³］、世［sɿ²¹³］、低［ti⁵¹］；合口韵母为［ei、ui、uai、ua］，如杯［pei³⁴］、队［tui²¹³］、外［uai²¹³］、话［xua⁴⁵］；流摄韵母主要为［ai、ɤ、iɤ、u］，如头［dai²³］、钩［kɤ³⁴］、富［fu²¹³］、刘［niɤ⁵¹］。

（2）湘语辰溆片中古深、臻、曾、梗摄舒声开口三（四）等帮端精组字读同一等韵，而"死客话"同中有异。深、臻、曾、梗四摄中只有臻、曾二摄有一等韵，"死客话"中其韵母均为［ẽi、uẽi］，如根［kẽi³⁴］、很［xẽi⁵¹］、吞［tʰuẽi³］、孙［suẽi³⁴］、灯［tẽi³⁴］、藤［dẽi²³］；深、臻、曾、梗摄舒声开口三（四）等帮端精组字的韵母主要为［ẽi、ĩ］，如心［sẽi³⁴］、平［bẽi²³］、丁［tẽi³⁴］、民［mĩ²³］、新［ɕĩ³⁴］、侵［tɕĩ²¹³］。

（3）古山摄的今读。湘语辰溆片中古山摄舒声开口一、二等见系字今读有别，合口一、二等韵今读无别。在"死客话"中，它们都是混中有别，别中有混，如官山开一［kue³⁴］、肝山开一［kue³⁴］、寒山开一［xaŋ³⁴］、安山开一［ŋaŋ³⁴］、观山开一［kuaŋ³⁴］、间中~、山开二［kaŋ³⁴］、奸山开二［tɕiẽ³⁴］、颜山开二［ŋa²³］（白）/［iɛ²³］（文），再如：欢山合一［xue³⁴］、完山合一［yɛ̃²³］（白）/［uaŋ²³］（文）、闩山合二［sue³⁴］、关山合二［kuaŋ³⁴］、环山合二［faŋ²³］。湘语辰溆片山摄舒声合口一等与开口二等帮组字韵母今读无别，在"死客话"中，山摄舒声合口一等今读韵母为［ue、yɛ̃］，如宽［kue³⁴］、欢［xue³⁴］、完［yɛ̃²³］（白）/［uaŋ²³］（文）、丸［yɛ̃²³］，开口二等帮组字今读韵母为［aŋ、o］，如班［paŋ³⁴］、办［paŋ⁴⁵］、慢［maŋ²¹³］、八［po²³］、拔［pʰo³⁴］、抹~布［mo²³］。

（4）湘语辰溆片中古宕摄舒声开口一等精组字韵母与开口三等庄组字韵母合流，"死客话"中古宕摄舒声开口一等精组字韵母与开口三等庄组字韵母则分别为［aŋ］和［uaŋ］，如仓［tsʰaŋ³⁴］、桑［saŋ³⁴］、装［tsuaŋ³⁴］、床［dzuaŋ²³］。

（5）湘语辰溆片中古浊平声字白读为阴去，"死客话"古浊平声今读一般为阳平，只有极少数字读为阴去，如陈［dzẽi²¹³］。

上列不同之处都是非常微观的语音特点，不足以影响"死客话"的系属。其中第（1）、第（4）、第（5）点为西南官话吉永片吉沅小片所共有，第（2）、第（3）点，则兼有湘语辰溆片和西南官话的特点。

四、余 论

自20世纪90年代以来，古丈县的汉语方言（除乡话外）一直被学界认定为西南官话，很少有学者提及古丈县也有湘语的分布。湘西自治州的吉首、花垣、古丈等地的一些西南官话，很有可能是历史上的湘语演变而来的，甚至有学者认为可以考虑把吉首、花垣的汉语方言划为湘语。例如曹志耘（2007：46）认为，"既然舒声'无送气'对湘语而言非常重要，而它在湘西又与'保留浊音'这一湘语的重要特点相吻合；笔者认为，可以考虑把这两个特征的分布地区即芷江、吉首、花垣、泸溪、辰溪、溆浦、洪江、会同划入湘语区"。当然，湘西湘语与西南官话的关系还需要进一步调查研究。实际上，"死客话"在古丈是弱势方言，处于西南官话、乡话等方言的包围之中，不免受其影响而同时带上周围方言的特点。特别是受西南官话的影响非常显著，使得"死客话"逐渐向其靠拢，最终必将演变成西南官话（"客话"），但"死客话"今天仍属于湘语辰溆片是非常明确的。

参考文献

[1] 鲍厚星，陈晖．湘语的分区（稿）[J]．方言，2005（3）．
[2] 鲍厚星．湘方言概要[M]．长沙：湖南师范大学出版社，2006．
[3] 曹志耘．湘西方言概述[J]．语文研究，2007（1）．
[4] 瞿建慧．湘语辰溆片语音研究[M]．北京：中国社会科学出版社，2010．

[原载《吉首大学学报（社会科学版）》2012年第1期]

湘黔"酸汤话"与四川"靖州腔"

刘宗艳[1]　罗昕如[2]

(1 贺州学院文化与传媒学院；2 湖南师范大学文学院)

【提　要】 宋末元初，一批来自江西的吴姓移民在今贵州天柱县远口乡定居下来。后来，他们的后裔向周边地区不断扩散，使得吴姓人成为今天湘黔"酸汤话"的主体人群之一。300多年前，从天柱县远口乡向四川乐至县进一步移民的吴姓人成为今天"靖州腔"的两大族群之一。贵州天柱远口与四川乐至两处的吴氏族谱关于这几次移民的记载基本一致。从移民历史可以判断，"靖州腔"是"酸汤话"的演变和继承，二者为非典型湘语的不同表现形式。

【关键词】 "酸汤话"　"靖州腔"　湘语　吴姓移民

一、湘黔"酸汤话"与四川"靖州腔"的地理分布

四川乐至县的"靖州腔"于1988年由崔荣昌报道，它分布在四川乐至"县城周围的南塔区文峰乡五村，新乐乡五村、六村、七村、八村；宝林区宝石乡五村，劳动乡八村；童家区放生乡二村、三村、四村。'靖州腔'虽然遍布三区五乡十个村子，但人口极少，仅一千余人。这是一个即将消失的方言岛，能说'靖州腔'的人多半是年近半百了，而且仅在他们中间流行"。崔先生将"靖州腔"确认为湘语，之后未有异议。"酸汤话"主要分布在黔东南和湘西南边境一带，包括贵州天柱县的竹林、远口、坌处和白市等乡镇，湖南新晃县的米贝乡，芷江县的碧勇、罗岩等乡镇，会同县的炮团、地灵、蒲稳、漠滨等乡镇，靖州县的大堡子、三锹、藕团、铺口、平茶等乡镇，通道县的江口、县溪等乡镇。据杨钦报道，还有贵州锦屏县的平略镇、启蒙镇和黎平县的大稼乡等地。"酸汤话"东边与湘语娄邵片绥会小片的会同及绥宁南部接壤。瞿建慧等认为"可以将其归为湘语，与会同林城话归属相同"。本文首次将湘黔"酸汤话"与四川"靖州腔"联系起来，线索为"湖广填四川"背景下的吴姓移民。二者的比较以及它们与典型湘语的比较对于研究湘语在湖南周边及更远地区的演变具有重要意义。

二、湘黔"酸汤话"、四川"靖州腔"与吴姓移民

吴姓是"酸汤话"群体中最主要的族群之一。今贵州天柱县远口乡为吴氏的发祥地，这里的吴氏总祠是封建宗祠文化的典型代表，于2013年年初因兴修水库而拆除。吴姓以远口为中心有过两次重要移民：一次是明万历年之后持续几代人的周边地区移民，主要包

括今湖南的会同、靖州与贵州的锦屏、黎平，基本上属于今湘黔"酸汤话"的分布范围；另一次是300多年前迁往四川乐至县，形成今天说"靖州腔"的两大族群之一。我们分别具体讨论如下。

1. 贵州远口乡吴姓向周边的移民

靖州三锹吴姓从贵州远口抄录的《吴氏族谱》（卷一）记载："皇明万历二十五年……十七世祖八郎公子长曰大制、次曰监正、三曰权县、皆居远口……第十八世祖大制祖自远口徙会同广坪……第十八世祖权县公世居远口……传至二十世祖六五、六六、六七、六五（这个'五'可能是'八'的笔误——笔者按）公居苗江，六六公自远口徙渠阳（今靖州——笔者按）……第二十一世世禄公长子尚能、次子尚宁由远口徙夏寨杨塆团菊山……第二十一世世德由远口徙地湖……二十一世世铭世居远口后裔分徙新市远洞元田……第二十一世世雄世居远口其后裔分徙……锦屏秀洞密洞……黎平中黄……靖州三秋（也作'锹'——笔者按）……"吴姓的这次迁徙持续了约4代人，从18世到21世（应为远口始迁祖开始计算），他们的分迁地区基本上与今天湘黔"酸汤话"范围相吻合。我们认为，吴姓在湘黔地区的发祥为"酸汤话"的流传起到了重要的作用，帮助奠定了今天"酸汤话"的分布范围。

2. 吴姓自江西向贵州天柱远口再向四川的移民

崔荣昌提到他在调查中"见到一本《吴氏宗谱》中华民国二十年手抄本，现存新乐乡六村五队吴国常家，才弄清了'靖州腔'的历史渊源……七十世吴彦晰江西始祖任吉州永新县县簿。八十五世吴均盛于宋末元初弃官，迁湖广靖州府会同县远口乡（即今贵州省天柱县远口乡——笔者按）……一至六十九世居江苏，七十至八十五世迁住江西省吉安地区永新县，八十六世至一百世再迁居湖广靖州府会同县（包括今贵州天柱县——笔者按），一百〇一世至今一百一十二世第三次迁居四川省乐至县……《吴氏宗谱》所述由靖州迁乐至，盖无可疑……吴姓西川始祖吴一魁，系吴可达的第三子，与可达祖于大清康熙四年（公元1665年）由湖广靖州府今湖南省靖县会同县今湖南省会同县远口乡（前面两处小字注可能是作者笔误，因为当时的'靖州''会同'与今天所指是不一致的，根据当地县志材料，'湖广靖州府会同县远口乡'实指今贵州天柱县远口乡——笔者按）至四川省北渔川府故治在今兰台县乐至县崇仁乡五甲……吴姓入川迄今已有三百二十一年了。"（崔荣昌，1998）

笔者所见的《吴氏族谱》①，由湖南靖州县三锹乡吴姓后裔从贵州省天柱县远口乡抄录，明确记有"泰伯后裔""延陵堂"字样。相关始迁祖的记载有："第七十世初云公武陵公子生于唐宪宗元和六年辛卯九月初八日任虔州刺史今江西赣州府是也……第七十一世篪公初云公子号庐山官九江府德化县令爱庐山山水因家焉……其第八子暂宣和川为主簿公……安塘三里暹公位下第三世盛乃暂祖十六世孙也徙湖广靖州远口住焉……宋理宗朝官至大理寺丞言事忤宰相遂弃官避地于湖广远口开基祖……三十九世（指暂祖以下的39世孙——笔者按）守德迁四川乐至。"比较崔荣昌提供的四川乐至县的《吴氏宗谱》材料和靖州三锹吴姓从贵州远口抄录的《吴氏族谱》，主要有以下联系：

---

① 《吴氏族谱》1986年于天柱县远口乡重修，靖州三锹乡抄录本，现存于凤冲村吴恒义、吴展春处。

（1）关于吴氏从江西开始的迁徙总路线二者基本一致：江西—湖广靖州远口（今属贵州天柱县）—四川乐至。

（2）关于吴氏的江西始迁祖：前者记作"七十世吴彦晰"，后者记作"第七十一世箎公……其第八子晳"。"晰"和"晳"我们认为应为异体字之别，实指同一人，但在前者为 70 世，在后者为 72 世，相差两世，可能为辗转传抄出现的误差。

（3）关于吴氏的湖广靖州远口的始迁祖：前者记作"八十五世吴均盛"，后者记作"盛……晳祖十六世孙"。"吴均盛"和"盛"我们认为是同一人，关于他宋末弃官后迁远口一事两处记载是一致的，但在前者记为 85 世，在后者记为 87 世，也相差两世，仍可以理解为传抄出现的误差。

（4）关于吴氏的四川乐至始迁祖：前者记作"一百○一世……吴一魁"，后者记作"三十九世守德"，所谓"三十九世"指的是晳祖的 39 世孙，即总第 110 世，二者记载相差了 8 世，仍可以理解为传抄出现的误差。但始迁祖名分别为"吴一魁"和"守德"则完全不同，原因如何尚有待考证。

尽管两处的记载存在一些出入，但综合起来分析，我们认为所记史实是一致的，体现了吴姓移民是湘黔"酸汤话"与四川"靖州腔"的重要纽带，提示着汉语方言随着"江西填湖南"和"湖广填四川"一步步演变的历史背景。湘黔"酸汤话"与四川"靖州腔"是 300 多年前分化的，分化之后又各自走上不同的发展道路，后者是前者的进一步演变，二者又都是湘语在传统湘语区之外的演变。

三、"酸汤话"与"靖州腔"主要语音特征比较

崔荣昌认为，"'靖州腔'具有湘语北片的特点，同时又渗透了西南官话的某些因素"。我们发现湘黔"酸汤话"以湘语成分为主，同时也有一定的西南官话、苗语、侗语成分。限于篇幅，我们主要关注二者的湘语成分，从以下两点的比较观察它们的主要语音特征。

1. 古全浊入声字逢塞音和塞擦音送气与否的比较

古全浊声母字全部清化，逢塞音和塞擦音古舒声字一般读不送气音，这一点二者一致，但古全浊入声字读送气与否的情况有差异。崔荣昌（1998）指出"靖州腔"声母的主要特点是"古全浊声母逢塞音和塞擦音不论平仄今一般读不送气清音"，但从崔先生提供的同音字表中可以发现部分有规律地读送气音的现象，如"昨、择、贼、别~个、~人、特、独、读、毒"等古全浊入声字，这些字在"酸汤话"中也读送气音，不同的是两地送气与不送气音比重不同：我们统计了 32 个常用的古全浊入声字（别、薄、白、雹、拔、读、独、毒、特、达、笛、敌、杂、凿、族、贼、昨、绝、嚼、截、集、籍、浊、宅、着、侄、蛰、直、值、择、炸、局），"酸汤话"的白读层常读送气音的有"别、薄、白、雹、读、独、毒、特、笛、凿、族、贼、昨、绝、嚼、宅、着、侄、直、值、择、炸"22 个；而从崔先生"靖州腔"的同音字表里看读送气音的只有上述 8 个。我们认为，"酸汤话"和"靖州腔"都体现了古全浊声母以古舒促为分化条件的演变痕迹，即舒声字演变为不送气音，促声字演变为送气音，因为前者比后者要明显，以至崔荣昌先生认为"靖州

腔"声母的主要特点是"古全浊声母逢塞音和塞擦音不论平仄今一般读不送气清音",而忽略了送气音的层次,这与以往人们对一般湘语的观察类似。古全浊入读送气音的多少不同体现了接受西南官话影响的程度不同:"靖州腔"因为湘语的中心地区更远且只有1000多人说,所以比"酸汤话"更易于接受当地西南官话的影响。

2. 古声调今读比较

以天柱远口乡为代表的北部"酸汤话"有阴平、阳平、上声、阴去、阳去5个调类。古平声依声母的清浊一分为二,古清声母字今读阴平,次浊及全浊声母字今读阳平。古清上与次浊上读上声,全浊上今多归阳去。古去声在白读层的演变也是根据声母的清浊一分为二,清声母字今读阴去,次浊及全浊今读阳去。全浊入多归阴去,清入与次浊入多归上声,从这一点看,北部"酸汤话"与湘语娄邵片绥会小片的湘语更为接近。以靖州藕团为代表的南部"酸汤话"有阴平、阳平、上声、阴去、阳去及入声6个调类,古舒声字的今读调类与北部一致,不同的是古入声字,全浊入白读阴去,清入与次浊入自成一类,从这一点来看,南部"酸汤话"与湘语长益片的长株潭小片更为接近。"酸汤话"有声调文白异读的主要是今阳去字和古入声字。今阳去字的文读为阴去调。在北部古入声字的文读一般为阳平,在南部较为复杂,仅就古全浊入而言,一般白读阴去,文读入声。

"靖州腔"的声调分平声、上声、阴去、阳去4类。古平声不分阴阳,仍为平声,古清上与次浊上读上声,全浊上归阳去。古去声根据声母的清浊一分为二,清声母字今读阴去,次浊及全浊今读阳去。古入声的今读调类复杂,除了大部分派入阴去以外,还有相当一部分派入平声和阳去,其间暂找不出分化的条件。二者的古入声字今读见表1、表2。

表1 远口"酸汤话"古入声字声调今读①

今读调类	例字		
	全浊	次浊	清
阴平			
阳平			敌嫡
上声		蜜密蘖逆立力历沥熄息惜昔夕析歇叶页一乙益物屋辣鸭腊蜡眨闸压袜乐~趣恶凶弱略掠约药钥额热列烈业孽月越	笔毕必逼碧壁璧接急级吉鲫极绩迹脊籍激集福蝠谷骨发法杀夹瞎甲刮钵博剥割各角郭索脚窄色揭节结接揭洁迹雪血竹筑烛嘱踢剔切七漆膝戚吃哭塌榻雀鹊确克客贴帖切缺
阴去	薄笛凿昨浊合嚼直值侄十食实贼舌别独读毒罚		合盒
阳去			

---

① 此表主要依据张雄(2007)提供的"酸汤话"同音字表而整理。

表2　四川"靖州腔"古入声字声调今读①

今读调类	例字		
	全浊	次浊	清
平声	直值服伏族薄	日立一略掠	逼碧织职殖只实失室急级及吉即鲫极息熄席福幅祝粥足叔属博桌捉郭国或阔扩
上声			塔
阴去	十拾食石骨谷凿昨罚炸眨活学白贼泽择舌别特独读毒	力揖一乙逸益物屋袜末沫木落烙骆洛腊蜡捺辣鸭弱药钥岳乐音~育墨默麦脉肋勒热列烈业孽月越	笔毕必壁膝媳惜昔刮钵剥八法发杀瞎甲合盒鹤霍脚北百柏得德折则窄摘责塞色格革隔叠碟揭节结接揭洁迹雪血竹筑烛嘱七漆戚哭脱插雀迫拍魄拆策册刻克客贴帖切缺
阳去	薄又音	肉	疾割葛削决诀廓括

四、"酸汤话"与"靖州腔"的非典型湘语属性

方言在地域上的分布往往形成一个连续统，所以就某一种方言来说有典型范畴成员与非典型范畴成员之分，典型与非典型也是动态的，只能在某一历史阶段中来讨论。湘黔"酸汤话"与四川乐至县"靖州腔"虽然均被确定为湘语，但相对于比较典型的湘语而言又有不同程度的区别，在现阶段体现为湘语的非典型状态。鲍厚星、陈晖提出了确定为湘语的语音标准，本文将从声母和声调两方面讨论"酸汤话"与"靖州腔"的非典型湘语属性。

1. 声母方面的非典型湘语属性

一般认为湘语的主要特点是"古全浊声母逢塞音、塞擦音时，不论今读清音还是浊音，也不论平仄，一律不送气"。鲍厚星、陈晖对此表述做了重要的修正和补充："古全浊声母舒声字今逢塞音、塞擦音时，无论清浊，一般都念不送气音。这仍然是最重要的标准，需要特别界定一下：a）只提舒声字，不提入声字，因后者不能以'念不送气音'概括；b）无论清浊，既包括浊音已经清化的一类，又涵盖仍存浊音系统的一类；c）'念不送气音'覆盖面最大，最具普遍性，但有例外，故冠以'一般'不用'一律'。"（鲍厚星、陈晖，2005）陈晖（2006）甚至明确指出："湘方言中，古全浊声母清化后送气与否主要是以舒促为条件的。"彭建国（2010）用表格的形式将陈晖（2006）提供的全浊入声字在湘语中送气与否的情形重新反映出来，得出的结论是，"湘语各点全浊声母入声字清化后既有读送气的，也有读不送气的，找不出明显的语音条件。甚至完全相同的音韵地位的字，也有的读送气音，有的读不送气音，如湘乡定母锡韵字'笛'读作 ti，而'敌'读作 t^{h}i。按照层次分析理论，相同的音韵条件下出现对立应该是不同的层次造成的，因

---

① 此表依据崔荣昌（1988）提供的"靖州腔"同音字表而整理。

此我们有理由认为湘语入声韵中全浊声母清化后的送气与不送气应该分属两个不同的语音层次"。送气音应为更古老的层次，而不送气音应为后起的层次，后起层次与西南官话的影响密切相关。我们推测湘语的古全浊声母在历史上经历过一次关键性演变：逢塞音、塞擦音以古舒促为条件的分化，古舒声字读不送气音，古入声字读送气音。但由于近代官话古全浊声母今读"平送仄不送"格局的影响，湘语中以舒促为条件送气与否的格局遭到破坏，所以呈现出"各点全浊声母入声字清化后既有读送气的，也有读不送气的，找不出明显的语音条件"。我们认为，体现古全浊入逢塞音、塞擦音以古舒促为条件分化的今读表现更具湘语的典型性。上文已经分析了古全浊入声字在"靖州腔"和"酸汤话"中逢塞音和塞擦音今读送气音的情况，前者比后者要少得多，所以从声母角度来看，作为湘语成员"靖州腔"比"酸汤话"更加不典型。

2. 声调方面的非典型湘语属性

鲍厚星、陈晖（2005）明确指出湘语"声调有五至七类，绝大多数去声分阴阳"。除此之外，我们还从全浊入的今读调类来讨论湘语的典型属性。根据陈晖（2006）的统计，古入声字的今读有以下几种情况：①大多数仍读入声，如长益片各点，关于例外的说明是"长沙方言中，读其他调类的少数例外字主要是古浊声母字"；②大多数归入阳平，比如衡阳；③大部分归阴去，比如邵阳、涟源；④大多归去声（白读去声，文读入声），比如新化。从以上统计我们认为第三种情况处在湘语的中心地带，更能体现湘语的典型状态。其余3种情况的湘语典型性相对要低。而第一种情况中关于例外的说明可能提示长沙方言早期全浊入声归阴去的演变痕迹。另外，平声和去声都分阴阳也是湘语中相当普遍的现象。"酸汤话"的平声和去声都分阴阳，但阳去字的文读阴去提示阴去与阳去有合并为一个调类的趋势；古入声的今读依古声母的清浊为分化条件，其中古全浊入的文白异读与当地的西南官话的影响密切相关。"靖州腔"的平声不分阴阳这一点与绝大多数湘语不一致；古入声的今读除上声外，其余各调类都有，找不出分化的条件，而在大多数湘语中一般能找出分化的条件。所以，从声调的角度看，作为湘语成员"靖州腔"也是比"酸汤话"更加不典型。

就大部分点来说，湘语历史上古全浊入声字演变过程中有两个相伴随的变化：①逢塞音、塞擦音声母送气；②声调进入阴去。我们认为这两点体现湘语较早的层次，并初步将它们作为考察湘语典型性的首要语音标准。"酸汤话"基本反映这些湘语属性，但已混入了部分苗语、侗语成分（主要是词汇借用，本文暂不进一步论述）；"靖州腔"则基本上不能反映这些湘语属性了，主要只以古全浊声母字逢塞音、塞擦音一般读不送气音和可去声分阴阳这两点与西南官话相区别了。因为与西南官话的接触程度及其接触双方的强弱悬殊不同，"酸汤话"和"靖州腔"形成湘语范畴中不同程度的非典型成员，其中"靖州腔"更加边缘化。本文所参照的"靖州腔"材料尚为1988年所记，今天应该有所变化，有待进一步调查。

参考文献
[1] 鲍厚星、陈晖. 湘语的分区（稿）[J]. 方言，2005（3）.
[2] 陈晖. 湘方言语音研究[M]. 长沙：湖南师范大学出版社，2006.

[3] 彭建国. 湘语音韵历史层次研究［M］. 长沙：湖南师范大学出版社，2010.
[4] 崔荣昌. 四川乐至县"靖州腔"音系［J］. 方言，1989（1）.
[5] 瞿建慧，谢玲. 湘西南酸汤话的演变与归属［J］. 贵州民族研究，2011（6）.
[6] 杨钦. 锹里地区"酸汤话"语音研究［D］. 长沙：中南大学，2012.
[7] 张雄. 酸汤话内部差异研究［D］. 贵阳：贵州大学，2007.

赣东北汉语方言濒危现状述略*

胡松柏

(南昌大学客赣方言与语言应用研究中心、人文学院中国语言文学系)

【提　要】 赣东北地区的方言濒危主要发生在方言岛区域。赣东北方言岛依人口规模和分布状况可以分为3种分布类型。赣东北方言岛的濒危表现在濒危演变的方向和濒危演变的类型两方面。方言岛濒危演变的方向是替换为本地方言或其他的共处移民方言。方言岛濒危演变的类型包括显性濒危和隐性濒危两类。已进入显性濒危阶段的方言岛可以依其濒危程度分为"高度濒危""中度濒危"和"低度濒危"3类。赣东北的畲话、官话、广东话、汀州话、浙江话属于严重濒危方言，麻山话、南丰话、建宁话和福建话、河南话属于轻微濒危方言。赣东北方言有方言特征消磨、县域通行方言形成和方言地区普通话母语人群形成3种与方言濒危有关的语言演变现象。

【关键词】 赣东北　方言岛　语言濒危　演变

"汉语方言中无疑存在着并非个别的濒危现象。"方言濒危主要指的是"弱势方言在强势方言的强大冲击下，最终彻底放弃弱势方言，改用强势方言"[②]。本文讨论赣东北地区的方言濒危情况。

赣东北行政区域上包括上饶、景德镇和鹰潭3个设区市所辖19个区和县、市（县级市）。赣东北地区呈连续区域分布的大方言区片有赣语、吴语和徽语，分别分布于铅山县、横峰县、弋阳县、万年县、余干县、鄱阳县、贵溪市、余江县、乐平市和鹰潭市月湖区、景德镇市珠山区、昌江区（赣语），上饶县、广丰县、玉山县和上饶市信州区（吴语），婺源县、德兴市区、浮梁县（徽语）。以方言岛形式分布的方言有福建话（属于闽语），南丰话、建宁话、麻山话（属于赣语），汀州话、广东话和畲话（属于客语），以及浙江话（属于吴语）、官话等，主要分布于赣东北东部的铅山、横峰、弋阳、信州区、上饶县、广丰、玉山、德兴这8个县市区。

赣东北地区方言种类多，分布复杂，在方言濒危方面的表现也很多样且有特点。本文就赣东北方言濒危现状做如下简略报告。

＊ 本文为2000年度国家社会科学基金项目"赣语、吴语、徽语、闽语、客家话在赣东北的交接与相互影响"（项目编号：00BYY004）、2010年度国家社会科学基金项目"语言地理学视角下江西徽语现状及历史调查研究"（项目编号：10BYY021）的研究成果。本文初稿曾提交"首届濒危方言学术研讨会"（广州，2009年）宣读，改定稿收入《赣鄱语言学论坛（第一辑）》（中国社会科学出版社2015年版）。

② 曹志耘：《关于濒危汉语方言问题》，《语言教学与研究》2001年第1期。

一、赣东北的方言岛及其濒危情况

赣东北地区的方言濒危主要发生在方言岛区域。

（一）赣东北方言岛的分布

1. 闽语方言岛

赣东北的闽语都属于闽南片，方言岛居民绝大多数是旧泉州府籍移民后裔，只有个别村落居民来自浙南苍南和闽北福鼎，使用人口近30万人，分布在上述8个县、市、区的80多个乡镇。

2. 南丰话、建宁话、麻山话方言岛

南丰话、建宁话都属于赣语抚广片，麻山话①实际上是对南丰话和建宁话以及某些同类方言的总称，使用人口近20万人，分布在上述8个县、市、区的100多个乡镇。

3. 汀州话、广东话方言岛

汀州话属于闽西客语，广东话指来自粤东北的客语。赣东北的汀州籍居民和嘉应州籍居民有5万余人，分布在上述7个县、市、区（弋阳除外）的50多个乡镇。

4. 畲话方言岛

畲话一般也认为属于客语。畲话只分布在江西省最早设立的两个畲族乡（铅山县太源畲族乡）、贵溪市樟坪畲族乡，使用畲话的人口不足1000人。

5. 浙江话方言岛

主要是淳安话方言岛。在德兴、婺源、铅山、横峰等县市，在移民建村定居地形成了零星的方言岛。毗邻浙江的德兴，有龙游、兰溪等地移民所建的村落。

6. 官话方言岛

赣东北的官话有多个系属。玉山县怀玉山乡有1000多人说怀玉山官话。玉山县紫湖镇、横峰县葛源镇、广丰县洋口镇有个别村落说官话。上饶县铁山乡小溪村的一支畲民也说自称"官话"的方言。鄱阳县西北角肖家岭乡有说河南话的村落。

7. 铁路话和三县岭话方言岛

这是两处独具特点的方言岛。在铁路浙赣线以上饶站区为中心的中段线路沿线站区的铁路员工社群中，通行一种被称为"铁路话"的方言，使用人口有30000多人。弋阳县三县岭乡，有一种在垦殖场职工中通行的三县岭话，使用人口有5000多人。这是分别形成于20世纪30年代、40年代和50年代的因工业移民和农业移民而形成的社区用语，具有社会方言的性质，其共同特点是融合浙江多个地点方言并受共同语影响。

---

① 说麻山话的居民其先祖迁入赣东北之初主要从事垦山种麻，故以"麻山话"称说这些移民所带来的方言。

（二）赣东北方言岛的分布类型

移民在迁入地定居之后，所带来的祖籍地方言能否继续成为居民用语，通常取决于两方面的条件，一是移民的规模，二是分布的环境。大量的人口形成聚居的社区，作为交际工具的功能依然有履行的必要和可能，其祖籍地方言自然能够传承。如果移民与原住的本地居民相比，人口多而且占据的空间更大，处于强势地位的移民方言还有可能拓展成为与祖籍地方言同源的新的方言区片。但移民如果人口少且又分散居住，只能成为被原住居民的本地方言所包围的方言岛。以方言岛形式存在的处于弱势地位的移民方言势必接受本地方言的影响，面临被同化、替代的压力。赣东北方言岛依人口规模和分布状况可以分为3种类型（以下以闽语方言岛为例）：

A. 形成大板块的方言岛，如玉山县紫湖镇（包括新近分出设立的三清山风景名胜区），30000多居民都说福建话，近20个行政村连片形成一处较大范围的福建话方言岛。

B. 方言岛与本地方言相错杂，虽不独立成片，但紧密相接形成一个连续的散布地带，如广丰县的枧底、洋口、鹤山与相邻上饶县的花厅、田墩、黄市、皂头、尊桥、董团等10多个乡镇就是一个福建话方言岛的密布地带。

C. 在本地方言的大片区域中分布着相对稀落的少数方言岛村落，如广丰县南部岭底镇全部250个自然村中，只有溪东陈家、下大满岭、黄家、西坞垄等七八个村子是福建话居民村，人口总计也不过400多人。

（三）赣东北方言岛的濒危表现

赣东北的方言岛在总体趋势上是走向衰落，呈现濒危的发展态势。但其濒危表现因方言岛的方言系属、分布方式乃至居民的人文背景的差异，以及周边的本地方言、方言岛与周边方言的接触状况等方面的差异而有所不同。

1. 方言岛濒危演变的方向

方言岛发生濒危演变的最终结果，是方言岛居民在强势方言的强大冲击之下，最终彻底放弃作为弱势方言的原用祖籍地方言而改用强势方言。依这一语言替换过程中所用以替换的方言的不同，赣东北的方言岛濒危演变方向有两种情况。

（1）替换为本地方言。这是方言岛濒危演变的最主要方向。在赣东北的赣语、吴语和徽语区域中的方言岛，其濒危演变方向都各是其不同的本地方言。例如，广丰县境内的南丰话方言岛的演变方向是替换为广丰话（吴语），横峰县境内的福建话方言岛的演变方向是替换为横峰话（赣语），德兴市境内的广东话方言岛的演变方向是替换为德兴话（徽语）。

（2）替换为其他的共处移民方言。赣东北地区的方言岛分布情况非常复杂。所谓"共处移民方言"，是指在某些方言岛区域，有不止一种的移民方言共同杂处，或是相邻的村落分别说不同的移民方言，或是一村之中通行不同的移民方言。几种移民方言之间也有相对的优劣之分，某些方言发生濒危演变，是替换为相对优势的另一移民方言。例如，玉山县紫湖镇有不少徽州移民村落现在说的都是当地处于相对优势的福建话，玉山县怀玉山乡玉峰（行政村）就有南丰籍的居民放弃南丰话而改说怀玉山官话。

2. 方言岛濒危演变的类型

(1) 显性濒危和隐性濒危。方言岛的濒危其实是与方言岛的整个历史过程相伴生的。方言岛自形成之日起，就在周边的本地方言以及其他的移民方言的影响下发展。方言岛居民的语言制度一旦实行祖籍地方言和本地方言（或其他的移民方言）的"双语（方言）制"，便表明方言岛已经开始了其濒危演变。

但方言岛的濒危演变是一个长期过程。只有当方言岛的居民中最新成长的一代人放弃了其祖籍地方言而只能使用其他方言时，方言岛才呈现实质性的濒危演变态势，开始了方言岛的消亡之变。我们称这一状况为"显性濒危"，而此前的状况则为"隐性濒危"。

(2) 濒危程度。已进入显性濒危阶段的方言岛可以依其濒危程度分为"高度濒危""中度濒危"和"低度濒危"3种情况：高度濒危，指祖籍地方言只在老年人群（60岁以上）中使用，其消失时间将在一代（30年左右）之内；中度濒危，指祖籍地方言还在中年（40岁）以上人群中使用，其消失时间将在两代（50年左右）之内；低度濒危，指祖籍地方言还在青年（20岁）以上人群中使用，其消失时间将在3代（80年左右）之内。这3类濒危情况都有一个最重要的标志，就是幼童一代都不再使用前辈的祖籍地方言，方言岛在可以预见的未来行将消亡。

3. 方言岛的濒危排序

赣东北的方言岛从整体上看，按濒危状况可以分为两类。

a. 畲话、官话、广东话、汀州话、浙江话。

b. 麻山话、南丰话、建宁话，福建话、河南话。

a类方言属于严重濒危方言，b类方言属于轻微濒危方言。a类方言岛无前述的A类规模分布类型，只有B、C类型，而以C类为多见，全都进入显性濒危阶段。b类方言岛A、B、C 3种类型都有，以B类为多见，只有部分方言岛进入显性濒危阶段。

就目前情况看，最先有消亡之虞是畲话，太源、樟坪两个畲族乡虽说畲民人口近2000人，但能说畲话的只有老年人了。除了怀玉山官话，其他一些零星的官话方言岛消亡也都迫在眉睫。广东话、汀州话方言岛实际上有不少已经消失（能使用的人口已不足20000人），现存的大体上在两三代之后也将不复存在。浙江移民应该说大多数语言已经为本地方言同化，部分单独建村的移民还在使用来自不同地点的"浙江话"，不过也都属于显性濒危之列。

属于轻微濒危方言的麻山话、南丰话、建宁话和福建话，作为赣东北规模最大、人口最多、分布最广的方言岛，虽然也有发生显性濒危甚至已经消亡的情况，但总体上还处在隐性濒危阶段，未来还会长期存续。鄱阳县北部的"河南话"，是其北部和西部鄱阳湖环湖地带10多个县市的"河南话"方言岛（来自豫东南）的一部分，还处在隐性濒危状态。

铁路话和三县岭话的形成发展有相似之处，历史较短，且目前也都处于显性濒危阶段。只是铁路话的濒危程度低于三县岭话，属于低度濒危。

二、赣东北与方言濒危有关的语言演变现象

就赣东北方言的情况看,有3种与方言濒危有关的语言演变现象。

(一)方言特征的消磨

方言特征的消磨是从方言的语言系统内部演变来考察的,是指方言在其他方言(或共同语)的影响下而失去自身那些与众不同的显著特点。

在赣东北方言中,方言特征消磨的演变不仅发生在方言岛区域,也发生在成区域分布的赣语、吴语和徽语大方言区片。不过,方言岛在受本地方言的强势影响下,方言特征消磨往往显得更为突出。并且,在发生替换为其他方言的濒危演变过程中,这种方言特征消磨的演变是相伴始终的。

大方言区片发生特征消磨的例子有:部分吴语方言点如上饶话中,古见组字不再有逢细音读舌根音声母[k、kʰ(g)、ŋ、x]的特点,都读舌面音声母[tɕ、tɕʰ(dʑ)、ȵ、ɕ]而与赣语相同;葛源话中,古入声韵字不再有吴语的喉塞音韵尾[ʔ],读成阴声韵而与徽语情况相同。方言岛发生特征消磨的例子有:赣东北福建话中,入声韵不再有祖籍地方言泉州话的[p、t、k]韵尾,一律读与赣东北吴语、赣语相同的喉塞音韵尾[ʔ];德兴市境内的广东话已经完全没有了客语的轻唇声母读重唇的特点,"飞、肥、斧"等字不读[p、pʰ]声母而读[f]声母,与徽语德兴话相同。

要注意发生演变的方言中某些特征在消磨过程中往往还会有残留,这尚存的个别现象可以为方言特征消磨的观察提供线索。如赣东北的南丰话与移民祖籍地的南丰话相比较,基本上已经丢失了精、清、从母读[t、tʰ]声母的特点,"早、草、槽"等字已读塞擦音声母[ts、tsʰ],但在广丰县枧底镇枧底村东坞的南丰话中,其人名的排行用字"在"字还读作[tʰaiˀ]。

(二)"县域通行方言"的形成

县域通行方言是在一个县的行政区域中所形成的全体居民用于共同交际的方言,是方言相互接触趋同发展的结果。县域通行方言的形成是汉语方言发展过程中一种值得注意的演变现象。

考察赣东北各县市的方言情况,县域通行方言形成大致有3种类型。

第一种情况是县域内各地方言之间相差不大,县域通行方言形成的过程就是各乡镇方言向县城方言逐渐靠拢的过程。第二种情况是县域内各地方言之间相差很大,各次县域方言往往呈鼎足之势。只有当县城方言作为中心次县域方言依赖所在地的经济文化中心地位施与其他边缘次县域方言以有权威的影响,从而成为边缘次县域居民共同的和唯一的第二用语时,县域通行方言才算开始迈上形成的历程。第三种情况是县域方言在大范围内基本一致,但有大小不同、类型多种的方言岛分布于县域之中。这些方言岛中的居民掌握并使用包围的本地方言而实行双方言制,从而使本地方言成为完全的县域通行方言。

当代,尤其是改革开放以来,县域通行方言的形成呈现快速发展的势头,其促成的社

会因素是县域社会中政治经济文化统一性的加强和发展速度的加快。这也自然加快了方言濒危演变的发展。

我们注意到，由于共同语日益增长的影响，在赣东北的一些区域发生了越过形成县域通行方言阶段而直接以普通话作为共同交际用语的语言演变，如婺源县城区、德兴市城区、德兴市泗洲镇德兴铜矿矿区。这实际上是方言地区方言濒危演变的终极结果，对于在一个地区内推广普通话，形成最大范围的共同交际用语无疑具有积极的示范作用和借鉴意义。

（三）"方言地区普通话母语人群"的形成

"方言地区普通话母语人群"指成长并生活在方言地区的那些以普通话为母语的社会成员的群体。由于普通话自20世纪50年代以来得到大力推广，在方言地区形成了兼用地域方言和普通话的双语制。在这种双语制下，有部分人群因幼年时语言生活只限于使用普通话的环境，最先习得的不是当地方言而是普通话，他们在方言地区成长却以普通话为母语。普通话母语人群的形成及其规模日趋扩大，对社会的语言生活发生着重大影响，也从一个方面加速了方言濒危演变的发展。

对于在方言地区的城市中形成普通话母语人群，人们也许都会有所感受。但在赣东北，在设区市和县级市的城区以及县城以外，有不少工矿企业社区以至不少乡镇也都有这种语言演变现象发生。这也许是赣东北地区方言歧异大导致有使用普通话交际的较多需求的缘故。

方言地区成长的普通话母语人群在进入社会生活之后，还有可能重新获得方言，我们称之为"方言重归"。共同语的推广和普及催生了普通话母语人群，方言重归则使普通话母语人成为方言使用者。方言重归现象随着普通话母语人的形成而发生，并与之相对立。方言重归既是方言和普通话的双语制的结果，同时也是这种双语制在方言地区得以保持延续的重要因素。

就与方言濒危演变的联系来看，普通话母语人群形成的结果是影响方言地区语言使用者的语言态度和语言策略发生变化，促使方言在双语制（方言和普通话）语言生活中的地位和功能发生演变，方言的主要使用空间发生转移以至有所萎缩。而双语者的方言使用能力相对弱化，也导致方言发生语言结构的变化，从而使方言特征渐趋消磨，方言朝着与普通话趋同的方向发展。

参考文献

[1] 曹志耘. 关于濒危汉语方言问题 [J]. 语言教学与研究，2001 (1).
[2] 胡松柏，等. 赣东北方言调查研究 [M]. 南昌：江西人民出版社，2009.
[3] 胡松柏，林芝雅. 铅山方言研究 [M]. 北京：文化艺术出版社，2008.
[4] 胡松柏，胡德荣. 铅山太源畲话研究 [M]. 北京：中国社会科学出版社，2013.
[5] 胡松柏. 江西上饶县铁山乡多方言情况考察 [C] //陈恩泉. 双语双方言（七）. 香港：汉学出版社，2011.
[6] 胡松柏，孙玉卿. 试论县域通行方言的形成 [C] //语言运用与语言文化. 香港：择时发展有限公司，2004.

[7] 胡松柏,张向阳."方言地区普通话母语人群"与方言地区双语制性质的演变——以江西省南昌市区为例[C]//陈恩泉.双语双方言(九).香港:汉学出版社,2006.

[8] 胡松柏,张向阳.南昌市"普通话母语学生"语言状况调查[J].中国社会语言学,2007(2).

[9] 胡松柏.赣东北闽南方言略说[J].方言,1998(2).

[10] 胡松柏.赣东北铜山闽南话的语音特点[C]//詹伯慧,王建设,等.第五届国际闽方言研讨会论文集.广州:暨南大学出版社,1999.

[11] 胡松柏.《汇音妙悟》音系在赣东北闽南方言中的表现[C]//中国音韵学研究会,徐州师范大学语言研究所.中国音韵学研究会第十一届学术讨论会 汉语音韵学第六届国际学术讨论会论文集.香港:香港文化教育出版有限公司,2000.

[12] 胡松柏.汉语入声消失过程在赣东北闽南话中的表现[J].语言研究,1994(增刊).

[13] 胡松柏.赣东北闽南语的文白异读及其演变[J].台湾语文研究,2010,5(1).

[14] 胡松柏.江西横峰县姚家闽语中的赣语性成分[J].上饶师范学院学报,2002(4).

[15] 胡松柏.客家移民和客家方言在赣东北的流播[J].江西社会科学,2006(11).

[16] 胡松柏.赣东北铁山"汀州腔"记略[C]//谢栋元.客家方言研究:第四届客家方言研讨会论文集.广州:暨南大学出版社,2002.

[17] 胡松柏.赣东北的嘉应客家移民与嘉应"广东话"[C]//甘于恩.南方语言学:第2辑.广州:暨南大学出版社,2010.

[18] 胡松柏,孙刚.赣东北铅山县太源畲话记略[C]//客赣方言研究:第五届客方言暨首届赣方言研讨会论文集.香港:霭明出版社,2004.

[19] 胡松柏.江西上饶铁山小溪畲民官话的形成与发展[C]//陈恩泉.双语双方言(八).香港:汉学出版社,2005.

[20] 胡松柏,胡德荣.江西铅山太源畲话动词动态体貌的考察[C]//郑克强.赣学:第2辑.南昌:江西教育出版社,2009.

[21] 胡松柏,刘存雨.赣、吴、徽语交接地带横峰葛源话的特点和性质[J].上饶师范学院学报,2008(4).

[22] 胡松柏.赣东北"麻山话"中的促声舒化[C]//陈庆延,等.首届晋方言国际学术研讨会论文集.太原:山西省高校联合出版社,1996.

[23] 林芝雅,胡松柏.浙赣边界官话方言岛略考[Z].第四届中国语言学国际学术研讨会,2005.

[24] 胡松柏,张向阳.赣北"河南话"述略[Z].第四届官话方言国际学术研讨会,2007.

[25] 胡松柏.浙赣线"上饶铁路话"形成与发展[C]//甘于恩.南方语言学:第3辑.广州:暨南大学出版社,2011.

[26] 胡松柏."上饶铁路话"和"弋阳三县岭话"——赣东北两处浙江官话方言岛的比较考察[Z].第七届中国社会语言学国际学术研讨会,2010.

[27] 胡松柏.江西弋阳"三县岭话"多方言融合和双方言制考察[C]//陈恩泉.双语双方言(十)——第十届双语双方言研讨会(国际)论文选集.深圳:深圳报业集团出版社,2011.

[原载《赣鄱语言学论坛(第一辑)》,中国社会科学出版社2015年版]

江西省信丰县城的官话方言岛*

张 倩

(中山大学中文系)

【提　要】 位于赣南的信丰县城嘉定镇,是一个被客家方言包围的官话方言岛。本文在史料基础上,首次详细考察了信丰官话的历史形成;通过实地调查,对信丰官话的语言特点、使用情况做了概述性的描写,指出信丰官话一方面由于长期受客家方言的包围渗透,其自身语言特征被稀释,另一方面由于普通话的普及,其代际传承受到极大威胁;最后指出,信丰官话是一种在较长时间内仍会存在,但最终将被普通话替换的汉语濒危方言。

【关键词】 信丰　官话　普通话　客家方言　濒危方言

信丰县位于江西省赣州市南部,居贡江支流桃江中游。县境西北接大余县,北界南康市、赣县,东邻安远县,南靠龙南县、定南县、全南县,西毗广东省南雄市。全县总面积2878平方千米,辖13个镇、3个乡,人口75万人。自唐高宗永淳元年(682)建县至今,信丰县已有1330余年的历史。

信丰县境内主要有两大方言:官话和客家话。官话分布在现今嘉定镇的行政区域,即县城所在地和城郊的水东、长生、黄家坑、七里、同益、水北、山塘、白石、黄坑庙、胜利、土墙背、游州、太平、蕉坑等村。若以县城为中心,则半径约6千米范围内的居民说信丰官话。客家话则分布在县城以外的12个镇3个乡,对官话形成一种包围之势。据1985年版《信丰县志》统计,当时说官话的人口约6万人,占全县总人口10%;说客家话的人口约60万人,占全县总人口的90%。

本文首先根据历史文献,结合语言学研究成果,详细考察信丰官话的历史形成;然后通过实地调查,对信丰官话的语言特点、使用情况做了概述性的描写,指出信丰官话一方面由于长期受客家方言的包围渗透,其自身语言特征被稀释,另一方面由于普通话的普及,其代际传承受到极大威胁;最后指出,信丰官话是一种在较长时间内仍会存在,但最终将被普通话替换的汉语濒危方言。

---

* 本文得到2012年度教育部博士研究生学术新人奖、中国社会科学院创新工程项目"方言语音与语法"、2011年中山大学重大项目培育项目"海内外客家方言、客家族群与客家文化的综合比较研究"(项目编号:1109159)的资助。本文的写作得到导师庄初升教授的悉心指导,谨致谢忱。文中错漏之处,概由笔者承担。

一、信丰官话的历史形成

关于信丰官话在历史上是如何形成的问题,至今实际上悬而未决。无独有偶,距信丰县城78千米之外的赣州市民也操类似的官话。① 这样,在赣南客家方言这片汪洋大海中,便有信丰县城和赣州市区两个官话方言岛。赣南作为今天的客家大本营之一,早在晋代便有客家先民入居(刘纶鑫,1995;罗勇,2001),而客家方言最终形成于两宋时期自北方及赣北、赣中进一步向赣南、闽西迁移的移民(周振鹤、游汝杰,1990)。李如龙(1997)、庄初升(1998)、邓晓华和王士元(2003)等学者从语言学角度,论证了两宋时期是客家方言形成的最重要时期。吴金夫(1995)从移民走向和人口变化、汉畲杂处等角度进行探讨,认为客家方言是北宋中期在赣南形成的。而今赣南客家方言纷繁复杂,除了与不同的居民来源和迁入时间有关之外(刘纶鑫,1995),可能也跟赣州市的老方言有关(沙加尔,2003)。沙加尔(Laurent Sagart,2003:150)在 *Gan, Hakka and the Formation of Chinese Dialects* 一文中说道:"我认为宋元时期赣州市的老方言可能成为促进客家方言各具特色的驱动力。"② 这暗示我们,宋元时期赣州市的方言与现在不同,且这种老方言与客家方言有渊源关系。换言之,赣州市的方言发生过更替,官话出现之前,赣州市民说的是跟客家话有关的方言。那么,赣州官话或信丰官话又是何时出现,如何形成的呢?

韩振飞(1998)认为,信丰官话和赣州官话都属于西南官话。通过分析西南官话在广西和湖南的分布和发展规律,韩振飞(1998)指出西南官话在非官话区的发展,首先出现在较大的城市,然后再影响下属次级的城镇;并且他注意到信丰官话较之赣州官话夹杂更多的客家话成分,被形象地称为"夹烧官话"的事实,因此他认为,赣州官话的出现应早于信丰官话。暂且不论信丰官话和赣州官话是否为西南官话,根据官话先出现于大城市,后出现于小城市的一般规律,结合信丰自北宋起就隶属于赣州(原名虔州)的史实,我们认为,韩振飞的推论有一定的说服力。韩振飞(1998)在对赣州市郊说官话的钟氏和宋氏家族的谱牒进行研究之后发现,赣州官话或信丰官话出现的年代,可上推至明代崇祯年间;结合广西桂柳片西南官话的形成不早于明代,而赣州官话又与广西桂柳片西南官话最为接近,他推断,赣州官话应该在明代中期前后形成。目前尚无赣州官话与桂柳片西南官话的比较研究成果,我们无从判断二者接近是否属实。不过,西班牙传教士弗朗西斯科·瓦罗(Francisco Varo,又名万济国,1627—1687)在其著作《华语官话语法》(2003:181)③ 一书中提到:"我们应该记住,会说南京话的人并不一定就是读书人,而只是因为他们是南京人、赣州人或信丰人。"这句话提示我们两个重要的信息:①赣州官话、信丰官话的前身是南京话;②从此书成稿于1682年来看,赣州官话和信丰官话作为南京话在

---

① 目前尚无两地官话的比较研究成果,据坊间传闻,两地官话非常相似,口音稍有差异。

② 原文是:"I suspect that in Song and Yuan times the dialect of Ganzhou city was the driving force behind the individualization of Hakka."(见何大安《南北是非:汉语方言的差异与变化》,台北"中央研究院"2003年版,第150页。)

③ 原名 *Arte de la Lengua Mandarina*,成稿于1682年,1703年在广州首次出版,是全世界第一部正式刊行的汉语语法著作。

清初甚至更早就已经出现。嘉靖《赣州府志》（1985：20）风俗篇对信丰的描述是："家给人足，好善乐施，俗尚浮华，疎于礼节，市无方言，家不糜食。"此书著于嘉靖十五年（1536），彼时信丰已"市无方言"，因此我们推测，信丰官话至迟在明代中期已经形成，而赣州官话应在同期或者更早就已出现。

　　历史上的移民运动，是方言岛形成的直接原因。（庄初升，1996）赣州官话、信丰官话的形成当与移民有关。赣南作为北民南迁的要地，在两宋时期进入一个稳定发展的时期，经济文化繁荣，设治增加，户口大盛。（罗勇，2001）客家方言在这个时期形成于自北而南的移民，此时期的赣南居民已经开始说客家方言。此后，因人口膨胀或者战乱等因素，移民或由赣中迁到赣南，或由赣南迁入闽西、粤东、粤北。由赣中迁到赣南的移民成为该片的基本人口，因居住时间长，他们自称"本地人"，说本地话，"本地话"即"老客"。（刘纶鑫，2001）明代中期以后，广东、福建流民逐渐进入赣南开发山区，在清初达到高峰。（曹树基，1985）也有学者发现，早在明代洪武年间，就已经有闽广流民、流寇入赣南事件。（饶伟新，2000）这些迁入赣南的居民说的广东话、客家话，被称为"客籍话"，即"新客"。（刘纶鑫，2001）由此可见，这些自发的移民活动（经济移民，为避战乱的军事移民，躲避迫害的政治移民等），以及招抚、安插闽粤流寇的官方移民活动，与赣州官话、信丰官话的形成并无关系。赣州官话、信丰官话的形成，最可能的原因就是明朝政府为巩固统治而发起的军事移民活动。

　　因地近岭南，地势多山，赣南开发较晚。至唐代，赣南在文人笔下仍是尚未开化之地。两宋期间，赣南得到进一步的开发，但民风强悍，贼盗充斥，虔寇纷纷。为加强在赣南的统治，自北宋起便有将兵4000人驻守虔州（今赣州），至南宋中期赣南社会逐步稳定之后，驻扎兵力减至2000（黄志繁，2006），而赣州城人口从宋代至民国时期一直维持在40000人左右（韩振飞，1998：389－403）。因此，两宋时期的驻兵对赣州市方言的影响还比较有限。元明时期，赣南峒寇畲瑶，盗贼不断，动乱不止。明代，朱元璋在全国军事重地建立卫所制度，以5600人为一卫，以1228人为一千户所，以112人为一百户所。而实际上，"军屯兵额，各邑多寡不同"。赣州有一卫二所，即赣州卫、信丰守御千户所、会昌守御千户所、均在洪武年间设立。赣州卫军屯原额5034名，信丰所、会昌所无考（于志嘉，1995）。从嘉靖《赣州府志》所记载赣州卫军2277名，信丰所军1087名，会昌所军774名来看，信丰所军屯原额应在1087名以上。卫所军户以旗、军家庭为服役单位，在卫所的军官和旗、军都要把妻、子等家属迁来合聚，因此，赣州卫、信丰所的驻军及其家眷的总数原额应远远超过5034名、1087名。洪武年间，整个信丰县人口才3109人，信丰城人口就更少了，驻军及其家眷人数应占信丰城人口1/3以上。此时，赣州城人口若以40000人计算，那么驻军及其家眷人数应占赣州城人口1/8以上。明初卫所军户的来源主体是归附军，即曾与朱元璋在较长时间内对垒，最终战败投降的元末割据群雄及元朝的军队；从征军，即早年跟随朱元璋征战的起义军，则多数做了军官。（张金奎，2007：51）这些庞大的驻军群体说的都是官话，对赣州城、信丰城的方言造成极大的冲击。因此，自明初赣州卫、信丰所驻军起，赣州城、信丰城内的语言就已经开始由客家话向官话转变。此外，赣州城自宋代以来就一直是东南地区的商贸重镇，往来商人若言语不通，也说官话。各级官员及其幕僚、眷属都说官话，官话具有明显的政治优势。加上卫所军户实行严格的世袭制（父亡子继、兄终弟及），以及军士屯田制度（彭勇，2007），官话的影响在时间上是非常持久的。赣州城、信丰城的语言就是在上述因素的广泛而深刻的影响下，以前所未有的速度向官话转变，至迟在明朝中期转变完成，前后约历经一个半世纪。①

二、信丰官话的语言特点

信丰官话长期处于客家方言的包围之中，语音、词汇、语法各方面都受到客家方言的影响和渗透，其自身的语言特征被稀释。本文的发音合作人为邹隆喜先生，生于1946年，初中文化程度，自爷爷辈起就住在老县城内（今塔下路），1997年迁至水东村。邹先生曾当过4年兵，退役后供职于原信丰发电厂，习得大桥客家话。下面以邹先生的口音为准，简要描述信丰官话的语言特点。②

（一）语音系统

1. 声母（21个，包括零声母）

p 布步霸白	pʰ 爬怕辅拍	m 马梅门蜜	f 飞符坟胡	v 蚊危月远
t 到道大读	tʰ 太同去脱	n 脑女牛软		l 老卢奴如
ts 糟爪鸡~罩照	tsʰ 仓初成虫		s 散苏稍烧	
tɕ 精经柱朱邹	tɕʰ 枪穷处除愁		ɕ 线虚书搜	
k 公贵跪柜	kʰ 开裤葵考	ŋ 我	h 化魂横合	

---

① 关于赣州官话、信丰官话的形成，民间有一种"狼兵"说：正德三年（1508），赣南巡抚陈金因赣南农民起义频发、当地兵力不足，奏请朝廷从广西桂林、柳州调来狼兵，因此广西狼兵把西南官话带到赣州和信丰。我们认为此说法不可靠，原因是：①入赣狼兵数量无考；②镇压赣南的农民起义后，狼兵是班师回府，还是就地屯田也无考；③从正德三年至嘉靖初，短短十几年时间，赣州城、信丰城的方言完全转变为西南官话是不太可能的；④狼兵是桂西土兵，是壮族的一支，说的应该是民族语言，而非西南官话。又有一说是王阳明强制推行：为防止农民起义军混进赣州城打探军情，王阳明曾规定，凡是不会讲官话的人一律不准进城。此观点也不可靠，原因是：①王阳明有无此规定史实无考；②王阳明在赣州的短短4年时间（正德十一年至正德十四年），靠强制推行的力量使赣州城、信丰城的方言完全更替，更是不太可能的事情。同是明代守御千户所的会昌县现在并非官话方言岛，原因可能有二。其一，据嘉靖《赣州府志》所记载，信丰所军1087名，会昌所军774名，由此来看，会昌所军屯原额可能较之信丰所军要少；洪武年间，会昌县人口3078人，却与信丰县的3109人相差无几。其二，据龚文瑞（2007）考证，道光《会昌县志》里《重修会昌城记》一文记载："顺治五年，金声桓、王得仁逆命，城罹兵燹，复遭山寇蹂躏，满目皆荆棘瓦砾……"会昌县城历经战争破坏之后，又遭山匪洗劫，几近空城。至顺治七年（1650），新任知县王公洵赴任时，满城野草高过人，他只能在一座破庙里安身。他在任的最大任务就是召唤乡民入城，重建会昌城。会昌城若曾存在官话方言岛，也可能因城内居民或被杀，或四处逃散而消失。

② 本部分的语音材料由导师庄初升教授带领笔者及同届博士生阳蓉于2012年1月实地调查而得，词汇、语法材料则由笔者独立调查而得。借此对发音合作人邹隆喜先生，以及给我们介绍发音人的信丰县志办陈春发老师致以诚挚的谢忱。

ʔ 椅　　　　　　　　　　　　　　∅ 牙耳鸭雨

说明：[ʔ] 与 [∅] 有对立，但字数很少，如椅 [ʔi³¹] ≠ 野 [i³¹]。

2. 韵母（31 个）

ɿ 资知刺世	i 地弟写壁	u 布吴薄乐	y 女雨书玉
a 爬拿拍辣	ia 加邪压惹	ua 花瓜夸爪鸡	
ɛ 开盖直北		uɛ 块怪帅坏	
e 耳斗蛇醉	ie 解叶月急	ue 龟桂亏汇	ye 水税睡缺
	io 脚药确菊		
ɤ 河我做读	iɤ 狗流收幼削		
ɔ 包烧刀毛	iɔ 妖交桥绕		
ã 咸三山帮	iã 讲箱凉让	uã 关光床黄	
	ĩ 尖廉连远		ỹ 弦软权铅
ẽ 闪善恩层争	iẽ 壬根肯更	uẽ 昆魂循横	yẽ 纯顺春准
oŋ 官盘短砖	ioŋ 君群熏训		
ɤŋ 朋彭东宗	iɤŋ 音斤冰情穷		

说明：
① [ɤ] 的舌位略为偏央。
② [ɿ] 的实际读音是 [ɿɤ]。

3. 声调（4 个单字调）

| 阴平 | ˧ 22 | 通班枪聋削 | 阳平 | ˧ 51 | 同福七白肉 |
| 上声 | ˧ 31 | 桶鼠板老野 | 去声 | ˧ 212 | 洞兔弟亮薄 |

此外，在连读变调中产生一个新的调值 24。

（二）音韵特点

信丰官话具有官话方言的普遍特点。如：

（1）古全浊声母今读清化，逢塞音、塞擦音时平声读送气清音，仄声多读不送气清音，如除 [tɕʰy]、柱＝住＝注 [tɕy˨]、图 [tʰu]、肚＝度 [tu˨]、读＝独 [tɤ]、同＝[tʰɤŋ]、动＝洞＝冻 [tɤŋ˨]。

（2）不分尖团，如精＝经 [tɕiɤŋ]、节＝结 [tɕie]、秋＝丘 [tɕʰiɤ]、修＝休 [ɕiɤ]。

（3）古鱼、虞韵今读无别，如煮＝主 [tɕy]、除＝厨 [tɕʰy]、锯＝句 [tɕy˨]、鱼＝娱 [y]。

(4) 古韵尾［-p、-t、-k］消失，入声韵混入阴声韵，如塔［ₓtʰa］、十［₂sɛ］、八［₂pa］、笔［pi˙］、脚［₂tɕio］、壳［kʰu˙］、色［₂sɛ］、百［₂pɛ］、六［ʟɤ˙］。

(5) 次浊声母上声字今读上声，古全浊声母上声字今读去声，如女［ᶜny］、惹［ᶜnia］、野［ᶜi］、美［ᶜme］、李［ᶜli］、苎［tɕy˙］、弟［ti˙］、动［tʌŋ˙］、坐［tsɤ˙］、被～子［pi˙］。

(6) 清声母入声字、浊声母入声字今多读阳平，这是多数西南官话的特点，如杂［₂tsa］、急［₂tɕie］、舌［₂sɛ］、割［₂ku］、热［₂ie］、蜡［₂la］、百＝白［₂pɛ］、客［₂kʰie］、直［₂tsʰɛ］、六［ʟɤ˙］。

由于长期处于客家方言的包围之中，信丰官话难免受到客家方言的影响。如：

(1) 古心、生、书、邪母今读塞擦音，如膝［₂tɕʰi］、囟［₂tsʰoŋ］、涩［₂tɕie］、鼠［ᶜtɕʰy］、寻［₂tɕʰiɤŋ］、袖［tɕʰiɤ˙］、斜［₂tɕʰia］。

(2) 古奉、微母字今读双唇音声母，如辅［ᶜpʰu］、亡［₂mā］、扶［₂pʰu］。

(3) 鼻化韵非常丰富，咸摄、山摄（合口三等知、庄、章组及合口一、二等除外）、深摄（知、庄、章组及日母）、臻摄（开合一等，开口三等知、庄、章组及日母，合口三等非见晓组）、宕摄、江摄、曾摄（开口一等，开口三等知、章组）、梗摄（开口二等知、庄组及见组、开口三等知章组）舒声字今都读鼻化韵，如贪［₂tʰã］、尖［₂tɕĩ］、山［₂sã］、钱［₂tɕʰĩ］、软［ᶜnyĩ］、县［çyĩ˙］、深［₂sẽ］、任［iẽ˙］、根［₂kiẽ］、尊［₂tsẽ］、人［₂iẽ］、春［₂tɕʰyẽ］、帮［₂pã］、唱［tsʰã˙］、方［₂fã］、江［₂tɕiã］、层［₂tsʰẽ］、剩［sẽ˙］、生［₂sẽ］、更［kiẽ˙］。

(4) 阳声韵尾只保留［-ŋ］，山摄（合口三等知、庄、章组，合口一、二等）、深摄（知、庄、章组及日母除外）、臻摄（开口三等非、知、庄、章组及日母，合口三等见、晓组）、曾摄（开口三等非、知、章组）、梗摄（开口二等知、庄组及见组、开口三等知、章组除外）、通摄舒声字今都读［ŋ］尾韵，如搬［₂poŋ］、砖［₂tsoŋ］、林［ₓliɤŋ］、金［₂tɕiɤŋ］、近［tɕiɤŋ˙］、君［₂tɕioŋ］、冰［₂piɤŋ］、应［iɤŋ˙］、猛［ᶜmɤŋ］、兵［₂piɤŋ］、星＝兄［₂çiɤŋ］、笼［ʟɤŋ］、钟［₂tsɤŋ］。

(5) 单韵母丰富，共9个，来自古果、假、遇、蟹、止、效、流七摄以及入声字，如资［₂tsɿ］、写［ᶜçi］、壁［₂pi］、女［ᶜny］、玉［y˙］、吴［₂vu］、剥［₂pu］、巴［₂pa］、辣［ʟa］、开［₂kʰɛ］、北［₂pɛ］、醉［tse˙］、河［₂hɤ］、读［ʟɤ˙］、包［₂pɔ］。

其他音韵特点，如：

(1) 泥来母在开、齐、撮前不混，在合口韵前相混，如脑［ᶜnɔ］≠老［ᶜlɔ］、泥［₂ni］≠犁［₂li］、女［ᶜny］≠吕［ᶜly］、奴＝卢［₂lu］。

(2) 章组流摄尤韵字、遇摄合口三等字、部分臻摄合口三等字仍保留细音今读［tɕ、tɕʰ、ç］声母，如抽［₂tɕʰiɤ］、丑［ᶜtɕʰiɤ］、周［₂tɕiɤ］、臭［tɕʰiɤ˙］、手［ᶜçiɤ］、猪＝株［₂tɕy］、除＝厨［₂tɕʰy］、煮＝主［ᶜtɕy］、处［tɕʰy˙］、书＝输［₂çy］、准［ᶜtɕyẽ］、春［₂tɕʰyẽ］、顺［çyẽ˙］。尤韵庄组字今也读［tɕ、tɕʰ、ç］声母，如邹［₂tɕiɤ］、皱［tɕiɤ˙］、愁［₂tɕʰiɤ］、搜［₂çiɤ］。

(3) 古影母字今残存［ʔ］的古读，如椅［ᶜʔi］。

(4) 假摄开口三等部分字今读［i］韵母，如姐［ᶜtɕi］、借［tɕi˙］、写［ᶜçi］、谢

[ɕiˀ]、爷 [ȡ]、野 [ˀi]、夜 [iˀ]。

（三）词汇、语法特点说略

（1）保留大量官话方言词①，如月亮 [˨vie liã˧]、日头_{太阳} [ie˨ ˨tʰe]、起风_{刮风} [˧tɕʰi fɤŋ˨]、下雨 [˨ha ˧y]、下雪 [˨ha ɕie˧]、姆妈_{妈妈} [˧m̩ mã˧]、妹子_{妹妹} [meˀ˧tsʅ˧]、大爷_{伯父} [ta˧i]、媳妇_{儿媳妇} [ɕi˧ fu˧]、舅舅 [˨tɕiɤ tɕiɤ]、舅母 [˨tɕiɤ mu˧]、中饭 [˧tsʅŋ fã˧]、晚饭 [˨vã fã˧]、面条 [mĩ˧ tʰio˨]、馒头 [˨mã tʰe˨]、包子[po˧ tsʅ˧]、衣衫_{衣服} [i˧ ˨sã]、胰子_{肥皂} [i˧ tsʅ˧]、自来火_{火柴} [˧tsʅ ˨la ˀɤ]、金瓜_{南瓜} [˧tɕiŋ kua]、泥巴_{泥土} [˨ni ˨pa]、窗子_{窗户} [˨tɕʰyã tsʅ˧]、灶前_{厨房} [tso˧ ˧tɕĩ]、锅头_锅 [˨kɤ ˨tʰe]、锅盖 [˨kɤ ˨kɛ]、厨子_{厨师} [˨tɕʰy tsʅ˧]、瓢_{水瓢} [˨pʰio]、茅茨_{厕所} [˨mo ˨sʅ]、男人 [˨nã iẽ]、女人 [˨ny iẽ]、丫头_{女孩子} [˨a ˨tʰe]、叫花子_{乞丐} [˧ko ˨hua tsʅ˧]、二百五_{晋语:笨蛋} [e˧ pɛ˨ ˀvu]、脸 [˨lĩ]、鼻子 [pi˧ tsʅ˧]、眼睛 [ã˨ tɕiɤŋ˧]、膝盖 [tɕʰi˧ kɛ˨]、屁股 [pʰi˧ ˀku]、黄蜂_{马蜂} [˨huã fɤŋ˧]、蚊虫_{蚊子} [˨vẽ tsʰɤŋ˨]、明日_{明天} [mĩ˨ ie˧]、昨日_{昨天} [˨tsu ie˧]、下午 [˨ha ˀvu]、日里_{白天} [ie˧ li˨]、晚上 [vã˨ ˀsã]、洗脸 [ɕi˨ ˀlĩ]、洗澡 [ɕi˨ tso˧]、稀 [˧ɕi]、肥_{肥胖} [˨fe]、干净 [˨kã tɕiɤŋ˨]、喜欢 [˨ɕi hoŋ˧]、说 [˨su]、小 [˨ɕio]、厚 [heˀ]、标致_{漂亮} [˨pio tsʅ˧]、丑 [˨sɤŋ]、他 [˨tʰa]、他们 [˨tʰa mẽ˨]、什么 [sɛ˧ ˀmɤ]、怎么 [tsɛ˧ ˀmɤ]、给 [˨ke]、的_{表领属的助词} [˨ti]。

（2）从周边的客家方言借用了一批词，如响雷公_{打雷} [˨ɕiã ˨le kɤŋ˧]、爹爹_{爷爷} [˨ta ˨ta]、娘娘_{伯母} [˨niã niã˧]、姆姆_{婶婶} [˨mɤ ˀmɤ]、□娘_{姑姑} [˨ɤŋ niã˨]、姑丈_{女婿} [˨ku ˨sã]、清汤_{馄饨} [˨tɕʰiɤŋ ˨tʰã]、水酒_{米酒} [˨ɕye ˀtɕiɤ]、烧酒_{白酒} [˨so ˨tɕiɤ]、□露_{酱油} [˨kua ˨lu]、苞粟_{玉米} [˨po ˨ɕiɤ]、猪牯_{公猪} [˨tɕy ˀku]、牛牯_{公牛} [˨niɤ ˀku]、□□_{蜘蛛} [˨la ˨tɕʰia]、滚水_{热水} [˨kuẽ ˀɕye]、舌叼_{舌头} [˨sɛ tio˧]、脑盖_头 [no˧ ˨kɤ]、潲水_{泔水} [˨tsʰo˧ ˀɕye]、蟮_{蚯蚓} [˨ɕyĩ]、麻鸟崽_{麻雀} [˨ma tio˨ tsɛ]、单崽佬_{单身汉} [˨tã tsɛ˨ ˀlo]、旧年_{去年} [˨tɕʰiɤ nĩ˨]、□今_{现在} [˨ẽ kiɛ˨]、跌_{遗失} [˨tie]、寻_找 [˨tɕʰiɤŋ]、提 [˨tia]、推 [˨tsʰɤŋ]、抱_{无生命物体} [˨ẽ]、仰_{抖动} [˨niã]、□讨厌 [nia˨]、垃湿_{肮脏} [˨la sɛ]、晏_{晚了} [ã˧]、□顽皮 [nie˨]、乌_黑 [˨vu]。

（3）还有一些词与其他官话方言、周围客家方言都不同，如姐崽_{姐姐} [˨tɕi tsɛ˧]、兄弟_{弟(背称)} [ɕiŋ˨ ti˧]、□□_{诬陷、冤枉} [˨c ˨pi]、崽□人_{男孩} [˨tsɛ ɛ˧ iẽ]、窗蝇_{苍蝇} [˨tɕʰyã iɤŋ˨]、车□_{老鼠蝙蝠} [˨tsʰe ɛ˨ ˨tɕʰy]、天星_{蜻蜓} [tʰĩ˨ ɕiɤŋ˨]、中上_{上午} [tsʅŋ˨ sã˧]、□_蹲 [˨mia]。这类词还需要进一步调查研究。

（4）信丰官话的句式与普通话句式基本一致，但也借用了一些客家方言的句式。如：

普通话　我打不赢他。给我一块钱。你再吃一碗饭。把门关起来。
信丰官话　我打不赢他。拿一块钱给我。你再吃碗饭。

---

① 词语注音为实际读音，不合本调的读音皆为变调，未标调类代表变调调值24，"□"代表本字未明。

	拿一块钱我。	你吃碗饭添。	关起门来。
客家话	我打渠不赢。拿块钱我。	你食碗饭添。	关起门来。

三、信丰官话的使用情况

（一）语言环境

信丰官话长期处于客家方言的包围之中，其语音、词汇、语法各方面都受到客家方言的影响和渗透。此外，由于普通话的普及，城区居民在日常生活中使用普通话的频率逐渐增高；同时，外来务工人员和迁居人口也逐渐增多，信丰官话的语言环境受到严重挑战。在普通话和客家话的双重夹击下，信丰官话的一些固有特点已经或正在消失，会说纯正信丰官话的人也愈来愈少。

（二）语言交际

信丰官话所处的语言环境注定县城的语言交际别具特色，下面从家庭交际用语和社会交际用语两方面进行分析。

1. 家庭交际用语

表1至表4左列为发话人，顶行为受话人，普通话用"P"表示，信丰官话用"G"表示，客家方言用"K"表示。

表1　邹隆喜家庭内部交际用语一览

受话人 发话人	户主	妻子	儿子	儿媳妇	孙子（"90后"）
户主	—	G	G	P	G
妻子	G	—	G	P	G
儿子	G	G	—	P	P
儿媳妇	P	P	P	—	P
孙子（"90后"）	P	P	P	P	—

注：邹隆喜，自爷爷辈起就住在老县城内（今塔下路），1997年迁至水东村。1946年生，初中文化程度，从小讲信丰官话。曾当过4年兵，退役后供职于原信丰发电厂，习得大桥客家话。儿媳妇是上犹客家人，原说客家话。孙子是"90后"，从小说普通话。

表2 梅LX 家庭内部交际用语一览

发话人\受话人	户主	大儿子	二儿子	三儿子	小儿子	大媳妇	二媳妇	三媳妇	小媳妇	大孙女	二孙女	三孙女	四孙女	五孙女	孙子
户主	—	G	G	G	G	G	G	G	G	G	G	G	G	G	G
大儿子	G	—	G	G	G	G	G	G	G	G	G	G	G	G	G
二儿子	G	G	—	G	G	G	G	G	G	G	G	G	G	G	G
三儿子	G	G	G	—	G	G	G	G	G	G	G	G	G	G	G
小儿子	G	G	G	G	—	G	G	G	G	G	G	G	G	G	G
大媳妇	G	G	G	G	G	—	G	G	G	G	G	G	G	G	G
二媳妇	G	G	K	G	G	G	—	G	G	G	G	G	G	G	K
三媳妇	G	G	G	G	G	G	G	—	G	G	G	G	G	G	G
小媳妇	G	G	G	G	G	G	G	G	—	G	G	G	G	G	G
孙女	G	G	G	G	G	G	G	G	G	—	G	G	G	G	G
二孙女	G	G	G	G	G	G	G	G	G	G	—	G	G	G	G
三孙女	G	G	G	G	G	G	G	G	G	G	G	—	G	G	G
四孙女	G	G	G	G	G	G	G	G	G	G	G	G	—	G	G
五孙女	G	G	G	G	G	G	G	G	G	G	G	G	G	—	G
孙子	G	G	G	G	G	G	G	G	G	G	G	G	G	G	—

注：梅LX，新中国成立前其父亲是老县城的一名地主，原老县城东门和南门一带都曾是其家族置地，现住南门附近。1931年生，退休教师，初中文化程度。二媳妇是新田客家人，三媳妇是黄坑客家人，小媳妇是大阿客家人，嫁到县城后习得信丰官话。二媳妇跟丈夫、儿子仍说客家话。大孙女、二孙女、三孙女是"80后"，四孙女、五孙女和孙子都是"90后"。大孙女已婚，孙女婿也是县城说官话的居民；两人孩子于2010年出生，从小说普通话。

表3 施CY 家庭内部交际用语一览

发话人\受话人	户主妻子	大儿子	二儿子	三儿子	大儿媳	二儿媳	三儿媳	大孙女	二孙女	孙子	三孙女	四孙女
户主妻子	—	G	G	G	G	G	G	G	G	G	G	G
大儿子	G	—	G	G	G	G	G	G	G	G	P	G
二儿子	G	G	—	G	G	G	G	G	G	G	P	P
三儿子	G	G	G	—	G	G	P	G	G	G	P	P
大儿媳	G	G	G	G	—	G	G	G	G	G	P	G
二儿媳	G	G	G	G	G	—	G	G	G	G	P	G
三儿媳	G	G	G	P	G	G	—	G	G	G	P	P
大孙女	G	G	G	G	G	G	G	—	G	G	P	G

(续表3)

受话人＼发话人	户主妻子	大儿子	二儿子	三儿子	大儿媳	二儿媳	三儿媳	大孙女	二孙女	孙子	三孙女	四孙女
二孙女	G	G	G	G	G	G	G	G	—	G	P	G
三孙女	G	P	P	P	P	P	P	P	P	P	—	P
四孙女	G	G	P	P	G	P	P	G	G	P	P	
孙子	G	G	G	G	G	G	G	G	—		P	P

注：施CY，1932年生，县城干部，1993年去世。原住十里，说客家话，土改后调到县城当干部，改说信丰官话。户主妻子原为信丰县城人，只会说官话。3个儿子随父亲到县城后，都改说信丰官话。大儿媳是大塘客家人，二儿媳是古陂客家人，都是十几岁到县城务工习得信丰官话。三儿媳是赣州人，从小说赣州官话，因赣州官话跟信丰官话较为类似，嫁到信丰县城后很快习得信丰官话，但跟丈夫、女儿说普通话。大孙女、二孙女都是"70后"，四孙女是"90后"，皆为大儿子所生；孙子是"80后"，为二儿子所生；三孙女也是"80后"，为三儿子所生。大孙女已婚，住在县城，孙女婿也是县城说官话的居民；两人孩子于2000年出生，从小说普通话。

表4　俞XH家庭内部交际用语一览

受话人＼发话人	户主	妻子	女儿（80后）	儿子（00后）	户主母亲
户主	—	G	G	P	G
妻子	G	—	G	P	G
女儿（"80后"）	G	G	—	P	G
儿子（"00后"）	P	P	P	—	P
户主母亲	G	G	G	G	—

注：俞XH，1960年出生，七里人，从小说官话，1985年搬到县城南门附近。高中文化程度，个体户。妻子是景德镇人，十几岁时随家人到信丰县城后习得信丰官话。儿子出生于2005年，从小说普通话。

从以上4个家庭用语的个案可以看出，使用信丰官话的家庭，其内部交际用语一般也是信丰官话。外嫁而来的媳妇，若从周围乡镇嫁过来的，多数可以习得信丰官话，也有部分人会坚持使用客家话；若从其他县、市嫁过来的，则一般使用普通话。此外，我们注意到，信丰官话在家庭内部的使用，与年龄层次直接相关："80后"大多数仍说信丰官话，"90后"开始有部分人选用普通话，"00后""10后"则从小就接受普通话的教育。信丰官话家庭对其成员使用客家话或普通话都很宽容，所以一个家庭内部使用双语或多语交际是很正常的现象。

2. 社会交际用语

据调查，信丰县城的居民在日常生活中跟同是说信丰官话的人交流一般使用信丰官话，跟乡下人交流一般也使用信丰官话，只有在对方听不懂信丰官话的情况下才会改用普通话，跟说普通话的人交流则使用普通话。学校教学、政府办公、商场销售、教会礼拜等正式场合，都使用普通话。此外，年青一代在日常生活中也越来越多地使用普通话，尤其是2000年以后出生的孩子，以及部分"90后"的孩子，由于他们从小接受普通话的教育，所以即使周围很多人说信丰官话，他们也不愿改学信丰官话，仍用普通话与人交流。

（三）语言态度和前景

在调查过程中我们发现，信丰县城嘉定镇的居民对待信丰官话的态度比较暧昧：一方面，他们对信丰官话有很强的认同感（1990年以后出生的人除外），从小就习得信丰官话，认为信丰官话是信丰县城的标志，接近普通话，又别有特色和韵味；另一方面，随着城镇化的加速和普通话的推广，他们对客家话、普通话极其包容，尤其是在对下一代的教育上，都倾向于选择普通话作为母语进行教育，因此那些2000年以后出生的孩子，基本上都不会说信丰官话了。

信丰县城是整个信丰县政治、经济、文化的中心，信丰官话在很长的一段时间内具有明显的政治优势和地位，所以能够在客家方言五六百年的包围之下屹立不倒，并且在之后的很长一段时间内仍将存在。然而，在全国范围内推广的共同语普通话显然比信丰官话更具有优势，它迅速地动摇着信丰官话的地位。如果说客家方言对信丰官话只是局部的影响和渗透，那么普通话对信丰官话的长存则将是致命的打击：放弃使用信丰官话而选用普通话对后代进行教育，最终将使信丰官话后继无人。

总而言之，从使用人口、使用功能、语言环境及总的发展趋势来看，信丰官话无疑是一种濒危方言。由于信丰官话现有使用群体对信丰官话的认同感较强，且信丰官话处于政治、经济、文化中心的县城，它在一定时期内仍具有地缘优势和政治优势，所以在较长一段时间内仍具有生命力。但是，随着普通话的逐渐普及，以及信丰县城的居民越来越普遍地以普通话作为母语对下一代进行教育，信丰官话将会被普通话所替换，最终走向消亡。

参考文献

[1] 曹树基. 明清时期的流民和赣南山区的开发 [J]. 中国农史, 1985（4）.
[2] 邓晓华, 王士元. 古闽、客方言的来源以及历史层次问题 [J]. 古汉语研究, 2003（2）.
[3] 弗朗西斯科·瓦罗. 华语官话语法 [M]. 姚小平, 马又清, 译. 北京：外语教学与研究出版社, 2003.
[4] 韩振飞. 西南官话在赣南的分布及其形成 [C] // 黄钰钊. 客从何来. 广州：广东经济出版社, 1998.
[5] 何大安. 南北是非：汉语方言的差异与变化 [M]. 台北："中央研究院"语言学研究所筹备处, 2003.
[6] 黄志繁. "贼""民"之间：12—18世纪赣南地域社会 [M]. 北京：生活·读书·新知三联书店, 2006.
[7] 李如龙. 福建方言 [M]. 福州：福建人民出版社, 1997.
[8] 刘纶鑫. 赣南居民的迁徙层次和赣南客家话内部的语音差异 [J]. 中国语言学报, 1995（5）.
[9] 刘纶鑫. 江西客家方言概况 [M]. 南昌：江西人民出版社, 2001.
[10] 罗勇. 论赣南在客家民系形成和发展中的地位 [J]. 赣南师范学院学报, 2001（1）.

[11] 彭勇. 明代卫所制度流变论略［M］. 陈楠. 民族史研究：第 7 辑，2007.
[12] 饶伟新. 明代赣南的移民运动及其分布特征［J］. 中国社会经济史研究，2000（3）.
[13] 天一阁藏明代方志选刊. 赣州府志［M］. 台北：台北新文丰出版公司，1985.
[14] 吴金夫. 客家方言与民系形成的时间和地点［J］. 汕头大学学报（人文社会科学版），1995（3）.
[15] 于志嘉. 明代江西兵制的演变［J］//"中央研究院"历史语言研究所集刊，第 66 本第 4 分，1995.
[16] 张金奎. 明代卫所军户研究［M］. 北京：线装书局，2007.
[17] 周振鹤，游汝杰. 方言与中国文化［M］. 上海：上海人民出版社，1986.
[18] 朱近云，王显瑜. 信丰县志［M］. 南昌：江西人民出版社，1985.
[19] 庄初升. 试论汉语方言岛［J］. 学术研究，1996（3）.
[20] 庄初升. 从方言词汇看客家民系的历史形成［J］. 韶关大学学报（社会科学版），1998（2）.

（原载《文化遗产》2013 年第 5 期）

樟坪畲话"第七调"的性质

余颂辉

（江西科技师范大学文学院）

【提　要】江西省贵溪市樟坪畲话共有6个单字调，此外还有一个游离于"四声八调"系统之外的［21］调。读这个调的字多数和汉语方言里那些"小称变调字"相当，通过对语义类型、语言地理类型以及畲话内部类似现象等方面的考察，可以判定，这其实就是小称变调字，这类小称变调字最突出的特色是"低调"。樟坪畲话的现象为汉语方言的小称变调补充了一种新的类型。

【关键词】畲话　小称变调　低调

一、导　言

樟坪畲族自治乡地处江西省贵溪市东南端，东临铅山县，南连福建省光泽县，西面、北面分别是贵溪市的冷水镇和文坊镇，是贵溪市唯一的少数民族乡。据2002年的统计，全乡总人口3419人，其中畲族1090人。笔者曾于2004年6月、2004年7月、2004年12月、2005年3月和2007年1月分5次对樟坪乡政府所在地樟坪自然村的畲话做过调查和核查，对这种方言有了一定的了解。从樟坪畲话的音系结构和常用词汇构成来看，它属于汉语客家方言的一种。我们实地调查时的发音合作人主要有两位：一位是雷良海，男，农民，初小文化程度，2004年第一次调查时67岁；另一位是雷相金，男，乡干部，小学文化程度，2004年第一次调查时51岁。

二、樟坪畲话的声韵调系统

1. 声母（23个，含零声母）

p 布放飞八	p^h 爬步蜂白	f 裤瑞红窟	m 磨米网灭
			v 微闻物镬
t 多刀党得	t^h 大道敌读		n 难年严日
			l 路兰良落
ts 糟酒精节	ts^h 齐千清杂	s 西心生雪	
tʃ 遮招真烛	$tʃ^h$ 车潮昌直	ʃ 社书扇石	
tɕ 九金姜吉	$tɕ^h$ 溪近强局	ɕ 休现香血	

k 家句公角　　　kʰ 考科空克　　　h 花口行客　　　ŋ 饿芽硬额
ø 袄远鸭约

说明：

① [v] 辅音性并不强，但多数人发音时伴有唇齿作用。

② 樟坪村畲族居民老年人口语中古知三、章组字声母今读龈后音（postalveolar），其他人则多读 [t、tʰ、s]，甚至个别精、庄组字也读 [t、tʰ、s] 声母，与当地赣方言相似。

③ [h] 送气不强，有时并发成 [x]。

2. 韵母（70个，含声化韵）

ɿ 资支紫私	i 比离耳记	u 步祖过故
e□ 妈妈世蜈如	iui 饥箕气墟	ui 泪龟鬼跪
ʌ 爬架瓜花		uʌ 挂夸垮剐
o 多左初哥	io 梳嗦茄	uo 果锅~巴
a 蔗车蛇社	ia 谢写野夜	
ai 洗泥犁介	iai 街快鸡□蛙	uai 怪拐会~计
oi 盖改艾爱		uoi 妹菜来灰
oai 大寨个我		
ʌu 保刀早高		
au 饱条笑茭	iau 了刁萧料	
eu 庙斗偷招	ieu 表桥轿摇	
	iu 流周友鱼	
oan 般钻肝元		
	ion 捐圈软远	uon 官管宽
an 贪天山减	ian 眼尖险烟	uan 关惯
en 灯清~明跟肯	ien 变面严盐	
	in 林人今亲	
ɨn 蒸称陈	iuɨn 巾斤筋根	uɨn 门准春温
ʌŋ 胆南含敢		
oŋ 方当张讲	ioŋ 将枪良羊	uoŋ 光广矿
aŋ 晴醒耕咸	iaŋ 命店镜横	
	iuŋ 龙茗穷容	uŋ 风东通双
n̩□ 那，指示代词		
m̩ 呒不		
ŋ̍ 五午		
aʔ 百劈锡客	iaʔ 壁鹊	

eʔ 特色黑革	ieʔ 灭杰血克	ueʔ 国或
ʌʔ 搭		
oʔ 读落角各	ioʔ 药脚弱缺	uoʔ 郭扩
	iʔ 日急七吉	uiʔ 骨屈出
	iuʔ 六育十八	uʔ 木毒谷
oaiʔ 钵刷辣割	ioaiʔ 月一个~	
aiʔ 八铁篾节	iaiʔ 滑	uaiʔ □划火柴
oiʔ 雹钹阔活		
euʔ 折	ieuʔ 叶	
ʌuʔ 甲鸭		

说明：
① [a] 舌位偏央，在 [o] 后实际音值为 [æ]，在 [-ŋ、-ʔ] 韵尾前实际音值为 [ɑ]。
② [o、e] 等舌位偏低。
③ [ʌ] 带圆唇性，介于 [ʌ] 和 [ɔ] 之间，在 [-ŋ] 韵尾前有明显鼻化色彩。
④ [iu、iuʔ] 韵中，[i] 是介音，[u] 是音节核，可标作 [ʲu、ʲuʔ]。
⑤ [ion] 的韵实际音值为 [iʷoen]。
⑥ 部分咸、山摄开口一、二等和合口一、二、三等字不少人今读收 [-ŋ] 韵尾，这和当地赣语相似，而且，这种现象有扩大的趋势。

3. 声调（6个）

阴平	44	高开唱断淡软冷	阳平	22	穷人麻床平才陈
上声	35	古短口草手五老	去声	41	病大邓树饭岸用
阴入	5	八出尺急甲国一	阳入	21	杂白读合学月落

说明：去声调结尾调值略高于 [1]，为简便，也可记作 [42]。按，游文良（2002：39 - 182）和吴中杰（2004：65 - 89）都描写了贵溪的畲话音系，其中，吴文描写的就是樟坪畲话。值得注意的是，他们都将贵溪畲话去声调调值记作 [21]。通过我们几年来的反复核查比对，樟坪畲话的去声调调值应该是高降调 [41]。

二、樟坪畲话的"第七调"

（1）在6个声调之外，还有少数字读一个特殊的低短调 [21]，我们称之为"第七调"。第七调的辖字在《切韵》音系里分属平、上、去3调，但今读却不符合这几个调类的演变规律。这个调的调值与阳入调的调值比较接近，发音时低而短促，伴有喉部紧张的色彩，其中，有个别中古阴声韵字发音人普遍认为今读同于阳入字。根据我们目前的调查记录，在樟坪畲话中单读这种声调的有下面这些字（先依中古声调地位排列，次依中古韵摄地位排列，暂时不明本字或本字难定的，统列一组）：

古清平字：肩 [vo²¹]　　　　　沙 [sʌ²¹]　　　　　　　家自~：自己 [kʌ²¹]
　　　　　虾 [hʌ²¹]　　　　　堆量词、动词 [tuoi²¹]　　钩 [kʌu²¹]
　　　　　星 [saŋ²¹]　　　　　葱 [tsʰuŋ²¹]　　　　　蜂 [pʰuŋ²¹]
古浊平字：箩 [lo²¹]　　　　　茄 [tɕʰio²¹]　　　　　嬷叔：舅之妻 [mʌ²¹]
　　　　　芽 [ŋʌ²¹]　　　　　鱼 [niu²¹]　　　　　　台桌 [tʰuoi²¹]
　　　　　脐肚~ [tɕi²¹]　　　　桃 [tʰʌu²¹]　　　　　嫽玩 [lau²¹]
　　　　　猴 [hʌu²¹]　　　　　篮 [lʌŋ²¹]　　　　　　盐 [ien²¹]
　　　　　钱 [tsʰan²¹]　　　　蚊 [muɨn²¹]　　　　　绳 [ɕin²¹]
　　　　　虻牛~ [maŋ²¹]　　　铜、筒 [tʰuŋ²¹]
古浊上字：马~荠：荸荠 [ma²¹ tsi⁴⁴]　下厅~：厅堂 [hʌ²¹]　　芋 [tʰu²¹]
　　　　　弟 [tʰai²¹]　　　　钮~仔：扣子 [leu²¹]　　舅 [tɕʰiu²¹]
　　　　　菌~仔：蘑菇 [kʰuɨn²¹]　领衫~：衣领 [liaŋ²¹]
古浊去字：步马~：台阶 [pʰu²¹]　箸筷子 [tʰu²¹]　　　　芋~卵：芋头 [fu²¹]
　　　　　篦 [pʰi²¹]　　　　　自~家：自己 [tɕi²¹]　　泪 [lui²¹]
　　　　　帽 [mʌu²¹]　　　　　豆 [tʰeu²¹]　　　　　柚 [iu²¹]
本字待考：□□蜘蛛 [lo²¹ tɕʰio²¹]　□禾~：蜻蜓 [mi²¹]　□~仔：枣子 [tʌu²¹]
　　　　　□金~：南瓜；白~：葫芦 [pʰiu²¹]　□□丝瓜 [nan²¹ tɕi²¹]　乳汁、乳房 [nen²¹]
　　　　　□耳~：耳朵 [kʰuɨn²¹]　□~仔：罐子 [koŋ²¹]　□堆，量词 [tuŋ²¹]
　　　　　□胆~：锅盖 [kʰʌŋ²¹]　□（大）勺 [koi²¹]

其中，"嫽"，《广韵》落萧切、力吊两切。因此就有：

芽 [ŋʌ²¹] ≠ 牙 [ŋʌ²²] ≠ 砑 [ŋʌ⁴¹]
钮~仔：扣子 [leu²¹] ≠ 篓 [leu³⁵] ≠ 漏 [leu⁴¹]
篮~仔 [lʌŋ²¹] ≠ 蓝姓 [lʌŋ²²]
钱 [tsʰan²¹] ≠ 前形容词 [tsʰan²²]
铜、筒 [tʰuŋ²¹] ≠ 同 [tʰuŋ²²] ≠ 洞 [tʰuŋ⁴¹]

还有一些字，在不同的词里，读不同的声调，后详。

（2）这个"第七调"会不会是该方言的底层（substratum）呢？如果是底层，究竟是什么原因使得这些来源不同的字今读都归入一个游离于"四声八调"系统之外的特殊调类呢？仔细考察这些今读"第七调"的字，发现它们有不少和江西境内许多具有小称变调的方言中那些常读变调的字是相同的。拿它们和江西东部的黎川方言（颜森，1993、1995）相比较，有如下一些相似的词（所引材料原采用五度制调号标调的均改为阿拉伯数字调值标调；轻声以"X⁰"的形式标于右上角，前一个数值表示轻声的音高，下同）：

	樟坪	黎川
茄茄仔	[tɕʰio²¹ tsuoi³⁵]	[kʰio³⁵⁻⁵³ ɛ³⁰]
桃桃仔	[tʰʌu²¹ tsuoi³⁵]	[hou³⁵⁻⁵³ uɛ³⁰]
篮篮仔	[lʌŋ²¹ tsuoi³⁵]	[lam³⁵⁻⁵³ mɛ³⁰]
蚊（仔）	[muɨn²¹] 蚊	[mɛn³⁵⁻⁵³ nɛ³⁰]
前	[muɨn²² tsʰan²¹] 门前：旁边	[tsu⁵³ tʰiɛn³⁵⁻⁵³] 灶前
筒	[tʰuŋ²¹]	[hiɛn¹³ hŋ³⁵⁻⁵³] 电筒

再回过头来看樟坪畲话里今单读为[21]调的那些字，不难发现，它们主要是名词，其次是量词和方位词，再次是与人体动作有关的动词；并且，它们是日常生活中经常用到的。颜森在描写黎川方言的升变调和降变调（作者称之为"高变音""低变音"）[①] 时，曾经各归纳出3个作用（1989：61-62）。

升变调的作用是：①某些亲属的称谓，如哥[ko²²⁻³⁵]、姑父之妹[ku²²⁻³⁵]。②用于口味、颜色等方面的形容词前面来加强语气，表示"很"的意思。这些变音字多为写不出的字，声母多为不送气的塞音、塞擦音（例略）。③人体的某些部位或有关人体的动作。如奶 两只~、吃~ [nai⁴⁴⁻³⁵]、拱肩[kuŋ⁴⁴⁻³⁵ kien²²]、□背 捶背 [tuŋ⁻³⁵ poi⁵³]、皱眉[tsɛu⁵³⁻³⁵ mi³⁵]、鼓眼 眼球凸出 [ku⁴⁴⁻³⁵ ŋan⁴⁴]。

降变调的作用是：①用于动词"来"，表示行为的完成（例略）。②有关人体的动作，如虾腰[ha²²⁻⁵³ iau²²]、拈脚[niam²²⁻⁵³ kioʔ³]、拱卒 下棋术语 [kuŋ⁴⁴⁻⁵³ tsoiʔ³]、眯拢眼睛[mi²²⁻⁵³ luŋ⁴⁴ ŋan⁴⁴ tɕiaŋ⁴⁴⁻⁵³]。③大量地用于名词，表示小称、爱称、鄙称等感情色彩，如虾公 虾[②] [ha²² kuŋ²²⁻⁵³]、后娘[hɛu²² niɔŋ³⁵⁻⁵³]、芋子 小芋头 [y¹³ tsɿ⁴⁴⁻⁵³]。

作者同时指出，降变调往往和同样可以表示小称义的仔尾、儿尾结合起来用。其中，有关升变调的作用，类似第②条的现象在很多方言里都普遍存在，第①、第③条却都不可以用来解释樟坪畲话的部分现象；有关降变调的作用，第①条并不具有普遍性，第②、第③条也正好用来解释樟坪畲话的部分现象。我们发现，除"屙、堆 动词、嫽 玩、脐 肚~、□乳汁、乳房、□耳：耳朵、嬷 叔、舅之妻、弟、舅"外，都可以用黎川方言降变调的第③条作用来解释。剩下的"屙[vo²¹]、堆 动词 [tuoi²¹]、嫽 玩 [lau²¹]、脐 肚~ [tɕi²¹]、□乳汁、乳房[nen²¹]、□耳：耳朵 [kʰuɨn²¹]"，则可以用升变调的第③条和降变调的第②条作用解释。至于"嬷 叔、舅之妻 [mʌ²¹]、弟[tʰai²¹]、舅[tɕʰiu²¹]"则显然可以用升变调的第①条作用来解释。

但是，黎川方言的小称变调有升变调和降变调两种形式，樟坪畲话这些貌似小称变调的字却只有一种形式，能否就以此证明这些字所归的调就是小称变调呢？其实，在许多只有一种小称变调形式的方言里，上述作用却都可以体现出来，赣方言中如江西境内的安福方言（彭冰泉，2001）、上高方言（余颂辉，2006）、湘赣交界地区的永新和攸县方言

[①] 关于这类小称变调，学术界有"变音"和"变调"两种称法，对此，张双庆、万波（1996：14）曾有过说明和简单评述。为突出它的形式，本文取张、万的说法。

[②] "虾"字颜森后来（1993：23、36；1995：13）归入上声[44]。

(余颂辉，2012）等，可见变调形式的种类并不足以否定樟坪畲话的"第七调"是小称变调。

(3) 上面已从表意功能上证明，樟坪畲话"第七调"所辖的字与黎川方言变调所辖的字有很大的相似性。其实不仅黎川方言，其他有小称变调的方言其变调所辖字都和樟坪畲话的"第七调"字有很大的相似性。可是，那些有小称变调的方言，口语中经常读变调的字很多，能产性也很高，然而樟坪畲话的情形却相反，所辖字数并不多，而且似乎也没有什么能产性。那么，认为它是小称变调的理由是什么呢？

如果把视野扩大，樟坪畲族群众所聚居的是武夷山区，沿武夷山脉南行，福建省光泽、邵武、泰宁、建宁一字排开。光泽、邵武方言有一个很有趣的现象，就是一部分中古非入声字今读入声调（光泽是阴入）。罗杰瑞（1973，引自中译本，1985：29 – 41；1982，引自中译本，1987：101 – 105）据此判断邵武方言当归属闽语。对此，曾有人赞成（张振兴，1989：54），也有人反对（李如龙、陈章太，1991：263 – 264），但一直不能很好地解释罗氏所提出的那些今读入声调的中古非入声字。真正谈到并合理解释这一问题的是张双庆、万波（1996：2 – 9），他们比对了黎川、南城、邵武、光泽、泰宁的情况后，证明邵武话里那些中古非入声字今读的入声调其实是类似黎川等地的小称变调，只不过它是一种"死"了的小称变调，是一种残存的形式，使用者一般不能区别本调和变调，也就是把词调当作字调，使人觉得它们不是进入词以后形成的变调，而是该字的本调。

我们比较一下光泽话、邵武话和樟坪畲话中部分类似的字（光泽、邵武据李如龙、陈章太，1991；光泽又据江家柱，1994；邵武又据陈章太，1983、1991，李如龙、张双庆，1992。按，上举同于黎川的不列）：

	樟坪	光泽	邵武
笋	[lo^{21}]	[sai^{41}]	[sai^{53}]
虾	[hʌ^{21}]	[xa^{41}]	[xa^{53}]
枣~仔	[tʌu^{21}]	[tsau^{41}]	[tsau^{53}]

其中，"枣"在《光泽县志·方言志》中归入上声，姑且存疑。可知，樟坪畲话的这个"第七调"和光泽、邵武方言一样，都是小称变调的遗存，这一现象其实是有语言地理学上的意义的。

(4) 那么，是否只有樟坪畲话才具有这样的"第七调"呢？并不尽然，与樟坪畲族乡接壤的江西省铅山县太源畲族乡也有"第七调"。根据胡松柏、孙刚（2002），太源畲话有6个单字调，分别为：

阴平	44	猪开天飞近是菜怕	阳平	212	寒平床扶鹅人难云
上声	25	走草好手老五女买	去声	42	共大病饭让用社淡
阴入	4	铁笔七杀百约日入	阳入	2	月六麦药白合服局

但其所列举的词汇中依然有这样的例子：

乱□丝瓜 [lan²¹ tɕi²¹]　　马荠荠荠 [mʌ⁴⁴ tɕʰi²¹]　　菌蘑菇 [kuən²¹]
耳公耳朵 [n̩i⁴⁴ kuŋ²¹]　　□玩耍 [lau²¹]　　吠（狗）叫 [pʰuɔi²¹]
吊挂钱扫墓 [tau⁴⁴ kʌ⁴⁴ tsʰan²¹]　　□□苍蝇 [pʰaʔ²⁴muən²¹]　　箸筷子 [tɕʰy²¹]
□门窗户 [tɕʰiɛn⁴⁴ mən²¹]　　踏步台阶 [taʔ² pu²¹]　　爽利干净 [ʃoŋ⁴⁴ li²¹]

这说明，类似这种"第七调"的现象，其范围可能包括了江西境内目前已知的讲畲话的区域。

既然江西境内的畲话中存在小称变调，那么其他省区的畲话中是否也存在小称变调呢？浙江景宁畲话就存在这种情况，赵则玲、郑张尚芳（2002：18）谈到了这个问题，他们的说明是：

1）部分平声字和阳上字，变为同于上声的转折调 325 的例子：虾 43→325，公 43→325，姑 43→325，茄 22→325，蚊（指蝇）22→325，舅 31→325，弟 31→325，饭（年糕或麻糍）31→325 等。

2）部分阴上字变为高平调 55 的例子：325→55，如"妹、耳、马、鸟、你"等。

3）后字原调为 43（按，今阴平调）或 325 调值的变为高平调 55 的例子：桂花、菊花、舅公、手套、水果、细崽、下底、食谷鸟。

4）后字原调是 43 或 22（按，今阳平调）调值的变为同于上声的转折调 325 的例子：蜜蜂、外公、外婆、姑婆。

5）后字原调为 22 的"鱼"字词，变为同于浊去的 31 调值的例子：金鱼、草鱼、臭鱼、黄鱼、鳗鱼、鳝鱼、大鱼、鲫鱼、白鱼、墨鱼。

从该文所举"小称变调"的例子，也可以证明，说樟坪畲话的"第七调"是小称变调的遗存并不是没有道理的。同时，考虑到畲话今上声作为前字时变为 55 调（游文良，2002：84），因此，我们认为上文第 2）条所举几个例字，并不一定就是"小称变调"。

再看其他地区畲话的读"例外调"问题。游文良（2002：39－383）曾考察了 13 个畲话方言点的字音和词汇情况，有些点的一些中古非去声字今读去声：

歌 [ko²]　　沙 [sɔ²]　　姑 [ku²]　　星 [saŋ²]　　葱 [tsʰuŋ²]
蜂 [pʰuŋ²]　　公鸡~ [kuŋ²]　　领 [liaŋ²]　　瓯杯子 [ou²]　　辫 [pien²]

其中，"瓯"字只有福安、罗源、三明、丽水 4 个点归去声，其他点不归；"姑"字在词汇的"姑母、姑丈"条中都归阴平；"公"字在字音中读作阴平。虽然材料有限，但比较樟坪和太源以及上文"二、樟坪畲话的'第七调'"（1）～（3）中的例子可知，这些字的"例外调读法"应该是由小称变调引起的。这 13 个畲话方言点中，有 9 个点的去声调调值为 21，4 个点为 42。如果没有整理音系时调值处理上的因素，那么，起码在多数畲话方言中存在一个低频的小称变调。

刘泽民（2007：327－338）考察了浙江泰顺司前畲话，其材料中也有一些中古非浊平字今读阳平调 22：

姑、孤、瞿 [ku²²]　　枯 [kʰu²²]　　孵、□葫芦瓜 [pʰiu²²]　　跑 [pʰao²²]
艳 [iɛm²²]　　干~湿 [kiɛn²²]　　蹲 [tsuɛn²²]　　□奶水、乳房 [nɛn²²]
趁 [tɕʰin²²]　　缸 [koŋ²²]　　星 [sɒŋ²²]　　颈 [tɕiɒŋ²²]

这些字中有许多和樟坪畲话的"第七调字"相同，也与已见报道的其他汉语方言中的小称变调字相同。如前所举，光泽、邵武以及樟坪等地的"例外字"以中古浊平字居多，投射到泰顺司前畲话上，那么，这些"例外字"中的浊平字在司前畲话里则应读阳平调22，和"姑""星""跑"① 等字的今读调值一致。

根据本文作者目前所掌握的材料来看，赣东北的畲族群众，是明清之际从福建迁来的，而浙江的畲族，大规模迁入也在此时（傅根清，2001：28-29），从历史上看，应该是同源的。假设他们在从福建迁出之前，所操方言中还没有产生"小称低调"，那么这个"遗存"的起源会是什么时候呢？

三、对樟坪畲话"第七调"的思考

（1）说樟坪畲话的"第七调"是小称调从理论讲上似乎已经没有问题，但可能还有一点疑问，即，汉语方言中，小称调多与高频相涉。有人认为，某种方言中如果存在以低频形式表小称的现象，那么也应是"为区别而变低"（朱晓农，2004：206-207）。可是，樟坪畲话中并不存在高变调和高变调的遗存，我们是不是可以做这样的假设，樟坪畲话的"第七调"一开始是和黎川、邵武、光泽一样的高降调，后来慢慢变成低调了。要证明这一假设，必须证明：

第一，樟坪畲话中的浊去字过去并不读高降调，否则"第七调"不会让位于它，正相反，它会和浊去字的今读合并。但是根据骆锤炼（1995：19-24）、傅根清（2001：39-40）、游文良（2002：80-83）、赵则玲和郑张尚芳（2002：14-19），以及刘泽民（2007：327-338）的报道，现代畲话音系在声调系统中，从调类到调值具有极高的一致性，如果说樟坪畲话的中古浊去字调值今读经过了一系列演变，那也必须同时证明其他地区的畲话也经过了类似的演变才行，而且这种演变必须是和其他调类相配合的，否则，去声调值单一演变的假设很难令人信服。

第二，樟坪畲话里的这个21调必须是完完全全"死亡"了的变调，它只能是遗存，不能有能产性，否则，它即使是后来演变的结果也还是小称变调。要判断一种方言里的变调是否有能产性，必须看这种变调是否因言语环境的改变而改变，当某些字在一种情况下读本调、另一种情况下读变调时，就应该承认该方言中变调的存在；相反，无论是在什么情况下，某些字只有不合中古音韵地位的变调一读时，我们才能认为这是由于变调遗存或

---

① 跑，《广韵》薄交切，本义为手蹬脚刨的"刨"。畲话中无"跑"，凡跑义皆用"走"。刘文没有给出词汇用例，因此很难判断文中所记此字到底是字音（语素音）还是读字音（发音人根据某种中介语临时折合出的读音），姑且存疑。同时，也正因为这些原因，还不能判断泰顺司前畲话中是否还有其他类型的小称变调。

其他未知原因造成的。因此，只要在这一方言内找不到类似黎川话那样某个字在一种情况下读本调而在另一种情况下又读变调的例子，就能断定该变调的能产性已经消亡。或者我们还可以从另外的角度去解释这类变调产生的原因，而不是把它归为"小称"。但是，樟坪畲话里却还有类似黎川方言的例子：

婆：姑/舅~ ［pʰo²¹］ ≠ 外~ ［pʰo²²］
下：厅~厅堂 ［hʌ²¹］ ≠ 下量词 ［hʌ⁴¹］
姑：~姊姑妈、小姑子 ［ku²¹］ ≠ ~婆/丈姑父 ［ku⁴⁴］
弟：弟弟 ［tʰai²¹］ ≠ 兄~ ［tʰai⁴⁴］
兜：猪~猪食槽 ［teu²¹］ ≠ 兜动词 ［teu⁴⁴］
前：门~旁边 ［tsʰan²¹］ ≠ 前形容词 ［tsʰan²²］
丈：姑/姊~ ［tʰoŋ²¹］ ≠ 一~ ［tʰoŋ⁴⁴］
公：鸡/鸭~公鸡/鸭 ［kuŋ²¹］ ≠ 虾~虾 ［kuŋ⁴⁴］
□这：~生这样 ［koai²¹］ ≠ □这里 ［koai³⁵］

可见，樟坪畲话中的 21 调并没有完全死亡，它还有一定的能产性，虽然这种能产性不如有的方言那么高，但在不同言语环境下具有特殊的表意功能并没有消失。

四、结　语

综观已见报道的汉语方言材料，有小称变调的并不奇怪，但毫无例外的是如下几种形式：

（1）高平调，如江西乐安县万崇话（邵慧君、万小梅，2006：309 - 315）。
（2）高升调，如江西上高、宜丰话，黎川话。
（3）高降调，如江西黎川话。
（4）先降后升的带喉塞音［ʔ］的中折调，如江西安福话，广东曲江县（今曲江区）龙归土话（伍巍，2003：54 - 60），等等。

但是，以低降调为唯一形式的小称变调还未见报道[①]，樟坪畲话的例子为小称变调形式提供了一个新的类型[②]；同时，在此基础上，我们也许可以重新认识"亲密"与音高（pitch）的关系。

[①] 张双庆、万波的《南雄（乌径）方言音系特点》（《方言》1996 年第 4 期，第 290～297 页）和庄初升的《粤北土话音韵研究》（中国社会科学出版社 2004 年版，第 41～43 页）都曾报道过南雄（乌径）方言调值为［21］的小称变调，但南雄（乌径）方言中还有一个调值为［42］（按，庄作［43］）的小称变调，这和樟坪畲话的例子并不完全相同；朱晓农的《亲密与高调——对小称调、女国音、美眉等语言现象的生物学解释》（《当代语言学》2004 年第 3 期，第 206～207 页）据此把南雄（乌径）方言的小称变调归入"为区别而变低"的类型。

[②] 作者前些年利用业余时间又对罗霄山脉地区进行了调查，发现永新、攸县赣语也有类似于樟坪畲话的情况（这些"例外字"今读阳平调），并且还有历史文献材料的记载［参余颂辉的《永新、攸县赣方言阳平调的两个来源》，载《中国语言学（第六辑）》，第 9～19 页］。

参考文献

[1] 陈章太. 邵武方言的入声[J]. 中国语文, 1983 (2).
[2] 陈章太. 邵武市内的方言[C]//陈章太, 李如龙. 闽语研究. 北京: 语文出版社, 1991.
[3] 傅根清. 从景宁畲话的语音特点论畲话的归属[D]. 济南: 山东大学, 2001.
[4] 胡松柏, 孙刚. 赣东北铅山县太源畲话记略[Z]. 第五届客家方言暨首届赣方言学术研讨会, 2002.
[5] 光泽县地方志编纂委员会. 光泽县志[M]. 北京: 群众出版社, 1994.
[6] 李如龙, 陈章太. 闽西北七县市的方言[C]//陈章太, 李如龙. 闽语研究. 北京: 语文出版社, 1991.
[7] 刘泽民. 浙江泰顺司前畲话音系[J]. 方言, 2007 (4).
[8] 罗杰瑞. 闽语声调的演变[J]. 张惠英, 译. 中南民族学院学报(哲学社会科学版), 1985 (4).
[9] 罗杰瑞. 邵武方言的归属[J]. 张惠英, 译. 方言, 1987 (2).
[10] 骆锤炼. 温州畲语[J]. 温州师范学院学报, 1995 (4).
[11] 彭冰泉. 赣中赣西部分县市无规律高升调现象考察[Z]. 全国汉语方言学会双年会, 2001.
[12] 吴中杰. 畲族语言研究[D]. 新竹: 清华大学, 2004.
[13] 伍巍. 广东曲江县龙归土话的小称[J]. 方言, 2003 (1).
[14] 颜森. 黎川方言的仔尾和儿尾[J]. 方言, 1989 (1).
[15] 颜森. 黎川方言研究[M]. 北京: 社会科学文献出版社, 1993.
[16] 李荣, 颜森. 黎川方言词典[M]. 南京: 江苏教育出版社, 1995.
[17] 游文良. 畲族语言[M]. 福州: 福建人民出版社, 2002.
[18] 余颂辉. 上高(镇渡)音系[D]. 南昌: 南昌大学, 2006.
[19] 余颂辉. 永新、攸县赣方言阳平调的两个来源[C]//郭锡良, 鲁国尧. 中国语言学: 第6辑. 北京: 北京大学出版社, 2012.
[20] 赵则玲, 郑张尚芳. 浙江景宁畲话的语音特点[J]. 民族语文, 2002 (6).
[21] 李如龙, 张双庆. 客赣方言调查报告[M]. 厦门: 厦门大学出版社, 1992.
[22] 张双庆, 万波. 从邵武方言几个语言特点的性质看其归属[J]. 语言研究, 1996 (1).
[23] 张双庆, 万波. 南雄(乌径)方言音系特点[J]. 方言, 1996 (4).
[24] 张振兴. 闽语的分布和人口[J]. 方言, 1989 (1).
[25] 朱晓农. 亲密与高调——对小称调、女国音、美眉等语言现象的生物学解释[J]. 当代语言学, 2004 (3).
[26] 庄初升. 粤北土话音韵研究[M]. 北京: 中国社会科学出版社, 2004.

(原载《中国语文通讯》2009年第83～84期合刊, 此次做了适当修改)

浙江九姓渔民方言的性质
——徽语包围中的吴语方言岛

刘 倩

(山东大学文化传播学院)

【提 要】浙江九姓渔民方言地处吴徽语交界地带,大体说来,处于严州徽语的包围之中,又西临徽州徽语、北临北部吴语,向东向南是南部吴语。从水系上来看,衢江、新安江、兰江、富春江、钱塘江都曾是九姓渔民流动的范围。通过观察九姓渔民方言的语音特征,以及它与周边方言的关系和相似程度,可以初步了解到,浙江九姓渔民方言从现今面貌来看,是一个被徽语包围的、接近婺州片吴语的方言岛。

【关键词】九姓渔民 方言 吴语 徽语 濒危方言 语音性质 方言岛

一、前 言

九姓渔民是中国旧时社会地位比一般平民还要低的特殊居民群体。其以浙江省西部三江交汇的建德市梅城镇（旧严州府府治）为中心，主要分布在新安江、兰江、富春江（七里泷一段）上，即建德、兰溪、桐庐一带，活动范围南至龙游、衢县（今衢江区）、江山，西至淳安，北至杭州。除浙江建德附近的九姓渔民外，安徽休宁、屯溪一带也有部分九姓渔民居住。本文考察的对象主要是浙江的九姓渔民方言。

九姓渔民自称"船拉˘人（船上人）"，自称其方言为"船拉˘（白）话"，从谋生手段上主要分航运和捕鱼两支，以航运为生的船上人自称"撑船个（撑船的）"，以捕鱼为生的船上人则自称"搭鱼个（抓鱼的）"。1958年合作化运动，各地渔民纷纷组织起来，或成立渔业社，或成立航运社，继续从事水上生产工作。20世纪60年代以后，地方政府组织散居在江上的九姓渔民上岸定居。

渔民上岸之后，虽然仍保有相对独立的居住区域，但生活方式与之前大不相同。由于岸上方言及普通话的影响，九姓渔民方言受到巨大的冲击，除年老一辈的渔民还较多地使用九姓渔民方言外，中年人大多都学会了当地的岸上方言，而年轻人及儿童则基本上已经不再使用九姓渔民方言。从使用人口上来说，会说九姓渔民方言的人仅剩千余人，因而该方言濒危的情况相当严重。近年来，不少年纪较大的老一辈渔民相继去世，因此，对九姓渔民方言的调查整理工作刻不容缓。

关于九姓渔民的研究，将其作为一个特殊的族群进行历史、文化、民俗等方面的考证者居多，而语言方面的研究却十分有限，九姓渔民方言的面貌在历史文献材料中几乎无从知晓。

20世纪90年代，曹志耘注意到浙江九姓渔民方言濒临灭亡，并于1995—1997年期间对浙江建德一带的九姓渔民方言进行了初步的调查研究。此后，赵日新、高晓虹、黄晓东等又分别调查了安徽休宁、屯溪一带的九姓渔民方言。但这些研究都未将九姓渔民方言与周边吴徽语联系起来，进行细致的比较研究。九姓渔民方言到底是吴语型的还是徽语型的，前人一直未有提及。

2006—2008 年，笔者调查了浙江建德（包括梅城、三都、大洋三镇）、淳安、兰溪、桐庐的九姓渔民方言，对其语音、词汇、语法等方面的面貌有了基本的了解。从共时的角度来看，九姓渔民方言地处吴徽语交界地带，大体说来，处于严州徽语的包围之中，又西临徽州徽语、北临北部吴语，向东向南是南部吴语。九姓渔民方言是一种流动的特殊族群使用的濒危方言，具有方言岛的性质，因而及时对其进行详细的描写，比较其与周边吴徽语在语言特征上的异同，具有两方面的重要意义：一方面可以为九姓渔民的来源问题提供语言方面的辅证，另一方面有助于观察濒危方言在消亡过程中语言结构系统退化的动态过程。

二、九姓渔民方言的语音面貌

九姓渔民的生活区域大致以建德市为中心，但是九姓渔民方言并没有一个十分明确的中心地带。不仅梅城、三都、大洋三镇的九姓渔民方言存在差异，甚至在同一个区域生活的渔民，也各有自己的发音特点。造成这种局面的主要原因是九姓渔民原本傍水而居，是一个流动的族群，在沿江的漂流生活中与江上其他渔民接触频繁，而每一户渔民流动的路径又不尽相同，接触的人群也不尽相同，因此语言上呈现出较为零乱的特点。生产生活方式的流动性，决定了九姓渔民方言特殊的语言面貌。虽然如此，九姓渔民方言还是可以归纳出一些相对清晰的共性。处于新安江、富春江、兰江三江交汇地带附近的梅城、三都、大洋、兰溪、淳安的九姓渔民方言共性较强，而处于富春江下游的江南镇、桐庐县的九姓渔民方言则与上游方言差别较大。下面列出梅城、三都、大洋、兰溪、淳安 5 个地点，[①]比较九姓渔民方言语音的共同特点和内部分歧。

1. 九姓渔民方言[②]语音的共同特点

（1）古全浊声母处于清化的尾声变化阶段，除三都外，其他船上话全浊声母基本清化（兰溪、淳安部分塞音声母字仍有浊音色彩），清化的一般规律是古全浊塞音、塞擦音声母逢平、上、入读不送气清音，逢去声读送气清音。此外，部分古全浊塞擦音声母清化后今读擦音声母。

---

① 发音人情况大致如下：梅城，钱樟生，1945 年生，小学肄业；三都，许水奎，1936 年生，读过两年半书；大洋，陈国良，1945 年生，读过两年半书；兰溪，唐云庆，1945 年生，初中毕业；淳安，许金奎，1947 年生，自学识字。

② 为方便行文，下文"九姓渔民方言"依九姓渔民自己的称呼简作"船上话"，如"梅城九姓渔民方言"简称"梅城船上话"，"兰溪九姓渔民方言"简称"兰溪船上话"，其他以此类推。

	甜定	床崇	祠邪	淡定	柱澄	败並	字从	局群	贼从
	平	平	平	上	上	去	去	入	入
梅城	[₋tiɪ]	[₋saŋ]	[₋sʅ]	[ᶜta]	[ᶜtʃy]	[paᵓ]	[sʅᵓ]	[tɕyəʔ₋]	[səʔ₋]
三都	[₋die]	[₋saŋ]	[₋sʅ]	[ᶜda]	[ᶜdzy]	[baᵓ]	[sʅᵓ]	[tɕyəʔ₋]	[səʔ₋]
大洋	[₋tiɪ]	[₋saŋ]	[₋sʅ]	[ᶜta]	[ᶜtʃy]	[pʰaᵓ]	[sʅᵓ]	[tɕyəʔ₋]	[səʔ₋]
兰溪	[₋ti]	[₋saŋ]	[₋sʅ]	[ᶜta]	[ᶜtʃy]	[pʰaᵓ]	[sʅᵓ]	[tɕyəʔ₋]	[səʔ₋]
淳安	[₋ti]	[₋saŋ]	[₋sʅ]	[ᶜda]	[ᶜtɕy]	[pʰaᵓ]	[sʅᵓ]	[tɕyəʔ₋]	[səʔ₋]

（2）泥母洪音字部分混入来母，一般可变读为［l］声母；泥母细音字与疑母细音字合并，多数船上话读为［ȵ］声母，淳安船上话与淳安岸上方言相同，读为零声母。

	脑泥	暖泥	嫩泥	蓝来	乱来	泥泥	年泥	牛疑	月疑
	洪	洪	洪	洪	洪	细	细	细	细
梅城	[ᶜnɔ]	[ᶜnE]	[lenᵓ]	[₋la]	[lEᵓ]	[₋ȵi]	[₋ȵi]	[₋ȵiəu]	[ᶜȵy]
三都	[ᶜnɔ]	[ᶜlE]	[lenᵓ]	[₋la]	[lEᵓ]	[₋ȵi]	[₋ȵie]	[₋ȵiəu]	[ȵyəʔ₋]
大洋	[ᶜnɔ]	[ᶜnE]	[lenᵓ]	[₋la]	[lEᵓ]	[₋ȵi]	[₋ȵiɪ]	[₋ȵiəu]	[ȵyəʔ₋]
兰溪	[ᶜlɔ]	[ᶜnE]	[lenᵓ]	[₋la]	[lEᵓ]	[₋ȵi]	[₋ȵiɪ]	[₋ȵiəu]	[ȵyɪ]
淳安	[ᶜlɔ]	[ᶜlE]	[lenᵓ]	[₋la]	[lEᵓ]	[₋i]	[₋i]	[₋meɪ]	[yəʔ₋]

（3）咸、山、宕、江、梗等摄阳声韵的鼻音韵尾今大多已消磨脱落，有的失去鼻音韵尾变为开韵尾或元音韵尾。鼻音韵尾一般只保留在部分字的文读层中。

	胆咸	店咸	兰山	天山	帮宕	双江	冷梗	更梗
梅城	[ᶜta]	[tiᵓ]	[₋la]	[₋tʰi]	[₋pɯ]	[₋ɕyaŋ]	[ᶜla]	[₋ka]
三都	[ᶜta]	[tieᵓ]	[₋la]	[₋tʰie]	[₋pɯ]	[₋ɕyɯ～₋ɕyaŋ]	[ᶜla]	[₋ka]
大洋	[ᶜta]	[tiɪᵓ]	[₋la]	[₋tʰiɪ]	[₋pɯ]	[₋ɕyɯ]	[ᶜla]	[₋ka]
兰溪	[ᶜta]	[tiᵓ]	[₋la]	[₋tʰiɪ]	[₋pɯ]	[₋ɕyɯ～₋ɕyaŋ]	[ᶜla]	[₋ka]
淳安	[ᶜta]	[tiᵓ]	[₋la]	[₋tʰi]	[₋pɯ]	[₋ɕyɯ]	[ᶜla]	[₋ka]

（4）见、晓组开口二等字今声母一般读［k、kʰ、x］，部分字有文读，读［tɕ、tɕʰ、ɕ］；少数口语常用三等字也读［k、kʰ、x］。

	嫁假开二	鞋蟹开二	交效开二	角江开二	渠遇合三	去遇合三
	见	匣	见	见	群	溪
梅城	[kuəˀ]	[₋xa]	[₋tɕiɔ]	[ku₋]①	[₋ki]	[kʰiˀ]
三都	[kuəˀ]~[tɕiaˀ]	[₋xa]	[₋kɔ]~[₋tɕiɔ]	[kəʔ₋]	[₋ki]	[kʰiˀ]
大洋	[kuəˀ]	[₋xa]	[₋tɕiɔ]	[ku₋]	[₋ki]	[kʰiˀ]
兰溪	[kuɑˀ]	[₋xa]	[₋tɕiɔ]	[ku₋]	[₋ki]	[kʰiˀ]
淳安	[kuɑˀ]	[₋xa]	[₋kɔ]~[₋tɕiɔ]	[kuəʔ₋]	[₋ki]	[kʰiˀ]

其中"渠"为第三人称单数形式。此外,"徛(站)"也读[k]类声母。

(5) 知、章、庄组今有相当一部分字读[tɕ]组声母。二等字各地一般读[ts]组声母,但也有部分口语常用字读[tɕ]组声母(效、咸、山、江、梗等摄),三等字多数读[tɕ]组声母,少部分字读[ts]组声母(止开三),或有[tɕ]~[ts]两读(深开三、臻开三)。篇幅所限,只列声母。

	抓效开二	搋咸开二	山山开二	朝效开三	抽流开三	针深开三	春臻合三	身臻开三
	庄	初	生	知	彻	章	昌	书
梅城	tɕ	tɕʰ	ɕ	tɕ	tɕʰ	tɕ	tɕʰ	ɕ
三都	tɕ	tɕʰ	ɕ	tɕ	tɕʰ	ts	tɕ	ɕ/s
大洋	tɕ	tɕʰ	ɕ	tɕ	tɕʰ	tɕ/ts	tɕ	ɕ
兰溪	tɕ	tɕʰ	ɕ	tɕ	tɕʰ	tɕ/ts	tɕ	ɕ
淳安	ts	tɕʰ	ɕ	tɕ	tɕʰ	tɕ	tɕʰ	ɕ/s

(6) 蟹摄一、二等有区别,一等主要元音为[ɛ],二等主要元音为[a]。少数一等字的韵母为[ɑ]。

	带开一	袋开一	菜开一	该开一	戒开二	派开二	买开二	街开二
	泰	代	代	哈	怪	卦	蟹	佳
梅城	[taˀ]	[tɛˀ]	[tsʰɛˀ]	[₋kɛ]	[kaˀ]	[pʰaˀ]	[⁻ma]	[₋ka]
三都	[taˀ]	[dɛˀ]	[tsʰɛˀ]	[₋kɛ]	[kaˀ]	[pʰaˀ]	[⁻ma]	[₋ka]
大洋	[taˀ]	[tʰɛˀ]	[tsʰɛˀ]	[₋kɛ]	[kaˀ]	[pʰaˀ]	[⁻ma]	[₋ka]
兰溪	[taˀ]	[tʰɛˀ]	[tsʰɛˀ]	[₋kɛ]	[kaˀ]	[pʰaˀ]	[⁻ma]	[₋ka]
淳安	[taˀ]	[tʰɛˀ]	[tsʰɛˀ]	[₋kɛ]	[kaˀ]	[pʰaˀ]	[⁻ma]	[₋ka]

---

① 九姓渔民方言古清入字分成两类,一类保留塞音韵尾,读短促调5,本文用"ˀ"表示;另一类丢失塞音韵尾变成阴声韵,读55调,本文用"₋"表示。

（7）咸、山、宕、江、梗等摄的部分入声字丢失塞音韵尾读为阴声韵，浊入字变成阴声韵后声调一般并入上声213（或24），清入字则声调自成一类，读高平调55。

	盒咸	叶咸	辣山	血山	药宕	壳江	麦梗	尺梗
梅城	[ˉxuə]	[ˀi]	[ˉluə]	[ɕyɪˀ]	[ˀio]	[kʰuˀ]	[ˉma]	[tɕʰiɑˀ]
三都	[ˉxuə]	[ˀi]	[ˉluə]	[ɕyeˀ]	[ˀio]	[kʰəʔˀ]	[ˉma]	[tɕʰiɑˀ]
大洋	[ˉxuə]	[ˀi]	[ˉluə]	[ɕyɪˀ]	[ˀio]	[kʰuˀ]	[məʔ˰]	[tɕʰiəʔˀ]
兰溪	[ˉxuɑ]	[ˀi]	[ˉluɑ]	[ɕyɪˀ]	[ˀio]	[kʰuˀ]	[məʔ˰]	[tɕʰiəʔˀ]
淳安	[xəʔ˰]	[iəʔ˰]	[ˉnuɑ]	[ɕyəʔ˰]	[ˀio]	[kʰuəʔˀ]	[məʔ˰]	[tɕʰiəʔˀ]

（8）调类分合情况基本一致，平分阴阳，上声、去声不分阴阳，少部分阳去字读如上声，入声分阴阳，丢失韵尾的清入字自成调类，丢失韵尾的浊入字归上声。

（9）连读变调情况复杂，两字组连调模式一般为：前字是平声，后字多变调；前字是上声、去声，两字一般都要变调；入声较少参与变调，但在上声、去声后有时也会变调，阳入字在词尾时有变高调的情况。

2. 九姓渔民方言语音的内部分歧

（1）古全浊声母总的变化趋势是清化，但语音演变的进程尚未完成，个别调类的全浊声母尚有一定的辨义作用。梅城、大洋船上话古全浊声母清化的程度较高，基本符合古浊塞音、塞擦音声母逢平、上、入读不送气清音，逢去声读送气清声的规律，兰溪、淳安船上话古全浊塞音声母在上声调里还保留一定的辨义作用，如淳安船上话胆［ta213］≠淡［da213］、鬼［kue213］≠跪［gue213］。三都船上话的古全浊声母在平声、上声、去声里都有保留，如田［diɪ334］、步［bu44］、度［du213］、大［dʰu44］。①

（2）疑、影母洪音字今分混情况不同。梅城、大洋、三都船上话疑、影母有时相混，一般是影母字混入疑母字，读［ŋ］声母，淳安船上话一律读零声母，兰溪疑影母字基本上区分清楚，疑母字读［ŋ］声母，影母字读零声母。

	熬疑	牙疑	硬疑	矮影	安影	鸭影
梅城	[ˉŋɔ]	[ˉŋuə]	[ŋaˀ]	[ˉŋa]	[ˉŋE]	[uəʔˀ]
三都	[ˉŋɔ]	[ˉŋuə]	[ŋaˀ]	[ˉŋa]	[ˉŋE]	[uəʔˀ]
大洋	[ˉŋɔ]	[ˉŋuə]	[ŋaˀ]	[ˉŋa]	[ˉE]	[uəʔˀ]
兰溪	[ˉŋɔ]	[ˉŋuɑ]	[ŋaˀ]	[ˉɑ]	[ˉŋE]	[uəʔˀ]
淳安	[ˉɔ]	[ˉua]	[aˀ]	[ˉɑ]	[ˉE]	[uəʔˀ]

（3）精组细音字今梅城、三都、大洋较少地保留尖音，淳安尖音的保留较前三地略

---

① 三都的浊送气音更近"清音浊流"。吴语"清音浊流"的问题比较复杂，本文暂不做详细论述。

多，兰溪基本保留尖音读法，少部分字腭化。①

	桨	清 净	西	谢	九	欠	舅	香	全选旬	军圈拳训县	类型
梅城	tɕ	tɕʰ ɕ~tɕ	ʃ②	ɕ	tɕ	tɕʰ	tɕ	ɕ	tɕ ɕ ɕ	tɕ tɕʰ ɕ ɕ	混 tɕ—tɕ
三都	tɕ	tɕʰ tɕ	ʃ	ɕ	tɕ	tɕʰ	tɕ	ɕ	ɕ ɕ ɕ	tɕ tɕʰ ɕ ɕ	混 tɕ—tɕ
大洋	tɕ	tɕʰ s	ʃ	ɕ	tɕ	tɕʰ	tɕ	ɕ	ɕ ɕ ɕ	tɕ tɕʰ ɕ ɕ	混 tɕ—tɕ，有例外
兰溪	tɕ	tsʰ	ʃ	ɕ	tɕ	tɕʰ	tɕ	ɕ	ɕ ɕ ɕ	tɕ tɕʰ ɕ ɕ	半分 ts—tɕ，有例外
淳安	tɕ	tsʰ s	s	ɕ	tɕʰ	tɕ	ɕ	ɕ ɕ ɕ	tɕ tɕʰ ɕ ɕ	半分 ts—tɕ，有例外

（4）果、遇摄字音值接近，在各地有不同的分合表现。梅城（部分人，如钱樟生）、大洋、淳安区别较明显，果摄读 [ʊ]，遇摄读 [u]。三都两摄基本相混，有的遇摄读如果摄，读 [ʊ]，有的果摄读如遇摄，读 [u]。兰溪两摄合并，均读 [u]，梅城也有部分发音人不能区分两摄。

	多果	都遇	大果	兔遇	糯果	路遇	搓果	粗遇	哥果	姑遇
梅城	[˗tʊ]	[˗tu]	[tʰʊˀ]	[tʰuˀ]	[luˀ]	[luˀ]	[˗tsʰʊ]	[˗tsʰu]	[˗kʊ]	[˗ku]
三都	[˗tʊ]	[˗tu]	[dʊˀ]	[tʰuˀ]	[luˀ]	[luˀ]	[˗tsʰʊ]	[˗tsʰʊ]	[˗kʊ]	[˗ku]
大洋										
兰溪	[˗tu]	[˗tu]	[tʰuˀ]	[tʰuˀ]	[luˀ]	[luˀ]	[˗tsʰu]	[˗tsʰu]	[˗ku]	[˗ku]
淳安	[˗tʊ]	[˗tu]	[tʰʊˀ]	[tʰuˀ]	[lʊˀ]	[luˀ]	[˗tsʰʊ]	[˗tsʰu]	[˗kʊ]	[˗ku]

通过上文对九姓渔民方言语音特点的描述，可以看到九姓渔民方言内部既有共性，又有个性，由于这是一个受其他方言影响较多、使用人口渐少而日益濒危的方言，因而很难像在其他目前较稳定的方言中见到的那样，找到两个语音面貌十分一致的发音人。但九姓渔民方言作为不同于当地岸上方言的汉语分支，仍表现出其较为清晰的发展趋势，而这一趋势正是用以与周边其他方言比较，继而判断其语言性质的重要依据。

三、九姓渔民方言与周边吴徽语的比较

九姓渔民方言处于徽语及南北吴语的包围之中，周边语言环境比较复杂，因而我们以衢江—兰江—新安江—富春江水系为轴线，选取可能与九姓渔民方言有关的地点进行比较。对于九姓渔民方言，涉及具体语言项目比较时，以兰溪唐云庆的材料为主，并在表格中以"船上话"标示。其他地点，如建德、淳安、寿昌属徽语严州片，歙县、屯溪分属徽

---

① 兰溪另一位发音人陈宝康（1940年生）"全、选、旬"均读 [s] 声母，尖团分明。
② 舌叶音声母以韵母为条件，参见刘倩《浙江九姓渔民 [tɕ] 组声母的分化现象》（《中国语文》2008年第5期）。

语绩歙片、休黟片，兰溪、金华、汤溪属吴语婺州片，龙游、衢州属吴语处衢片，杭州属吴语太湖片。①

1. 声母比较

（1）古全浊声母方面，吴语地区基本上保留着浊音声母，并开始出现清化的趋势，徽语地区基本上已经清化，九姓渔民方言则表现出与南部吴语（如金华、兰溪）较为相似的趋势，即在部分声类或调类里出现清化现象。从九姓渔民方言目前的状况来看，全浊声母处于清化的尾声阶段，保留浊声母的地区已经较少，且只在一部分字中保存浊音声母。古全浊塞擦音声母清化后今读擦音声母，如"坐"，也是九姓渔民言与南部吴语、严州徽语的共性。

	船上话	建德	淳安	寿昌	歙县	屯溪	兰溪	金华	汤溪	龙游	衢州	杭州
爬	[₋pɣa]	[₋po]	[₋pʰo]	[₋pʰɤ]	[₋pʰa]	[₋pʰuːə]	[₋bɯ]	[₋bɣa]	[₋bo]	[₋bu]	[₋ba]	[₋ba]
弟	[ᵋti]	[ᵋti]	[ᵋtʰiɑ]	[ᵋtʰi]	[ᵋtʰi]	[ᵋtʰe]	[ᵋdi]	[ᵋtie]	[ᵋdie]	[ᵋdiɑ]	[di²]	[di²]
坐	[ᵋsu]	[ᵋsu]	[ᵋsu]	[ᵋsu]	[tsʰo]	[tsʰo]	[ᵋzu]	[ᵋsuɤ]	[ᵋzɤ]	[ᵋzu]	[szʊu₋]	[dzou²]
大	[tʰu²]	[tʰu²]	[tʰu²]	[tʰu²]	[tʰo²]	[₋tʰo]	[₋du]	[duɤ²]	[dɤ²]	[du²]	[dʊu²]	[dou²]
白	[pəʔ₋]	[₋pa]	[pʰɑʔ₋]	[pʰəʔ₋]	[₋pʰɛ]	[₋pʰa]	[baʔ₋]	[bəʔ₋]	[₋ba]	[bəʔ₋]	[bʌʔ₋]	[bɣʔ₋]
贼	[səʔ₋]	[səʔ₋]	[səʔ₋]	[səʔ₋]	[tsʰe²]②	[₋tsʰɤ]	[zəʔ₋]	[zəʔ₋]	[₋ʒɤ]	[zəʔ₋]	[szəʔ₋]	[dzɣʔ₋]

注：据《当代吴语研究》（1992），衢州、杭州"大"字均有多读，但声母都是[d]，故只取一音。

（2）古泥、来母在吴语地区大多相分，在今洪音韵母前读[n]，在细音韵母前读[ɲ]，少数地方泥来母相混，多是泥母混入来母；徽语地区泥、来母分混的情况较复杂，若泥、来母相混（洪音字），除泥母混入来母外，不少地方有来母混入泥母的现象，如歙县：怒＝路[nu²]、懒[ᵋnɛ]；建德：南＝蓝[₋nɛ]。九姓渔民方言基本上与吴语保持一致，泥、来母以分为主，泥母洪音字部分与来母相混。

（3）古精组细音字吴语地区不少地方正在经历[ts]＞[tɕ]的过渡，严州徽语一般读[tɕ]组声母，即不分尖团，徽州徽语有的地方精组细音字读[ts]组声母，分尖团，有的地方读[tɕ]组声母，不分尖团。九姓渔民方言也呈现出[ts]＞[tɕ]的趋势。

（4）知组声母二等韵字和庄组声母在吴徽语地区一般读[ts]组声母，九姓渔民方言也是如此，但九姓渔民方言有一些知、庄组二等字的白读音读[tɕ]组声母，文读为[ts]组声母。

---

① 吴徽语材料主要来源于《当代吴语研究》（1992）、《严州方言研究》（1996）、《徽州方言研究》（1998）、《南部吴语语音研究》（2002）、《吴语兰溪东阳方言调查报告》（2002）等著述，此外还参考了《汉语方言地图集》（2008）中的相关图目。徽语分片参照赵日新《徽语的特点和分区》（《方言》2005年第3期）。

② 歙县"贼"字读音《徽州方言研究》（1998年版）漏收，请教赵日新教授后补上。

▶ 浙江九姓渔民方言的性质——徽语包围中的吴语方言岛

	船上话	建德	淳安	寿昌	歙县	屯溪	兰溪	金华	汤溪	龙游	衢州	杭州
争	[ₑtsen]~[ₑtɕia]	[ₑtsɛ]	[ₑtsã]	[ₑtsã]	[ₑtsɛ]~[ₑtsʌ̃]	[ₑtsɛ]	[ₑtsæ]~[ₑtɕiæ]	[ₑtsaŋ]	[ₑtsa]	[ₑtsɛ]	[ₑtsən]	[ₑtsən]
生	[ₑsen]~[ₑɕia]	[ₑsɛ]	[ₑsã]	[ₑsã]	[ₑɕiːe]~[ₑsʌ̃]	[sæ]~[ɕiæ]	[ₑsaŋ]~[ₑʃɥã]	[ₑsa]	[ₑsɛ]		[ₑsən]	[ₑnɛs]

据曹志耘（2002：268）的材料记述，金华、汤溪、庆元、文成、温州等地"桩、撞、双"等字也基本上分别读〔tɕ〕组或〔dʑ〕组声母。钱乃荣（1992：7-9）提及金华、温州、寿昌、永康等地江开二觉韵的知、庄组字和宕开三阳韵字的知、庄组字读〔tɕ〕组声母的情况，其中金华、永康效开二肴韵字、山合二删鎋韵的庄组字也读〔tɕ〕组声母。此外，安徽屯溪、休宁地区的九姓渔民方言知、庄组二等字也有少数读〔tɕ〕组声母的情况，但没有浙江九姓渔民方言多。

（5）钱乃荣（1992：8）指出知组三等字和章组字吴语地区一般有3种类型：一是多读〔ts〕组声母；二是部分字读〔ts〕组，部分字读〔tɕ〕组；三是全部或大部分字读〔tɕ〕组，少部分字读〔ts〕组（南部吴语婺州片、台州片，处衢片知组读塞音声母）。严州徽语多读〔ts〕组声母，徽州徽语多读〔tɕ〕组声母，九姓渔民方言则多读〔tɕ〕组声母，下面为宕摄开口三等知组平声字"张"声母读音的情况。

	船上话	建德	淳安	寿昌	歙县	屯溪	兰溪	金华	汤溪	龙游	衢州	杭州
张	[ₑtɕiaŋ]	[ₑtsɛ]	[ₑtsã]	[ₑtsã]	[ₑtɕia]	[ₑtɕiau]	[ₑtɕiã]	[ₑtɕiaŋ]	[ₑtɕio]	[ₑtsã]	[ₑtʃɥã]	[ₑtsʌŋ]

注：《汉语方言地图集》语音卷077显示处衢片吴语"张"的声母多为〔t〕，此处依《当代吴语研究》。

从上面"张"声母的读音情况我们可以看出，九姓渔民方言与严州徽语在知、章组（三等字）读音的类型上并不属同类，而与徽州徽语以及金华、兰溪等地的吴语较为接近。

（6）见系二等字北部吴语地区一般有〔tɕ〕组和〔k〕组文白两读，南部吴语一般无〔tɕ〕组文读音，但婺州片、处衢片某些方言见系二等字也读〔tɕ〕组声母，钱乃荣（1992：9）认为是其自身音变形成的。严州、徽州徽语一般也读〔k〕组声母，有的地方有〔tɕ〕组声母的文读音，九姓渔民方言大致也是如此。此外，部分匣母字在吴语、徽语（严州）、九姓渔民方言中都有读塞音的情况。以"厚"为例：

	船上话	建德	淳安	寿昌	歙县	屯溪	兰溪	金华	汤溪	龙游	衢州	杭州
厚	[ₑkəɯ]	[ʰəɯ]	[kʰɯ]~[hɯ]		[kʰməɯ]	[xio]	[ɕiu]~[ɣɯ]	[gʌɯ]	[kiu]	[ᵉgɯ]	[ᵉgəɯ]	[g-][ɦ-]

注：《当代吴语研究》无"厚"字，衢州、杭州读音依据《汉语方言地图集》语音卷088衢江、杭州的材料，故只显示声母。

2. 韵母比较

（1）果摄与遇摄合口一等字，吴语部分地区保持着区别，部分地区两摄合并；严州徽语两摄合并，徽州徽语两摄相分，九姓渔民方言正处于两摄相混的变化过程中。

	船上话	建德	淳安	寿昌	歙县	屯溪	兰溪	金华	汤溪	龙游	衢州	杭州
多 果	[˗tu]	[˗tu]	[˗tu]	[˗tu]	[˗to]	[˗to]	[˗tu]	[˗tuɤ]	[˗tɤ]	[˗tu]	[˗tʊu]	[˗tou]
土 遇	[˗tʰu]	[˗tʰu]	[˗tʰua]	[˗tʰu]	[˗tʰu]	[˗tʰɛu]	[˗tʰu]	[˗tʰu]	[˗tʰu]	[˗tʰu]	[˗tʰʊu]	[˗tʰu]
搓 果	[˗tsʰu]	[˗tsʰu]	[˗tsʰu]	[˗tsʰu]	[˗tsʰo]		[˗tsʰu]	[˗tsʰuɤ]	[˗tsʰɤ]	[˗tsʰu]	[˗tsʰʊu]	[˗tsʰou]
粗 遇	[˗tsʰu]	[˗tsʰu]	[˗tsʰua]	[˗tsʰu]	[˗tsʰu]	[˗tsʰɛu]	[˗tsʰu]	[˗tsʰu]	[˗tsʰu]	[˗tsʰu]	[˗tsʰʊu]	[˗tsʰu]

（2）遇摄合口三等鱼韵字在吴语部分地区读音较特殊，与虞韵不同；严州徽语鱼、虞有的地方相同，有的地方不同，徽州徽语鱼、虞韵一般相同。九姓渔民方言鱼韵部分字读音特殊，与虞韵相异。

	船上话	建德	淳安	寿昌	歙县	屯溪	兰溪	金华	汤溪	龙游	衢州	杭州
猪 鱼	[˗tsʅ]	[˗tsʅ]	[˗tɕya]	[˗tsʅ]	[˗tɕy]	[˗tɕy]	[˗tsʅ]	[˗tsʅ]	[˗tsʅ]	[˗tua]	[˗tʃɿ]	[˗tsʅ]
主 虞	[˗tʃy]	[˗tɕy]	[˗tɕya]	[˗tɕy]	[˗tɕy]	[˗tɕy]	[˗tɕy]	[˗tɕy]	[˗tɕi]	[˗tɕy]	[˗tʃɿ]	[˗tsʅ]

（3）假摄开口二等字北部吴语地区、徽语中一般不因声母不同分韵，南部吴语假开二帮母字韵母和其他声母字韵母读音不同，九姓渔民方言与南部吴语相近，在帮组声母后读 [ɤa] 类韵母，在其他声母后读 [uɑ] 类韵母。假摄开口三等字吴语及徽语除章组字外一般读 [ia]（或 [iɑ] 等）类韵母，九姓渔民方言也是如此；章组字太湖片读 [o]，汤溪、龙游等地读 [ɑ] 类韵母，还有些地方读 [io] 类韵母，九姓渔民方言则读 [uɑ]。

（4）效摄一、二等韵在吴语大部分地区及严州徽语中没有区别，南部吴语少数地区在不同程度上保持区别。徽州屯溪、休宁等地效摄一、二等韵母有区别。九姓渔民方言效摄一、二等韵母也无区别。

（5）咸摄覃、谈韵吴语多数地区都保持着区别，徽语两韵有合有分，九姓渔民方言覃、谈韵读音多数也不相同，覃韵通常读 [ɛ] 韵母，谈韵通常读 [a] 韵母。

	船上话	建德	淳安	寿昌	歙县	屯溪	兰溪	金华	汤溪	龙游	衢州	杭州
男 覃	[˗nɛ]	[˗nɛ]	[˗dã]	[˗niẽ]	[˗nɛ]	[˗ɔ̃]	[˗nɤɯ]	[˗nɤ]	[˗nɤ]	[˗nei]	[˗nɔ]	[˗nɛ]
篮 谈	[˗læ]	[˗nɛ]	[˗dã]	[˗luɐ̃]	[˗lɛ]	[˗ɔ̃]	[˗lã]	[˗lɑ]	[˗lo]	[˗lã]	[˗læ]	[˗lɛ]

注：金华、汤溪、龙游为"南"的字音。

（6）山合一、宕开一、梗摄入声韵等一些特征字的读音情况如下：

九姓渔民方言山合一帮组字部分读 [ɤ] 类韵，"半"字读 [pɯ⁴⁴]（或 [pɤ⁴⁴]），音值较特殊,与兰溪、金华、汤溪等地"半"的韵母音值相同或相近。

宕摄"糠"字九姓渔民方言丢失鼻音韵尾,转为开尾韵[uɤ],与汤溪方言相似,附近其他吴徽语一般仍保留[ŋ]尾或读为鼻化韵。

"梗"在多数吴语、徽语中都读[u]类韵母,九姓渔民方言也是如此。

"药"在吴语婺州片、瓯江片及徽州徽语地区一般均丢失塞音韵尾,读成阴声韵,严州徽语一般还保留着塞音韵尾,九姓渔民方言也读为阴声韵。

（7）通摄阳声韵字吴语地区均读[ŋ]韵尾,徽语均不读[ŋ]韵尾,九姓渔民方言与吴语相同。①

| 船上话 | 建德 | 淳安 | 寿昌 | 歙县 | 屯溪 | 兰溪 | 金华 | 汤溪 | 龙游 | 衢州 | 杭州 |

东 [₋toŋ][₋taom][₋moɯ][₋mcɯ][₋tã][₋tan][₋toŋ][₋toŋ][₋nao][₋toŋ][₋tʌn][₋toŋ]
龙 [₌loŋ][₌laom][₌moɯ][₌mcɯ][₌lɤ̃]　　[₌loŋ][₌loŋ][₌lao][₌loŋ][₌lʌn][₌loŋ]

3. 声调比较

在单字调方面,九姓渔民方言在调类调值上保持着较强的一致性,均为7个单字调,除全浊上声字的归属有些分歧,其他调类归属基本一致。调值方面,基本上保持了"阴高阳低"的调值格局。

从声调格局上来说,九姓渔民方言较之周围方言乃至整个吴语的最大不同在于上声、去声均不分阴阳。上声不分阴阳,在吴语、徽语中也有一定表现,如兰溪、淳安;而去声不分阴阳,一般说来,不是吴语的特点,而徽语的去声,则有与平声合并的表现,如淳安,清去字读同阴平,屯溪浊去字读同阴平。

从调值上来说,吴语声调的音值特点一般是阴高阳低。合并规律有两个,一是阳调类或阴调类内部合并,二是阴调类跨向阳调类合并。第二种情况发生的条件通常都是音值接近。而从徽州地区、严州地区多数徽语的调类系统看来,并没有明显的阴高阳低的格局,除入声一般保持阴高阳低外,其他调类往往阴低阳高。九姓渔民方言并没有阳调类或阴调类内部合并的迹象,相对于周围方言较为复杂的声调格局,九姓渔民方言的情况显得比较简单。下面取建德、淳安、歙县、兰溪、衢州、杭州进行比较。（见表1）

表1 船上话与周围方言的声调比较

古调	古声	船上话	建德梅城镇		淳安淳城镇	歙县	兰溪诸葛镇	衢州	杭州
			白读	文读					
平	清	阴平 534	阴平 423	阴平 334	阴平 224	阴平 31	阴平 434	阴平 434	阴平 323
	浊	阳平 33	阳平 334	阳平 211	阳平 445	阳平 44	阳平 14	阳平 323	阳平 212

---

① 曹志耘（1997）调查梅城钱狗儿（1910年生）时指出通摄读[m]尾。

(续表1)

古调	古声	船上话	建德梅城镇		淳安淳城镇	歙县	兰溪诸葛镇	衢州	杭州
			白读	文读					
上	清	上声 213	上声 213	上声 55	上声 55	上声 35	阴上去 45	阴上 45	阴上 51
	次浊							=阴去、阳去	
	全浊			=阳去			阳上去 213	=阳去	=阳去
去	清	去声 44	=阳平	=上声	=阴平	阴去 313	阴上去 45	阴去 53	阴去 334
	浊		阳去 55	阳去 213	阳去 535	阳去 33	阳上去 213	阳去 231	阳去 113
入	清	阴入甲 55	=阳去	阴入 5	阴入 5	阴入 21	阴入 34	阴入 5	阴入 5
		阴入乙 5	阴入 5						
	浊	=上声	=上声	阳入 12	阳入 13	=阳去	阳入 13	阳入 12	阳入 12
		阳入 212	阳入 12						
调类数		7	6	6	6	6	6（未列文读阳平调211）	7	7

四、徽语包围之中的吴语型方言岛

通过上述语音方面的初步比较，我们可以看到九姓渔民方言比较接近吴语。为了更清楚地了解九姓渔民方言与婺州片吴语、处衢片吴语、北部吴语、严州徽语、徽州徽语之间的相似程度，我们选取 17 个语言特征项目（包括部分词汇语法）制成表 2 "九姓渔民方言与其他方言语言特征的比较"，表中"＋""－""±"分别表示具备、不具备、部分具备该特征。这些特征有的见于上文的比较说明，有的是对钱乃荣（1992）、平田昌司（1998）、曹志耘（1996、2002）、赵日新（2005）等的调查材料或研究结果加以综合后另加的。具体特征项目如下：①全浊声母清化；②有来母混入泥母的情况；③分尖团；④知、章组字（三等）多读［tɕ］组声母；⑤"厚"读塞音声母；⑥果遇摄合并；⑦鱼虞韵读音有别；⑧覃谈韵读音有别；⑨"药"读舒声韵；⑩通摄字今读［ŋ］尾韵；⑪有长元音；⑫"打"字读音合于梗摄德冷切；⑬"人"说"人"；⑭"女婿"说"囡婿"；

⑮ "饿"说"饥";⑯ "看"说"看";⑰ "上桌~"说"浪⁼/拉⁼"。(见表2)

表2　九姓渔民方言与其他方言语言特征的比较

语言特征 方言点	1	2	3	4	5	6	7	8	9	10	11	12	13	14	15	16	17
船上	±	-	±	+	+	±	+	+	+	+	-	+	+	+	+	+	+
兰溪	±	-	+	+	+	+	+	+	+	+	+	+	+	+	+	-	-
金华	±	-	+	+	+	-	+	+	+	+	+	+	+	+	+	-	-
汤溪	±	-	+	+	+	-	+	+	+	+	+	+	+	+	+	-	-
建德	+	+												+			
寿昌	+													+	+		
淳安	+																
歙县	+	+	+	-	+		+	+		+		+		+		+	
屯溪	+		+		+						+						
龙游	-																
衢州	±	-			+	+	+								+	-	-
杭州	-	-	-	-	-	±	-	-	-	-	-	-	-	-	-	-	-

从表2可以看出,九姓渔民方言与兰溪、金华等地方言的相似度最高,与严州、徽州徽语部分相似,与北部吴语相似度较低。这些语言项目的选择不一定十分精准科学,不过这些材料至少在某种程度上,为我们观察九姓渔民方言的性质提供了较为直观的参考。

曹志耘(1997:78-79)在调查建德梅城九姓渔民方言时曾初步推论,船上话是外来的(相对于梅城岸上话而言),它不仅受到当地权威方言的影响,同时也受附近其他方言影响。如在特殊韵母[ɣa]、尖团分合、单数人称代词"我农(我)""尔农(尔)""渠农(渠)"等问题上与兰溪、金华一带方言相近。认为这种对应关系"有的可能是二者各自平等发展的结果,而有的甚至也可能暗示了船上话来源方面的某些线索"。

根据前文对九姓渔民方言语音与周边吴徽语的详细描述和比较,以及表2语言项目的衡量,我们初步了解到,九姓渔民方言虽然以近乎方言岛的形式处于严州徽语的包围和影响之中,并且已经历了相当长的时间;但从现今面貌来看,这种影响并未使其变成徽语型的方言,它在诸多语言特征上更接近接近南部吴语婺州片方言。曹志耘(2005:32-33)指出:"内部分歧大,中心城市的方言很难制约和同化本地区内的方言,各地方言相对独立自主,各种小方言(包括方言岛)得以在一个比较宽松的环境里自由地生存发展,吴语婺州片、处衢片和徽语地区就是这种情况。"各种方言势均力敌,因而以语言联盟的方式共存,活跃于老一辈渔民口头的九姓渔民方言也有幸得以保留其自身的吴语特征。渔民上岸之后,生产生活方式的改变打破了原有的平衡,九姓渔民方言受到岸上方言和普通话的强烈冲击,以突变的方式迅速濒危消亡,渔民的后代逐渐放弃船上方言将加速语言替换。

参考文献

[1] 曹志耘. 严州方言研究 [M]. 东京：好文出版社，1996.

[2] 曹志耘. 浙江的九姓渔民 [J]. 中国文化研究，1997 (3).

[3] 曹志耘. 南部吴语语音研究 [M]. 北京：商务印书馆，2002.

[4] 曹志耘. 吴徽语入声演变的方式 [J]. 中国语文，2002 (5).

[5] 曹志耘. 论方言岛的形成和消亡——以吴徽语区为例 [J]. 语言研究，2005 (4).

[6] 曹志耘. 汉语方言地图集 [M]. 北京：商务印书馆，2008.

[7] 曹志耘. 浙江九姓渔民方言的语音特点 [C] //曹志耘. 曹志耘语言学论文集：第1辑. 北京：北京语言大学出版社，2012.

[8] 黄晓东. 皖南九姓渔民方言的语音特点 [J]. 黄山学院学报，2007 (4).

[9] 赖青寿. 九姓渔户 [M]. 福州：福建人民出版社，1999.

[10] 刘倩. 九姓渔民方言研究 [D]. 北京：北京语言大学，2008.

[11] 刘倩. 浙江九姓渔民方言 [tɕ] 组声母的分化现象 [J]. 中国语文，2008 (5).

[12] 马希宁. 徽州方言的知照系字 [J]. 方言，2000 (2).

[13] 平田昌司. 徽州方言研究 [M]. 东京：好文出版社，1998.

[14] 钱乃荣. 当代吴语研究 [M]. 上海：上海教育出版社，1992.

[15] 秋谷裕幸，赵日新，太田斋，王正刚. 吴语兰溪东阳方言调查报告 [M]. 神户：神户外国语大学外国语学部，2002.

[16] 秋谷裕幸. 早期吴语支脂之韵和鱼韵的历史层次 [J]. 中国语文，2002 (5).

[17] 赵日新. 徽语古全浊声母今读的几种类型 [J]. 语言研究，2002 (4).

[18] 赵日新. 徽语的特点和分区 [J]. 方言，2005 (3).

[19] 赵日新. 徽语中的长元音 [J]. 中国语文，2005 (1).

[20] 赵日新，高晓虹. 休宁秀水船上话音系 [Z]. 2008.

[21] 朱海滨. 九姓渔民来源探析 [J]. 中国历史地理论丛，2006 (2).

山东青州北城满族所保留的北京官话方言岛的现状及其发展趋势

张树铮

(山东大学文学院)

【提 要】本文是对山东青州北城满族村所保留的北京官话方言岛进行的追踪性、补充性调查的报告。北城村原为清朝旗人驻防城，因为语言环境相对独立，所以保留下了雍正年间从北京地区带来的北京官话。在2001年改设为青州市的一个社区、村落融入市区之后，居住和工作环境都发生了较大的变化，但语言状况尚未大变。北城人一般使用双方言，对内使用北城话，对外使用青州话；少数人（主要是女性）只会说北城话。通过对家庭内部语言使用、不同年龄的人的语言使用以及语言态度等方面的调查，对比北城话得以保留的原因，我们认为，北城话能够依赖于与普通话比较接近的优势地位、民族心理等因素，在长时期内不会消亡。

【关键词】青州北城话 满族 北京官话方言岛

一、引 言

1993年夏天，笔者对山东青州市北郊的北城满族村所保留的北京官话方言岛进行了初步的调查，写成《山东青州北城满族所保留的北京官话方言岛记略》一文，发表于《中国语文》1995年第1期。简要说来，北城原是旗人的驻防兵营，清朝雍正年间由北京地区的通县（今通州区）一带迁来。由于驻防城生活环境比较封闭，北城村人至今仍说北京官话，形成了在青州方言（属胶辽官话的西缘，与冀鲁官话相接）包围之中的少见的北京官话方言岛。语音上的主要特点一是今北京话读[yɛ]韵母的字北城分成两类，一类读[yɛ]，一类读[yo]。后一类是宕、江两摄开口入声字，而这一特点恰与清代初期北京话的特点一致。二是上声调值为21或211，只降不升。此外，前响复元音的动程较北京音要小。

从上次调查至今，已经过去了18年。随着城市化进程的加速，北城村已经融入青州市市区，改设为青州市北城社区，形成了与汉族和其他民族混居的状态。那么，在这样的形势下，北城满族所保留的北京官话方言岛能否继续存留下来？带着这样的问题，我们最近又去青州北城做了跟踪性的调查，试图了解在居住和语言环境大大改变的情况下北城话的现状，由此观察这个方言岛在周边方言包围下的生存状况以及发展前景。这次调查也可以说是一种补充性的调查，因为上次调查主要是观察北城话本身的特点，而这次主要是观察北城话的使用情况。

由于北城话的基本面貌我们已经做过调查，并且我们的调查目标是当今北城的语言使用情况,所以调查方法主要是访谈。主要调查对象是北城村的满族老人郇素仁一家:郇素仁(原姓那,祖父起改姓郇),男,78岁,6岁(1939年)起读过5年私塾,农民,农闲时做泥瓦匠,跟建筑队搞建筑,现在家赋闲;夫人刘凤吉,73岁,汉族,文盲,1960年嫁入郇家;女儿郇延华,48岁,农民,现在主要做钟点工(其丈夫为汉族,女儿25岁,父女均在青州市内工作;儿子16岁,学生);儿媳王爱玲,38岁,汉族,在青州市某企业打工(其夫郇某,40岁,在青州市某企业开车);孙女郇琪,14岁,北城满族初中学生。另外访谈过的还有北城满族退休中学语文教师唐玉民,男,71岁,曾与人合著《青州旗城》一书(山东文艺出版社1999年版),熟稔青州旗人历史;北城满族女青年石瑞青,25岁,大学文化程度,现在青州市某单位工作;北城满族女青年关宇,23岁,大学文化程度,现在青州市某企业工作;北城附近村子的汉族女青年小魏和小李,均25岁,读高中时曾与不少北城满族同学同班,石瑞青即是其一;张树彬,男,汉族,30岁,寿光人,现在青州市委机关工作,曾在北城的北辰小区住过两年。

二、北城村居住和社会环境的变化

北城话之所以能够保留下来,与北城满族相对封闭的生活环境有直接关系。有清一代,北城是一座独立的驻防城,因在青州(清代至1986年前称益都县)城北,所以俗称北城,后作为正式的村名。鼎盛时城内有满族居民1万多人。旗人们领取朝廷俸饷,专事练武,若有战事,则听从调遣,执行军事任务。满汉亦不通婚。当时,高高的城墙把城内居民的生活与周围的青州人隔离开来。虽然城内也有一些汉族人进来开设的店铺,但总的来说,满族人与汉族人接触较少。因此,从北京一带带来的满族所说的汉语方言就世代相传,而不受当地青州方言的影响。据调查合作人之一、北城满族人、78岁的郇素仁老人介绍,他的父母辈(当出生于20世纪初叶)都不会说青州话。

1907年,清廷即下令各地驻防八旗"另筹生计,各自食力"。随着清王朝的覆灭,北城满族的特殊身份丧失。1929年,北城旗人的军事组织解体,八成北城人外逃,留下来的只能改务农桑,自然也就不能不与当地青州人打交道,满汉也开始通婚,城墙已经不能阻挡北城人与当地人的交流。1948年,城墙被毁,连这一象征北城特殊地位的物理实体也归于消失,北城与周围村庄及益都城的联系也就更为方便了。特别是在1958年的公社化运动中,北城与邻近的3个汉族自然村——柳树湾、菜园子、北辛合成一个生产大队(隶属益都县城关公社),政治、生产和生活的联系就更加密切。成人参加社会活动、生产活动,外出参加工作或对外联系,都要与青州汉族人打交道。儿童上学,本村有小学和初中,但学生既有本村的满族子弟,也有本大队的汉族子女。这个时期,与汉族的通婚更为普遍,不少汉族姑娘嫁入北城(当然也有不少北城满族姑娘嫁出)。① 换言之,即使在家庭内部,许多北城满族人也存在一家两制(双方言)了。

1993年,我们第一次到北城的时候,北城大队已经随着人民公社制度的取消改称北城村。不过,作为行政村的北城村仍如原来的北城大队一样,包括北城、菜园、北辛、柳树

---

① 青州也有不少回民,但因为生活习惯不同,北城村基本没有与回族通婚的。

湾4个自然村；若从自然村来说，北城村是指满族聚居的北城自然村。下文所说的北城村均指北城自然村。当时，北城村还是一个四周被农田与其他自然村隔开、与青州城区也有一定距离的村落。虽说北城东距青州火车站只有不足1500米，但火车站旁的建筑、店铺只向南连接市区，而火车站与北城之间仍是大片的农田。

2001年6月，北城行政村改为北城社区，隶属青州市益都街道办事处管辖。所辖还是原来北城行政村（北城生产大队）的北城、菜园、北辛、柳树湾的范围。社区改制之后的北城村，仍是满族聚居地。青州市全市现有满族人口3000人，居住在北城社区的约2500人，占社区总人口的48%。民居有成排的平房或自建两层小楼，也有成小区的多层楼房。与18年前不同的是，随着城市化的进展，现在的北城社区已经与市区完全连成一片，村中的北城大街、村东的玲珑山中路、村西的驼山中路都是人来车往的青州市交通要道。在北城村的东、西、南面，都建起了几个房产商开发的商品楼房小区，住户既有回迁的满族，也有青州当地的汉族。在我们去过的一个小区内，北城村民回迁的满族只占一半左右。院门内卖馒头、大饼的摊主是青州城里的汉族中年妇女，说青州话。此外，在北城社区辖区内，还有数个企业（包括北城人办的企业）。应该说，北城满族村民的生活环境已经发生了较大的变化。总的来说，北城满族的居住形式已经从原来的完全聚居变为聚居与混居相结合。北城人中的相当一部分，已经开始与其他民族的居民比邻而居了。

随着北城村的社区改造和城市建设，耕田数量所剩无几，北城的满族村民也改变了以务农为主的生产方式，而以在各种企业工作为主。北城村原来的村办企业非常多，曾经是青州市首个工农业产值过亿元的村子，1993年被中共潍坊市委、市政府授予"发展乡镇企业十强村"的称号。村民在村办企业工作的很多。不过，随着企业改制，村办企业基本变为个人所有的私营企业，村民在青州市其他企业打工的居多。

三、北城满族的语言现状

从调查的情况来看，北城村满族人总的说是较为普遍地使用双方言——北城话和青州话。但仍有部分人只说北城话而不会说青州话。下面分几个方面介绍。

（一）家庭内部的语言使用

所有的满族调查对象都说，在家庭内部满族人都使用北城话。北城话他们也叫"满族话"，似乎意在强调北城话不是一个村子的地点方言，而是带有民族特色的方言。世代相传、自幼习得的北城话，在家庭内部使用是很正常的。这也是北城话世代薪火相传的基础。我们特别关注的是以下3种情况。

1. 汉族媳妇在进入满族家庭后的语言使用情况

北城满族家中的汉族媳妇一般是当地的青州人，她们都是带着汉族的方言（一般是当地的青州话）进入说北城话的家庭中的。她们的到来，给说北城话的家庭掺入了青州话的使用者。那么，这些汉族媳妇在满族家庭中使用什么方言呢？我们所访问的两个满族家庭，3个汉族媳妇恰好表现出了3种状况。

郁素仁的妻子刘凤吉，青州市某乡镇人，汉族，1960年嫁入郁家，即改说北城话。至今只说北城话，并且说得非常地道，初见面时根本没想到她是汉族。当我们称赞她的北城话讲得好的时候，她说，毕竟是已经讲了 50 年北城话了，现在再说青州话已经很不习惯了。

郇素仁的儿媳王爱玲，汉族，青州城里人，38 岁，嫁入郇家已经 10 多年（女儿 14 岁），但她一直不会说北城话。在家里和外面都只讲青州话。据她讲，从小说青州话习惯了，学不会北城话。当然，时间长了，对北城话的一些特殊词语也能理解。"一家两话"是郇家的特点，一家人都习惯了，平时并没有感觉不便。我们推测，她在青州城里工作，说青州话的时间可能要多于在家里的时间，这也是她与婆婆不同的一个原因。

唐玉民的儿媳也是青州的汉族人，40 岁左右，我们没见到她。但据唐玉民介绍，他的儿媳在家说北城话，在外说青州话。

2．满族儿童的家庭语言

儿童能否继续习得北城话，这是北城话能否保持下去的关键。我们得到的回答是，北城村的儿童都会说北城话。其中，有的只会说北城话，有的也会说青州话。郇素仁的孙女 14 岁，只会说北城话。尽管母亲王爱玲只说青州话，但她从来不说青州话。唐玉民的孙女 10 岁左右，母亲是汉族，她既会说北城话，也会说青州话。与母亲一般说青州话，与父亲说北城话。

3．嫁给汉族丈夫的满族女儿的语言使用情况

满族的女儿如果嫁给汉族，是否仍说北城话？她的子女是否会说北城话？这也是北城话能否挈延的一个方面。

郇素仁的女儿郇延华，与汉族丈夫结婚后育有一女一子。她既会说北城话，也能够说非常地道的青州话。我们初次见到她时，她说一口地道的青州话。路上，当知道我们是想了解北城话并问她会否说北城话时，她便改口说北城话了，不过似乎仍带有些青州口音。但回到父母家中时，便是一口纯熟的北城话了。她现在住在北城村的一个楼房小区内，户口在北城，子女都算是满族，都是既会说北城话，又会说青州话。子女的北城话无疑主要是跟她学的。她与丈夫及其亲属一般用青州话交流，子女对她多说北城话，对父亲多说青州话。我们没有见到她的子女，不知道在汉族父亲的家庭中长大的子女掌握的北城话的纯熟程度如何。

不过郇延华的家毕竟还在北城社区，如果是在青州市里或其他地方，满族的外孙不具备说北城话的语言环境，能否继承母亲的北城话就难说了。

（二）成年人在家庭外的语言使用

北城满族成年人，特别是男性，一般都会北城话和青州话。在村里，满族人之间都只说北城话，与汉族人打交道则多说青州话，有时也说北城话，毕竟北城话与青州话沟通起来没有太大的障碍。北城话和青州话的差别主要体现在语音特别是声调上，另外就是部分字音（其中又以古入声字的韵母读音为著）上。至于到外村或青州市里工作或办事，就主要是说青州话了。唐玉民是中学语文教师，除了在北城任教外，也在本市（1986 年前是县）其他地方教学，青州话说得很好。郇素仁是农民，原来与北辛村的汉族人在同一个生

产小队，集体劳动时说青州话；农闲时参加建筑队到外面搞建筑，也主要说青州话。他的青州话也非常地道。他们的儿子现在都在青州市区工作，都会双方言，在外多说青州话。我们1993年去北城时，时任北城村党总支书记唐学仁、总会计关家琪（两人当时60岁左右，现均已辞世）都能说青州话。

郁素仁和唐玉民都提到，北城的成年人中，不会说青州话的人很少。据我们的观察，只说北城话的似乎以女性居多。除了上面提到的刘凤吉老人外，25岁的满族姑娘石瑞青尽管在济南读过大学，现在青州市区工作，但只会说北城话。她自己说，普通话她说得也不好。我们在1993年去北城的时候，也遇到一对在路边摆摊的中年满族夫妇关湘英、郎桂珍，男的会双方言，女的只会说北城话。我们这次去，特意到北城村的一家商店去借买东西的机会观察了一下。店主人是一位中年女性，北城人。尽管我们特意用方言跟她说话，但她只用北城话交谈。我们以前曾观察其他方言得出结论，在农村等小地方，男性较之女性更易于受到普通话影响（而在大城市中，女性较之男性更易于受到普通话影响）。[①]也可以说，在农村等小地方，女性的语音更为保守，更不易于受其他方言影响。北城村的情况与此是一致的。

（三）学校的语言使用

北城村在新中国成立前有私塾4处，学生数十人。1950年建小学3处。1969年7月，建联中1处，有中学教学班6个。1984年在此基础上成立了北城满族初中，由爱新觉罗·溥杰题写校牌。北城社区（包括北辛、菜园、柳树湾）的满族和汉族学生都在此学习。教师则既有满族也有汉族，校长为满族。总的来说，满族初中其实与普通的初级中学并无两样。在校园语言为普通话的大背景下，满族初中的教学语言以普通话（虽然不太标准）为主，也有方言（包括北城话和青州话），但课下还是说北城话和青州话。也就是说，起码在小学到初中阶段，北城满族儿童已经开始密切地接触青州话了。

北城人读高中则要到村外的高中去读。满族学生大多在这时候操双方言，并且说青州话的比例更大。石瑞青的汉族同学小李和小魏说，像石瑞青这样只说北城话的高中满族同学即使不是个例，也是极少的。像我们曾采访过的满族姑娘关宇就是操双方言的。

（四）双方言或单方言使用的影响因素

如上所述，北城人的母语是北城话，但大部分人掌握双方言，少数人只说北城话。从观察到的情况看，影响北城人选择单方言还是双方言的因素有两个方面。

1. 社会大环境与生活小环境

在清代，北城内的满族居民不务工商，地位高贵，不与汉族人通婚，较少与当地汉族人打交道，因此都只说北城话。上文提到，郁素仁的父母辈都只说北城话，不会说青州话。按年龄推算，其父母一代应该在清末出生。等到1929年之后需要与当地人交往时，已经成年，改学当地话便困难了。而郁素仁、唐玉民以及唐学仁、关家琪等人，都是20世纪30年代前后出生的，生活环境与父辈相比已经有了根本性的改变，与当地人的交往

[①] 参见张树铮：《试论普通话对方言语音的影响》，《语言文字应用》1995年第4期。

日渐密切。特别是20世纪50年代集体化之后,与汉族人的交流成为日常必需,所以掌握青州话以便于与当地汉族人交流便成为优选项。由此看来,北城满族特别是男性成人的双方言化在20世纪三四十年代出生的人那里便已经基本实现了。

北城人学习并使用青州话主要还是为了在交际中减少与对方的隔阂,增强交际效果,实用是他们主要考虑的因素。不过,北城话和青州话差别并没有大到无法沟通的程度,所以,所谓的减少隔阂,恐怕主要还是为了在交际中拉近双方的情感距离。

有少数北城人一直不学青州话而只说北城话,这有多方面因素。但其中以女性为多的现象,则必然与男性更多地与当地青州人打交道有关。尽管女性在集体化的时代也要参与集体劳动,但毕竟在"男主外、女主内"的传统型社会中,她们与外面的联系比较少。少量的对外接触,不足以使她们感觉有学习青州话的必要。像刘凤吉甚至放弃了自己的青州话而只说北城话。当然这与上面提到的北城话和青州话差别不是太大也有关系。

2. 心理等因素

如果说上些年纪的只说北城话而不学青州话的人可能主要是与交际范围有关,而在只说北城话的年轻人那里,情况就不同了。如上所说,现在的北城年轻人除了从小学到高中就要与青州同学相处之外,长大后一般都要到青州市的一些单位工作,可以说天天浸淫在青州话之中,为什么仍有少数人不学青州话呢?

当我们询问石瑞青这个问题时,她只是说,自己习惯了,不容易改。为了说明这一点,她还举了自己读了大学(山东艺术学院的文化管理专业)连普通话也说不好为证。不管这是不是主要理由,但也说明,学习母语方言外的第二方言的能力确实有个性差异。

郁素仁14岁的孙女回答这个问题时就有些童言无忌了。在只说青州话的妈妈在场的情况下,她毫不忌讳地说,自己不学青州话是因为觉得青州话不好听,所以不愿意学。这显然属于方言情感的问题。郁素仁也说道,过去北城人认为青州话"侉"(意为口音怪异)。不过,我们觉得除了对母语的情感之外,应该还有普通话的影响。普通话是标准语,是各种媒体的通用语言,即使在对母语方言有强烈情感的人那里,也会有普通话更高雅、更好听的感觉。由于北城话与普通话比较接近,自然也会使操北城话的人觉得北城话比青州话好听。在普及普通话的大背景下,连青州人也在努力地学说普通话,那么,操着跟普通话比较接近的北城话的人何必要去学说当地人也觉得"土"或者说"侉"的青州话呢?当然,郁琪只说北城话也有平时跟父母与说北城话的爷爷、奶奶住在一起的因素。如果只与父母在一起住,天天面对只说青州话的母亲,她是否只说北城话、是否会觉得青州话"土",那就不一定了。

(五)北城话的变化

这次去北城,感觉北城话总的情况与18年前没有大的变化。语言是世代相传、人们从小习得的习惯,没有大的变化也在情理之中。但有两点值得注意。

(1)"月—约"对立的消失。1993年调查时我们发现,北城话中"月—约、穴—学、却—确"等字韵母有别(发音人是村总会计关家琪),前者读[yɛ]、后者读[yo],前者主要是古山、臻两摄的合口三等入声字,而后者主要是宕、江两摄的开口二、三等入声字。这种分立与清初北京话的情况相同。但这次调查,年轻的北城人都不能区分这两类,或者是把"约、学"等字照老人的说法读成［iao］韵母。年龄大的唐玉民和郇素仁也都不能区分。可以认为，这种特点已经消失。

（2）北城人所说的北城话中已经渗入了不少的青州方言词语。郇素仁、刘凤吉夫妇，其女郇延华，他们一方面很明确地指出北城话与青州话的一些词汇差异，如北城话说"今儿个、明儿个、后儿个"，青州话说"今们儿、早晨、后日"，另一方面又很自然地说"埝儿_{地方}、这户儿的_{这样的}、闯门子_{串门}、很找_{指外地口音很难懂}"等，他们已经感觉不出来这些都是青州方言的词语了。随着双方言的使用，与青州话的密切接触（除了在外的接触，还有家庭内青州媳妇的熏染，像郇家中刘凤吉原有青州话的底子，而儿媳王爱玲则只说青州话），一些常用青州方言词语为北城人熟悉并使用也是不可避免的。

当说到北城话有没有什么变化的话题时，郇素仁说还是有些变化的，她女儿郇延华则抢过话头说没什么变化。其实，他们有不同的看法也是容易理解的。老人有只说北城话的父母辈作为参照，自然感觉现在有变化；而中年的女儿从小就是在双方言的环境中长大，则对变化感受不深。不过，郇延华也承认，现在的年轻人所说的北城话已经不如老年人说得地道了。从我们与20多岁的石瑞青和14岁的郇琪的交谈中，可以感觉到她们的北城话基本特点（特别是声调）还是北城的，但是韵母的某些特点（主要是前响复合元音的动程减小和前鼻音尾的减弱）与老年人有些微差异，因而不如老年人的北城话味道足，而更靠近青州话。此外，青州方言词汇的渗入也是北城话变化的一个因素。

四、从历史与现状看北城话的发展趋势

从历史来看，北城话得以保留，我们认为主要有3个原因。

（1）相对封闭的语言环境。清代在山东省设立的满族兵营有两个，除青州北城外，另一个在德州。德州的旗人兵营在德州城内，兵营瓦解之后，与汉族混居，所以早就改说德州方言了。清代除京畿、东北的驻防兵营外，全国各地先后设置的驻防旗人兵营有20多个，但都没有保留下有关满族人方言的报道，其情况应该与德州类似。而青州北城原为独立城区，城毁之后仍为独立村庄，所以语言的小环境没有被打乱，这是北城话得以保留的最重要原因。

（2）民族心理。在清代，满族是统治民族，旗城直辖于朝廷（大致相当于省军区的兵营兼生活区），居高临下的地位自然使得北城人以近于京师而不同于当地方言的北城话为民族和地位的标志。"民国"之后，民族的优越感丧失了，而民族的认同和凝聚力犹在。在生活方式和其他习俗已经与当地汉族完全一致的情况下，北城话几乎成了仅有的满族特征（所以他们也称北城话为"满族话"）。如果放弃这一特征，满族也就彻底混同于当地汉族了。因此，说北城话也是保持民族特征的一种方式。

（3）语言因素。北城话与当地青州方言相比，可以说有两个特征。一是与北京话接近，这使得北城话的语言地位要高于当地话。这一点，在清代是民族地位、社会地位的差异，在现代是高雅程度和使用广泛程度的差异。青州不少人称"北城"为"小北京"，就是因为北城话与北京话相近。笔者曾听青州人说过，与北城人一起到外地出差时，一般会让北城人当"发言人"，因为外地人容易听懂北城话而不容易听懂青州话。二是与青州话

相差不是太大,除去词汇有些不同和语法上有极少影响交际的元素外,只是语音上(特别是声调)上有差异,交流没有太大问题。这也是少数北城人即使只说北城话也能正常生活的原因。

我们认为,这3个方面也是我们分析判断北城话走向的基础。如果这3个方面的情况全部改变,朝着不利于北城话保持的方向发展,那么北城话就会走向消亡;如果这3个方面或全部或一两个方面的现状能够保持下来,那么北城话就能够继续存活下去,起码是不会在较短的时间内消失。

先看语言环境。语言环境其实也就是生活环境和生产(工作)环境的问题。如前所述,北城村的语言环境已经发生了一些改变,不过这种改变还只是刚刚开始。北城村虽已经改置为社区,汉族居民也进入该社区居住,但是多数的北城满族还是居住在自建的平房或两层小楼内,呈聚居状态。即使住到满汉混住的楼房小区的满族居民,也还是与原来的老邻居、老北城人比邻。虽然生产已经不再由社区领导统一进行,但原北城村的村民仍然属于同一社会基层组织,社区组织的各种活动仍以原来的小队为单位进行(如每年原北城村的居民会分得村里的一些红利)。而在北城的商品房内居住的汉族居民只是住在这里而已(如张树彬曾在这里住了两年),并不参与北城村的活动。所以,目前北城村的语言环境还没有被完全打乱。这应该是18年来北城话改变还不算大的主要原因。不过,随着城市化进程的加快,如更多的商品楼小区的建造、更多的平房的改造,社区内只说青州话的汉族人会越来越多,而从平房迁居到楼房,原有的邻里关系也会改变。这样,自成一统的北城话环境肯定会越来越受到青州话的干扰。工作环境、学习环境等都会发生不利于北城话保持的变化。这从郇素仁的妻子和儿媳使用不同方言就可以看出:汉族婆婆刘凤吉1960年嫁入郇家后,主要从事家务和生产小队内的劳动,很快便改说北城话,至今已有51年;而她的儿媳王爱玲嫁入郇家也有十几年,但她一直在青州城里工作,青州话一直未改,现年38岁的她估计也不会再改了。这说明北城的家庭语言环境已经出现了松动,起码汉族媳妇已经没有改说北城话的压力了。不过,从18年来的变化来看,这些环境的改变对北城话的作用可能是比较缓慢的,并不会促使北城话很快消亡。

再看民族心理。尽管北城的满族基本没有什么特别的习俗而与汉族基本一致,但民族作为一个文化传统的符号,还是具有很重的分量的(特别是在中国),民族的自觉意识会一代代向下传承。至今北城满族人说起自己的历史还是津津乐道、充满自豪感的。作为北城满族几乎是唯一标记的北城话,肯定也会受到满族人的重视而让其后代继承。这种意识有可能随着民族的进一步融合而逐渐淡化,但一定需要一个相当长的过程。

至于北城话在语言方面的两个特点,后一个特点(与青州话差别不是很大)为其提供了相对宽松的生存空间,不至于因为现实交际的压力而被放弃;前一个特点(与普通话比较接近)则在大力推广普通话的大背景下受到青睐。诚然,现在青州市与北方其他的一些县级市一样,方言还是语言交际的主要工具,但是,普通话也正在慢慢地扩大应用面。作为教学语言,从幼儿园到小学、初中、高中,教师使用普通话已经比较普遍;作为交际用语,商店等服务行业的普通话使用也已经比较普遍。此外,有些汉族年轻夫妇,教他们的子女从小说普通话而不是方言。北城话虽然与普通话仍有差距,但它与普通话相近的特点仍会提升它的地位,说北城话不会使人觉得"土",相反会使人觉得"洋气"。也就是说,普通话的推广和普及有利于北城话的保存。

由此来看，尽管存在着不利于北城话保存的因素，但支撑北城话的有利因素也不少。因此，北城话这个特殊的北京官话方言岛的存在前景现在看还是比较乐观的。

当然，北城话毕竟不同于普通话。北城人也存在着学习普通话的问题，这是摆在北城人特别是年轻的北城人面前的问题。我们接触到的两个满族姑娘，石瑞青只会说北城话，普通话说得不好，而关宇的普通话则说得相当好。如果把普通话看作一种方言的话，则关宇这样的北城人实际上掌握了3种方言。随着普通话的普及，也逐渐会有满族子女从小学习和使用普通话而不是北城话。相比之下，北城话家庭中的子女习得普通话其实是更有优势的；并且，或许是更容易为长辈所接受的。我们可以不无理由地设想，北城方言岛的将来，有可能不是融于青州话，而是比当地青州话更早地融于普通话之中。这可能是北城话不同于其他方言岛的一种特殊命运。

参考文献

[1] 青州市志编纂委员会. 青州市志 [M]. 天津：南开大学出版社，1989.
[2] 隋同文. 青州上下五千年（青州文史资料第十八辑）[M]. 青州市政府史志办公室，2005.
[3] 张树铮. 山东青州北城满族所保留的北京官话方言岛记略 [J]. 中国语文，1995（1）.
[4] 张树铮. 试论普通话对方言语音的影响 [J]. 语言文字应用，1995（4）.

黑龙江站话的濒危性质及研究意义

陈立中 刘 宇

(南京大学文学院)

【提 要】站话是指黑龙江省境内部分清代驿站站丁的后裔所使用一种方言。本文探讨站话濒危的主要原因;分析站话濒危的主要表现,包括站话优势地位的逐渐丧失、地理分布上的分散和萎缩,以及家庭内部使用者年龄层次上的萎缩等;指出把站话列为濒危汉语方言的必要性,以及加强站话研究的意义。

【关键词】 站话 濒危的原因 濒危的表现

站话是指黑龙江省境内部分清代驿站站丁的后裔所使用一种方言,是以清代吴三桂手下云贵籍和部分北方籍士卒的方言为基础、融入了其他汉语方言和少数民族语言成分而形成的一种方言。1987 年版《中国语言地图集》图 B1 将这种方言定义为东北官话黑松片的一个小片。它主要分布在黑龙江省境内,在黑龙江省西部的肇源、肇州、林甸、齐齐哈尔、富裕、讷河、黑河、呼玛、塔河、漠河等市县的驿道两侧形成斑点式线状方言岛。使用这种方言的人自称"站上人",他们称比他们的祖先晚来的移民为"民户"或"民人"。"站上人"和"民人"是当地两个不同的独立民系,方言的不同是其重要的标志。站话处于"民人话"(也是东北官话的支系)的包围之中,正处于急剧消变状态中,有同化于周围方言的趋势。

一、站话濒危的主要原因

(一) 站人的改归民籍及其居住地的分散化

站人初来时各驿站人数相当有限。按照康熙二十四年(1685)康熙皇帝的命令是"每驿设壮丁并拨什库三十名"(《清圣祖实录》卷 121,康熙二十四年七月己巳)。随着岁月的流逝,站人繁衍生息,人口数量不断增加。例如,黑龙江省肇源县境内的茂兴站李氏始祖李元伯的下一代有 4 人,第三代 11 人,第四代 18 人,第五代 44 人,第六代 63 人……茂兴杨氏繁衍到第 8 代"万"字辈时传 81 人,号称"八十一万"。其他家族也大多如此。

随着人口的增殖,原有的生存空间显得越来越狭小了。于是站人开始在驿站附近分散居住。例如,茂兴站赵氏始祖赵兴云之孙赵登魁生有 3 个儿子,三子赵玉坤携家小从茂兴站西街搬至东街,茂兴赵氏由此分为西街和东街两支。

由于原来划定的驿站地面积有限,当人口增加到一定的程度或在某些站人的财富积累到一定水平的情况下，站人的生产生活便开始向更远的地方扩张。例如，1790年前后，茂兴站人张国辅在羊圈岗（今一心村北）从蒙古族人那里买回一部分土地，由放牧发展到耕作。其子瑞雨所生3个儿子志熙、志盛、志耀居茂兴西南，盖有3间大草房。之后这3家在羊圈岗的洼地上建有3家的房子，雇有长工和短工，种地、牧羊，春去冬回，故始有"三家子窝棚"之称。1900年，第九代传人张宗钦官拜骁骑校，居六品，人称"张老爷"。他在茂兴东南8里许购置土地，旧称"张老爷窝棚"，即今张老窝棚，如今已发展成几百户人家的大村落了。

19世纪末20世纪初对于站人和站话来说是一个重要的转折点。19世纪后期，清廷逐渐放松了对站人的限制。同治九年（1870）后，站人可任领催（千爷）、笔帖式、骁骑校等低级官职，或经允许参加府试。1896年9月始，从哈尔滨经肇源、茂兴马克图到伯都讷城有俄轮一艘，名曰"好好船"，每10日往返一次，专载客商、货物。由主线（从满洲里经哈尔滨到绥芬河，与俄国境内的西伯利亚大铁路相接）和支线（哈尔滨经长春、沈阳到大连）组成的中东铁路（又称"东省铁路""东清铁路"），1903年建成通车。轮船与火车逐步取代了驿站的作用。八国联军入侵中国之后，清廷政治衰败，财源枯竭，驿站难以维持。黑龙江各驿站"均遭兵燹，驿政疲弊，文报稽迟，莫可究诘"。巡抚程德全于光绪三十二年（1906）曾奏明茂兴至黑龙江城各站"俟俄约定后，妥订章程，仿俄站办理。其呼兰台站酌量裁撤，各站丁改归民籍，并设文报以代递驿"。光绪三十四年（1908）巡抚周树模以"驿递迟滞"，"原设茂兴等各台几同枝指"，主张"与呼兰等台一并裁撤"，"改添文报局，一切文牍往来，责成经理"。于是，各驿站均被裁撤，以文报局取而代之。站属土地升科（指对耕地开始征收赋税），站丁改归民籍。不少站人开始走出驿站，就近移居。例如，泰来县境内的古驿站只有时雨一地，但今站人也分布于阿拉兴、新风、东风、前官地、后官地、前托力河、后托力河。（游汝杰，1993）

茂兴站人在还籍为民之后也开始大量向周边拓荒买地，出现了许多的窝棚。例如，张氏族人较大的窝棚有张文芳窝棚（新华村合作社屯）、张文明窝棚、张俭窝棚（树林屯，也称"老虎窝棚"）、朋九屯（张朋九所建）、张文恭窝棚、东偏脸窝棚、西张偏脸窝棚等。此外，张文隆在邱家窝棚一带也开有大片土地，张文纪、张文芸、张文玺等在周边也购置了大量土地。赵氏族人如赵广华、赵广富、赵广来、赵广祥、赵广成、赵广高等纷纷开荒种地。到1946年，其后人赵有增、赵永秀、赵永贤、赵永坤、赵永恒、赵永壮等都成了家有良田上千亩、在当地小有名气的小财主。为了生产方便，他们在自己的地旁盖起窝棚，分别名为"东赵家窝棚""西赵家窝棚""北赵家窝棚""小赵家窝棚""赵小窝棚"等。每年农忙时吃住都在窝棚，入冬后只留牛、马、羊倌在那里，其他人回站"猫冬"过年。土地改革后，窝棚大多随之消失，但也有一些窝棚保留了下来，一些站人也在窝棚所在地定居下来。例如，赵永全、赵永贤的东赵家窝棚因离茂兴街里较远，土地又多，农户逐渐搬到那里居住，如今赵姓人家仍有10多户。今茂兴镇东面的姜家窝棚和南面的邱家窝棚、张老窝棚、三家子、文功屯等地都居住有一定数量的站人后裔。

（二）新移民的大量涌入

早在光绪四年（1878）前后，就开始有少数关内流民冒禁进入郭尔罗斯后旗垦荒。但是，起初清廷因顾虑重重而迟迟未肯开禁放垦。自咸丰朝起，黑龙江的边区局势开始紧张，尤其是清政府在中日甲午战争中战败，沙俄乘机加紧对东北地区的侵略渗透，清廷被迫逐步开禁东北，关内及辽东流民开始沿着驿路进入各驿站。在黑龙江将军和吉林将军的奏请下，清廷从光绪三十年（1904）起，采取旗、民兼放的办法，开禁放垦东三省全部荒地。日俄战争之后，清廷于光绪三十三年（1907）决定在东北进行官制改革和建制改革，5年内向黑龙江移民200万，以实边陲。（黄相芬、周妍，1999）1908年，郭尔罗斯后旗正式允许汉族流民移居。从此，大量移民进入包括郭尔罗斯后旗在内的黑龙江地区。到1930年，黑龙江地区人口达到了600万人。（梁玉多，1994）

站人的改归民籍和其居住地的分散化，外来新移民的大量涌入，这些因素都在一定程度上动摇了站话赖以存在的社会基础。站丁作为一种职业已不复存在，站丁和民人逐渐杂居在一起，并在20世纪20年代后开始通婚。两大民系之间的界限开始泯灭，站人的民系特征逐渐变得模糊。

二、站话濒危的表现

20世纪以来，站话的方言特性在逐渐消变，站话已成为一种濒危的汉语方言。这突出地表现在5个方面。

（一）站话优势地位的逐渐丧失

起初，每个驿站只有几十口人，后来由于站人人口规模的不断扩大以及新移民的迁入，驿站逐渐形成了一个个小城镇。改革开放以来，随着小城镇建设的不断加快，站人在这些小城镇人口中所占比例大幅下降。在肇源县，当初的6处驿站如今都成了乡镇人民政府所在地。据不完全统计，1982年，这6个乡镇共有站人1.8万人，占这些乡镇人口的3/4。这个比例在近20多年间被改变了许多。如在茂兴镇街里，站人后裔如今已不到镇内总人口的一半。这些老驿站所在的小城镇在20世纪二三十年代大都还是流行站话的，随着站人与民人比例的消长，站话在这些城镇逐渐丧失了原有的优势地位。茂兴镇赵衷说，他1934—1936年在镇上读小学，那时镇上人全说站话（游汝杰，1993），而现在茂兴镇内通行的已是东北官话。据赵殿锐观察，茂兴镇街里50岁以上的站人相互交谈一般还能使用站话，但当他们与非站人说话时方言就会发生偏离，所说的话就会程度不一地带有民人话的色彩；30～50岁的站人很少说站话；30岁以下的人几乎都不会说站话。

据游汝杰（1993）的调查，泰来县时雨村当时有2700多人，其中1/2是站人，1/2是新中国成立后从外地迁来的移民，移民和站人杂居，移民大多说普通话。又据郭凤岚（2003）的调查，嫩江县科洛乡科后村是该乡站人最集中的地方，据说20世纪60年代以前，该村居民几乎都是站人，后来开始有山东梁山移民，此后陆续有本省和外省的知青进入。如今该村人口约500户2200余人，其中站人约270余户1200人，仅占当地总人口的

60%左右。站话优势地位的逐渐丧失在各个老驿站所在地是比较普遍的现象。

（二）地理分布上的分散和萎缩

在改归民籍之后，站人不再被站丁这一特定职业束缚在驿站上，赖以生存的土地成为择居时考虑的首要因素。因此，站人的居住地很快就由老驿站向着周边农村扩散，站话也随之向周边农村扩散。这种扩散进一步缩小了站人在老驿站所在小城镇人口中的比例，加速了站话优势地位的丧失。在周边农村分散开来的站人也处于民人的包围之中，力量越发单薄，站话的彻底消失也许只是时间迟早的问题。正如游汝杰（1993）所说的，"历史上的站话在它的隆盛时期，曾经是典型的线状方言岛"，而如今"站话不再是完整的方言岛，充其量只能说它是斑点状的行将消亡的方言岛"。

（三）家庭内部使用者年龄层次上的萎缩

我们曾对肇源县茂兴镇李士会一家使用站话的情况做了较为详细的个案调查，调查结果如下。

1. 家庭成员

李士会夫妇（分别为89岁、88岁，均为本地站人后代）。4个儿子，均在本地，年龄为53～69岁。两个女儿已嫁他乡，且1人已亡故。4个儿媳中两人为本地站人后代，两人来自外乡（大儿媳10岁左右从山东迁到本地，四儿媳来自本县超等乡）。4个儿子共育有6子9女，6个孙媳除1人为本地站人后代外，其余均来自周边乡镇（如民意、超等、新华等）非站人家庭。9个孙女3人在本地，6人嫁到了外地。孙辈的年龄为25～44岁。曾孙辈已有17人，年龄跨度为1～22岁。

2. 语言能力

（1）在站人家庭成长的家庭成员的语言能力。

60岁以上的人一般能讲较为地道的站话（李士会本人因受教育等因素的影响，使用站话的能力有所下降）。

30～60岁的人中，站话成分在语言中的比例跟年龄成正比。即年龄越大，使用站话的能力就越强；年龄越小，使用站话的能力就越弱。

30岁以下的家庭成员，已不具备使用站话的能力。

（2）来自非站人家庭的家庭成员的语言能力。

成长于民人话与山东方言混用的家庭的大儿媳如今具备一定的使用站话的能力，即所说方言中夹杂一些站话成分，但仍以民人话为主，且杂有部分山东方言成分。

成长于使用民人话的家庭的四儿媳今使用东北官话，不会说站话。

孙媳除1人来自本地站人家庭，方言中杂有少量的站话成分外，其余均成长于使用民人话的家庭，如今仍讲民人话，不会说站话。

3. 语言使用情况

家庭成员语言使用情况与语言能力基本上是一致的，即具备哪一种方言的使用能力他们就使用哪一种方言。虽然整个家庭中存在站话和民人话并存的现象，但是就单个的家庭成员来说，采用的却是单一方言制，而不是双方言制。在与家庭内部其他成员交流或与外来人员交往时，家庭中的所有成员均使用自己具备语言能力的那一套方音系统，只是在面对不同的交流对象时，他们可能会根据对方说的是站话还是民人话在个别词汇上略做调整。

综上所述，在这一家庭中，站话的使用情况与年龄层次之间存在着明显的关联。在60岁以上站人的语言习得时期，当地通行的方言仍然是站话，这样的语言环境使得这一年龄段的人能够习得较为地道的站话。但是，随着外来人口的不断增多，站人与新移民通婚的情况越来越普遍，民人话在当地逐渐取得了优势。站话逐渐丧失了原有的优势地位，在人们交际中的使用范围也不断萎缩，30～60岁的人口中能够说站话的人越来越少，即便是能够说站话的人，其方言中的站话成分也在不断减少。30岁以下的人则完全改用当地现今的强势方言——民人话了。

教育在站话的消变过程中起到了相当大的作用。在这一家庭中有一个较为特殊的现象，李士会本人说的站话不如其大儿子地道。究其原因，是因为他本人接受过初等教育，学习过"汉语"，而其大儿子没有接受过学校教育。新中国成立以后当地开展了轰轰烈烈的推广普通话运动，要求学校都必须使用普通话进行教学，这对60岁以下的站人掌握和使用站话也产生了一定的影响。

一些站人家庭成员由于各种原因需要走出家庭，他们使用站话的能力也可能会有所下降。例如，李士会老人的四儿子由于工作的原因，常年在外，所以站话味儿已不明显。

（四）方言情感的催化

站人祖先背负的"红字"烙印对其后代有着不容忽视的牵连和影响。随着因自然环境所迫、背井离乡而来的新移民的增加，新移民对站人的态度被投射到对站话的语言态度上，从而加重了站人的负重感。"'民户'普遍认为站人说话'侉'"（游汝杰，1993），站人自己也觉得站话"侉"。300年来弥漫、积淀在站人心中挥之不去的自卑自贬情绪"使站人的后代们不再固守站话，甚至开始回避说站话直至完全不讲站话，即便今天的站人少有或没有这种'红字'意识，但站人仍然认为站话不如其他方言和普通话好听，站话依然在快速消变，这实际上也是站人一种自卑自贬心理的隐性延续"。郭凤岚给我们讲了这样一些的例子："科后村一位60岁左右的孙姓老大娘说，自己的孙女总认为站话太'侉'，所以和孙女外出时都不太敢讲话；科洛村范芝山老人76岁的老伴认为站话太难听，所以坚称自己现在说的不是站话，尽管我们听到她把'辣椒'说成［la⁵³ tɕiɑu⁴¹²］，把'科后'叫作［kʰɤ⁴¹² xou⁵³］，而这些发音确是地道的科洛站话。科后村董亚第的站人儿媳妇不仅不说站话，还尽量使自己的语言行为向来自其他省、市、县、村的移民方言靠拢。"（郭凤岚，2003）这种自卑型的方言情感加速了站话的消变。

（五）方言个性的逐渐削弱

站话的早期面貌我们已不得而知，但是从它今天的面貌来看，归入东北官话应该是没有什么疑义的。它长期处于民人话的包围和侵蚀之中，分布地域被侵占，使用者被抢夺，从词汇、语法系统到语音系统；它的方言个性被不断地消磨，属于站话独有的语言特点已经不多了。例如，站话的阴平单字调原本是一个调值约为412的曲折调，但是如今不少人已经全部或部分地念成了调值约为44的平调，与民人话的阴平调值相同了。再如，站人原管仓房叫"哈什屋"，现在也有许多人像民人一样叫"仓房"了。

三、把站话列为濒危汉语方言的必要性

站话在北部和南部分别处于东北官话黑松片嫩克小片和哈阜片肇阜小片的团团包围之中，其本身也被《中国语言地图集》图B1划入东北官话黑松片。既然如此，站话有作为"濒危方言"来进行研究的必要吗？

徐世璇（2001）认为，大致上可从语言使用者和语言自身等角度对语言的濒危程度进行层级划分。这一观点对于判定站话的濒危性质具有重要的参考意义。

从语言使用者的角度来看，站话是黑龙江地区部分清代驿站上的站丁及其眷属所使用的方言。站人的祖先多是"三藩之乱"时吴三桂属下的叛卒，他们特有的"红字"烙印和站丁身份使他们受到严格的管制。初时，每个驿站上的站丁数量是非常有限的。他们在极其艰苦的环境下繁衍生息，至今后裔虽数量不少，但散布于绵延一千多里的古驿路上的几十个老驿站。自20世纪初站人归入民籍以后，站丁职业不复存在，站人不再像以往那样逐站传递军情急报，各地站人之间联系日渐减少，近乎各自为政。随着新移民的大量涌入和站人向周边农村的分散，站人置身于民人的汪洋大海之中，在当地人口总量中所占比例日益下降。由于与民人通婚的现象越来越普遍，站人家庭中来自非站人家庭的成员越来越多。能说站话的人越来越趋于老龄化。年轻的站人后代由于教育的普及、择业的需要、流动性的增强等因素的影响，对学习和使用站话越来越不感兴趣，站话的传承面临着后继乏人的尴尬局面。一种方言如果在传承上后继乏人，把它称为濒危方言就应该是毫不夸张的。

从语言自身的角度看，站话的方言个性正在急剧减少。由于站话与民人话同属官话，差别较小，站人与民人使用各自的方言进行交流时不存在通话困难，因此民人话之于站话，往往不是采取全盘取代的方式，而是蚕食其方言个性，日积月累，在不知不觉间使站话变得面目全非，与民人话越来越接近。这种蚕食方式模糊了两种方言之间的分歧，与全盘取代的方式一样，会把一种方言置于濒危的境地。

大凡接触和研究过站话的学者都会不约而同地发出这样的感慨：站话正处在一种急剧的消变过程中。贺巍在《中国语言地图集》图B1中指出："站话有同化于周围方言的趋势。"游汝杰（1993）也认为，"清末民初站话渐入衰颓期"，"站话作为独立的方言岛，其特征渐渐变得模糊"，站话的衰颓表现在"时代层次上的萎缩""年龄层次上的萎缩""特殊字音和词汇的残留""地理分布上的萎缩""移民的冲击"等几个方面，"历史上的站话在它的隆盛时期，曾经是典型的线状方言岛，但是到了现代由于上述各方面的衰颓，站话不再是完整的方言岛，充其量只能说它是斑点状的行将消亡的方言岛"。郭风岚（2003）也发现，"科洛站话目前正在发生着急遽变化：（1）音系与普通话差别不大，声调系统很不稳定，表明科洛站话正逐渐向东北官话靠近。（2）词汇与东北官话词汇或普通话词汇越来越接近，已经无法构成独立的系统。（3）在年龄层次上明显分层。50岁以上

的站人能说地道的站话的已经不多，且发音很不稳定；50 岁以下的站人则基本上讲东北官话或普通话，站话在该年龄层次上基本消亡"。目前，站话在一些老驿站已经消亡，如肇源县的二站、三站。如果各地的站话照现在的速度衰颓下去的话，也许过不了二三十年的时间，这种方言就会从黑龙江这片土地上消失。

2000 年 2 月，学者们在德国科隆召开的关于濒危语言会议上将语言的濒危程度分为 7 个等级（徐世璇，2001：216 - 220）。如果按照这种划分标准和方法来看各地站话的话，站话已不仅仅是一种"受到侵蚀的方言"（eroding，第三级），而可以说是"严重危险的方言"（severely endangered，第五级）或"危急的方言"（critically endangered，第六级），在一些地方甚至已是"灭绝的方言"（extinct，第七级）了。

四、站话研究的意义

（1）能使人们对站话目前的语言面貌有比较全面深入的了解。迄今为止，人们对于站话语言面貌的认识还是相当模糊的，其主要原因在于研究站话的成果不仅少，而且都缺乏对这种方言的系统描写。我们将对肇源县茂兴镇这一个代表点的站话进行系统的描述分析，以期弥补这方面的不足。虽然我们对站话最初的面貌无法得知，但是通过这一研究，我们可以知道当地现在的站话究竟是一种什么样的方言。据说，"在'站人'妇女中曾流传过一种十分神奇的文字，只有形和意，没有读音……这种文字专门用于女人之间交流，男人根本不能学。杨中华老师说在 1949 年参加一个站人婚礼时，曾见几个叼大烟袋的站人老太太，拿着草棍在地上写'女字'。杨老师回忆说，那字就是图形，每个图形表达一个完整的意思。如今在这里找到'站人'老太太，她们说有这'女字'，但都已经写不上来了"（刁雁林、朱彤，2003）。"女字"是否真的在站人妇女中存在并使用过，这一问题也许永远是一个谜，因为我们无法找到有关这种"女字"的实物和文献依据。如果我们再不对站话进行抢救性的系统描写，一旦这种方言在可以预计的时间里不可逆转地消亡了，我们将会给后来者留下新的遗憾，我们对站话的认识将永远停留在屈指可数的那几篇论文和人们的喟叹声中了。

（2）站话作为一种职业方言具有很高的社会语言学价值。站话是特定区域内从事特定职业的特定人群所使用的方言，具有显著的职业特性。游汝杰（1993）认为它"只用于站丁及其眷属之间，可以说是一种特殊的行业语"。郭风岚（2003）也说："站话的初起当为职业方言，由于历史的、客观的原因和站丁来源特点等最终演变成一种特殊的民系方言。"站话又是一种处在急剧衰颓中的濒危方言。站话可以作为一个难得的个案，对它的观察和研究对于寻找许多社会语言学问题的答案是非常有帮助的。

（3）站话是了解黑龙江地区历史与文化的一面镜子。游汝杰（1993）认为："站人是最早移居黑龙江蒙古族游牧地的汉族人民。"站人之移居黑龙江是在特定的历史条件下进行的，与"三藩之乱"和雅克萨战役有着直接的关联。这些驿站的设置以及站人的活动对于沟通黑龙江地区与内地的联系，维护国家的主权与领土完整，促进边疆地区的开发都起到了不可忽视的作用。对站话的研究，可以让我们从语言的角度入手，重温这段历史，从中得到某些启迪。

站人有着特定的历史来源，生活于特定的区域，从事着特定的职业，在300多年的时间里形成了饶有特色的站人文化。站人文化是黑土地上诞生的文化奇葩，是中华文化的重要组成部分。站话既是站人文化中的重要成分，又像一面镜子折射出站人在婚姻、居住、衣食、礼仪等方面颇具民系特色的文化现象。研究站人文化离不开对站话的调查研究。

参考文献

[1] 刁雁林，朱彤．三百年风雨话"站人"［OL］．http：//icl.pku.edu.cn/member/zwd/Sociolinguistics/StandingPeople.htm，2003-02-16．
[2] 郭风岚．消变中的科洛站话［J］．中国社会语言学，2003（1）．
[3] 郭正彦．黑龙江方言分区略说［J］．方言，1986（3）．
[4] 贺巍．东北官话的分区（稿）［J］．方言，1986（3）．
[5] 黑龙江省肇源县地方志编审委员会办公室．肇源县志［Z］．1995．
[6] 黄相芬，周妍．简述近代我国东北地区土地开发的历程［J］．黑龙江史志，1999（3）．
[7] 纪昀，等．钦定八旗通志［M］．李洵，赵德贵，周毓方，等，校点．长春：吉林文史出版社，2002．
[8] 李德滨，石方．黑龙江移民概要［M］．哈尔滨：黑龙江人民出版社，1987．
[9] 李向辰．谈驿站设置及驿丁民族归属问题——与王国志先生商榷［J］．黑龙江史志，1995（6）．
[10] 李兴盛．东北流人史［M］．哈尔滨：黑龙江人民出版社，1990．
[11] 李自宗．茂兴李氏家族简谱［Z］．1999．
[12] 梁玉多．谈我国近代移民对巩固边疆的作用［J］．大庆高等专科学校学报，1994（1）．
[13] 刘凤云．清代三藩研究［M］．北京：中国人民大学出版社，1994．
[14] 刘文鹏．论清代东北驿站功能的发展［J］．松辽学刊（人文社会科学版），2002（6）．
[15] 柳成栋．清代黑龙江孤本方志四种［M］．哈尔滨：黑龙江人民出版社，1989．
[16] 裴良玉，王巍．黑龙江地区的古驿站［J］．黑龙江史志，2001（3）．
[17] 清历朝史官．圣祖实录（二）［M］//清实录：第五册．北京：中华书局，1985．
[18] 王国志．站丁及站上人考略［J］．黑龙江史志，1994（5）．
[19] 西清．黑龙江外记［M］．哈尔滨：黑龙江人民出版社，1984．
[20] 萧一山．清代通史［M］．北京：中华书局，1986．
[21] 徐世璇．濒危语言研究［M］．北京：中央民族大学出版社，2001．
[22] 徐宗亮，等．黑龙江述略：外六种［M］．李兴盛，张杰，点校．哈尔滨：黑龙江人民出版社，1985．
[23] 杨宾．柳边纪略［M］//龙江三纪．哈尔滨：黑龙江人民出版社，1984．
[24] 杨柏森．古驿站茂兴最初的人口和姓氏［Z］．张希民．站人研究，2015（2）．
[25] 杨柏森．茂兴有一支"杨家将"后裔［Z］．张希民．站人研究，2015（2）．
[26] 杨建华．小城轶事［Z］．张希民．茂兴历史研究，2015（13）．
[27] 杨建华．君祖同路人由滇到宁年［Z］．张希民．站人研究，2005（2）．
[28] 杨建华，等．茂兴杨氏族谱［Z］．大庆：黑龙江省肇源县茂兴镇茂兴杨氏族谱修编委员会，2003．
[29] 杨兆显．致黑龙江各驿站人的公开信［Z］．张希民．站人研究，2015（1）．
[30] 游汝杰．黑龙江省的站人和站话述略［J］．方言，1993（2）．
[31] 袁森坡．康雍干经营与开发北疆［M］．北京：中国社会科学出版社，1991．
[32] 曾寿．随军纪行译注［M］．季永海，译注．北京：中央民族学院出版社，1987．

[33] 张希民, 等. 茂兴张姓族谱 [Z]. 大庆：茂兴张姓族谱续续编委员会, 1999.
[34] 赵殿锐, 等. 茂兴赵氏族谱 [Z]. 大庆：茂兴赵氏族谱续修委员会, 2003.
[35] 中国人民大学清史研究所. 清史编年（第二卷康熙朝上）[M]. 北京：中国人民大学出版社, 1988.
[36] 中国社会科学院, 澳大利亚人文科学院. 中国语言地图集 [M]. 香港：朗文（远东）出版有限公司, 1987.

[原载《文史博览（理论）》2005 年第 20 期]

陕南湘方言岛的分布与特点

郭沈青

(宝鸡文理学院中文系)

【提 要】陕南安康汉阴、汉滨、石泉交界的深山区域分布着若干个湘方言岛,它们以古全浊声母不送气,非、晓组合口混读等特征区别于陕南的江淮官话和赣方言,其方言特征与湘中北方言十分相似。陕南湘方言岛的形成与清朝乾嘉年间"湖广填陕南"的大规模移民有关,是湘中北地区移民方言迁入陕南后与其他地区移民方言进一步接触交融而形成的一种湘方言变体。

【关键词】 陕南湘方言岛 分布 特点

一、陕南湘方言岛的分布

郭沈青在报告陕南客伙话(2006)时,只提到陕南存在江淮官话和赣方言,未提及陕南湘方言。周政(2006)在报告安康方言分区时,也只提到安康存在江淮官话,未提及赣方言和湘方言。但据张德新(2006)先生报告,陕南安康还有保存完好的湘方言。他认为,"现代的陕南湘语区分布在安康市汉滨区的叶坪、沈坝、双溪、铁路,汉阴的蒲溪、田禾、安良、涧池、铁佛等乡镇,石泉的池河、迎风等乡镇,宁陕的太山、铁炉等乡镇,平利的八仙镇,紫阳的毛坝镇"。

据此,笔者最近又做了一次较深入的排查核实[①],证实在汉阴、石泉、汉滨交接的深山地区确实还有零星的小块湘方言岛,只是分布范围并没有张先生描述得那么广。在张先生上述湘方言的分布区域中,仅有沈坝、双溪、铁路、田禾、安良等点基本完好地保留了古全浊母今读塞音塞擦音不送气的特征,可看作湘语;而汉阴的蒲溪、涧池、铁佛,石泉的池河、迎风,宁陕的太山、铁炉(属龙王镇),紫阳的毛坝镇古全浊母不送气的湘方言特征已基本消失。由去声不分阴阳,入派阳平,非、晓组合口混读等方言特点看,这些点只能算是含有湘方言特点的混合性西南官话;而平利八仙古全浊母平送仄不送,去声分阴阳,入派阴阳去,非、晓组合口混读,只能算含湘方言层次的混合性江淮官话。可以说,陕南湘方言在周围西南官话、江淮官话及赣语的接触交融下,正处于萎缩状态。即使保留

---

* 本文为国家社会科学基金课题"陕南方言的接触与历史层次研究"(项目编号:11BYY027),教育部规划课题"陕南方言的接触与演变个案研究"(项目编号:09XJA740001),陕西省教育厅规划项目"陕南方言的接触与演变研究"(项目编号:09JK008),院重点项目"陕南方言的接触与演变研究"(项目编号:ZK0827)、"陕南中原官话的接触与历史层次研究"(项目编号:ZK0928)及"陕南濒危方言调查与研究"(项目编号:ZK1028)的阶段性成果。

① 本次调查时间为2006年11—12月。

相对完好的小块湘语方言岛,其湘语特征也主要存留于老派音中,新派音中已很少看到。若以古全浊母今读塞音塞擦音不送气为湘方言的特征,从我们目前调查掌握的材料看,陕南保存相对完好的湘方言岛有4个,即汉阴田禾湘方言岛、汉滨沈坝湘方言岛、石泉中池湘方言岛和山阳长沟湘方言岛(后两个湘方言岛张先生未提到)。其中,长沟湘方言岛源自鄂东南地区(今归赣语大通片),但其古全浊母今读塞音塞擦音不送气等一系列特征上,呈现老湘语层次,故归入湘方言(关于长沟方言的性质和归属有另文专门讨论)。具体情况如下。

1. 田禾湘方言岛

田禾湘方言岛分布于汉阴县田禾乡、双乳镇安良沟、汉滨区梅子铺镇铁道沟,使用人口约10000人(据第五次人口普查数据)。此方言岛周围是西南官话。

2. 沈坝湘方言岛

沈坝湘方言岛分布于汉滨区沈坝镇和双溪乡,使用人口18440人(据第五次人口普查数据)。此方言岛被西南官话和中原官话所包围。

3. 中池湘方言岛

中池湘方言岛位于石泉县中池乡,使用人口约5000人(据第五次人口普查全乡人口10146人)。此方言岛周围为西南官话和混合性西南官话,岛内除湘方言外,还有约一半人使用江南话(赣方言)。

4. 长沟湘方言岛

长沟湘方言岛分布于山阳县长沟镇,使用人口10910人(据第五次人口普查数据)。此方言岛被中原官话和赣方言所包围。

二、陕南湘方言岛的语音特点

1. 陕南湘方言岛语音的共同特点

陕南湘方言岛有一些共同特点,这里以汉阴田禾、汉滨沈坝、石泉中池、山阳长沟为例,比较如下。

(1)陕南湘方言岛古全浊母今读塞音塞擦音无论平仄皆读不送气清音(中池有例外)。如:

	排並平	头定平	慈从平	茶澄平	动定上	败並去	白並入	读定入
汉阴田禾	[$_\subset$pai]	[$_\subset$təu]	[$_\subset$tsɿ]	[$_\subset$tsa]	[toŋ^2]	[pai^2]	[$_\subset$pe]	[$_\subset$təu]
汉滨沈坝	[$_\subset$pai]	[$_\subset$təu]	[$_\subset$tsɿ]	[$_\subset$tsa]	[təŋ^2]	[pai^2]	[pe^2]	[təu^2]
石泉中池	[$_\subset$pa]	[$_\subset$tiau]	[$_\subset$tsɿ]	[$_\subset$tsa]	[tən^2]	[pa^2]	[p^{h}a^2]	[t^{h}əu^2]
山阳长沟	[$_\subset$pa]	[$_\subset$tə]	[$_\subset$tsɿ]	[$_\subset$tsua]	[təŋ^2]	[pa^2]	[pua^2]	[tau^2]

(2) 陕南湘方言岛非敷奉与晓匣母合口字多混同（长沟例外）。如：

	飞止合非	灰蟹合晓	访宕合敷	谎宕合晓	符遇合奉	胡遇合匣	翻山合敷	欢山合晓
汉阴田禾	[˪fei]	[˪fei]	[ˊfaŋ]	[ˊfaŋ]	[˪fu]	[˪fu]	[˪fan]	[˪fan]
汉滨沈坝	[˪fei]	[˪fei]	[ˊfaŋ]	[ˊfaŋ]	[˪fu]	[˪fu]	[˪fan]	[˪fan]
石泉中池	[˪xui]	[˪xui]	[ˊxaŋ]	[ˊxaŋ]	[˪fu]	[˪fu]	[˪fan]	[˪xœ]
山阳长沟	[˪fei]	[˪xui]	[ˊfõ]	[ˊxuõ]	[˪fu]	[˪xu]	[˪fuæ̃]	[˪xuə̃]

(3) 陕南湘方言岛果摄多读单元音 [o/ʊ/u]。如：

	多歌端平	搓歌清平	歌歌见平	我歌疑平	婆戈并平	坐戈从上	果戈见上	货戈晓去
汉阴田禾	[˪to]	[˪tsʰo]	[˪ko]	[ˊŋo]	[˪po]	[tso²]	[ˊko]	[xo²]
汉滨沈坝	[˪to]	[˪tsʰo]	[˪ko]	[ˊŋo]	[˪po]	[tso²]	[ˊko]	[xo²]
石泉中池	[˪tʊ]	[˪tsʰʊ]	[˪kʊ]	[ˊŋʊ]	[˪pʊ]	[tsʊ²]	[ˊkʊ]	[xʊ²]
山阳长沟	[˪tu]	[˪tsʰəu]	[˪ku]	[ˊŋu]	[˪pu]	[tsəu²]	[ˊku]	[xu²]

(4) 陕南湘方言岛宕江摄开口知庄组字读开口。如：

	装宕庄	壮宕庄	疮宕初	床宕崇	霜宕生	桩江知	窗江初	双江生
汉阴田禾	[˪tsaŋ]	[tsaŋ²]	[˪tsʰaŋ]	[˪tsaŋ]	[˪saŋ]	[˪tsaŋ]	[˪tsʰaŋ]	[˪saŋ]
汉滨沈坝	[˪tsaŋ]	[tsaŋ²]	[˪tsʰaŋ]	[˪tsaŋ]	[˪saŋ]	[˪tsaŋ]	[˪tsʰaŋ]	[˪saŋ]
石泉中池	[˪tsaŋ]	[tsaŋ²]	[˪tsʰaŋ]	[˪tsaŋ]	[˪saŋ]	[˪tsaŋ]	[˪tsʰaŋ]	[˪saŋ]
山阳长沟	[˪tʂõ]	[tʂõ²]	[˪tʂʰõ]	[˪tʂõ]	[˪ʂõ]	[˪tʂõ]	[˪tʂʰõ]	[˪ʂõ]

(5) 陕南湘方言岛山臻遇通摄合口三、四等知见系同音。如：

	船山合三	权山合三	润臻合三	韵臻合三	书遇合三	虚遇合三	缺山合四	局通合三
汉阴田禾	[˪tɕyan]	[˪tɕyan]	[yən²]	[yən²]	[˪ɕy]	[˪ɕy]	[˪tɕʰye]	[˪tɕy]
汉滨沈坝	[˪tʂɥan]	[˪tʂɥan]	[ɥen²]	[ɥen²]	[˪ʂɥ]	[˪ʂɥ]	[tsʰɥe]	[tʂɥ]
石泉中池	[˪tʂɥæ]	[˪tʂɥæ]	[ɥen²]	[ɥen²]	[˪ʂɥ]	[˪ʂɥ]	[tsʰɥe]	[tʂɥ]
山阳长沟	[˪tʂɥẽ]	[˪tʂʰɥẽ]	[ɥen²]	[ɥen²]	[˪ʂɥ]	[˪ʂɥ]	[tsʰɥe]	[tʂɥ]

(6) 陕南湘方言岛泥来母多洪混细分（中池洪混细分受鼻化韵影响）。如：

	脑泥洪	老来洪	南泥洪	蓝来洪	年泥细	连来细	泥泥细	离来细
汉阴田禾	[ʻlau]	[ʻlau]	[ˌlan]	[ˌlan]	[ˌȵian]	[ˌlian]	[ˌȵi]	[ˌli]
汉滨沈坝	[ʻlau]	[ʻlau]	[ˌlan]	[ˌlan]	[ˌȵian]	[ˌlian]	[ˌȵi]	[ˌli]
石泉中池	[ʻlau]	[ʻlau]	[ˌnã]	[ˌnã]	[ˌȵĩ]	[ˌȵĩ]	[ˌȵi]	[ˌli]
山阳长沟	[ʻnau]	[ʻlau]	[ˌnẽ]	[ˌlæ̃]	[ˌniẽ]	[ˌliẽ]	[ˌȵi]	[ˌlei]

2. 陕南湘方言岛语音的内部差别

陕南湘方言岛由于来源地不同及与陕南江淮官话、赣方言和西南官话的接触交融，内部呈现出一些差异。这里列出汉阴田禾、汉滨沈坝、石泉中池、山阳长沟4个点予以比较说明。

（1）田禾、中池、长沟去声分阴阳，沈坝去声不分阴阳；入声田禾归阳平，沈坝归去声，中池归阴去，长沟全浊入归阳去，清、次浊入保留入声。（见表1）

表1　陕南湘方言岛声调的内部差异

代表点	平		上		去		入	
	清	浊	清次浊	全浊	浊	清	清次浊	全浊
汉阴田禾	阴平 44	阳平 213	上声 35	阳去 11		阴去 13	= 阳平 213	
汉滨沈坝	阴平 44	阳平 412	上声 35		去声 213		= 去声 213	
石泉中池	阴平 44	阳平 311	上声 35	阳去 21		阴去 13	= 阴去 13	
山阳长沟	阴平 31	阳平 51	上声 55	阳去 33		阴去 213	入声 24	= 阳去 33

（2）田禾、沈坝假开三主元音多读 [ɛ]，中池、长沟主元音白读 [a]。如：

	借精去	写心上	斜邪平	遮章平	车昌平	射船去	蛇船平	爹知平
汉阴田禾	[tɕiɛ⁼]	[ʻɕiɛ]	[ˌɕiɛ]	[ˌtʂɛ]	[ˌtʂʰɛ]	[ʂɛ⁼]	[ˌʂa]	[ˌtia]
汉滨沈坝	[tɕiɛ⁼]	[ʻɕiɛ]	[ˌɕiɛ]	[ˌtʂɛ]	[ˌtʂʰɛ]	[ʂɛ⁼]	[ˌʂɛ]	[ˌtiɛ]
石泉中池	[tɕia⁼]	[ʻɕia]	[ˌɕia]	[ˌtʂɥa]	[ˌtʂʰɥa]	[ʂɥa⁼]	[ˌʂɥa]	[ˌtia]
山阳长沟	[tɕya⁼]	[ʻɕya]	[ˌɕya]	[ˌtsua]	[ˌtʂʰe]	[ʂɥa⁼]	[ˌʂɥa]	[ˌti]

（3）田禾、沈坝、中池鱼虞韵部分白读字与蟹止同韵读 [i]，长沟读 [ei]。如：

	蛆鱼精平	去鱼见去	徐鱼邪平	取虞清上	低蟹端平	细蟹心去	离止来平	鼻止並去
汉阴田禾	[ˌtɕʰi]	[tɕʰi⁼]	[ˌɕi]	[ʻtɕʰi]	[ˌti]	[ɕi⁼]	[ˌli]	[pi⁼]
汉滨沈坝	[ˌtɕʰi]	[tɕʰi⁼]	[ˌʂɥ]	[ʻtʂʰɥ]	[ˌti]	[ɕi⁼]	[ˌli]	[pi⁼]
石泉中池	[ˌtɕʰi]	[tɕʰi⁼]	[ˌɕi]	[ʻtɕʰi]	[ˌti]	[ɕi⁼]	[ˌli]	[pʰi⁼]
山阳长沟	[ˌtsʰei]	[tɕʰi⁼]	[ˌsei]	[ʻtsʰei]	[ˌtei]	[sei⁼]	[ˌlei]	[pei⁼]

▶ 陕南湘方言岛的分布与特点

（4）蟹摄开口一二等田禾、沈坝读ai，中池读 [a/æ]，长沟读 [a/ə]。如：

	戴哈端去	袋哈定去	赛哈心去	开咍溪平	带泰端去	害泰匣去	买佳明上	败夬并去
汉阴田禾	[tai²]	[tai²]	[sai²]	[ˬkʰai]	[tai²]	[xai²]	[ˤmai]	[pai²]
汉滨沈坝	[tai²]	[tai²]	[sai²]	[ˬkʰai]	[tai²]	[xai²]	[ˤmai]	[pai²]
石泉中池	[ta²]	[tæ²]	[sa²]	[ˬkʰæ]	[ta²]	[xæ²]	[ˤma]	[pa²]
山阳长沟	[ta²]	[tə²]	[sa²]	[ˬkʰə]	[ta²]	[xə²]	[ˤma]	[pa²]

（5）流摄端见开一、庄开三田禾、沈坝读 [əu]，中池白读 [iau]，长沟白读 [ə/iə]。如：

	偷透平	头定平	豆定去	走精上	狗见上	藕疑上	馊生平	瘦生去
汉阴田禾	[ˬtʰəu]	[ˬtəu]	[təu²]	[ˤtsəu]	[ˤkəu]	[ˤŋəu]	[ˬsəu]	[səu²]
汉滨沈坝	[ˬtʰəu]	[ˬtəu]	[təu²]	[ˤtsəu]	[ˤkəu]	[ˤŋəu]	[ˬsəu]	[səu²]
石泉中池	[ˬtʰiau]	[ˬtiau]	[tiau²]	[ˤtɕiau]	[ˤtɕiau]	[ˤɲiau]	[ˬɕiau]	[ɕiau²]
山阳长沟	[ˬtʰə]	[ˬtə]	[tə²]	[ˤtsə]	[ˤtɕiə]	[ˤŋiə]	[ˬsau]	[sə²]

（6）咸、山开一、二等字中池读 [ã]，长沟读 [ɐ̃/æ̃]，开三、四等字中池读 [ĩ/ie]，长沟读 [iẽ/i]，与田禾、沈坝读音不同。如：

	南咸开一	难山开一	咸咸开二	间山开二	店咸开四	见山开四	接咸开三	灭山开三
汉阴田禾	[ˬlan]	[ˬlan]	[ˬxan]	[ˬkan]	[tian²]	[tɕian²]	[ˬtɕie]	[ˬmie]
汉滨沈坝	[ˬlan]	[ˬlan]	[ˬxan]	[ˬkan]	[tian²]	[tɕian²]	[tɕie²]	[mie²]
石泉中池	[ˬnã]	[ˬnã]	[ˬxã]	[ˬkã]	[tĩ²]	[tɕĩ²]	[tɕie²]	[mie²]
山阳长沟	[ˬnẽ]	[ˬnæ̃]	[ˬxæ̃]	[ˬkæ̃]	[tiẽ²]	[tɕiẽ²]	[tɕi²]	[mi²]

（7）山摄合口一、二等字中池、长沟有区别，田禾、沈坝无区别。如：

	短山合一	酸山合一	管山合一	宽山合一	欢山合一	关山合二	还山合二	弯山合二
汉阴田禾	[ˤtan]	[ˬsan]	[ˤkuan]	[ˬkʰuan]	[ˬfan]	[ˬkuan]	[ˬxuan]	[ˬuan]
汉滨沈坝	[ˤtan]	[ˬsan]	[ˤkuan]	[ˬkʰuan]	[ˬfan]	[ˬkuan]	[ˬxuan]	[ˬuan]
石泉中池	[ˤtæ̃]	[ˬsæ̃]	[ˤkuæ̃]	[ˬkʰuæ̃]	[ˬxuæ̃]	[ˬkuã]	[ˬuã]	[ˬuã]
山阳长沟	[ˤtẽ]	[ˬsẽ]	[ˤkuẽ]	[ˬkʰuẽ]	[ˬxuẽ]	[ˬkuæ̃]	[ˬxuæ̃]	[ˬvæ̃]

(8) 宕江摄田禾、沈坝、中池读 [aŋ]，长沟读 [õ]。如：

	党宕开一	长宕开三	光宕合一	棒江开二	讲江开二	房宕合三	黄宕合一	样宕开三
汉阴田禾	[˚taŋ]	[˚tṣaŋ]	[˚kuaŋ]	[paŋ²]	[˚kaŋ]	[˳faŋ]	[˳faŋ]	[iaŋ²]
汉滨沈坝	[˚taŋ]	[˚tṣaŋ]	[˚kuaŋ]	[paŋ²]	[˚kaŋ]	[˳xaŋ]	[˳uaŋ]	[iaŋ²]
石泉中池	[˚taŋ]	[˚tṣaŋ]	[˚kuaŋ]	[paŋ²]	[˚kaŋ]	[˳xaŋ]	[˳uaŋ]	[iaŋ²]
山阳长沟	[˚tõ]	[˚tṣõ]	[˚kõ]	[põ²]	[˚tɕiõ]	[˳fõ]	[˳xõ]	[iõ²]

(9) 梗摄字田禾、沈坝主元音为中高元音 [ə/e/i/ɻ]，中池、长沟主元音白读低元音 [a]。如：

	生梗开二	平梗开三	名梗开三	晴梗开三	白梗开二	麦梗开二	石梗开三	踢梗开四
汉阴田禾	[˳səŋ]	[˳pin]	[˳min]	[˳tɕin]	[˳pe]	[˳me]	[˳ʂɻ]	[˳tʰi]
汉滨沈坝	[˳səŋ]	[˳pin]	[˳min]	[˳tɕin]	[pe²]	[me²]	[ʂɻ²]	[tʰi²]
石泉中池	[˳saŋ]	[˳piaŋ]	[˳miaŋ]	[˳tɕiaŋ]	[pʰa²]	[mæ²]	[ʂua²]	[tsʰua²]
山阳长沟	[˳saŋ]	[˳piaŋ]	[˳miaŋ]	[˳tɕiaŋ]	[pua²]	[ma²]	[ʂua²]	[tʰia²]

(10) 通摄字田禾为 [oŋ/ioŋ]、沈坝、长沟为 [əŋ/iəŋ]，中池为 [ən/in]。如：

	东通合一	空通合一	农通合一	宋通合一	风通合三	穷通合三	从通合三	用通合三
汉阴田禾	[˳toŋ]	[˳kʰoŋ]	[˳loŋ]	[soŋ²]	[˳xoŋ]	[˳tɕioŋ]	[˳tsoŋ]	[ioŋ²]
汉滨沈坝	[˳təŋ]	[˳kʰəŋ]	[˳ləŋ]	[səŋ²]	[˳xəŋ]	[˳tɕiəŋ]	[˳tsəŋ]	[iəŋ²]
石泉中池	[˳tən]	[˳kʰən]	[˳nən]	[sən²]	[˳xən]	[˳tɕin]	[˳tsən]	[iən²]
山阳长沟	[˳təŋ]	[˳kʰuəŋ]	[˳nəŋ]	[səŋ²]	[˳fəŋ]	[˳tɕiəŋ]	[˳tsʰəŋ]	[iəŋ²]

三、陕南湘方言岛的成因

陕南地处汉水上游秦巴山区，北有秦岭阻隔，南有大巴山脉，界内山川纵横，交通不便。但其地处秦、陇、鄂、豫、蜀5省交界地带，北通关中、南近川蜀、西接甘肃、东连鄂豫，为关陇、巴蜀、荆襄间交通要道，战略地位十分重要。宋元之际，陕南沦为南宋与金、元战争的战场，长期的拉锯战使陕南人口耗减严重。元代陕南地区人口仅为29996口（鲁西奇，2000：350），不及北宋崇宁元年（1102）469583口的1/10。由于元末明初陕南成为一个地广人稀之区，明代以后，陕南地区逐渐成为一个重要的人口迁入区（薛平拴，2001：370）。

明代从洪武年间到成化年间"荆襄流民"，不断有北方灾民迁入陕南，明代移民成为历经战乱灾荒陕南居民的主体，即后来陕南所谓的"老民"。据薛平拴博士研究，明代陕南移民的迁出地主要为河南、山西、四川、甘肃、湖北及关中等我国北方地区，而来自我们南方地区的移民则相对较少（薛平拴，2001：373）。虽然明中叶以来有10多万流民附籍定居在这里，但相对于广阔的山区而言并不算多。明末清初的农民战争和三藩叛乱再次使这一地区饱经战乱，造成人口大量耗减。丘陵山地固不待言，即使河谷地带也人口稀缺。（鲁西奇，2000：411）康熙初年陕南部分县的编户里数严重下降，汉阴4里，洵阳4里，镇安2里，商南1里，山阳2里，平利1里，白河1里。（转引自薛平拴，2001：377）可见清初陕南萧条荒敝之程度。为了恢复生产，清政府采取了一系列优惠政策，鼓励招徕流民开垦荒地。这些优厚的招垦条例及陕南适宜的气候、肥沃的土地，无疑对人口密集区无地或少地的农民具有强大的吸引力。时逢江淮、湖广连年旱涝灾害，内拉外推，终于促成了清朝"湖广填陕南"的移民浪潮。

清代大规模的移民浪潮出现于乾隆年间。乾隆初年，一批以皖赣居民为主体的移民首先沿丹江进入商州商丹盆地。乾隆二十年（1755）后，移民以更大规模迁入商州，并依次向商南、山阳、镇安的低山、丘陵推进。乾隆三十七八年后又有蜀楚为主的移民取道鄂西、川北进入陕南东部安康地区。（鲁西奇，2000：412）据陕西巡抚毕沅《兴安升府奏疏》："兴安一州，地约四千余里，从前俱系荒山僻壤，土著无多。自三十七八年以后因川楚间有歉收处所，穷民就食前来，旋即栖谷依岩，开垦度日。而河南、江西、安徽等处贫民，亦多携带家室来此认地、开荒，络绎不绝。是以近年来户口骤增至数十余万，五方杂处，良莠错居。"由于移民的大量涌入，导致兴安州人口大增，清政府于乾隆四十七年（1782）将兴安州升为府，复设安康县，同时在终南山设孝义厅（柞水）、五郎厅（宁陕）。由于大批移民的迁入，陕南人口增长十分迅猛。据萧正洪统计，康熙中期陕南三州府人口约为497114人，嘉庆二十五年（1820）达3508356人，100百多年内增长7倍多。（萧正洪，1988）清前期陕南兴安州（府）部分县人口增长详细情况见表2。

表2　清前期兴安州（府）部分县人口增长情况

县	年号（公元）	口数（万人）	资料来源	年增长率（‰）
平利	康熙五十年(1711) 乾隆五十二年（1787） 嘉庆十七年（1812） 道光三年(1823)	0.1913(人丁) 6.9070 14.8099 17.8600	光绪《续修平利县志》 乾隆《兴安府志》 嘉庆《续兴安府志》 道光《陕西志辑要》	 48.32（1711—1787） 30.98（1787—1812） 17.17（1812—1823）
安康	乾隆五十二年（1787） 嘉庆十七年（1812） 道光三年（1823）	12.9583 20.3579 38.9300	乾隆《兴安府志》 嘉庆《续兴安府志》 道光《陕西志辑要》	 18.23（1787—1812） 60.71（1812—1823）

(续表2)

县	年号（公元）	口数（万人）	资料来源	年增长率（‰）
紫阳	乾隆五十二年（1787） 嘉庆十七年（1812） 道光三年（1823）	2.5690 5.9819 12.6700	乾隆《兴安府志》 嘉庆《续兴安府志》 道光《陕西志辑要》	22.64（1787—1812） 70.61（1812—1823）
石泉	康熙二十六年（1687） 乾隆五十二年（1787） 嘉庆十七年（1812） 道光三年（1823）	0.2098（人丁） 2.9794 2.9947 8.7900	新编《石泉县志》 乾隆《兴安府志》 嘉庆《续兴安府志》 道光《陕西志辑要》	25.59（1687—1787） 0.21（1787—1812） 102.84（1812—1823）
汉阴	嘉庆二十五年（1820） 道光三年（1823）	8.3841 12.3300	嘉庆《续兴安府志》 道光《陕西志辑要》	35.69（1812—1823）

清前期移民浪潮不仅规模大，而且来源复杂。据严如熤在《三省边防备览》中估计："土著之民十无一二，湖广客籍约有五分，广东、安徽、江西各省约有三四分。"可见，清代陕南移民来源不同明代，主要来源于我国的南方地区。但这一描述只能大致反映清代陕南移民的来源方向，若想进一步了解清代陕南移民确切的迁出和分布地域，则须借助各种来源的谱牒材料。据陈良学（1998：114－250）收集的93例陕南清代移民档案统计，湖北籍28族，湖南籍25族，安徽籍12族，四川籍10族，江西籍6族，闽粤籍12族。其中，湖南籍移民位列各省第二，约占移民总数的26.8%。可见，湖南籍移民是陕南清前期移民中重要的一支。其来源与分布的详细情况见表3。

表3 湖南籍移民的来源与分布情况

家族	迁出地	迁入地	迁入时间
吴氏	长沙府善化县	汉阴厅堰坪	乾隆二十一年
郭氏	长沙府湘乡县（今湘江市）	商州牛槽	嘉庆初年
李氏	长沙府湘乡县（今湘江市）	佛坪	嘉庆年间
彭氏	长沙府湘乡县（今湘江市）	汉阴蒲溪、涧池、田禾	乾隆年间
冯氏	长沙府湘乡县（今湘江市）	石泉中池乡 汉阴高粱铺	乾隆中期
曾氏	长沙府湘乡县（今湘江市）	汉阴涧池、蒲溪 安康沈坝、大河	同治年间
陈氏	长沙府宁乡县	汉阴蒲溪铺	乾隆八年
王氏	长沙府宁乡县	石泉藕阳乡	乾隆五十三年
彭氏	长沙府宁乡县	安康沈坝、双溪 汉阴田禾、清明寨	嘉庆、道光年间

（续表3）

家族	迁出地	迁入地	迁入时间
罗氏	长沙府浏阳县（今浏阳市）	安康	乾隆中期
石氏	长沙府湘潭县 浏阳县、善化县	安康沈坝 汉阴田禾	乾隆四年
龙氏	长沙府	汉阴三清乡、清明寨	乾隆年间
杨氏	长沙府	汉阴蒲溪、涧池、田禾、 三清乡、清明寨	乾隆年间
李氏	长沙府湘潭县	汉阴田禾、鹿鸣、铁佛 安康大河	乾隆、嘉庆年间
李氏	岳州府平江县	紫阳毛坝关	乾隆年间
李氏	长沙府安化县	安康沈坝、叶坪、大河 汉阴铁佛	乾隆中后期
赵氏	长沙府安化县	平利	乾隆中晚期
梁氏	长沙府安化县	四川绥定府达县 紫阳任河里	乾隆元年 乾隆四十八年
洪氏	衡州府衡阳县	平利长安镇	乾隆九年
王氏	衡州府衡南县	汉阴涧池	乾隆初年
龙氏	沅州府芷江县	四川广安州 紫阳毛坝	康熙末乾隆初 嘉庆初年
何氏	辰州府沅宁县	西乡山高川	乾隆年间
龚氏	永州府零陵县	四川、城固	康熙三十六年
伍氏	永州府零陵县	紫阳汉王	乾隆年间
康氏	宝庆府新化县	安康恒口、沈坝、双溪、大河、 汉阴县蒲溪、田禾	乾隆年间

上述25例移民档案中，龙氏、龚氏两族是康熙年间"湖广填四川"移民潮先迁入四川，居住了两三代后，再随乾隆年间"湖广填陕南"移民潮迁入陕南，其他多为乾隆年间迁入陕南。25例移民中，来自长沙府的有16族（其中湘乡5族、长沙/善化4族、宁乡3族、安化3族、湘潭1族），占湖南籍移民的64%。可见，湖南籍移民的迁出地集中于湖南中北部长沙府（其中石泉涧池的发音合作人张贻祥祖籍为宁乡，汉阴田禾的发音合作人石业金祖籍为湘潭）。从湖南籍移民的分布看，主要集中于汉阴、安康、紫阳、石泉几县，其中汉阴12族、安康（汉滨）7族、紫阳4族、石泉2族。这与上述陕南湘方言岛的分布区域基本吻合。

四、陕南湘方言岛与湘中北方言的异同

由上述移民史料和谱牒材料可以看出，陕南湘方言岛的移民来源应以湖南中北部长沙府地区的移民为主。下面以汉阴田禾、石泉中池、长沙、宁乡为例，比较陕南湘方言岛与湘中北方言的异同。

1. 陕南湘方言岛与湘中北方言的相同之处

（1）陕南湘方言岛古全浊声母平仄皆不送气（中池有例外），与湘中北方言基本一致。如：

	排并平	头定平	慈从平	茶澄平	败并去	动定上	白并入	读定入
汉阴田禾	[˩pai]	[˩təu]	[˩tsɿ]	[˩tsa]	[pai²]	[toŋ²]	[pe²]	[təu²]
石泉中池	[˩pa]	[˩tiau]	[˩tsɿ]	[˩tsa]	[pa²]	[tən²]	[pʰa²]	[tʰəu²]
长沙	[˩pai]	[˩təu]	[˩tsɿ]	[˩tsa]	[pai²]	[tən²]	[pe²]	[təu²]
宁乡	[˩pa]	[˩tiau]	[˩tsɿ]	[˩tsua]	[pa²]	[tən²]	[˩pe]	[˩tau]

（2）陕南湘方言岛非敷奉与晓匣母合口字多混同，与湘中北方言基本一致。如：

	飞止合非	灰蟹合晓	访宕合敷	谎宕合晓	符遇合奉	胡遇合匣	翻山合敷	欢山合晓
汉阴田禾	[˩fei]	[˩fei]	[ᶜfaŋ]	[ᶜfaŋ]	[˩fu]	[˩fu]	[˩fan]	[˩fan]
石泉中池	[˩xui]	[˩xui]	[ᶜxaŋ]	[ᶜxaŋ]	[˩fu]	[˩fu]	[˩fan]	[˩xuæ]
长沙	[˩fei]	[˩fei]	[ᶜfaŋ]	[ᶜfaŋ]	[˩fu]	[˩fu]	[˩fan]	[˩xõ]
宁乡	[˩xui]	[˩xui]	[ᶜxaŋ]	[ᶜxaŋ]	[˩fu]	[˩fu]	[˩xuan]	[˩xõ]

（3）陕南湘方言岛去声分阴阳，与湘中北方言一致。如：

	冻全清	怪全清	痛次清	快次清	卖次浊	路次浊	洞全浊	地全浊
汉阴田禾	[toŋ²]	[kuai²]	[tʰoŋ²]	[kʰuai²]	[mai²]	[ləu²]	[toŋ²]	[ti²]
石泉中池	[tən²]	[kua²]	[tʰən²]	[kʰua²]	[ma²]	[ləu²]	[tən²]	[ti²]
长沙	[tən²]	[kuai²]	[tʰən²]	[kʰuai²]	[mai²]	[ləu²]	[tən²]	[ti²]
宁乡	[tən²]	[kua²]	[tʰən²]	[kʰua²]	[ma²]	[lau²]	[tən²]	[ti²]

(4) 陕南湘方言岛鱼虞部分字白读与蟹开三、四止开帮、泥组同韵，与湘中北方言一致。如：

	蛆鱼精平	去鱼见去	须虞精平	取虞精上	低蟹端平	细蟹心去	离止泥平	鼻止并去
汉阴田禾	[˨tɕʰi]	[tɕʰy/kʰæ˨]	[˨ɕi]	[ˀtɕʰi]	[ti˨]	[ɕi˨]	[li˨]	[pi˨]
石泉中池	[˨tɕʰi]	[tɕʰi˨]	[˨ɕi]	[ˀtɕʰi]	[ti˨]	[ɕi˨]	[li˨]	[pʰi˨]
长沙	[˨tɕʰi]	[tɕʰy/kʰɤ˨]	[˨ɕi]	[ˀtɕʰi]	[ti˨]	[ɕi˨]	[li˨]	[pi˨]
宁乡	[˨tɕʰi]	[tɕʰi˨]	[˨sei]	[ˀtɕʰi]	[ti˨]	[ɕi˨]	[li˨]	[pʰi˨]

(5) 陕南湘方言岛果摄读 [o/ʊ]，与湘中北方言一致。如：

	多	搓	歌	我	婆	坐	果	货
汉阴田禾	[˨to]	[˨tsʰo]	[˨ko]	[ˀŋo]	[˨po]	[tso˨]	[ˀko]	[xo˨]
石泉中池	[˨tʊ]	[˨tsʰʊ]	[˨kʊ]	[ˀŋʊ]	[˨pʊ]	[tsʊ˨]	[ˀkʊ]	[xʊ˨]
长沙	[˨to]	[˨tsʰo]	[˨ko]	[ˀŋo]	[˨po]	[tso˨]	[ˀko]	[xo˨]
宁乡	[˨tʊ]	[˨tsʰʊ]	[˨kʊ]	[ˀŋʊ]	[˨pʊ]	[tsʊ˨]	[ˀkʊ]	[xʊ˨]

2. 陕南湘方言岛与湘中北方言的对应之处

(1) 泥来母田禾洪混细分，与长沙一致；中池洪混细分受鼻化影响，与宁乡一致。如：

	脑泥洪	老来洪	南泥洪	蓝来洪	年泥细	连来细	泥泥细	离来细
汉阴田禾	[ˀlau]	[ˀlau]	[˨lan]	[˨lan]	[˨ȵiɛn]	[˨liɛn]	[˨ȵi]	[˨li]
石泉中池	[ˀlau]	[ˀlau]	[˨nã]	[˨nã]	[˨ȵĩ]	[˨ȵĩ]	[˨ȵi]	[˨li]
长沙	[ˀlau]	[ˀlau]	[˨lan]	[˨lan]	[˨ȵiẽ]	[˨liẽ]	[˨ȵi]	[˨li]
宁乡	[ˀlau]	[ˀlau]	[˨nã]	[˨nã]	[˨nĩ]	[˨nĩ]	[˨ȵi]	[˨li]

(2) 假摄开口三等田禾主元音多为中元音 [e]，与长沙接近；中池主元音为 [a]，与宁乡一致。如：

	借精去	斜邪平	写心上	遮章平	车昌平	蛇船平	射船去	爹知平
汉阴田禾	[tɕie˨]	[˨ɕie]	[ˀɕie]	[˨tʂe]	[˨tʂʰe]	[˨ʂa]	[ʂa˨]	[˨tia]
石泉中池	[tɕia˨]	[˨ɕia]	[ˀɕia]	[˨tʂua]	[˨tʂʰua]	[˨ʂua]	[ʂua˨]	[˨tia]
长沙	[tɕie˨]	[˨ɕie/ɕia]	[ˀɕie]	[˨tsɤ]	[˨tsʰɤ]	[˨sɤ/sa]	[sɤ/sa˨]	[˨tie/tia]
宁乡	[tɕia˨]	[˨ɕia]	[ˀɕia]	[˨tʂua]	[˨tʂʰua]	[˨ʂua]	[ʂua˨]	[˨tia]

(3) 蟹摄开口一、二等田禾读［ai］，与长沙一致；中池读［a/æ］，与宁乡接近。如：

	戴哈开一	袋哈开一	赛哈开一	开咍开一	带泰开一	害泰开一	买佳开二	败夬开二
汉阴田禾	[tai³]	[tai²]	[sai³]	[ₒkʰai]	[tai³]	[xai²]	[ᶜmai]	[pai²]
石泉中池	[ta³]	[tæ²]	[sa³]	[ₒkʰæ]	[ta³]	[xæ²]	[ᶜma]	[pa²]
长沙	[tai³]	[tai²]	[sai³]	[ₒkʰai]	[tai³]	[xai²]	[ᶜmai]	[pai²]
宁乡	[ta³]	[tai²]	[sa³]	[ₒkʰai]	[ta³]	[xai²]	[ᶜma]	[pa²]

(4) 流摄端见开一庄开三田禾读［əu］，与长沙一致；中池白读［iau］，与宁乡一致。如：

	偷流透平	头流定平	豆流定去	走流精上	狗流见上	藕流疑上	馊流生平	瘦流生去
汉阴田禾	[ₒtʰəu]	[ₛtəu]	[təu²]	[ᶜtsəu]	[ᶜkəu]	[ᶜŋəu]	[ₒsəu]	[səu²]
石泉中池	[ₒtʰiau]	[ₛtiau]	[tiau²]	[ᶜtɕiau]	[ᶜtɕiau]	[ᶜȵiau]	[ₒɕiau]	[ɕiau²]
长沙	[ₒtʰəu]	[ₛtəu]	[təu²]	[ᶜtsəu]	[ᶜkəu]	[ᶜŋəu]	[ₒsəu]	[səu²]
宁乡	[ₒtʰiau]	[ₛtiau]	[tiau²]	[ᶜtɕiau]	[ᶜtɕiau]	[ᶜŋau]	[ₒɕiau]	[ɕiau²]

(5) 咸山摄田禾读 an/ian，与长沙一致；中池读［ã/ĩ］，与宁乡一致。如：

	南咸开一	难山开一	咸咸开二	间山开二	帘咸开三	煎山开三	店咸开四	见山开四
汉阴田禾	[ₛlan]	[ₛlan]	[ₛxan]	[ₛkan]	[ₛlian]	[ₛtɕian]	[tian³]	[tɕian³]
石泉中池	[ₛnã]	[ₛnã]	[ₛxan]	[ₛkã]	[ₛlĩ]	[ₛtɕĩ]	[tĩ³]	[tɕĩ³]
长沙	[ₛlan]	[ₛlan]	[ₛxan]	[ₛkan]	[ₛlian]	[ₛtɕian]	[tiẽ³]	[tɕiẽ³]
宁乡	[ₛnã]	[ₛnã]	[ₛxã]	[ₛkã]	[ₛlĩ]	[ₛtɕĩ]	[tĩ³]	[tɕĩ³]

(6) 梗摄字田禾主元音多为中高元音［ə/e/i/ʅ］，与长沙一致；中池白读主元音多为低元音［a］，与宁乡相似。如：

	生深开三	平臻开三	名曾开一	晴曾开三	白梗开二	麦梗合二	石通合一	吃通合三
汉阴田禾	[ₛsən]	[ₛpin]	[ₛmin]	[ₛtɕin]	[ₛpe]	[ₛme]	[ₛʂʅ]	[ₛtɕʰia]
石泉中池	[ₛsaŋ]	[ₛpiaŋ]	[ₛmiaŋ]	[ₛtɕiaŋ]	[pua²]	[mæ²]	[ₛʂua]	[ₛtɕʰia]
长沙	[ₛsən]	[ₛpin]	[ₛmin]	[ₛtɕin]	[ₛpɤ]	[ₛmɤ]	[ₛsʅ]	[ₛtɕʰia]
宁乡	[ₛsaŋ]	[ₛpiaŋ]	[ₛmiaŋ]	[ₛtɕiaŋ]	[ₛpe]	[ₛme]	[ₛʂua]	[ₛtɕʰia]

3. 陕南湘方言岛与湘中北方言的差异

（1）古入声田禾派入阳平，中池派入阴去，长沙保留入声，宁乡派入阳平。（见表4）

表4　陕南湘方言岛与湘中北方言的声调差异

方言点	平		上		去		入	
	清	浊	清次浊	全浊	浊	清	清次浊	全浊
汉阴 田禾	阴平 44	阳平 213	上声 35	阳去 11	阴去 13		= 阳平 213	
石泉 中池	阴平 44	阳平 311	上声 35	阳去 21	阴去 13		= 阴去 13	
长沙	阴平 33	阳平 13	上声 41	阳去 21	阴去 55		入声 24	
宁乡	阴平 44	阳平 13	上声 53	阳去 22	阴去 35		= 阳平 13	

（2）山臻遇通合口三、四等知见系字中池读［ʮ］类韵，与田禾、长沙、宁乡不同。如：

	船山合三	权山合三	润臻合三	韵臻合三	书遇合三	虚遇合三	缺山合四	局通合三
汉阴田禾	[₌tɕyan]	[₌tɕyan]	[yənˀ]	[yənˀ]	[₌ɕy]	[₌ɕy]	[₌tɕʰye]	[₌tɕy]
石泉中池	[₌tʂʮæ]	[₌tʂʮæ]	[ʮenˀ]	[ʮenˀ]	[₌ʂʮ]	[₌ʂʮ]	[tʂʰʮeˀ]	[₌tʂʮ]
长沙	[₌tɕyan]	[₌tɕyan]	[yənˀ]	[yənˀ]	[₌ɕy]	[₌ɕy]	[tɕʰyeˀ]	[tɕyˀ]
宁乡	[₌tɕyan]	[₌tɕyan]	[yənˀ]	[yənˀ]	[₌ɕy]	[₌ɕy]	[₌tɕʰye]	[₌tɕy]

（3）通摄字田禾读后鼻韵［oŋ］，与中池、长沙、宁乡不同。如：

	东东端平	空东溪平	农东泥平	宋送心去	风东非平	穷东群平	从钟从平	用用以去
汉阴田禾	[₌toŋ]	[₌kʰoŋ]	[₌loŋ]	[soŋˀ]	[₌xoŋ]	[₌tɕʰioŋ]	[₌tsʰoŋ]	[ioŋˀ]
石泉中池	[₌tən]	[₌kʰən]	[₌lən]	[sənˀ]	[₌xən]	[₌tɕin]	[₌tsən]	[iənˀ]
长沙	[₌tən]	[₌kʰən]	[₌lən]	[sənˀ]	[₌xən]	[₌tɕienˀ]	[₌tsən]	[iənˀ]
宁乡	[₌tən]	[₌kʰən]	[₌lən]	[sanˀ]	[₌xan]	[₌tɕin]	[₌tsan]	[iənˀ]

由上述陕南湘方言岛与湘中北方言在一系列主要特征上的一致和对应，不难看出陕南湘方言岛与湘中北方言的同源关系。从陕南湘方言岛古入声归派的分歧，沈坝去声不分阴阳，中池、沈坝知、见系字读［ʮ］类韵，通摄字田禾读后鼻韵［oŋ］等特征，也不难看出陕南湘方言岛在陕南西南官话、江淮官话及赣方言的接触交融下所发生的变异。相对而言，汉阴田禾、汉滨沈坝湘方言岛与以长沙话为代表的新湘语有更多的共同之处，可看作新湘语的变体；石泉中池、山阳长沟与以宁乡话为代表的老湘语有更多的相似之点，可看作老湘语的变体。

参考文献

[1] 安康地方志编纂委员会. 安康县志［M］. 西安：陕西人民出版社，1989.

[2] 鲍厚星，陈晖. 湘语的分区（稿）［J］. 方言，2005（3）.

[3] 北京大学中国语言文学系语言学教研室. 汉语方音字汇［M］. 2 版. 北京：文字改革出版社，1989.

[4] 曹占泉. 陕西省志·人口志［M］. 西安：三秦出版社，1986.

[5] 陈晖. 湘方言语音研究［M］. 长沙：湖南师范大学出版社，2006.

[6] 陈良学. 湖广移民与陕南开发［M］. 西安：三秦出版社，1998.

[7] 陈立中. 湘语与吴语音韵比较研究［M］. 北京：中国社会科学出版社，2004.

[8] 葛剑雄. 中国移民史［M］. 福州：福建人民出版社，1997.

[9] 郭沈青. 陕南客伙话溯源［Z］. 中国语言学会第十二届年会，2004.

[10] 郭沈青. 陕南西南官话的内部差异与归属［J］. 方言，2006（2）.

[11] 郭沈青. 陕南中原官话的性质与归属［J］. 语文研究，2006（4）.

[12] 郭沈青. 陕南客伙话的性质和归属［J］. 中国语文，2006（6）.

[13] 郭沈青. 陕南江淮官话的特点与成因［J］. 西北大学学报（哲学社会科学版），2007（4）.

[14] 郭沈青. 陕南赣方言岛［J］. 方言，2008（1）.

[15] 汉阴地方志编纂委员会. 汉阴县志［M］. 西安：陕西人民出版社，1991.

[16] 侯精一. 现代汉语方言概论［M］. 上海：上海教育出版社，2002.

[17] 侯精一. 现代汉语方言音库［M］. 上海：上海教育出版社，2004.

[18] 李荣. 现代汉语方言大词典［M］. 南京：江苏教育出版社，2002.

[19] 李如龙. 汉语方言的比较研究［M］. 北京：商务印书馆，2001.

[20] 鲁西奇. 区域历史地理研究：对象与方法——汉水流域的个案考察［M］. 南宁：广西人民出版社，2000.

[21] 石泉地方志编纂委员会. 石泉县志［M］. 西安：陕西人民出版社，1991.

[22] 谭其骧. 中国历史地图集［M］. 北京：地图出版社，1986.

[23] 王福堂. 汉语方言语音的演变和层次［M］. 北京：语文出版社，1999.

[24] 萧正洪. 清代陕南种植业的盛衰及其原因［J］. 中国农史，1988（4）.

[25] 邢向东，郭沈青. 晋陕宁三省区中原官话的内外差异与分区［J］. 方言，2005（4）.

[26] 薛平拴. 陕西历史人口地理［M］. 北京：人民出版社，2001.

[27] 张德新. 陕南湘语（蒲溪话）音系［Z］. 第二届西北方言与民俗国际学术研讨会，2006.

[28] 张国雄. 明清时期的两湖移民［M］. 西安：陕西人民出版社，1995.

[29] 张盛裕，张成材. 陕甘宁青四省区汉语方言的分区（稿）［J］. 方言，1986（2）.

[30] 赵元任，等. 湖北方言调查报告［M］. 北京：商务印书馆，1948.

[31] 中国社会科学院，澳大利亚人文学院. 中国语言地图集［M］. 香港：朗文出版（远东）有限公司，1987—1989.

[32] 周政. 安康方言内部分区概说［C］. 陈学超. 国际汉学集刊（第1辑）. 北京：中国社会科学出版社，2004.

[33] 周政. 关于安康方言分区的再调查［J］. 方言，2006（2）.

（原载《现代中国语研究》2011 年第 13 期）

陕南田禾湘语同音字汇*

周 政

（安康学院中文系）

【提 要】 因清代大规模的湖广移民，陕西安康部分中、高山地区形成了大小不一的湘方言岛，其中 5 处 4 万余人至今还保留着湘语的基本特征。本文以湘语特征保留较为完好的汉阴县田禾乡话为代表点，介绍它的声韵调系统和音韵特点，并列出同音字汇。

【关键词】 汉阴县田禾乡 湘语 声韵调 语音特点 同音字汇

一、概 况

安康是清代陕南接受湖南移民最集中的区域，加上封闭的山地环境以及他们多以家族或原籍为单位集中而居的缘故，致使安康中部偏北的汉阴、石泉、汉滨三县区一线的部分乡镇，至今还保留着被当地人称为"长沙佬话"的湘方言。据笔者调查，保持这种特点的方言岛尚有 5 处，分别分布于汉阴县的田禾乡，石泉县的中池乡，汉滨区梅子铺镇奎兴、光寨、公平、洋河、龙心、兴奋、同心、战胜、袁庄等村，汉滨沈坝镇桥头、张肆营、元丰、关耀、罗先、西元、富田、小沟、花红等村和汉滨双溪乡星红村。共涉及 6 个乡镇，54 个村，4 万余人。

本文所记为汉阴县田禾乡口音。田禾乡处汉阴县东端，距县城约 20 千米，俗称田禾沟。沟内平缓开阔，四周群山环绕，小河沟自北向南到蒲溪镇是其通向外界的唯一出口。由于地理环境封闭，所以尽管该方言岛也受着周边方言的影响，但相比于安康其他湘方言岛而言，更完整地保留了湘方言的某些重要特征。

主要发音合作人：石德华，农民，高中文化程度，2012 年记音时 49 岁，田禾乡田禾村人，世居田禾乡，无外出经历，平时只说田禾话；肖武成，记音时 38 岁，大专文化程度，田禾乡黄塔村人，世居田禾乡，田禾小学教师，平时只说田禾话。据肖武成介绍，他平时很注意田禾话与周边方言的主要差异。

---

* 本文为国家社会科学基金项目"陕南方言的历史层次研究"（项目编号：10XYY0005）、安康学院团队项目"陕南方言研究"（项目编号：008AKXY003）的研究成果。

二、汉阴田禾湘语声韵调系统

1. 声母（24个，包括零声母）

p 布别盘排　　pʰ 怕判配飘　　m 米毛母马　　f 分访风灰　　v 围午温微~凤
t 豆带头台　　tʰ 碳退拖偷　　　　　　　　　　　　　　　l 乱脑郎怒
ts 糟枣茶城　　tsʰ 初抄菜撑　　　　　　　　　　s 纱筛生色
tʂ 遮招州蒸　　tʂʰ 扯齿丑唱　　　　　　　　　　ʂ 商肾收声　　ʐ 瓤任肉燃
tɕ 寄剪巨技　　tɕʰ 妻区秋穿　　ȵ 泥年纽捏　　ɕ 西仙写书
k 高角葵狂　　kʰ 开靠肯敲　　ŋ 鹅咬岩硬　　x 和海后项~圈
ø 衣鱼黄远阳药县

2. 韵母（34个，不包括儿化韵）

ɿ 紫资祠刺事思
ʅ 支纸尺齿时式
a 把拿发茶家蛇　　ia 价吃霞野甲夜　　ua 挂夸华瓜滑瓦　　ya 抓爪刷唰欻~雨
ɛ 舌色遮车赦社　　iɛ 姐借笡泻北铁　　uɛ 国喂　　　　　　yɛ 缺月阅掘决却
ɚ 耳日而贰尔儿
o 河过合割落木　　io 药却削脚哟确的~　uo 窝卧
ai 盖带太海艾孩　　iai 街解芥皆界届　　uai 怪块拐歪坏槐　　yai 拽揣踹衰水帅
ei 妹杯对汇最倍加~　　　　　　　　　　uei 贵盔会柜位葵　　yei 缀税吹垂锥坠
au 饱桃烧毛扫高　　iau 条焦消庙瓢燎
əu 鹿斗丑收杜醋　　iəu 流酒袖丘秋袖
an 短酸竿间含衔　　ian 减廉田监店介~绍　uan 官惯宽款豌顽　　yan 权船圆撰卷砖
ən 根庚魂温任枕　　in 应紧林灵星兴　　uən 昆温文困滚棍　　yən 均春顺云群勋
aŋ 党桑讲床刚抗　　iaŋ 良相将匠墙娘　　　　　　　　　　　uaŋ 光逛筐旷忘黄
oŋ 红东棚萌孔红　　ioŋ 炯迥琼穹胸熊　　uŋ 翁甕瓮塎

3. 单字调（5个，不包括轻声）

阴平 33　[˧]　诗低方高开天婚初飞胸灯
阳平 21　[˨˩]　时房田魂穷床寒神龙平麻
上声 55　[˥]　使体古展楚手染碗老买有
阴去 214　[˨˩˦]　试事盖醉唱答拍立药拔浊
阳去 31　[˧˩]　坐近抱厚父树饭让漏帽用

说明：

①阴平单读时音平时值长，只在收尾时有轻微上扬之感，连读时上扬感消失，权记作 33。

②阳平单读时也有轻微低降升的感觉，连读时为 21，权记作 21。

三、声韵调特点

1. 声母特点

（1）古全浊声母今逢塞音和塞擦音时，无论平仄，大部读为不送气清塞音和清塞擦音，如驼［to˨］、婆［po˨］、茶［tsa˨］、菩［pu˨］、锄［tsəu˨］、臺［tai˨］、牌［pai˨］、皮［pi˨］、柴［tsai˨］、稠［tʂəu˨］、谈［tan˨］、馋［tsan˨］、甜［tian˨］、田［tian˨］、贫［pin˨］、存［tsən˨］、堂［taŋ˨］、床［tsaŋ˨］、腾［tən˨］、从［tsoŋ˨］、培［pei˨］、排［pai˨］、题［ti˨］、甜［tian˨］、盗［tau˨］、豆［təu˨］、败［pai˨］、瓷［tsɿ˨］、头［təu˨］、乾［tɕian˨］、件［tɕian˨］、脏［tsaŋ˨］、状［tsaŋ˨］。只有少数字读为送气清音。如薄~荷［pʰo˨］、矬［tsʰo˨］、搽［tsʰa˦］、蒲~溪［pʰu˨］、图［tʰəu˨］、雏［tɕʰy˦］、疵［tsʰɿ˦］、持［tʂʰɿ˨］、祈~求［tɕʰi˨］、曹［tsʰau˨］、瓢嫖［pʰiau˨］、投［tʰəu˨］、沓［tʰa˨］、岑［tsʰən˨］、便~宜［pʰian˨］、秦［tɕʰin˨］、屯臀豚［tʰən˨］、承丞［tʂʰən˨］、彭膨［pʰən˨］、情晴［tɕʰin˨］、呈程［tʂʰən˨］、崇［tsʰoŋ˨］。这些字读送气清音，主要是受周边方言和书面语的影响。

（2）非、敷、奉母字和晓、匣母合口韵字相混，声母读为［f］。如废［fei˨］＝惠［fei˨］、飞［fei˦］＝挥灰［fei˦］、匪［fei˥］＝悔［fei˥］、凡［fan˨］＝还［fan˨］、法［fa˨］＝化［fa˨］、翻［fan˦］＝欢［fan˦］、符［fu˥］＝虎［fu˥］、分［fən˦］＝昏［fən˦］、浮［fu˥］＝胡［fu˥］、富［fu˨］＝互［fu˨］、反［fan˥］＝缓［fan˥］、贩［fan˨］＝唤［fan˨］、泛［fan˨］＝宦［fan˨］、纺［faŋ˥］＝谎［faŋ˥］。

（3）微母字今读［v］，如诬［v˦］、雾［v˨］、尾［vei˥］、未［vei˨］、袜［va˨］、问［vən˨］、望［vaŋ˨］。

（4）疑母开口一、二等字读［ŋ］声母，三、四等字读［ȵ］声母。如岸疑一［ŋan˨］、眼疑二［ŋan˥］、严疑三［ȵian˨］、研疑四［ȵian］。

（5）泥、来两母今读洪音时相混，都读［l］，如奴［ləu˨］＝卢［ləu˨］、脑［lau˥］＝老［lau˥］、奈［lai˨］＝赖［lai˨］、内［lei˨］＝累~累［lei˨］、难［lan˨］＝烂［lan˨］、嫩［lən˨］＝论［lən˨］、农［loŋ˨］＝隆［loŋ˨］。今读细音时不混，泥母读［ȵ］，来母读［l］，如尼［ȵi˨］≠梨［li˨］、尿［ȵiau˨］≠料［liau˨］、纽［ȵieu˥］≠柳［lieu˥］、年［ȵian˨］≠怜［lian˨］、娘［ȵiaŋ˨］≠良［liaŋ˨］。

（6）古精组与知、章组合口三等字与见系合口三等字都读［tɕ、tɕʰ、ɕ］，拼撮口呼韵母。

古精组如序［ɕy˨］、取［tɕʰy˥］、须［ɕy˦］、泉［tɕʰian˨］、选［ɕyan˥］、俊［tɕyən˨］、旬［ɕyən˨］。

知、章组如猪［tɕy˦］、除［tɕʰy˨］、煮［tɕy˥］、书［ɕy˦］、厨［tɕʰy˨］、住［tɕy˨］、

主［tɕy˦］、转［tɕyan˦］、船［tɕyan˧˩］、缀［tɕyei˧˩］、锤［tɕyei˧］、椿［tɕʰyən˧］、准［tɕyən˦］。

见系字如举［tɕy˦］、虚［ɕy˧］、拘［tɕy˧］、倦［tɕyan˧˩］、均［tɕyən˧］、熏［ɕyən˧］。

2．韵母特点

（1）模韵端系，鱼、虞韵庄组字与流摄字今读相混，读［əu］，如徒［təu˧˩］=头［təu˧˩］、堵［təu˦］=斗［təu˦］、杜度［təu˧˩］=逗［təu˧˩］、卢［ləu˧˩］=楼［ləu˧˩］、鲁［ləu˦］=篓［ləu˦］、路［ləu˧˩］=漏［ləu˧˩］、阻［tsəu˦］=走［tsəu˦］、助［tsəu˧˩］=奏［tsəu˧˩］、数动词［səu˦］=叟［səu˦］、兔［tʰəu˧˩］=透［tʰəu˧˩］、醋［tsʰəu˧˩］=凑［tsʰəu˧˩］、素数名词［səu˧˩］=嗽［səu˧˩］。

（2）蟹摄合口端系读开口［əi］，如杯［pei˧］、每［məi˦］、配［pʰiɛ˧˩］、堆［təi˧］、腿［tʰəi˦］、对［təi˧˩］、蜕［təi˧˩］、雷［ləi˧˩］、儡［ləi˦］、内［ləi˧˩］、催［tsʰəi˧］、罪［tsəi˧˩］、碎［səi˧˩］、最［tsəi˧˩］、盔［kʰəi˧］、傀［kʰəi˦］、灰［fəi˧］、汇［fəi˧˩］、溃［kʰəi˧˩］、会［fəi˧˩］。

3．声调特点

（1）声调5个，古去声依声母的清浊各分阴、阳两调，古全浊上与浊去合流今读阳去，如坐、柱、罪、是、抱、淡、断、伴、拌、尽、近、笨、混、菌、丈、动、梦、重。

（2）没有入声调，大部读为现阴去，如闸［tsa˧˩］、夹［ka˧˩］、接［tɕiɛ˧˩］、急［tɕi˧˩］、擦［tsʰa˧˩］、八［pa˧˩］、列［liɛ˧˩］、铁［tʰiɛ˧˩］、撮［tso˧˩］、绝［tɕyɛ˧˩］、质［tʂʅ˧˩］、卒［tsəu˧˩］、术［ɕy˧˩］、铎［to˧˩］、各［ko˧˩］、若［ʐo˧˩］、桌［tso˧˩］、北［piɛ˧˩］、息［ɕi˧˩］、泽［tsɛ˧˩］、革［kɛ˧˩］、尺［tʂʰʅ˧˩］、族［tsəu˧˩］。少数读为阴平和阳平。读阴平的如喝［xo˧］、腊蜡镴［la˧］、妾［tɕʰiɛ˧］、腌［ian˧］、吸［ɕi˧］、獭［tʰa˧］、捋［la˧］、设［ʂɛ˧］、捏［ȵiɛ˧］、撇［pʰiɛ˧］、挖［ua˧］、刷［ɕya˧］、雹［pau˧］、戳［tʂʰo˧］、逼［pi˧］、劈［pʰia˧］、锡析［ɕi˧］、秃［tʰou˧］、笃督［tou˧］、曲［tɕʰy˧］，读阳平的如合盒［xo˧˩］、滑猾［xua˧˩］、匹［pi˧˩］、栗［li˧˩］、七漆［tɕʰi˧˩］、疾［tɕi˧˩］、侄［tʂʅ˧˩］、突［tʰəu˧˩］、嚼［tɕiau˧˩］、着［tʂo˧˩］、酌［tʂo˧˩］、扑朴［pʰu˧˩］、逆［ȵi˧˩］、壁［pi˧˩］、只［tʂʅ˧˩］、仆［pu˧˩］、扑仆［pʰu˧˩］、斛［xu˧˩］、局锔［tɕy˧˩］。

四、同音字汇

本字汇按韵母次序排列，同一个韵母里又按声母次序排列，同一个声母又以声调阴平、阳平、上声、阴去、阳去为序，分别用［˧］、［˧˩］、［˦］、［˧˩］、［˧˩］调值符号表示。有音无字的用方框"□"代替，直接标写读音，需要解释或举例的在字的右下角加注小字，加注时用"～"代替所释字。

ɿ

ts	[˧] 雌资姿咨瓷~器糍 巴兹滋辎~重 [˩] 慈磁辞词祠 [˥] 紫姊子梓淬 [˨] 自字
tsʰ	[˧] 疵瑕~差参~ [˥] 此跐~口残 [˨] 刺赐次伺
s	[˧] 斯厕茅~撕私师狮司丝思 [˥] 死 [˨] 四肆似祀巳辰~嗣饲侍 [˨] 寺士仕事

ʅ

tʂ	[˧] 知支枝肢栀~子花之芝 [˩] 池驰迟雉~鸡侄只炙 [˥] 纸只脂肪尸旨指止址趾 [˨] 滞制製蜘肢智致稚至痣置治志誌痣蛰惊~执汁质直值织职掷
tʂʰ	[˩] 痴~呆持 [˥] 侈耻齿 [˨] 赤斥尺
ʂ	[˧] 施匙诗 [˩] 时室 [˥] 矢屎使史驶始 [˨] 世势誓逝示视嗜市恃试湿十什拾实失食蚀式识饰殖植适释石 [˨] 是氏豉豆~柿
z	[˨] 日

i

p	[˧] 蓖陛~下碑卑逼尸女阴 [˩] 皮疲脾琵~琶枇~杷匹弼 [˥] 彼俾避鄙比秕~谷 [˨] 蔽敝弊币毙闭荸~子臂被~打庇包~麻痹备鼻篦笔毕必碧璧劈壁 [˨] 被~子婢
pʰ	[˨] 譬屁僻
m	[˩] 迷糜白~子糜弥弭眉 [˥] 米 [˨] 靡密蜜觅 [˨] 谜
t	[˧] 低 [˩] 堤题提~拔蹄啼笛敌狄 [˥] 底抵 [˨] 帝的滴嫡 [˨] 弟地
tʰ	[˧] 梯 [˥] 体 [˨] 替涕剃屉踢剔 [˨] 第递

l

l	[˩] 犁黎篱璃梨狸栗 [˥] 礼李里理鲤 [˨] 丽隶吏立笠粒力历 [˨] 例厉励离~开、~别利痢~疾
tɕ	[˧] 鸡稽其期肌饥基机讥 [˩] 徐姓祁鳍齐荠奇骑岐棋旗疾 [˥] 挤企几茶~、~乎、~个己纪 [˨] 祭际稷草~子脐济砌剂计继系~腰带髻技妓寄冀记忌既季集辑急级给供~及吉即鲫极戟积迹脊籍藉绩寂击激
tɕʰ	[˧] 蛆~牙子妻欺 [˥] 祈泣乞七漆 [˥] 启起杞岂 [˨] 契~约器弃气汽讫戚
ȵ	[˩] 泥倪宜议尼疑逆腻拟匿溺 [˨] 艺谊义议 [˥] 蚁
ɕ	[˧] 牺西栖溪犀奚兮携嬉熙稀希吸锡析 [˥] 洗喜玺徙袭悉膝 [˨] 细塈胥婿系戏习息熄媳惜昔席夕
∅	[˧] 医饴~糖衣依 [˩] 移夷姨沂 [˥] 倚椅已以矣乙易难~肆意异毅揖作~一逸忆亿抑翼益亦译易液腋疫役

u

p	[˧] 铺~路 [˩] 浦菩~萨卜 [˥] 补 [˨] 部簿布佈怖不仆瀑曝
pʰ	[˧] 蒲脯朴镤扑仆 [˥] 谱普捕 [˨] 铺店~仆 [˨] 步
f	[˧] 呼夫肤麸敷赴忽 [˩] 浮胡湖~南符扶芙狐壶乎瓠~芦胡俘核桃~子斛 [˥] 否虎唬浒水~府甫斧俯腐釜辅 [˨] 妇负阜富副复父抚付赋傅附佛 [˨] 户沪互瓠~子
v	[˧] 乌污诬巫 [˩] 吴蜈吾梧~桐无 [˥] 五伍午武舞侮鹉鹦~ [˨] 戊误 [˨] 雾务
k	[˧] 姑孤箍 [˥] 古估~计牯~子牛股鼓 [˨] 故固雇顾骨穀谷
kʰ	[˧] 枯 [˥] 苦 [˨] 库裤袴窟哭

Ø	[˧] 屋悟物勿		

y

l	[˧] 旅履	[˩] 虑滤律率
tɕ	[˧] 猪诸居车~马炮诛蛛株朱珠拘驹俱 [˩] 除储~备渠瞿锔 [˥] 煮举主矩规~ [˩] 苎~麻据锯~子巨拒距聚驻注蛀铸住句具惧橘剧~烈剧戏~菊掬局玉狱欲浴 [˩] 柱
tɕʰ	[˧] 趋枢区~域驱屈曲 [˩] 雏厨黢竣 [˥] 处相~杵处~所取娶拄~拐杖 [˩] 去趣麹酒~
ɕ	[˧] 墟虚书舒须需输戌 [˩] 殊 [˥] 暑鼠黍署专~薯红~许 [˩] 序叙绪絮庶恕续戍恤术术述秫 [˩] 竖树
Ø	[˩] 如鱼渔淤余馀儒愚虞娱于迂盂榆 [˥] 汝语与给~女乳孺~进去雨宇禹羽 [˩] 御誉荣~预豫逾愉愈病~寓裕喻入域郁育 [˩] 遇芋~头

a

p	[˧] 巴芭疤 [˩] 爬琶琵~杷枇~ [˥] 靶~子把~握 [˩] 霸坝堤~欛锄~ 罢~了八拔
pʰ	[˩] 怕帕耙~地
m	[˧] 妈 [˩] 麻嘛蟆蛤~ [˥] 马码 [˩] 抹 [˥] 骂
f	[˧] 花 [˩] 华中~铧划~船滑猾 [˥] 化华姓法乏发伐筏罚 [˩] 桦话画
v	[˥] 瓦 [˩] 袜
t	[˩] 达 [˥] 打 [˩] 答搭 [˥] 大
tʰ	[˧] 他獭水~ [˩] 踏搨沓一~纸塔榻塌溻汗~湿了
l	[˧] 拉腊蜡镴锡~捺撒 [˩] 拿 [˥] 哪~个 [˩] 那纳辣瘌
ts	[˩] 茶查杂 [˥] 眨 [˩] 诈榨

	炸~弹乍闸炸札铡轧礤~
tsʰ	[˧] 搽叉杈差 [˩] 茬察 [˩] 岔~路插擦
s	[˧] 沙纱刷 [˥] 洒厦耍萨 [˩] 撒杀
ʂ	[˧] 蛇 [˥] 傻 [˩] 蛰蝎子~人
k	[˧] 家痂嘉 [˩] 嫁架驾夹袷挟腋~：鸡翅
kʰ	[˧] 跨 [˥] 咯咳~痰 [˩] 掐胯~裆
ŋ	[˧] 鸭丫~头阿~胶鸭押压 [˥] 哑亚 [˩] 轧牛~头
x	[˩] 下底~ [˩] 下~降瞎

ia

t	[˧] 爹~~：祖父或祖母 [˩] 提又音，~水 [˩] 滴~水
tɕ	[˧] 加佳 [˩] 茄~子 [˥] 假真~贾姓 [˩] 假放~稼价甲胛肩~
tɕʰ	[˥] 恰洽 [˩] 吃
ɕ	[˩] 霞瑕遐 [˩] 暇夏春~狭峡匣辖 [˩] 夏姓
Ø	[˩] 涯天~崖山~ [˥] 雅 [˩] 夜腋~挟

ua

k	[˧] 瓜 [˥] 寡刮 [˩] 挂卦刮
kʰ	[˧] 夸 [˥] 侉垮
x	[˩] 划
Ø	[˧] 蛙窪挖 [˥] 瓦动词

ya

tɕ	[˧] 抓 [˥] 爪~牙
ɕ	[˧] 唰刷又音

ɛ

m	[˩] 麦脉
ts	[˩] 则贼泽择宅窄摘责
tsʰ	[˩] 侧测拆策册

s	[˧] 涩塞色啬吝~	
tʂ	[˦] 遮 [˩] 者 [˧] 蔗摺~叠褶皱纹哲辙折浙	
tʂʰ	[˦] 车马~ [˩] 扯 [˧] 彻撤	
ʂ	[˦] 奢赊设 [˩] 佘 [˩] 舍~得 [˧] 社射麝赦舍~舍摄涉舌	
ʐ	[˩] 惹 [˧] 热	
k	[˧] 格革隔	
kʰ	[˧] 刻克客	
ŋ	[˧] 额	
x	[˧] 黑赫吓恐~核审~	

iɛ

p	[˦] 憋 [˧] 别鳖北百柏伯迫白
pʰ	[˧] 撇拍魄
m	[˧] 灭篾墨默
t	[˩] 叠碟牒谍蝶 [˧] 跌得德
tʰ	[˦] 特 [˧] 帖贴铁忒
l	[˧] 猎列烈裂劣略掠肋勒
tɕ	[˩] 姐 [˧] 借接捷劫杰揭节截结洁
tɕʰ	[˦] 妾 [˩] 且 [˧] 笡斜怯切
ɲ	[˦] 捏 [˧] 聂镊蹑业苶孽
ɕ	[˦] 些楔 [˩] 邪斜 [˩] 写 [˧] 泻卸谢胁协薛泄歇屑雪血穴
∅	[˩] 耶爷 [˩] 也~是野 [˧] 叶页噎

uɛ

k	[˧] 国

yɛ

tɕ	[˧] 绝拙厥倔脾气~掘橛决诀掘
tɕʰ	[˦] 瘸~腿杆 [˧] 缺
ɕ	[˦] 靴 [˧] 说~话
∅	[˧] 悦阅月哕越曰粤

ər

∅	[˦] 而 [˩] 儿 [˩] 尔耳饵 [˧] 二贰~心

o

p	[˦] 波菠颇坡玻 [˧] 婆 [˩] 跛簸~一~ [˧] 簸又音,~箕钵拨勃博泊薄剥驳帛
pʰ	[˧] 破薄~荷泼 [˧] 剖解~
m	[˩] 魔磨~刀摩馍模~范摹~仿 [˩] 某亩牡母拇 [˧] 暮慕墓募末沫抹莫膜寞摸幕陌木 [˧] 磨石~
v	[˧] 倭蹉脚 [˧] 了窝
t	[˦] 多 [˩] 驼驮坨一~泥巴 [˩] 朵躲 [˧] 舵惰垛剁掇夺铎踱
tʰ	[˦] 拖 [˩] 妥椭 [˧] 唾~沫脱讬托拓
l	[˦] 啰 [˩] 骡螺~蛳胴手指纹挪罗锣萝箩 [˩] 裸~体 [˧] 捋诺落骆洛络乐烙 [˧] 糯~苞谷摞~起来
ts	[˩] 左佐 [˧] 撮作凿昨桌卓啄琢琢镯 [˧] 坐座
tsʰ	[˧] 搓戳 [˧] 矬矮锉错
s	[˦] 蓑梭唆啰~ [˩] 锁琐所 [˧] 索绳~朔缩
z	[˧] 若弱
tʂ	[˩] 酎 [˧] 着睡~,~衣浊
tʂʰ	[˩] 绰宽~
ʂ	[˦] 勺~子芍~药花
k	[˦] 歌哥锅戈 [˩] 鸽 [˩] 果裹馃~子 [˧] 个过割葛各阁搁胳咯鸡~~(儿语) 郭虢
kʰ	[˦] 科窠 [˩] 可棵颗一~米 [˧] 课磕渴括阔廓扩
ŋ	[˦] 蛾鹅俄 [˩] 我 [˧] 讹恶扼 [˧] 饿
x	[˦] 喝 [˩] 河何荷~花和~气禾盒或惑 [˩] 火伙 [˧] 贺货和~面喝~采豁活霍藿获 [˧] 荷薄~祸合~成
∅	[˧] 卧

io

tɕ	[˩]	爵脚觉知~角
tɕʰ	[˩]	雀鹊却确
ŋ	[˩]	虐疟~疾
ɕ	[˩]	削学
∅	[˩]	约药钥岳乐

uo

∅	[˧]	蜗	[˩]	握

ai

p　[˩] 排并~牌排木~　[˥] 摆　[˩] 拜　[˥] 稗败
pʰ　[˩] 派
m　[˩] 埋　[˥] 买　[˩] 卖迈
f　[˩] 坏
v　[˩] 外
t　[˧] 呆　[˩] 台苔青~抬　[˩] 戴贷代带大~夫　[˥] 待怠殆袋
tʰ　[˧] 胎　[˩] 态泰太
l　[˩] 来　[˥] 乃奶　[˩] 耐奈　[˩] 赖癞
ts　[˧] 栽灾斋　[˩] 才财材裁豺柴　[˥] 宰载一年半~　[˩] 再载重债　[˩] 在寨
tsʰ　[˧] 猜差出~钗　[˥] 彩采採踩睬　[˩] 菜蔡
s　[˧] 腮鳃筛衰　[˩] 赛晒率~领蟀
k　[˧] 该皆阶街　[˥] 改解讲~，~板子　[˩] 蓋丐界芥疥届戒介蒋~石　[˩] 亥
kʰ　[˧] 开揩　[˥] 楷　[˩] 概溉慨感~
ŋ　[˧] 哀埃尘~挨~近　[˩] 呆~滞礙~墨捱~打　[˥] 皑蔼和~矮　[˩] 爱隘　[˩] 艾~蒿
x　[˥] 孩鞋　[˥] 蟹　[˩] 骇　[˩] 害解姓

iai

tɕ	[˩]	械		
ɕ	[˥]	谐	[˩]	解~不开这个理

uai

k	[˧]	乖	[˥]	蒯拐 [˩] 怪
kʰ	[˥]	块会~计 [˩] 快筷		
x	[˩]	淮怀槐		
∅	[˧]	歪		

yai

tɕʰ	[˥]	揣~摩		
ɕ	[˧]	摔 [˩] 帅		

ei

p　[˧] 杯悲　[˩] 培陪赔裴　[˩] 贝倍辈背　[˥] 焙~干
pʰ　[˧] 批胚~胎坯土~披丕　[˩] 沛配佩
m　[˧] 梅枚媒煤楣　[˥] 每美　[˩] 妹昧寐没
f　[˧] 恢灰麾非飞妃挥辉徽　[˩] 回茴肥　[˥] 悔毁匪翡~翠　[˩] 贿汇~集，~钱晦废肺吠秽惠慧痱~子费绘桧会开~，~不　[˩] 讳
v　[˧] 煨威　[˩] 为作~危微违围　[˥] 伪委尾伟苇　[˩] 为~什么未味魏畏慰纬胃谓
t　[˧] 堆　[˩] 对碓~窝：捣米器具队蜕~皮兑
tʰ　[˧] 推　[˥] 腿　[˩] 退
l　[˩] 雷　[˥] 吕姓屡偏傀~累积~垒　[˩] 内~容类　[˩] 累受~，连~内~外
ts　[˧] 追　[˥] 嘴　[˩] 最脆醉　[˩] 罪
tsʰ　[˧] 催崔姓炊　[˩] 翠粹纯~
s　[˩] 随虽谁　[˩] 碎岁遂隧穗　[˩] 髓

| kʰ | [˦] 盔魁 | [˩] 傀~儡 |
| ø | [˩] 桅 | |

uei

k	[˦] 圭闺规龟归	[˨] 逵葵 [˩] 诡
	轨癸鬼 [˧] 刽鳜桂贵柜	
kʰ	[˦] 亏窥 [˨] 奎 [˩] 跪	
	[˧] 愧溃~烂	
ø	[˨] 维惟遗唯 [˧] 卫 [˨] 位	

yei

tɕ	[˦] 槌播~：捣衣棒锤锥 [˧] 缀赘坠
tɕʰ	[˦] 吹 [˨] 垂
ɕ	[˩] 水 [˧] 税睡瑞
ø	[˧] 芮锐

au

p	[˦] 褒包胞雹 [˨] 袍龅~刨拨弄
	[˩] 跑保堡宝饱 [˧] 报暴鲍豹爆刨
	龅~牙齿：牙齿突出唇外 [˨] 抱菢孵：~小鸡
pʰ	[˦] 抛泡~松软 [˨] 炮泡~在水里
m	[˦] 猫 [˨] 毛茅 [˩] 卯
	[˧] 茂贸貌 [˨] 冒帽冇没有
t	[˦] 刀叨唠~ [˨] 桃逃淘~米陶萄涛
	[˩] 祷岛倒颠~导 [˧] 到倒~水
	[˨] 道稻
tʰ	[˦] 滔掏~出来 [˩] 讨 [˧] 套
	[˨] 盗
l	[˦] 捞莫碰，莫触摸：莫~ [˨] 劳捞打~牢
	唠~叨痨~伤 [˩] 脑恼老 [˧] 涝
	闹痨~药：毒药
ts	[˦] 遭糟 [˨] 曹槽猪~巢 [˩] 早
	枣蚤澡 [˧] 皂造躁灶罩笊~篱
tsʰ	[˦] 操~作抄钞 [˩] 草炒吵
	[˧] 糙~米
s	[˦] 骚臊梢捎~带 [˩] 扫~地嫂
	[˧] 扫~帚稍潲~水，猪食潲~雨

tʂ	[˦] 朝~夕召昭招沼~气 [˩] 朝~代
	潮 [˧] 照诏 [˨] 赵兆
tʂʰ	[˦] 超
ʂ	[˦] 烧筲~箕：竹制的灶具 [˨] 韶
	[˩] 少多~ [˧] 绍少~年邵
ʐ	[˨] 饶扰绕围~绕~线
k	[˦] 高膏篙船~糕羔跤绊~：摔跤 [˩] 稿
	[˧] 告膏~油校用秤称称，用升斗量量：~秤
	窖觉睏~
kʰ	[˦] 敲 [˩] 考烤 [˧] 靠犒
ŋ	[˦] 熬獒 [˩] 袄咬 [˧] 傲鳌奥
	懊坳山~
x	[˦] 薅~草蒿艾~ [˨] 豪嚎毫号~哭
	[˩] 好~坏 [˧] 好喜~耗 [˨] 浩
	号吹~

iau

p	[˦] 膘肥~标彪 [˩] 表裱婊錶
	[˧] 鳔
pʰ	[˦] 飘 [˨] 瓢嫖 [˩] 漂~洗
	[˧] 票车~漂~亮
m	[˨] 苗描锚 [˩] 藐~视渺秒
	[˧] 庙妙
t	[˦] 刁貂雕 [˨] 条调~和跳
	[˧] 钓吊掉调音~调~动
tʰ	[˧] 跳
l	[˨] 燎疗聊辽撩寥 [˩] 燎火~眉毛了~
	结瞭 [˧] 料尥~蹄子 [˨] 廖姓
tɕ	[˦] 交郊胶教~书骄娇焦蕉芭~椒浇缴
	[˨] 乔桥侨荞樵瞧嚼 [˩] 绞狡铰搅
	矫剿侥~幸 [˧] 教~育较酵醮叫
	[˨] 轿
tɕʰ	[˦] 锹缲~边悄静~~ [˩] 巧轻~：分
	量很轻 [˧] 俏窍
ȵ	[˩] 鸟 [˧] 尿
ɕ	[˦] 嚣枵消宵霄硝销萧箫 [˩] 小晓
	[˧] 孝效校学~，上~笑鞘刀~
ø	[˦] 妖邀腰要~求幺吆~喝 [˨] 肴淆

摇谣窑姚尧 [˩] 舀杳~无音信
[˦˩] 要重~跃 [˩˦] 耀鹞~鹰

əu

t [˦] 都首~都~是 兜蔸庄稼的根部：苞谷~；量词：一~苞谷 逗笃督 [˩˦] 头 [˩] 堵赌肚猪~子斗抖陡 [˦˩] 妒斗独读犊牍毒 [˩˦] 杜豆

tʰ [˦] 偷秃 [˩˦] 徒屠途涂图突投 [˩] 土吐~痰 [˩˦] 兔透 [˦˩] 度渡镀

l [˩˦] 奴卢炉芦~苇鸬楼搂~取庐 [˩] 努鲁橹舻房掳卤搂~抱篓 [˦˩] 怒路露鹭赂鹿禄六陆绿 [˩˦] 漏陋

ts [˦] 邹租~子 [˩˦] 锄愁 [˩] 租~赁祖组走阻 [˦˩] 做奏皱绉助卒族足

tsʰ [˦] 粗搊~起来初 [˩] 瞅楚 [˩˦] 醋错~误凑猝促

s [˦] 苏酥搜飕馊梳~头疏~远蔬 [˩] 数动词 [˩˦] 素诉塑~像嗖嗽咳~瘦漱~口数名词速肃俗束 [˦˩] 疏注~

tʂ [˦] 周舟州洲 [˩˦] 绸稠筹仇酬 [˩] 肘掫往上~帚 [˩˦] 纣杻~昼宙骤咒竹筑逐轴祝粥烛嘱触

tʂʰ [˦] 抽 [˩] 丑~时，~陋 [˩˦] 臭香畜~牲

ʂ [˦] 收 [˩] 手首守 [˩˦] 叔淑熟赎蜀属 [˦˩] 受兽寿授售

ʐ [˩˦] 柔揉 [˩] 辱褥 [˩˦] 肉

k [˦] 勾钩沟 [˩] 狗苟 [˩˦] 彀往上~够构购勾~当

kʰ [˦] 抠眍眼~ [˩˦] 扣~住 [˩] 口 [˩˦] 叩寇

ŋ [˦] 欧瓯配~，~然 [˩˦] 呕~吐殴 [˩] 藕偶 [˩˦] 沤~久浸水中怄~气

x [˦] 齁发~：气喘 [˩˦] 侯喉猴瘊~子 [˩] 吼 [˩˦] 後厚后候

iəu

t [˦] 丢

l [˩˦] 流刘留硫~黄琉~璃瓦 [˩] 榴石~柳绺一~头发 [˩˦] 溜馏

tɕ [˦] 揪一把~住鬏梳个~儿鸠阄拈~纠~缠臼咎纠~正 [˩˦] 囚泅游水求球仇姓 [˩] 酒九久韭灸针~ [˩˦] 就救究枢 [˩˦] 舅旧

tɕʰ [˦] 秋~天，~千丘 [˩˦] 糗

ɲ [˩˦] 牛 [˩] 纽扭 [˩˦] 谬~误

ɕ [˦] 修羞宿星~休 [˩] 朽 [˩˦] 秀绣锈袖嗅~觉宿畜蓄粟嗅

ø [˦] 忧优悠幽幼 [˩˦] 尤邮由油游犹 [˩] 有友酉 [˩˦] 莠诱佑 [˩˦] 又右柚釉

an

p [˦] 扮班斑颁扳般搬 [˩˦] 盘 [˩] 板版 [˩˦] 半绊叛 [˩˦] 瓣办伴拌

pʰ [˦] 攀潘 [˩˦] 盼襻判

m [˩˦] 蛮瞒馒 [˩] 满崽：排行最小的 [˩˦] 慢漫幔断锻段缎椴

f [˦] 欢藩翻番 [˩˦] 凡帆桓还环烦藩繁 [˩] 缓反 [˩˦] 泛唤焕幻患宦贩 [˩˦] 范犯换饭

v [˦] 豌剜弯湾 [˩] 皖碗腕

t [˦] 耽潭担~任丹单~独端 [˩˦] 谭谈痰坛檀弹~琴团 [˩] 胆诞掸鸡毛~子短 [˩˦] 担挑~旦 [˩˦] 但弹~炮蛋断

tʰ [˦] 贪坍滩摊 [˩] 毯坦 [˩˦] 探炭叹 [˩˦] 淡

l [˩˦] 南男蓝篮难兰栏拦鸾 [˩] 览揽缆懒暖卵 [˩˦] 难患~ [˩˦] 滥烂乱

ts [˦] 簪 [˩˦] 蚕惭馋逸残 [˩] 斩盏攒 [˩˦] 暂錾站蘸赞瓒钻动词

| | 纂钻~子 | | | | | | tɕʰ | [˦] 籤签谦迁千牵铅 [˩] 浅潜 |
| | | | | | | | | [˧˩] 嵌欠歉 |

tsʰ [˦] 参搀餐佘 [˩] 惨产 [˧˩] 灿 窜算蒜

s [˦] 三杉衫珊山酸 [˩] 散鞋带~了伞 [˧˩] 散分~闩栓门~

tʂ [˦] 沾粘瞻占~卜毡 [˧˩] 蟾缠 [˩] 展 [˧˩] 绽战颤

tʂʰ [˦] 禅~宗蝉

ʂ [˦] 删膻扇 [˩] 陕闪 [˧˩] 疝~气 善扇膳单姓禅

ʐ [˧˩] 然 [˩] 染冉

k [˦] 甘柑泔尴~尬肝竿竹~干~湿 [˩] 感敢橄秆秆扞赶 [˧˩] 干~部

kʰ [˦] 堪龛勘 [˩] 砍坎 [˧˩] 看~见

ŋ [˦] 安鞍 [˧˩] 颜姓 [˩] 揞~住 [˧˩] 暗岸按案晏晚了

x [˦] 憨酣鼾涎 [˧˩] 含函咸~淡衔寒 韩 [˩] 撼憾喊罕 [˧˩] 旱汉苋~菜 [˧˩] 汗焊翰

ian

p [˦] 鞭编边蝙 [˩] 贬扁匾 [˧˩] 变汴遍一~,~地 [˩] 辩辨 辫便方~

pʰ [˦] 篇偏 [˩] 便~宜 [˧˩] 骗片

m [˩] 绵棉眠 [˩] 免勉娩缅渑~池 [˧˩] 面

t [˦] 掂颠①~簸;②末梢:藤~ [˧˩] 甜 田填 [˩] 点典 [˧˩] 店 [˧˩] 电 殿奠佃垫

tʰ [˦] 添天 [˩] 舔腆 [˧˩] 掭~笔

l [˦] 廉镰帘 [˧˩] 连联莲怜 [˩] 脸 [˧˩] 敛殓练炼楝

tɕ [˦] 监~视鉴监国子~尖歼笺兼艰间中~ 奸煎笺肩坚 [˧˩] 钳钤乾~坤虔犍前 [˩] 减碱检俭简柬谏剪笕 [˧˩] 介舰 渐剑间~断谏涧锏践箭溅~水键建健腱 荐 [˧˩] 件贱钱

ŋ [˦] 黏拈搛~菜蔫 [˧˩] 阎燃年 [˩] 碾辇研究 [˧˩] 验酽念砚

ɕ [˦] 锨掀杴仙鲜新~先 [˧˩] 嫌闲贤 弦 [˩] 险鲜廯显选 [˧˩] 陷馅限 线羡献宪现

ø [˦] 淹阉腌焉烟 [˧˩] 盐檐严俨颜延 筵言沿 [˩] 掩演 [˧˩] 炎厌艳焰 雁谚堰燕~子宴

uan

k [˦] 官棺观冠鸡~子鳏关 [˩] 管馆 [˧˩] 贯灌冠~军观道~惯

kʰ [˦] 宽 [˩] 款

ø [˧˩] 完玩顽 [˩] 晚挽宛绾卷起:~袖 子 [˧˩] 蔓瓜~子 [˧˩] 万

yan

tɕ [˦] 专砖 [˧˩] 全泉橼传~达船拳权 颧 [˩] 转~眼卷~起来 [˧˩] 赚撰 篆转~动传~记圈猪~眷卷绢倦

tɕʰ [˦] 川穿圈圆~ [˩] 喘犬 [˧˩] 篡 串劝券

ɕ [˦] 轩掀宣喧 [˧˩] 旋~转玄悬 [˩] 选 [˧˩] 涮镟~一个洞楦鞋~头眩 [˧˩] 县

ø [˦] 捐冤渊 [˧˩] 丸圆员缘元原源袁 辕园援 [˩] 软阮远 [˧˩] 院愿怨

ən

p [˦] 奔锛 [˧˩] 盆 [˩] 本 [˧˩] 迸 [˧˩] 笨

pʰ [˩] 彭膨 [˧˩] 喷

m [˩] 门 [˧˩] 闷

f [˦] 昏婚馄分芬纷 [˧˩] 魂焚坟 [˩] 粉 [˧˩] 粪奋愤忿 [˧˩] 混~子 份~额

v	[˧] 文纹蚊闻	[˩] 吻刎	[˨] 问		
t	[˧] 敦墩蹲登灯澄	[˩] 腾腾藤			
	[˩] 等	[˨] 饨囤沌盾顿撖凳镫瞪			
	[˨] 钝遁				
tʰ	[˧] 吞	[˩] 屯豚臀	[˨] 褪		
l	[˩] 论~语仑伦沦轮能楞	[˩] 冷			
	[˨] 嫩论议~				
ts	[˧] 尊遵曾姓增憎争筝睁	[˩] 存曾~经层			
	[˨] 赠铓				
tsʰ	[˧] 参~差村皴蹭磨~棱	[˩] 岑纯醇			
	[˩] 揍按	[˨] 衬寸掌			
s	[˧] 森参人~僧生牲笙甥	[˩] 孙			
	[˩] 损笋榫省	[˨] 渗			
tʂ	[˧] 针斟珍榛臻真诊疹惩蒸贞侦正~月征成城诚	[˩] 沉陈尘辰晨臣澄橙			
	[˩] 枕振震颤簸~屁股拯整	[˨] 镇证症郑正端~政	[˨] 阵		
tʂʰ	[˧] 称~呼铛	[˩] 承丞呈程	[˩] 逞		
	[˨] 趁乘称相~秤~手:沉,有分量				
ʂ	[˧] 深身申伸娠升胜声	[˩] 神绳			
	[˩] 沈审婶	[˨] 葚甚肾慎剩胜~败圣盛			
ʐ	[˩] 人仁	[˩] 任责~纫忍	[˨] 壬任姓刃认韧		
k	[˧] 跟根更庚羹耕	[˩] 哽噌住:~哒嘣埂耿	[˨] 更		
kʰ	[˧] 坑	[˩] 恳垦肯			
ŋ	[˧] 恩	[˩] 硬			
x	[˧] 哼	[˩] 痕恒衡横	[˩] 很		
	[˨] 恨杏				

in

p	[˧] 彬宾槟殡冰兵平评坪瓶屏萍	[˩] 凭~空贫频	[˩] 禀丙秉柄饼		
	[˨] 鬓凭~证并合~	[˨] 病并~排			
pʰ	[˩] 品	[˩] 聘姘拼~命			
m	[˩] 民闽鸣明盟名铭	[˩] 悯敏抿皿			
	[˨] 命				

t	[˧] 丁钉铁~疔	[˩] 亭停廷庭蜓			
	[˩] 顶鼎	[˨] 钉~住订锭	[˨] 定		
tʰ	[˧] 厅汀	[˩] 艇挺	[˨] 听		
l	[˩] 林淋临邻（邻）鳞磷陵凌菱凝灵零铃伶拎翎	[˩] 檩领岭	[˨] 赁租~吝凝~固另	[˨] 令	
tɕ	[˧] 今金侵斤筋津巾茎京荆惊擎鲸精晶睛经	[˩] 琴禽擒勤芹	[˩] 锦谨俓紧仅境景警井颈	[˨] 禁襟劲进晋敬竞镜竞净劲径经~线	[˨] 近尽静靖
tɕʰ	[˧] 钦亲卿清轻青蜻~蜓	[˩] 秦情晴	[˩] 请顷倾	[˨] 寝浸亲~家庆罄	
ŋ	[˩] 宁	[˨] 宁~可佞			
ɕ	[˧] 心欣辛新薪兴~旺星腥馨				
	[˩] 寻行~为形型刑陉荥~阳	[˩] 醒			
	[˨] 信讯衅兴~趣行品~幸性姓				
ø	[˧] 音阴殷因姻洇鹰莺鹦樱英婴缨英				
	[˩] 吟淫寅蝇迎盈赢萤营颖	[˩] 饮隐引尹影	[˨] 阴屋子很~印应映		

uən

k	[˩] 滚	[˨] 棍			
kʰ	[˧] 昆昆坤	[˩] 捆	[˨] 困睏~觉:睡觉		
ø	[˧] 温瘟	[˩] 稳			

yən

tɕ	[˧] 均钧君军	[˩] 唇莼醇群裙			
	[˩] 准	[˨] 俊郡	[˨] 菌窘		
tɕʰ	[˧] 椿春	[˩] 蠢			
ɕ	[˧] 熏勳薰荤	[˩] 荀旬循巡			
	[˨] 逊迅殉顺舜训				
ø	[˧] 匀	[˩] 云	[˩] 允永咏泳		
	[˨] 润闰熨~帖:好了,停当了韵运晕孕				

aŋ

p	[˧] 帮邦浜	[˩] 旁螃庞	[˩] 榜		

		绑	[˩]	谤棒蚌
pʰ	[˩]	滂	[˩]	胖
m	[˩]	忙芒茫盲虻	[˥]	莽蟒
f	[˦]	荒慌	[˩]	簧皇蝗黄①~颜色；②姓
	[˥]	谎	[˩]	晃
v	[˦]	亡王	[˥]	网辋	[˩]	忘妄望
t	[˦]	当~时	[˩]	堂棠螳唐糖塘
	[˥]	党挡	[˩]	当~作荡宕
tʰ	[˦]	汤	[˩]	溏~鸡屎	[˥]	倘躺
	[˩]	烫趟
l	[˦]	囊	[˩]	郎廊狼螂	[˥]	曩攮
	朗	[˩]	浪
ts	[˦]	脏庄装	[˩]	藏隐~床	[˩]	藏
西~葬状撞
tsʰ	[˦]	仓苍疮窗	[˥]	闯创
s	[˦]	桑丧霜孀双	[˥]	磉~碜嗓搡爽
	[˩]	丧~失双~生
tʂ	[˦]	张章樟	[˩]	长~短肠场常尝偿
裳	[˥]	长生~涨掌障瘴	[˩]	帐账
胀	[˩]	丈仗杖
tʂʰ	[˦]	昌菖	[˥]	畅厂	[˩]	唱倡
ʂ	[˦]	商伤	[˥]	赏晌	[˩]	上尚
ʐ	[˥]	瓤穰	[˩]	壤攘嚷	[˩]	让
k	[˦]	冈岗刚纲钢缸	[˥]	讲~话港
	[˩]	杠
kʰ	[˦]	康糠	[˥]	扛	[˥]	慷
	[˩]	抗炕圹
ŋ	[˥]	昂肮~脏	[˥]	夯
x	[˩]	行航杭	[˥]	巷

iaŋ

l	[˩]	良凉量丈~粮梁樑	[˥]	两~个，
斤~	[˩]	亮谅量数~
tɕ	[˦]	将浆疆僵礓缰姜江豇	[˩]	强墙
降	[˥]	蒋奖桨	[˩]	酱将~降下~
虹	[˩]	匠
tɕʰ	[˦]	羌枪腔	[˥]	抢强勉~
ɲ	[˥]	娘	[˥]	仰	[˩]	酿

ɕ	[˦]	相互~箱厢湘襄镶香乡	[˩]	详
祥	[˥]	想享响	[˩]	相~貌像向项
	[˩]	象橡
ø	[˦]	央秧殃	[˩]	羊洋杨阳扬疡
	[˥]	养氧痒	[˩]	样

uaŋ

k	[˦]	光 [˩] 狂	[˥]	广
kʰ	[˥]	旷况矿邝姓
ø	[˦]	汪	[˩]	黄又音，~瓜王	[˥]	枉
往	[˩]	旺

oŋ

p	[˦]	崩烹	[˩]	朋棚篷蓬
m	[˩]	萌蒙	[˥]	猛懵蠓	[˩]	孟
	[˩]	梦
t	[˦]	东冬	[˩]	同铜桐筒童瞳
	[˥]	董懂	[˥]	冻栋	[˩]	动洞
tʰ	[˦]	通	[˥]	桶捅统	[˩]	痛
l	[˦]	耸	[˩]	笼农脓浓隆龙
	[˥]	拢陇垅	[˥]	齉鼻塞不通：~鼻子弄
ts	[˦]	棕鬃宗综踪	[˥]	丛从
	[˥]	总	[˩]	粽纵
tsʰ	[˦]	崇	[˦]	聪匆葱囱
s	[˦]	嵩松	[˥]	怂	[˩]	送宋诵
颂讼
tʂ	[˦]	中当~忠终钟锺盅	[˩]	虫重~复
	[˥]	仲冢种~类肿	[˩]	中~彩众种耕~
	[˩]	重轻~
tʂʰ	[˦]	充冲舂	[˥]	宠	[˩]	铳
ʐ	[˩]	茸
k	[˦]	公蚣工功攻弓躬宫恭供~不起
	[˥]	汞拱巩	[˩]	贡供~养
kʰ	[˦]	空~虚	[˥]	孔恐
	[˩]	控空~房
x	[˦]	轰掼烘风枫疯讽丰封峰蜂锋
	[˩]	弘宏红洪鸿虹冯逢缝~补
	[˥]	哄	[˩]	凤	[˩]	奉俸缝~隙

					勇涌	[˩] 用	
			ioŋ			uŋ	
tɕ	[˩] 穷琼	[˩] 迥					
ɕ	[˧] 兄胸凶吉~,~恶	[˩] 熊雄		∅	[˧] 翁塕累,埋:~苑	[˩] 瓮	
∅	[˩] 荣戎绒融容蓉镕庸	[˩] 雍拥甬					

参考文献

［1］张德新．陕西汉阴蒲溪方言音系研究［J］．安康学院学报，2007（1）．
［2］郭沈青．陕南湘方言岛的特点与成因［Z］．全国汉语方言学会第14届方言学术研讨会，2007．

保安语中的保汉合璧词与非汉语借词

莫 超 马玉凤
(兰州城市学院西北方言研究中心)

【提　要】保安语属阿尔泰语系蒙古语族,有青海同仁方言、青海尖扎方言、甘肃积石山方言3种方言。本文讨论甘肃积石山保安语方言的特殊语词及其来源,包括保安语中的保汉合璧词与阿拉伯波斯突厥藏语借词。保汉合璧词有保安语成分在先,汉语成分在后的;也有汉语成分在前,保安语成分在后的。保安语中借用的阿拉伯语词在经堂用语中或日常用语中都使用,而波斯语词基本上都在经堂用语中使用。

【关键词】保安语　合璧词　借词

保安族有自己的语言而无文字,语言属阿尔泰语系蒙古语族。据语言专家统计,保安语词汇有10000多个语词。根据陈乃雄、李克郁等西北少数民族语言专家的研究,保安语中的蒙古语词约占45%,汉语词约占40%,其他民族语言中的语词约占15%。保安语有青海同仁方言、青海尖扎方言、甘肃积石山方言3种方言。由于蒙古语语词和汉语借词是现今保安语词汇的主体,不在本文讨论之列。本文讨论的是甘肃积石山保安语方言的特殊语词及其来源,包括保安语中的保汉合璧词与阿拉伯、波斯、突厥、藏语借词。"保汉合璧词"选自拙著《保安语常用词汉英词典》,阿拉伯语、波斯语借词由保安族的一位阿訇提供,突厥语和藏语由保安族的发音合作人提供。在此基础上,笔者又据有关汉藏语词典进行了核对。

一、保安语汉语合璧词

合璧词的概念是游汝杰先生提出来的,指一个双音节合成词的两个语素分别来自不同的语言或方言,是语言或方言杂交在词汇上的反映。笔者将由两种语言成分构成的语词也叫合璧词。在保安语中,存在一部分保安语汉语合璧词,有保安语成分在前,汉语成分在后的,也有汉语成分在前,保安语成分在后的。按义类分,大致有如下几类:

1. 亲属称谓

这一类词都是保安语成分在前,汉语成分在后。如:

guo a iɛ 曾祖父　　　　　　　dʑi gaŋ aje 祖父的弟弟
dʑi gaŋ nɛ ʑnɛ 祖父弟弟的老婆　　guo gagə 大哥
dʑi gaŋ ga gə 堂兄　　　　　　　dʑi gaŋ a dʑi 堂姐
guo a dʑiou 内兄　　　　　　　dʑi gaŋ a dʑiou 内弟

· 377 ·

a gəu sun tzi 外孙（女之子）　　　sun dzi a gəu 孙女

2. 身体部位
这类词也都是保安语成分在前，汉语成分在后。如：

nan dɔŋ gə zi 眼角儿（上下眼睑的接合处）　　nan dɔŋ uo uo 眼眶、眼圈儿
guo xu dzi 络腮胡子　　　　　　　　　　　　fulaŋ gɛda 粉刺
nəȵi gəu dan dan 颧骨　　　　　　　　　　　nəȵi gəu uo uo 酒窝
sɔŋ duŋ duŋ 寒毛眼儿　　　　　　　　　　　xɔzi liaŋ liaŋ 鼻梁儿
xər uan dzi 手腕子

3. 器具、用品
这一类词绝大多数是保安语成分在前，汉语成分在后。如：

bin dzi lɔŋ lɔŋ 麻雀笼　　　　　　tʌ lɔŋdzi 鸡笼
arsuŋ ɕiaŋ tzi 手提箱（皮箱）　　　tʌdzɔdzi 鸡罩（竹子编的，罩鸡的器具）
dɤ tɕi xu 酒壶（茶壶形的）　　　　mam guan dzi 药罐子
si gaŋ 水缸　　　　　　　　　　　tɕiaŋ ua gəu 耳挖子
mu si gəu dʑiʌdzi 晾衣架　　　　　mu xa duŋ duŋ 砧板
dam tɕiɛn dzi 火钳　　　　　　　　tʌʂuaʂua 鸡毛掸子
uarmaŋ diɛdzi 秤盘　　　　　　　　uarmaŋ gəuda 秤钩儿
tam tiŋdzi 钉子　　　　　　　　　xəʂa ban 黑板
tɕi xaŋ bi 粉笔　　　　　　　　　soŋbi 毛笔

也有个别汉语成分在前，保安语成分在后，如"gau liaŋɕin kəu 高粱扫帚、dzɔdzidʑi lʌ 煤油灯（有玻璃罩子）"等。

4. 植物
这一类词绝大多数是保安语成分在前，汉语成分在后。如：

tɕiŋ gaŋɕiou 青冈树　　　　　bo di tsɔ tə 麦草垛
bu tɕi gə gan gan 豆秸　　　　bɔ di gan gan 麦秸
mʌ tə gu du 花蕾（没有开放的花）　məə xə gu du 棉花桃儿
bɔ di tʂʌdzi 麦茬儿　　　　　bɔ di gædzi 麦秆子
ɕiu dzɛdzi 树苗

有极个别词语汉语成分在前，保安语成分在后，如"bə iaŋɕiu 杨树"。

5. 日常生活

这一类词多数是保安语成分在前，汉语成分在后。如：

arsuŋ xei 皮鞋　　　　　　　　dʌeu ɣɛ 布鞋
tʂŋ xei 毡鞋　　　　　　　　　man duŋ daŋ 裤裆
bɤ li nai duŋ 眼镜　　　　　　xei nəmu tʂɔ 猪食槽（木槽）
mu xa gɛ da 肉丁　　　　　　　mu xa piɛn piɛn 肉片
ua faŋ gər 楼房　　　　　　　　tsuo ɣə 厨房
çirəu duei duei 土堆　　　　　ga mori 小路

有少数词语汉语成分在前，保安语成分在后，如 "bei ɣʌ di 被面、dzɔ bi dam 影壁、照壁、tseilu mər 捷路" 等；还有极个别前一部分只翻译了一个语素，后面又是完整的汉语词，如 "min çiou bin taŋ 冰糖"。

6. 位置

这一类词全是汉语成分在前，保安语成分在后。如：

tʂɛdzi dɛ xɔŋ 车上（车上坐着人）　　tʂɛdzi xadə 车外（车外下着雪）
tʂɛ dzi xuinə 车后　　　　　　　　　tʂɛ dzi ɛmlə 车前
tʂuaŋ tuŋ də 床底下　　　　　　　　 baŋduŋdəxu donçi 椅子上
gaŋ duŋdə 缸底儿

7. 农业、气象、动物

这一类词多数是保安语成分在前，汉语成分在后。如：

ta laŋ tuidzi 柴草垛　　　　　　　ta zaŋ bi au 秕子（空的或不饱满的子实）
çi rəu gɛ dʌ 土蛋蛋　　　　　　　 tçiɛ sɔŋ gɛ dʌ 雪珠子（米粒状的雪）
min çiu tɛn tɛn 冰滩　　　　　　　 fulaŋ amaŋ lɔ ua 红嘴鸦
tʌdʐua dʐua 鸡爪子

有少数词语汉语成分在前，保安语成分在后，如 "ʂʌdzi xa ti 沙土地、ʂʌdzi çizue 沙土（含砂很多的土）、xa ba nɔ uei 哈巴狗、ʂəŋtçɛ dəmər 生铁" 等。

8. 动作、行为

这一类词保安语成分在前，汉语成分在后或汉语成分在前，保安语成分在后的都较多。前者如：

çiu duo gɛ 砍树（动宾）　　　　　dziɔ tçyŋ fuʂi gɛ 待客
han dʐiagɛ 使燃烧，生火　　　　　tsai zi tsun gei tçi 存款

amaŋʂuagə 漱口
mam nə tsa gə 上药（动宾）
ŋam səu tɕi 长疗（动宾）

amunə dʑiugə 救命
nəu uei man tiɛ gə 贴膏药（中药）
budə xaləʂaŋ liaŋ guo 同谋

后者如：

guan siɛgə dʑiɔl 打官司
ɕuɛɕiɔdʑi gei 上学（开始上小学）
tɕi ɕiagə dʑiɔ 下棋
tʂyan yn gə dzɔl 晕船

bufu də gei nə 不服
pudʑi nɐ dʑiɔ 开铺子
tʂɛdʑi yn gə dzɔl 晕车

二、借用阿拉伯语、波斯语、突厥语、藏语词

保安语中，夹杂了许多阿拉伯语及波斯语词。据笔者的调查，借用的阿拉伯语词在经堂用语中或日常用语中都使用，而波斯语词基本上都在经堂用语中使用。

1. 在经堂用语中使用的阿拉伯语和波斯语词

（1）阿拉伯语词（32 个）。

fəzitsə 主命拜
gaːtɕireje 伊斯兰教苏菲派四大门宦之一
nikahaː 证婚词
tʂuxuːtɕi 犹太教徒
keːtabu 伊斯兰教经典
wusuli 净
Dunya 现世
yunber 圣徒墓
aːhun 清真寺的掌教
tAsbixɛ 念珠
ibiliːsi 鬼
niɛtɕi 举意、心愿、施舍
ımam 教长
Xaliali 合法
fAjidai 好处
fAtiha《古兰经》首章

gədiːmu 中国伊斯兰教中古老的教派
aːgeli 智慧、悟性
anlaː 真主
kafiri 异教徒
islam 伊斯兰教
xuobuten 宵礼
meti 亡人、遗体
adam 人类始祖
mutɕi 清真寺
suɛtaːni 魔鬼
namaz 礼拜
sunnɛtɕi 教律、圣行
Axərri 后世
Axərri 后世
wusli 大净
surai《古兰经》断章

(2) 波斯语词 (13 个)。

ʜuda 安拉、真主　　　　　　　ʙamdad 晨礼
ʙaŋkə 唤礼　　　　　　　　　　bædɛ 仆人
dusidɛni 教友　　　　　　　　　duədzixə 火狱
tɛsidaːr 缠头巾　　　　　　　　Digar 哺礼
ɢunaxə 罪过　　　　　　　　　Pishini 礼、精灵
Shumi 倒霉、不幸　　　　　　　ʂamu 昏礼
dʐaji 铺在礼拜大殿地上宰牲皮，苏菲拜垫

在日常生活中使用的阿拉伯语词有 16 个：

aiɲi 这个　　　　　　　　　　　gurbAŋ 宰牲（节）
xɛvani 动物、畜生　　　　　　　beljaː 灾难
nesuibu 运气　　　　　　　　　bɛrikaititɕi 吉祥、福气
ɣəːlin 学者　　　　　　　　　　təlibu 学生、求学者
mureidi 弟子、学生，跟随着　　　hewaːni 坏家伙
suːrətɕi 相貌　　　　　　　　　Sebebu 途径、缘由、手段
kərametɕi 奇迹　　　　　　　　suefe tɕi 品德
fegiri 贫困　　　　　　　　　　medʐ ɛz 虚伪、耍花招

在日常生活中使用的波斯语词，只有"xidʐi 剪刀、jari 伙伴"两个。

2. 借用的突厥语词（37 个）

这类语词都在日常生活中使用。

babzər 城镇　　　　　　　　　samsixər 蒜
Dapusong 盐　　　　　　　　　tərmaː 萝卜
Alima 果子　　　　　　　　　　au ʐi 杏
ajiɣə 碗　　　　　　　　　　　si 水
ʃilɛ 汤　　　　　　　　　　　　blɛʜunmu 抓饭、油搅团
bauɢdəi 小麦　　　　　　　　　hurər 炒
Mamux 棉花　　　　　　　　　ɢonə 绵羊
Moren 河　　　　　　　　　　　Taxi 石头
aler 河滩　　　　　　　　　　　kəntɕir 麻
murza 坟　　　　　　　　　　　altaŋ 金
dəmər 生铁　　　　　　　　　　tərmaŋ 磨
Teiri 播种　　　　　　　　　　dʐi lA 灯
dæm 墙　　　　　　　　　　　miɕiu 冰

uarmaŋ 秤
çizɑ 黄色
kutçi 力量
dushiman 敌人
ʙirge 跳蚤
dundər 模仿

Xira 桌子
xəʂa 黑的
Baiaŋ 富
dʐi dʐiχaŋ 老鼠
Dane 认识

据有关学者考察，青海同仁县朝阳村保存着20世纪70年代从孖撒尔出土的明代伊斯兰经砖。经砖有139文字，由阿文、波斯文、突厥文3种文字手写而成。其中，阿文字母42个、波斯文字母27个、突厥文字母70个，这是距今500多年前，保安族"阿灵"（伊斯兰学者）书写的杜哇（祈祷经），那个时代的保安族学者精通3种文字，他们仍承袭着中亚的文化及语言。这也是保安语中存在阿语、突厥语、波斯浯的历史明证。

3．借用的藏语词（35个）

tsuo 湖
ʐɤ tçi 酒
skam pa 钳子
naŋma 里子
dʑimdzi 邻居
ɕja 锈
xəsʌrə 青年
duɑndɑɢ 事情
nʌɢuŋ 洞
laŋtʂuə 下水
kə:tçi 涎水
ma zəu 疮
sa:mtçyuŋ 小心
gʌbdɑ 谈话
sæmɔ 容易
dæxɛzi 颤抖
lau lɔŋ 老
gθndəlaŋ 横

mam 药
ma tə gə 花
sʌm 梳子
ləsguər 手磨
an bu 补丁
tsaizi 钱
nə soŋ 年龄
nançyŋ 灵魂
ra（牛羊）圈
ʂigaŋ 骨髓
dʐisər 脓
namɔ 慢
tsamo 便宜
a nəmanə 一模一样
menəxə 黑暗
rɑmu 立刻
na zɔŋ 窄

保安族学者马文渊在《族源》（1999）中说，保安语中，"本民族语语言底层的阿拉伯、波斯语词汇相同的约占45％，与蒙古族语言词汇相同的约占40％，与汉语词汇相同的约占5％，另外，还有10％左右的语言词汇与藏、土、东乡族相同"。这说的是保安语早期的情形。保安族族源为信仰伊斯兰教的色目人，含有45％波斯、阿拉伯语语词，反映出本民族语言词汇的本源。而这部分语言词汇只有从西域中亚等地区而来的士兵、工匠等信仰伊斯兰教的色目人所具有。从成吉思汗的蒙古军屯垦直到元末,是蒙古贵族集团掌握政权的时代,蒙古族成了具有特殊地位的民族,在政治上居统治地位(至明代也属上层),在经济生产、交换等方面居支配地位。因此,蒙古语自然成了官方通用的语言。加之屯垦军的头目都是蒙古人。因而从事戍和"屯"的色目人以及屯垦戍边的其他民族势必学习、使用蒙古语言。在这种长期而特殊的语言生活中,蒙古语词汇便在保安民族的共同语言中沿袭下来了。这就是保安语中有40%的蒙古族语词汇的原因。在不同时代所处的环境中,吸收有政权支撑的强势语言的借词不断增加。而本源的波斯、阿拉伯语语词则逐渐萎缩了,从日常生活用语退缩到了经堂用语中,保安语中的突厥语词和藏语词都是在跟撒拉族与藏族错居共处时习得的。

从现今的积石山保安语借词情况看,已经发生了很大的改变,汉语词占了40%,蒙古族语言词汇相同的约占40%,阿拉伯语词约占7%,突厥语词与藏语词各约占5%,波斯语词约占3%。保安族语言成分的变化表明,地域环境与民族融合对语言的影响是巨大的,深深地打上了时代的烙印。保安语中的保汉合璧词更是民族融合的生动体现。

参考文献

[1] 马文渊. 族源[M]//中国人民政治协商会议甘肃省委员会文史资料和学习委员会,中国人民政治协商会议甘肃省临夏回族自治州委员会,中国人民政治协商会议甘肃省积石山保安族东乡族撒拉族自治县委员会. 甘肃文史资料选辑第49辑(中国保安族). 兰州:甘肃人民出版社,1999.

(原载《西北民族大学学报》2010年第6期)

后 记

20世纪90年代初,我和我的同学严修鸿为了完成硕士论文,在导师李如龙先生的指导下对福建省的双方言区进行调查研究。所谓双方言区,就是两种或多种无法直接通话的方言在一定数量的居民中并存并用的特殊区域。这种特殊区域包括两种地理类型:一种是方言区(片)的交接地带,如闽南漳属四县闽南话、客家话的双方言区;另一种是方言岛,就是历史上由于军队的驻防、屯垦或者平民百姓的垦殖、逃荒、避乱,一小部分移民住进操另一种方言的居民的地盘,他们所带去的方言在原有方言的包围下形成的"语言飞地",如南平、长乐的北方方言岛,宁德碗窑、顺昌埔上、闽侯西台的闽南方言岛,福鼎澳腰的莆田方言岛,大田、浦城的客家方言岛等。1995年12月,李先生连同我和严修鸿合作出版了《福建双方言研究》一书。李先生在"序言"中写道:"如今,我们都已离开福建了,但是对于八闽大地还怀着深切的乡情。仅以这本小书来献给家乡,并寄望于故乡的后来者,补正我们的不足,把福建方言的研究继续深入下去。"如今20年过去了,这段话读来仍不免令人感慨。此后,我个人还先后发表了《试论汉语方言岛》(1996)、《论客家方言岛》(1997)、《论闽南方言岛》(2002)等论文,深化了对双方言区之一类的方言岛的调查研究。在上述著作和论文中,我们都反复强调双方言交际模式下岛方言走向消亡的趋势。实际上,所有的岛方言无一例外都属于今天所说的濒危汉语方言,但是当时限于学识我们尚未上升到语言濒危、语言资源的理论高度去加深认识。

2000年10月,中国民族语言学会和《民族语文》杂志社在北京联合召开了"我国濒危语言问题研讨会",这是在我国召开的首次专门讨论濒危语言问题的学术会议,与会专家就我国濒危语言的问题做了广泛的讨论和交流。在此前后,我国民族语言学界出版了几十种描写和研究濒危语言的专著,还发表了一批有分量的论文。

对于方言区的人民来说,方言母语就是他们的语言。从这个意义上说,方言和语言并没有本质的区别,濒危汉语方言问题其实就是濒危语言问题。2001年,曹志耘教授发表了《关于濒危汉语方言问题》一文,从汉语方言中是否有濒危方言、濒危汉语方言的几种类型、如何看待濒危方言、保护和抢救濒危汉语方言的对策和措施4个方面论述了濒危汉语方言的问题。2002年,中国社会科学院A类重大课题"中国濒危语言方言调查研究与新编《中国语言地图集》"立项。该课题由中国社会科学院语言研究所张振兴研究员、熊正辉研究员和民族学与人类学研究所黄行研究员共同主持。课题组根据汉语的复杂性和多样性,给濒危汉语方言下的定义相对宽泛,即现在使用人口非常少,使用范围很窄,受到周围优势方言的强大影响,已经处于明显消亡之中的方言,称为"濒危汉语方言"。2007年,李如龙先生主持的教育部人文社会科学重点研究基地重大项目"岭南濒危方言研究"获得立项。该项目由中山大学中国非物质文化遗产研究中心负责管理,由我个人负责具体实施。短短几年内，我们组织调查了两广、海南的多个濒危方言点，发表和出版了一批成果。

2009年11月28日至29日，首届濒危方言学术研讨会在广州中山大学南校区召开。会议由中山大学中文系、中山大学中国非物质文化遗产研究中心、中国社会科学院语言研究所方言研究室、北京语言大学语言研究所联合主办。与会学者60多名，一共有58篇论文在会议上宣读。论文涵盖了如下内容：濒危汉语方言的分布、濒危汉语方言的类型、濒危汉语方言与语言接触、濒危汉语方言与国家语言资源、濒危汉语方言的保存和保护、濒危汉语方言的个案研究。2011年9月24日至25日，第二届濒危方言学术研讨会在湖南吉首大学举行。会议由中山大学中国非物质文化遗产研究中心、中山大学中文系、香港中文大学吴多泰中国语文研究中心和吉首大学文学与新闻传播学院联合主办。海内外近30所大学和科研机构的50多名专家学者和研究生出席了会议，提交论文47篇。

《濒危汉语方言研究》是上述两届濒危方言学术研讨会的论文选集，其中的大部分论文已经公开发表。此外，本论文选集也收录了"岭南濒危方言研究"的部分前期成果。我和邹晓玲博士分别是上述两届会议的召集人，因此由我们共同来主编这本论文集。邹晓玲负责前期的收集、整理和编排，我负责后期的校对和修订。衷心感谢论文集的各位作者对这项工作的大力支持，也衷心感谢中山大学出版社的嵇春霞、高洵、陈芳等多位编辑为符号、图表繁多的这样一本书的出版所付出的艰辛劳动。

中国语言资源保护工程已经于2015年正式启动。"濒危汉语方言调查"作为该工程的一个项目，将在全国范围内组织调查100个濒危汉语方言点，并出版100种濒危方言志。这是一项具有重要而深远意义的工作，我们将尽自己的绵薄之力积极完成所承担的课题。如果《濒危汉语方言研究》的出版对这项工作有所助益，我们将倍感欣慰。

庄初升
2016年8月13日于中山大学中国非物质文化遗产研究中心